Ouvrage réalisé sous la direction de **Claude Eterstein**

Français
Méthodes & Pratiques

2de / 1re
TOUTES SÉRIES

Sylvie DAUVIN

Agrégée de Lettres classiques
Professeur au lycée international de Saint-Germain-en-Laye (78)

Catherine ETERSTEIN

Agrégée de Lettres modernes
Professeur au lycée international de Saint-Germain-en-Laye (78)

Véronique LE LIBOUX

Certifiée de Lettres modernes
Professeur au lycée Jacques Cartier de Saint-Malo (35)

Adeline LESOT

Agrégée de Lettres modernes

Valérie MARQUENET-COMBEL

Agrégée de Lettres modernes
Professeur au lycée Pablo Picasso de Fontenay-sous-Bois (94)

Christine SEBAL

Certifiée de Lettres modernes
Professeur au lycée Jacques Cartier de Saint-Malo (35)

Jacques DAUVIN

Agrégé de Lettres classiques
Professeur au lycée international de Saint-Germain-en-Laye (78)

Claude ETERSTEIN

Ancien élève de l'E.N.S
Agrégé de Lettres modernes
Professeur au lycée international de Saint-Germain-en-Laye (78)

Hatier

www.

Ce logo signale des ressources complémentaires :
- des corrigés pour les exercices de la rubrique « vérifier ses acquis »
- des « coups de pouce » pour quelques exercices de recherche
- des fiches pratiques.

www.editions-hatier.fr/methodesetpratiques

Conception graphique : Anne Gallet
Réalisation : Dany Mourain
Iconographie : Édith Garraud / Hatier illustration
Relecture et correction : Michèle Aguignier, Carole San-Galli
Édition : Marylène Duteil

© Hatier, Paris, avril 2011   ISBN : 978 2 218 93779 8

Méthodes & Pratiques 2de / 1re

Objectifs et composition de l'ouvrage

- Permettre la mise en œuvre des **nouveaux programmes** de français applicables en 2011 en 2de et 1re, et notamment l'ouverture sur les textes anciens et l'histoire des arts.
- Offrir des repères, des conseils, des textes, des exercices adaptés et variés pour les heures d'**accompagnement personnalisé** ou pour un **travail en autonomie de l'élève**, et en particulier pour l'amélioration de son expression.
- Proposer une **méthode « pas à pas »** pour chaque épreuve du Bac.

→ La Partie 1 donne les moyens de **s'orienter dans l'histoire littéraire et culturelle**, de mettre en relation les textes et les autres formes d'expression artistique.
→ Les Parties 2 et 3 permettent d'**enrichir le vocabulaire**, de mieux **maîtriser la langue** et d'**acquérir des outils d'analyse**.
→ Les Parties 4 et 5 abordent **les grands genres littéraires** au programme de 2de et de 1re.
→ La Partie 6 propose **les méthodes illustrées de chacune des épreuves du Bac**.
→ La Partie 7 offre à l'élève des fiches pour **travailler en autonomie** dans ses recherches (enseignements d'exploration, TPE...) et **améliorer son expression**.

Ressources pédagogiques pour le professeur

- Une définition claire du **niveau** (2de ⬤, 1re ⬤, 1re L ⬤), des **objectifs** et de la **problématique** de chaque chapitre.
- De **nombreux corpus de textes** et d'images pour construire des séquences.
- Des exercices pour contrôler et consolider les acquis du collège (**Vérifier ses acquis**).
- Un **balisage de la difficulté des exercices** (★ **Repérage**, ★★ **Analyse**, ★★★ **Approfondissement et rédaction**).
- Des **évaluations** (> chap. 2de) et des **sujets de Bac** (> chap. 1re) pour faire le bilan d'une séquence.
- Une **fiche d'évaluation pour l'oral** du Bac.
- Le **corrigé complet des exercices** dans le livre du professeur.
- Des exercices supplémentaires de **remédiation en orthographe** sur le site.

Ressources pour l'élève en autonomie

- Des **tableaux chronologiques** pour se repérer dans l'histoire littéraire et l'histoire des arts.
- L'essentiel des connaissances à acquérir et maîtriser sous forme de **repères**.
- Des **fiches méthode** (notamment dans la Partie 7), des **exemples commentés**, des **paragraphes rédigés** (Partie 6), pour avoir une idée précise de la manière d'analyser, de composer et de se préparer aux épreuves du Bac.
- Des « banques de mots » pour enrichir son expression (**Des mots pour...**).
- Des **mises au point** pour aborder une difficulté et éviter des erreurs.
- Les critères d'évaluation des travaux écrits (**Pour réussir...**).
- Un **mémento pour le commentaire de texte et pour l'orthographe** (gardes III et IV).
- Des « **coups de pouce** » et des **exercices corrigés** sur le site.

Sommaire

III MAÎTRISER LA LANGUE : SYNTAXE, ORTHOGRAPHE, RHÉTORIQUE

Découvrir
les mouvements littéraires

Objectifs et compétences

▶ Comprendre la notion de mouvement littéraire
▶ Se repérer dans l'histoire littéraire et culturelle
▶ Développer sa culture littéraire en apprenant les caractéristiques des mouvements

||||||| Découvrir

Texte 1 Un art poétique

Il est certains esprits, dont les sombres pensées
Sont d'un nuage épais toujours embarrassées.
Le jour de la raison ne le saurait percer.
Selon que notre idée est plus ou moins obscure,
5 L'expression la suit, ou moins nette, ou plus pure.
Ce que l'on conçoit bien s'énonce clairement,
Et les mots pour le dire arrivent aisément.
[…]
Travaillez à loisir, quelque ordre qui vous presse,
Et ne vous piquez point d'une folle vitesse.
10 Un style si rapide, et qui court en rimant,
Marque moins trop d'esprit, que peu de jugement.
J'aime mieux un ruisseau, qui sur la molle arène[1],
Dans un pré plein de fleurs lentement se promène,
Qu'un torrent débordé qui d'un cours orageux
15 Roule plein de gravier sur un terrain fangeux.
Hâtez-vous lentement, et sans perdre courage,
Vingt fois sur le métier remettez votre ouvrage.
Polissez-le sans cesse, et le repolissez ;
Ajoutez quelquefois, et souvent effacez.

▶ Nicolas BOILEAU, *Art poétique*,
chant 1, v. 147-174 (1674)

1. Sable.

Gabriel Metsu (1629-1667), *Jeune homme écrivant* (1658-1660), détail, huile sur toile, 280 x 260 cm (musée Fabre, Montpellier).

N° 1 — Première année   1ᵉʳ Décembre 1924

LA RÉVOLUTION SURRÉALISTE

IL
FAUT
ABOUTIR A UNE
NOUVELLE DÉCLARATION
DES DROITS DE L'HOMME

SOMMAIRE

Préface : J.-A. Boiffard, P. Eluard, R. Vitrac.
Rêves : Georgio de Chirico, André Breton,
Renée Gauthier.
Textes surréalistes :
Marcel Noll, Robert Desnos, Benjamin Péret,
Georges Malkine, Paul Eluard,
J.-A. Boiffard, S. B., Max Morise,
Louis Aragon, Francis Gérard.
Le rêveur parmi les murailles : Pierre Reverdy.

Chroniques :
Louis Aragon, Philippe Soupault,
Max Morise, Joseph Delteil,
Francis Gérard, etc.
Notes,
Illustrations : Photos Man Ray,
Max Morise, G. de Chirico, Max Ernst,
André Masson, Pablo Picasso, Pierre Naville,
Robert Desnos.

ABONNEMENT,
les 12 Numéros :
France : 45 francs
Étranger : 55 francs

Dépositaire général : Librairie GALLIMARD
15, Boulevard Raspail, 15
PARIS (VII°)

LE NUMÉRO :
France : 4 francs
Étranger : 5 francs

Numéro 1 de la revue *La Révolution surréaliste*,
1ᵉʳ décembre 1924.

Texte 2   Un manifeste surréaliste

Faites-vous apporter de quoi écrire, après vous être établi en un lieu aussi favorable que possible à la concentration de votre esprit lui-même. Placez-vous dans l'état le plus passif, ou réceptif, que vous pourrez. Faites abstraction de votre gé-
5 nie, de vos talents et de ceux de tous les autres. Dites-vous bien que la littérature est un des plus tristes chemins qui mè-nent à tout. Écrivez vite sans sujet préconçu, assez vite pour ne pas retenir et ne pas être tenté de vous relire. La première phrase viendra toute seule, tant il est vrai qu'à chaque se-
10 conde il est une phrase, étrangère à notre pensée consciente, qui ne demande qu'à s'extérioriser. Il est assez difficile de se prononcer sur le cas de la phrase suivante ; elle participe sans doute à la fois de notre activité consciente et de l'autre, si l'on admet que le fait d'avoir écrit la première entraîne un
15 minimum de perception. Peu doit vous importer, d'ailleurs ; c'est en cela que réside, pour la plus grande part, l'intérêt du jeu surréaliste.

▶ André BRETON, *Manifeste du surréalisme* (1924),
© S.N.E. Pauvert, 1962 ; © Librairie Arthème Fayard, 2000

COMPAREZ LES TEXTES

1. Observez le principal mode verbal employé dans ces textes. Quel est leur objectif commun ? En vous aidant d'un dictionnaire, précisez ce que sont un art poétique et un manifeste.

2. En quoi ces textes se distinguent-ils dans leur forme et leur conception de l'écriture littéraire ?

3. À quoi l'écriture est-elle comparée dans chaque texte ?

Problématique

🔴 **Comment les mouvements littéraires s'insèrent-ils dans une chronologie et une histoire culturelle ?**

Étudier un mouvement littéraire, c'est rechercher :

● quels écrivains en sont les chefs de file, se reconnaissent dans ce mouvement et lui donnent ses caractères principaux ;

● dans quel contexte historique et social il naît et s'inscrit ;

● quelles nouveautés il introduit dans les formes (et notamment dans les genres littéraires) et les thèmes abordés ;

● quels œuvres phares et textes théoriques (manifeste, préface, art poétique...) exposent ses grands principes.

Les principaux mouvements littéraires

L'HUMANISME

Mouvement intellectuel et artistique européen né en Italie qui met l'homme au centre de ses préoccupations.

Contexte historique
- Renaissance
- Grandes découvertes (Nouveau Monde, Copernic...)
- Apparition du protestantisme et guerres de Religion

Grands principes
- Rejet du Moyen Âge
- Admiration pour l'Antiquité
- Foi en l'homme

Formes et genres
- Le récit épique et burlesque
- L'essai

Thèmes dominants
- Éducation et pédagogie
- Politique : le bon prince
- Religion et morale
- La connaissance des sciences et de nouveaux mondes

Auteurs et œuvres
- Thomas More, *Utopie* (1516)
- Rabelais, *Pantagruel* (1532), *Gargantua* (1534)
- Montaigne, *Essais* (1580-1595)

❯ *Pour plus d'informations, se reporter au chapitre 20.*

Peinture de l'école de Fontainebleau, *Le Repas galant* (XVIᵉ s.), huile sur toile (musée Granet, Aix-en-Provence).

LA PLÉIADE

Courant poétique formé par un groupe de sept poètes, dans la seconde moitié du XVIᵉ siècle.

Contexte historique
- Renaissance et guerres de Religion

Grands principes
- Renouvellement de la poésie française
- Volonté de lui donner des chefs-d'œuvre dignes des Grecs et des Latins

Formes et genres
- Odes, sonnets
- Allégories, métaphores
- Lyrisme : rythme et musicalité

Thèmes dominants
- L'amour
- La fuite du temps et la mort
- Le regret
- La mythologie

Auteurs et œuvres
- Ronsard, *Les Amours* (1552-1556)
- Du Bellay, *Défense et illustration de la langue française* (1549, manifeste) et *Les Regrets* (1558)

Jacopo de Barbari (vers 1445-1516), *Portrait de Fra Luca Pacioli et de son élève* (1495), huile sur toile, 99 x 120 cm (musée de Capodimonte, Naples, Italie).

LE BAROQUE

Mouvement artistique qui exprime la vision d'un monde instable. Apparu à la fin du XVIe siècle en Europe, ce mouvement se maintiendra pendant la première moitié du XVIIe siècle.

Simon Bernard de Saint-André (1613-1677), *Vanité*, détail, huile sur toile, 52 x 44 cm (musée des Beaux-Arts, Marseille).

Contexte historique
- Guerres de Religion
- Règne de Louis XIII et régence d'Anne d'Autriche
- Révolte des nobles : la Fronde

Grands principes
- Représentation de l'inconstance, de la métamorphose, du jeu des apparences

Formes et genres
- La poésie lyrique
- Le roman précieux
- Le théâtre dans le théâtre
- Les hyperboles, antithèses, métaphores, périphrases

Thèmes dominants
- Le mouvement, l'instabilité
- Les métamorphoses du sentiment et de la nature
- L'illusion et les apparences
- La mort

Auteurs et œuvres
- Poésies de Saint-Amant et de Tristan l'Hermite
- Corneille, *L'Illusion comique* (1635)
- D'Urfé, *L'Astrée* (1607-1628)

LE CLASSICISME

Idéal esthétique et humain représenté par les écrivains de la génération de 1660-1680 (seconde moitié du XVIIe siècle).

Contexte historique
- Règne de Louis XIV
- Renforcement de la monarchie absolue
- Construction de Versailles

Grands principes
- Imitation des Anciens sans renoncer à faire œuvre personnelle
- Recherche d'un Beau idéal, d'une Vérité universelle, d'un Homme éternel, de la mesure et de l'équilibre grâce à la raison et à un patient travail sur la langue (❯ *Texte 1, p. 12*)
- Recherche d'une conciliation entre « instruire » et « plaire », par un écrivain moraliste

Formes et genres
- Théâtre : séparation des genres (comédie / tragédie) et respect des règles (unités, vraisemblance, bienséance...)
- Fables
- Oraisons funèbres et sermons
- Roman privilégiant l'analyse
- Art du fragment souvent teinté d'ironie : pensées, maximes, portraits, lettres...

Louis XIV en Apollon dans le Ballet de la Nuit (1653), détail, dessin aquarellé (Bibliothèque nationale de France, Paris).

Thèmes dominants
- Grandeurs et misères de la condition humaine confrontée au destin et au pouvoir
- Analyse des passions, des excès et des vices humains (amour-propre, hypocrisie, jalousie...)
- Recherche d'un idéal social et humain : l'« honnête homme »

Auteurs et œuvres
- Les comédies de Molière (❯ *chap. 24*)
- Les tragédies de Corneille et de Racine (❯ *chap. 25*)
- Pascal, *Pensées* (1670)
- La Fontaine, *Fables* (1668-1694)
- Madame de Lafayette, *La Princesse de Clèves* (1678)
- La Bruyère, *Les Caractères* (1688)
- Boileau, *Art poétique* (1674, manifeste)

LES LUMIÈRES

Mouvement d'idées qui s'exprime dès la fin du xviie siècle mais qui prend toute son ampleur avec l'*Encyclopédie* (1751-1772).

Contexte historique
- La Régence du duc d'Orléans
- Les règnes de Louis XV et de Louis XVI
- La Révolution française

Le Repas républicain au café le Procope à Paris (XVIIIe s.), peinture anonyme (café Le Procope, Paris).

Jean Rudolf Huber (1721-1786), *Le Lever de Voltaire à Ferney* (vers 1759), huile sur toile (musée Carnavalet, Paris).

Grands principes
- Autonomie de la pensée fondée sur la raison critique (ou « esprit d'examen »)
- Foi dans le progrès
- Primauté de la pensée rationnelle et expérimentale appliquée aux sciences mais aussi à la politique, à la religion, à la morale

Formes et genres
- Essais, articles de dictionnaire, contes philosophiques
- Roman (par lettres notamment)
- Théâtre : renouvellement de la comédie, création du drame bourgeois
- Prédilection pour la satire et l'ironie

Thèmes dominants
- Critique du préjugé, de la superstition, de l'intolérance, du fanatisme, du despotisme, de l'esclavage, de la guerre, des dogmes religieux
- Recherche du bonheur et d'une nouvelle organisation politique et sociale

Auteurs et œuvres
- Montesquieu, *Lettres persanes* (1721), *De l'esprit des lois* (1748)
- L'*Encyclopédie* (1751-1772)
- Voltaire, *Candide* (1759), *Dictionnaire philosophique portatif* (1764) (chap. 19)
- Diderot, *Le Neveu de Rameau* (1762)
- Rousseau, *Du contrat social* (1762), *Les Confessions* (1765-1770)
- Les comédies de Marivaux et Beaumarchais (chap. 26)

Jean-Antoine Watteau (1684-1721), *Pèlerinage à Cythère*, dit *L'Embarquement pour Cythère* (vers 1717), détail, huile sur toile, 129 x 194 cm (Château de Charlottenburg, Berlin, Allemagne).

LE ROMANTISME

Mouvement artistique et littéraire européen en rupture avec le classicisme. Amorcé dès la fin du XVIIIe siècle par le courant sensible inspiré de Rousseau, il domine les années 1820-1850 (première moitié du XIXe siècle).

Contexte historique
- Le Ier Empire de Napoléon Ier et sa chute en 1815
- La Restauration des Bourbons (1815-1830)
- La Monarchie de Juillet (1830-1848)
- Les révolutions de 1830 et 1848

Grands principes
- Le rejet des règles et du goût classiques
- La recherche de nouvelles formes susceptibles d'exprimer la totalité de l'expérience humaine (le bien et le mal, le beau et le laid…)
- La primauté de la sensibilité et l'aspiration vers l'infini
- L'affirmation et la révolte du « moi » contre le monde

Formes et genres
- Poésie lyrique, élégiaque et parfois épique : renouvellement de l'alexandrin
- Théâtre : mélange des genres et des registres dans le drame
- Roman noir ou « gothique » mais aussi roman social
- Goût du pittoresque et du symbole
- Métaphores, hyperboles

Thèmes dominants
- La solitude du « moi » et son « mal de vivre »
- Le rêve et la rêverie
- L'évasion dans la nature, le passé (et notamment le Moyen Âge) ou l'Orient
- La transgression des valeurs
- La mission prophétique du poète

Auteurs et œuvres
- Chateaubriand, *René* (1802)
- Lamartine, *Méditations poétiques* (1820)
- Hugo, Préface de *Cromwell* (1827, manifeste), *Hernani* (1830), *Les Contemplations* (1856), *Les Misérables* (1862)
- Musset, *Lorenzaccio* (1834)

LE RÉALISME

Courant artistique inspiré par l'œuvre de Balzac et Stendhal et s'affirmant en réaction à l'idéalisme romantique (seconde moitié du XIXe siècle).

Contexte historique
- La IIe République
- Le coup d'État de Louis Napoléon Bonaparte et le second Empire
- Début de la révolution industrielle

Grands principes
- La reproduction la plus fidèle possible de la réalité
- La mise en lumière des conditions sociales et économiques qui déterminent la vie des individus
- L'impartialité de l'écrivain

Formes et genres
- Le roman et la nouvelle, généralement à la 3e personne (〉*chap. 22*)
- Intrigues tirées de faits divers
- Goût de la documentation et de la description du détail vrai
- Langage des personnages approprié à leur milieu

Thèmes dominants
- Les mœurs contemporaines, la vie parisienne et provinciale, les différents milieux et métiers et leur influence sur les individus
- L'apprentissage de la vie
- L'ascension sociale et le déclassement
- La condition de la femme

Auteurs et œuvres
- Stendhal, *Le Rouge et le Noir* (1830)
- Balzac, *La Comédie humaine* (1842-1848) et son Avant-Propos (manifeste)
- Champfleury, *Le Réalisme* (1857, manifeste)
- Flaubert, *Madame Bovary* (1857)
- Maupassant, *Bel-Ami* (1885)

Jean-François Millet (1814-1875), *Les Glaneuses* (1857), détail, huile sur toile, 83,5 x 111 cm (musée d'Orsay, Paris).

LE NATURALISME

Né sous l'influence des sciences expérimentales, ce mouvement littéraire marque un approfondissement du réalisme (seconde moitié du XIXᵉ siècle).

Contexte historique
- Le second Empire
- La IIIᵉ République
- Le développement du capitalisme

Grands principes
- La mise en lumière des déterminismes biologiques, sociaux et historiques sur les individus
- La révélation de certains maux comme l'alcoolisme, la prostitution et la misère ouvrière
- La fidélité aux principes du réalisme

Formes et genres
- Un cycle romanesque permettant de couvrir plusieurs générations et milieux sociaux et professionnels
- Le vocabulaire technique des différentes activités (métiers, innovations)
- L'introduction du langage parlé ou populaire
- La métaphore et le grossissement épique (Zola)

Thèmes dominants
- Le rôle du corps, de l'hérédité, des tares physiques et psychiques
- Le monde de l'industrie, des machines, du commerce et de l'argent
- La grande ville et ses marges
- Le conflit du capital et du travail

Auteurs et œuvres
- E. et J. de Goncourt, Préface de *Germinie Lacerteux* (1865, manifeste)
- Émile Zola, *Les Rougon-Macquart*, histoire naturelle et sociale d'une famille sous le second Empire (1871-1893)

LE SYMBOLISME

École poétique inspirée par l'œuvre et la pensée de Charles Baudelaire et née en réaction contre le naturalisme (seconde moitié du XIXᵉ siècle).

Contexte historique
- La IIᵉ République
- Le second Empire
- La IIIᵉ République

Grands principes
- La révélation par la poésie de correspondances secrètes entre le monde sensible et un monde spirituel, invisible et idéal
- Un art qui privilégie le mystère et la suggestion

Formes et genres
- Le poème en prose
- Le vers libre
- Le vers impair qui privilégie la musicalité
- L'image rare comme symbole

Thèmes dominants
- L'évocation d'états d'âme, de paysages rêvés, de réalités cachées
- La fuite du temps et le vertige de l'instant
- Les déceptions et les enchantements du réel

Auteurs et œuvres
- Baudelaire, *Les Fleurs du mal* (1857)
- Verlaine, *Poèmes saturniens* (1866)
- Rimbaud, *Illuminations* (1886)
- Mallarmé, *Poésies* (1899)
- Moréas, *Manifeste du symbolisme* (1886, manifeste)

Le Parnasse

- Pour comprendre le symbolisme et Baudelaire, la connaissance du Parnasse est très importante.

Ce mouvement fut créé par des poètes publiant dans la revue *Le Parnasse contemporain* (1866-1876) et admirateurs de Théophile Gautier.

Ses grands principes sont l'impersonnalité, avec le refus du lyrisme romantique, le culte de la beauté formelle, de l'artisanat du vers, et **la doctrine de l'art pour l'art** qui rejette toute utilité sociale comme tout engagement de l'artiste.

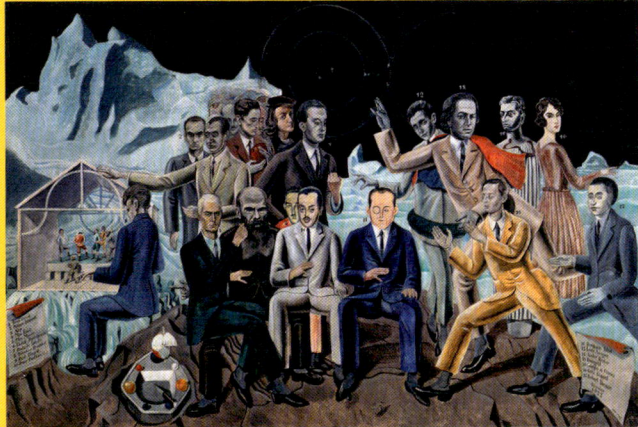

Max Ernst (1891-1976), *Au rendez-vous des amis* (1922), huile sur toile, 130 x 195 cm (musée Ludwig, Cologne, Allemagne).

LE SURRÉALISME

Mouvement artistique né au lendemain de la guerre de 1914-1918 et inspiré par la psychanalyse (première moitié du XXᵉ siècle).

Contexte historique
- IIIᵉ République
- Fin de la Première Guerre mondiale
- Révolution russe
- Naissance des totalitarismes

Grands principes
- Refus des catégories esthétiques traditionnelles
- L'art comme instrument de libération et de révolution
- Expression de l'inconscient (> *Texte 2, p. 13*)
- Rôle du hasard et des associations fortuites dans la création artistique

Formes et genres
- Poèmes en vers ou en prose, prose poétique
- Écriture automatique (> *Texte 2, p. 13*), jeux surréalistes, collages, calligrammes
- Associations d'images, d'idées étonnantes par la métaphore et la comparaison
- Créations collectives

Thèmes dominants
- L'amour fou et la femme
- La révolte
- La magie des villes et des rencontres
- Le rêve et autres manifestations de l'inconscient
- Les phénomènes paranormaux

Auteurs et œuvres
- Breton, *Le Manifeste du surréalisme* (1924, manifeste), *Nadja* (1928)
- Aragon, *Le Paysan de Paris* (1926)
- Éluard, *L'amour la poésie* (1929)

LE ROMAN ET LE THÉÂTRE DE L'ABSURDE

Œuvres soulignant, pendant et après la Seconde Guerre mondiale, l'absurdité de la condition humaine et l'étrangeté de l'homme au monde (2ᵉ moitié du XXᵉ siècle).

Contexte historique
- Seconde Guerre mondiale
- IVᵉ et Vᵉ Républiques

Grands principes
- Refus de la psychologie traditionnelle
- Mise en question des stéréotypes du langage et, au théâtre, de l'intrigue
- Mise en lumière des motivations inconscientes

Formes et genres
- Roman : monologue intérieur, expression des sensations plus que des sentiments
- Théâtre : répétitions, incohérence, rôle envahissant des objets, comique du non-sens, ironie tragique

Thèmes dominants
- Solitude de l'homme et silence du monde
- Insignifiance et / ou prolifération du langage
- Angoisses liées au regard d'autrui, au temps et à la mort

Auteurs et œuvres
- Sartre, *La Nausée* (1938), *Huis clos* (1944)
- Camus, *L'Étranger* (1942)
- Ionesco, *La Cantatrice chauve* (1950)
- Beckett, *En attendant Godot* (1953)

En attendant Godot, de Samuel Beckett, mise en scène de Philippe Adrien, avec Éric Petitjean et Jean Orofino (Théâtre de la Tempête, Paris, 1994).

LE NOUVEAU ROMAN

Ensemble d'œuvres apparues dans les années 1950 et marquées par la déconstruction du roman traditionnel.

Contexte historique
• IVᵉ et Vᵉ Républiques

Grands principes
• Refus du roman psychologique
• Remise en question du personnage
• Refus du déroulement chronologique
• Caractère expérimental dans la recherche de nouvelles techniques narratives

Le groupe du Nouveau Roman : (de droite à gauche) Nathalie Sarraute, Samuel Beckett, Jérôme Lindon, Robert Pinget, Alain Robbe-Grillet et Claude Simon, devant les Éditions de Minuit, Paris, 1959.

Formes et genres
• « Montage » du récit selon des techniques cinématographiques
• Descriptions selon une focalisation externe
• Monologues intérieurs
• Récit à la 2ᵉ personne
• Absence d'intrigue

Thèmes dominants
• L'écriture du roman comme sujet du livre
• Les phénomènes de conscience : impressions fugitives, désirs, rêves, souvenirs…
• Le télescopage de différents lieux et de différentes époques

Auteurs et œuvres
• Sarraute, *L'Ère du soupçon* (1956, manifeste), *Le Planétarium* (1960)
• Robbe-Grillet, *La Jalousie* (1957), *Pour un nouveau roman* (1961, manifeste)
• Butor, *La Modification* (1957)
• Simon, *La Route des Flandres* (1960)

La littérature contemporaine

Difficile à définir puisqu'elle est en train de se faire, la littérature de la fin du XXᵉ siècle et du début du XXIᵉ siècle exprime les préoccupations et les aspirations de l'homme contemporain.
La notion de « mouvement littéraire » ne peut s'appliquer à la « littérature contemporaine ». Toutefois certains principes et certaines tendances dans les formes et genres se dégagent.

Contexte
• Vᵉ République
• Décolonisation et mondialisation
• Chute du mur de Berlin
• Attentat terroriste du World Trade Center le 11 septembre 2001
• Entrée dans l'« ère numérique »

Grands principes
• Liberté du créateur par rapport aux principes, genres et courants du passé
• Ouverture aux autres cultures et aux autres arts (cinéma, arts plastiques…)
• Multiplication des expériences et jeux littéraires, des télescopages entre réalité et fiction

Formes et genres
• Renouvellement du théâtre : Koltès, Lagarce, Vinaver, Mouawad… (> *chap. 27*) et de la poésie : Guillevic, Bonnefoy, Jaccottet, Michaux, Tardieu… (> *chap. 28 à 30*)
• Poésie de l'objet : Ponge, Réda, Wexler…
• Prédilection pour l'autobiographie (Ernaux, Juliet) et l'« autofiction » (Doubrovsky)
• Développement du roman policier, de la science-fiction

Thèmes dominants
• La Seconde Guerre mondiale et la Shoah
• La société de consommation
• La condition de la femme
• La rencontre et la confrontation des cultures (dans la littérature francophone notamment)

Exercices

★

1 Distinguer genres, mouvements et registres littéraires

a. Classez ces termes en trois séries selon qu'ils désignent un genre, un mouvement ou un registre littéraire (>*page de garde du manuel*).

b. Précisez le siècle où les différents mouvements sont apparus.

roman – romantisme – tragédie – comique – essai – humanisme – Nouveau Roman – polémique – comédie – surréalisme – pathétique – fable – naturalisme – tragique – classicisme – lyrisme – nouvelle.

★

2 Situer auteurs et œuvres dans différents mouvements

a. Attribuez à chaque auteur l'œuvre qu'il a composée et précisez le genre de celle-ci.

b. Précisez à quel mouvement littéraire l'auteur peut être rattaché.

AUTEURS		ŒUVRES	
1.	Montaigne	a.	*Le Contrat social*
2.	Molière	b.	*Le Planétarium*
3.	Racine	c.	*Le Paysan de Paris*
4.	La Bruyère	d.	*Essais*
5.	Rousseau	e.	*Le Mariage de Figaro*
6.	Beaumarchais	f.	*Andromaque*
7.	Musset	g.	*Germinal*
8.	Flaubert	h.	*Tartuffe*
9.	Zola	i.	*Les Caractères*
10.	Rimbaud	j.	*Lorenzaccio*
11.	Aragon	k.	*Madame Bovary*
12.	Ionesco	l.	*La Cantatrice chauve*
13.	Sarraute	m.	*Illuminations*

★

3 Connaître les chefs de file de certains mouvements littéraires

a. Quels auteurs ont été considérés en France comme les chefs de file des mouvements littéraires suivants ?

b. Dans quels manifestes ou quelles œuvres ont-ils exprimé les principes de ces mouvements ?

le romantisme – le naturalisme – le surréalisme.

★

4 Réaliser une frise chronologique

Dès le début de l'année scolaire, réalisez une frise chronologique des mouvements littéraires, objets d'étude, auteurs, textes et genres étudiés. Complétez-la au cours de vos classes de Seconde

et de Première en français. Vous pourrez vous inspirer du tableau et de l'exemple suivants.

	Auteur	Œuvre ou texte	Genre	Mouvement littéraire	Objet d'étude
XVIᵉ s.					
XVIIᵉ s.	Racine	*Phèdre*	Tragédie	Classicisme	La tragédie et la comédie au XVIIᵉ s.
XVIIIᵉ s.					
XIXᵉ s.					
XXᵉ s.					

★★

5 Repérer les ruptures marquées par les mouvements

a. En étudiant la définition, les principes ou les formes des mouvements suivants (>*pp. 14-20*), précisez en quoi chacun marque une rupture avec des mouvements précédents : le classicisme, le romantisme, le Parnasse, le réalisme, le symbolisme, le surréalisme.

b. En quoi le Nouveau Roman se distingue-t-il du roman des époques précédentes ? Intéressez-vous notamment aux modes de narration (>*chap. 21*) et au statut des personnages (>*chap. 23*).

Mise au point
Définir un mouvement littéraire

▎Un **mouvement littéraire** rassemble des écrivains partageant les **mêmes aspirations**, des préoccupations communes, certains goûts et dégoûts : un mouvement s'affirme en effet souvent contre un précédent courant.

▎Il s'inscrit dans un **contexte historique** particulier **et un mouvement culturel, artistique plus vaste** (>*chap. 3*). Il se reconnaît par des **thèmes dominants**, des **formes et des genres privilégiés**, de **grands principes** affirmés dans des **textes théoriques** (manifestes, arts poétiques, préfaces…) par ses membres et ses chefs de file.

▎Au cours de l'histoire littéraire, cependant, certains grands écrivains se sont tenus, dans un **esprit d'indépendance**, à l'écart de ces mouvements. C'est notamment le cas au XXᵉ siècle avec **Proust, Gide, Mauriac, Malraux…**

Associer révolutions scientifiques et mouvements culturels

a. À quels mouvements littéraires et culturels peuvent être associées ces grandes découvertes géographiques et scientifiques ? Aidez-vous du Connaître l'essentiel (> *pp. 14-20*).

b. Précisez le lien qui peut être établi entre les principes de ces mouvements et ces découvertes.

1. La découverte de l'Amérique (1492)
2. Les découvertes astronomiques de Galilée (1564-1642)
3. La loi de l'attraction universelle de Newton (1642-1727)
4. L'*Introduction à l'étude de la médecine expérimentale* (1865) de Claude Bernard (1813-1878)
5. Les travaux de Freud (1856-1939) sur l'inconscient.

Des mots pour...

parler d'un mouvement littéraire

▌ **Tel ou tel mouvement littéraire** est né, est apparu, s'est développé, s'est opposé à, s'est démarqué de, a marqué une rupture avec, exprime, privilégie, a pour principes, se définit par, se caractérise par, se distingue de / par...

▌ **Telle ou telle œuvre** s'inscrit dans ce mouvement littéraire, s'y rattache, l'illustre, correspond à ses principes, s'y oppose, rompt avec lui, s'en démarque, le parodie, le caricature...

▌ **Tel ou tel auteur** participe à ce mouvement, le guide, en est le représentant, le chef de file, le théoricien, l'adversaire... l'inaugure, le résume, s'en éloigne, s'y oppose...

★★
7 **Approfondir sa connaissance des mouvements littéraires**

a. Pourquoi parle-t-on à propos du XVIe siècle de « Renaissance » ?

b. Pourquoi des poètes du XVIe siècle ont-ils choisi comme nom de leur groupe la Pléiade ?

c. Recherchez l'étymologie du mot « baroque » et expliquez le rapport entre le sens étymologique et l'esthétique de ce mouvement.

d. Quelles sont les différents sens de la métaphore qui donne son nom au mouvement des Lumières ?

e. Dans quels pays européens est d'abord apparu le romantisme ?

f. Quel poète a inventé le mot « surréalisme » ?

g. Quelle est la nationalité des deux grands auteurs du théâtre de l'absurde, Ionesco et Beckett ?

★★
8 **Associer de grands auteurs européens à des mouvements culturels**

a. À quels mouvements culturels peut-on rattacher ces grands écrivains ou philosophes européens ?

b. Citez l'une de leurs œuvres.

1. Pétrarque	6. Kant
2. Érasme	7. Goethe
3. Shakespeare	8. Byron
4. Cervantès	9. Dickens
5. Descartes	10. Kafka.

★★
9 **Réaliser un diaporama sur un mouvement culturel**

a. Faites une recherche (au CDI, dans votre cours, dans des manuels, dans une encyclopédie en ligne > *chap. 46*) pour approfondir votre connaissance du classicisme en littérature (> *p. 15*), mais aussi dans d'autres domaines artistiques (> *chap. 3*).

b. Réalisez un diaporama (> *chap. 51*) sur ce mouvement culturel présentant :

1. le contexte historique, avec comme illustrations quelques grandes figures politiques de l'époque ;

2. les grands principes de ce mouvement et l'opposition entre le classicisme et le baroque illustrés par des exemples empruntés à la littérature, l'architecture, la peinture, la musique.

★★★
10 **Dégager de deux préfaces les principes d'un mouvement**

a. Comparez les idées développées par les Goncourt et Zola au sujet de la nouveauté de leur œuvre et de la représentation du peuple.

b. En quoi ces textes correspondent-ils à la définition et aux principes du naturalisme (> *p. 18*) ?

TEXTE 1

Vivant au XIXe siècle, dans un temps de suffrage universel, de démocratie, de libéralisme, nous nous sommes demandé si ce qu'on appelle les « basses classes » n'avait pas droit au Roman ;
5 si ce monde sous un monde, le peuple, devait rester sous le coup de l'interdit littéraire et des dédains d'auteurs qui ont fait jusqu'ici le silence sur l'âme et le cœur qu'il peut avoir. Nous nous sommes demandé s'il y avait encore pour l'écri-
10 vain et pour le lecteur, en ces années d'égalité où nous sommes, des classes indignes, des malheurs trop bas, des catastrophes d'une terreur trop peu

nobles. Il nous est venu la curiosité de savoir si cette forme conventionnelle d'une littérature ou-
15 bliée et d'une société disparue, la Tragédie, était définitivement morte ; si, dans un pays sans caste et sans aristocratie légale, les misères des petits et des pauvres parleraient à l'intérêt, à l'émotion, à la pitié, aussi haut que les misères des grands et
20 des riches ; si en un mot, les larmes qu'on pleure en bas pourraient faire pleurer comme celles qu'on pleure en haut. […]

Maintenant, que ce livre soit calomnié : peu lui importe. Aujourd'hui que le Roman s'élargit
25 et grandit, qu'il commence à être la grande forme sérieuse, passionnée, vivante, de l'étude littéraire et de l'enquête sociale, qu'il devient, par l'analyse et par la recherche psychologique, l'Histoire morale contemporaine, aujourd'hui que le Roman
30 s'est imposé les études et les devoirs de la science, il peut en revendiquer les libertés et les franchises.

Jules et Edmond DE GONCOURT,
Préface de *Germinie Lacerteux* (1865)

TEXTE 2

Lorsque *L'Assommoir* a paru dans un journal, il a été attaqué avec une brutalité sans exemple, dénoncé, chargé de tous les crimes. Est-il bien nécessaire d'expliquer ici, en quelques lignes,
5 mes intentions d'écrivain ? J'ai voulu peindre la déchéance fatale d'une famille ouvrière, dans le milieu empesté de nos faubourgs. Au bout de l'ivrognerie et de la fainéantise, il y a le relâchement des liens de la famille, les ordures de
10 la promiscuité, l'oubli progressif des sentiments honnêtes, puis comme dénouement la honte et la mort. C'est la morale en action, simplement.

L'Assommoir est à coup sûr le plus chaste de mes livres. Souvent j'ai dû toucher à des plaies au-
15 trement épouvantables. La forme seule a effaré. On s'est fâché contre les mots. Mon crime est d'avoir eu la curiosité littéraire de ramasser et de couler dans un moule très travaillé la langue du peuple. Ah ! la forme, là est le grand crime ! Des
20 dictionnaires de cette langue existent pourtant, des lettrés l'étudient et jouissent de sa verdeur, de l'imprévu et de la force de ses images. Elle est un régal pour les grammairiens fureteurs. N'importe, personne n'a entrevu que ma volonté était
25 de faire un travail purement philologique, que je crois d'un vif intérêt historique et social.

Je ne me défends pas, d'ailleurs. Mon œuvre me défendra. C'est une œuvre de vérité, le premier roman sur le peuple, qui ne mente pas et qui
30 ait l'odeur du peuple.

Émile ZOLA, Préface de *L'Assommoir* (1877)

★★★
11 Tester sa culture générale

Testez vos connaissances sur les grands mouvements de l'histoire littéraire en répondant à ces vingt questions. (>*pp. 14-20*)

1. Citez deux humanistes du XVIe siècle.
2. Quels événements historiques ont suscité la réflexion des humanistes ?
3. Citez deux poètes de la Pléiade.
4. Situez dans le temps le mouvement baroque.
5. Citez deux thèmes de prédilection du mouvement baroque.
6. Sous quel règne s'est constitué le classicisme ?
7. Citez deux pièces de théâtre classiques.
8. Quelle œuvre collective résume le mouvement des Lumières ?
9. Énoncez deux grands principes des Lumières.
10. Quelles révolutions ont marqué la genèse du romantisme ?
11. Quel genre théâtral s'est développé dans le cadre du romantisme ?
12. Quels romanciers ont été les initiateurs du réalisme ?
13. Citez une œuvre de Flaubert et une de Maupassant.
14. Quel nom Zola a-t-il donné à un cycle de vingt romans ?
15. Citez deux des déterminismes que le naturalisme entend étudier.
16. Citez deux poètes symbolistes.
17. Quand est apparu le surréalisme ?
18. Citez deux pièces du théâtre de l'absurde.
19. En quoi les auteurs du Nouveau Roman ont-ils innové ?
20. Citez deux auteurs du Nouveau Roman.

Mise au point
Les mots désignant les mouvements littéraires

▮ Ils ont un sens historique précis qu'on doit nettement distinguer du sens commun.
▮ On évitera ainsi de réduire le terme **« romantique »** à tout ce qui relève de l'amour, du rêve ou d'une atmosphère poétique (comme parler d'un film romantique pour évoquer un film sentimental).
▮ De même on ne confondra pas le naturaliste, savant qui étudie les plantes, les minéraux, les végétaux, et un auteur du courant **naturaliste**.
▮ Enfin on se gardera de qualifier de **« surréaliste »** et quelle que soit son époque tout écrivain qui privilégie l'étrange, la fantaisie, le merveilleux. (Un écrivain de science-fiction n'est pas nécessairement surréaliste.)

Savoir situer un texte dans son époque et son contexte

Objectifs et compétences

▶ Savoir placer un texte dans l'histoire et dans son contexte littéraire et culturel
▶ Distinguer l'époque de la rédaction d'une œuvre et l'époque qu'elle dépeint
▶ Confronter un texte avec une préface, un art poétique ou le manifeste d'un mouvement littéraire

IIIIIIII Découvrir

Texte 1

L'action de cette scène se déroule la nuit, dans la cour intérieure d'un palais, à Saragosse, en Espagne, en février 1519. Le roi Don Carlos tente d'enlever Doña Sol, la jeune femme dont il est épris, à celui qu'elle aime et qu'il a proscrit, le « bandit » Hernani. La scène est l'illustration d'un abus de pouvoir, d'un homme et d'un roi qui se destine à devenir empereur sous le nom de Charles Quint.

DON CARLOS
– Donc vous me haïssez ?

DOÑA SOL
Je ne vous aime pas.
[…]
Elle se jette à ses genoux ; il cherche à l'entraîner.

DON CARLOS
Viens ! Je n'écoute rien. Viens ! Si tu m'accompagnes,
Je te donne, choisis, quatre de mes Espagnes[1] !
Dis, lesquelles veux-tu ? Choisis !
Elle se débat dans ses bras.

DOÑA SOL
Pour mon honneur,
5 Je ne veux rien de vous, que ce poignard, seigneur !
Elle lui arrache le poignard de sa ceinture. Il la lâche et recule.
Avancez maintenant ! faites un pas !

DON CARLOS
La belle !
Je ne m'étonne plus si l'on aime un rebelle.
Il veut faire un pas. Elle lève le poignard.

DOÑA SOL
Pour un pas, je vous tue, et me tue !
Il recule. Elle se détourne et crie avec force.
Hernani !
Hernani !

DON CARLOS
Taisez-vous.

DOÑA SOL, *le poignard levé.*
Un pas ! tout est fini.

▶ Victor HUGO, *Hernani*, acte II (« Le Bandit »), scène 2, v. 520-544 (1830)

1. Quatre de mes provinces.

Paul Albert Bernard (1849-1934), *La Première d'Hernani à la Comédie-Française en 1830* (1830), détail, huile sur toile, 105 x 122 cm (maison de Victor Hugo, Paris).

Texte 2

Le romantisme, tant de fois mal défini, n'est, à tout prendre, et c'est là sa définition réelle, si l'on ne l'envisage que sous son côté militant, que le libéralisme[1] en littérature. […] Les Ultras[2] de tout genre, classiques ou monarchiques,
5 auront beau se prêter secours pour refaire l'ancien régime de toutes pièces, société et littérature ; chaque progrès du pays, chaque développement des intelligences, chaque pas de la liberté fera crouler tout ce qu'ils auront échafaudé. Et, en définitive, leurs efforts de réaction auront été utiles. En
10 révolution, tout mouvement fait avancer. La vérité et la liberté ont cela d'excellent que tout ce qu'on fait pour elles et tout ce qu'on fait contre elles les sert également. Or, après tant de grandes choses que nos pères ont faites[3], et que nous avons vues, nous voilà sortis de la vieille forme sociale ; com-
15 ment ne sortirions-nous pas de la vieille forme poétique ? À peuple nouveau, art nouveau. Tout en admirant la littérature de Louis XIV si bien adaptée à sa monarchie, elle saura bien avoir sa littérature propre et personnelle et nationale, cette France actuelle, cette France du dix-neuvième siècle,
20 à qui Mirabeau[4] a fait sa liberté et Napoléon sa puissance.

▶ Victor HUGO, Préface d'*Hernani*, 9 mars 1830

1. La liberté au sens politique et notamment la liberté d'expression.
2. « Ultras » royalistes, partisans du rétablissement de l'Ancien Régime.
3. Allusion à la Révolution française.
4. Un des principaux participants de la Révolution de 1789.

COMPAREZ LES TEXTES

1. À quelle époque a été composé *Hernani* ? Quelles oppositions politiques et littéraires se manifestent à cette époque, d'après la préface de la pièce (Texte 2) ?

2. À quel mouvement littéraire peut-on rattacher la pièce ? Quel est son genre ?

3. À quelle époque se déroule l'action d'*Hernani* (Texte 1) ? Quelle valeur symbolique prend le conflit entre Don Carlos et Doña Sol ?

4. Comment le personnage de Doña Sol (Texte 1) met-il en pratique l'exigence de liberté qui définit, d'après la préface (Texte 2), la révolution littéraire que Victor Hugo veut promouvoir ?

Problématique

● **Comment tirer parti, dans l'étude d'un texte, de la connaissance de son contexte historique et littéraire ?**

Étudier un texte en français, c'est chercher, pour l'éclairer, à le replacer dans un ensemble plus vaste, son contexte :
- l'œuvre dont il est extrait ;
- l'époque où cette œuvre a été composée ;
- le genre et le mouvement littéraire auxquels cette œuvre appartient ;
- les textes théoriques définissant ce mouvement ;
- d'autres œuvres de la même époque (ou d'époques antérieures) qui ont pu l'influencer, en littérature ou dans les autres formes d'art.

L'œuvre et son « contexte »

MÉTHODE

Replacer un texte dans son contexte

Distinguer l'époque de la rédaction d'une œuvre et l'époque qu'elle dépeint

🖋 **Utilisez le paratexte** pour mieux situer l'œuvre dans le temps ou élucider des allusions historiques : date de publication, parfois distincte de la date de rédaction, préface de l'œuvre (❯ *Texte 2, p. 25*), notes sur le texte, introduction en italique (ou « chapeau »)...

*La préface (Texte 2) vous informe qu'*Hernani *est une pièce romantique.*

🖋 **Distinguez l'époque de composition** de l'œuvre et **l'époque de l'histoire** racontée dans l'œuvre.

Hernani *a été composé en 1830, mais la pièce raconte une histoire se passant en 1519.*

🖋 **Interrogez-vous sur les relations entre ces deux époques.**

Les auteurs romantiques, comme Victor Hugo, ont une prédilection pour le Moyen Âge, la Renaissance ou l'époque napoléonienne qu'ils considèrent comme des temps plus héroïques que le leur.

🖋 **Recherchez dans le texte des échos** de la langue de l'époque, de la vie sociale, économique et politique, de l'état de la science au temps de l'auteur.

La révolte de Doña Sol évoque la contestation qui mène, en 1830, à la chute de Charles X.

Repérer dans le texte les caractéristiques d'un mouvement littéraire et culturel

🖋 **Décelez des thèmes** caractéristiques d'un mouvement.

La passion romantique et l'affirmation du « moi » chez Don Carlos et Doña Sol dans le Texte 1 (p. 24).

🖋 **Analysez la mise en œuvre des principes,** des genres et procédés littéraires caractérisant ce mouvement (❯ *chap. 1*).

L'emploi très libre de l'alexandrin et la violence sur scène marquent, dans le Texte 1, la nette rupture du drame romantique avec les règles et le goût classiques.

🖋 **Utilisez l'éclairage fourni par d'autres textes** comparables de la même époque, du même genre, manifestes du mouvement, préfaces (❯ *Texte 2*), jugements critiques.

*La Préface d'*Hernani *(❯ Texte 2) met en relation la révolution littéraire du romantisme et les révolutions politiques de son temps ; elle oppose les romantiques et les classiques.*

🖋 **Enrichissez votre vision du texte** en le comparant à d'autres formes d'expression artistique de l'époque (❯ *chap. 3*).

EXEMPLE COMMENTÉ

Hernani *fut représenté pour la première fois le 25 février 1830. Un témoin de l'événement décrit l'atmosphère de cette soirée.*

On pensait que la représentation serait tumultueuse, et il fallait des jeunes gens enthousiastes pour soutenir la pièce. Les haines entre classiques et romantiques étaient [...] vives [...]. Le succès fut
5 éclatant comme un orage, avec sifflements de vents, éclairs, pluie et foudres. Toute une salle soulevée par l'admiration frénétique des uns et la colère opiniâtre des autres !

Théophile GAUTIER, *L'Illustration*, 9 mars 1867

• L'article de T. Gautier constitue un témoignage précieux sur ce qu'on a appelé la « Bataille d'Hernani ». La violence des affrontements dans la pièce (❯ *Texte 1, p. 24*) est redoublée par la violence des réactions du public lors de sa représentation illustrée ici par la métaphore de l'orage. La pièce de Hugo devint le manifeste d'un nouveau théâtre anticlassique, mais aussi d'un conflit entre générations qui a une résonance politique en 1830 : la pièce précède de quelques mois la révolution de juillet 1830 qui met fin à la Restauration des Bourbons.

★

1 Utiliser le paratexte pour situer des œuvres dans le temps

a. En vous aidant du paratexte, précisez quand les œuvres suivantes ont été écrites ou publiées, qui en est l'auteur et qui est le narrateur des faits rapportés.

b. Où et quand se passent ces événements ? Que remarquez-vous en ce qui concerne la date de publication du Texte 1 ?

c. Selon vous à quel genre appartient chacun de ces extraits ?

Texte 1

Je suis né à Genève en 1712, d'Isaac Rousseau, citoyen, et de Suzanne Bernard, citoyenne. […]

J'avais un frère plus âgé que moi de sept ans. L'extrême affection qu'on avait pour moi le fai-
5 sait un peu négliger, et ce n'est pas cela que j'approuve. Son éducation se sentit de cette négligence. Il prit le train du libertinage, même avant l'âge d'être un vrai libertin. […] Enfin mon frère tourna si mal, qu'il s'enfuit et disparut tout à fait.
10 Quelque temps après, on sut qu'il était en Allemagne. Il n'écrivit pas une seule fois. On n'a plus eu de nouvelles depuis ce temps-là, et voilà comment je suis demeuré fils unique.

Jean-Jacques ROUSSEAU, *Les Confessions*, livre I, (1765-1770, publication 1782)

Texte 2

Hier la nation française tout entière a porté les restes de Jean-Jacques Rousseau dans la crypte de l'église Sainte-Geneviève, reconvertie en Panthéon[1]. La foule était considérable, comme la
5 gloire de ce grand homme. Mais dans cet immense concours de peuple pas un être ne savait que l'illustre Jean-Jacques avait un frère ; que ce frère assistait à la cérémonie ; et que c'était moi. […] J'écris ce récit sans l'espoir d'être lu,
10 et sans la crainte de ne l'être pas. J'ai décidé de m'y adresser à toi, Jean-Jacques ; je dirai plus loin pourquoi. […]

Tu parles si faussement de ta naissance que je suis obligé de faire remonter le lecteur à l'époque
15 de la mienne. Je vis le jour à l'aube du 15 mars 1705, dans une belle maison froide de la haute ville[2], au numéro 40 de la Grand'Rue. En mémoire de nos fiers ancêtres huguenots et français, on choisit de me prénommer François.

Stéphane AUDEGUY, *Fils unique* (2006), © Éditions Gallimard

1. Les cendres de J.-J. Rousseau, mort en 1778, furent transférées au Panthéon à Paris en octobre 1794. – 2. La haute ville de Genève.

★★

8 Distinguer époque de publication et faits racontés

a. Comparez dans ces extraits de romans la date de publication du texte et la date des événements racontés. Qu'observez-vous ?

b. Quelle est l'intention de chacun des auteurs en datant ainsi les faits ? Comment est suggéré le jugement du narrateur à propos de ces faits ?

c. Qu'est-ce qui apparente le Texte 2 à une sorte de reportage ? Renseignez-vous sur le rôle historique et politique d'André Malraux pendant la guerre d'Espagne.

Texte 1

Le 15 mai 1796, le général Bonaparte fit son entrée dans Milan à la tête de cette jeune armée qui venait de passer le pont de Lodi, et d'apprendre au monde qu'après tant de siècles César
5 et Alexandre avaient un successeur. Les miracles de bravoure et de génie dont l'Italie fut témoin en quelques mois réveillèrent un peuple endormi.

STENDHAL, *La Chartreuse de Parme* (1839)

Texte 2

En 1936, une guerre civile éclate en Espagne entre les troupes rebelles du général Franco et le gouvernement républicain. Des combattants de différents pays (les Brigades internationales) viennent défendre Madrid et la République contre les fascistes.

Madrid, 2 décembre 1936

Devant la fenêtre, il y a deux morts. Le blessé, on l'a tiré en arrière par les pieds. Cinq copains tiennent l'escalier, leurs grenades à main près d'eux. Une trentaine d'Internationaux sont au
5 quatrième étage d'une maison rose.

Un haut-parleur énorme, de ceux que transportent les camions républicains pour la propagande et dont le pavillon les emplit, crie dans l'après-midi d'hiver qui décline déjà : « Cama-
10 rades ! Camarades ! Gardez toutes vos positions. Les fascistes n'auront plus de munitions ce soir […]. » Mais pour l'instant ils en ont : ils ont contre-attaqué et occupent les deux premiers étages.

André MALRAUX, *L'Espoir* (1937), © Éditions Gallimard

Texte 3

Winston Smith vit dans un pays où règne un parti unique dirigé par Big Brother, où chacun est étroitement surveillé par le ministère de la Vérité et où le présent ressemble au passé. Il décide pourtant d'écrire son journal.

Ce qu'il allait commencer, c'était son journal. Ce n'était pas illégal (rien n'était illégal puisqu'il n'y avait plus de lois), mais s'il était découvert, il serait, sans aucun doute, puni de mort ou de vingt-cinq ans au moins de travaux forcés dans un camp. [...] Faire un trait sur le papier était un acte décisif. En petites lettres maladroites, il écrivit :

4 avril 1984

Il se redressa. Un sentiment de complète impuissance s'était emparé de lui. Pour commencer il n'avait aucune certitude que ce fût vraiment 1984. On devait être aux alentours de cette date, car il était sûr d'avoir trente-neuf ans, et il croyait être né en 1944 ou 1945. Mais par les temps qui couraient, il n'était possible de fixer une date qu'à un ou deux ans près.

Georges ORWELL, *1984* (1949), 1950 pour la traduction française d'Amélie Audiberti, © Éditions Gallimard

Exercice guidé

★★
3 Repérer les caractéristiques d'un mouvement

a. Déterminez les mouvements littéraires auxquels on peut associer les poèmes suivants :
➜ en examinant leur date de publication ;
➜ en vous reportant au tableau des mouvements littéraires (> *chap. 1, pp. 14-20*) ;
➜ en vous fondant sur l'examen de leurs thèmes, de leurs formes et de leurs images.
b. Quels principes de chacun de ces mouvements les poèmes illustrent-ils ?

TEXTE 1

Tout n'est plein ici bas que de vaine apparence,
Ce qu'on donne à sagesse est conduit par le sort,
L'on monte et l'on descend avec pareil effort,
Sans jamais rencontrer l'état de consistance.

Que veiller et dormir ont peu de différence !
Grand maître en l'art d'aimer, tu te trompes bien
[fort
En nommant le sommeil l'image de la mort :
La vie et le sommeil ont plus de ressemblance.

Comme on rêve en son lit, rêver en la maison,
Espérer sans succès, et craindre sans raison,
Passer et repasser d'une à une autre envie,

Travailler avec peine et travailler sans fruit,
Le dirai-je, mortels, qu'est-ce que cette vie ?
C'est un songe qui dure un peu plus qu'une nuit.

Jacques VALLÉE DES BARREAUX, *Nouveau cabinet des Muses*, « La vie est un songe » (1658)

TEXTE 2

La terre est bleue comme une orange
Jamais une erreur les mots ne mentent pas
Ils ne vous donnent plus à chanter
Au tour des baisers de s'entendre
Les fous et les amours

Elle sa bouche d'alliance
Tous les secrets tous les sourires
Et quels vêtements d'indulgence
À la croire toute nue.

Les guêpes fleurissent vert
L'aube se passe autour du cou
Un collier de fenêtres
Des ailes couvrent les feuilles
Tu as toutes les joies solaires
Tout le soleil sur la terre
Sur les chemins de ta beauté.

Paul ELUARD, « La Terre est bleue comme une orange » in *L'Amour la poésie* (1929), © Éditions Gallimard

★★★
4 Confronter un texte et le manifeste d'un mouvement

En quoi le texte suivant est-il représentatif des idées développées par Zola dans la préface de *L'Assommoir*, considérée comme un manifeste du naturalisme (> *Texte 2 de l'exercice 10, p. 23*) ?

Gervaise, une ouvrière blanchisseuse, célèbre sa fête avec son mari, Coupeau, des amis et des voisins. Une oie énorme est le morceau de choix du repas.

Et l'odeur de l'oie réjouissait et épanouissait la rue ; les garçons de l'épicier croyaient manger de la bête, sur le trottoir d'en face ; la fruitière et la tripière, à chaque instant, venaient se planter devant leur boutique, pour renifler l'air, en se léchant les lèvres. Positivement, la rue crevait d'indigestion. Mmes Cudorge, la mère et la fille, les marchandes de parapluies d'à côté, qu'on n'apercevait jamais, traversèrent la chaussée l'une derrière l'autre, les yeux en coulisse, rouges comme si elles avaient fait des crêpes. Le petit bijoutier, assis à son établi, ne pouvait plus travailler, soûl d'avoir compté les litres, très excité au milieu de ses coucous joyeux. Oui, les voisins en fumaient ! criait Coupeau. Pourquoi donc se serait-on caché ? La société, lancée, n'avait plus honte de se montrer à table ; au contraire, ça la flattait et l'échauffait, ce monde attroupé, béant de gourmandise ; elle aurait voulu enfoncer la devanture, pousser le couvert jusqu'à la chaussée, se payer là le dessert, sous le nez du public, dans le branle[1] du pavé. [...] Une fraternité s'établissait avec la rue. On trinquait à ceux qui passaient. On appelait les camarades qui avaient l'air bon zig[2]. Le gueuleton s'étalait, gagnait de proche en proche, tellement que le quartier de la Goutte-d'Or entier sentait la boustifaille et se tenait le ventre dans un bacchanal[3] de tous les diables.

Émile ZOLA, *L'Assommoir*, chap. VII (1878)

1. L'agitation. – 2. L'air d'un bon garçon. – 3. Une fête très arrosée.

Art poétique

À Charles Morice

De la musique avant toute chose,
Et pour cela préfère l'Impair
Plus vague et plus soluble dans l'air,
Sans rien en lui qui pèse ou pose.

5   Il faut aussi que tu n'ailles point
Choisir tes mots sans quelque méprise :
Rien de plus cher que la chanson grise
Où l'Indécis au Précis se joint.

C'est des beaux yeux derrière des voiles,
10 C'est le grand jour tremblant de midi,
C'est par un ciel d'automne attiédi
Le bleu fouillis des claires étoiles !

Car nous voulons la Nuance encor,
Pas la Couleur, rien que la nuance !
15 Oh ! la nuance seule fiance
Le rêve au rêve et la flûte au cor !

Fuis du plus loin la Pointe assassine,
L'Esprit cruel et le Rire impur,
Qui font pleurer les yeux de l'Azur,
20 Et tout cet ail de basse cuisine !

Prends l'éloquence et tords-lui son cou !
Tu feras bien, en train d'énergie,
De rendre un peu la Rime assagie.
Si l'on n'y veille, elle ira jusqu'où ?

25 Ô qui dira les torts de la Rime !
Quel enfant sourd ou quel nègre fou
Nous a forgé ce bijou d'un sou
Qui sonne creux et faux sous la lime ?

De la musique encore et toujours !
30 Que ton vers soit la chose envolée
Qu'on sent qui fuit d'une âme en allée
Vers d'autres cieux à d'autres amours.

Que ton vers soit la bonne aventure
Éparse au vent crispé du matin
35 Qui va fleurant la menthe et le thym…
Et tout le reste est littérature.

▶ Paul VERLAINE, *Jadis et naguère* (1884)

Vincent Van Gogh (1853-1890), *La Nuit étoilée à Arles* (1888), huile sur toile, 72 x 92 cm (musée d'Orsay, Paris).

Compréhension

1. Comment les principaux conseils de cet « art poétique » sont-ils mis en pratique dans le poème ?
2. À quel mouvement littéraire peut-on rattacher ce texte ? Justifiez votre réponse.

Vers le commentaire

Vous commenterez ce texte en suivant ces deux directions :
1. un mélange de conseils et de critiques
2. une définition et une pratique de la poésie qui la rapprochent des autres arts (musique, peinture…).

Pour réussir…

- Étudier les formes de l'injonction et de la critique
- Analyser les images en relation avec les arts
- Commenter le rythme des vers

**Objectifs
et compétences**

▶ Acquérir des repères en histoire des arts
▶ Confronter un texte littéraire et une œuvre d'un autre champ artistique de la même époque
▶ Étudier la critique d'art

|||||||| Découvrir

Document 1

L'Union libre

Ma femme à la chevelure de feu de bois
Aux pensées d'éclairs de chaleur
À la taille de sablier
Ma femme à la taille de loutre entre les dents du tigre
[…]
5 Ma femme aux cils de bâtons d'écriture d'enfant
Aux sourcils de bord de nid d'hirondelle
Ma femme aux tempes d'ardoise de toit de serre
Et de buée aux vitres
Ma femme aux épaules de champagne
10 Et de fontaine à têtes de dauphins sous la glace
Ma femme aux poignets d'allumettes
Ma femme aux doigts de hasard et d'as de cœur
Aux doigts de foin coupé
[…]
Aux seins de nuit
15 Ma femme aux seins de taupinière marine
Ma femme aux seins de creuset du rubis
Aux seins de spectre de la rose sous la rosée
Ma femme au ventre de dépliement d'éventail des jours
Au ventre de griffe géante
20 Ma femme au dos d'oiseau qui fuit vertical
Au dos de vif-argent[1]
Au dos de lumière
À la nuque de pierre roulée et de craie mouillée
Et de chute d'un verre dans lequel on vient de boire
[…]
25 Ma femme aux yeux pleins de larmes
Aux yeux de panoplie violette et d'aiguille aimantée
Ma femme aux yeux de savane
Ma femme aux yeux d'eau pour boire en prison […].

André BRETON, *Clair de terre* (1931), © **Éditions Gallimard**

Document 2

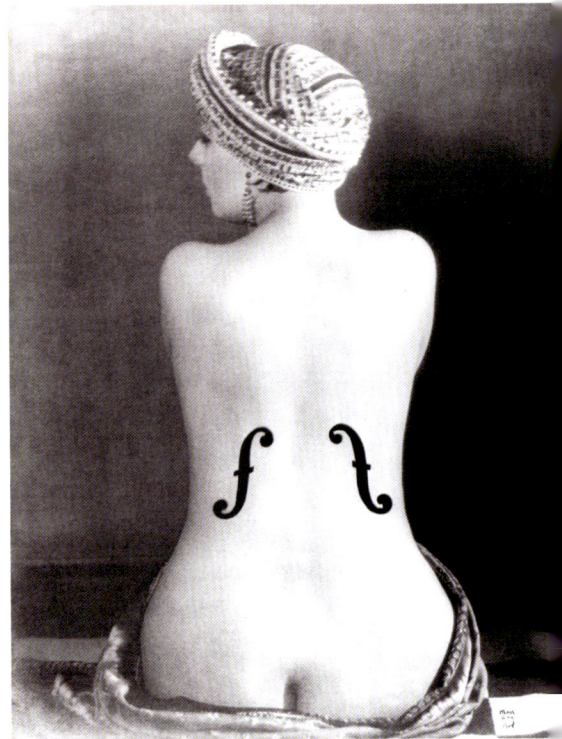

Man Ray (1890-1976), *Le Violon d'Ingres* (1924),
épreuve gélatino-argentique montée sur papier,
31 x 24,7 cm (Centre Georges-Pompidou, Paris).

1. Sens propre : mercure ; sens
figuré : aux mouvements rapides.

Document 3

Salvador Dalí (1904-1989), *Visage de Mae West pouvant être utilisé comme appartement surréaliste* (1934-1935), gouache sur papier journal, 31 x 17 cm (Art Institute, Chicago, États-Unis).

Document annexe

On peut imaginer le temps où les problèmes de la peinture [...] sembleront aussi étranges, aussi anciens que les tourments prosodiques[1] des poètes peuvent dès maintenant paraître. On peut imaginer le temps où les peintres qui ne broient déjà plus eux-mêmes leurs couleurs trouveront enfantin et indigne d'eux d'étaler eux-mêmes la peinture [...]. On peut imaginer le temps où les peintres ne feront même plus étaler par d'autres la couleur, ne dessineront même plus. Le collage nous donne un avant-goût de ce temps-là. Il est certain que l'écriture va vers le même but lointain.

Louis ARAGON, « La peinture au défi »,
Écrits sur l'art moderne (1930)
© Flammarion, 1981

1. La préoccupation des règles de la versification.

COMPAREZ LES DOCUMENTS

1. Quelles sont les similitudes thématiques et formelles entre le poème de Breton, le tableau de Dalí et la photographie de Man Ray ?

2. À quel mouvement littéraire peut-on associer le poème ? (〉*chap. 1*)

3. Quels aspects du mouvement littéraire se retrouvent dans les documents 2 et 3 ?

4. En quoi la technique du « collage » évoquée par Louis Aragon dans le document annexe marque-t-elle une rupture dans l'art du début du XXᵉ siècle ?

Problématique

● **Comment les œuvres littéraires s'inscrivent-elles dans l'histoire des arts ?**

Un mouvement littéraire s'inscrit dans un mouvement culturel plus vaste qui concerne la vie artistique et intellectuelle (la peinture, la sculpture, la musique, le cinéma...) et dépasse souvent les frontières d'un pays.

Confronter les œuvres, c'est :

- comprendre ce qui les rapproche ;
- percevoir la spécificité de chaque forme d'expression.

Mouvement artistique	Artistes phares	Mouvement littéraire associé	Évolutions techniques
XVIe siècle **L'art de la Renaissance**	Botticelli, Léonard de Vinci, Michel-Ange, Dürer, Holbein	**L'humanisme** More, Rabelais, Montaigne **La Pléiade** Du Bellay, Ronsard	Amélioration de la perspective et de l'effet de réel. Invention de la peinture sur toile, qui remplace le bois.
XVIIe siècle **Le baroque**	Le Caravage, Le Bernin, Rubens	**Le baroque** Jean de Sponde, Agrippa d'Aubigné, Théophile de Viau, Cyrano de Bergerac	
XVIIe siècle **Le classicisme**	Poussin, Le Lorrain, Le Sueur	**Le classicisme** Corneille, Racine, Molière, Descartes, Bossuet, Pascal, La Fontaine, La Bruyère, La Rochefoucauld	
XVIIIe siècle **Le rococo**	Watteau, Fragonard, Boucher	**Le courant libertin** Choderlos de Laclos, Sade, Vivant Denon, Crébillon fils	
XIXe siècle **Le romantisme**	Friedrich, Goya, Delacroix, Turner, Géricault	**Le romantisme** Hugo, Musset, Chateaubriand Vigny, Nerval	Invention de la photographie en 1826 qui va peu à peu concurrencer la peinture comme « témoignage » du réel.
XIXe siècle **L'orientalisme**	Ingres, Fromentin, Delacroix	À lier à l'exotisme de Baudelaire et de Pierre Loti	
XIXe siècle **Le réalisme et le naturalisme**	Millet, Courbet, Bonheur	**Le réalisme et le naturalisme** Stendhal, Balzac, Flaubert Zola, Maupassant, Daudet	Peinture en extérieur grâce à des innovations : chevalet léger, peinture en tube. Influence de la révolution Industrielle.
XIXe siècle **L'impressionnisme**	Whistler, Degas, Manet, Monet, Seurat, Renoir, Sisley	**Le réalisme et le naturalisme**	Travail par touches. Exécution rapide. Nouvelle théorie sur la perception des couleurs. Étude sur la décomposition du mouvement.
XIXe siècle **Le symbolisme**	Moreau, Redon	**Le symbolisme, Le Parnasse** Verlaine, Rimbaud, Mallarmé, Huysmans, Leconte de Lisle	
XXe siècle **Le cubisme**	Picasso, Braque, Gris	À lier à l'œuvre d'Apollinaire et de Max Jacob	Apparition du cinéma en 1895.
XXe siècle **Le surréalisme**	Dalí, Ernst, Magritte, Man Ray, Duchamp	**Le surréalisme** Breton, Eluard, Aragon, Desnos, Soupault	Début de la photographie artistique et non uniquement documentaire. Multiplication et association des supports artistiques.
**Tout au long du XXe s. de très nombreux mouvements artistiques se succèdent, ouvrant différentes voies.**			
XXe et XXIe siècles **L'abstraction**	Kandinsky, Malevitch, Delaunay, Pollock, Tàpies, Soulages		
XXe et XXIe siècles **La réflexlon sur l'image**	Warhol, Arman, Fromanger, Arroyo		
XXe et XXIe siècles **L'art performance**	Beuys, Ben, Gilbert et Georges, Niki de Saint-Phalle, Klein		

Grands principes et thèmes artistiques

Exaltation de la beauté, fascination pour la perfection du corps.
Goût pour les sujets mythologiques.
Nouveauté du portrait de personnages contemporains (› *chap. 19 et 20*).

Goût pour les Vanités (natures mortes contenant des objets symboliques rappelant que l'homme est mortel).
Volonté d'éblouir, ornementation travaillée, théâtralité des compositions.
Représentation du mouvement (composition en spirale).
Effets de clair-obscur, jeux d'illusion : peintures en trompe-l'œil.

Recherche de l'unité, de la sobriété, de l'équilibre et de la clarté.
Compositions symétriques.
Délimitation des objets par des lignes nettes et une lumière franche.
Thèmes antiques, mythologiques, bibliques.

Goût pour les pastorales (bergers amoureux et idéalisés), et les Fêtes galantes (scènes sentimentales).
Luxe, élégance, sensualité.
Parallèlement, retour du goût pour l'antique avec le néo-classicisme (fin xvıııᵉ s.).

Goût pour la nature sauvage et dramatisée.
Volonté d'exprimer la mélancolie, l'angoisse.
Attitudes corporelles expressives par leur mouvement.
Grand format utilisé pour peindre des scènes d'actualité ou d'histoire marquées par de fortes tensions.

Thèmes inspirés des voyages au Maghreb (colonisation en cours). Fantasme autour des harems.
Travail sur la lumière et couleurs chaudes.

Grand format utilisé pour peindre la vie ordinaire (vie paysanne, ouvrière, milieu urbain...).
Refus de l'idéalisation, peinture à visée sociale.

Outre les principes du réalisme et du naturalisme :
Travail sur les couleurs et le mouvement, sur la « sensation colorée », sur le relief des objets.
Volonté de capter la lumière, ses évolutions, et de transmettre des sensations fugaces.
Représentation de paysages naturels ou urbains, des activités de travail et de loisirs, des innovations techniques.
Cadrages décentrés.

Inspiration liée à la poésie, à la mythologie nordique.
Goût pour les contrastes.
Place de l'imaginaire, de l'étrange.
Femme à la beauté dangereuse.

Influence de la découverte des arts primitifs.
Rejet de la perspective : décomposition géométrique d'une réalité en trois dimensions pour la montrer dans son ensemble en deux dimensions. Gamme de couleurs plus restreinte dans un même tableau.

Sujets donnant à voir le rêve, l'imaginaire, l'insolite, le fantasme sexuel (influence de la psychanalyse).
Refus du rationnel, de la logique, notamment entre titre et œuvre.
Recherche d'un effet de surprise, volonté d'incongruité.

Tableau sans référent dans la réalité ; l'émotion passe par les formes, les couleurs, les effets de matière ; la peinture se suffit à elle-même, comme la musique. L'œuvre peut devenir la trace d'une action.

Réflexion sur le sens de l'image, son pouvoir, sa réinterprétation.
Exploitation d'objets usuels ; dénonciation de la société de consommation.

Réflexion sur l'art éphémère et renouvelé, interaction entre les arts, et avec le public (Living Theater, corps utilisé comme pinceau).

Analyser une critique d'art

Les écrivains rédigent des critiques d'art (peinture, sculpture, musique) à partir du XVIIIe s. Ils rendent compte essentiellement des Salons, expositions annuelles des travaux d'artistes. Il s'agit pour eux de décrire les tableaux aux lecteurs de gazettes et de journaux qui ne les ont pas vus et de faire part d'un jugement esthétique et subjectif.

L'analyse d'une critique d'art implique de :

Étudier comment l'auteur décrit le tableau

- Comment présente-t-il le sujet de l'œuvre ?
- Quels termes utilise-t-il pour évoquer le dessin et la touche de l'artiste ?
- De quelle façon sont traduits à l'écrit les choix de formes, de couleurs et de composition ?

Analyser l'expression du jugement esthétique

- À qui s'adresse l'auteur de la critique ? De quelle manière ?
- Quelle est la thèse défendue sur l'artiste et son œuvre ?
- Avec quelles marques de subjectivité le critique annonce-t-il son jugement ?
- Quelles stratégies argumentatives sont employées ?
- Y a-t-il un registre particulier qui participe à l'argumentation ?

Trouver une communauté de pensée ou une opposition

- La critique témoigne-t-elle, chez l'écrivain et l'artiste, de l'appartenance à un même courant culturel ?
- Quels en sont les principes, revendiqués explicitement ou implicitement ?
- En cas de critique dévalorisante pour l'œuvre, quels principes sont défendus implicitement ?

EXEMPLE COMMENTÉ

Zola évoque ici deux détails du tableau de Manet, Olympia *: le visage de la jeune fille et le bouquet.*

Regardez la tête de la jeune fille : les lèvres sont deux minces lignes roses, les yeux se réduisent à quelques traits noirs. Voyez maintenant le bouquet, et de près, je vous prie : des plaques roses, des plaques bleues, des plaques
5 vertes. Tout se simplifie, et si vous voulez reconstruire la réalité, il faut que vous reculiez de quelques pas. Alors il arrive une étrange histoire : chaque objet se met à son plan, la tête d'Olympia se détache du fond avec un relief saisissant, le bouquet devient une merveille d'éclat et de
10 fraîcheur. La justesse de l'œil et la simplicité de la main ont fait ce miracle ; le peintre a procédé comme la nature procède elle-même, par masses claires, par larges pans de lumière, et son œuvre a l'aspect un peu rude et austère de la nature.

Article d'Émile Zola, paru dans *L'Événement illustré* du 10 mai 1868, à propos du tableau d'Édouard Manet, *Olympia.*

(⟩ *une reproduction de ce tableau se trouve p. 101*)

• L'utilisation de l'impératif montre la volonté de Zola **d'associer le lecteur** à son expérience de spectateur du tableau de Manet.

Par ailleurs, Zola donne les clés d'accès à la peinture impressionniste : le tableau vu de trop près n'offre que « quelques traits noirs » et des « plaques » de couleurs mais les mots « étrange », « miracle » « merveille » traduisent la révélation du tableau observé à bonne distance.

L'insistance sur **la recherche de naturel** peut aussi s'appliquer au projet de Zola, romancier naturaliste, et révèle la communauté artistique qu'il cherche à fonder en défendant Manet.

Exercices

★ 1 Comparer un texte et un tableau

a. Quels sont les points communs et les différences entre ces œuvres de la période de la Renaissance ?

b. Quel idéal humain est proposé dans ces deux œuvres ?

DOCUMENT 1

Je veux qu'il[1] sache non seulement le latin, mais le grec… Qu'il sache écrire en vers et en prose, particulièrement notre langue… Je le louerai aussi de savoir plusieurs langues étrangères,
5 particulièrement l'espagnol et le français, parce que l'usage de l'un et l'autre est très répandu en Italie… Sa culture me semblerait insuffisante s'il n'était musicien, et il ne suffit pas qu'il sache lire sa partie sur un livre, il doit encore pouvoir jouer
10 de divers instruments… Je veux encore mentionner une autre chose que, vu l'importance que je lui accorde, je ne voudrais pas le voir négliger : c'est la science du dessin et l'art de peindre.

Baldassare CASTIGLIONE, *L'Homme de cour* (1528), version modernisée

1. L'homme accompli.

DOCUMENT 2

Hans Holbein le Jeune (1497-1543), *Nicolas Kratzer, astronome* (1528), huile sur bois, 67 x 83 cm (musée du Louvre, Paris).

1. Astronome du roi Henri VIII d'Angleterre.

★★ 2 Comprendre la portée symbolique d'une œuvre

a. Relevez cinq éléments du tableau de Gysbrechts et proposez-en une interprétation symbolique.

b. VERS L'ÉCRITURE D'INVENTION

Rédigez la lettre que le peintre envoie au commanditaire du tableau et dans laquelle il en explique le sens.

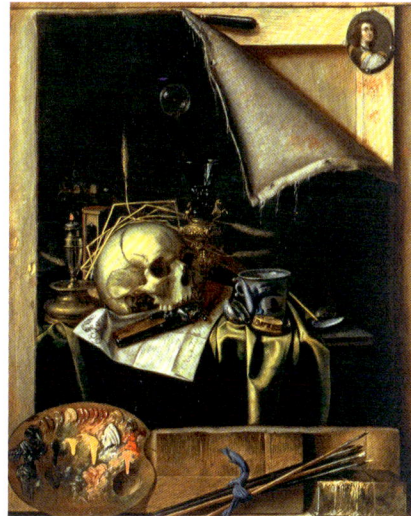

Cornelis Norbertus Gysbrechts (1630-1683), *Vanité, trompe-l'œil* (1664), huile sur toile, 87,2 x 70,2 cm (Ferens Art Gallery, Hull Museums, Hull, Royaume-Uni).

Mise au point
Les Vanités

▌ Les Vanités apparaissent au XVIIe siècle.

▌ Ce sont des **natures mortes** (tableaux représentant des objets) qui rappellent symboliquement au spectateur qu'il est mortel.

▌ **Chaque objet** représenté est **codé** : le crâne, les fleurs fanées, une corde d'instrument de musique cassée évoquent la mort ; la bougie éteinte, le verre brisé et le sablier sont associés au temps qui passe ; les livres, les peintures, et autres éléments musicaux montrent l'inutilité des arts et des études au moment de mourir ; les dés, les bijoux, les objets luxueux dénoncent les plaisirs et la richesse.

▌ Ces tableaux ont une **valeur moralisatrice** : seules la méditation et la prière sont essentielles pour le salut de l'âme.

★★ 3 Étudier une critique d'art

a. D'après la critique de Diderot, qui du poète L'Arioste ou du peintre Boucher a le mieux traité cette scène ? Justifiez votre réponse en faisant référence aux outils dont chacun dispose.

b. Quels procédés littéraires sont présents dans la critique de Diderot ?
Qu'apportent-ils à son argumentation ?

DOCUMENT 1

Dans Le Roland furieux *(1516), le poète italien L'Arioste raconte les aventures de Roland, qui, revenant d'Orient, accompagné de la belle Angélique, va connaître la déception, lorsque cette dernière rencontre Médor, soldat sarrazin qu'elle épouse.*

Il a plu au peintre d'appeler cela *Angélique et Médor* mais ce sera tout ce qu'il me plaira. Je défie qu'on me montre quoi que ce soit qui caractérise la scène et désigne les personnages[1]. Eh mordieu !
5 il n'y avait qu'à se laisser mener par le poète. Comme le lieu de son aventure est plus beau, plus grand, plus pittoresque et mieux choisi ! C'est un antre[2] rustique, c'est un lieu retiré, c'est le séjour de l'ombre et du silence. C'est là que, loin de tout
10 importun, on peut rendre un amant heureux, et non pas en plein jour, en pleine campagne, sur un coussin. [...]

Cela n'a pas le sens commun ; petite composition de boudoir[3]. Et puis ni pieds, ni mains,
15 ni vérité, ni couleur, et toujours du persil sur les arbres. [...] Dessin rond, mou et chairs flasques.

Denis DIDEROT, *Salon de 1765* (1765)

1. Qui permette de comprendre la référence littéraire du tableau au poème de L'Arioste. – 2. Grotte. – 3. Peinture à accrocher dans une pièce secondaire.

DOCUMENT 2

François Boucher (1703-1770), *Angélique et Médor* (1763), huile sur toile, 66,7 x 56,2 cm (The Metropolitan Museum of Art, New York, États-Unis).

★★
4 **Reconnaître un courant culturel**

a. Quel thème commun est évoqué par ces deux œuvres ?

b. Trouvez, pour chacune, un autre thème présent.

c. Quel courant culturel associez-vous à ces thèmes ? Justifiez vos réponses.

d. Quelles sont les techniques employées par chaque artiste pour rendre compte de leur vision de la société ?

DOCUMENT 1

Pourtant, il s'efforçait de se calmer, il aurait voulu comprendre. Qu'avait il donc de différent, lorsqu'il se comparait aux autres ? Là-bas, à Plassans, dans sa jeunesse, souvent déjà il s'était ques-
5 tionné. Sa mère Gervaise, il est vrai, l'avait eu très jeune, à quinze ans et demi ; mais il n'arrivait que le second, elle entrait à peine dans sa quatorzième année, lorsqu'elle était accouchée du premier, Claude ; et aucun de ses deux frères, ni Claude, ni
10 Étienne, né plus tard, ne semblait souffrir d'une mère si enfant et d'un père gamin comme elle. [...] La famille n'était guère d'aplomb, beaucoup avaient une fêlure. Lui, à certaines heures, la sentait bien, cette fêlure héréditaire ; non pas qu'il
15 fût d'une santé mauvaise, car l'appréhension et la honte de ces crises l'avaient seules maigri autrefois ; mais c'étaient, dans son être, de subites pertes d'équilibre, comme des cassures, des trous par lesquels son moi lui échappait, au milieu
20 d'une sorte de grande fumée qui déformait tout. Il ne s'appartenait plus, il obéissait à ses muscles, à la bête enragée. Pourtant, il ne buvait pas, il se refusait même un petit verre d'eau-de-vie, ayant remarqué que la moindre goutte d'alcool le ren-
25 dait fou. Et il en venait à penser qu'il payait pour les autres, les pères, les grands-pères, qui avaient bu, les générations d'ivrognes dont il était le sang gâté, un lent empoisonnement, une sauvagerie qui le ramenait avec les loups mangeurs de
30 femmes, au fond des bois.

Émile ZOLA, *La Bête humaine* (1890)

DOCUMENT 2

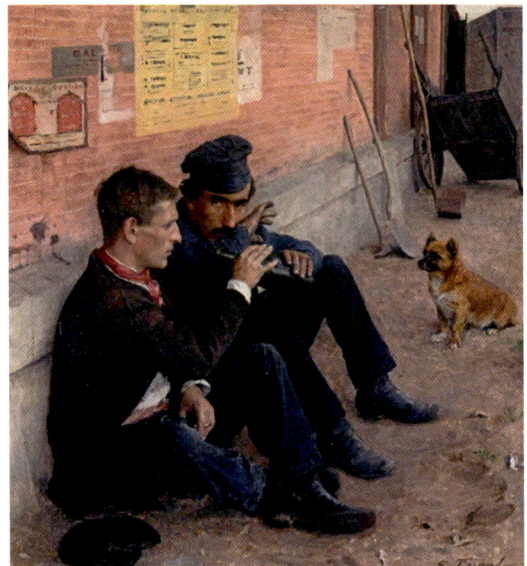

Émile Friant (1863-1932), *Les Buveurs* (1884), huile sur toile, 44,5 x 43 cm (musée des Beaux-Arts, Nancy).

Ce qui distingue [le] talent de M. Claude Monet, c'est sa grandiose et savante simplicité ; c'est son implacable harmonie. Il a tout exprimé, même les fugitifs effets de lumière ; même l'insaisissable, même l'inexprimable, c'est-à-dire le mouvement des choses inertes ou invisibles, comme la vie des météores ; et rien n'est
5 livré au hasard de l'inspiration, même heureuse, à la fantaisie du coup de pinceau, même génial. Tout est combiné, tout s'accorde avec les lois atmosphériques, avec la marche régulière et précise des phénomènes terrestres ou célestes. C'est pourquoi il nous donne l'illusion complète de la vie. La vie chante dans la sonorité de ses lointains, elle fleurit, parfumée, avec ses gerbes de fleurs, elle éclate en nappes
10 chaudes de soleil, se voile dans l'effacement mystérieux des brumes, s'attriste sur la nudité sauvage des rochers, modelée ainsi que des visages de vieillards. Les grands drames de la nature, il les saisit, les rend, en leur expression la plus suggestive.

Aussi nous respirons vraiment dans sa toile les senteurs de la terre ; des
15 souffles de brises marines nous apportent aux oreilles ces orchestres hurlants du large ou la chanson apaisée des criques ; nous voyons les terres se soulever sous l'amoureux travail des sèves bouillonnantes, le soleil décroître ou monter le long des troncs d'arbres, l'ombre envahir progressivement les verdures ou les nappes d'eau qui s'endorment dans la gloire pourprée des soirs ou se réveillent dans la
20 fraîche virginité des matins. Tout s'anime, bruit, se colore ou se décolore, suivant l'heure qu'il nous représente et suivant la lente ascension et le lent décours[1] des astres distributeurs de clartés. Et il nous arrive cette impression que bien des fois j'ai ressentie en regardant les tableaux de M. Claude Monet : c'est que l'art disparaît, s'efface, et que nous ne nous trouvons plus qu'en présence de la nature
25 vivante complètement conquise et domptée par ce miraculeux peintre.

▶ Octave MIRBEAU, in *Le Figaro*, 10 mars 1889

1. Période de décroissement.

Claude Monet (1840-1926), *La Promenade sur la falaise, Pourville* (1882), huile sur toile, 65 x 81 cm (Art Institute, Chicago, États-Unis).

Compréhension

1. Reformulez la thèse de Mirbeau sur l'art de Monet.
2. Comment la référence aux sens participe-t-elle à l'argumentation ?

Vers la dissertation

Octave Mirbeau affirme que Claude Monet « donne l'illusion complète de la vie ».
Rédigez un paragraphe expliquant en quoi cette expression est représentative du courant réaliste de la deuxième moitié du XIXe s. ?

☀ **Pour réussir…**

Exploiter comme exemples à la fois des textes et des peintures de cette période

Comprendre les liens entre la littérature et les autres arts

▶ Comprendre les influences réciproques entre la littérature et les autres arts
▶ Confronter un texte littéraire et une œuvre artistique de périodes différentes
▶ Étudier l'adaptation d'une œuvre littéraire au cinéma

IIIIIII Découvrir

Document 1

Tu rencontreras d'abord les Sirènes qui envoûtent tous les hommes qui les approchent. Il est perdu, celui qui les écoute par imprudence ! Sa femme et ses enfants ne le reverront jamais ! Car les sirènes l'envoûtent par leur chant clair, assises dans un pré près d'un grand tas d'os et de chairs en putréfaction. Ne
5 t'arrête pas ! Bouche les oreilles de tes compagnons avec de la cire molle afin qu'aucun d'eux n'entende. Toi, écoute-les, si tu veux. Mais que tes compagnons te lient debout contre le mât par les pieds et les mains ; alors tu pourras goûter le plaisir du chant des Sirènes. Et si tu priais tes hommes, si tu leur ordonnais de te détacher, qu'ils resserrent les nœuds !

▶ HOMÈRE, *Odyssée*, XII, v. 29-58 (fin du VIIIᵉ s. av. J.-C.), traduction en prose de Leconte de Lisle, 1867

Document 2

Herbert James Draper (1863-1920), *Ulysse et les sirènes* (1909), huile sur toile, 176,9 x 213,4 cm (Ferens Art Gallery, Hull Museums, Hull, Royaume-Uni).

O'Brother, film de Joel et Ethan Coen, inspiré du voyage d'Ulysse (2000).

Document 4

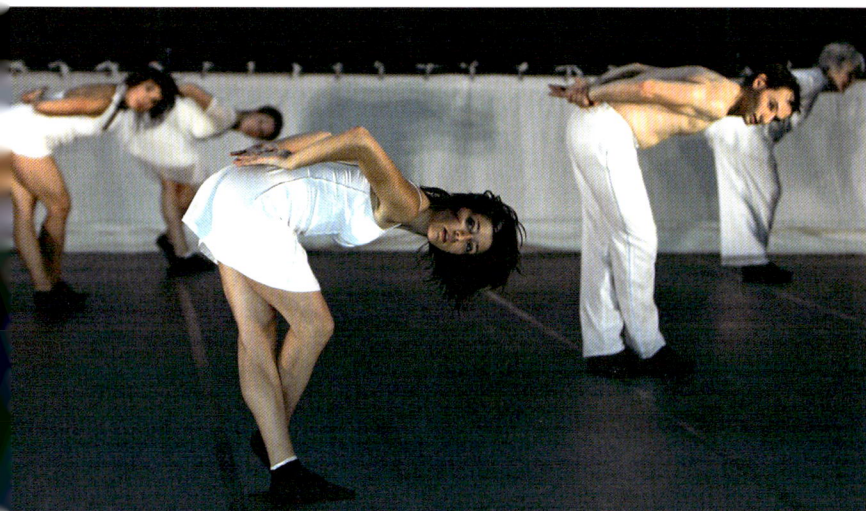

Cher Ulysse, ballet de Jean-Claude Gallotta (Théâtre national de Chaillot, Paris, 2007).

COMPAREZ LES DOCUMENTS

1. Quels éléments du texte d'Homère retrouve-t-on dans chaque œuvre présentée ?

2. Étudiez les connotations liées aux représentations des sirènes. Quel aspect est mis en valeur dans les œuvres plus contemporaines ? Pourquoi, selon vous ?

3. Pourquoi la scène des sirènes inspire-t-elle les artistes (thème, place de l'imaginaire...) ?

Problématique

● **Comment la littérature et les autres arts s'influencent-ils mutuellement ?**

Les œuvres d'art peuvent s'inscrire dans un mouvement culturel (› *chap. 3*), mais elles reprennent aussi un ensemble de mythes anciens et modernes et tissent un réseau d'inspirations qui dépasse leur époque.

Prendre en compte ces influences, c'est :

- connaître ces grands mythes et leur évolution ;
- analyser les adaptations d'œuvres littéraires en les confrontant au « texte source ».

Liens entre la littérature et les autres arts

On compte traditionnellement parmi les arts l'architecture, la peinture, la poésie (littérature), la sculpture, la danse, le chant et la musique. S'ajoutent au cours du XXᵉ siècle la photographie et le cinéma ; certains évoquent plus récemment la bande dessinée.

1 LA LITTÉRATURE INSPIRE LES AUTRES ARTS

■ **Les grands mythes** (grecs, bibliques, arthuriens) et les personnages littéraires ayant pris une dimension mythique comme Hamlet, Faust, Don Juan, sont repris et travaillés par les artistes à différentes époques.

■ **Le cinéma**, volontiers narratif (›*chap. 45*), puise souvent son inspiration dans la littérature romanesque. On parle alors d'adaptation filmique des œuvres littéraires.
Certains écrivains sont aussi scénaristes *(André Malraux, Marcel Pagnol, Jorge Semprun, Emmanuel Carrère…)*.

■ **La bande dessinée**, d'abord cantonnée dans le domaine du divertissement (« comics » américains), devient à la fin du XXᵉ siècle un important domaine de création. Actuellement de nombreux romans sont adaptés en bande dessinée.

2 LES ARTS INSPIRENT LA LITTÉRATURE

■ **Un écrivain peut évoquer une œuvre d'art réelle ou fictive** (ex. : un tableau, une musique…). Il est alors confronté à la difficulté de décrire avec des mots ce qui relève d'un autre mode de représentation.

■ **La réflexion sur la démarche créatrice de l'artiste** peut inspirer une œuvre littéraire *(L'Œuvre de Zola, « Les Phares » de Baudelaire)* ou permettre de présenter une période artistique.

■ **Le cinéma** a influencé l'écriture des générations d'écrivains du XXᵉ siècle, notamment dans leur travail sur le rythme, les points de vue et la conduite du récit (le suspense).

Analyser une adaptation filmique

Analyser une adaptation filmique d'une œuvre littéraire revient à se poser les questions suivantes.

Les personnages. Quels personnages du texte source sont privilégiés ou éliminés ? Pourquoi ?

L'histoire. Quelles ellipses (›*chap. 21*) ont été mises en place par rapport au texte ? Quelles sont les scènes privilégiées par le film ? Dans quel but ?

Le titre du film. Est-il identique à celui de l'œuvre ? Quel effet est créé ?

Les spécificités littéraires. Comment le film transcrit-il le monologue intérieur d'un personnage ou le point de vue interne (voix off, caméra subjective, invention d'une scène dialoguée, utilisation de carton…) ? Que deviennent les descriptions, les portraits, les commentaires du narrateur ?

Temps et lieu. En cas de transposition spatio-temporelle, qu'est-ce qui justifie ce choix ?

Conclusion sur le type de l'adaptation. Le réalisateur interprète-t-il l'œuvre ou se contente-t-il de la transposer en restant fidèle à son contenu et à sa forme ? Quels choix cinématographiques témoignent de l'intervention forte du réalisateur ? (›*chap. 45*)

Le texte littéraire

Pendant que la guerre civile déchirait la France sous le règne de Charles IX, l'Amour ne laissait pas de trouver sa place parmi tant de désordres et d'en causer beaucoup dans son empire. La fille unique du mar-
5 quis de Mézière, héritière très considérable, et par ses grands biens, et par l'illustre maison d'Anjou, dont elle était descendue, était promise au duc du Maine, cadet du duc de Guise, que l'on a depuis appelé le *Balafré*. L'extrême jeunesse de cette grande héritière retardait
10 son mariage ; et cependant le duc de Guise qui la voyait souvent, et qui voyait en elle les commencements d'une grande beauté, en devint amoureux et en fut aimé.

Madame de Lafayette, incipit de *Histoire de la princesse de Montpensier* (1662)

L'adaptation cinématographique

Voici le début du scénario (> *chap. 45*) de l'adaptation de cette nouvelle de Madame de Lafayette.

CARTON

La paix entre catholiques et huguenots durait depuis près d'un an lorsque la guerre reprit avec la soudaineté d'un feu de broussailles mal éteint à l'automne de l'année 1567.

1A. CAMPAGNE / EXT JOUR
(CRÉPUSCULE).

La désolation d'un champ de bataille. Les combats se terminent ; confusion sonore, mousqueteries encore intermittentes. Des fumées dans le lointain. Sur le terrain accidenté, on devine ici et là des corps qui jonchent le sol, cachés par des rochers, une végétation éparse, des restes de feux. Une charrette achève de se consumer. Le ciel est lourd. Dans le lointain, on ramasse des blessés. Des lambeaux de brouillard accentuent le côté dramatique ; on entend une musique à trois voix inspirée des *Psaumes* de Lassus. Quatre fuyards portant l'insigne papiste à cheval courent vers la caméra, passent très près de l'objectif.

La Princesse de Montpensier, librement inspiré de l'œuvre de Madame de Lafayette, un scénario de Jean COSMOS, François-Olivier ROUSSEAU et Bertrand TAVERNIER (2010), © Flammarion

Affiche du film *La Princesse de Montpensier*, réalisé par Bertrand Tavernier (2010).

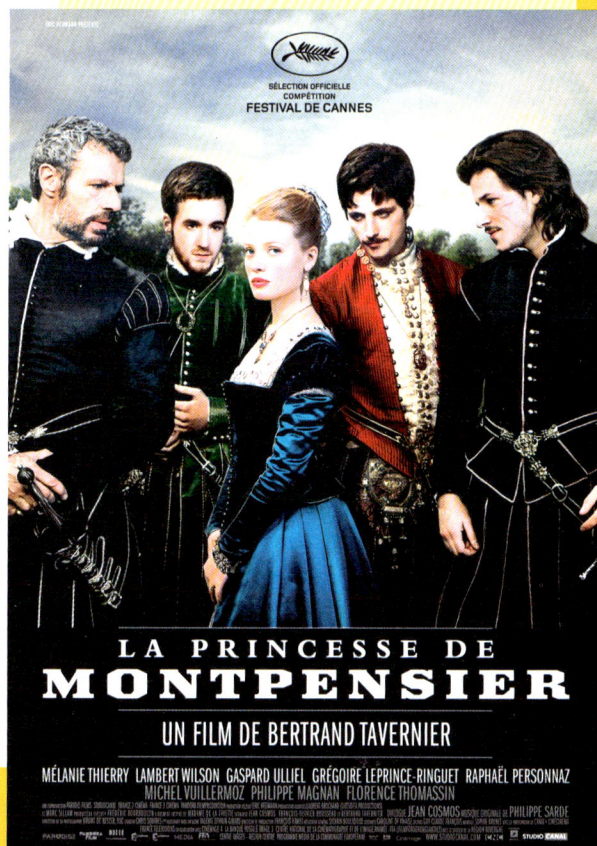

• Le réalisateur, Bertrand Tavernier, entend **rester très fidèle** à la nouvelle de Mme de Lafayette. Ainsi, le carton qui ouvre le film insiste sur l'ancrage de l'histoire dans la période des guerres de Religion au XVIe siècle, tout comme chez l'écrivain.

La première scène est muette, mais là aussi l'ancrage historique est précis, **grâce notamment à l'univers sonore** : bruits de combat, chants religieux du XVIe siècle. Aucun personnage n'est mis en relief : ceux mentionnés restent anonymes : « des blessés » « quatre fuyards » ; ils sont toutefois identifiés par leur appartenance au parti catholique grâce à leur « insigne papiste ».

La princesse de Montpensier, qui apparaît très vite dans la nouvelle de Mme de Lafayette, est absente ici : il s'agit peut-être pour Tavernier non seulement d'insister sur le contexte de l'histoire, mais aussi de créer un effet d'attente chez le spectateur.

Exercices

★ 1 | Étudier l'inspiration littéraire en peinture

a. En quoi les tableaux de Delacroix et de Millais sont-ils fidèles au texte de Shakespeare ?

b. Quels moments sont choisis par les peintres ? Pourquoi ? En quoi ces représentations sont-elles théâtrales ?

c. Qu'apporte la représentation de la scène qui n'est que racontée dans la pièce ?

La reine annonce la noyade d'Ophélie à son frère Laërte.

LA REINE. – Il y a en travers d'un ruisseau un saule qui mire ses feuilles grises dans la glace du courant. C'est là qu'elle est venue, portant de fantasques guirlandes de renoncules, d'orties, de
5 marguerites et de ces longues fleurs pourpres que les bergers licencieux nomment d'un nom plus grossier, mais que nos froides vierges appellent doigts d'hommes morts. Là, tandis qu'elle grimpait pour suspendre sa sauvage couronne aux ra-
10 meaux inclinés, une branche envieuse s'est cassée, et tous ses trophées champêtres sont, comme elle, tombés dans le ruisseau en pleurs.

Ses vêtements se sont étalés et l'ont soutenue un moment, nouvelle sirène, pendant qu'elle chantait
15 des bribes de vieilles chansons, comme insensible à sa propre détresse, ou comme une créature naturellement formée pour cet élément. Mais cela n'a pu durer longtemps : ses vêtements, alourdis par ce qu'ils avaient bu, ont entraîné la pauvre
20 malheureuse de son chant mélodieux à une mort fangeuse.

William SHAKESPEARE, *Hamlet*, IV, 7 (1600),
traduit de l'anglais par François-Victor Hugo (1880)

Eugène Delacroix (1798-1863),
La Mort d'Ophélie (1844), huile sur toile,
23 x 30,5 cm (musée du Louvre, Paris).

John Everett Millais (1829-1896),
La Mort d'Ophélie (1852), aquarelle,
76 x 112 cm (collection privée).

★

2 Étudier les rapports entre poésie et peinture

a. Faites une recherche au CDI sur les peintres évoqués dans ce poème et sur leur œuvre. Vous pouvez également observer les reproductions des tableaux p. 117 et p. 148.

b. Montrez comment le poète donne à voir les tableaux et comment il cherche à éveiller des sensations qui correspondent à celles que suscite l'œuvre de chaque peintre évoqué. Pour cela, soyez attentif aux métaphores et aux comparaisons.

Les Phares

Rubens, fleuve d'oubli, jardin de la paresse,
Oreiller de chair fraîche où l'on ne peut aimer,
Mais où la vie afflue et s'agite sans cesse,
Comme l'air dans le ciel et la mer dans la mer ;
[…]
5 Rembrandt, triste hôpital tout rempli de murmures,
Et d'un grand crucifix décoré seulement,
Où la prière en pleurs s'exhale des ordures,
Et d'un rayon d'hiver traversé brusquement ;

Michel-Ange, lieu vague où l'on voit des Hercules
10 Se mêler à des Christs, et se lever tout droits
Des fantômes puissants qui dans les crépuscules
Déchirent leur suaire en étirant leurs doigts ;
[…]
Watteau, ce carnaval où bien des cœurs illustres,
Comme des papillons, errent en flamboyant,
15 Décors frais et légers éclairés par des lustres
Qui versent la folie à ce bal tournoyant ; […]

Charles BAUDELAIRE, *Les Fleurs du mal* (1857)

★★

3 Analyser les choix d'adaptation d'une bande dessinée

a. Lisez la tirade de Don Juan sur l'inconstance (exercice 1, p. 136).

b. Quelle nouvelle image de Don Juan est proposée dans cette bande dessinée ? Vous serez attentif en particulier au changement d'époque induit par le décor.

Dom Juan de Molière, adapté en bande dessinée, scénario de S. Ricard et Myrto Reiss, dessin de B. Bachelier, couleur Hubert, © Delcourt, 2010.

4 Étudier comment un auteur évoque un autre art

a. Quelles émotions sont associées par le personnage à la musique écoutée ?

b. Quels procédés (comparaisons, appel à d'autres sens que l'ouïe, rythme des phrases…) sont employés pour valoriser ces émotions ?

c. VERS L'ÉCRITURE D'INVENTION

En utilisant les mêmes procédés que Proust, décrivez à votre tour une musique entendue par un personnage et les impressions créées chez lui.

L'année précédente, dans une soirée, [Swann] avait entendu une œuvre musicale exécutée au piano et au violon. D'abord, il n'avait goûté que la qualité matérielle des sons sécrétés par les
5 instruments. Et ç'avait déjà été un grand plaisir quand, au-dessous de la petite ligne du violon, mince, résistante, dense et directrice, il avait vu tout d'un coup chercher à s'élever en un clapotement liquide, la masse de la partie de piano, mul-
10 tiforme, indivise, plane et entrechoquée comme la mauve agitation des flots que charme et bémolise le clair de lune. Mais à un moment donné, sans pouvoir nettement distinguer un contour, donner un nom à ce qui lui plaisait, charmé tout
15 d'un coup, il avait cherché à recueillir la phrase ou l'harmonie − il ne savait lui-même − qui passait et qui lui avait ouvert plus largement l'âme, comme certaines odeurs de roses circulant dans l'air humide du soir ont la propriété de dilater nos
20 narines. [...] Ainsi, à peine la sensation délicieuse que Swann avait ressentie était-elle expirée, que sa mémoire lui en avait fourni séance tenante une transcription sommaire et provisoire, mais sur laquelle il avait jeté les yeux tandis que le morceau
25 continuait, si bien que quand la même impression était tout d'un coup revenue, elle n'était déjà plus insaisissable. Il s'en représentait l'étendue, les groupements symétriques, la graphie, la valeur expressive ; il avait devant lui cette chose qui
30 n'est plus de la musique pure, qui est du dessin, de l'architecture, de la pensée, et qui permet de se rappeler la musique.

Marcel PROUST, *Un amour de Swann* (1913)

5 Commenter la vision de l'artiste proposée par un auteur

a. Quelles sont les sources de la création artistique proposées par les personnages? Expliquez leurs différences.

b. VERS LA DISSERTATION

Pourquoi un écrivain choisit-il un artiste comme personnage central d'une œuvre ? Vous développerez deux idées, chacune accompagnée de deux références dans un court développement organisé.

Mathias Enard imagine le séjour à Constantinople (Istanbul) de Michel-Ange. Le traducteur qui lui est attribué est fasciné par ses qualités de dessinateur.

Manuel le traducteur rend chaque matin visite à Michel-Ange pour lui demander s'il n'a besoin de rien, s'il peut l'accompagner quelque part ; le plus souvent il trouve Michel-Ange occupé à des-
5 siner, ou bien à dresser une de ses innombrables listes dans son carnet. Parfois, il a la chance de pouvoir observer le Florentin alors qu'il trace, à l'encre ou au plomb, une étude d'anatomie, le détail d'un ornement d'architecture.
10 Manuel est fasciné.

Amusé par son intérêt, Michel-Ange crâne. Il lui demande de poser la main sur la table et, en deux minutes, il esquisse le poignet, toute la complexité des doigts recourbés et la pulpe des
15 phalanges.

− C'est un miracle, maître, souffle Manuel.

Michelangelo part d'un grand éclat de rire.

− Un miracle ? Non mon ami. [...] C'est du travail, avant tout. Le talent n'est rien sans travail.
20 Essaie, si tu veux.

Manuel secoue la tête, paniqué.

− Mais je ne sais pas, *maestro*, j'ignore tout du dessin.

− Je vais te dire comment apprendre. Il n'y a
25 pas d'autre façon. Appuie ton bras gauche sur la table devant toi, la main à demi ouverte, le pouce détendu, et avec la droite dessine ce que tu vois, une fois, deux fois, trois fois, mille fois. Tu n'as pas besoin de modèle ni de maître. Il y a tout
30 dans une main. Des os, des mouvements, des matières, des proportions et même des drapés. Fais confiance à ton œil. Recommence jusqu'à ce que tu saches. Puis tu feras la même chose avec ton pied, en le posant sur un tabouret ; puis avec ton
35 visage, grâce à un miroir. Ensuite seulement tu pourras passer à un modèle, pour les postures.

Mathias ENARD, *Parle-leur de batailles, de rois et d'éléphants* (2010), © Actes Sud

Jed Martin « avait oublié », c'est en tout cas ce qu'il affirme, ce qui l'avait poussé, après une dizaine d'années uniquement consacrées à la prise de vue de végétaux, à revenir à la représentation d'objets industriels : d'abord un téléphone portable, puis un clavier d'ordinateur, une lampe de bureau, bien
5 d'autres objets, très divers au début, avant que peu à peu il ne se concentre presque exclusivement sur ceux contenant des composants électroniques. Ses images les plus impressionnantes restent sans doute celles de cartes-mères d'ordinateurs au rebut, qui, filmées sans aucune indication d'échelle, évoquent d'étranges citadelles futuristes. Il filmait ces objets dans sa cave, sur
10 un fond gris neutre destiné à disparaître après insertion dans les vidéos. Afin d'accélérer le processus de décomposition, il les aspergeait d'acide sulfurique dilué, qu'il achetait en bonbonnes – une préparation, précisait-il, d'ordinaire utilisée pour le désherbage. Puis il procédait, là aussi, à un travail de montage, prélevant quelques photogrammes à de longs intervalles ; le résultat est bien
15 différent d'un simple accéléré, en cela que le processus de dégradation, au lieu d'être continu, se produit par paliers, par secousses brusques.

Après quinze années de prise de vues et de montage, il disposait d'environ trois mille modules, passablement étranges, d'une durée moyenne de trois minutes ; mais ce n'est qu'ensuite que son travail se développa vraiment,
20 lorsqu'il se mit en quête d'un logiciel de surimpression. […] Il permettait de superposer jusqu'à quatre-vingt-seize bandes vidéo, en réglant pour chacune la luminosité, la saturation et le contraste ; en les faisant, aussi, progressivement passer au premier plan, ou s'effacer dans la profondeur de l'image. C'est ce logiciel qui lui permet d'obtenir ces longs plans hypnotiques où les objets
25 industriels semblent se noyer, progressivement submergés par la prolifération des couches végétales. Parfois ils donnent l'impression de se débattre, de tenter de revenir à la surface ; puis ils sont emportés par une vague d'herbe et de feuilles, replongent au sein du magma végétal, en même temps que leur superficie se délite, laissant apparaître les microprocesseurs, les batteries, les
30 cartes mémoire.

▶ Michel HOUELLEBECQ, *La Carte et le Territoire* (2010), © Flammarion

Compréhension

1. Comment la création artistique est-elle liée à l'artisanat dans le premier paragraphe (objets, techniques) ?
2. Quels constituants de l'image traditionnelle de l'artiste sont aussi présents ?
3. Quels effets sont provoqués par la personnification des œuvres ?
4. Alors que les œuvres sont simplement décrites, le lecteur peut-il leur donner un sens ?

Vers l'écriture d'invention

Décrivez une œuvre d'art de votre choix afin de permettre au lecteur de se la représenter et d'en percevoir l'éloge. La description sera présentée grâce au point de vue interne de l'artiste regardant avec satisfaction son œuvre.

Pour réussir…

● Exploiter un ou plusieurs des cinq sens
● Mettre en place des procédés de valorisation
● Utiliser une personnification de l'œuvre

Étudier l'histoire et la formation des mots

Objectifs et compétences
▶ Apprendre à connaître ou reconnaître l'origine des mots
▶ Analyser la composition des mots
▶ Suivre l'évolution du sens des mots

Découvrir

> *L'auteur relate un souvenir d'enfance : un jouet qu'il a fait tomber ne s'est pas cassé :*
> *« ... Reusement ! » s'est-il écrié ; on le corrige : « c'est "heureusement" qu'il faut*
> *dire ». Le sentiment déclenché par cette simple remarque est ici analysé.*

L'on ne dit pas « ... reusement ! », mais « heureusement ». Ce mot, employé par moi jusqu'alors sans nulle conscience de son sens réel, comme une interjection pure, se rattache à « heureux » et, par la vertu magique d'un pareil rapprochement, il se trouve inséré soudain dans
5 toute une séquence de significations précises. Appréhender d'un coup dans son intégrité ce mot qu'auparavant j'avais toujours écorché prend une allure de découverte, comme le déchirement brusque d'un voile ou l'éclatement de quelque vérité. Voici que ce vague vocable – qui jusqu'à présent m'avait été tout à fait personnel et restait comme fermé – est,
10 par un hasard, promu au rôle de chaînon de tout un cycle sémantique[1]. Il n'est plus maintenant une chose à moi : il participe de cette réalité qu'est le langage de mes frères, de ma sœur, et celui de mes parents. De chose propre à moi, il devient chose commune et ouverte. Le voilà, en un éclair, devenu chose partagée ou – si l'on veut – *socialisée*.

▶ Michel LEIRIS, *La Règle du jeu*, I, « Biffures » (1948),
© Éditions Gallimard

1. Cycle de significations.

Problématique

● **Pourquoi s'intéresser à l'origine des mots ?**

Analyser la formation des mots, situer le lexique dans une perspective historique, doit permettre :

● de comprendre plus facilement des énoncés complexes et subtils ;

● d'utiliser un vocabulaire riche en recherchant la variété des emplois et l'approfondissement du sens.

QUESTIONS

1. De quel sujet le texte traite-t-il, au-delà de l'anecdote qu'il rapporte ?

2. Distinguez les deux aspects de la « découverte » que fait l'enfant :

a) en relevant les mots qui constituent le champ lexical de la relation, du lien ;

b) en dégageant du texte les mots qui s'opposent aux expressions « une chose à moi », « chose propre à moi ».

L'histoire et la formation des mots

1 LES SOURCES DU VOCABULAIRE FRANÇAIS

■ **Le fonds primitif.** Il est constitué de mots venus :
– du celtique que parlaient les Gaulois : *bruyère, chêne, tonneau, talus…*
– du latin introduit en Gaule par la conquête romaine : *eau, feu, parent, main…*
– du germanique que parlaient les Francs : *écharpe, gibier, hache, gage…*

■ **Les emprunts.** Au cours des siècles, le vocabulaire s'est enrichi de mots empruntés à d'autres langues, parmi lesquelles :
– l'arabe : *chiffre, algèbre, zéro…*
– l'italien : *aquarelle, fresque, concerto…*
– l'anglais : *sport, football, week-end…*

2 L'ORIGINE ET LA FORMATION DES MOTS

■ **La racine du mot.** La racine (ou radical) est l'élément de base qui est à l'origine du mot. *Les mots « contrebandier », « bandit », « banlieue » ont pour racine le mot « ban » qui désignait le territoire d'un suzerain.*
Une **famille de mots** est l'ensemble des mots formés sur le même radical.

■ **La dérivation.** Elle consiste à former des mots à partir d'un mot de base en ajoutant :
– un **préfixe** ; placé avant le radical, il change la signification du mot : *dire → redire, médire, prédire, contredire* ;
– un **suffixe** ; placé après le radical, il change la catégorie grammaticale du mot *(simple → simplifier, simplement)* ou le sens du mot *(intégrité → intégration, intégrisme)* ou sa valeur d'emploi *(rêver → rêvasser, suffixe péjoratif)*.

■ **La composition.** Elle consiste à former des mots :
– par **juxtaposition** de deux mots : *le savoir-vivre* ;
– par **association de radicaux** d'origine grecque ou latine. Les mots ainsi formés appartiennent au vocabulaire savant. *Chronomètre (du grec* chrono *: temps + mètre : mesure) ; équilatéral (du latin* aequus *: égal + latus : côté)*

3 L'ÉVOLUTION DU SENS DES MOTS

■ **Les changements de sens.** Le sens des mots subit des modifications au fil du temps.
Le sens se renforce ou, plus souvent, s'affaiblit : *jusqu'au XVIIIe siècle, « tourmenter » signifiait « torturer », « supplicier » ; le mot a un sens plus faible aujourd'hui.*
Le sens s'étend ou, plus souvent, se restreint : *jusqu'au XVIIIe siècle, « visage » signifiait « aspect général », « apparence ». Le sens s'est aujourd'hui limité.*

■ **Disparitions et créations.**
– Des mots disparaissent de l'usage courant mais ils subsistent dans certaines locutions : *l'huis : la porte › un procès à huis clos (= portes fermées → sans public).*

– Des mots apparaissent dans l'usage : les néologismes. Un mot est forgé par adjonction *(fatigable → la fatigabilité)* ou retranchement *(la faculté → la fac)* ou soudure *(un bibliobus → une bibliothèque itinérante aménagée dans un autobus).* Un mot existant prend un emploi nouveau : *un pilote (vocabulaire de la marine) → un pilote (vocabulaire de l'aviation).*

Recourir à l'étymologie

La connaissance de l'étymologie (l'origine des mots) est souvent nécessaire pour l'écriture ou la compréhension des textes ; elle enrichit également l'analyse et la réflexion. On aura tout intérêt à y avoir recours :

■ **pour vérifier l'orthographe des mots** d'après leur racine et leur composition.

Theo(s) = dieu › a<u>th</u>ée, mono<u>th</u>éisme, pan<u>th</u>éon, en<u>th</u>ousiasme

Quelques racines grecques			Quelques racines latines		
Radical	*sens*	*exemple*	*Radical*	*sens*	*exemple*
anthropo-	homme	*anthropophage*	aud-	entendre	*audition*
auto-	soi-même	*autobiographie*	capit-	tête	*décapiter*
-cratie	pouvoir	*aristocratie*	carn-	chair	*carnivore*
mis-	qui hait	*misogyne*	-cide	qui tue	*insecticide*
philo-	qui aime	*philanthrope*	omni-	tout	*omniscient*

■ **pour étudier les œuvres antérieures au xixe siècle**, dont le vocabulaire est encore proche du sens étymologique. *Cœur = courage (Rodrigue, as-tu du cœur ? Corneille, Le Cid, xviie s.)*

■ **pour dégager ou constituer un réseau lexical** en rapprochant des mots de même famille ou de même origine (exercice très utile pour l'analyse d'un texte ou l'écriture d'invention).

■ **pour étendre le champ de la réflexion et de l'interprétation** en s'aidant du sens originel d'un concept ou d'une métaphore (exercice très utile pour la dissertation et le commentaire).

« Travail » dont l'étymologie est tripalium *signifie à l'origine « instrument de torture ».*

EXEMPLE COMMENTÉ

L'aurore apparaissait ; quelle aurore ? Un abîme
D'éblouissement, vaste, insondable, sublime ;
Une ardente lueur de paix et de bonté.
C'était aux premiers temps du globe ; et la clarté
5 Brillait sereine au front du ciel inaccessible,
Étant tout ce que Dieu peut avoir de visible ;
Tout s'illuminait, l'ombre et le brouillard obscur ;
Des avalanches d'or s'écroulaient dans l'azur ;
Le jour en flamme, au fond de la terre ravie,
10 Embrasait les lointains splendides de la vie.

Victor Hugo, « Le sacre de la femme »,
La Légende des siècles (1859-1883)

● Victor Hugo construit sa vision des « premiers temps du globe » sur le **champ lexical** de l'espace *(abîme, vaste, insondable, inaccessible)* et sur celui de la lumière *(éblouissement, lueur, clarté, brillait, s'illuminait).*

Le recours au **sens étymologique** enrichit chacun de ces aspects. Sublime (v. 2), employé dans son **sens d'origine** (le latin *sublimis* : élevé dans les airs), décrit un espace infini, au-delà de tout. Splendide (v. 10) est aussi **calqué sur le latin** (*splendidus* : brillant) pour évoquer une lumière rayonnante. Pour autant, ces qualificatifs ne perdent pas leur sens courant ; Hugo les rétablit dans leur fonction descriptive tout en conservant leur connotation morale qui insiste sur leur valeur exceptionnelle. Il célèbre ainsi la perfection tant matérielle que spirituelle de la Création.

VÉRIFIER SES ACQUIS

1 Utiliser les préfixes

En ajoutant un préfixe aux mots suivants, formez des mots de sens contraire. (Il y a parfois plusieurs possibilités.)

actif – complet – connu – content – heureux – honnête – moral – ordonné – plaisant.

2 Distinguer le rôle des suffixes

Expliquez la différence de sens entre ces mots qui ne varient que par leur suffixe.

1. compréhensible / compréhensif
2. envieux / enviable
3. offensant / offensif
4. raisonneur / raisonnable
5. respectable / respectueux

3 Exploiter les racines latines

Formez dix mots sur la racine *voc* ou *voqu* (du latin *vox* : la voix ; *vocare* : appeler).

4 Interpréter la formation des mots

En analysant la formation des mots, dites à qui revient le pouvoir dans une société définie par les qualificatifs suivants.

démocratique – aristocratique – ploutocratique – théocratique – technocratique – gérontocratique.

5 Respecter l'orthographe des racines grecques

À partir de ces radicaux, recherchez les mots qui correspondent aux définitions suivantes. Vous veillerez à les orthographier correctement.

hypo- (sous) – anthropo- (homme) – ortho- (droit) – poly- (plusieurs) – -onyme (nom) – -gyne (femme).

1. Un homme qui parle *plusieurs* langues.
2. Ce que l'on *suppose* et dont on tire des conséquences.
3. La manière *correcte* d'écrire les mots.
4. Qui a la forme, l'apparence d'un *être humain*.
5. Qui méprise les *femmes*.
6. Un faux *nom*, un *nom* d'emprunt.

APPROFONDIR

★ 6 Comprendre un titre

Analysez précisément la composition des mots soulignés qui forment le titre et le sous-titre de cette comédie de Molière.

Le Misanthrope ou l'Atrabilaire amoureux

★★ 7 Retracer l'histoire d'un mot

a. Établissez le parcours étymologique du mot « vélo » : d'où vient-il ? Comment a-t-il évolué ?
b. Par quel mot désigne-t-on aujourd'hui celui qui pratique le vélo ? Cherchez l'origine et analysez l'évolution de ce mot.

★★ 8 Former des familles de mots

a. La racine *versum* (du verbe latin *vertere*, « tourner ») a donné en français le mot « version ». En variant les préfixes, formez six noms à partir de cette racine.
b. Trouvez cinq mots du vocabulaire français formés sur le latin *prehendere / prehensum*.
c. Donnez le sens de ces mots et employez-les dans un exemple.

★★ 9 Utiliser les racines latines pour un niveau de langue soutenu

Remplacez le groupe de mots souligné par un adjectif formé d'une racine latine.

1. Un témoin qui a vu de ses propres yeux.
2. Une preuve dont on ne peut pas douter.
3. Des décisions qui ne sont prises que d'un seul côté.
4. Un spectacle dans lequel les chevaux ont un rôle important.
5. Le repos (ou le travail) du dimanche.
6. La qualité du goût des légumes de saison.

★★ 10 Comprendre le vocabulaire des médias

En vous aidant de votre connaissance des préfixes, des suffixes et des racines grecques, expliquez avec précision ce que signifient ces mots soulignés.

la désacralisation de l'école – la mondialisation de l'économie – une société méritocratique – la féminisation du secteur – l'interventionnisme de l'État.

11 Comprendre l'origine de noms publicitaires

a. Observez les chaussures que porte l'homme. Quel est le sens du mot grec choisi par cette marque célèbre ?

b. Analysez la composition et expliquez le sens de ces autres noms de marques : lait Candia, lait Lactel, crème Nivea, fer à repasser Calor, moutarde Amora, plat Pyrex.

c. Selon vous, quelle est la valeur de ces choix sur le plan publicitaire ?

★★
12 Repérer les néologismes

Faites les remarques nécessaires sur les néologismes employés dans les phrases suivantes.

a. Comment sont-ils formés ?

b. Comment sont-ils signalés dans la phrase ?

c. Sont-ils aujourd'hui intégrés à la langue courante ?

TEXTE 1

Mme de Villeparisis [...] nous annonçait qu'elle avait commandé pour nous à l'hôtel des « croque-monsieur » et des œufs à la crème [...].

Marcel PROUST, *À l'ombre des jeunes filles en fleurs* (1919)

TEXTE 2

Le bonhomme Dambreuse avait été un des « potdevinistes » les plus distingués du dernier règne.

Gustave FLAUBERT, *L'Éducation sentimentale* (1869)

TEXTE 3

Les usagers du RER B restent zen.

Journal *20 Minutes*, 8 septembre 2010

★★★
13 Suivre l'évolution du sens des mots

a. Vérifiez votre compréhension des textes du XVIIᵉ siècle et du XVIIIᵉ siècle en cherchant dans un dictionnaire le sens étymologique des mots soulignés.

b. Ce sens s'est-il renforcé ou affaibli dans la langue d'aujourd'hui ?

TEXTE 1

Toujours la mort d'un père occupe votre esprit ?
Rien ne peut-il charmer l'ennui qui vous dévore ?

Jean RACINE, *Bérénice*, II, 4 (1670)

TEXTE 2

Lisbonne est abîmée et l'on danse à Paris.

VOLTAIRE, *Poème sur le désastre de Lisbonne* (1756)

TEXTE 3

Épuisé de fatigue, tel qu'un homme qui sort d'un profond sommeil ou d'une longue distraction, il resta immobile, stupide, étonné.

Denis DIDEROT, *Le Neveu de Rameau* (1762)

★★★
14 Éviter les contresens

a. Cherchez le sens qu'avaient les mots soulignés aux XVIIᵉ et XVIIIᵉ siècles.

b. Quels contresens cette recherche permet-elle d'éviter ?

TEXTE 1

La question est une invention merveilleuse et tout à fait sûre, pour perdre un innocent qui a la complexion faible, et sauver un coupable qui est né robuste.

LA BRUYÈRE, *Les Caractères*, « De quelques usages », XIV, 51 (1688)

TEXTE 2

Ce n'est pas la fortune qui domine le monde.

MONTESQUIEU, *Considérations sur la grandeur des Romains* (1734)

TEXTE 3

Je résolus d'employer toute mon industrie pour la voir.

Abbé PRÉVOST, *Manon Lescaut* (1731)

★★★
15 Utiliser l'étymologie pour argumenter

a. Cherchez dans un dictionnaire l'origine du mot « barbare » et du mot « sauvage ». Expliquez quel parti Montaigne tire de cette étymologie pour défendre sa thèse.

b. Poursuivez la défense des « sauvages » en utilisant, à la manière de Montaigne, le champ lexical de la végétation naturelle.

À propos des Indiens d'Amérique :

Je trouve maintenant, pour en revenir à mon sujet, qu'il n'y a rien de barbare et de sauvage dans cette nation, d'après ce que l'on m'en a dit, sinon que chacun appelle barbarie ce qui n'est pas dans ses coutumes [...]. [Ces hommes-là] sont sauvages, de même que nous appelons sauvages les fruits que la nature a produits d'elle-même [...].

MONTAIGNE, *Essais* I, 31 (1580-1595), édition en français moderne par A. Lanly, © Éditions Honoré Champion, 1989

> Don Juan, « *grand seigneur méchant homme* », *justifie devant son valet Sganarelle les raisons de sa prétendue « conversion » au Bien.*

SGANARELLE. – Quoi ? vous ne croyez rien du tout, et vous voulez cependant vous ériger en homme de bien ?[1]

DON JUAN. – Et pourquoi non ? Il y en a tant d'autres comme moi, qui
se mêlent de ce métier, et qui se servent du même masque pour abuser
5 le monde !

SGANARELLE. – Ah ! quel homme ! quel homme !

DON JUAN. – Il n'y a plus de honte maintenant à cela : l'hypocrisie est
un vice à la mode, et tous les vices à la mode passent pour vertus. Le
personnage d'homme de bien est le meilleur de tous les personnages
10 qu'on puisse jouer aujourd'hui, et la profession d'hypocrite a de merveilleux avantages. C'est un art de qui l'imposture est toujours respectée ; et quoiqu'on la découvre, on n'ose rien dire contre elle. [...] C'est
sous cet abri favorable que je veux me sauver, et mettre en sûreté mes
affaires. Je ne quitterai point mes douces habitudes ; mais j'aurai soin
15 de me cacher et me divertirai à petit bruit.

▶ MOLIÈRE, *Dom Juan*, V, 2 (1665)

1. Prétendre être un homme pieux et respectueux.

Lorenzo Lippi (1606-1665), *Allégorie de la Simulation : femme tenant un masque et une grenade*, huile sur toile (vers 1640), 73 x 89 cm (musée des Beaux-Arts, Angers).

Compréhension

Dégagez les réseaux lexicaux qui illustrent, dans ses deux aspects, le sens
étymologique du mot « hypocrite » :
a. *hypo* : qui est dessous ;
b. *krisis* : qui appartient au théâtre.

Vers l'écriture d'invention

Dans un texte d'une quinzaine de lignes,
faites le portrait du pédagogue idéal.
Vous prendrez en compte l'étymologie
du mot « pédagogue » en exploitant les
champs lexicaux et les métaphores qui
illustrent ce sens : *agôgê*, le fait de mener, de conduire, de guider, de diriger et
paidos, l'enfant.

Pour réussir...

- Savoir analyser la formation d'un mot
- Être capable d'exploiter un sens
  étymologique
- Dégager et constituer des réseaux
  lexicaux

6

Tenir compte du sens des mots et savoir en jouer

Objectifs et compétences
- Analyser les choix lexicaux
- Varier et préciser le vocabulaire
- Exploiter les divers sens d'un mot

Découvrir

Le mot de « peste » venait d'être prononcé pour la première fois. À ce point du récit qui laisse Bernard Rieux[1] derrière sa fenêtre, on permettra au narrateur de justifier l'incertitude et la surprise du docteur, puisque, avec des nuances, sa réaction fut celle de la plupart de nos concitoyens. Les fléaux, en effet, sont une chose commune, mais on croit difficilement aux fléaux lorsqu'ils vous tombent sur la tête. Il y a eu dans le monde autant de pestes que de guerres. Et pourtant pestes et guerres trouvent les gens toujours aussi dépourvus. Le docteur Rieux était dépourvu, comme l'étaient nos concitoyens, et c'est ainsi qu'il faut comprendre ses hésitations. C'est ainsi qu'il faut comprendre aussi qu'il fut partagé entre l'inquiétude et la confiance. Quand une guerre éclate, les gens disent : « Ça ne durera pas, c'est trop bête. » Et sans doute une guerre est certainement trop bête, mais cela ne l'empêche pas de durer.

▌ Albert CAMUS, *La Peste* (1947),
© Éditions Gallimard

1. Médecin, personnage principal du roman.

QUESTIONS

1. Quel synonyme du mot « peste » est utilisé dans le texte ? Pour quelle raison un synonyme de « peste » ne pouvait-il pas être employé à la l. 1 ?

2. Expliquez les nuances de sens entre « incertitude », « surprise », « hésitations », « inquiétude ».

3. Quel jeu observez-vous dans la répétition des mots, l. 4 à 13 ? Expliquez la différence d'emploi entre « ça » et « cela ».

4. À quelle « guerre » peut faire penser la « peste » en 1947, date de la publication du roman ? Pour confirmer votre réponse, cherchez ce que l'on désignait par les mots « peste brune » dans les années 1930-1940.

Problématique

● **En quoi une appréciation pertinente du vocabulaire permet-elle d'approfondir le sens d'un énoncé ?**

Les mots sont les outils de la pensée, l'expression de la sensibilité ; ils expriment des jugements, révèlent une subjectivité, produisent des effets. Il importe donc de s'interroger :

- quels mots ont été choisis (ou écartés) par celui qui s'exprime ? Comment ces mots sont-ils organisés ?

- quelle valeur les mots prennent-ils pour celui qui les utilise ? Pour celui qui les reçoit ?

- quels moyens lexicaux utiliser pour préciser, nuancer ou renforcer sa propre expression ?

Le sens et la valeur des mots

Le vocabulaire (on dit aussi le lexique) offre de nombreuses ressources qui permettent d'enrichir l'expression.

1 LA DIVERSITÉ DES MOTS

■ Synonymes et antonymes

Les **synonymes** sont des mots qui peuvent être remplacés l'un par l'autre sans que soit modifié le sens général de l'énoncé. *Habile* et *adroit*

Les **antonymes** sont des mots de sens contraire. *Habile* et *malhabile* ; *adroit* et *maladroit*

■ Les champs lexicaux

On appelle **champ lexical** l'ensemble des mots qui se rapportent à une même réalité.

> Le champ lexical de la guerre : *conflit, combat, bataille* (mots synonymes) ; *guerrier, guerroyer* (mots de même famille), mais aussi *stratégie, victoire, attaquer, belliqueux, canon...*

2 LA DIVERSITÉ DU SENS

■ La polysémie.
La plupart des mots sont polysémiques (du grec *poly* : plusieurs, et *sêmainen* : signifier) : ils ont plusieurs sens.

> La peine : 1. *une sanction (purger sa peine)* ; 2. *le chagrin (faire de la peine)* ; 3. *l'effort (se donner de la peine)* ; 4. *la gêne (avoir de la peine à parler).*

Les différents sens d'un mot constituent le **champ sémantique** de ce mot.

■ Le sens figuré.
En plus de leur sens propre, certains mots prennent un **sens figuré** par métaphore, par métonymie (❯ *chap. 13*) ou par transfert du concret sur l'abstrait.

> Une terre fertile : *où la végétation pousse bien* (sens propre) ; *une imagination fertile : riche, inventive* (sens figuré).

3 LA VALEUR DES MOTS

■ Dénotation et connotation

Le **sens dénoté** d'un mot est celui que donne le dictionnaire, sa définition, son sens objectif.

> La nuit : *le contraire du jour.*

Le **sens connoté** correspond au sens implicite que reçoit le mot selon la subjectivité, l'intention de celui qui l'emploie, ou en fonction des références culturelles ou idéologiques qui s'y attachent. *La nuit* peut connoter *le repos, les plaisirs, l'angoisse, l'ignorance...*

■ Le vocabulaire appréciatif

Les **mots péjoratifs** (ou dépréciatifs, ou dévalorisants) impliquent un jugement de valeur défavorable, négatif. *Un travail : une corvée*

Les **mots mélioratifs** (ou valorisants, ou élogieux) impliquent un jugement de valeur favorable, positif. *Un travail : une mission, une œuvre*

■ Les niveaux de langue

Les **mots du vocabulaire familier, courant ou soutenu,** même s'ils sont synonymes, doivent être employés avec discernement, en fonction du contexte, de la situation d'énonciation, du destinataire. Les niveaux de langue sont choisis par les écrivains pour des raisons stylistiques.

> *Par exemple, Zola fait entendre la « langue du peuple » dans* L'Assommoir.

Repérer, commenter et employer différents champs lexicaux

Comment utiliser efficacement le vocabulaire dans un travail d'analyse ou un travail d'écriture ?

Pour identifier les champs lexicaux

🖌 Repérez les mots qui se rapportent à la même notion : ils permettent de dégager le **thème dominant** du texte. Soyez surtout sensible aux écarts (c'est-à-dire à l'emploi d'un vocabulaire que l'on n'attend pas dans ce contexte) ; ils révèlent **la vision** particulière de celui qui s'exprime.

Pour commenter l'emploi d'un champ lexical

🖌 Ne vous contentez pas d'un relevé. Posez des questions, proposez des hypothèses ; apportez des interprétations. Quels sont les effets produits ? Quel point de vue ces mots révèlent-ils ? Quelle image imposent-ils ?

🖌 Présentez vos analyses : *on observe le champ lexical… ; les mots… forment, constituent le champ lexical de… ; le champ lexical exprime, traduit…*

Pour exploiter au mieux les réseaux lexicaux dans un travail d'écriture

🖌 Constituez des « **réserves** » **de mots** : cherchez les mots de même famille, les synonymes qui assureront l'unité d'un paragraphe, la richesse d'une description, la pertinence d'une réflexion…

🖌 Évaluez **l'exactitude des termes** en tenant compte de leur nuance ; explorez les possibilités qu'ils offrent : les doubles sens, les connotations, la valeur appréciative. Maniez les niveaux de langue en fonction du contexte, de la situation de communication, de l'effet à produire.

EXEMPLE COMMENTÉ

DON JUAN. – [...] On goûte une douceur extrême à <u>réduire</u>, par cent hommages, le cœur d'une jeune beauté, à voir de jour en jour les petits progrès qu'on y fait, à <u>combattre</u> par des transports,
5 par des larmes et des soupirs, l'innocente pudeur d'une âme qui a peine à <u>rendre les armes</u>, à <u>forcer pied à pied</u> toutes les petites <u>résistances</u> qu'elle nous oppose, à <u>vaincre</u> les scrupules dont elle se fait un honneur et la mener doucement où
10 nous avons envie de la faire venir.

MOLIÈRE, *Dom Juan*, I, 2 (1665)

• Les mots soulignés forment le **champ lexical** de la guerre. Ils s'organisent en deux groupes : celui du vaincu *(les résistances, rendre les armes)* et celui du vainqueur *(réduire, combattre, forcer pied à pied, vaincre)*.

Le choix de ces mots fait apparaître une certaine **vision de la relation amoureuse**. Don Juan assimile la séduction à une conquête militaire. Séduire une femme est pour lui une affaire de calcul et de stratégie. Il affiche également, par l'emploi de ce vocabulaire, son goût de la victoire sur tous les terrains et révèle sa conception de l'amour comme rapport de force.

VÉRIFIER SES ACQUIS

1 Observer l'emploi des mots

a. Quels verbes reprennent « veille sur » après la première phrase du texte ?

b. Comment expliquez-vous le choix du mot « orphelin » ? Par quelles expressions ce choix est-il développé dans la suite du texte ?

> L'Académie française veille sur la langue de Molière. L'Academia della Crusca s'occupe de l'italien et la Real Academia Española se consacre à l'espagnol. L'anglais, lui, est orphelin. Aucune institution n'a jamais été créée pour se pencher à son chevet, se soucier de sa croissance, et rappeler à l'ordre ses utilisateurs peu précautionneux.
>
> Virginie MALINGRE, *Le Monde*, mardi 15 juin 2010

2 Trouver des mots synonymes

Groupez les mots suivants en six séries de quatre synonymes.

loisir – performance – critique – désœuvrement – exploit – reproche – protection – irrésolution – assistance – résolution – inaction – appui – hésitation – prouesse – fermeté – volonté – désapprobation – oisiveté – soutien – indécision – blâme – record – incertitude – courage.

3 Utiliser les antonymes

Trouvez le plus grand nombre de mots de sens contraire qui expriment les situations suivantes.

1. Qui parle beaucoup / qui s'exprime peu
2. Qui se ressemble / qui s'oppose
3. Qui est rare / qui est courant
4. Qui dure / qui ne dure pas

4 Employer le mot juste

Trouvez le ou les adjectifs qui qualifient exactement les événements suivants.

1. Qui se sont produits avant : …
2. Qui viennent après : …
3. Qui se suivent : …
4. Qui ont lieu en même temps : …
5. Qui arrivent avant le moment voulu : …
6. Qui vont se produire dans très peu de temps : …
7. Qui reviennent et se répètent : …

APPROFONDIR

★ 5 Varier le vocabulaire de l'analyse

Pour enrichir le vocabulaire des analyses et des commentaires, remplacez par des synonymes les mots soulignés.

1. Dans le paragraphe, on relève la présence de nombreux verbes à l'imparfait.
2. L'emploi de guillemets montre qu'il s'agit de paroles rapportées par le journaliste.
3. Le choix du point de vue interne permet au lecteur de connaître les pensées du personnage.
4. Pour évoquer le drame, l'auteur emploie un vocabulaire neutre.

★ 6 Apprécier et comparer les connotations

a. En classe, par écrit et individuellement, précisez quelles connotations s'attachent pour vous à ces couleurs : rouge ; blanc ; noir ; vert.

b. Mettez en commun les réponses et comparez-les.

★ 7 Évaluer les niveaux de langue

Trouvez pour chacun de ces mots un synonyme appartenant à un niveau de langue **a.** familier **b.** soutenu.

manger – mourir – s'amuser – gêner quelqu'un – fatigué.

★★ 8 Comprendre le jeu sur la polysémie

Analysez le double sens des mots dans ce dessin d'humour.

ALLEZ FAIRE COMPRENDRE À DES ÉLÈVES QUE L'ENSEIGNEMENT PRIMAIRE N'EST PAS PRIMAIRE

QUE LE SECONDAIRE EST LOIN D'ÊTRE SECONDAIRE

ET QUE LE SUPÉRIEUR EST PARFOIS MOYEN

Philippe Geluck (né en 1954), *Les profs de français craquent*, dessin in l'album *Le quatrième chat*, 1989.

★★
9 Relever et commenter des emplois figurés

Relevez dans la presse, à la radio ou à la télévision des exemples d'emplois figurés qui désignent des phénomènes politiques ou économiques. Exemple : *Les négociations piétinent. La flambée des prix. La chute des cours.*

★★★
10 Utiliser divers champs lexicaux

VERS L'ÉCRITURE D'INVENTION

Dans un texte en prose, vous célébrerez un objet banal de votre choix. Vous utiliserez des images permettant de le découvrir sous un angle nouveau. Vous marquerez explicitement votre appréciation élogieuse.

Pour réaliser ce travail, aidez-vous des indications suivantes.

a. Exploitez plusieurs champs lexicaux :
➡ le champ lexical de l'objet choisi : désignez-le par des synonymes, détaillez les éléments qui le composent.
➡ les champs lexicaux des images qui feront voir l'objet « sous un angle nouveau » : comparaisons, métaphores, allégories…

b. Pour marquer une « appréciation élogieuse » :
➡ jouez sur les connotations, la valeur symbolique des formes, des couleurs…
➡ utilisez un vocabulaire valorisant, mélioratif.

★★★
11 Explorer un champ sémantique

a. Repérez les quatre sens du mot « engagés » que l'auteur rejette (« Ils ne sont pas … »).
Expliquez chacun de ces emplois en remplaçant le mot « engagés » par un mot ou une expression synonymes.

b. L'auteur ne donne pas ici de définition de « l'écrivain engagé ». Proposez-en une en vous aidant au besoin d'un dictionnaire.

[Les écrivains engagés écrivent] parce que c'est plus fort qu'eux, qu'il leur faut dire ce qu'ils ont à dire. Ils ne sont pas engagés au sens où le militaire et le policier sont engagés, c'est-à-dire
5 ont pris l'engagement d'obéir aux ordres de leur supérieur, sans les discuter et au besoin sans chercher à les comprendre, ils ne se sont pas engagés d'avance à dire ce qu'on attendait d'eux, ils ne sont pas engagés comme le sont la recrue,
10 l'homme à gages ou le domestique, ils ne sont pas engagés comme un train est engagé sur des rails. Ils n'ont pas pris du service, mais ils ont pris feu et ils ont pris parti.

Claude ROY, *Défense de la littérature* (1968),
© Éditions Gallimard

★★★
12 Analyser le jeu sur les synonymes

Expliquez la distinction faite entre les synonymes (soulignés) dans les phrases suivantes.

1. La populace ne peut faire que des émeutes. Pour faire une révolution, il faut le peuple.

Victor HUGO, *Tas de pierres* (posthume 1942)

2. En Orient, on peut connaître la panique, on ignore la peur.

Guy DE MAUPASSANT, « La peur », *Contes de la bécasse* (1883)

3. Les femmes de Perse sont plus belles que celles de France ; mais celles de France sont plus jolies.

MONTESQUIEU, *Lettres persanes* (1715)

4. Dans *Thérèse Raquin*, j'ai voulu étudier des tempéraments et non des caractères.

Émile ZOLA, Préface de *Thérèse Raquin* (1867)

★★★
13 Réfléchir à partir du jeu sur le sens

a. Repérez et analysez le jeu sur le sens des mots dans les phrases suivantes.

b. Quelle idée chaque écrivain suggère-t-il par cet emploi ?

1. Par l'espace, l'univers me comprend et m'engloutit comme un point ; par la pensée, je le comprends.

Blaise PASCAL, 145 (éd. Sellier), (1657-1670), © Classiques Garnier 2010

2. La Cour [du Roi] est comme un édifice bâti de marbre, je veux dire qu'elle est composée d'hommes fort durs mais fort polis.

LA BRUYÈRE, *Caractères*, VIII, 10 (1688)

3. ANDROMAQUE. – Quand [Hector] est parti, voilà trois mois, il m'a juré que cette guerre était la dernière.
CASSANDRE. – C'était la dernière. La suivante l'attend.

Jean GIRAUDOUX, *La guerre de Troie n'aura pas lieu*, I, 1 (1935), © Éditions Grasset & Fasquelle

4. Les femmes ne sont pas des hommes comme les autres.

J. MOSSUZ-LAVAU et A. DE KERVASDOUÉ, *Les femmes ne sont pas des hommes comme les autres* (1997), © Odile Jacob

C'est bon de dormir. La nuit, quand tout est arrêté, là, dans les rues de la ville, quand les bruits sont retombés et qu'il ne reste que la lumière froide des lampadaires, et quelquefois la lune ronde au-dessus de la mer, je sens le sommeil venir de toutes parts, comme une brume, comme un gaz. Il monte des coins noirs, il
5 emplit les cours et les escaliers, il rôde dans les rues vides, sur les toits des immeubles, il règne dans le ciel obscur.

Le sommeil est pareil à une personne aussi, parce qu'il regarde et interroge, et son regard vous fait perdre l'équilibre, vous pousse hors de la terre. On tombe, comme si on avait oublié les lois qui vous attachent, on bascule et on tombe,
10 devant les quantités de fenêtres vides.

Son regard vient de l'espace sidéral, mais d'où ? Regard sans yeux, lumière noire qui se mêle à l'ombre de la nuit et vous efface. Le regard appuie sur une certaine zone, au fond de vous du côté du plexus solaire[1] peut-être, ou bien sur le thymus[2]. Appuie, sans faire mal, anéantissant au contraire toute douleur, élar-
15 gissant une tache d'anesthésie. Le regard voit aussi dans notre cerveau, et lentement, progressivement, tout devient bois, pierre, eau, nuage. Tout se referme, rentre en sa coquille, se love, s'oublie.

▶ Jean-Marie Gustave LE CLÉZIO, *L'Inconnu sur la terre* (1978), © Éditions Gallimard

1. Ganglions et filets nerveux situés à la hauteur de l'estomac.
2. Glande située dans la gorge.

Pablo Picasso (1881-1973), *Femme dormant*, huile sur toile (collection privée).

Compréhension

1. Relevez les mots qui expriment le mouvement pour décrire l'action du sommeil.
2. Dégagez le champ lexical du regard. À travers l'effet de ce regard, à quelle « personne » le sommeil est-il assimilé ?

Vers le commentaire

Vous commenterez le texte en vous aidant du parcours de lecture suivant :
– vous étudierez la personnification du sommeil ;
– vous montrerez de quelle façon est exprimé le pouvoir hypnotique du sommeil.

Pour réussir…

- Repérer et distinguer des champs lexicaux
- Être sensible aux effets de répétitions
- Analyser le rôle de ces emplois dans la construction du sens

7

Enrichir son vocabulaire :
les émotions et la réflexion

Objectifs et compétences
▶ Connaître le sens précis des mots
▶ Transmettre des émotions en employant un vocabulaire varié
▶ Exprimer les nuances de la pensée avec rigueur et justesse

Découvrir

Nos petits-enfants s'étonneront des croyances naïves de leurs pères à des choses si ridicules et si invraisemblables. Ils ne sauront jamais ce qu'était autrefois, la nuit, la peur du mystérieux, la peur du sur-
5 naturel. C'est à peine si quelques centaines d'hommes s'acharnent encore à croire aux visites des esprits, aux influences de certains êtres ou de certaines choses, au somnambulisme lucide, à tout le charlatanisme[1] des spirites[2]. C'est fini.
10 Notre pauvre esprit inquiet, impuissant, borné, effaré par tout effet dont il ne saisissait pas la cause, épouvanté par le spectacle incessant et incompréhensible du monde, a tremblé pendant des siècles sous des croyances étranges et enfantines qui lui servaient
15 à expliquer l'inconnu. Aujourd'hui, il devine qu'il s'est trompé, et il cherche à comprendre, sans savoir encore. Le premier pas, le grand pas est fait. Nous avons rejeté le mystérieux qui n'est plus pour nous inexploré.

▶ Guy DE MAUPASSANT, in *Le Gaulois*, 7 octobre 1883

1. Désigne des méthodes qui consistent à exploiter la crédulité du public.
2. Qui évoquent les esprits par l'intermédiaire d'un médium.

QUESTIONS

1. Quelle émotion, éprouvée par les hommes « pendant des siècles », est évoquée dans le texte ? Relevez les mots qui composent ce champ lexical.

2. Les mots « croyances » et « croire » appartiennent-ils au domaine de la réflexion ? Expliquez leur sens dans le texte.

3. Relevez les mots qui composent le champ lexical de la réflexion. Classez ces mots : ceux qui expriment les limites de l'esprit, ceux qui désignent le travail de l'esprit.

4. Comment comprenez-vous la distinction faite entre « chercher à comprendre » et « savoir » ?

Problématique

● **Comment enrichir l'expression et l'analyse des émotions et des pensées ?**

Toute lecture, et surtout une analyse littéraire, confronte le lecteur à l'émotion et à la réflexion. Mais il est difficile de mettre des mots sur nos sentiments ou sur des opérations mentales dont nous n'avons pas toujours une conscience claire.

Si l'on veut éviter la confusion ou l'approximation, il faut :
- apprendre à différencier les notions ;
- élargir le choix du vocabulaire ;
- préciser et nuancer les formulations.

Émotions et réflexion : vocabulaire

1 LE VOCABULAIRE DES ÉMOTIONS

■ **Les émotions sont caractérisées par** un trouble en général passager, lié essentiellement au **plaisir** ou à la **douleur** mais aussi à la pitié, la colère, l'indignation. Elles se manifestent par des réactions du corps et du comportement (réactions **émotionnelles**).
On ne confondra pas la **manifestation** d'une émotion *(la peur)* et la **cause** de cette émotion *(le danger)*.

■ **Les émotions peuvent être déclenchées par** des **sensations** qui sont les perceptions des cinq sens, ou par des **sentiments** que l'on éprouve à l'égard d'une personne ou d'un objet extérieur à soi, en général de façon stable et durable, et qui participent de la sensibilité et de la pensée *(le sentiment amoureux, le sentiment de la beauté)*.
Une **impression** est plus vague qu'une émotion : c'est un effet ressenti que l'on peut qualifier *(une impression agréable, désagréable)* sans toujours pouvoir le nommer ni en analyser la cause.

■ **Les émotions relèvent du domaine psychologique**. On nomme aussi les émotions, dans leurs formes les plus primaires, des **affects**. Le vocabulaire qui exprime les émotions est le **vocabulaire** (ou lexique) **affectif** (on dit aussi lexique de l'**affectivité**).

2 LE VOCABULAIRE DE LA RÉFLEXION

■ **La réflexion** est le travail qu'accomplit la pensée pour examiner avec attention un sujet, une idée, une situation dans ses différents aspects.
L'esprit qui élabore une réflexion procède par étapes : l'**observation** (on dit aussi l'**examen**) permet d'identifier et de cerner le problème. L'**interrogation** met en œuvre les mécanismes de la pensée que sont, par exemple, la recherche des **causes** et la **comparaison** avec d'autres phénomènes connus.
Ces opérations successives doivent conduire à la **compréhension** du sujet sur lequel s'exerce la réflexion.

■ **La démarche privilégiée de la réflexion est le raisonnement**, qui consiste à enchaîner les idées avec **logique** pour aboutir à une **conclusion**.
Le raisonnement **inductif** part d'observations particulières pour en tirer une règle générale. Le raisonnement **déductif** part d'une idée générale (souvent une **hypothèse**) et la vérifie par des cas particuliers.

■ **La réflexion doit être guidée par l'esprit critique**, qui consiste à s'interroger, à confronter des points de vue, à vérifier les sources de son information, à évaluer la cohérence d'un raisonnement, le degré de probabilité d'un fait.

■ **Le point d'aboutissement d'une réflexion est** la **solution** si l'objet de la réflexion est un problème, la **décision** si l'objet de la réflexion porte sur un choix, et le **jugement** s'il s'agit de se forger une opinion.
Un jugement qui ne s'appuie pas sur la réflexion est un **a priori**, un **parti pris**, un **préjugé**.

Améliorer ses phrases en employant le mot juste

Pour préciser votre pensée, éviter les répétitions, les formulations vagues.

Explorez tout l'éventail du vocabulaire : employez un synonyme ou un antonyme *(il est inquiet → il n'est pas serein)* ; faites alterner le nom et l'adjectif *(l'indignation → une réaction indignée)* ; transformez un verbe en groupe verbal *(réfléchir → exercer sa réflexion)*.

Tenez compte des nuances : deux mots synonymes ont rarement exactement le même sens. *Par rapport à « surprise », le mot « stupeur » a une valeur superlative ; par rapport à « heureux », le mot « content » a un sens plus faible.*

Précisez les mots passe-partout : *On voit que…* peut être précisé par *on s'aperçoit, on devine, on comprend, on découvre que… ; il est triste → il éprouve, il ressent de la tristesse…*

Remplacez les longues périphrases par un mot précis : l'expression sera plus claire, plus concise.

Évitez certains mots banals et d'ailleurs incorrects : remplacez *stresser* par *être tendu, inquiet* ; *paniquer → être pris de panique* ; *réaliser → comprendre, se rendre compte* ; *solutionner → trouver une solution* ou *résoudre*.

Apprenez à utiliser les mots de la réflexion

Distinguer les éléments : reconnaître, identifier, discerner, différencier, analyser, faire preuve d'un esprit de discernement…

S'interroger : chercher à comprendre, se poser des questions, approfondir, peser le pour et le contre, douter, évaluer…

Les étapes du raisonnement : émettre une hypothèse, chercher ou exposer la cause et la conséquence, démontrer, prouver, déduire, confirmer, justifier, aboutir à une conclusion…

Comprendre : saisir par la pensée, découvrir, concevoir, dégager le sens, se faire une idée de…

Les qualités de la réflexion : l'approfondissement, la rigueur, la méthode, l'ordre, la progression, la cohérence, la logique, l'enchaînement des idées…

Le manque de réflexion : l'à-peu-près, l'approximation, le jugement superficiel, la précipitation, la partialité, la crédulité, le préjugé…

Sachez utiliser le vocabulaire des émotions

Éprouver des émotions : éprouver, ressentir, apprécier, goûter, être sensible à, être ému, touché, bouleversé par, être émotif, sensible…

Susciter des émotions : émouvoir, troubler, attendrir, impressionner, toucher, frapper, inquiéter, scandaliser… produire un choc, causer un trouble…

Caractériser des émotions : touchant, poignant, saisissant, effrayant, pitoyable…

EXEMPLE COMMENTÉ

Le témoin ne sait pas trop bien mais il croit tout de même qu'il y a une raison pour qu'il se sente si mal à l'aise.

Pour bien penser et que ça serve à quelque chose, le détective, lui, doit séparer les choses : d'un côté ses idées comme par exemple sa tristesse ou ce qu'il pense personnellement comme individu au sujet de la victime ; et d'un autre côté ce qui s'est vraiment passé et tout ce qu'on lui a présenté qui peut lui montrer qu'il ne s'est pas trompé.

Ce texte est volontairement maladroit.

• Dans la première phrase, l'expression est vague et diffuse ; on peut la rendre plus concise et plus précise : → Le témoin éprouve des difficultés à discerner les causes de son malaise.

La seconde phrase comporte des répétitions de mots vagues (*choses*), un mot impropre (*idée* pour désigner une émotion), des longueurs qui peuvent être évitées par l'emploi du mot juste. On peut la récrire ainsi : Pour raisonner efficacement, le détective doit dissocier ses émotions ou son jugement subjectif sur la victime des faits avérés et des preuves dont il dispose.

Exercices

VÉRIFIER SES ACQUIS

1 Former des mots du vocabulaire de l'émotion

Formez les noms correspondant aux adjectifs.

tranquille – satisfait – content – paisible – serein – attristé.

2 Évaluer les synonymes

Classez par ordre d'intensité croissante les mots suivants.

1. colère – rage – irritation – emportement – fureur.
2. consterné – peiné – désolé – chagriné – navré.
3. épouvante – crainte – anxiété – appréhension – terreur – peur – inquiétude – effroi – frayeur.
4. ébahissement – stupeur – étonnement – stupéfaction.

3 Distinguer les niveaux de langue

En utilisant les niveaux de langue familier, courant, soutenu, exprimez de toutes les façons possibles :

l'enthousiasme – la tristesse – la peur.

4 Former des mots du vocabulaire de la réflexion

a. Formez les noms correspondant aux verbes.

raisonner – combiner – agencer – comprendre.

b. Formez les noms correspondant aux adjectifs.

possible – probable – vraisemblable – certain.

5 Utiliser les mots du raisonnement

Pour former des groupes verbaux, reliez les noms de la série 1 aux verbes de la série 2.

1. une hypothèse – une conséquence – un raisonnement – une conclusion – les causes – des preuves.
2. conduire – émettre – aboutir à – fournir – rechercher – tirer.

APPROFONDIR

6 ★ Associer les émotions aux genres littéraires

Indiquez quelles émotions sont généralement associées aux genres et aux registres suivants.

la comédie et le comique – la tragédie et le tragique – le pathétique – le fantastique.

7 ★ Différencier des émotions

Appliquez le terme qui convient aux émotions exprimées dans les textes. Justifiez vos choix.

enthousiasme – exaltation – folie.

TEXTE 1

« Levez-vous vite, orages désirés qui devez emporter René dans les espaces d'une autre vie. » Ainsi disant, je marchais à grands pas, le visage enflammé, le vent sifflant dans ma chevelure, ne
5 sentant ni pluie ni frimas, enchanté, tourmenté, et comme possédé par le démon de mon cœur.

François René DE CHATEAUBRIAND, *René* (1802)

TEXTE 2

14 août : Je suis perdu ! Quelqu'un possède mon âme et la gouverne ! Quelqu'un ordonne tous mes actes, tous mes mouvements, toutes mes pensées. Je ne suis plus rien en moi, rien qu'un
5 spectateur esclave et terrifié de toutes les choses que j'accomplis.

Guy de MAUPASSANT, *Le Horla* (1887)

TEXTE 3

« Je ne trouve rien d'admirable comme les soleils couchants, reprit-elle, mais au bord de la mer surtout.
– Oh ! j'adore la mer », dit M. Léon.

Gustave FLAUBERT, *Madame Bovary* (1857)

8 ★ Apprécier les nuances

Dans les textes suivants, l'accumulation des adjectifs présente-t-elle des émotions différentes ou renforce-t-elle la même émotion ?

TEXTE 1

Qu'on se figure un caractère timide et docile dans la vie ordinaire, mais ardent, fier, indomptable dans les passions.

Jean-Jacques ROUSSEAU, *Les Confessions*, livre 1 (1782)

J'avais tous les symptômes d'une passion violente ; mes yeux se creusaient ; je maigrissais, je ne dormais plus ; j'étais distrait, triste, ardent, farouche.

François René DE CHATEAUBRIAND,
Mémoires d'outre-tombe (1848)

Texte 3

La foule était enragée, aveugle, ivre de son danger même.

Jules MICHELET, *Histoire de la Révolution française* (1847-1853)

★★
9 Nommer les émotions

a. Nommez les émotions que le poète ressent successivement (indiquez les vers).

b. Employez un vocabulaire précis en vous interdisant de répéter le texte.

Pourquoi mon cœur bat-il si vite ?
Qu'ai-je donc en moi qui s'agite
Dont je me sens épouvanté ?
Ne frappe-t-on pas à ma porte ?
5 Pourquoi ma lampe à demi morte
M'éblouit-elle de clarté ?
Dieu puissant ! tout mon corps frissonne.
Qui vient ? qui m'appelle ? – Personne.
Je suis seul ; c'est l'heure qui sonne ;
10 Ô solitude ! ô pauvreté !

Alfred DE MUSSET, « La nuit de mai » (v. 24 à 33),
Les Nuits (1835-1837)

★★★
10 Exprimer ses émotions

VERS L'EXPOSÉ ORAL

Dans un bref exposé oral, décrivez les émotions que vous fait éprouver le tableau de Vincent Van Gogh. Efforcez-vous d'explorer le vaste champ des émotions à l'aide d'un vocabulaire varié et précis.

Vincent Van Gogh (1853-1890), *Les Souliers* (1886), huile sur toile, 37,5 x 45 cm (musée Van Gogh, Amsterdam, Pays-Bas).

★★★
11 Comprendre les impératifs d'une consigne

Expliquez quelles opérations doivent être effectuées pour répondre aux consignes suivantes.

1. Analysez et commentez les expressions qui désignent la souffrance du poète.

2. Observez la longueur et la succession des phrases. Qu'en déduisez-vous ?

3. Identifiez deux types de discours rapportés.

4. Dans quel texte l'argumentation est-elle directe ? indirecte ? Justifiez votre réponse.

> Exercice guidé

★★★
12 Distinguer les notions

Quelle différence y a-t-il entre un jugement objectif et un jugement subjectif ? Donnez un exemple de l'un et de l'autre. Vous pouvez vous aider des indications suivantes.

➔ Analysez la composition des mots : cherchez le sens des préfixes *ob-* et *sub-*. Mettez en relation les adjectifs *objectif* et *subjectif* avec les noms *objet* et *sujet*.

➔ Pour l'exemple de jugement subjectif, inspirez-vous des Repères (>*p. 59*).

★★★
13 Reconnaître les étapes d'une réflexion

a. Relevez les verbes qui désignent les étapes de la pensée de Zadig. Classez-les.

b. Expliquez quel mode de connaissance est ici illustré par ce personnage.

Le petit chien de la reine a été perdu. On interroge Zadig qui prétend très bien le connaître alors qu'il ne l'a jamais vu. Il s'explique.

Je me promenais vers le petit bois, où j'ai rencontré depuis le vénérable eunuque et le très illustre grand veneur. J'ai vu sur le sable les traces d'un animal, et j'ai jugé aisément que c'étaient
5 celles d'un petit chien. Des sillons légers et longs, imprimés sur de petites éminences de sable entre les traces des pattes, m'ont fait connaître que c'était une chienne dont les mamelles étaient pendantes, et qu'ainsi elle avait fait des petits il y a
10 peu de jours. D'autres traces en un sens différents, qui paraissaient toujours avoir rasé la surface du sable à côté des pattes de devant, m'ont appris qu'elle avait les oreilles très longues ; et comme j'ai remarqué que le sable était toujours moins
15 creusé par une patte que par les trois autres, j'ai compris que la chienne de notre auguste reine était un peu boiteuse, si je l'ose dire.

VOLTAIRE, « Le chien et le cheval », *Zadig ou la Destinée* (1748)

La rumeur se développe généralement très vite lorsqu'il existe un état d'inquiétude qui touche l'ensemble du groupe. C'est un phénomène collectif.

Les rumeurs sont d'autant plus nombreuses et extravagantes que les informations objectives et officielles sur la situation sont plus réduites. L'absence totale d'informations après connaissance d'un événement-choc favorise le développement des rumeurs. [...]

Les rumeurs se développent selon l'une ou l'autre de ces directions principales :

– colère-agressivité : ce type de rumeur accuse des groupes intérieurs ou extérieurs, des personnes, et s'oriente facilement sur des boucs émissaires ;

– panique-anxiété : ce type de rumeur grossit l'événement et produit des fabulations diffusant et accroissant la peur ;

– joie-espérance : ce type de rumeur traduit l'espoir, le rêve de l'élimination du danger. [...]

▶ « La rumeur », *Maîtrise et information administrative*, n° 154, octobre 1982

Louis Boilly (1761-1845), *La Colère* (1824), gravure (bibliothèque des Arts décoratifs, Paris).

Compréhension

1. Qu'est-ce qu'une « rumeur », dans le sens qui est celui du texte ?
2. Selon quels critères les « rumeurs » sont-elles ici classées ?
3. Expliquez en quoi les phénomènes de rumeurs sont dangereux.

Vers l'écriture d'invention

Rédigez un article d'une trentaine de lignes qui aura pour titre : « Face aux rumeurs, trois clés pour bien conduire sa réflexion ».

Pour réussir…

• Distinguer ce qui appartient aux émotions et ce qui relève des facultés de réflexion
• Maîtriser le vocabulaire de la réflexion
• Exposer clairement les trois principes (ou trois « clés ») en les différenciant nettement par le choix des mots

8

Enrichir son vocabulaire : société, politique, religion, art

▌ Connaître le vocabulaire de la vie sociale et politique, de la religion et de l'art
▌ Mieux comprendre l'information, les essais, les débats d'idées
▌ Développer des analyses sur ces sujets en employant les termes appropriés

|||||||| Découvrir

Affiche des Journées européennes du Patrimoine, 2010.

Journées européennes du patrimoine

Colère dans l'Hémicycle !

La vie monastique primée à Cannes

Rétrospective Claude Parent

L'Europe sur les planches

Embarquement pour l'exclusion

Hugo Chavez à l'épreuve des urnes

Les syndicats durcissent le ton

Face à l'urbanisation

Forte mobilisation de la gauche

Où en sont les avant-gardes ?

Pèlerinage à La Mecque

Insertion des jeunes

Les Dix Commandements d'une économie responsable

L'exécutif doit s'expliquer

Le drame s'est déroulé pendant l'office

QUESTIONS

1. Classez en quatre groupes de quatre les mots soulignés selon qu'ils vous semblent appartenir au vocabulaire de la vie sociale, de la politique, de la religion ou de l'art.

2. Proposez une définition simple de ces mots. Aidez-vous au besoin d'un dictionnaire.

Société, politique, religion, art : vocabulaire

1 LA VIE SOCIALE

■ **La vie sociale** est la vie des hommes dans la **société**, caractérisée par ses institutions, ses règles et le sentiment de l'intérêt général. La **sociologie** est l'observation des formes variées de la vie en société et des problèmes qui s'y rencontrent. Elle analyse les modes d'existence particuliers des groupes, des collectivités.

■ **L'anthropologie** (du grec *anthropos* : homme, et *logos* : discours, science) étudie les caractéristiques sociales et culturelles des populations humaines dans le temps et dans l'espace.

■ **L'ethnologie** (du grec *ethnos* : peuple, et *logos* : discours, science) a pour objet l'étude comparée des sociétés humaines, principalement des sociétés traditionnelles.

2 LA POLITIQUE

■ **Le mot politique** (du grec *polis* : ville) désignait, dans l'Antiquité, la gestion des affaires de la cité. Aujourd'hui, il s'applique aux différentes formes de **gouvernement**, aux institutions qui régissent la vie d'un **État**, à tout ce qui est relatif à l'exercice du pouvoir.

■ Un **régime politique** se définit par l'organisation politique, économique et sociale d'un État : monarchies, républiques, dictatures. Un **parti politique** est une association de citoyens défendant le même projet pour la conquête ou l'exercice du pouvoir politique.

■ Une **démocratie** (du grec *demos* : le peuple, et *kratein* : gouverner) est un système politique dans lequel le peuple élit ceux qui vont gouverner, et où les lois garantissent la liberté et l'égalité des **citoyens**. Les démocraties ne sont pas toutes des républiques ; les monarchies parlementaires d'Europe, par exemple, sont aujourd'hui des démocraties.

3 LA RELIGION

■ **La religion** est l'ensemble des **croyances** en une divinité et des **cultes** qui lui sont rendus. La foi en l'au-delà, le sens du **sacré**, le respect des **rites** et la soumission à une **morale** sont des constantes du sentiment religieux.

■ Les **dogmes** sont les points fondamentaux d'une **doctrine religieuse**. Les **rites** sont les cérémonies ou les gestes religieux pratiqués dans une communauté. Le **clergé** désigne les prêtres, les pasteurs, les ministres d'une Église. L'adjectif correspondant à clergé est **clérical** (d'où **anticlérical**).

4 L'ART

■ **L'art** regroupe les activités comme la musique, la littérature, la peinture, le cinéma, la danse, la sculpture, l'architecture qui ont en commun d'exprimer un talent, capable de concevoir et de réaliser des œuvres suscitant des **émotions**. Esthétique (du grec *aisthêsis* : sensation, sensibilité) qualifie ce qui est relatif à l'art : *les qualités esthétiques ; une émotion esthétique.*

■ La **critique d'art** est l'activité professionnelle, aujourd'hui diffusée par les médias, qui consiste à analyser les œuvres d'art (⟩ *chap. 3*). Un **mécène** est une personne ou un groupe qui soutient les artistes par des financements ou des commandes. Les **arts plastiques** élaborent des volumes et des formes : l'architecture, la sculpture, le dessin, la peinture. Les **arts décoratifs** sont appelés aussi arts appliqués : tapisserie, orfèvrerie, ébénisterie, céramique, bijouterie, vitrail…

Assurer la cohésion d'un paragraphe grâce au vocabulaire

Pour assurer l'unité d'un paragraphe et la continuité d'un propos, vous pouvez intervenir, à plusieurs niveaux, sur le lexique.

■ **Exploitez les champs lexicaux** (›*chap. 6*) : vérifiez que les mots employés se rapportent au thème. Ces mots doivent former des « chaînes » qui, d'un bout à l'autre du paragraphe, organiseront un ensemble cohérent. *Le champ lexical de l'enseignement : connaissances, pédagogie, apprendre, transmettre, instruire, apprentissage...*

■ **Utilisez des substituts** : ce sont des équivalents qui renvoient plusieurs fois au même référent sans le répéter.

➤ Les **hyperonymes** (des mots de sens large). *Le peintre → l'artiste*

➤ Les **reprises pronominales**. *La noblesse et la bourgeoisie → celle-ci... celle-là...*

➤ Les **périphrases** : elles reprennent un mot par une expression détournée. *Le Premier ministre → le chef du gouvernement*

■ **Jouez sur des reprises** bien maîtrisées.

➤ **Des synonymes** (›*chap. 6*) permettent de jalonner le parcours de la pensée : *l'activité → le travail → l'emploi ...*

➤ La **répétition** d'un même mot **avec des variantes** garantit la cohésion du lexique tout en faisant évoluer les significations : un même verbe peut être employé à des temps ou à des voix différentes *(éduquer ; être éduqué ; s'éduquer)* ; un mot peut être repris par des dérivés, employé avec un suffixe ou un préfixe *(gouverner ; gouvernement ; ingouvernable).*

EXEMPLE COMMENTÉ

Un défaut essentiel et inévitable, qui mettra toujours le gouvernement monarchique[1] au-dessous du républicain, est que dans celui-ci la voix publique n'élève presque jamais aux premières places que des
5 hommes éclairés et capables, qui les remplissent avec honneur ; au lieu[2] que ceux qui parviennent dans les monarchies ne sont le plus souvent que de petits brouillons, de petits fripons, de petits intrigants, à qui les petits talents, qui font dans les cours parvenir aux
10 grandes places, ne servent qu'à montrer au public leur ineptie[3] aussitôt qu'ils y sont parvenus.

Jean-Jacques ROUSSEAU, *Du contrat social*, livre III, chap. VI (1762)

1. La monarchie absolue de l'Ancien Régime. – 2. Alors que. –
3. Leur inaptitude et leur sottise.

● **L'unité du paragraphe** est assurée par la répartition en deux groupes (le monarchique et le républicain) de deux **champs lexicaux** opposés : celui des mérites et de la compétence ; celui de la malhonnêteté et de l'incompétence. Dans cette dernière série, l'adjectif dévalorisant *petits* assure l'unité de la chaîne. L'opposition des séries lexicales (monarchique et républicain) repose sur les **reprises pronominales** (*celui-ci, ceux qui*). D'autres **mots en écho** construisent l'équilibre du paragraphe (*Presque jamais, le plus souvent, les petits talents* en antithèse avec les *grandes places*). La répétition insistante du verbe *parvenir*, pour caractériser le gouvernement monarchique, contraste avec le seul mode de reconnaissance républicain (*la voix publique* [le vote]).

Exercices

VÉRIFIER SES ACQUIS

1 Reconnaître les thèmes de l'analyse sociale

a. Précisez le thème central de chacun de ces textes en relevant le vocabulaire qui s'y rapporte.
b. Dégagez les thèmes secondaires.

TEXTE 1

L'unité de temps est alors la journée. Dans cet espace on tourne en rond. On y oscille entre le travail et le repos comme une balle qui serait renvoyée d'un mur à l'autre. On travaille seulement
5 parce qu'on a besoin de manger. Mais on mange pour pouvoir continuer à travailler. Et de nouveau on travaille pour manger.

Simone WEIL, *La Condition ouvrière* (1936), © Gallimard

TEXTE 2

En outre, la population est distribuée en clans. Ce sont des groupes de familles qui se considèrent parentes par les femmes à partir d'un ancêtre commun. Celui-ci est de nature mythologique,
5 parfois même oublié. Disons que les membres du clan se reconnaissent au port du même nom.

Claude LÉVI-STRAUSS, *Tristes tropiques* (1955), © Plon

TEXTE 3

C'est par le travail que la femme a en grande partie franchi la distance qui la séparait du mâle ; c'est le travail qui peut seul lui garantir une liberté concrète. Dès qu'elle cesse d'être un parasite, le
5 système fondé sur sa dépendance s'écroule ; entre elle et l'univers, il n'est plus besoin d'un médiateur masculin.

Simone DE BEAUVOIR, *Le Deuxième Sexe* (1949), © Gallimard

2 Connaître le sens des mots

Définissez ces mots.

le septième art – le huitième art – le neuvième art – les arts du spectacle – les arts premiers.

3 Définir les doctrines

Choisissez les mots qui conviennent aux définitions suivantes.

1. Qui est hostile au clergé. 2. Qui divinise la nature. 3. Qui attribue une âme aux choses. 4. Qui croit en un seul dieu. 5. Qui ne croit pas en Dieu. 6. Qui croit en plusieurs dieux.

monothéiste – anticlérical – athée – polythéiste – animiste – panthéiste.

APPROFONDIR

4 ★ Analyser les symboles du pouvoir dans la langue du XVIIᵉ siècle

a. Par quelles images le pouvoir est-il représenté dans ces trois extraits de théâtre ? Relevez les mots. Cherchez l'origine historique de ces images.
b. Quelle figure de style est utilisée ? Analysez-la.

TEXTE 1

DON ARIAS
Quoi ! vous craignez si peu le pouvoir souverain…
DON DIÈGUE
D'un sceptre qui sans moi tomberait de sa main.
Il a trop d'intérêt lui-même en ma personne,
Et ma tête en tombant ferait choir sa couronne.

Pierre CORNEILLE, *Le Cid*, II, 1 (1637)

TEXTE 2

TITUS
Rome, contre les rois de tout temps soulevée,
Dédaigne une beauté[1] dans la pourpre élevée ;
L'éclat du diadème et cent rois pour aïeux
Déshonorent ma flamme et blessent tous les yeux.

Jean RACINE, *Bérénice* III, 1 (1670)
1. La reine Bérénice.

TEXTE 3

AGRIPPINE
Ai-je mis dans sa main le timon de l'État
Pour le conduire au gré du peuple et du sénat ?

Jean RACINE, *Britannicus*, I, 1 (1669)

5 ★ Vérifier sa connaissance du vocabulaire politique

Choisissez la définition qui convient.

1. Une décision <u>arbitraire</u> signifie :
– qui est prise par un arbitre.
– qui est mûrement réfléchie.
– qui dépend du caprice d'un seul.

2. <u>L'émancipation</u> de la femme signifie que :
– la femme obtient son indépendance.
– la femme est dominée et privée de droits.
– la femme ne respecte aucune morale.

3. La France <u>rapatrie ses ressortissants</u> signifie que :
– la France expulse les étrangers vers leur pays d'origine.
– la France fait revenir en France les citoyens français qui habitent dans un pays étranger.
– la France accorde aux migrants un permis de séjour.

★★ 6 Préciser le sens

Expliquez les mots soulignés en précisant leur différence de sens.

1. Les femmes sont <u>électrices</u> et <u>éligibles</u> dans les mêmes conditions que les hommes.

Loi du 22 avril 1944

2. Les droits de l'être humain s'entendent sans distinction de sexe, de race, de nation, de religion ou d'opinions. Ces droits, <u>inaliénables</u> et <u>imprescriptibles</u>, sont attachés à la personne humaine.

Complément à la Déclaration des droits de l'homme élaboré par la Ligue des droits de l'homme et du citoyen en 1936

★★ 7 Analyser le vocabulaire religieux

a. Quels mots du vocabulaire religieux Tartuffe emploie-t-il dans cette tentative de séduction amoureuse ?
b. Pour quelles raisons selon vous le personnage utilise-t-il ce type de vocabulaire ?
c. Comment comprenez-vous l'expression « je ne suis pas un ange » ?

Tartuffe, un escroc qui se fait passer pour un homme pieux et dévot, entreprend de séduire Elmire, la femme de son protecteur.

TARTUFFE

Ce m'est, je le confesse, une audace bien grande
Que d'oser de ce cœur vous adresser l'offrande ;
Mais j'attends en mes vœux tout de votre bonté,
Et rien des vains efforts de mon infirmité.
5 En vous est mon espoir, mon bien, ma quiétude :
De vous dépend ma peine ou ma béatitude :
Et je vais être enfin, par votre seul arrêt,[1]
Heureux, si vous voulez, malheureux, s'il vous
          [plaît.

ELMIRE

La déclaration est tout à fait galante ;
10 Mais elle est, à vrai dire, un peu bien
          [surprenante.
Vous deviez, ce me semble, armer mieux votre
          [sein[2]
Et raisonner un peu sur un pareil dessein.
Un dévot comme vous, et que partout on
          [nomme…

TARTUFFE

Ah ! pour être dévot je n'en suis pas moins
          [homme ;
15 Et lorsqu'on vient à voir vos célestes appas,[3]
Un cœur se laisse prendre et ne raisonne pas.
Je sais qu'un tel discours de moi paraît étrange ;
Mais, madame, après tout je ne suis pas un ange,
[…]

MOLIÈRE, *Tartuffe*, III, 3 (1664)

1. Décision, jugement. – 2. Votre cœur. – 3. Attraits, charmes.

★★ 8 Apprécier le choix d'un lexique

a. Relevez dans les textes les mots du vocabulaire religieux. Montrez que ce type de vocabulaire est en décalage avec le sujet.
b. Quel texte vous semble le plus irrévérencieux dans l'emploi de ce vocabulaire ? Expliquez pourquoi.

TEXTE 1

La servante Félicité a perdu son perroquet Loulou.

À l'église, elle contemplait toujours le Saint-Esprit, et observa qu'il avait quelque chose du perroquet. Sa ressemblance lui parut encore plus manifeste sur une image d'Epinal[1], représentant
5 le baptême de Notre-Seigneur. Avec ses ailes de pourpre[2] et son corps d'émeraude, c'était vraiment le portrait de Loulou.

Gustave FAUBERT, *Un cœur simple* (1877)

1. Images en couleurs, populaires et naïves, diffusées en grand nombre au XIXe s. – 2. Couleur rouge foncé.

TEXTE 2

Swann assiste à un concert.

Swann n'osait pas bouger et aurait voulu faire tenir tranquilles aussi les autres personnes, comme si le moindre mouvement avait pu compromettre le prestige surnaturel, délicieux et fra-
5 gile qui était si près de s'évanouir. Personne, à dire vrai, ne songeait à parler. La parole ineffable[1] d'un seul absent, peut-être d'un mort (Swann ne savait pas si Vinteuil[2] vivait encore), s'exhalant au-dessus des rites de ces officiants, suffisait à te-
10 nir en échec l'attention de trois cents personnes, et faisait de cette estrade où une âme était ainsi évoquée un des plus nobles autels où pût s'accomplir une cérémonie surnaturelle.

Marcel PROUST, *Du côté de chez Swann* (1913)

1. Inexprimable, sublime. – 2. Le compositeur (personnage imaginaire).

★★ 9 Employer le mot juste

Expliquez la différence entre les mots suivants et employez-les dans des phrases d'exemple.

1. Un musée / une exposition
2. Un éditeur / un imprimeur
3. Un réalisateur / un producteur (cinéma)
4. Une création / une reprise (théâtre)

10 Tester sa culture générale

a. Expliquez ces mots du vocabulaire religieux, venus du latin et devenus noms communs en français.

un credo   un mea culpa
un Te Deum   un requiem

b. Quel nom précis donne-t-on à ces scènes de la peinture religieuse ? Cherchez l'origine de ces noms.

Guido di Pietro Fra Angelico (1417-1455),
fresque (1437-1447), 2,3 x 3,2 m (musée du couvent San Marco, Florence, Italie).

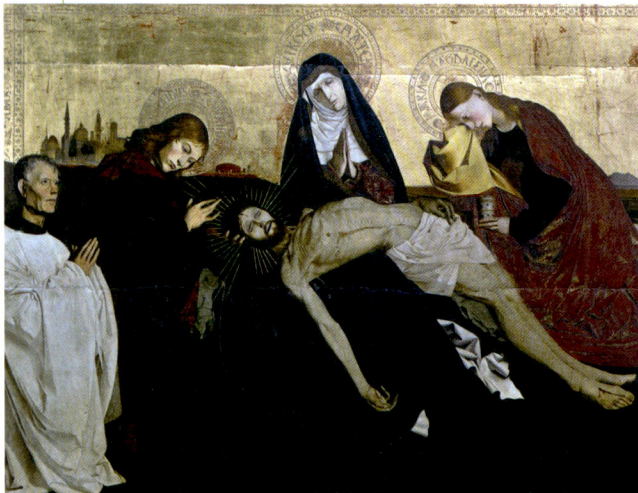

Enguerrand Quarton (1418-1466), huile sur bois,
163 x 218 cm (musée du Louvre, Paris).

* Le titre de ces œuvres a volontairement été supprimé.

11 Vocabulaire des arts : vérifier sa compréhension

a. Quelle activité artistique est pratiquée par le personnage de Lucien ? Relevez les mots qui vous en donnent l'idée.
b. Relevez les mots qui appartiennent au champ lexical de la création artistique.
c. Expliquez la phrase : « vous puiserez à pleines plumées d'encre dans votre cœur ».
d. Par quelles images est évoquée l'inspiration de l'artiste telle que la conçoit Lucien ? À quel mouvement artistique correspond ce type d'inspiration (❯ *chap. 1*) ?
e. Quelle leçon est donnée par Lousteau sur le métier d'artiste ?

Le journaliste Étienne Lousteau met en garde le jeune Lucien de Rubempré venu à Paris chercher le succès dans les arts.

Pour faire de belles œuvres, mon pauvre enfant, vous puiserez à pleines plumées d'encre dans votre cœur la tendresse, la sève, l'énergie, et vous l'étalerez en passions, en sentiments, en phrases !
5 Oui, vous écrirez au lieu d'agir, vous chanterez au lieu de combattre, vous aimerez, vous haïrez, vous vivrez dans vos livres ; mais quand vous aurez réservé vos richesses pour votre style, votre or, votre pourpre[1] pour vos personnages, que vous vous
10 promènerez en guenilles dans les rues de Paris, heureux d'avoir lancé, en rivalisant avec l'état civil, un être nommé Adolphe, Corinne, Clarisse ou Manon[2], que vous aurez gâté votre vie et votre estomac pour donner la vie à cette création, vous la
15 verrez calomniée, trahie, vendue, déportée dans les lagunes de l'oubli par les journalistes, ensevelie par vos meilleurs amis. Pourrez-vous attendre le jour où votre créature s'élancera réveillée par qui ? quand ? comment ?

Honoré DE BALZAC, *Illusions perdues*, II (1839)

1. Symbole de pouvoir et de richesse.
2. Héros et héroïnes de grands romanciers (B. Constant, Mme de Staël, S. Richardson, l'abbé Prévost).

> *Candide et son valet Cacambo, qui ont fait naufrage, se trouvent accueillis dans le pays d'Eldorado.*

Cacambo expliquait à Candide tous les discours de l'hôte, et Candide les écoutait avec la même admiration et le même égarement que son ami Cacambo les rendait. « Quel est donc ce pays, disaient-ils l'un et l'autre, inconnu à tout le reste de la terre, et où
5 toute la nature est d'une espèce si différente de la nôtre ? C'est probablement le pays où tout va bien : car il faut absolument qu'il y en ait un de cette espèce. Et, quoi qu'en dît Pangloss[1], je me suis souvent aperçu que tout allait mal en Vestphalie[2]. »

> *Les deux voyageurs sont conduits chez un sage vieillard qui accepte de répondre à leurs questions.*

[…]

La conversation fut longue ; elle roula sur la forme du gouver-
10 nement, sur les mœurs, sur les femmes, sur les spectacles publics, sur les arts. Enfin Candide, qui avait toujours du goût pour la métaphysique, fit demander par Cacambo si dans le pays il y avait une religion.

> **VOLTAIRE**, *Candide*, fin chap. 17, chap. 18 (1759)

1. Le maître de Candide.
2. Le pays d'origine de Candide.

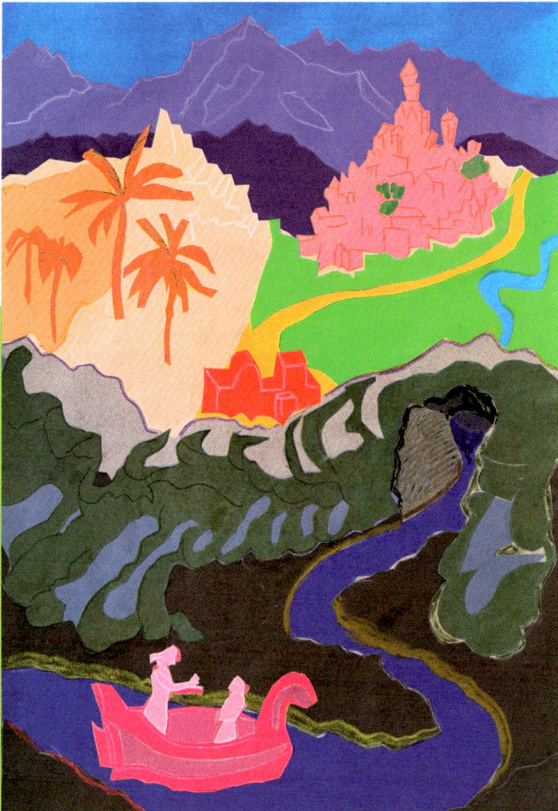

Compréhension

1. Qu'est-ce qu'un eldorado ? Recherchez l'origine du mot.
2. Comment appelle-t-on un récit dans lequel est présenté un « pays où tout va bien » ?
3. Quelles sont les caractéristiques de ce type de récit ?

Vers l'écriture d'invention

Décrivez les institutions d'un pays libre et éclairé dans quatre paragraphes qui auront pour thèmes la vie politique et la vie sociale, la religion et les arts.
Vous vous fixerez comme règle d'exploiter largement ces lexiques spécifiques et vous vous référerez à la fiche Méthode (p. 67) pour donner la plus grande cohésion possible à chacun des paragraphes.

Pour réussir…

- Décrire les qualités du pays à travers ses institutions : politique, sociale, religieuse et artistique
- Respecter le sens des mots « libre » et « éclairé »
- Distinguer les quatre paragraphes par leur thème

Hugh Bulley (artiste contemporain), *Candide et son valet Cacambo au pays d'Eldorado*, collage (collection privée).

Objectifs et compétences
- Distinguer les différentes natures de phrase
- Analyser la structure et le rythme d'une phrase

|||||||| Découvrir

> *Après avoir mené son enquête, le narrateur, un jeune écrivain, découvre que son vrai grand-père, David Wagner, est mort en camp de concentration en 1942. Il reproche alors à son père, Adrien, de ne rien lui avoir dit.*

– Je t'ai déjà expliqué. J'ai voulu te protéger.

– Me protéger de quoi ? De quel secret ? D'avoir un grand-père juif déporté ? Une grand-mère folle ? La belle affaire ! Ce qui est terrible, c'est le destin de ces êtres, pas leurs secrets. Et le silence est plus lourd à porter
5 que la révélation.

– Peut-être. J'ai néanmoins cru bon de ne pas t'en parler.

– Et tu n'as pas essayé d'en apprendre davantage ? J'ai l'impression d'en savoir plus sur ton propre père que toi-même.

Adrien sourit.

10 – Cela m'étonnerait.

– Tu ne te rends pas compte, dis-je avec une stupide gloriole, que je viens de passer plus d'un an à rassembler des informations sur sa vie, que j'ai rencontré tout le monde, que je peux te raconter en détail toute son existence, que je suis même capable de retracer son dernier jour.

15 – Vraiment ? dit mon père avec ironie. Quel travail remarquable ! Je n'en attendais pas moins de toi. J'ai toujours pensé que tu aurais été meilleur chercheur qu'écrivain. L'imagination t'a toujours manqué.

Je me levai et tout en quittant le salon, je dis :

– Je vais écrire tout cela. Il t'aura fallu soixante ans mais au moins tu
20 connaîtras ton père. Grâce à moi.

– Erich Wagner[1], cela te dit quelque chose ?

Je pivotai sur mes talons.

– Comment sais-tu ?

– Vois-tu, le problème avec les jeunes, jeta mon père d'un ton sardo-
25 nique, c'est qu'ils se croient toujours les meilleurs. Tu as fait tes petites recherches, tu as bavardé, tu as parcouru des livres et tu penses qu'avec cela, tu connais tout de David Wagner. Moi, j'ai agi.

> Fabrice HUMBERT, *L'Origine de la violence* (2009),
> © Le Passage Paris-New York Éditions, 2009

1. Le médecin responsable de la mort de David à Buchenwald porte le même nom que sa victime.

La Salle des noms du Mémorial de Yad Vashem (Jérusalem) rassemble dans une immense tour, dont la forme évoque celle des cheminées des camps, les portraits et les noms de quelques unes des victimes de la Shoah.

Problématique

🔴 **Comment la nature et la structure des phrases d'un texte permettent-elles d'en enrichir le sens ?**

🟡 Analyser la syntaxe des phrases apporte des informations sur les intentions de leur auteur, grâce à l'étude de leur nature, de leur modalité et de la façon dont elles sont construites.

🟡 Dégager les effets produits par le rythme des phrases permet également d'enrichir la compréhension du texte.

QUESTIONS

1. En quoi la ponctuation des phrases des lignes 2-3 reflète-t-elle l'attitude du narrateur ?

2. Quel est l'effet produit par l'accumulation des subordonnées l. 11 à 14 ?

3. Quelle est la particularité de la deuxième phrase, l. 15 ? Qu'est-ce qui se trouve ainsi mis en valeur ?

4. Observez les deux dernières phrases. Quel est l'effet recherché par leur juxtaposition ?

Syntaxe et rythme de la phrase

1 LA NATURE DE LA PHRASE

La nature d'une phrase dépend des éléments clés qui la constituent : son noyau et ses propositions.

- **La phrase verbale** a pour noyau un verbe conjugué.
  J'ai voulu te protéger. (texte p. 72, l. 1)

- **La phrase non verbale** peut avoir pour noyau un nom, accompagné ou non d'un adjectif.
  Quel orage !
  Terrible, cet orage !

- **La phrase simple** est constituée d'une seule proposition.
  J'ai néanmoins cru bon de ne pas t'en parler. (texte p. 72, l. 6)

- **La phrase complexe** possède au moins deux propositions.
  J'ai toujours pensé que tu aurais été meilleur chercheur qu'écrivain. (texte p. 72, l. 16)

Le mode de liaison des propositions par juxtaposition, coordination ou subordination produit des effets de style différents (*voir « énumération » et « parataxe » ci-contre*).

2 LA MODALITÉ DE LA PHRASE

Appelée aussi type de phrase, la modalité traduit l'attitude de celui qui parle, le locuteur, à l'égard de ce qu'il dit, son énoncé.

Modalité	Définition	Exemple
Déclarative	Exprime un constat, déclare un fait.	*La porte est fermée.*
Interrogative	Formule une question dans le but d'obtenir une réponse. • **Une interrogation rhétorique** est une fausse question qui appelle la confirmation d'un fait, présenté comme admis de tous (>*chap. 17*).	*Qui a ouvert la porte ?*
Exclamative	Exprime une réaction du locuteur, traduit toute la gamme des émotions : l'enthousiasme, la révolte, l'indignation, l'espoir, l'étonnement…	*La porte est encore fermée !*
Injonctive	Comporte un verbe à l'impératif ou au subjonctif d'ordre. Exprime différents degrés de l'ordre au conseil : la recommandation, la défense, la supplication… • D'autres moyens que les modes impératif et subjonctif permettent d'exprimer l'ordre, comme l'indicatif futur *(Vous fermerez la porte.)*, l'infinitif *(Fermer la porte.)*, un nom *(La porte !).*	*Fermons cette porte.* *Qu'on ferme la porte.*

LE RYTHME DE LA PHRASE

Les effets de rythme naissent de la longueur des groupes de mots grammaticaux ou des propositions qui constituent la phrase, de leur nombre et de leur agencement.

■ **Le rythme binaire** met en évidence une progression par groupes de deux éléments.
Se venger est de l'individu, punir est de Dieu. (Hugo)

■ **Le rythme ternaire** met en évidence une progression par groupes de trois éléments.
Elle aima, fut aimée, et mourut. (Maupassant)

■ **Un parallélisme** repose sur la répétition d'une même structure grammaticale.
Il s'appuie souvent sur un rythme binaire ou ternaire.
Je dirai hautement : voilà ce que j'ai fait, ce que j'ai pensé et ce que je fus. (Rousseau)

■ **Une période** (> *chap. 17*) est une phrase longue et régulière composée d'une première partie ascendante (protase), puis d'une autre descendante (apodose), de sorte que le centre ou la fin de la phrase se trouve mis en valeur.
Quelque haut qu'on puisse remonter pour rechercher dans les histoires les exemples des grandes mutations (partie ascendante) *on trouve que jusques ici* (centre mis en valeur) *elles ont été causées, ou par la mollesse, ou par la violence des princes* (partie descendante). *(Bossuet)*

■ **Une énumération** est une suite de termes juxtaposés. L'absence de conjonction de coordination (appelée asyndète) suggère que la série est illimitée.
Les trompettes, les fifres, les hautbois, les tambours, les canons, formaient une harmonie telle qu'il n'y en eut jamais en enfer. (Voltaire)

EXEMPLE COMMENTÉ

La chambre à coucher du couple Deume [...]. Une odeur composite de camphre, de salicylate de méthyle, de lavande et de naphtaline. Sur le dessus de la cheminée, une pendule en bronze doré, surmontée d'un soldat porte-drapeau mourant pour la patrie.

Albert COHEN, *Belle du seigneur* (1968), © Éditions Gallimard

• En employant des **phrases non verbales,** l'auteur souligne la spontanéité du regard porté sur la chambre : sensations olfactives et visuelles sont mises en valeur. La description n'a pas de caractère intellectuel, l'impression première prime sur le jugement.

MÉTHODE

Repérer des structures de phrases expressives

Pour mettre en relief un aspect de la phrase, un auteur peut choisir :

▬ **une phrase emphatique** : grâce aux présentatifs *c'est*, *voici* et *il y a*, elle valorise un élément.
Il y a une espèce de livres que nous ne connaissons point en Perse, et qui me paraissent ici fort à la mode : ce sont les journaux. (Montesquieu)

▬ **un sujet postposé**, qui, placé après le verbe, est ainsi mis en valeur.
Dans ce trou noir et lumineux vit la vie, rêve la vie, souffre la vie. (Baudelaire)

▬ **un jeu sur les différentes longueurs de phrase**. Longue ou brève, la phrase peut refléter ainsi le sujet qu'elle développe.
Ça ne va pas. Je tremble. J'ai froid. Je m'appuie contre la paroi. Tout à coup une rumeur : « Les voilà ! » (Duras)

▬ **la subordination implicite, appelée parataxe**, supprime la conjonction reliant la proposition subordonnée à la principale, et donne plus de force à la relation logique.
Il nous aurait écoutés, il n'en serait pas là. (= S'il nous avait écoutés, il n'en serait pas là.)

VÉRIFIER SES ACQUIS

1 Comprendre l'emploi des modalités de la phrase

Recopiez et complétez le tableau suivant en indiquant dans la première colonne la modalité de la phrase, et dans la seconde, son interprétation : ce que l'on peut déduire de l'attitude ou des sentiments du locuteur.

	Modalité	Attitude du locuteur
Dépêchez-vous si vous voulez être à l'heure.		Conseil
N'y a-t-il pas déjà eu trop de conflits dans ce pays ?		
Combien l'Europe a-t-elle d'habitants ?	Phrase interrogative	
Ils ont encore garé leur voiture devant le portail !		
Peux-tu me donner l'heure, s'il te plaît ?		
Quel succès ! Félicitations !		
Aujourd'hui, il pleut.		
Posez plutôt votre valise sur le porte-bagages.		
Je me demande si le bus passera à cette heure-là.		

2 Identifier la nature des phrases

a. Combien cet extrait comporte-t-il de phrases ?
b. Repérez les phrases non verbales.
c. Distinguez les phrases simples et les phrases complexes.

> Que les criminalistes les plus entêtés y fassent attention, depuis un siècle la peine de mort va s'amoindrissant. Elle se fait presque douce. Signe de décrépitude. Signe de faiblesse. Signe de
> 5 mort prochaine. La torture a disparu. La roue a disparu. La potence a disparu. Chose étrange ! la guillotine est un progrès.
>
> Victor HUGO, *Le Dernier Jour d'un condamné*, préface (1832)

3 Étudier la structure des phrases

a. Observez la nature et le mode de liaison des phrases. Quelles en sont les particularités ?
b. Quel est l'effet produit par ces choix ?

> Elle me parle de Michael Richardson sur ma demande. Elle dit combien il aimait le tennis, qu'il écrivait des poèmes qu'elle trouvait beaux.

J'insiste pour qu'elle en parle. Peut-elle me dire
5 plus encore ? Elle peut. Je souffre de toutes parts. Elle parle. J'insiste encore. Elle me prodigue de la douleur avec générosité. Elle récite des nuits sur la plage. Je veux savoir plus encore. Elle me dit plus encore. Nous sourions. Elle a parlé comme
10 la première fois, chez Tatiana Karl.

Marguerite DURAS, *Le Ravissement de Lol V. Stein* (1964), © Éditions Gallimard

Exercice guidé

4 De l'analyse à la rédaction

a. Analysez les phrases du texte de Racine en vous aidant de ces indications.
➡ Quelles modalités de la phrase sont représentées dans l'extrait ?
➡ Relevez les phrases à l'impératif et les verbes au subjonctif.
➡ Quel verbe de la tirade est répété deux fois ?
➡ Quels termes relèvent du champ lexical de l'ordre ?
➡ Quel est le rythme le plus fréquent, binaire ou ternaire ? À travers quelles expressions ?
b. En employant le vocabulaire de l'encadré Des mots pour... p. 78, vous rédigerez un paragraphe qui montrera comment se traduit l'autorité de Néron.

L'empereur Néron apparaît pour la première fois sur scène, convaincu de l'influence néfaste de Pallas sur sa mère et son demi-frère Britannicus.

NÉRON

N'en doutez point, Burrhus : malgré ses injustices,
C'est ma mère, et je veux ignorer ses caprices.
Mais je ne prétends plus ignorer ni souffrir
Le ministre insolent[1] qui les ose nourrir.
5 Pallas de ses conseils empoisonne ma mère ;
Il séduit, chaque jour, Britannicus mon frère,
Ils l'écoutent tout seul, et qui suivrait leurs pas,
Les trouverait peut-être assemblés chez Pallas.
C'en est trop. De tous deux il faut que je l'écarte.
10 Pour la dernière fois, qu'il s'éloigne, qu'il parte ;
Je le veux, je l'ordonne ; et que la fin du jour
Ne le retrouve pas dans Rome ou dans ma cour.
Allez : cet ordre importe au salut de l'empire.
Vous, Narcisse, approchez. Et vous, qu'on se retire.

Jean RACINE, *Britannicus*, II, 1 (1669)

1. Pallas.

5 Jouer avec les modalités de la phrase

Reportez vous au texte de l'exercice 4. Reformulez les phrases des cinq derniers vers afin d'atténuer l'expression de l'ordre.

APPROFONDIR

★
6 Repérer les effets de rythme

a. Caractérisez le rythme de ces phrases.
b. Pour chacune, quel est l'effet recherché par l'auteur ?

1. Ménalque descend son escalier, ouvre sa porte pour sortir, il la referme […]. Il cherche, il brouille, il crie, il s'échauffe, il appelle ses valets l'un après l'autre : *on lui perd tout, on lui égare tout* ; il demande ses gants, qu'il a dans ses mains […].

2. La moquerie est souvent indigence d'esprit.

3. Regretter ce que l'on aime est un bien, en comparaison de vivre avec ce que l'on hait.

Jean DE LA BRUYÈRE, *Les Caractères* (1688)

★
7 Analyser l'emploi des modalités

a. Repérez les différentes formes de l'ordre dans le passage.
b. Relevez une interrogation rhétorique.
c. Quels sont les différents sentiments exprimés par Mme Péricand ?
d. Relevez les pronoms de la 2ᵉ personne du singulier. Comment peut-on interpréter leur nombre ?
e. <mark>VERS LE COMMENTAIRE</mark>
   Montrez, en un paragraphe argumenté, comment Mme Péricand s'y prend pour convaincre son fils Hubert de ne pas partir.

Madame Péricand s'adresse à son jeune fils qui veut partir se battre contre les Allemands.

En attendant tu n'as qu'à te taire et m'obéir. Tu ne partiras pas ! Si tu avais un peu de cœur, une idée aussi cruelle, aussi stupide, ne t'aurait même
5 pas effleuré ! Tu trouves que je ne suis pas assez malheureuse, peut-être ? Est-ce que tu te rends compte que tout est perdu ? que les Allemands arrivent et que tu seras tué ou fait prisonnier avant d'avoir fait cent mètres ? Tais-toi ! Je ne veux
10 même pas discuter avec toi, tu devras me passer sur le corps avant de sortir d'ici !

Irène NÉMIROVSKY, *Suite française* (rédaction 1942), édition posthume, © Denoël, 2004

★
8 Analyser la nature d'une phrase

Comment l'auteur exploite-t-il la nature des phrases :
a. pour exprimer les sentiments des personnages ?
b. pour tenter de rendre compte fidèlement de leurs réflexions intérieures ?

Ethel rentrait chez elle, s'enfermait dans sa chambre, refusait de manger. « Qu'a-t-elle ? » demandait sa mère. Alexandre, d'un air entendu : « Il y a que ta fille est amoureuse, voilà tout ».
5 Ethel avait capté la réflexion à travers la porte, et elle en était restée anéantie. Elle avait envie de crier : Mais vous ne savez rien, vous ne comprenez rien ! Plus tard, et les jours suivants, elle avait compris ce qui lui mordait le cœur. De la jalousie,
10 simplement. Xénia avait mis ce poison en elle. Elle en ressentit du dépit, de la colère envers elle-même. De la jalousie, c'était donc ça ! Un sentiment banal. Le même qui rongeait sa mère, qui la faisait s'étrangler, à cause de la chanteuse Maude,
15 un sentiment de midinette, de pauvre fille, de victime !

Jean-Marie Gustave LE CLÉZIO, *Ritournelle de la faim* (2008), © Éditions Gallimard

★★
9 Analyser le rythme de la phrase

a. Quelle est la nature de ces deux phrases ?
b. Étudiez leur rythme. Que met-il en valeur ?
c. Repérez les autres procédés de mise en relief.

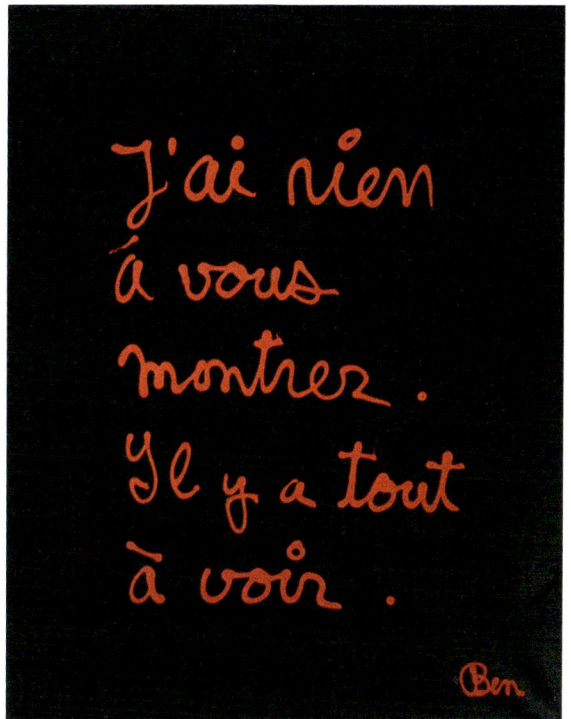

Ben (né en 1953), *J'ai rien à vous montrer. Il y a tout à voir*
(1979), acrylique sur toile, 162 x 130 cm
(musée d'Art moderne et d'art contemporain, Nice).

10 Apprécier l'emploi des phrases non verbales

a. À quel genre (théâtre, roman, poésie, argumentation) ce texte pourrait-il appartenir ? Justifiez votre réponse.

b. Quelles sont les particularités de ses phrases ?

Poires. Amoncellement des pommes. Fruits ! j'ai mangé votre pulpe juteuse. J'ai rejeté les pépins sur la terre ; qu'ils germent ! pour nous redonner le plaisir.
5 Amande délicate ; promesse de merveille ; nucléole[1] ; petit printemps qui dort en attendant. Grains entre deux étés ; graine par l'été traversée.

André GIDE, *Les Nourritures terrestres* (1897),
© Éditions Gallimard

1. Petit noyau.

Exercice guidé

11 Analyser les procédés de mise en relief dans un texte de théâtre

VERS LE COMMENTAIRE

Quel portrait de sa maîtresse, appelée Madame dans l'extrait, Cléanthis fait-elle à Trivelin ? Répondez à cette question en vous aidant des indications et questions suivantes.
➡ Repérez les mots répétés.
➡ Relevez les répétitions de construction grammaticale.
➡ Quel est le rôle des présentatifs ?
➡ Étudiez le rythme des phrases. Que nous apprend-il sur le personnage de Cléanthis ?

Cléanthis présente à Trivelin les défauts d'Euphrosine, sa maîtresse.

TRIVELIN. – [...] En quoi donc, par exemple, lui trouvez-vous les défauts dont nous parlons ?
CLÉANTHIS. – En quoi ? partout, à toute heure, en tous lieux ; je vous ai dit de m'interroger ; mais par
5 où commencer ? je n'en sais rien, je m'y perds. Il y a tant de choses, j'en ai tant vu, tant remarqué de toutes les espèces, que cela me brouille. Madame se tait, Madame parle ; elle regarde, elle est triste, elle est gaie : silence, discours, regards, tristesse et
10 joie, c'est tout un, il n'y a que la couleur de différente ; c'est vanité muette, contente ou fâchée ; c'est coquetterie babillarde, jalouse ou curieuse ; c'est Madame, toujours vaine ou coquette, l'un après l'autre, ou tous les deux à la fois : voilà ce
15 que c'est, voilà par où je débute, rien que cela.

MARIVAUX, *L'Île des esclaves*, 3 (1725)

Des mots pour... commenter les phrases d'un texte

❚ La **construction** des phrases, la tournure, la structure, l'élaboration, l'architecture...
❚ La **mise en relief**, la mise en évidence, en lumière, en valeur, en exergue, au premier plan, le détachement, l'antéposition, la postposition, l'inversion...
❚ L'auteur **écrit** des phrases, tourne ses phrases, emploie, choisit, privilégie les phrases...
❚ Les phrases **sont** simples, complexes, les phrases... dominent, abondent ; les constructions... se suivent, s'enchaînent, alternent...
❚ Le **rythme** des phrases du texte est lent, régulier, ample, saccadé, heurté, cadencé, rapide, irrégulier, binaire, ternaire, haché...
❚ Le rythme a pour **effet**, imite, épouse, reflète, rend compte de, est à l'image de, suggère, évoque, souligne...
❚ Une phrase **brève**, rapide, concise, courte, lapidaire, **longue**, étendue, déployée, développée...

12 Analyser le rythme et la nature des phrases

a. Qu'exprime la modalité exclamative aux lignes 4 et 5 ?
b. Quelle est la nature des phrases soulignées ? Quel est l'effet recherché ?
c. Quel est l'effet produit par le rythme de la dernière phrase ?

Le narrateur, un jeune villageois irakien, est réveillé par l'intervention inattendue de soldats américains.

Et une nuit, de nouveau, le ciel me tomba sur la tête. J'avais d'abord pensé à un missile lorsque la porte de ma chambre avait volé dans un fracas. [...] *Reste couché ! Debout ! Les mains sur la tête !*
5 *Pas un geste !* Des torches me clouaient au lit tandis que des canons me tenaient en joue. *Bouge pas ou je t'explose la cervelle !...* Ces cris ! Atroces. Déments. Dévastateurs. À vous démailler fibre par fibre, à vous rendre étranger à vous-même... Des
10 bras m'arrachèrent de mon lit et me catapultèrent à travers la pièce ; d'autres m'interceptèrent, m'écrasèrent contre le mur. *Mains derrière le dos !* Qu'est-ce que j'ai fait ? Qu'est-ce qu'il y a ? Les GI défoncèrent mon armoire, renversèrent mes
15 tiroirs, dispersèrent mes affaires à coups de pied.

Yasmina KHADRA, *Les Sirènes de Bagdad* (2006),
© Éditions Julliard

Rica, personnage des Lettres persanes, *présente ici un tableau satirique de la mode, dont il dénonce les excès avec humour.*

Une femme qui quitte Paris pour aller passer six mois à la campagne en revient aussi antique que si elle s'y était oubliée trente ans. Le fils méconnaît le portrait de sa mère, tant l'habit avec lequel elle est peinte lui paraît étranger ; il s'imagine que c'est quelque Américaine qui y est représentée, ou que le peintre a
5 voulu exprimer quelqu'une de ses fantaisies.

Quelquefois, les coiffures montent insensiblement, et une révolution les fait descendre tout à coup. Il a été un temps que leur hauteur immense mettait le visage d'une femme au milieu d'elle-même. Dans un autre, c'étaient les pieds qui occupaient cette place : les talons faisaient un piédestal qui les tenait en l'air. Qui
10 pourrait le croire ? Les architectes ont été souvent obligés de hausser, de baisser et d'élargir leurs portes, selon que les parures des femmes exigeaient d'eux ce changement, et les règles de leur art ont été asservies à ces caprices. On voit quelquefois sur un visage une quantité prodigieuse de mouches[1], et elles disparaissent toutes le lendemain. Autrefois, les femmes avaient de la taille et des dents ; au-
15 jourd'hui, il n'en est pas question. Dans cette changeante nation, quoi qu'en disent les mauvais plaisants, les filles se trouvent autrement faites que leurs mères.

Il en est des manières et de la façon de vivre comme des modes : les Français changent de mœurs selon l'âge de leur roi. Le monarque pourrait même parvenir à rendre la nation grave, s'il l'avait entrepris. Le Prince imprime le caractère
20 de son esprit à la Cour ; la Cour, à la Ville ; la Ville, aux provinces. L'âme du souverain est un moule qui donne la forme à toutes les autres.

▶ MONTESQUIEU, *Lettres persanes*, lettre C (1721)

1. Grains de beauté factices.

Grandes coiffures excentriques à étages : des jeunes femmes de la noblesse coiffées par un perruquier (1788), gravure (collection privée).

Compréhension

1. Comment la structure et le rythme des phrases traduisent-ils dans ce texte les excès et les changements incessants de la mode ?

2. À travers quel type de phrase s'exprime l'étonnement amusé du voyageur persan ?

Vers l'exposé oral

En quoi cette satire de la mode est-elle particulièrement efficace ?

Pour réussir…

- Repérer et interpréter les procédés de mise en relief
- Dégager la valeur d'une phrase interrogative
- Identifier les structures de phrase particulièrement expressives

10

Étudier et maîtriser
l'expression des temps et des modes

Objectifs et compétences

▶ Connaître les valeurs des temps et des modes verbaux
▶ Interpréter leur emploi dans un texte
▶ Employer correctement les modes et les temps

|||||||| Découvrir

> *Rousseau évoque un souvenir d'adolescence. Placé comme apprenti chez un graveur, il tente de voler une pomme.*

Un souvenir qui me fait frémir encore et rire tout à la fois, est celui d'une chasse aux pommes qui me coûta cher. Ces pommes étaient au fond d'une dépense[1] qui, par une jalousie[2] élevée recevait du jour de la cuisine. Un jour que j'étais seul dans la maison, je montai sur la maie[3] pour regarder dans le jardin
5 des Hespérides[4] ce précieux fruit dont je ne pouvais approcher. J'allai chercher la broche[5] pour voir si elle pourrait y atteindre : elle était trop courte. Je l'allongeai par une autre petite broche qui servait pour le menu gibier ; car mon maître aimait la chasse. Je piquai plusieurs fois sans succès ; enfin je sentis avec transport que j'amenais une pomme. Je tirai très doucement : déjà la pomme
10 touchait à la jalousie : j'étais prêt à la saisir. Qui dira ma douleur ? La pomme était trop grosse, elle ne put passer par le trou. Que d'inventions ne mis-je point en usage pour la tirer ! Il fallut trouver des supports pour tenir la broche en état, un couteau assez long pour fendre la pomme, une latte[6] pour la soutenir. À force d'adresse et de temps je parvins à la partager, espérant tirer ensuite les pièces
15 l'une après l'autre ; mais à peine furent-elles séparées, qu'elles tombèrent toutes deux dans la dépense. Lecteur pitoyable[7], partagez mon affliction[8].

Je ne perdis point courage ; mais j'avais perdu beaucoup de temps. Je craignais d'être surpris ; je renvoie au lendemain une tentative plus heureuse, et je me remets à l'ouvrage tout aussi tranquillement que si je n'avais rien fait, sans
20 songer aux deux témoins indiscrets qui déposaient contre moi dans la dépense.

Le lendemain, retrouvant l'occasion belle, je tente un nouvel essai. Je monte sur mes tréteaux, j'allonge la broche, je l'ajuste ; j'étais prêt à piquer… Malheureusement le dragon ne dormait pas ; tout à coup la porte de la dépense s'ouvre : mon maître en sort, croise les bras, me regarde et me dit : Courage !… La plume
25 me tombe des mains.

▶ Jean-Jacques ROUSSEAU, *Les Confessions*, livre premier (1765-1770, publication 1782)

1. Remise servant de petit entrepôt.
2. Petit volet mobile.
3. Huche à pain.
4. Verger mythologique où Hercule vola des pommes d'or.
5. Pique.
6. Petite planche fine.
7. Capable d'éprouver de la pitié.
8. Ma peine, ma déception.

Valentin de Boulogne (1594-1632), *Les Quatre Âges de la vie* (vers 1629), huile sur toile,
114 x 150 cm (National Gallery, Londres, Royaume-Uni).

QUESTIONS

1. Quels passages renvoient au présent de l'écriture ? à un épisode du passé ?

2. Quels imparfaits, de la l. 5 à la l. 11, expriment l'habitude ? la description ?

3. Expliquez le passage de l'imparfait au passé simple dans : « Un jour que j'étais seul dans la maison, je montai sur la maie. » (l. 3-4)

4. Quelle valeur a le présent dans le dernier paragraphe ? Quel est l'effet produit ?

Problématique

Quel parti un auteur peut-il tirer du jeu sur la valeur des temps et les modes ?

- Étudier la valeur des temps permet au lecteur de situer les événements dans une chronologie : on interprète alors la valeur temporelle des formes verbales.

- Cela permet aussi de comprendre la façon dont se déroule chaque action : on dégage alors leur valeur aspectuelle.

- L'emploi des modes renseigne sur la façon dont le locuteur envisage les faits exprimés par le verbe.

1 LA VALEUR DES TEMPS VERBAUX

Les trois valeurs des formes verbales

■ **La valeur temporelle** situe un fait avant (antériorité), pendant (simultanéité) ou après (postériorité) le moment de référence de l'énoncé. *Il partira à midi*.
D'autres indices y contribuent : adverbes *(hier)*, noms *(la veille, en été, dans un mois)*, subordonnées *(Il sortit dès qu'elle arriva.)*.

■ **La valeur aspectuelle** indique si l'action est ou non accomplie, si sa durée est ou n'est pas déterminée, si le fait se répète ou non.
Les formes simples expriment l'action en cours d'accomplissement ; les formes composées, une action accomplie. *Il part tous les jours à midi*. *Il est parti*.

■ **La valeur modale**, qui se dégage de la situation d'énonciation, traduit l'opinion ou une attitude particulière du locuteur. *Il sera sans doute déjà parti*.

Les valeurs des temps de l'indicatif

Le présent	
d'énonciation	Il exprime un fait correspondant au moment de l'énonciation. *Je vous écris pour prendre des nouvelles*.
d'habitude	Il exprime un fait habituel, ou une action qui se répète. *Il lit la presse régulièrement*.
descriptif	Il sert à décrire un personnage ou le décor. Dans une narration au passé, il permet de décrire ce qui est permanent. *Ils sortirent de la forêt et prirent le sentier qui mène au village*.
de vérité générale	Il énonce un fait général considéré comme vrai par le locuteur. *Préparer un examen demande du travail*.
L'imparfait	
d'arrière-plan	Combiné avec le passé simple, il rend compte des actions secondaires. *Elle rentrait lorsqu'elle le rencontra*.
d'habitude ou de répétition	Il exprime un fait habituel, ou une action qui se répète. *Il lisait la presse régulièrement*.
descriptif	Il sert à décrire un personnage ou le décor. *Un sentier étroit menait au village*.
de concordance des temps	Il permet de transposer, en discours indirect ou indirect libre, et dans le passé, un présent du discours direct. *Il s'interrogeait. Était-ce vraiment le moment d'en parler ?*
Le futur	
	Il exprime les faits à venir par rapport au présent. *Il continuera demain*. Il peut aussi avoir une valeur modale, il exprime alors une hypothèse. *Je ne l'ai pas trouvé, il sera certainement déjà parti*.
Le passé simple	
	Combiné avec l'imparfait, il présente les faits de premier plan. Il exprime des actions dont la durée est déterminée. *Il régna plusieurs décennies sur la France*.

- **L'indicatif** présente un fait comme réel et permet de l'inscrire dans le temps.
  Il est parti. Il partira.

- **Le conditionnel** a une valeur temporelle lorsqu'il exprime un futur dans le passé.
  Je croyais qu'il viendrait. (→ Je crois qu'il viendra.)
  Il a une valeur modale lorsqu'il exprime une éventualité.
  Il viendrait si on le lui demandait.

- **Le subjonctif** exprime un fait de façon virtuelle. L'énoncé dans lequel il se trouve permet d'énoncer des valeurs logiques (hypothèse, concession) ou modales (doute, espoir, obligation...).
  Pourvu qu'il vienne.

- **L'impératif** exprime les différentes nuances de l'ordre.
  Dépêchons-nous.

- **L'infinitif**, proche du nom, donne l'idée générale du verbe.
  Lire (= la lecture) permet de s'évader.

- **Les participes** présents et passés, proches de l'adjectif, caractérisent un nom ou un pronom.
  Il s'enfuit, affolé, oubliant ses affaires.

MÉTHODE

Repérer des formes verbales expressives

Pour rendre un récit plus vivant ou rechercher un effet particulier, un auteur peut jouer avec les modes et les formes du verbe.

L'infinitif de narration, parfois accompagné de la conjonction *et*, vient clore un épisode. Il montre l'action en cours d'accomplissement et renforce la vivacité du récit.
  Et chacun de se taire et de l'écouter.

Le présent de narration, employé dans un récit à la place d'un passé simple, rapproche les événements de sorte que le lecteur semble les voir se dérouler sous ses yeux.
  Je craignais d'être surpris ; je renvoie au lendemain [...]. (texte, p. 80, l. 17-18)

La forme passive souligne souvent l'importance d'un résultat. S'il est exprimé, le complément d'agent est alors mis en valeur. À l'inverse, son absence permet d'insister sur l'action.
  Les bulletins de vote ont été dépouillés dans la soirée.

EXEMPLE COMMENTÉ

Don José raconte sa première rencontre avec Carmen, une belle gitane andalouse.

D'ailleurs, les Andalouses me faisaient peur ; je n'étais pas encore fait à leurs manières : toujours à railler, jamais un mot de raison. J'étais donc le nez sur ma chaîne[1], quand j'entends des bourgeois qui disaient : Voilà la gitanilla[2] ! Je levai les yeux, et je la vis. C'était un vendredi, et je ne l'oublierai jamais.

Prosper MÉRIMÉE, *Carmen*, III (1845)

1. Chaîne de montre. – 2. Jeune Gitane.

• Pour accentuer l'effet du coup de foudre, le narrateur crée une rupture après avoir commenté sa réticence à l'égard des Andalouses. En effet, à l'**imparfait** d'arrière-plan *(faisaient, étais)* succède un **présent de narration** *(entends)* qui rapproche l'événement du moment de l'énonciation, le rendant ainsi plus vivant. Le **passé simple** *(levai, vis)*, exprimant des actions dans une durée déterminée, contribue également à l'expression de la surprise.

Exercices

VÉRIFIER SES ACQUIS

1 Retrouver la chronologie des actions

a. Quel est le temps des verbes soulignés ?
b. Retrouvez la chronologie des actions évoquées en les plaçant sur une ligne du temps.

> – Je vous <u>attendis</u> tout hier, lui <u>dit</u> Mme de Clèves, lorsqu'il <u>arriva</u> ; et je vous <u>dois</u> faire des reproches de n'être pas venu comme vous me l'<u>aviez promis</u>.

Madame DE LAFAYETTE, *La Princesse de Clèves* (1678)

2 Repérer la valeur des temps et des modes

a. Identifiez le mode et le temps des verbes soulignés.
b. Précisez leur valeur dans la phrase.

TEXTE 1

> La Fortune <u>se plaît</u> à faire de ces coups ;
> Tout vainqueur insolent à sa perte <u>travaille</u>.

Jean DE LA FONTAINE, *Fables*, VII, 12 (1668-1694)

TEXTE 2

> Au moment où je <u>souffrais</u> du malaise causé par le piétinement auquel nous <u>oblige</u> une foule, un officier <u>marcha</u> sur mes pieds gonflés autant par la compression du cuir que par la chaleur.

Honoré DE BALZAC, *Le Lys dans la vallée* (1835)

TEXTE 3

> Le mélancolique animal,
> En rêvant à cette matière,
> <u>Entend</u> un léger bruit : ce lui fut un signal
> Pour s'enfuir devers[1] sa tanière.

Jean DE LA FONTAINE, *Fables*, II, 14 (1668-1694)
1. Vers.

TEXTE 4

> Et une inquiétude le mordait au cœur. S'il <u>allait</u> échouer ? Mais que <u>pouvait</u>-il craindre ? Il se <u>tirerait</u> toujours d'affaire !

Guy DE MAUPASSANT, *Bel-Ami* (1885)

3 Maîtriser l'emploi des temps du passé

a. Mettez chaque verbe entre parenthèses au temps et au mode qui conviennent en adoptant un système de temps du passé.
b. Justifiez vos choix.

> Ils s'assirent. Mme de Fontanin (tirer) de son corsage le mot griffonné la veille par son fils et le
> 5 (remettre) à Antoine. Elle le (regarder) lire. Dans ses rapports avec les êtres, elle (se laisser) toujours guider par son instinct : et dès les premières minutes, elle (se sentir) en confiance auprès d'Antoine. « Avec ce front-là », (songer)-elle, « un
> 10 homme est incapable de bassesse. » Il (porter) les cheveux relevés et la barbe assez fournie sur les joues, de sorte qu'entre ces deux masses sombres, d'un roux presque brun, les yeux encaissés, et le rectangle blanc du front, (former) tout son visage. Il (replier) la lettre et la lui (rendre).

D'après Roger MARTIN DU GARD, *Les Thibault* (1922), © Éditions Gallimard

4 Conjuguer au passé simple

Mettez les verbes entre parenthèses au passé simple.

> M. de Nemours (être) tellement surpris de sa beauté que, lorsqu'il (être) proche d'elle, et qu'elle lui (faire) la révérence, il ne (pouvoir) s'empêcher de donner des marques de son admi-
> 5 ration. Quand ils (commencer) à danser, il (s'élever) dans la salle un murmure de louanges. Le roi et les reines (se souvenir) qu'ils ne s'étaient jamais vus, et (trouver) quelque chose de singulier de les voir danser ensemble sans se connaître. Ils
> 10 les (appeler) quand ils eurent fini sans leur donner le loisir de parler à personne et leur (demander) s'ils n'avaient pas bien envie de savoir qui ils étaient, et s'ils ne s'en doutaient point.

D'après Madame DE LAFAYETTE, *La Princesse de Clèves* (1678)

5 Différencier l'emploi de l'indicatif et du subjonctif

Mettez les verbes entre parenthèses au mode et au temps qui conviennent.

1. Après qu'il me (répondre), on pourra envoyer les invitations.
2. Il faudrait qu'il (voir) les choses en face.
3. Je souhaiterais m'expliquer pour que tu ne (croire) pas que je (mentir) hier.
4. Notre professeur souhaite que nous (acheter) cette édition bilingue pour que nous (étudier) le texte original.
5. Je ne (savoir) pas s'il (venir), je ne crois pas qu'il (pouvoir) le faire.
6. Il est important qu'on les (prévenir) du changement de rendez-vous afin qu'ils nous (rejoindre).

APPROFONDIR

★ 6 Analyser la valeur des modes et des temps

a. Identifiez le temps et le mode de chaque verbe de ces phrases extraites de *La Fortune des Rougon* (Zola, 1871).
b. Précisez ensuite leur valeur.

1. Mais, en province, les travaux se font avec une sage lenteur […]
2. Un dimanche soir, vers sept heures, un jeune homme sortit doucement de l'impasse Saint-Mittre et, rasant les murs, s'engagea parmi les poutres du chantier. On était dans les premiers jours de décembre 1851. Il faisait un froid sec.
3. Je voudrais bien être aussi forte que toi. Tu m'aimerais encore davantage, n'est-ce pas ?
4. Devant eux, la route de Nice montait le versant opposé de la vallée ; mais ils ne pouvaient en voir qu'un bout assez court, car elle fait un coude brusque, à un demi-kilomètre du pont, et se perd dans des coteaux boisés.
5. À onze heures en été, à dix heures en hiver, on fermait ces portes à double tour.
6. Comment ! ces canailles allaient le dépouiller, le voler, lui, l'enfant légitime !
7. On prétendait que sa femme le menait à la baguette […].
8. Trop d'intelligence nuirait en ce moment.
9. « Écoute, dit-il à sa femme, tu inviteras Sicardot : il y a assez longtemps qu'il m'ennuie avec sa rosette[1], celui-là ! »

1. Symbole d'une décoration honorifique.

Mise au point
Les deux systèmes de temps dans le récit

▌Dans le **système du présent**, l'énoncé est ancré dans la situation d'énonciation (❭ *chap. 12*).
Le présent est le temps de référence. Les événements qui lui sont antérieurs sont à l'imparfait, ou à un temps composé, ceux qui lui sont postérieurs sont au futur.

Il la voit sur la place, elle lui a donné rendez-vous hier, espérant qu'ils se retrouveront.

▌Dans le **système du passé**, l'énoncé est coupé de la situation d'énonciation.
Le passé simple (ou le passé composé) sert de temps de référence. Les événements antérieurs sont au plus-que-parfait, ceux qui lui sont postérieurs sont au conditionnel.

Il la vit / Il l'a vue sur la place, elle lui avait donné rendez-vous la veille, espérant qu'ils se retrouveraient.

★ 7 Comparer les deux systèmes de temps

a. Quel est le système de temps adopté dans chaque extrait ?
b. Quel effet produit la narration au présent ?

TEXTE 1

Bien sûr il y avait la guerre. Et qui durait. Et qui avait déjà fait des cadavres à ne plus pouvoir les compter. Mais la nouvelle de la mort de la jeune institutrice, et de cette mort-là en plus, donna un coup à la petite ville.

Philippe CLAUDEL, *Les Âmes grises* (2003), © Stock

TEXTE 2

En se préparant au coucher, dans l'air embaumé de la verveine qu'elle prendra dans son lit en écoutant la radio, avec une lampée de miel d'acacia, Solange ne peut s'empêcher d'avoir une pensée émue pour Colette […].

Noëlle CHÂTELET, *La Dame en bleu* (1996), © Stock

★★ 8 Analyser l'emploi du passif

a. Quels sont les verbes au passé simple passif ?
b. Quel est le complément d'agent de ces verbes ? Est-il exprimé ?
c. Quel est l'effet obtenu par ce choix d'écriture ?

Les tailleurs de la grand-mère furent prêts. Elle les mit dans une valise, passa chez le coiffeur et prit l'avion Bruxelles-Osaka qui, en 1970, effectuait le trajet en quelque vingt heures.
Les parents l'attendaient à l'aéroport. Ils ne s'étaient pas vus depuis 1967 : le fils fut enlacé, la belle-fille fut congratulée et le Japon admiré.

Amélie NOTHOMB, *Métaphysique des tubes* (2000), © Éditions Albin Michel

★★ 9 Justifier l'emploi des temps

a. Mettez les verbes entre parenthèses à l'imparfait ou au passé simple.
b. Justifiez votre choix dans chacun des cas.

Thérèse, qui a tenté d'empoisonner son mari, sort juste du tribunal ; elle vient d'être acquittée.

L'avocat (ouvrir) une porte. Thérèse Desqueyroux, dans ce couloir dérobé du Palais de justice, (sentir) sur sa face la brume et, profondément, l'(aspirer). Elle (avoir) peur d'être attendue, (hésiter) à sortir. Un homme, dont le col (être) relevé, (se détacher) d'un platane ; elle (reconnaître) son père. L'avocat (crier) : « Non-lieu » et, se retournant vers Thérèse :
« Vous pouvez sortir : il n'y a personne. »
Elle (descendre) des marches mouillées. Oui, la petite place (sembler) déserte.

D'après François MAURIAC, *Thérèse Desqueyroux* (1927), © Éditions Grasset

Exercices

★★ 10 Alterner présent et passé

VERS L'ÉCRITURE D'INVENTION

Dans une lettre adressée à un ami, vous évoquerez un souvenir d'enfance en alternant récit au passé et commentaires au présent.

★★★ 11 Apprécier la distinction imparfait / passé simple

Quel contraste entre les deux personnages l'emploi du passé simple et de l'imparfait souligne-t-il ?

Sur le bateau qui le ramène à Nogent, Frédéric rencontre M. Arnoux, qu'il ne connaît pas.

La présence de Frédéric ne le dérangea pas. Il se tourna vers lui plusieurs fois, en l'interpellant par des clins d'œil ; ensuite il offrit des cigares à tous ceux qui l'entouraient. Mais, ennuyé de cette
5 compagnie, sans doute, il alla se mettre plus loin. Frédéric le suivit.
La conversation roula d'abord sur les différentes espèces de tabacs, puis, tout naturellement, sur les femmes. Le monsieur en bottes rouges
10 donna des conseils au jeune homme ; il exposait des théories, narrait des anecdotes, se citait lui-même en exemple, débitant tout cela d'un ton paterne, avec une ingénuité de corruption divertissante.
15 Il était républicain ; il avait voyagé, il connaissait l'intérieur des théâtres, des restaurants, des journaux, et tous les artistes célèbres, qu'il appelait familièrement par leurs prénoms ; Frédéric lui confia bientôt ses projets ; il les encouragea.

Gustave FLAUBERT, *L'Éducation sentimentale* (1869)

Mise au point

Maîtriser l'emploi des temps et des modes à l'écrit

Parmi les exercices d'écriture (commentaire, dissertation, biographie, compte rendu de lecture...), seul le récit peut être rédigé au passé. Tous les autres exercices sont au présent.

▌**Plutôt que :** « Zola montre l'évolution des sentiments de plusieurs personnages. Ainsi, quand Denise est arrivée au Bonheur des dames, elle n'était pas attirée par Octave Mouret. Elle était surtout préoccupée par ses deux frères. »

▌**Préférez :** « Zola montre l'évolution des sentiments de plusieurs personnages. Ainsi, quand Denise arrive au Bonheur des dames, elle n'est pas attirée par Octave Mouret. Elle est surtout préoccupée par ses deux frères. »

Exercice guidé

★★★ 12 Comparer deux poèmes sur un même thème

VERS LE COMMENTAIRE

En vous appuyant sur l'étude des temps, vous comparerez ces deux poèmes en rédigeant un paragraphe argumenté. Aidez-vous des indications et questions suivantes.
→ Retrouvez les points communs aux deux poèmes.
→ Étudiez leurs différences : Quel type féminin incarne chaque femme ? Que symbolise chacune d'elles ?
→ Quel est le rôle du passé composé dans chacun des textes ?
→ Précisez le temps, le mode et la valeur de « j'eusse aimée », v. 14 du texte B.
→ Quelles sont les différentes valeurs des présents ?

TEXTE A

Une allée du Luxembourg

Elle a passé, la jeune fille
Vive et preste comme un oiseau :
À la main une fleur qui brille,
À la bouche un refrain nouveau.

5 C'est peut-être la seule au monde
Dont le cœur au mien répondrait,
Qui venant dans ma nuit profonde
D'un seul regard l'éclaircirait !

Mais non, – ma jeunesse est finie...
10 Adieu, doux rayon qui m'as lui, –
Parfum, jeune fille, harmonie…
Le bonheur passait, – il a fui !

Gérard de NERVAL, *Odelettes* (1832)

TEXTE B

À une passante

La rue assourdissante autour de moi hurlait.
Longue, mince, en grand deuil, douleur
[majestueuse,
Une femme passa, d'une main fastueuse
Soulevant, balançant le feston et l'ourlet ;

5 Agile et noble, avec sa jambe de statue.
Moi, je buvais, crispé comme un extravagant,
Dans son œil, ciel livide où germe l'ouragan,
La douceur qui fascine et le plaisir qui tue.

Un éclair… puis la nuit ! – Fugitive beauté
10 Dont le regard m'a fait soudainement renaître,
Ne te verrai-je plus que dans l'éternité ?

Ailleurs, bien loin d'ici ! trop tard ! jamais
[peut-être !
Car j'ignore où tu fuis, tu ne sais où je vais,
Ô toi que j'eusse aimée, ô toi qui le savais !

Charles BAUDELAIRE, *Les Fleurs du mal* (1857)

> *Le narrateur, fils d'une famille princière turque, évoque une des émeutes qui ont mis fin à l'Empire ottoman, en 1909.*

Il y avait eu des émeutes à Adana[1]. La foule avait saccagé le quartier arménien. Un avant-goût de ce qui allait se produire, six ans plus tard, à bien plus vaste échelle. Mais c'était déjà l'horreur. Des centaines de morts. Des milliers, peut-être. D'innombrables maisons incendiées, dont celle de Noubar[2]. Mais il
5 avait eu le temps de fuir, avec sa femme, qui portait ce prénom devenu rare d'Arsinoé, ainsi que leur fille de dix ans, et leur fils de quatre ans.

Où trouver refuge, sinon auprès de son ami, son seul ami turc ? Le lendemain, ils étaient restés terrés, tous ensemble, dans la vaste maison Ketabdar. Mais le surlendemain, le 6 avril, donc, comme on disait que le calme était réta-
10 bli, Noubar avait voulu s'aventurer du côté de sa propre maison pour voir s'il ne pourrait pas sauver quelques livres, quelques photos. Il s'était muni d'un appareil portatif, et mon père avait décidé de l'accompagner, avec un équipement similaire.

Ils allaient atteindre la maison de Noubar, du moins ses décombres fumants,
15 quand, soudain, une clameur. À quelques rues de là, sur la droite, une foule s'avance, brandissant des gourdins et, en plein jour, des torches. Nos photographes reviennent sur leurs pas, Noubar courant de toutes ses jambes, mon père conservant, quant à lui, son allure sultanienne. Pourquoi se presser ? La foule est encore loin. Si bien qu'il s'immobilise ; soigneusement il mesure, il
20 cadre ; puis il prend un cliché de l'avant-garde des émeutiers.

> Amin MAALOUF, *Les Échelles du Levant* (1996),
> © Grasset et Fasquelle

1. En Turquie.
2. Ami du père du narrateur.

Massacres de chrétiens en Turquie,
in *Le Petit Journal* du 2 mai 1909.

Compréhension

1. Retrouvez dans le premier paragraphe les verbes au plus-que-parfait. Quelle valeur temporelle ont-ils par rapport à l'imparfait ?
2. À quel mode sont les verbes des deux interrogations ? Quel est l'intérêt de ce choix ?

Vers le commentaire

Dans un paragraphe argumenté, montrez comment la variété des modes et des temps contribue à la vivacité du récit.

Pour réussir...

- Repérer le système de temps adopté
- Interpréter l'emploi des temps de l'indicatif

11

Améliorer
son orthographe

▶ Réviser les principales règles de l'orthographe lexicale
▶ Maîtriser les règles d'accord
▶ Ponctuer correctement un texte

|||||||| Découvrir

J'étais le premier, l'incomparable dans mon île aérienne ; je tombai au dernier rang quand on me soumit aux règles communes.

Mon grand-père avait décidé de m'inscrire au Lycée Montaigne. Un matin, il m'emmena chez le proviseur et lui vanta mes mérites : je n'avais que le défaut d'être *trop* avancé pour
5 mon âge. Le proviseur donna les mains à tout : on me fit entrer en huitième et je pus croire que j'allais fréquenter les enfants de mon âge. Mais non : après la première dictée, mon grand-père fut convoqué en hâte par l'administration ; il revint enragé, tira de sa serviette un méchant papier couvert de gribouillis, de taches et le jeta sur la table : c'était la copie que j'avais remise. On avait attiré son attention sur l'orthographe – « le lapen çovache ême le
10 ten », – et tenté de lui faire comprendre que ma place était en dixième préparatoire. Devant « lapen çovache » ma mère prit le fou rire ; mon grand-père l'arrêta d'un regard terrible. Il commença par m'accuser de mauvaise volonté et par me gronder pour la première fois de ma vie, puis il déclara qu'on m'avait méconnu ; dès le lendemain, il me retirait du lycée et se brouillait avec le proviseur.

▶ Jean-Paul SARTRE, *Les Mots* (1964),
© Éditions Gallimard

QUESTIONS

1. Quelle transformation permet de connaître la consonne finale de ces mots : « méchant » (l. 8), « couvert » (l. 8), « regard » (l. 11) ?

2. Pourquoi le participe passé « remise » (l. 9) est-il au féminin ?

3. Quelle est la fonction respective de l'italique (l. 4), des deux points et des guillemets (l. 8-11) dans cet extrait ?

Problématique

● **Comment repérer ses fautes
pour les corriger ?**

L'orthographe obéit à des règles qu'il faut connaître. Pour écrire correctement (c'est le sens étymologique du mot *ortho-graphe*) et corriger ses fautes, il faut se demander comment :

• écrire et accentuer certains mots en respectant l'orthographe lexicale ;
• faire les accords qui s'imposent en suivant les règles de l'orthographe grammaticale ;
• rendre ses phrases plus claires en adoptant la ponctuation adéquate ;
• noter le titre d'une œuvre en appliquant les conventions typographiques.

L'orthographe : rappels

Les conseils donnés ici portent sur les erreurs les plus fréquentes des lycéens.

1 L'ORTHOGRAPHE LEXICALE

Elle permet d'écrire correctement le radical des mots, c'est-à-dire la partie qui n'est pas soumise aux variations de genre et de nombre.

■ **Les noms féminins finissant par le son [te] ou [tje].** Ils ne prennent pas de -*e* à la fin.
Absurdité, qualité, vanité, fidélité, amitié
Sauf : *dictée, montée, jetée, portée,* et les noms indiquant un contenu. *Une assiettée*

■ **Les mots commençant par le son [ap].** Ils prennent deux « p ». *Apparaître, approcher, apparent*
Des exceptions à connaître : *aparté, apercevoir, aplatir, apitoyer, apologue, apologie, apostrophe*

■ **Les adverbes en -*ment*.** Ils n'ont qu'un seul « m ». *Réellement, facilement, régulièrement*
Sauf s'ils sont formés à partir d'un adjectif finissant par -*ant* ou -*ent* :
Apparent / apparemment, fréquent / fréquemment

■ **Les formes en -*ant* à la fin du mot**
On écrit -*quant* lorsqu'il s'agit d'un participe présent *(craquant)* ou d'un gérondif *(en craquant)*.
On écrit -*cant* s'il s'agit d'un adjectif verbal. *Des vases communicants*
La même règle s'applique aux formes en -*guant* et -*gant*.

■ **Les accents.** Seul un « e » en syllabe ouverte (qui ne se termine pas par une consonne) peut porter un accent. *Un épisode : é-pi-so-de, s'adresser : a-dres-ser)*
Un « e » devant un « x » n'a jamais d'accent. *Un exemple, il a exagéré, examiner*

2 L'ORTHOGRAPHE GRAMMATICALE

Elle permet d'accorder les mots en **genre** (masculin, féminin) et en **nombre** (singulier, pluriel).

	Les règles d'accord	Exemple	Attention !
Dans le groupe nominal	L'adjectif s'accorde avec le nom.	*Des écharpes brodées.*	Le féminin d'un adjectif en -*if* est -*ive*.
	Le déterminant s'accorde avec le nom.	*Quelles nouvelles !*	Ne pas confondre masculin et féminin dans : *cet extrait, cette œuvre.*
Dans le groupe verbal	Le sujet s'accorde avec le verbe	*Que suggèrent ces images ?*	Ne pas oublier d'accorder les sujets inversés.
	Le participe passé des verbes conjugués avec **avoir**		
	ne s'accorde jamais avec le sujet.	*Elle a lu une fable.*	
	s'accorde avec le COD, si ce dernier est placé avant le verbe.	*La fable qu'elle a lue...*	Propositions interrogatives *Je ne sais quelle fable il a lue.*
	Le participe passé des verbes conjugués avec **être**		
	s'accorde avec le sujet.	*Elles sont tombées.*	Consultez sur le site www. editions-hatier.fr/methodeset pratiques la règle d'accord du participe des verbes pronominaux.

3 LA CONJUGAISON

■ **Présent**

Les verbes du 1er groupe	e / es / e / ons / ez / ent	*J'envoie. Il continue.*
Les verbes du 2e groupe	is / is / it / issons / issez / issent	*Il finit.*
Les verbes du 3e groupe	s / s / t (ou d) / ons / ez / ent	

Avec les verbes en -andre, -endre, -ondre, et en -erdre -ordre, -oudre (sauf *résoudre*), la consonne du radical est maintenue aux personnes du singulier. *Je réponds, il répond.*

■ **Passé simple**

Les verbes du 1er groupe	ai / as / a / âmes / âtes / èrent	*J'allai. Tu portas. Il demanda.*
Les verbes des 2e et 3e groupes	s / s / t / ^mes / ^tes / rent	*Je vis. Tu vins. Il mourut.*

4 LA PONCTUATION

■ **En fin de phrase**, un point est nécessaire (point final, point d'interrogation ou d'exclamation). La phrase suivante débute par une majuscule. *Que fait-il ? Il écrit.*

■ **Dans la phrase**, la ponctuation assure la cohérence des propos.
Le point-virgule sépare de longs groupes d'une même phrase.
Les deux-points introduisent une explication ou un discours rapporté.
La virgule sépare des mots ou groupes de mots de même fonction.
L'emploi de **l'italique** ou de **guillemets** signale une citation.

5 LES TITRES ET LES CITATIONS

■ **Le titre d'une œuvre** (roman, recueil de poèmes, film) est en italique dans un texte saisi, et souligné dans un texte manuscrit (écrit à la main, comme votre copie).
Un titre commence toujours par une majuscule. Le deuxième mot prend une majuscule seulement s'il est un nom qui suit un article défini. *Les Confessions. Un long dimanche de fiançailles*

■ **Le titre d'un poème** est noté entre guillemets. « Le Dormeur du val »

■ **Toute citation** est encadrée par des guillemets.

MÉTHODE

Corriger seul ses erreurs

Vérifier les accords

🖋 Recherchez le nom auquel les adjectifs, participes passés et déterminants se rapportent pour les accorder en genre et en nombre avec ce nom.

🖋 Recherchez le sujet de chaque verbe pour l'accorder convenablement. N'oubliez pas les sujets inversés.

🖋 Repérez l'auxiliaire avec lequel est conjugué le participe passé puis la place des compléments d'objet direct (COD) pour accorder correctement chaque participe passé.

Connaître la liste des principaux mots ou expressions invariables
〉*Voir le memento sur la page de garde du manuel.*

Maîtriser le genre et l'orthographe du vocabulaire utilisé dans l'analyse littéraire
〉*Voir le memento sur la page de garde du manuel.*

Ne pas confondre les homophones grammaticaux
a / à, ce / se, c'est / s'est, du / dû, leur / leurs, ou / où, quand / quant, son / sont
Consulter sur le site www.editions-hatier.fr/methodesetpratiques, la page 〉 *Les homophones grammaticaux*

Vérifier la ponctuation et la présence des majuscules
〉*Voir le memento sur la page de garde du manuel.*

Exercices

VÉRIFIER SES ACQUIS

1 Écrire correctement les mots finissant par le son [te]

Écrivez correctement la fin des mots notée entre parenthèses.

Les mots de la dict(...) semblent être des mots choisis pour leur beaut(...), leur puret(...) parfaite. Chacun se détache avec nettet(...), sa forme se dessine comme jamais celle d'aucun mot de mes livres...

D'après Nathalie SARRAUTE, *Enfance* (1983),
© Éditions Gallimard

2 Maîtriser l'orthographe des adverbes en -ment

Construisez un adverbe en *-ment* à partir des adjectifs suivants.

bref – fréquent – intelligent – gentil – précis – apparent – clair – savant – relatif – évident – brillant – général – méchant – net – bruyant – suffisant – prétendu – prudent – solide – impatient – violent – certain – vif – innocent – vrai.

3 Écrire correctement les doubles consonnes

Choisissez l'orthographe qui convient.

1. finalement / finallement
2. interressant / intéressant
3. dévelloper / développer
4. collone / collonne / colonne
5. dilème / dilemme
6. ocurrence / occurrence / occurence
7. assonnance / assonance
8. conotation / connotation,
9. dénnotation / dénotation

4 Écrire correctement les mots invariables

Choisissez l'orthographe des mots invariables qui convient.

1. parmi / parmis
2. hormi / hormis
3. lorsque / l'orsque
4. voila / voilà
5. ça et là / çà et là
6. certes / certe
7. malgré / malgrés
8. près à / prêt à
9. déjà / déja
10. près de / prêt de
11. en tous cas / en tout cas
12. toutes fois / toute fois / toutefois
13. quelque fois / quelques fois / quelquefois
14. d'avantage / davantages / davantage
15. soit disant / soi-disant / sois-disant

APPROFONDIR

★ 5 Placer correctement les accents

Recopiez ces phrases en ajoutant les accents.

1. Il s'est produit un evenement inexplique.
2. Elles ont du sortir du batiment.
3. La tache que nous lui confiames etait delicate.
4. Le heros parait plus exalte dans cette derniere scene.
5. La forme du poeme en prose a ete creee au debut du XIXᵉ siecle par Aloysius Bertrand.

★ 6 Maîtriser l'orthographe des formes en -ant

a. Écrivez correctement la fin des formes en *-ant* en choisissant la bonne orthographe.
b. Justifiez votre choix.

1. Une chaleur suffocante / suffoquante.
2. Un poste vacant / vaquant.
3. Il expose des arguments convaincants / convainquants.
4. Il est parvenu à ses fins en nous convainquant / convaincant de l'aider.
5. Négligeant / négligent le règlement, il n'écoute que lui-même.
6. Un obstacle émergeant / émergent de la discussion nous a contraints à revoir nos positions.
7. Il faut s'attendre à une réponse provoquante / provocante de sa part.
8. Leurs points de vue divergeant / divergents, ils n'ont pu réussir à s'entendre.
9. Émergents / émergeants / émergeant à peine des eaux, ces récifs sont dangereux.
10. Il a passé une semaine fatiguante / fatigante.

★★ 7 Distinguer le genre des termes de l'analyse littéraire

Placez, en l'accordant convenablement, l'adjectif exclamatif *quel... !* au masculin ou au féminin devant les noms suivants.

strophe – apologie – éloge – oxymore – apostrophe – apologue – équivoque – épitaphe – odyssée – apogée – anagramme.

★★
8 **Comprendre le rôle du contexte pour accorder un participe passé**

Aidez-vous du contexte pour accorder les participes passés.

« Je l'ai bless(…), dit-il, et la voilà qui me boude, comme du temps où nous jouions au frère et à la sœur. Est-ce qu'elle va encore avoir de ces humeurs-là, à présent qu'elle est ma maîtresse ?
5 […] Que lui importe mon passé puisqu'elle m'a accept(…) comme cela ? […] Malgré elle, Thérèse se souviendra auprès de moi des jours qu'elle a véc(…) sans moi, et lui en ferai-je un crime ? »

D'après George SAND, *Elle et lui* (1859)

★★
9 **Conjuguer un verbe au présent de l'indicatif**

Conjuguez les verbes au présent de l'indicatif en respectant la personne indiquée.

Verbe à l'infinitif	Verbe au présent de l'indicatif		
	1re pers. du singulier	3e pers. du singulier	3e pers. du pluriel
Entreprendre			
Permettre			
Croire			
Voir			
Conclure			
Décrire			
Défendre			
Déduire			
Répondre			
Nier			
Feindre			
Écrire			
Dissoudre			
Convaincre			
Conquérir			
Rejoindre			

★★
10 **Conjuguer un verbe aux temps du passé**

Écrivez correctement les verbes entre parenthèses, au passé simple ou à l'imparfait du subjonctif.

La marquise de Merteuil écrit au vicomte de Valmont.

Le pauvre Prévan (perdre) la tête, et croyant voir un guet-apens dans ce qui n'était au fond qu'une plaisanterie, il (se jeter) sur son épée. Mal lui en (prendre) : car mon valet de chambre, brave

5 et vigoureux, le (saisir) au corps et le (terrasser). Je (avoir), je l'avoue, une frayeur mortelle. Je (crier) qu'on (arrêter), et (ordonner) qu'on (laisser) sa retraite libre, en s'assurant seulement qu'il (sortir) de chez moi. Mes gens m' (obéir) : mais la
10 rumeur était grande parmi eux ; ils s'indignaient qu'on (avoir) osé manquer à leur vertueuse maîtresse. Tous (accompagner) le malencontreux chevalier, avec bruit et scandale, comme je le souhaitais. La seule Victoire (rester), et nous (s'oc-
15 cuper) pendant ce temps à réparer le désordre de mon lit.

D'après Choderlos de LACLOS, *Les Liaisons dangereuses*, lettre LXXXV (1782)

★★
11 **Employer correctement la ponctuation**

Recopiez le texte suivant en ajoutant les majuscules et les signes de ponctuation.

me voilà donc dans une grande allée d'orangers seul avec ma belle Léonore comme je l'avais tant souhaité de fois et pourtant encore moins hardi que je n'avais jamais été je ne sais si elle s'en
5 aperçut et si ce fut par bonté qu'elle parla la première ma mère me dit-elle aura bien du sujet de quereller le seigneur Stéphano de nous avoir aujourd'hui manqué et d'être cause que nous vous donnons tant de peine

D'après SCARRON, *Le Roman comique*, partie I (1651)

★★★
12 **Maîtriser l'accord des participes passés**

a. Accordez, s'il le faut, les participes passés notés entre parenthèses.
b. Précisez le cas échéant avec quel mot (sujet ou COD) le participe s'accorde.

1. Les locataires se sont prépar(…) à une augmentation de loyer.
2. Quelles conclusions avez-vous tir(…) de cette histoire ?
3. C'est la seule région du pays où se sont conserv(…) des coutumes ancestrales.
4. Quand la boulangère a accueill(…) les enfants, elle leur a distribu(…) des caramels.
5. La rivière s'est fray(…) un chemin parmi les hautes herbes qu'elle a fin(…) par recouvrir.
6. Dès qu'ils se sont retrouv(…), les deux cousins se sont racont(…) leurs vacances.
7. Dès son retour, les problèmes se sont succéd(…).

Automne malade

Automne malade et adoré
Tu mourras quand l'ouragan soufflera dans les roseraies
Quand il aura neigé
Dans les vergers

5 Pauvre automne
Meurs en blancheur et en richesse
De neige et de fruits mûrs
Au fond du ciel
Des éperviers planent
10 Sur les nixes[1] nicettes[2] aux cheveux verts et naines
Qui n'ont jamais aimé

Aux lisières lointaines
Les cerfs ont bramé

Et que j'aime ô saison que j'aime tes rumeurs
15 Les fruits tombant sans qu'on les cueille
Le vent et la forêt qui pleurent
Toutes leurs larmes en automne feuille à feuille
      Les feuilles
      Qu'on foule
20   Un train
      Qui roule
      La vie
      S'écoule

1. Nymphes des eaux, représentant ici les âmes de jeunes filles noyées par désespoir d'amour.
2. (Adj.) simplettes, ignorantes.

▶ Guillaume Apollinaire, *Alcools* (1913), © Éditions Gallimard

Manuscrit du « Pont Mirabeau », poème d'Apollinaire, in *Alcools* (1913).

Maîtriser l'orthographe

Le paragraphe de commentaire consacré au poème d'Apollinaire contient des fautes d'orthographe et ne possède aucun signe de ponctuation, en dehors des points.
Recopiez-le en rétablissant la ponctuation et en corrigeant les erreurs.

☀ Pour réussir…

- Maîtriser l'emploi des virgules, points virgules, guillemets et majuscules
- Écrire correctement le titre d'un recueil et d'un poème
- Appliquer les règles d'accord
- Distinguer les homophones
- Conjuguer correctement les verbes

Commentaire

Dans ce poème d'alcools intitulé Automne malade la dimension lirique est assez présente mais de façon atténué. Le narrateur évoque en effet non pas une plainte mais des sentiments profonds qui trouve un écho dans la saison de l'automne. Ainsi le poète donne à voir une partie de lui-même au travers de son texte.

Chaque poème d'alcools livre dailleurs un peu de l'univers intérieur de l'auteur. La correspondance entre le moi et le paysage est éxplicite dans ce texte comme au vers 13 ou Apollinaire exprime ses sentiments sans retenue en écrivant Et que j'aime ô saison que j'aime tes rumeurs. La répétition du verbe aimer reprent en écho l'expression l'automne adoré v.1. De plus la modalité exclamative exprimé par l'adverbe que souligne l'intensitée du sentiment éprouver. Enfin l'apostrophe lirique ô saison contribut à la personnification de l'automne qui devient alors un interlocuteur privilégié du poète.

12

Étudier l'énonciation et la modalisation

Objectifs et compétences
▶ Repérer les marques de la situation d'énonciation
▶ Étudier les effets de la modalisation et du lexique évaluatif

‖‖‖‖‖‖ Découvrir

Cherchant à élucider la mort de deux jeunes filles, le narrateur des Âmes grises *se rend au château du procureur Destinat, qui les a connues et vient de mourir.*

Sur le fauteuil de Destinat, un livre était ouvert, tête renversée sur l'accoudoir. C'était un très vieux livre, aux pages usées, cornées, que des doigts avaient sans doute tournées et retournées toute une vie durant. C'était un exemplaire des *Pensées* de Pascal. J'ai le
5 livre à côté de moi. Je l'ai pris. Il est ouvert à la page même où je l'ai trouvé ouvert jadis, lors de ma visite du Château. Et dans cette page, encombrée de bondieuseries[1] et de propos cafouilleux, il y a deux phrases qui jettent leur lumière comme des pendants[2] d'or sur un tas de sanie[3], deux phrases soulignées au crayon par la main
10 de Destinat, deux phrases que je sais par cœur :

    « *Le dernier acte est sanglant, quelque belle que soit la comédie en tout le reste. On jette enfin de la terre sur la tête, et en voilà pour jamais.* »

Il y a des mots qui font froid dans le dos, et qui coupent les
15 jambes et les bras. Ceux-là par exemple. Je ne sais pas la vie de Pascal, et puis d'ailleurs je m'en bats l'œil, mais sûr qu'il n'a pas dû l'apprécier outre mesure la comédie dont il parle. Comme moi. Comme Destinat sans doute. Il avait dû en boire du vinaigre lui aussi, et perdre trop tôt des visages aimés. Sinon, il n'aurait jamais
20 pu écrire ça : quand on vit dans les fleurs, on ne pense pas à la boue.

▶ Philippe CLAUDEL, *Les Âmes grises* (2003), © Stock

Jean-Pierre Marielle (Pierre-Ange Destinat) dans *Les Âmes grises*, film d'Yves Angelo (2005).

1. Désigne de façon péjorative les propos religieux.
2. Bijoux, boucles d'oreilles.
3. Pus, produit par un ulcère ou une plaie non soignée.

QUESTIONS

1. Quels sont les pronoms et les temps du verbe qui renvoient au moment de l'énonciation ?

2. Quels procédés grammaticaux et lexicaux expriment les hypothèses du narrateur ?

Problématique

● **En quoi les marques de l'énonciation permettent-elles de mieux connaître celui qui s'exprime ?**

L'étude de l'énonciation permet de repérer et d'interpréter :
- la situation d'énonciation qui renseigne sur le contexte spatio-temporel et sur l'identité du locuteur ;
- les procédés de la modalisation qui expriment son opinion et son jugement.

L'énonciation et la modalisation

1 LA SITUATION D'ÉNONCIATION

Les marques de la situation d'énonciation

■ **L'énonciation** est l'acte qu'accomplit un locuteur lorsqu'il produit un **énoncé**, en écrivant ou en parlant. Elle suppose la présence d'un **locuteur**, qui transmet un **message**, l'**énoncé**, à un **destinataire**, en un **lieu** et à un **moment précis**.

■ Cet acte est réalisé dans un contexte, **la situation d'énonciation**, dont on peut retrouver les indices (ou marques) liés à la personne *(pronoms je, vous)*, au lieu *(adv. ici, là-bas)* et au temps *(adv. hier, demain)* dans l'énoncé.

Sans le contexte, ces indices ne peuvent être interprétés.

Énoncé ancré ou coupé de la situation d'énonciation

■ **Un énoncé est ancré** dans la situation d'énonciation quand il possède des indices qui renvoient à la situation de l'énonciation et qui ne sont compris que dans leur contexte.

> *Papa m'a dit que tu reviendrais <u>demain</u>.*

C'est le cas des dialogues (vie réelle, théâtre, roman), comme des lettres et des narrations au présent (› *chap. 10*).

■ **Un énoncé est au contraire coupé** de la situation d'énonciation s'il ne possède aucune référence au moment de l'énonciation permettant d'identifier le contexte dans lequel il a été produit.

> *Le concierge partit dès le lendemain.*

C'est le cas des récits au passé. Mais certains énoncés au présent (proverbes, maximes, discours explicatifs), qui visent l'objectivité et l'absence de marques personnelles, ne possèdent pas non plus d'indices de l'énonciation.

2 MODALISATION : LES MARQUES EXPLICITES

Dans son énoncé, un locuteur peut exprimer ses émotions, son opinion, son jugement, grâce à une des marques, explicites ou implicites, de ce que l'on regroupe sous le terme de « **modalisation** ».

■ **Les marques explicites** de la modalisation sont clairement identifiables par des mots de l'énoncé, comme :

– **le lexique évaluatif** (› *Méthode*), des verbes ou adverbes exprimant une opinion *(évidemment, il faut, il se pourrait)*, le conditionnel.

– **la distance prise par le locuteur**, qui est perceptible grâce à un verbe comme *prétendre*, l'emploi ironique du pronom *on (On est fatiguée, aujourd'hui ?)*, des signes de ponctuation (guillemets pour citer ce qu'on critique, points de suspension).

MODALISATION : LES MARQUES IMPLICITES

■ **Les marques implicites** de la modalisation n'apparaissent pas dans l'énoncé. Un locuteur peut laisser entendre son opinion sans l'exprimer explicitement. Celle-ci peut être interprétée par le destinataire, en fonction de sa connaissance du contexte. Le locuteur peut ainsi recourir :

– **au sous-entendu**, qui lui permet de faire une allusion délibérée.

Celui que vous remplacez était toujours ponctuel.

– **à l'ironie**. Le locuteur ironique formule ainsi un propos auquel il n'adhère pas et exprime une distance plus ou moins grande (〉*chap. 13*). Avec l'antiphrase, il exprime une idée par son contraire. *Une vraie réussite !* L'imitation par la reprise lui permet de feindre d'adopter le point de vue qu'il critique, ou d'employer un ton léger pour parler de choses graves.

Le spectacle de quelques personnes brûlées à petit feu, [...] est un secret infaillible pour empêcher la terre de trembler. (Voltaire, Candide, *VI)*

MÉTHODE

Étudier le lexique évaluatif

Pour exprimer un jugement de valeur (positif ou négatif), un locuteur a recours à des indices d'évaluation, termes porteurs d'une **connotation** (signification venant s'ajouter au sens d'un terme pour marquer un jugement, une donnée culturelle).

▬ **Des noms ou des adjectifs** dont le sens est péjoratif ou mélioratif : *bondieuseries (texte p. 94, l. 7).*

▬ **Des suffixes péjoratifs** : *Pleurnichard, verdâtre.*

▬ **L'emploi de démonstratifs** à valeur dépréciative : *Nous ne souhaitons plus rencontrer ces gens-là.*

▬ **Certaines figures d'analogie** (〉*chap. 13*), qui révèlent l'opinion du locuteur. *Il y a deux phrases qui jettent leur lumière comme des pendants d'or sur un tas de sanie (texte p. 94, l. 8).*

Certaines figures comme l'hyperbole ou l'euphémisme ont le même effet.

▬ **Des adverbes** : *Trop, assez, si* (+ adjectif), *tellement.*

EXEMPLE COMMENTÉ

Oui, la Fatalité met sa marque au visage de ceux qui doivent mourir d'une mort violente quelconque. [...] Petit et gros, brusque et leste comme un singe quoique d'un caractère calme, Michu avait une face blanche, injectée de sang, ramassée comme celle d'un Calmouque[1] et à laquelle des cheveux rouges, crépus donnaient une expression sinistre. Ses yeux jaunâtres et clairs offraient, comme ceux des tigres, une profondeur intérieure où le regard de qui l'examinait allait se perdre, sans y rencontrer de mouvement ni de chaleur. [...] Le cou, court et gros, tentait le couperet de la Loi.

Honoré DE BALZAC, *Une ténébreuse affaire* (1841)

1. Habitant d'Europe centrale, dont les traits marqués représentent pour Balzac un signe de sauvagerie.

● Balzac esquisse le portrait de Michu, qui finit guillotiné. L'extrait est encadré de deux allusions à cette fin tragique, inscrite selon l'auteur dans les traits de son personnage. Le **lexique évaluatif** souligne la laideur et l'animalité de Michu. Aux adjectifs plus ou moins péjoratifs comme « brusque », « injectée », « ramassée » ou « sinistre » s'ajoutent des comparaisons dévalorisantes : « comme un singe » et « comme ceux des tigres », qui traduisent l'apparence sauvage de Michu. De même, l'absence d'harmonie est soulignée par l'association de couleurs disparates comme « blanches », « injectées de sang » (renvoi au rouge) et « jaunâtres », dont le suffixe accentue l'impression négative.

VÉRIFIER SES ACQUIS

1 Repérer les indices de la situation d'énonciation

a. Repérez les termes qui renvoient à la situation d'énonciation.
b. Classez-les en deux catégories : les indices personnels et les indices temporels.

Aujourd'hui, maman est morte. Ou peut-être hier, je ne sais pas. J'ai reçu un télégramme de l'asile : « Mère décédée. Enterrement demain. Sentiments distingués. » Cela ne veut rien dire.
5 C'était peut-être hier.
L'asile de vieillards est à Marengo, à quatre-vingts kilomètres d'Alger. Je prendrai l'autobus à deux heures et j'arriverai dans l'après-midi. Ainsi, je pourrai veiller et je rentrerai demain soir.

Albert CAMUS, *L'Étranger* (1942), © Éditions Gallimard

2 Changer le moment de l'énonciation

a. Récrivez le texte de l'exercice 1 en changeant le moment de l'énonciation. Vous commencerez par :
« Ce jour-là, sa mère mourut. Ou peut-être… »
b. Quel effet produit ce changement ?

3 Identifier le lexique évaluatif

a. Quelle est l'opinion de Solange, domestique, sur sa maîtresse ?
b. Quels termes relevant du lexique évaluatif permettent de l'exprimer ?

SOLANGE

Tant mieux. Qu'elle en claque ! Et que j'hérite, à la fin ! Ne plus remettre les pieds dans cette mansarde sordide, entre ces imbéciles, entre une cuisinière et un valet de chambre.

Jean GENET, *Les Bonnes* (1947), © Éditions Gallimard

4 Effacer les marques de l'énonciation

Transformez les phrases suivantes en énoncés coupés de la situation d'énonciation, en mettant les verbes au passé.

1. Il a beaucoup plu aujourd'hui.
2. À présent il est triste.
3. Son voyage va s'achever demain.
4. On ne l'a prévenu qu'avant-hier de ce changement.

APPROFONDIR

★ 5 Saisir le rôle de la ponctuation

Quelle nuance de sens percevez-vous dans ces signes de ponctuation ?

Hergé (1907-1983), *Le Temple du Soleil* (1949), © Hergé / Moulinsart 2010

★ 6 Varier les nuances de la modalisation

a. Quelle nuance de sens se trouve exprimée dans la dernière phrase de cet extrait de presse ?
b. Exprimez cette même nuance de sens dans deux autres énoncés que vous inventerez.

Le portrait du médecin qui soigna Van Gogh n'a pas été revu depuis 1990. C'était alors le tableau le plus cher du monde. La rumeur a couru que son propriétaire l'aurait emporté dans sa tombe.

Valérie SASPORTAS, in *Le Figaro*, lundi 19 juillet 2010, © Valérie Sasportas / Le Figaro / 2010

★★ 7 Étudier l'expression du doute

a. Quels procédés permettent au narrateur d'exprimer l'incertitude ?
b. Quelle nuance de sens est exprimée par la dernière proposition ?

Le narrateur décrit les troubles étranges qu'il ressent.

Que faire ? Je m'assis. Alors une impatience nerveuse me courut dans les jambes. Je me relevai, et je me remis à marcher. J'avais peut-être aussi un peu de fièvre, car mes mains, que je tenais re-
5 jointes derrière mon dos, comme on fait souvent quand on se promène avec lenteur, se brûlaient l'une à l'autre, et je le remarquai. Puis, soudain, un frisson de froid me courut dans le dos. Je pensai que l'humidité du dehors entrait chez moi [...].
10 Mais bientôt l'impossibilité de rester en place me fit encore me relever, et je sentis qu'il fallait m'en aller, me secouer, trouver un ami.

Guy de MAUPASSANT, *Lui ?* (1883)

8 Étudier l'emploi de l'ironie

a. Expliquez l'ironie de Toinette.

b. Quel terme reprend la servante pour tourner celui-ci en dérision ?

Thomas Diafoirus, diplômé de médecine raillé par Molière, courtise Angélique, la maîtresse de Toinette.

THOMAS DIAFOIRUS. – Avec la permission aussi de Monsieur, je vous invite à venir voir l'un de ces jours, pour vous divertir, la dissection d'une femme, sur quoi je dois raisonner.

5 TOINETTE. – Le divertissement sera agréable. Il y en a qui donnent la comédie[1] à leurs maîtresses ; mais donner une dissection est quelque chose de plus galant.

MOLIÈRE, *Le Malade imaginaire*, II, 4 (1673)

1. Il y a des jeunes gens qui invitent leur compagne à voir une comédie.

★★★

9 Interpréter le rôle de la modalisation

VERS LE COMMENTAIRE

En quoi le recours à la modalisation permet-il à Voltaire de se montrer convaincant dans sa démonstration ?

Voltaire défend la cause de Jean Calas, un protestant hâtivement accusé d'avoir tué son fils prêt à se convertir au catholicisme.

Il semble que quand il s'agit d'un parricide[1] et de livrer un père de famille au plus affreux supplice, le jugement devrait être unanime, parce que les preuves d'un crime si inouï devraient être 5 d'une évidence sensible à tout le monde […].

Il paraissait impossible que Jean Calas, vieillard de soixante-huit ans, qui avait depuis longtemps les jambes enflées et faibles, eût seul étranglé et pendu un fils âgé de vingt-huit ans, 10 qui était d'une force au-dessus de l'ordinaire ; il fallait absolument qu'il eût été assisté dans cette exécution par sa femme, par son fils Pierre Calas, par Lavaisse, et par la servante. Ils ne s'étaient pas quittés un seul moment le soir de cette fatale 15 aventure. Mais cette supposition était encore aussi absurde que l'autre : car comment une servante zélée catholique aurait-elle pu souffrir que des huguenots[2] assassinassent un jeune homme élevé par elle pour le punir d'aimer la religion de cette 20 servante ? […]

Il était évident que, si le parricide avait pu être commis, tous les accusés étaient également coupables, parce qu'ils ne s'étaient pas quittés d'un moment ; il était évident qu'ils ne l'étaient pas ; il 25 était évident que le père seul ne pouvait l'être ; et cependant l'arrêt condamna ce père seul à expirer sur la roue.

VOLTAIRE, *Traité sur la tolérance* (1763)

1. Le terme désigne tout crime commis au sein d'une famille.
2. Protestants.

★★★

10 Analyser le lexique évaluatif

a. Quels termes permettent de mettre en valeur le décor décrit ?

b. Quels champs lexicaux pouvez-vous repérer parmi eux ?

c. Quelle atmosphère l'auteur installe-t-il dans ce début de nouvelle ?

d. VERS L'ÉCRITURE D'INVENTION
Réécrivez le texte en supprimant toute marque apparente de modalisation.

e. VERS L'ÉCRITURE D'INVENTION
Transformez le texte de Balzac afin de créer une atmosphère inquiétante.

Le beau ciel d'Espagne étendait un dôme d'azur au-dessus de sa tête[1]. Le scintillement des étoiles et la douce lumière de la lune éclairaient 5 capricieusement une vallée délicieuse qui se déroulait coquettement à ses pieds […]. La fraîcheur de la nuit imprimait une sorte d'énergie à son corps fatigué par la chaleur du jour. Enfin les jardins étaient plantés d'arbres si odoriférants et de 10 fleurs si suaves, que le jeune homme se trouvait comme plongé dans un bain de parfums.

Honoré DE BALZAC, *El Verdugo* (1830)

1. Le personnage dont on parle est un jeune officier.

Exercice guidé

★★★

11 Étudier un énoncé modalisé

VERS L'EXPOSÉ ORAL

Comment Rousseau manifeste-t-il son opinion dans cet extrait ? Aidez-vous des indications et questions suivantes.

→ Quelle est la thèse défendue par Rousseau ?
→ À qui s'en prend-il dans ce passage ?
→ Quel est le rôle du pronom indéfini « on » ?
→ Analysez le lexique évaluatif.

Il est bien étrange que, depuis qu'on se mêle d'élever des enfants, on n'ait imaginé d'autre instrument pour les conduire que l'émulation, la jalousie, l'envie, la vanité, l'avidité, la vile crainte, 5 toutes les passions les plus dangereuses, les plus promptes à fermenter, et les plus propres à corrompre l'âme, même avant que le corps soit formé. À chaque instruction précoce qu'on veut faire entrer dans leur tête, on plante un vice au fond de 10 leur cœur ; d'insensés instituteurs pensent faire des merveilles en les rendant méchants pour leur apprendre ce que c'est que bonté ; et puis ils nous disent gravement : « Tel est l'homme ». Oui, tel est l'homme que vous avez fait.

Jean-Jacques ROUSSEAU, *Émile*, livre II (1762)

Les Caves du Vatican *sont selon Gide une « sotie*[1] *», farce du Moyen Âge, dont la visée satirique allie humour et critique sociale. Dans cet extrait, le narrateur explique comment Mlle Arnica Péterat est devenue Mme Fleurissoire.*

Amédée Fleurissoire et Gaston Blafaphas s'éprirent ensemble d'Arnica ; c'était fatal. Chose admirable, cette naissante passion, qu'aussitôt l'un à l'autre ils s'avouèrent, loin de les diviser, ne fit que resserrer leur couture[2]. Et certes Arnica ne leur donna d'abord, à l'un non plus qu'à l'autre, de grands motifs de jalousie. Aucun d'eux du reste ne s'était

5 déclaré ; et jamais Arnica n'eût été supposer leur flamme, malgré le tremblement de leur voix lorsque, à ces petites soirées du dimanche chez Mme Semène dont ils étaient les familiers, elle leur offrait le sirop, la verveine ou la camomille. Et tous deux, s'en retournant le soir, célébraient sa décence et sa grâce, s'inquiétaient de sa pâleur, s'enhardissaient…

Ils convinrent de se déclarer l'un et l'autre le même soir, ensemble, puis de s'abandon-

10 ner à son choix. Arnica, toute neuve devant l'amour, remercia le ciel dans la surprise et la simplicité de son cœur. Elle pria les deux soupirants de lui laisser le temps de réfléchir.

À vrai dire elle ne penchait non plus vers l'un que vers l'autre, et ne s'intéressait à eux que parce qu'eux s'intéressaient à elle, alors qu'elle avait résigné l'espoir d'intéresser jamais personne. Six semaines durant, perplexe de plus en plus, elle s'enivra doucement

15 des hommages de ses prétendants parallèles. Et tandis que dans leurs promenades nocturnes, supputant mutuellement leurs progrès, les Blafafoires[3] se racontaient longuement l'un à l'autre, sans détours, les moindres mots, les regards, les sourires dont *elle* les avait gratifiés, Arnica, retirée dans sa chambre, écrivait sur des bouts de papier qu'elle brûlait soigneusement ensuite à la flamme de sa bougie, et répétait inlassablement tour à

20 tour : Arnica Blafaphas ?… Arnica Fleurissoire ? incapable de décider entre l'atrocité de ces deux noms.

Puis brusquement, certain jour de sauterie, elle avait choisi Fleurissoire ; Amédée ne venait-il pas de l'appeler *Arnica*, en accentuant la pénultième[4] de son nom d'une manière qui lui parut italienne ? (inconsidérément du reste, et sans doute entraîné par

25 le piano de Mlle Semène qui rythmait l'atmosphère en ce moment), et ce nom d'Arnica, son propre nom, aussitôt lui était apparu riche d'une musique imprévue, capable lui aussi d'exprimer poésie, amour…

▶ André GIDE, *Les Caves du Vatican*, livre III, chapitre II (1914),
© Éditions Gallimard

1. Au XIIe s. le mot signifie « sottise » ; au XVe s., il désignera le genre littéraire.
2. Lien d'amitié.
3. Amédée Fleurissoire et Gaston Blafaphas sont des amis d'enfance, surnommés les Blafafoires.
4. Avant-dernière syllabe.

Compréhension

1. Quelles expressions manifestent l'opinion du narrateur ?
2. Quel intérêt présentent les noms donnés aux personnages ?

Vers le commentaire

Quel regard le narrateur porte-t-il sur ses personnages ?

Pour réussir…

- Retrouver les indices qui révèlent le jugement du narrateur
- Repérer la modalisation implicite
- Associer ces indices de modalisation aux procédés de la satire

13

Étudier et employer les figures de style

Objectifs et compétences
▸ Connaître les principales figures de style
▸ Analyser et interpréter leurs effets
▸ Employer ces figures dans un écrit d'invention

▌▌▌▌▌▌▌ Découvrir

Hymne à la beauté

Viens-tu du ciel profond ou sors-tu de l'abîme,
Ô Beauté ? ton regard, infernal et divin,
Verse confusément le bienfait et le crime,
Et l'on peut pour cela te comparer au vin.

5 Tu contiens dans ton œil le couchant et l'aurore ;
Tu répands des parfums comme un soir orageux ;
Tes baisers sont un philtre et ta bouche une amphore
Qui font le héros lâche et l'enfant courageux.

Sors-tu du gouffre noir ou descends-tu des astres ?
10 Le Destin charmé suit tes jupons comme un chien ;
Tu sèmes au hasard la joie et les désastres,
Et tu gouvernes tout et ne réponds de rien.

Tu marches sur des morts, Beauté, dont tu te moques ;
De tes bijoux l'Horreur n'est pas le moins charmant,
15 Et le Meurtre, parmi tes plus chères breloques[1],
Sur ton ventre orgueilleux danse amoureusement.

L'éphèmère[2] ébloui vole vers toi, chandelle,
Crépite, flambe et dit : Bénissons ce flambeau !
L'amoureux pantelant[3] incliné sur sa belle
20 A l'air d'un moribond caressant son tombeau.

Que tu viennes du ciel ou de l'enfer, qu'importe,
Ô Beauté ! monstre énorme, effrayant, ingénu !
Si ton œil, ton souris[4], ton pied, m'ouvrent la porte
D'un Infini que j'aime et n'ai jamais connu ?

25 De Satan ou de Dieu, qu'importe ? Ange ou Sirène,
Qu'importe, si tu rends, – fée aux yeux de velours,
Rythme, parfum, lueur, ô mon unique reine ! –
L'univers moins hideux et les instants moins lourds ?

1. Bijoux, pendentifs.
2. Insecte qui ne vit qu'une journée.
3. Haletant.
4. Sourire.

▸ Charles BAUDELAIRE, « Spleen et idéal », XXI, *Les Fleurs du mal* (1857)

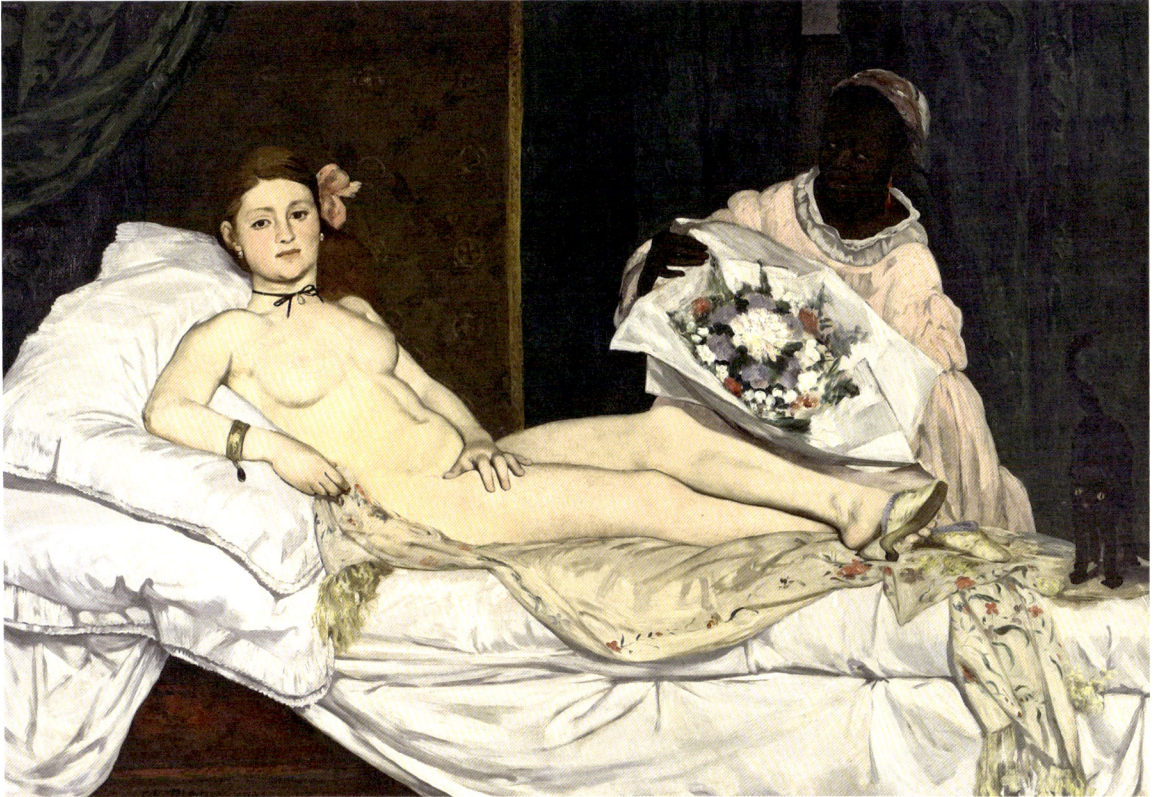

Édouard Manet (1832-1883), *Olympia* (1863),
huile sur toile, 130,5 x 190 cm (musée d'Orsay, Paris).

QUESTIONS

1. Relevez les images par lesquelles Baudelaire définit la beauté. Forment-elles un ensemble cohérent ?

2. En quoi cette célébration de la beauté est-elle aussi une célébration de la femme ? Quel est le pouvoir de la beauté et de la femme d'après la dernière strophe ?

3. Dans un tableau à double entrée, relevez toutes les oppositions qui structurent le poème. La beauté idéale que recherche le poète est-elle classique ? En quoi surprend-elle ?

4. Relevez des exagérations dans le poème. Quel caractère de la beauté soulignent-elles ?

Problématique

● **Comment les figures de style donnent-elles sens, force et originalité à un énoncé ?**

Les figures de style sont des procédés littéraires qui permettent :

● de créer des rapprochements significatifs par des images : ce sont les **figures par analogie** ;

● de créer un raccourci ou d'éviter une répétition : ce sont les **figures par substitution** ;

● d'exprimer des contradictions ou des paradoxes : ce sont les **figures par opposition** ;

● de renforcer ou de diminuer la force d'un énoncé : ce sont les **figures par amplification** ou **atténuation**.

Les figures de style

1 LES FIGURES PAR ANALOGIE

Définition	Exemple	Commentaire
La comparaison établit un rapprochement entre deux termes, le comparé et le comparant, à partir d'un élément commun et grâce à un outil de comparaison : *comme, pareil à, ressembler à…*	*Ses sacs de grains* (comparé) *semblaient* (verbe de comparaison) *des fontaines publiques* (comparant).	• Hugo, dans *La Légende des siècles*, compare les sacs de grains de Booz, un vieil homme plein de sagesse, à des fontaines publiques, pour souligner sa générosité.
La métaphore assimile complètement deux idées ou réalités (sans outil de comparaison). (*Des précisions sur la métaphore dans* ›*Mise au point p. 105*).	*Tes baisers sont un philtre et ta bouche une amphore / Qui font le héros lâche et l'enfant courageux.*	• Baudelaire fait des baisers et de la bouche de la Beauté un philtre d'amour contenu dans une amphore et doté de surprenants pouvoirs (›*texte p. 100*).
L'allégorie représente de façon imagée, par des éléments descriptifs ou narratifs, les divers aspects d'une idée. À la différence de la métaphore, l'allégorie est un type d'image dans lequel le comparé est abstrait (la beauté) et le comparant, concret (un monstre énorme).	*Ô Beauté ! monstre énorme, effrayant, ingénu*	• Baudelaire donne un caractère surprenant à son idéal en en faisant un « monstre », un être à deux facettes.
La personnification représente une chose, un animal ou une idée sous les traits d'une personne.	*La Fourmi n'est pas prêteuse ; C'est là son moindre défaut.*	• La personnification de la fourmi est caractéristique de la fable dans laquelle La Fontaine donne des caractères humains aux animaux pour instruire les hommes.

2 LES FIGURES PAR SUBSTITUTION

Définition	Exemple	Commentaire
La métonymie remplace un mot par un autre mot qui entretient avec le premier une relation logique : • un objet par sa matière *(les cuivres pour les instruments en cuivre)* • un contenu par son contenant *(boire un verre)* • un lieu pour la fonction qui y est attachée *(le candidat à l'Élysée)*. Quand la relation établie est entre la partie et le tout, on parle de **synecdoque**.	*Que tu viennes du ciel ou de l'enfer, qu'importe, / Ô Beauté !* *Si ton œil, ton souris, ton pied m'ouvrent la porte / D'un infini que j'aime…*	• La métonymie du ciel pour la divinité qui est supposée y régner suggère que la Beauté, pour Baudelaire, est un présent de Dieu (ou de Satan, dont l'enfer est une autre métonymie !)(›*texte p. 100*). • La synecdoque des parties du corps pour la Beauté met l'accent sur les charmes de celle-ci, source d'inspiration pour le poète.
La périphrase remplace un mot par une expression de sens équivalent qui évite une répétition ou donne une explication.	*Candide et Pangloss […] furent menés […] dans des appartements d'une extrême fraîcheur, dans lesquels on n'était jamais incommodé du soleil.*	• La périphrase permet à Voltaire d'ironiser en ne nommant pas directement la prison dans laquelle les personnages sont enfermés pour délit d'opinion.

3 LES FIGURES PAR OPPOSITION

Définition	Exemple	Commentaire
L'antithèse oppose très fortement deux termes ou deux ensembles de termes. Quand les termes d'une double opposition sont disposés selon le schéma AB/BA, on parle de **chiasme**.	*Ô Beauté ! ton regard, infernal et divin, / Verse confusément le bienfait et le crime.*	• Baudelaire souligne la dualité de la Beauté, à la fois céleste et satanique, par une série d'antithèses et ici un chiasme : « infernal » (A) et « divin » (B) / « le bienfait » (B) et « le crime » (A) (> *texte p. 100*).
L'antiphrase exprime une idée par son contraire dans une intention ironique.	LE COMTE. – *Maraud ! si tu dis un mot…* FIGARO. – *Oui, je vous reconnais, voilà les bontés familières dont vous m'avez toujours honoré.*	• Dans *Le Barbier de Séville* de Beaumarchais, Figaro réplique avec ironie à son ancien maître en présentant son insulte (« Maraud ! ») comme une de ses « bontés » habituelles.
Le paradoxe exprime une idée contraire à l'opinion commune afin de surprendre et d'inviter à la réflexion.	*De tes bijoux, l'Horreur n'est pas le moins charmant.*	• Par ce paradoxe d'une « horreur charmante », Baudelaire suggère le caractère ambigu d'une Beauté qui séduit et fait peur (> *texte p. 100*).
L'oxymore réunit de manière surprenante, dans une même expression, deux termes contradictoires.	*Par ma foi, voilà un beau jeune vieillard pour quatre-vingt-dix ans !*	• Cette réplique du *Malade imaginaire* (Molière) souligne de manière frappante la vitalité du vieillard.

4 LES FIGURES PAR AMPLIFICATION ET ATTÉNUATION

Définition	Exemple	Commentaire
L'hyperbole amplifie les termes d'un énoncé afin de mettre en valeur un objet, une personne ou une idée.	*Et tu gouvernes tout et ne réponds de rien.*	• La beauté a un pouvoir hyperbolique mais aussi une totale irresponsabilité (> *texte p. 100*).
L'anaphore est un procédé d'amplification rythmique, qui consiste à répéter les mêmes mots en tête de phrases ou de vers successifs.	*Il n'y a pas d'amour qui ne soit à douleur / Il n'y a pas d'amour dont on ne soit meurtri / Il n'y a pas d'amour dont on ne soit flétri.*	• Aragon, dans ces vers de *La Diane française*, amplifie la tragédie d'un amour qui conduirait inéluctablement à la souffrance.
La gradation crée une dramatisation en ordonnant les termes d'un énoncé selon une progression croissante. Lorsque la progression est décroissante, on parle de gradation inverse.	*Va, cours, vole et nous venge.*	• La gradation des verbes à l'impératif rend encore plus dramatique l'appel du vieux Don Diègue à son fils Rodrigue. (Corneille, *Le Cid*, I, 6)
L'anacoluthe met en valeur un énoncé par une rupture de construction syntaxique.	*Exilé sur le sol au milieu des huées, / Ses ailes de géant l'empêchent de marcher.*	• La rupture de construction entre le masculin singulier (« Exilé ») et le féminin pluriel (« Ses ailes ») met en relief le déchirement du poète, « géant » moqué par les hommes dans « L'Albatros » de Baudelaire.
La litote dit le moins pour suggérer le plus. Elle est parfois teintée d'ironie.	*Ce n'est pas un mauvais sort d'être jeune, beau et prince.*	• Dans *Électre*, Giraudoux ironise ainsi au sujet de ceux à qui la vie a tout donné.
L'euphémisme atténue l'expression d'une idée ou d'un sentiment souvent pour en voiler le caractère déplaisant.	*L'époux d'une jeune beauté / Partait pour l'autre monde.*	• L'idée de la mort est atténuée dans ces vers de La Fontaine (*Fables*, VI, 21) par l'euphémisme d'un voyage dans l'autre monde.

⭐ 1 Distinguer les figures par analogie

a. Dans les extraits suivants, distinguez comparaisons et métaphores.

b. Dans quels cas peut-on parler de personnification et d'allégorie ?

TEXTE 1

Paris n'est-il pas un vaste champ incessamment remué par une tempête d'intérêts sous laquelle tourbillonne une moisson d'hommes que la mort fauche plus souvent qu'ailleurs et qui renaissent toujours aussi serrés […].

Honoré DE BALZAC, *La Fille aux yeux d'or* (1835)

TEXTE 2

Sur l'onde calme et noire où dorment les étoiles
La blanche Ophélia flotte comme un grand lys […].

Arthur RIMBAUD, *Poésies*, « Ophélie » (1870-1871)

TEXTE 3

M. de Palancy […], avec sa grosse tête de carpe aux yeux ronds, se déplaçait lentement au milieu des têtes en desserrant d'instant en instant ses mandibules comme pour chercher son orientation.

Marcel PROUST, *Du côté de chez Swann* (1913)

TEXTE 4

Le pessimisme est un gratte-ciel à quatre-vingts étages qui se dresse dans la banlieue de l'âme, au bout d'une longue avenue bordée de terrains vagues et de quelques boutiques très mal achalandées.

Michel LEIRIS, *Aurora* (1946), © Éditions Gallimard

TEXTE 5

Ville déserte, ville si belle aux paupières
De sommeil blessé, ville aux pierres plus fidèles
Que ne le furent les frêles feuillages d'hommes.

Georges-Emmanuel CLANCIER, *Terres de mémoire*, « Paris espère » (1965), © R. Laffont (2003) La Table ronde, coll. La Petite Vermillon

⭐ 2 Étudier des figures par substitution

a. Dans les extraits suivants, distinguez et analysez métonymies, synecdoques et périphrases.

b. Dans le cas des métonymies et des synecdoques, précisez le lien logique entre le terme employé et le terme remplacé. *(Ex. : Il fait partie de la Croix-Rouge : métonymie de l'insigne pour l'organisme.)*

TEXTE 1

Il a l'œil et le bon.

TEXTE 2

Il a fini son verre.

TEXTE 3

On attendait hier une déclaration de la Maison Blanche après la décision du Vatican. L'Élysée n'a pas fait de commentaire, le Premier ministre non plus.

TEXTE 4

La poupe en pleine mer s'éloigne de la rive.

OVIDE, *Métamorphoses* (Ier s. ap. J.-C.)

TEXTE 5

Arnolphe à Agnès, la jeune fille qu'il veut épouser.

Votre sexe n'est là que pour la dépendance :
Du côté de la barbe est la toute-puissance.

MOLIÈRE, *L'École des femmes*, III, 2 (1662)

TEXTE 6

Un mal qui répand la terreur,
   Mal que le Ciel en sa fureur
Inventa pour punir les crimes de la terre,
La Peste (puisqu'il faut l'appeler par son nom),
5 Capable d'enrichir en un jour l'Achéron[1],
   Faisait aux animaux la guerre.

Jean DE LA FONTAINE, *Fables*, VII, 1 (1672)

1. Fleuve menant aux Enfers dans la mythologie grecque.

TEXTE 7

Mais le concert recommença et Swann comprit qu'il ne pourrait pas s'en aller avant la fin de ce nouveau numéro du programme. […] Le violon était monté à des notes hautes où il restait comme pour une attente.

Marcel PROUST, *Du côté de chez Swann* (1913)

⭐ 3 Analyser des figures par opposition

Dans les extraits suivants, distinguez et analysez antithèses, antiphrases, chiasmes, paradoxes et oxymores.

TEXTE 1

Cette obscure clarté qui tombe des étoiles.

Pierre CORNEILLE, *Le Cid*, IV, 3 (1637)

TEXTE 2

Dans des ruisseaux de sang Troie ardente plongée,
De votre propre main Polyxène égorgée
Aux yeux de tous les Grecs indignés contre vous,
Que peut-on refuser à ces généreux coups ?

Jean RACINE, *Andromaque*, IV, 5 (1667)

TEXTE 3

Selon que vous serez puissant ou misérable,
Les jugements de Cour vous rendront blanc ou
                                          [noir.

Jean DE LA FONTAINE, *Fables*, VII, 1 (1672)

TEXTE 4

Que les gens d'esprit sont bêtes !

BEAUMARCHAIS, *Le Mariage de Figaro*, I, 1 (1784)

Texte 5

Le vieillard, qui revient vers la source première,
Entre aux jours éternels et sort des jours
[changeants ;
Et l'on voit de la flamme aux yeux des jeunes gens,
Mais dans l'œil du vieillard on voit de la lumière.

Victor HUGO, « Booz endormi », *La Légende des siècles*
(1859)

★★
4 Étudier les figures de l'amplification et de l'atténuation

a. Dans les extraits suivants, distinguez et analysez hyperboles, anaphores, gradations, anacoluthes, litotes et euphémismes.

b. VERS L'ÉCRITURE D'INVENTION

Choisissez un aspect de la société contemporaine qui vous paraît particulièrement négatif et décrivez-le en un paragraphe en utilisant les procédés de l'amplification (hyperbole, gradation, anaphore...).

Texte 1

Le nez de Cléopâtre s'il eût été plus court toute la face de la terre aurait changé.

Blaise PASCAL, *Pensées*, 32 (éd. Sellier), (1657-1670),
© Classiques Garnier 2010

Texte 2

Chimène à Rodrigue

Va, je ne te hais point.

Pierre CORNEILLE, *Le Cid*, III, 4 (1637)

Texte 3

Camille à son frère Horace qui vient de combattre victorieusement pour Rome.

Rome, l'unique objet de mon ressentiment !
Rome, à qui vient ton bras d'immoler mon amant !
Rome, qui t'a vu naître et que ton cœur adore !
Rome, enfin que je hais parce qu'elle t'honore !

Pierre CORNEILLE, *Horace*, IV, 5 (1640)

Texte 4

Elle a vécu, Myrto, la jeune Tarentine.

André CHÉNIER, *Les Bucoliques*, (posthume, 1819)

Texte 5

À propos du nez de Cyrano :

C'est un roc ! c'est un pic ! c'est un cap !
Que dis-je, c'est un cap ?... c'est une péninsule !

Edmond ROSTAND, *Cyrano de Bergerac*, I, 4 (1897)

Texte 6

Alors une bataille formidable s'engagea. Elles couraient toutes deux le long des baquets, s'emparant des seaux pleins, revenant se les jeter à la tête. Et chaque déluge était accompagné d'un éclat de voix.

Émile ZOLA, *L'Assommoir* (1877)

★★
8 Commenter des images

VERS L'EXPOSÉ ORAL

Choisissez trois des images (figures par analogie) de l'exercice 1 : distinguez le comparé et le comparant et précisez quels effets sont produits par leur rapprochement ou leur assimilation.

Mise au point
La métaphore

❚ Dans la métaphore, l'assimilation entre les termes va parfois jusqu'à la **disparition totale du comparé**. On atteint alors la forme la plus condensée et parfois la plus mystérieuse de l'image poétique (dans la poésie surréaliste notamment).
Ainsi, pour évoquer le taureau, André Breton écrit dans *L'Amour fou* : *« La masse de bronze au croissant lumineux qui réellement tout à coup piétine. »*

❚ Lorsqu'une métaphore est développée par plusieurs termes, on parle de **métaphore filée**.
Ce fut la mer des céréales, roulante, profonde, sans bornes. [...]. Une ondulation succédait à une autre, l'éternel flux battait sous le vent du large. (Zola, La Terre)

❚ Quand l'image est passée dans le langage courant, on parle de **cliché**.
Être à cheval sur les principes, avoir un appétit d'oiseau.

★★
6 Interpréter une peinture

a. À travers quel personnage et quels objets sont représentés les différents caractères de la justice dans cette allégorie datant de la Renaissance italienne ?

b. Que symbolisent les lions ?

Jacobello Del Fiore (1370-1439), *La Justice entre les archanges Michel et Gabriel* (1421), détail central, tempera sur bois (musée de l'Académie, Venise, Italie).

7 ★★ Étudier le pouvoir de la métaphore et de la comparaison

a. Quelle métaphore filée apparaît dans ce poème ?

b. Quelle dimension originale métaphores et comparaisons donnent-elles à l'objet décrit ?

c. **VERS L'ÉCRITURE D'INVENTION**

À votre tour, décrivez un objet du quotidien en le métamorphosant par des comparaisons et des métaphores.

Le pain

La surface du pain est merveilleuse d'abord à cause de cette impression quasi panoramique qu'elle donne : comme si l'on avait à sa disposition sous la main les Alpes, le Taurus ou la Cor-
5 dillère des Andes.

Ainsi donc une masse amorphe en train d'éructer fut glissée pour nous dans le four stellaire, où durcissant elle s'est façonnée en vallées, crêtes, ondulations, crevasses… Et tous ces plans
10 dès lors si nettement articulés, ces dalles minces où la lumière avec application couche ses feux, – sans un regard pour la mollesse ignoble sous-jacente.

Ce lâche et froid sous-sol que l'on nomme la
15 mie a son tissu pareil à celui des éponges : feuilles ou fleurs y sont comme des sœurs siamoises soudées par tous les coudes à la fois. Lorsque le pain rassit ces fleurs fanent et se rétrécissent : elles se détachent alors les unes des autres, et la masse en
20 devient friable…

Mais brisons-la : car le pain doit être dans notre bouche moins objet de respect que de consommation.

Francis PONGE, *Le Parti pris des choses* (1942),
© Éditions Gallimard

8 ★★★ Analyser le jeu des métaphores et des antithèses

a. Quelle métaphore et quelle antithèse apparaissent dans la première phrase du texte ? Pourquoi peut-on parler d'une double nature de l'homme ?

b. Relevez dans la suite du texte les antithèses qui opposent l'homme et l'univers et qui concernent : leur puissance respective ; leur espace et leur durée ; leur noblesse (ou leur dignité) ; leur savoir.

c. **VERS LE COMMENTAIRE**

Rédigez un paragraphe de commentaire expliquant en quoi les images et les antithèses éclairent la double nature de l'homme et sa place dans l'univers d'après Pascal. Vous vous aiderez de vos réponses aux questions a. et b.

L'homme n'est qu'un roseau, le plus faible de la nature, mais c'est un roseau pensant. Il ne faut pas que l'univers entier s'arme pour l'écraser, une vapeur, une goutte d'eau suffit pour le tuer.
5 Mais quand l'univers l'écraserait, l'homme serait encore plus noble que ce qui le tue, puisqu'il sait qu'il meurt et l'avantage que l'univers a sur lui. L'univers n'en sait rien.

Toute notre dignité consiste donc en la pensée.
10 C'est de là qu'il nous faut relever, et non de l'espace et de la durée, que nous ne saurions remplir. Travaillons donc à bien penser : voilà le principe de la morale.

Blaise PASCAL, *Pensées*, 231-232 (éd. Sellier), (1657-1670),
© Classiques Garnier 2010

Des mots pour…
commenter les figures de style

▌**La métaphore** (la comparaison, l'allégorie, la personnification) rapproche, met en relation, assimile, confond…, donne un caractère poétique à…, rend plus clair…, concrétise…, dévoile…
Par cette image, l'auteur **suggère**…, met en valeur…, en lumière…, suscite…, provoque telle ou telle émotion…

▌**L'hyperbole** (l'anaphore, la gradation…) souligne…, amplifie…, accentue…, exagère…, met en évidence…, en relief…, intensifie…, dramatise…, donne un caractère emphatique à…

▌**L'antithèse** (le chiasme, le paradoxe…) oppose…, confronte…, met en tension…, établit un contraste, souligne une contradiction entre… Ces deux champs lexicaux forment deux séries antithétiques

Mise au point
Les figures de style dans l'écriture d'invention

La création de figures de style permet d'enrichir un écrit d'invention en suscitant des effets variés.

▌**La métaphore**, ou **la comparaison**, rend une description plus concrète, plus vivante, plus poétique. On l'adapte au contexte en évitant des images trop convenues.

▌**Les procédés d'opposition, d'amplification, d'ironie** (antiphrase, litote…) donnent plus de vigueur, d'éloquence à un discours argumentatif. (❭*chap. 17*)

▌**La périphrase** permet d'éviter des répétitions.

▌**L'euphémisme** introduit de la nuance quand on cherche à ne pas choquer son auditoire.

> *Pendant la guerre de 1914, Ferdinand Bardamu est, avec son colonel, au milieu d'une route sous la mitraille des balles ennemies.*

Le colonel, c'était donc un monstre ! À présent, j'en étais assuré, pire qu'un chien, il n'imaginait pas son trépas ! Je conçus en même temps qu'il devait y en avoir beaucoup des comme lui dans notre armée, des braves, et puis tout autant sans doute dans l'armée d'en face. Qui savait combien ? Un, deux, plusieurs mil-
5 lions peut-être en tout ? Dès lors ma frousse devint panique. Avec des êtres semblables, cette imbécillité infernale pouvait continuer indéfiniment... Pourquoi s'arrêteraient-ils ? Jamais je n'avais senti plus implacable la sentence des hommes et des choses.

Serais-je donc le seul lâche sur la terre ? pensais-je. Et avec quel effroi !...
10 Perdu parmi deux millions de fous héroïques et déchaînés et armés jusqu'aux cheveux ? Avec casques, sans casques, sans chevaux, sur motos, hurlants, en autos, sifflant, tirailleurs, comploteurs, volants, à genoux, creusant, se défilant, caracolant dans les sentiers, pétaradant, enfermés sur la terre, comme dans un cabanon, pour y tout détruire, Allemagne, France et Continents, tout ce qui respire,
15 détruire, plus enragés que les chiens, adorant leur rage (ce que les chiens ne font pas), cent, mille fois plus enragés que mille chiens et tellement plus vicieux ! Nous étions jolis ! Décidément, je le concevais, je m'étais embarqué dans une croisade apocalyptique.

> Louis-Ferdinand CÉLINE, *Voyage au bout de la nuit* (1932), © Éditions Gallimard

Tardi (né en 1946),
C'était la guerre des tranchées, 1914-1918,
© Casterman

Compréhension

1. Analysez les figures par analogie et par amplification en précisant leur intention et leurs effets.
2. Relevez un oxymore et une antiphrase dans le deuxième paragraphe. En quoi marquent-ils un jugement ironique sur la guerre ?

Vers l'écriture d'invention

À son retour du front, Bardamu prononce un discours devant des lycéens et cherche à les convaincre de la folie de la guerre à laquelle il a été mêlé. Vous emploierez dans ce discours des figures par analogie, par opposition et par amplification.

Pour réussir...

- Développer au moins trois arguments
- Utiliser les figures de rhétorique pour persuader

14

Distinguer et pratiquer les différentes formes de discours

|||||||| Découvrir

Willy Ronis (1910-2009), *Devant chez Mestre* (1947), photographie.

Texte 1

Je venais de traverser ce carrefour dont j'oublie ou ignore le nom, là, devant une église. Tout à coup, alors qu'elle est peut-être encore à dix pas de moi, venant en sens inverse, je vois une jeune femme, très pauvrement vêtue, qui, elle aussi, me voit ou m'a vu. [...] Je n'avais
5 jamais vu de tels yeux. Sans hésitation j'adresse la parole à l'inconnue, tout en m'attendant, j'en conviens du reste, au pire. Elle sourit, mais très mystérieusement, et, dirai-je, *comme en connaissance de cause*, bien qu'alors je n'en puisse rien croire.

▶ André BRETON, *Nadja* (1928), © Éditions Gallimard

Texte 2

Hélène, le premier soir où je la vis, portait une robe de velours rouge, ce qui était considéré comme hardi à cette époque, et dans ce monde : c'était une jeune femme aux cheveux noirs… Voici, je voudrais la décrire. Je ne peux pas. [...] Des yeux noirs, une peau de blonde, une robe
5 de velours rouge, un air ardent, joyeux et troublé en même temps, cette expression particulière à la jeunesse, de défi, d'inquiétude et d'élan…

▶ Irène NÉMIROVSKY, *Chaleur du sang* (posthume, vers 1940), © Denoël, 2007

Texte 3

Jean Rousset consacre un ouvrage à l'étude de la scène de rencontre dans le roman, dont voici l'introduction.

Mon thème est une scène, rien de plus : quelques lignes, parfois quelques pages, c'est peu dans la continuité d'un roman ; c'est beaucoup si l'on admet qu'elles constituent une scène-clé, à laquelle se suspend la chaîne narrative, c'est beaucoup aussi dès que l'on jette un coup d'œil sur l'ensemble de notre trésor littéraire, la scène de rencontre est partout – ou presque. [...] L'événement raconté est à la fois inaugural et causal ; on a le droit de traiter la scène de première vue comme une fonction, étant donné son pouvoir d'engendrement et d'enchaînement, et comme une figure qui a sa place consacrée dans la rhétorique romanesque. L'action qu'elle met en œuvre est différente de toute autre, dans la mesure où, plus qu'une autre, elle pose un commencement et détermine des choix qui retentiront sur l'avenir du récit et sur celui des personnages [...].

Jean ROUSSET, *Leurs yeux se rencontrèrent*, introduction (1984), © José Corti

Texte 4

Il y a deux affirmations de l'amour. Tout d'abord, lorsque l'amoureux rencontre l'autre, il y a affirmation immédiate (psychologiquement : éblouissement, enthousiasme, exaltation, projection folle d'un avenir comblé : je suis dévoré par le désir, l'impulsion d'être heureux) : je dis *oui* à tout (en m'aveuglant). Suit un long tunnel : mon premier *oui* est rongé de doutes, la *valeur* amoureuse est sans cesse menacée de dépréciation : c'est le moment de passion triste, la montée du ressentiment et de l'oblation[1].

1. Offrande, sacrifice.

Roland BARTHES, *Fragments d'un discours amoureux* (1977), © Éditions du Seuil

COMPAREZ LES TEXTES

1. Justifiez en une phrase le rapprochement de ces quatre textes.

2. Exposez pour chacun d'eux leur visée : quel objectif poursuit l'auteur ?

Problématique

Quels sont les enjeux des différentes formes de discours ?

- La forme d'un discours dépend de la visée recherchée par son auteur : raconter, décrire, expliquer ou argumenter.

- Ces formes se trouvent souvent combinées dans un même texte. Il importe de les reconnaître pour interpréter leurs enjeux.

Les formes de discours

Un même texte peut poursuivre plusieurs buts, plusieurs objectifs (on parle aussi de « visées »), et donc faire appel à différentes formes de discours.

1 LE DISCOURS NARRATIF

■ **Il vise à raconter des faits** qui sont situés dans le temps. Il assure la progression du récit et se trouve souvent combiné au discours descriptif. (❯ *chap. 21*) *Texte 1, p. 108*

Les verbes	• Au passé simple le plus souvent, ou au présent dans une narration au présent. • Le sens des verbes renvoie à l'action, au mouvement *(sortir, se rendre)*.
Les mots de liaison	• Des indicateurs temporels expriment la temporalité, les différentes étapes du récit *(alors, ensuite)*. (❯ *chap. 10*)
Le lexique	• Des adverbes, des notations circonstancielles ou participes présents caractérisent l'action *(dès l'aube, il sortit en hâte)*.

2 LE DISCOURS DESCRIPTIF

■ **Il vise à décrire** des personnages (portrait physique, moral ou en action), un décor ou des objets qui sont situés dans l'espace. Il permet au lecteur de se représenter le cadre et les acteurs du récit. (❯ *chap. 21*) *Texte 2, p. 108*

Les verbes	• À l'imparfait le plus souvent, ou au présent. • Des verbes d'état *(être, sembler, avoir l'air)*, ou de perception *(entendre, apercevoir, sentir)*.
Les mots de liaison	• Des indicateurs spatiaux organisent le parcours du regard *(à sa droite, plus loin)*.
Le lexique	• Des expansions nominales (adjectifs, subordonnées relatives) *(la plaine fertile)*. • Le lexique des cinq sens et des sensations.

3 LE DISCOURS EXPLICATIF

■ **Il vise à définir ou à expliquer** un fait ou un processus. Il constitue souvent une réponse aux questions « qu'est-ce que… ? » « pourquoi… ? » et « comment… ? » *Texte 3, p. 109*

Les verbes	• Le présent d'énonciation (❯ *chap. 10*), l'imparfait dans un récit.
Les mots de liaison	• Des liens logiques assurent la clarté du propos *(d'abord, d'une part…)*. • L'expression de la cause et de la conséquence.
Le lexique	• Lexique spécialisé *(des madriers)*, données chiffrées. • Phrases de définition, de reformulation.

4 LE DISCOURS ARGUMENTATIF

■ **Il vise à défendre une opinion** que le locuteur, impliqué dans son énoncé, entend faire partager, au moyen d'un texte ou d'une image (photo, tableau, affiche). (❯*chap. 15, 16*) *Texte 4, p. 109*

Les verbes	• Le présent, ou l'imparfait dans un discours rapporté.
Les mots de liaison	• Adverbes et conjonctions soulignent le raisonnement pour exprimer différentes valeurs (relations) logiques *(ainsi, donc, car)*.
Le lexique	• La modalisation et le lexique subjectif traduisent l'implication du locuteur. (❯*chap. 12*).

MÉTHODE

Repérer plusieurs formes de discours dans un texte

■ **L'insertion d'un passage descriptif** est souvent amenée par une pause dans la narration, un verbe de perception, un changement de temps des verbes au profit de l'imparfait.

■ **L'insertion d'un passage narratif** peut être signalée par un terme exprimant l'irruption d'un événement *(alors, soudain, tout à coup)* ; elle s'accompagne alors de l'emploi du passé simple et parfois d'une accélération du rythme du texte.

■ **L'insertion d'un passage explicatif** dans une narration fait souvent suite à une question posée par un personnage *(quoi ? comment ? pourquoi ?)*.
Dans une narration ou une description, un auteur peut également prendre la parole, substituant sa voix à celle du narrateur pour insérer un commentaire. Cette sorte de parenthèse, au présent, est détachée par la ponctuation ou un changement de phrase. Si l'auteur émet une opinion, son discours s'apparente alors au discours argumentatif.

■ **L'insertion d'un passage argumentatif** dans un récit peut apparaître grâce à un dialogue. Cet échange entre personnages permet à l'auteur de défendre l'une des deux opinions. C'est souvent le personnage qui s'exprime le plus (ou le dernier) qui représente la thèse défendue.
Ces changements de formes de discours sont particulièrement exploités dans un **apologue** où la narration, la description et le dialogue sont au service de l'argumentation. (❯*chap. 16*)

EXEMPLE COMMENTÉ

Le 13 décembre 1838, par une soirée pluvieuse et froide, un homme d'une taille athlétique, vêtu d'une mauvaise blouse, traversa le pont au Change et s'enfonça dans la Cité, dédale de rues obscures, étroites,
5 tortueuses, qui s'étend depuis le Palais de Justice jusqu'à Notre-Dame.

Le quartier du Palais de Justice, très circonscrit, très surveillé, sert pourtant d'asile ou de rendez-vous aux malfaiteurs de Paris. N'est-il pas étrange, ou plu-
10 tôt fatal, qu'une irrésistible attraction fasse toujours graviter ces criminels autour du formidable tribunal qui les condamne à la prison, au bagne, à l'échafaud !

Eugène SUE, *Les Mystères de Paris*, I, 1 (1842-1843)

● Cet incipit de roman offre d'abord une série de **données descriptives** (date, moment de la journée, personnage inconnu décrit de façon ambivalente : « athlétique » mais mal vêtu). Les verbes de la première phrase relèvent de la **narration** (verbes de mouvement au passé simple), mais la description de l'île de la Cité domine (adjectifs l. 4-5) : le but de l'auteur est plus de poser un cadre que de faire évoluer son personnage. Le glissement vers le **discours explicatif** s'opère par le changement de paragraphe qui permet à l'auteur d'ébaucher une réflexion sur la population de ce quartier particulier afin de susciter l'intérêt du lecteur.

VÉRIFIER SES ACQUIS

1 Identifier les différentes formes de discours

a. Quelle forme de discours domine dans chaque extrait ?

b. Justifiez votre réponse en vous appuyant sur une analyse de chaque texte.

TEXTE 1

Pauvres gens et misérables, [...] soyez donc résolus à ne plus servir et vous serez libres. Je ne veux pas que vous le heurtiez [votre souverain], ni que vous l'ébranliez, mais seulement ne le sou-
5 tenez plus, et vous le verrez, comme un grand colosse dont on dérobe la base, tomber de son propre poids et se briser.

Étienne DE LA BOÉTIE, *Discours de la servitude volontaire* (1574)

TEXTE 2

On distingue plusieurs formes de radiothé-rapie. [...]
  • **La radiothérapie externe** se fait par exposi-tion à une source radioactive située à l'extérieur
5 de l'organe. Les rayons ionisants pénètrent dans les tissus à travers la peau. La désintégration du ^{60}Co[1] émet des rayonnements de 1,25 MeV[2]. Cette technique, appelée **cobaltothérapie**, est de plus en plus remplacée par des **accélérateurs**
10 **de particules** capables de fournir des photons d'énergie de 6 à 25 MeV.

Manuel de sciences physiques & chimiques, Terminale, ST2S, (2008), © Nathan

1. ^{60}Co est le symbole de l'élément radioactif cobalt ayant 60 nucléons. - 2. MeV est l'abréviation de mégaélectrons-volt, unité d'énergie utilisée en physique des particules.

TEXTE 3

Jacques se frotta les yeux, bâilla à plusieurs re-prises, étendit les bras, se leva, s'habilla sans se presser, repoussa les lits, sortit de la chambre, descendit, alla à l'écurie, sella et brida les che-
5 vaux, éveilla l'hôte qui dormait encore, paya la dépense, garda les clefs des deux chambres ; et voilà nos gens partis.

Denis DIDEROT, *Jacques le Fataliste* (1778)

TEXTE 4

Le narrateur parle de Julien Sorel.

Il avait les joues pourpres et les yeux baissés. C'était un petit jeune homme de dix-huit à dix-neuf ans, faible en apparence, avec des traits ir-réguliers, mais délicats, et un nez aquilin. De
5 grands yeux noirs, qui, dans les moments tran-quilles, annonçaient de la réflexion et du feu, étaient animés en cet instant de l'expression de la haine la plus féroce.

STENDHAL, *Le Rouge et le Noir* (1830)

APPROFONDIR

★
2 Repérer les caractéristiques du discours descriptif

a. Quel verbe marque le début d'une description ?

b. Quelles indications spatiales apparaissent dans l'extrait ?

c. À quel temps sont les verbes ?

d. Montrez que la caractérisation des noms est très développée.

e. Quels verbes suggèrent que cette description est subjective ?

Puis sur l'eau profonde, sur l'eau sans limites, plus sombre que le ciel, on croyait voir, çà et là, des étoiles. Elles tremblotaient dans la brume noc-turne, petites, proches ou lointaines, blanches,
5 vertes ou rouges aussi. Presque toutes étaient im-mobiles, quelques-unes, cependant, semblaient courir ; c'étaient les feux des bâtiments à l'ancre attendant la marée prochaine [...].

Guy DE MAUPASSANT, *Pierre et Jean* (1887)

★
3 Employer différentes formes de discours dans un écrit d'invention

VERS L'ÉCRITURE D'INVENTION

Vous raconterez, sous la forme d'une lettre adressée à un ami, un souvenir d'enfance, en veillant à alterner plusieurs formes de discours.

★★
4 Saisir le rôle des verbes dans un discours narratif

a. Observez les verbes : à quel temps sont la ma-jorité de ceux qui relèvent du discours narratif ?

b. Quel est le rôle de l'imparfait dans les deux premières phrases ?

c. À quel champ lexical peut-on rattacher la plupart des verbes ?

d. Comment l'arrivée des tanks allemands est-elle mise en valeur ?

L'auteur se rappelle la Libération de Paris, le 24 août 1944.

Je me rappelle l'étrange et brûlant silence des rues où patrouillaient encore quelques blindés, et où sifflait, de-ci de-là, une balle. Un tireur, par-ticulièrement obstiné, tenait la rue du Four sous
5 son feu ; on traversait en courant, entre deux ra-fales. Je dînai le soir de deux pommes de terre, à l'hôtel Chaplain, avec Olga, Wanda, Bost, Lise. Des cyclistes ont crié que la division Leclerc ve-

nait d'arriver place de l'Hôtel-de-Ville. Nous
10 nous sommes précipités carrefour Montpar-
nasse ; de toutes les rues, des gens accouraient.
Le canon a tonné, toutes les cloches de Paris se
sont mises à sonner, tous les immeubles se sont
illuminés. Quelqu'un a allumé un feu de joie sur
15 la chaussée ; nous nous sommes tous pris par la
main ; et nous avons tourné autour, en chantant.
Soudain, une voix a donné l'alerte : « Les tanks ! »
Un tank allemand descendait de Denfert-Roche-
reau.

Simone DE BEAUVOIR, *La Force de l'âge* (1960),
© Éditions Gallimard

★★
**5 Étudier la combinaison de
la narration et de la description**

a. Quelle forme de discours domine dans l'extrait ?

b. À quel temps sont la plupart des verbes ?

c. Relevez les autres indicateurs temporels : quel
est leur rôle ?

d. Repérez une phrase de description : quelle différence présente-t-elle ? Quelles caractéristiques
de la description y retrouve-t-on ? Quelle est sa
fonction dans ce récit ?

*Le narrateur est effrayé par la présence d'un objet
lourd qui frappe contre sa barque.*

Peu à peu, cependant, l'épaisseur du noir di-
minua. Soudain je crus sentir qu'une ombre
glissait tout près de moi ; je poussai un cri, une
voix répondit ; c'était un pêcheur. Je l'appelai, il
5 s'approcha et je lui racontai ma mésaventure. Il
mit alors son bateau bord à bord avec le mien, et
tous les deux nous tirâmes sur la chaîne. L'ancre
ne remua pas. Le jour venait, sombre, gris, plu-
vieux, glacial, une de ces journées qui vous ap-
10 portent des tristesses et des malheurs. J'aperçus
une autre barque, nous la hélâmes. L'homme qui
la montait unit ses efforts aux nôtres ; alors, peu à
peu, l'ancre céda. Elle montait, mais doucement,
doucement, et chargée d'un poids considérable.
15 Enfin nous aperçûmes une masse noire, et nous
la tirâmes à mon bord :

C'était le cadavre d'une vieille femme qui avait
une grosse pierre au cou.

Guy DE MAUPASSANT, *Sur l'eau* (1876)

★★
6 Rédiger un passage descriptif

Insérez un passage de discours descriptif de
quelques lignes dans le texte de Maupassant
(exercice 5) pour décrire l'approche progressive
du pêcheur et de son embarcation. Vous commencerez après «… c'était un pêcheur. »

★★
**7 Apprécier la valeur
argumentative d'une image**

a. Quels éléments de cette photo font de l'iPad un
objet du quotidien ?

b. Observez la composition de l'image. Comment
l'iPad est-il mis en valeur ?

c. Montrez que cette image a une valeur argumentative.

★★★
**8 Analyser la combinaison des
formes de discours**

a. Quelles sont les différentes formes de discours
de ce texte ?

b. Qu'est-ce qui permet de les différencier ?

c. Quelle est la fonction de chacune d'elles ?

Laissez travailler la tête d'un amant pendant
vingt-quatre heures, et voici ce que vous trouverez :

Aux mines de sel de Salzbourg, on jette, dans
5 les profondeurs abandonnées de la mine, un rameau d'arbre effeuillé par l'hiver ; deux ou trois
mois après on le retire couvert de cristallisations
brillantes : les plus petites branches, celles qui ne
sont pas plus grosses que la patte d'une mésange,
10 sont garnies d'une infinité de diamants, mobiles
et éblouissants ; on ne peut plus reconnaître le rameau primitif.

Ce que j'appelle cristallisation, c'est l'opéra-
tion de l'esprit qui tire de tout ce qui se présente,
15 la découverte que l'objet aimé a de nouvelles perfections.

En un mot, il suffit de penser à une perfection
pour la voir dans ce que l'on aime.

Ce phénomène, que je me permets d'appe-
20 ler la *cristallisation*, vient de la nature qui nous
commande d'avoir du plaisir et qui nous envoie
le sang au cerveau, du sentiment que les plaisirs
augmentent avec les perfections de l'objet aimé,
et de l'idée : elle est à moi.

STENDHAL, *De l'Amour*, chapitre II (1822)

9 Étudier la forme et l'enjeu d'un discours argumentatif

a. Dégagez du paratexte les circonstances d'écriture de ce texte. Quelle est la visée du passage ?

b. Relevez les moyens lexicaux qui expriment la conséquence. Que permettent-ils de souligner ?

c. À chaque paragraphe correspond une étape de l'argumentation : précisez laquelle.

d. VERS LE COMMENTAIRE

Montrez l'efficacité du discours de Charles de Gaulle.

D'Angleterre, Charles de Gaulle lance un appel aux Français le 18 juin 1940.

Le Gouvernement français, après avoir demandé l'armistice, connaît, maintenant, les conditions dictées par l'ennemi.

Il résulte de ces conditions que les forces fran-
5 çaises de terre, de mer et de l'air seraient entièrement démobilisées, que nos armes seraient livrées, que le territoire français serait totalement occupé et que le Gouvernement français tomberait sous la dépendance de l'Allemagne et de l'Italie.
10 On peut donc dire que cet armistice serait non seulement une capitulation, mais encore un asservissement.

Or, beaucoup de Français n'acceptent pas la capitulation ni la servitude pour des raisons qui
15 s'appellent l'honneur, le bon sens, l'intérêt supérieur de la Patrie. […]

Il est, par conséquent, nécessaire de grouper partout où cela se peut une force française aussi grande que possible. Tout ce qui peut être réuni,
20 en fait d'éléments militaires français et de capacités françaises de production d'armement, doit être organisé partout où il y en a.

Moi, général de Gaulle, j'entreprends ici, en Angleterre, cette tâche nationale.
25 J'invite tous les militaires français des armées de terre, de mer et de l'air, j'invite les ingénieurs et les ouvriers français spécialistes de l'armement qui se trouvent en territoire britannique ou qui pourraient y parvenir, à se réunir à moi.

Charles DE GAULLE, *Discours et messages*, tome I : Pendant la guerre, 1940-1946 (1970), © Plon

★★★
10 Analyser la combinaison des discours narratif et argumentatif

VERS LE COMMENTAIRE

En quoi la narration contribue-t-elle à l'efficacité de l'argumentation dans ce passage ?

Rica, en voyage à Paris, s'adresse dans une lettre à son ami Ibben.

Ne crois pas que je puisse, quant à présent, te parler à fond des mœurs et des coutumes européennes : je n'en ai moi-même qu'une légère idée, et je n'ai eu à peine que le temps de m'étonner.
5 Tu ne le croirais pas peut-être : depuis un mois que je suis ici, je n'y ai encore vu marcher personne. Il n'y a point de gens au monde qui tirent mieux parti de leur machine que les Français : ils courent ; ils volent. Les voitures lentes d'Asie, le
10 pas réglé de nos chameaux, les feraient tomber en syncope. Pour moi, qui ne suis point fait à ce train, et qui vais souvent à pied sans changer d'allure, j'enrage quelquefois comme un chrétien : car encore passe qu'on m'éclabousse depuis les
15 pieds jusqu'à la tête ; mais je ne puis pardonner les coups de coude que je reçois régulièrement et périodiquement. Un homme qui vient après moi, et qui me passe[1], me fait faire un demi-tour, et un autre, qui me croise de l'autre côté, me remet sou-
20 dain où le premier m'avait pris : et je n'ai pas fait cent pas, que je suis plus brisé que si j'avais fait dix lieues.

MONTESQUIEU, *Lettres persanes*, lettre XXIV (1721)
1. Dépasse.

★★★
11 Exploiter les formes de discours dans un écrit d'invention

Afin d'illustrer le proverbe suivant : « Le mieux est l'ennemi du bien », vous inventerez une courte fable en prose qui pourrait en illustrer la morale. Vous veillerez à employer au mieux plusieurs formes de discours.

Le Renard et la Cigogne

Compère le Renard se mit un jour en frais[1],
Et retint à dîner commère la Cigogne.
Le régal fut petit, et sans beaucoup d'apprêts[2] ;
    Le Galant pour toute besogne
5 Avait un brouet[3] clair (il vivait chichement[4]).
Ce brouet fut par lui servi sur une assiette :
La Cigogne au long bec n'en put attraper miette ;
Et le drôle eut lapé le tout en un moment.
    Pour se venger de cette tromperie,
10 À quelque temps de là, la Cigogne le prie.
« Volontiers, lui dit-il, car avec mes amis
    Je ne fais point cérémonie. »
À l'heure dite, il courut au logis
    De la Cigogne son hôtesse ;
15   Loua très fort sa politesse,
    Trouva le dîner cuit à point.
Bon appétit surtout ; Renards n'en manquent point.
Il se réjouissait à l'odeur de la viande
Mise en menus morceaux, et qu'il croyait friande.
20   On servit pour l'embarrasser
En un vase à long col et d'étroite embouchure.
Le bec de la Cigogne y pouvait bien passer,
Mais le museau du Sire était d'autre mesure.
Il lui fallut à jeun retourner au logis,
25 Honteux comme un Renard qu'une Poule aurait pris,
    Serrant la queue, et portant bas l'oreille.
    Trompeurs, c'est pour vous que j'écris :
    Attendez-vous à la pareille.

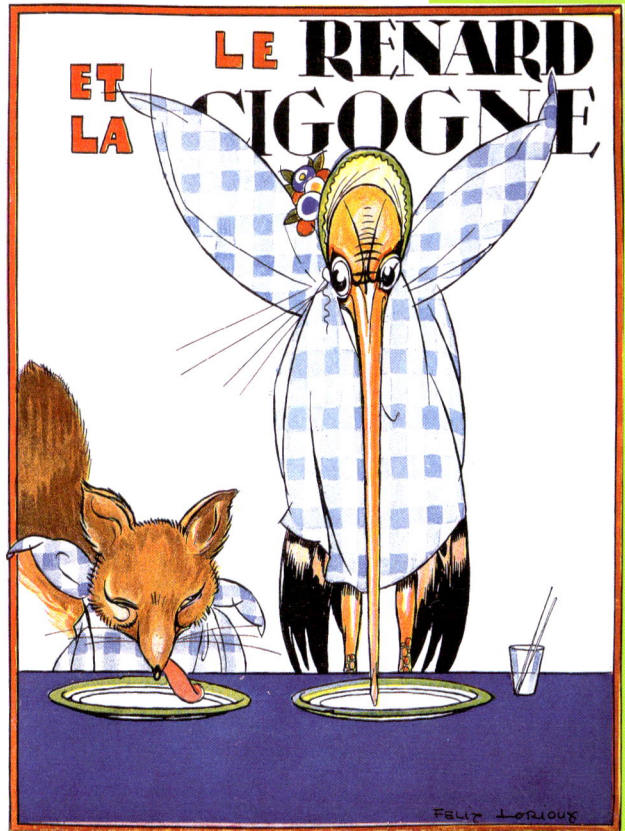

▶ Jean DE LA FONTAINE, *Fables*, livre I, 18 (1668)

1. Fit des frais, des dépenses.
2. Peu apprêté, très simple.
3. Une soupe.
4. De façon très économe, presque avare.

Félix Lorioux (1872-1964),
Le Renard et la Cigogne (1910-1919),
illustration.

Compréhension

1. Quelle est la visée de cette fable ?
2. Quelles formes de discours sont représentées dans le texte ?

Vers le commentaire

Comment le fabuliste exploite-t-il les différentes formes de discours ? En vous appuyant sur une étude des formes de discours, vous répondrez à la question posée dans un développement organisé, argumenté et illustré d'exemples précis.

Pour réussir…

● Dégager la visée du texte
● Repérer les différentes formes de discours en précisant leur fonction
● Interpréter l'emploi des temps verbaux

15

Étudier et choisir des stratégies argumentatives

Objectifs et compétences

▶ Faire la différence entre argumenter, convaincre et persuader
▶ Adapter sa stratégie argumentative à la situation d'énonciation
▶ Organiser son raisonnement en paragraphes construits et cohérents

IIIIIII Découvrir

Texte 1

Que l'homme sans la foi ne peut connaître le vrai bien, ni la justice.

Tous les hommes recherchent d'être heureux. Cela est sans exception, quelques différents moyens qu'ils y emploient. Ils tendent tous à ce but. Ce qui fait que les uns vont à la guerre et que les autres n'y vont pas est ce même désir qui est dans tous
5 les deux, accompagné de différentes vues. La volonté [ne] fait jamais la moindre démarche que vers cet objet. C'est le motif de toutes les actions de tous les hommes. Jusqu'à ceux qui vont se pendre.

Et cependant depuis un si grand nombre d'années jamais personne, sans la foi, n'est arrivé à ce point où tous visent continuellement. Tous se plaignent, princes, su-
10 jets, nobles, roturiers, vieux, jeunes, forts, faibles, savants, ignorants, sains, malades, de tous pays, de tous les temps, de tous âges et de toutes conditions. […]

Qu'est-ce donc que nous crie cette avidité et cette impuissance, sinon qu'il y a eu autrefois dans l'homme un véritable bonheur[1], dont il ne lui reste maintenant que la marque et la trace toute vide, et qu'il essaie inutilement de remplir de tout ce qui l'en-
15 vironne[2], recherchant des choses absentes le secours qu'il n'obtient pas des présentes, mais qui en sont toutes incapables, parce que ce gouffre infini ne peut être rempli que par un objet infini et immuable, c'est-à-dire que par Dieu même.

Blaise PASCAL, *Pensées*, 181 (éd. Sellier), (1657-1670), © Classiques Garnier 2010

1. Allusion au bonheur de l'homme dans le paradis terrestre.
2. Selon Pascal, l'homme essaie d'échapper au malheur de sa condition faible et mortelle en se divertissant.

QUESTIONS

1. Quelle opinion est soutenue par Pascal dans ce texte ? Où cette thèse est-elle formulée ? Cette formulation est-elle personnelle ou impersonnelle ? Comment Pascal lui donne-t-il un caractère universel ?

2. Résumez les trois idées présentées dans chacun des paragraphes. Comment passe-t-on de l'une à l'autre ? Quels connecteurs expriment l'enchaînement entre les idées ?

3. Quels exemples illustrent le raisonnement dans les deux premiers paragraphes ? Quelle métaphore est développée dans le dernier ? Quelle idée met-elle en relief ?

Jean-Antoine Watteau (1684-1721), *Pèlerinage à Cythère*, dit *l'Embarquement pour Cythère* (vers 1717), détail, huile sur toile, 129 x 194 cm (château Charlottenburg, Berlin, Allemagne).

Texte 2

Il faut commencer par se bien dire à soi-même et par se bien convaincre que nous n'avons rien à faire dans ce monde qu'à nous y procurer des sensations et des sentiments agréables. Les moralistes qui disent aux hommes : réprimez vos passions, et maîtrisez vos désirs, si vous voulez être heureux, ne connaissent pas le chemin du bonheur. On n'est heureux que par des goûts et des passions satisfaites ; je dis des goûts, parce qu'on n'est pas toujours assez heureux pour avoir des passions, et qu'au défaut des passions, il faut bien se contenter des goûts. Ce serait donc des passions qu'il faudrait demander à Dieu, si on osait lui demander quelque chose [...].

Mais supposons, pour un moment, que les passions fassent plus de malheureux que d'heureux, je dis qu'elles seraient encore à désirer, parce que c'est la condition sans laquelle on ne peut avoir de grands plaisirs ; or, ce n'est la peine de vivre que pour avoir des sensations et des sentiments agréables ; et plus les sentiments agréables sont vifs, plus on est heureux. Il est donc à désirer d'être susceptible de passions, et je le répète encore : n'en a pas qui veut.

▶ Émilie DU CHÂTELET, *Discours sur le bonheur* (1779, posthume)

QUESTIONS

1. Quelle thèse est défendue par Émilie du Châtelet dans ce texte ? Relevez les marques de l'énonciation dans la présentation de ses idées. Que remarquez-vous ?

2. À quelles objections répond-elle dans chacun des paragraphes ? Comment nuance-t-elle sa thèse dans le premier ?

3. Résumez le raisonnement suivi dans le second paragraphe. Combien comporte-t-il d'étapes ? Quels mots logiques les relient ?

Problématique

● Comment l'expression organisée d'idées, d'arguments et d'exemples permet-elle de convaincre et de persuader ?

Argumenter, c'est soutenir ou contester une opinion :

● en choisissant une stratégie argumentative, c'est-à-dire une démarche pour convaincre un interlocuteur, adaptée ;

● en construisant, dans le cadre de cette démarche, différents types de raisonnement ;

● en utilisant les procédés de la persuasion.

Les stratégies argumentatives

1 ARGUMENTER, CONVAINCRE ET PERSUADER

Argumenter, c'est soutenir ou contester une opinion, appelée aussi thèse

■ **Il faut distinguer** le **thème** de l'argumentation (son sujet), sa **problématique** (les questions portant sur ce sujet) et sa **thèse** (le jugement émis sur ce sujet).
Cette dernière peut être énoncée de manière plus ou moins personnelle, plus ou moins explicite, plus ou moins nuancée, plus ou moins directe (〉*chap. 16*).

> *Pascal et Mme du Châtelet (〉 Textes 1 et 2, pp. 116-117) réfléchissent tous les deux sur le thème du bonheur. La problématique commune des textes est de savoir comment l'atteindre.*

> *La thèse de Pascal est que l'homme ne peut y parvenir qu'en croyant en Dieu. Elle est explicitée de manière impersonnelle.*

> *La thèse de Mme du Châtelet est que pour être heureux, il faut être passionné. Elle est formulée de manière plus personnelle (« je dis », « je le répète ») et nuancée (elle admet que la satisfaction de ses goûts, à défaut des passions, peut aussi rendre heureux).*

Argumenter, c'est aussi chercher à convaincre

■ **La conviction** fait appel aux facultés d'analyse et de raisonnement du destinataire, à sa logique, afin d'obtenir son **adhésion réfléchie**. Elle lui présente :
– des arguments (qui sont des éléments de preuve) ;
– des exemples (qui illustrent ces arguments en leur donnant un caractère plus concret) ;
– un raisonnement (un enchaînement de propositions plus ou moins structuré) qui met en ordre arguments et exemples.

> *L'un des arguments de Pascal est que, sans la foi, les hommes sont malheureux (2e paragraphe). Il multiplie les exemples de ceux qui se plaignent.*

> *Son raisonnement est construit en trois étapes correspondant aux trois paragraphes du texte.*

Argumenter, c'est enfin chercher à persuader

■ **La persuasion** agit sur la **sensibilité** du destinataire par différents procédés pour obtenir son **adhésion spontanée** à sa thèse.
Ces procédés sont :
– les procédés de l'énonciation et de la modalisation (〉*chap. 12*) ;
– les figures de style (〉*chap. 13*) ;
– les procédés de l'éloquence oratoire (〉*chap. 17*).

> *Mme du Châtelet cherche à donner à son opinion un caractère persuasif en faisant alterner le « je » plus personnel, et le « on » ou le « nous », plus général.*

> *Pascal emploie, pour persuader, la métaphore hyperbolique du « gouffre infini » du cœur de l'homme que seul Dieu pourrait remplir.*

LES STRATÉGIES ARGUMENTATIVES

En fonction de la situation d'énonciation (qui argumente ? pour convaincre qui ? en réponse à qui ? dans quel cadre ou quelles conditions ?), différentes stratégies peuvent être choisies.

■ **Soutenir sa propre thèse**

Pascal et Mme du Châtelet soutiennent leur propre thèse.
Un commentaire de texte est une argumentation destinée à soutenir son interprétation personnelle d'un texte (›chap. 34).

■ **Réfuter une thèse adverse**

Mme du Châtelet réfute l'idée des moralistes selon lesquels il faut réprimer ses passions pour être heureux.

■ **Faire une concession à une autre thèse** que la sienne (concession qui peut être réelle ou qui prépare l'affirmation de sa propre thèse) ;

Mme du Châtelet fait une concession provisoire à la thèse des moralistes (« supposons, pour un moment, que les passions fassent plus de malheureux… ») mais la renverse immédiatement (« je dis qu'elles seraient encore à désirer… »).

■ **Discuter une thèse** en pesant le pour et le contre : on parle alors de **délibération**.
Lorsque cette délibération est collective (en classe, au théâtre, dans la presse, une assemblée, un tribunal, etc.), on parle de **débat**.

En démocratie, la délibération, la discussion de différents programmes ou propositions, est essentielle au débat public. Elle prépare les choix, notamment sous la forme du vote, que le citoyen doit accomplir.
La dissertation est aussi un exercice de la délibération (›chap. 37).

MÉTHODE

Construire un paragraphe argumentatif

La méthode du paragraphe argumentatif de commentaire et de dissertation est détaillée dans les chapitres 35 et 38. L'écriture d'invention (›*chap. 40 et 41*) sous la forme d'un discours, d'une lettre, d'un dialogue, etc. fait également appel à la rédaction de paragraphes argumentatifs, qui doivent comporter les points suivants.

Énoncez la thèse au début du paragraphe (›*Textes 1 et 2, pp. 116-117*) ou à la suite d'un ou de plusieurs exemples dont vous tirerez une idée plus générale.
Dans un écrit d'invention, n'hésitez pas à lui donner un caractère personnel.

Une fois la thèse énoncée, vous devez absolument donner des arguments en relation directe avec cette thèse.

N'hésitez pas à développer chaque argument en un paragraphe et à articuler les étapes de votre raisonnement par des connecteurs logiques (› *2ᵉ paragraphe du texte 2, p. 117 : « mais », « parce que », « or », « donc »*).

Illustrez enfin chaque argument par un exemple (ou une citation), un cas particulier qui ne suffira pas à prouver mais qui rendra l'idée plus claire, plus vivante.
Présentez-le dans le même paragraphe que l'argument qui lui correspond.
Donnez-lui une conclusion en revenant à l'idée qu'il illustre.

Entre les différents paragraphes, il est très important d'établir des liens logiques, des transitions (›*Des mots pour, p. 121*). Et pour donner plus de force à votre paragraphe, pensez à utiliser les procédés de persuasion (›*Repères, ci-contre*).

C'est dès nos premières années qu'une éducation insensée orne notre esprit et corrompt notre jugement. Je vois de toutes parts des établissements immenses, où l'on élève à grands frais la jeunesse, pour lui apprendre toutes choses, excepté ses devoirs. Vos enfants ignoreront leur propre langue, mais ils en apprendront d'autres qui ne sont en usage nulle part ; ils sauront composer des vers qu'à peine ils pourront comprendre ; sans savoir démêler l'erreur de la vérité, ils posséderont l'art de les rendre méconnaissables aux autres par des arguments spécieux ; mais ces mots de magnanimité, d'équité, de tempérance, d'humanité, de courage, ils ne sauront ce que c'est […]. Que faut-il donc qu'ils apprennent ? Voilà certes une belle question ? Qu'ils apprennent ce qu'ils doivent faire étant hommes, et non ce qu'ils doivent oublier.

Rousseau, *Discours sur les sciences et les arts*, II (1750)

• Dans ce paragraphe, Rousseau présente une critique de l'éducation de son temps en **énonçant sa thèse** (cette éducation est « insensée ») et son **premier argument** (en voulant rendre la jeunesse savante, elle « corrompt » son jugement) dès la première phrase.

La suivante **développe l'argument** en reprenant l'opposition entre l'enseignement des sciences et des arts (*apprendre toutes choses*) et les carences de la formation morale (*excepté ses devoirs*).

Dans la suite, il **s'adresse** aux parents (*Vos enfants…*) pour leur soumettre des exemples des contradictions d'un tel système éducatif.

Il conclut par une **interrogation rhétorique** qui lui permet de reformuler sa thèse de manière positive et même injonctive : la seule véritable éducation est celle du devoir moral. **Conviction et persuasion** sont intimement mêlées dans ce discours.

Exercices

★

1 Distinguer thème, thèse et arguments

a. Quel est le thème de la discussion entre les hommes et les femmes ? Quelle est la question débattue ?

b. Quelles sont les thèses respectives des hommes et des femmes en réponse à cette question ?

c. Dans quel camp se range le narrateur ? Par quels indices peut-on le savoir ?

d. Quels sont les arguments respectifs des hommes et des femmes ? Sur quelle analogie repose chacun de ces arguments ?

e. Pourquoi les exemples évoqués dans la deuxième phrase ne peuvent-ils être considérés comme des arguments ?

On vint à parler d'amour, et une grande discussion s'éleva, l'éternelle discussion, pour savoir si on pouvait aimer vraiment une fois ou plusieurs fois. On cita des exemples de gens n'ayant jamais
5 eu qu'un amour sérieux ; on cita aussi d'autres exemples de gens ayant aimé souvent, avec violence. Les hommes, en général, prétendaient que la passion, comme les maladies, peut frapper plusieurs fois le même être, et le frapper à le tuer si
10 quelque obstacle se dresse devant lui. Bien que cette manière de voir ne fût pas contestable, les femmes, dont l'opinion s'appuyait sur la poésie bien plus que sur l'observation, affirmaient que l'amour, l'amour vrai, le grand amour, ne pou-
15 vait tomber qu'une fois sur un mortel, qu'il était semblable à la foudre, cet amour, et qu'un cœur touché par lui demeurait ensuite tellement vidé, ravagé, incendié, qu'aucun autre sentiment puissant, même aucun rêve n'y pouvait germer de
20 nouveau.

Guy de Maupassant, « La rempailleuse », *Contes de la bécasse* (1883)

2 Distinguer argument et exemple

a. Distinguez le thème, la problématique et la thèse de cette argumentation.

b. Où est formulé l'argument soutenant cette thèse ?

c. Comment est-il mis en relation avec les exemples qui l'illustrent ?

Nous pouvons très bien, dans un roman, nous intéresser à des gens dont les équivalents dans la vie ne nous intéresseraient pas du tout. Je connais des Monsieur Homais[1] : dans la vie, je m'en
5 écarte avec soin. Je connais des Madame Verdurin[2] : la seule idée d'aller passer une heure à leurs raouts[3] me fait me réveiller la nuit en poussant des cris d'épouvante. Je connais des Cousine Bette[4] : je cours encore. D'où vient alors que, dans un
10 roman où ces différents personnages figurent, je les retrouve avec tant de bonheur, et j'écoute si volontiers leurs propos ? [...] C'est que [...] dans cette Verdurin, dans cette Cousine Bette, l'artiste a vu et exprimé quelque chose que nous n'avons
15 pas été capables de voir, un sens, une beauté, un comique, un pathétique qui nous échappaient et qui peut-être même n'y étaient pas – qui n'étaient que chez lui, chez le peintre ou le romancier.

Félicien MARCEAU, *Le Roman en liberté* (1978),
© Éditions Gallimard

1. 2. et 4. Personnages de romans de Flaubert, Proust et Balzac. – 3. Réunions mondaines.

3 Formuler une thèse à partir d'un thème

Formulez une thèse à partir de chacun des thèmes suivants.

1. Les plaisirs de la lecture.
2. Les conditions du bonheur.
3. La liberté de la presse.

4 Nuancer l'expression d'une opinion

Voici des affirmations tirées de copies d'élèves qui manquent de nuance. Reformulez ces idées en introduisant des nuances.

1. Grâce aux médias, nous pouvons vivre les grands événements mondiaux.
2. Les jeunes répètent toujours ce que disent leurs parents et leurs professeurs.
3. Les acteurs de cinéma ont plus de succès que les acteurs de théâtre.
4. Les personnages de roman ont un caractère héroïque.

5 Dégager un argument d'un texte

a. Recherchez dans cet extrait un argument afin de soutenir la thèse suivante : dans une adaptation cinématographique, un roman perd souvent son âme.

b. Formulez l'argument en citant Julien Gracq et en le reliant à la thèse par un connecteur logique.

c. Trouvez un exemple pour illustrer l'argument.

La transcription cinématographique d'un roman impose brutalement au lecteur, et même à l'auteur, les incarnations pourtant très largement arbitraires qu'elle a choisies pour chacun des per-
5 sonnages ; ce n'est qu'avec le temps que le texte éliminera les visages trop précis que le film lui surimpose, et qui ne sont pas de sa substance.

Julien GRACQ, *En lisant, en écrivant* (1980)

6 Construire une argumentation

À partir des mots de liaison suivants que vous utiliserez dans cet ordre, construisez une argumentation sur le thème : l'importance d'un journal lycéen.

certes – pourtant – en effet – d'une part – d'autre part – de plus – enfin – donc.

Des mots pour...
relier entre elles différentes idées

Pour cette relation logique, vous pouvez utiliser les connecteurs logiques suivants.

▌ **Addition ou gradation** : et, de plus, en outre, par ailleurs, surtout, aussi, d'abord, ensuite, enfin, d'une part, d'autre part, non seulement, mais encore...

▌ **Parallèle ou comparaison** : de même, de la même manière, ainsi que, comme, plus... plus, moins... moins...

▌ **Concession** : certes, malgré, sans doute, bien entendu, en dépit de, bien que, quoique...

▌ **Opposition** : mais, au contraire, cependant, pourtant, néanmoins, toutefois, en revanche, tandis que, alors que, or...

▌ **Cause** : car, en effet, étant donné, en raison de, parce que, puisque, sous prétexte que, dans la mesure où...

▌ **Conséquence** : donc, par conséquent, ainsi, c'est pourquoi, par suite, partant, de là, d'où, dès lors, de sorte que, si bien que...

▌ **Hypothèse ou condition** : si, à supposer que, pourvu que, dans l'hypothèse où, à condition de...

Consultez aussi une liste de connecteurs logiques, sur le site www.editions-hatier.fr/methodesetpratiques

7 ★★ Étudier la logique d'un raisonnement

a. Quels sont les trois caractères de la démocratie distingués dans ce texte ?

b. Quels exemples permettraient d'illustrer chacune de ces idées ?

c. Quel rôle joue la disposition en paragraphes ? Comment les différentes idées s'enchaînent-elles ? Comment se traduit la volonté d'argumenter ?

Parce qu'elle dépend essentiellement de la volonté des citoyens, parce qu'elle suppose un effort permanent, la démocratie n'est jamais acquise. On ne peut jamais se reposer sur elle, s'endormir
5 sur elle.

Pas plus qu'elle ne peut être acquise, elle ne peut être parfaite. Il n'existe pas de démocratie atteinte et accomplie une fois pour toutes. Elle est ce vers quoi on tend, ce qui demeure à l'horizon.
10 Mais aussi parce qu'elle n'est jamais pleinement acquise, la démocratie est toujours menacée. Par ses adversaires, sans aucun doute. Mais bien plus par la négligence ou l'inertie des citoyens. Eux seuls peuvent la faire vivre, en la por-
15 tant jour après jour, dans une action incessante de solidarité.

Pierre MENDÈS FRANCE, *La République moderne* (1962), © Éditions Gallimard

Exercice guidé

8 ★★ Étudier les procédés de la persuasion

a. Quelle thèse est soutenue par Zola dans ce texte ? Quelles sont les deux justices qu'il distingue ? Repérez un raisonnement présentant une concession et son renversement.

b. À travers quels procédés l'écrivain cherche-t-il à impliquer et à persuader le destinataire de son discours ? Repérez notamment :

➡ les répétitions ;
➡ les modalités de la phrase ;
➡ les constructions emphatiques ;
➡ les images ;
➡ les hyperboles ;
➡ le rythme de la dernière phrase.

Jeunesse ! jeunesse ! sois toujours avec la justice. Et si l'idée de justice s'obscurcissait en toi, tu irais à tous les périls. Et je ne te parle pas de la justice de nos Codes, qui n'est que la garantie
5 des liens sociaux. Certes, il faut la respecter, mais il est une notion plus haute, la justice, celle qui pose en principe que tout jugement des hommes est faillible et qui admet l'innocence possible d'un condamné, sans croire insulter les juges. N'est-ce
10 donc pas là une aventure qui doive soulever ton enflammée passion du droit ? Qui se lèvera pour exiger que justice soit faite, si ce n'est toi qui n'es

pas dans nos luttes d'intérêts et de personnes, qui n'es encore engagée ni compromise dans aucune
15 affaire louche, qui peux parler haut, en toute pureté et en toute bonne foi ?

Émile ZOLA, *La Vérité en marche* (1901)

9 ★★ Choisir une stratégie argumentative

a. Relisez le texte de Mme du Châtelet (> *Texte 2, p. 117*) et choisissez de soutenir, de réfuter ou de discuter sa thèse.

b. Vous présenterez dans chaque cas deux arguments.

10 ★★ Introduire une concession

Vous conduirez un raisonnement qui repose sur une concession en suivant les étapes suivantes et en utilisant des connecteurs logiques adaptés. Aidez-vous > *Des mots pour, p. 121*.

1. Thèse : le rire est le propre de l'homme.
2. Concession : le rire est parfois mécanique et stupide.
3. Renforcement de la thèse : le rire est souvent le signe d'une réflexion critique sur le monde et sur soi.

11 ★★ Présenter un exemple littéraire 🌐

Quels personnages de roman et de théâtre pourraient illustrer une réflexion sur les thèmes suivants ?

1. Les relations parents-enfants − 2. La passion amoureuse − 3. L'avarice − 4. L'ambition

12 ★★ Utiliser une citation

a. Quelle idée est contenue dans chacune des citations suivantes ?

b. Présentez cette idée dans un paragraphe en y introduisant la citation comme une illustration.

1. Un seul être vous manque, et tout est dépeuplé. (Lamartine)
2. Devise pour une bibliothèque : plus élire que lire. (Valéry)
3. Les grands romans viennent du cœur. (Mauriac)

13 ★★ Rédiger un paragraphe argumentatif

Composez un paragraphe argumentatif cohérent à partir des éléments suivants.

1. Thèse : « La jeunesse est un dangereux passage. » (F. Mauriac)
2. Argument : la jeunesse est l'âge des décisions difficiles.
3. Exemple : exemple personnel ou littéraire.

Ariste reproche à son frère Sganarelle, un bourgeois réfractaire aux mœurs de son temps, sa manière « bizarre » de vivre et de s'habiller...

SGANARELLE

Il est vrai qu'à la mode il faut m'assujettir,
Et ce n'est pas pour moi que je me dois vêtir !
Ne voudriez-vous point, par vos belles sornettes,
Monsieur mon frère aîné (car, Dieu merci, vous l'êtes
5 D'une vingtaine d'ans, à ne vous rien celer[1],
Et cela ne vaut pas la peine d'en parler).
Ne voudriez-vous point, dis-je, sur ces matières,
De vos jeunes muguets[2] m'inspirer les manières ?
M'obliger à porter de ces petits chapeaux
10 Qui laissent éventer leurs débiles cerveaux,
Et de ces blonds cheveux, de qui la vaste enflure
Des visages humains offusque la figure ?
De ces petits pourpoints[3] sous les bras se perdant,
Et de ces grands collets jusqu'au nombril pendant ?
15 De ces manches qu'à table on voit tâter les sauces,
Et de ces cotillons appelés hauts-de-chausses[4] ?
De ces souliers mignons, de rubans revêtus,
Qui vous font ressembler à des pigeons pattus[5] ?
Et de ces grands canons[6] où, comme en des entraves,
20 On met tous les matins ses deux jambes esclaves,
Et par qui nous voyons ces Messieurs les galants
Marcher écarquillés ainsi que des volants ?
Je vous plairais, sans doute, équipé de la sorte
Et je vous vois porter les sottises qu'on porte.

ARISTE

25 Toujours au plus grand nombre on doit s'accommoder,
Et jamais il ne faut se faire regarder.
L'un et l'autre excès choque, et tout homme bien sage
Doit faire des habits ainsi que du langage,
N'y rien trop affecter, et sans empressement
30 Suivre ce que l'usage y fait de changement.
Mon sentiment n'est pas qu'on prenne la méthode
De ceux qu'on voit toujours renchérir sur la mode,
Et qui dans ses excès, dont ils sont amoureux,
Seraient fâchés qu'un autre eût été plus loin qu'eux ;
35 Mais je tiens qu'il est mal, sur quoi que l'on se fonde,
De fuir obstinément ce que suit tout le monde,
Et qu'il vaut mieux souffrir d'être au nombre des fous,
Que du sage parti se voir seul contre tous.

▶ MOLIÈRE, *L'École des maris*, I, 1 (1661)

1. Pour ne rien vous cacher. – 2. Jeunes hommes à la mode. – 3. Veste. – 4. Vêtement couvrant les cuisses et la ceinture. – 5. Qui a de la plume jusqu'au pied. – 6. Ornements de dentelle attachés au-dessus du genou et couvrant la moitié de la jambe.

École française du XVIIe s.,
*Molière dans le rôle
de Mascarille dans*
Les Précieuses ridicules,
huile sur pierre
(Bibliothèque nationale
de France, Paris).

Compréhension

1. Quelle thèse et quels arguments sont présentés par Sganarelle et Ariste au sujet de la mode ?
2. Comment l'un et l'autre utilisent-ils la concession ?
3. Relevez trois procédés de la persuasion dans la réplique de Sganarelle.

Vers l'écriture d'invention

Imaginez un dialogue en prose entre un partisan et un adversaire des modes actuelles.

Pour réussir…

▸ Présenter des arguments et des exemples adaptés à sa thèse dans des paragraphes construits
▸ Utiliser les procédés de la persuasion (en évitant la familiarité ou la vulgarité)

**Objectifs
et compétences**

▶ Distinguer argumentations directe et indirecte
▶ Connaître leurs différents genres
▶ Savoir interpréter un récit à visée argumentative

|||||||| Découvrir

Granville (1803-1847), *La Génisse, la Chèvre
et la Brebis en société avec le Lion*, illustration
pour la fable de La Fontaine.

Texte 1

**La Génisse, la Chèvre et la Brebis,
en société avec le Lion**

La Génisse, la Chèvre et leur sœur la Brebis,
Avec un fier Lion, seigneur du voisinage,
Firent société[1], dit-on, au temps jadis,
Et mirent en commun le gain et le dommage.
5 Dans les lacs[2] de la Chèvre un Cerf se trouva pris.
Vers ses associés aussitôt elle envoie[3].
Eux venus, le Lion par ses ongles compta[4],
Et dit : « Nous sommes quatre à partager la proie. »
Puis en autant de parts le cerf il dépeça ;
10 Prit pour lui la première en qualité de Sire :
« Elle doit être à moi, dit-il, et la raison,
      C'est que je m'appelle Lion :
      À cela l'on n'a rien à dire.
La seconde, par droit, me doit échoir encor :
15 Ce droit, vous le savez, c'est le droit du plus fort.
Comme le plus vaillant, je prétends la troisième.
Si quelqu'une de vous touche à la quatrième,
      Je l'étranglerai tout d'abord. »

▶ Jean DE LA FONTAINE, *Fables*, I, 6 (1668)

1. S'associèrent.
2. Des filets servant de piège.
3. Elle prévient ses associés.
4. Compta sur ses griffes.

QUESTIONS

1. Quelles sont les principales étapes de ce récit ? En quoi réserve-t-il une surprise ?

2. Comment les différents animaux évoqués dans cette histoire sont-ils humanisés ? Que représentent-ils ? Comment le Lion se distingue-t-il des autres ?

3. Quels sont les enseignements de la fable ? Ceux-ci sont-ils explicites ou implicites ?

Texte 2

Aucun homme n'a reçu de la nature le droit de commander aux autres. La liberté est un présent du Ciel, et chaque individu de la même espèce a le droit d'en jouir aussitôt qu'il jouit de la raison. Si la nature a établi quelque *autorité*, c'est la puissance paternelle : mais la puissance paternelle a ses bornes ; et dans l'état de nature, elle finirait aussitôt
5 que les enfants seraient en état de se conduire. Toute autre *autorité* vient d'une autre origine que la nature. Qu'on examine bien et on la fera toujours remonter à l'une de ces deux sources : ou la force et la violence de celui qui s'en est emparé ; ou le consentement de ceux qui s'y sont soumis par un contrat fait ou supposé entre eux et celui à qui ils ont déféré l'*autorité*.

10 La puissance qui s'acquiert par la violence n'est qu'une usurpation et ne dure qu'autant que la force de celui qui commande l'emporte sur celle de ceux qui obéissent ; en sorte que, si ces derniers deviennent à leur tour les plus forts, et qu'ils secouent le joug, ils le font avec autant de droit et de justice que l'autre qui le leur avait imposé. La même loi qui a fait l'*autorité* la défait alors : c'est la loi du plus fort.

15 Quelquefois l'*autorité* qui s'établit par la violence change de nature ; c'est lorsqu'elle continue et se maintient du consentement exprès de ceux qu'on a soumis : mais elle rentre par là dans la seconde espèce dont je vais parler et celui qui se l'était arrogée devenant alors prince cesse d'être tyran.

La puissance, qui vient du consentement des peuples, suppose nécessairement des
20 conditions qui en rendent l'usage légitime, utile à la société, avantageux à la république, et qui la fixent et la restreignent entre des limites ; car l'homme ne doit ni ne peut se donner entièrement sans réserve à un autre homme […].

▶ Denis DIDEROT, article « Autorité politique », *Encyclopédie* (1751-1772)

QUESTIONS

1. Comment l'auteur donne-t-il à son argumentation une portée générale ? Étudiez en particulier le temps verbal dominant, l'emploi des déterminants et le vocabulaire. Pourquoi le mot « autorité » est-il en italique ?

2. Quelle est la thèse de Diderot ? Où est-elle exprimée ? Quelles sont les principales étapes du raisonnement destiné à la soutenir ? Résumez ses grandes lignes paragraphe par paragraphe.

3. Comparez la manière dont la « loi du plus fort » est présentée dans les textes 1 et 2.

Problématique

🔴 **Quels sont les avantages respectifs des argumentations directe et indirecte pour convaincre et persuader ?**

Étudier les différents genres de l'argumentation, c'est :

● distinguer ceux où elle est énoncée directement de ceux où elle prend la forme d'un récit de fiction ;

● apprécier la variété des formes qu'elle peut prendre dans les deux cas ;

● être en mesure de dégager l'enseignement dissimulé dans une histoire fictive.

Les genres de l'argumentation

1 ARGUMENTATIONS DIRECTE ET INDIRECTE

■ **L'argumentation est directe** lorsque son auteur présente ses idées (sa thèse, ses arguments) sans recourir à un récit de fiction.

> *Diderot exprime directement ses idées dans le texte 2, p. 125.*

■ **L'argumentation est indirecte** lorsque des idées, un enseignement sont présentés **sous la forme d'une fiction**. C'est le cas dans **le roman**, **le théâtre** et surtout dans les **apologues** – récits allégoriques porteurs d'un enseignement moral, politique, religieux comme **la fable** (> *Texte 1, p. 124*), **le conte**, **l'utopie**. Le lecteur est alors invité à interpréter la dimension symbolique, souvent implicite, de ce qu'il lit, voit et entend.

> *La Fontaine (> Texte 1, p. 124) invite, à travers l'histoire de quatre animaux humanisés, à réfléchir sur la société, ses rapports de force, le pouvoir du discours. La morale est implicite.*

2 LES GENRES DE L'ARGUMENTATION DIRECTE

■ **L'essai**, inauguré par Montaigne au XVIe siècle (> *chap. 19 et 20*), est un texte de réflexion personnelle en prose qui peut prendre des formes variées : **article de presse, de dictionnaire ou d'encyclopédie** (> *Texte 2, p. 125*), **dissertation, étude, histoire, traité** *(Voltaire,* Traité sur la tolérance *1763)*, **lettre** *(Pascal,* Les Provinciales*, 1657)* et **lettre ouverte** souvent publiée dans la presse *(Zola, « J'accuse »)*, **pamphlet** *(court écrit satirique)*…

■ **La maxime**, très appréciée au XVIIe siècle, est une réflexion énoncée de manière très concise et comportant souvent dans le contenu et l'expression un caractère original et surprenant *(Maximes de La Rochefoucauld, 1664)*.

■ **La satire**, pratiquée par le poète latin Juvénal (60-140), est reprise au XVIIe siècle pour critiquer, en vers ou en prose, les vices et les ridicules de l'époque *(Boileau,* Satires*, 1666-1676)*.

■ **Les différents discours** : oraison funèbre, sermon, plaidoirie, réquisitoire… (> *chap. 17*).

3 LES GENRES DE L'ARGUMENTATION INDIRECTE

■ **La fable**, d'abord destinée à l'éducation des enfants (fables d'Ésope et de Phèdre dans l'Antiquité), est reprise au XVIIe s. par La Fontaine, qui en fait un genre poétique en vers. Le récit, souvent très court, suggère un enseignement qui reste parfois implicite.

■ **Le conte philosophique** (créé par Voltaire avec *Zadig*, 1748), comme le conte traditionnel, présente la quête et l'initiation d'un héros. Mais son objectif est avant tout d'éveiller chez le lecteur une réflexion critique sur des thèmes philosophiques. Se souciant peu de la vraisemblance (éléments merveilleux et exotiques), il utilise l'arme de l'ironie pour dénoncer les préjugés et les abus d'une époque.

■ **L'utopie** (« lieu qui n'existe pas »), inventée par Thomas More dans *Utopie* (1516), décrit une cité idéale pour mieux critiquer le monde tel qu'il est *(Voltaire,* Candide*, 1759* > *chap. 20)*.

■ **Le portrait**, très apprécié au XVIIe siècle, est la présentation satirique d'un personnage incarnant un défaut humain, un vice, un abus *(La Bruyère,* Les Caractères*, 1688)*.

■ **Certains romans** *(Montesquieu,* Lettres persanes*, 1721)* ou certaines **pièces de théâtre** (> *chap. 24 à 27*) peuvent être considérés comme des argumentations indirectes.

Dégager la signification d'un récit allégorique (fable, conte, utopie)

Pour dégager le sens d'un récit allégorique, il convient de se poser les questions suivantes.

Quels personnages sont les porte-parole des idées de l'auteur ?

Dans le conte philosophique, ce sont souvent le héros et certains des personnages qui contribuent à son éducation.

Quels personnages sont les cibles de l'humour et de l'ironie du conteur ?

Ce sont souvent les opposants du héros.

Quelles idées, quelles valeurs sont représentées par ces différents personnages ?

- Par leur identité (hommes, dieux, animaux, végétaux…) ;
- Par leur condition sociale (roi, sujet, prêtre, soldat…) ;
- Par leurs qualités et défauts ;
- Par les situations qu'ils vivent ;
- Par leurs actions ;
- Par leurs dialogues ;
- Par leurs conflits.

Quel est le dénouement de l'histoire racontée ?

Que peut-on déduire de cette conclusion ?
Un personnage, ou le conteur lui-même, tire souvent un enseignement des événements vécus et racontés.

EXEMPLE COMMENTÉ

Un Indien huron nommé L'Ingénu débarque en Bretagne où il est interrogé par ses hôtes sur ses coutumes.

L'impitoyable bailli[1], qui ne pouvait réprimer sa fureur de questionner, poussa enfin la curiosité jusqu'à s'informer de quelle religion était monsieur le Huron ; s'il avait choisi la religion anglicane, ou la gallicane, ou la huguenote[2] ? « Je suis de ma religion, dit-il, comme vous de la vôtre. – Hélas ! s'écria la Kerkabon, je vois bien que ces malheureux Anglais n'ont pas seulement songé à le baptiser. – Eh ! mon Dieu, disait mademoiselle de Saint-Yves, comment se peut-il que les Hurons ne soient pas catholiques ? Est-ce que les RR. PP. jésuites[3] ne les ont pas tous convertis ? » L'Ingénu l'assura que dans son pays on ne convertissait personne ; que jamais un vrai Huron n'avait changé d'opinion, et que même il n'y avait point dans sa langue de terme qui signifiât *inconstance*.

VOLTAIRE, *L'Ingénu*, I (1767)

1. Officier de justice du roi, et, à ce titre, susceptible d'ordonner la « question », c'est-à-dire un interrogatoire sous la torture.
2. L'Ingénu n'a le choix qu'entre trois églises chrétiennes, l'anglicanisme, le catholicisme français et le prostestantisme.
3. Les Révérends Pères jésuites, missionnaires en Amérique.

• Dans cet extrait de **conte philosophique**, une opposition se dessine clairement dans le dialogue, entre le héros et ses hôtes. Le Huron est le **porte-parole des idées** de raison, de tolérance et de fermeté dans les convictions chères à la pensée des Lumières. Les Bretons représentent au contraire l'étroitesse d'esprit et le préjugé, cibles privilégiées de l'auteur. **L'ironie voltairienne** s'exerce aux dépens du bailli, officier de justice chargé de donner la « question », c'est-à-dire la torture : sa question est signe d'intolérance puisque le Huron ne peut choisir sa religion que parmi trois courants du christianisme. La fièvre de conversion des Bretonnes apparaît tout aussi ridicule comme en témoignent leurs exclamations et interrogations naïves.

★ 1 Distinguer argumentations directe et indirecte

a. Quels textes relèvent de l'argumentation directe ? de l'argumentation indirecte ? Justifiez.

b. Quel enseignement tirer de chacun de ces extraits ?

c. Quel est le genre du Texte 1 ?

TEXTE 1

Champagne[1], au sortir d'un long dîner qui lui enfle l'estomac, et dans les douces fumées d'un vin d'Avenay ou de Sillery[2], signe un ordre qu'on lui présente, qui ôterait le pain à toute une province si l'on n'y remédiait ; il est excusable, quel moyen de comprendre dans la première heure de la digestion qu'on puisse quelque part mourir de faim ?

Jean DE LA BRUYÈRE, *Les Caractères*, « Des biens de fortune », 18 (1688)

1. Pour cet homme riche et puissant, La Bruyère choisit un nom habituellement donné à un valet. – 2. Vins de Champagne

TEXTE 2

Les enfants peut-être seraient plus chers à leurs pères ; et réciproquement les pères à leurs enfants, sans le titre d'héritiers.

Jean DE LA BRUYÈRE, *Les Caractères*, « Des biens de fortune », 67 (1688)

TEXTE 3

Comment peut-on s'aveugler assez pour appeler les fables la morale des enfants, sans songer que l'apologue, en les amusant, les abuse ; que, séduits par le mensonge, ils laissent échapper la vérité, et que ce qu'on fait pour leur rendre l'instruction agréable les empêche d'en profiter ?

Jean-Jacques ROUSSEAU, *Émile ou De l'éducation*, II (1762)

★★ 2 Étudier le contexte d'une lettre ouverte

a. Après avoir consulté un livre d'histoire, vous préciserez à quels événements fait référence cette lettre et qui sont Félix Faure, Dreyfus et Esterházy. Expliquez en particulier la phrase : « Mes nuits seraient hantées par le spectre de l'innocent qui expie là-bas… » (l. 27-30).

b. Comment Zola s'efforce-t-il d'attirer la bienveillance du destinataire ? Cela amoindrit-il la force de sa protestation ? Justifiez votre réponse en relevant notamment des marques du registre polémique (>*Mise au point p. 130*).

Monsieur le Président,

Me permettez-vous, dans ma gratitude pour le bienveillant accueil que vous m'avez fait un jour, d'avoir le souci de votre juste gloire et de vous dire que votre étoile, si heureuse jusqu'ici, est menacée de la plus honteuse, de la plus ineffaçable des taches ?

Vous êtes sorti sain et sauf des basses calomnies, vous avez conquis les cœurs. Vous apparaissez rayonnant dans l'apothéose de cette fête patriotique que l'alliance russe a été pour la France, et vous vous préparez à présider au solennel triomphe de notre Exposition universelle, qui couronnera notre grand siècle de travail, de vérité et de liberté. Mais quelle tache de boue sur votre nom – j'allais dire sur votre règne – que cette abominable affaire Dreyfus ! Un conseil de guerre vient, par ordre, d'oser acquitter un Esterházy, soufflet suprême à toute vérité, à toute justice. Et c'est fini, la France a sur la joue cette souillure, l'histoire écrira que c'est sous votre présidence qu'un tel crime social a pu être commis.

Puisqu'ils ont osé, j'oserai aussi, moi. La vérité, je la dirai, car j'ai promis de la dire, si la justice, régulièrement saisie, ne la faisait pas, pleine et entière. Mon devoir est de parler, je ne veux pas être complice. Mes nuits seraient hantées par le spectre de l'innocent qui expie là-bas, dans la plus affreuse des tortures, un crime qu'il n'a pas commis […].

Émile ZOLA, « Lettre à M. Félix Faure », publiée dans le journal *L'Aurore* (13 janvier 1898)

★★ 3 Expliquer des maximes

a. Quels sont les caractères formels communs à ces maximes de La Rochefoucauld (1664)?

b. Expliquez en quelques lignes leur sens.

c. VERS L'ÉCRITURE D'INVENTION

À votre tour, inventez des maximes sur les thèmes suivants : l'amitié, l'argent, la jeunesse.

1. Il n'appartient qu'aux grands hommes d'avoir de grands défauts. *(190)*

2. Nous oublions aisément nos fautes lorsqu'elles ne sont sues que de nous. *(196)*

3. L'hypocrisie est un hommage que le vice rend à la vertu. *(218)*

4 ★★ Comparer des satires

a. Comment chacun des textes souligne-t-il les nuisances de la grande ville en donnant à son évocation un caractère à la fois plaisant et réaliste ? Quels éléments suggèrent que Boileau s'est inspiré de Juvénal ?

b. VERS L'ÉCRITURE D'INVENTION

Vous évoquerez sur un mode humoristique les embarras d'une grande ville aujourd'hui.

TEXTE 1

Rome

Le passage embarrassé des voitures dans les rues étroites, le désordre bruyant du troupeau qui n'avance pas, ôteraient le sommeil à Drusus[1] lui-même ou à des veaux marins […]. Un pas-
5 sant me donne un coup de coude, un autre me heurte d'un ais[2] ; celui-ci me met sa poutre dans la figure, celui-là son grand vase. La boue poisse mes jambes, un large soulier m'écrase les miens, un clou de soldat se plante dans un de mes doigts
10 de pied […]. Considère maintenant une autre masse de périls auxquels la nuit nous expose, vois à quelle hauteur s'élèvent les toits d'où une tuile vous tombe sur le crâne, songe à tous les vases fê-lés et ébréchés qui dégringolent par les fenêtres :
15 ils entament le pavé, le marquent d'une trace profonde. On aura raison de t'accuser de négligence si tu ne prévois pas les accidents et si tu vas dîner en ville sans avoir fait ton testament. Il y a autant de chances de mort dans les rues nocturnes que
20 de fenêtres ouvertes et éclairées.

JUVÉNAL, *Satire III*, v. 236-275, traduit du latin par Henri Clouard © D.R.

1. L'empereur Claude, réputé pour son lourd sommeil. –
2. Une longue planche.

TEXTE 2

Paris

En quelque endroit que j'aille, il faut fendre la
[presse[1]
D'un peuple d'importuns qui fourmillent sans
[cesse ;
L'un me heurte d'un ais[2] dont je suis tout
[froissé :
Je vois d'un autre coup mon chapeau renversé.
5 Là d'un enterrement la funèbre ordonnance,
D'un pas lugubre et lent vers l'Église s'avance,
Et plus loin des Laquais l'un l'autre s'agaçant,
Font aboyer les chiens et jurer les passants.
Des Paveurs en ce lieu me bouchent le passage.
10 Là, je trouve une croix de funeste présage :
Et des Couvreurs grimpés au toit d'une maison,
En font pleuvoir l'ardoise et la tuile à foison.
[…] Chacun prétend passer ; l'un mugit, l'autre
[jure ;
Des mulets en sonnant augmentent le murmure.

Nicolas BOILEAU, *Satire*, VI, v. 31 à 56 (1666-1716)

1. La foule. – 2. Une longue planche.

Exercice guidé

5 ★★ Dégager la moralité implicite d'une fable

a. Caractérisez les deux personnages de cette fable :
→ analysez dans le dialogue qui les oppose la longueur de leurs répliques, leurs arguments, leur style ;
→ puis précisez ce que chacun d'eux symbolise sur un plan moral et social.

b. Étudiez la progression dramatique de la fable : situation initiale, événement perturbateur, péripéties, dénouement.

c. Quelle moralité implicite peut-on dégager de cet apologue ?

Le Chêne et le Roseau

Le Chêne un jour dit au Roseau :
« Vous avez bien sujet d'accuser la Nature ;
Un Roitelet pour vous est un pesant fardeau.
Le moindre vent, qui d'aventure
5 Fait rider la face de l'eau,
Vous oblige à baisser la tête :
Cependant que mon front, au Caucase[1] pareil,
Non content d'arrêter les rayons du Soleil,
Brave l'effort de la tempête.
10 Tout vous est Aquilon[2], tout me semble Zéphir[3].
Encor si vous naissiez à l'abri du feuillage
Dont je couvre le voisinage ;
Vous n'auriez pas tant à souffrir :
Je vous défendrais de l'orage ;
15 Mais vous naissez le plus souvent
Sur les humides bords des Royaumes du vent.
La Nature envers vous me semble bien injuste.
– Votre compassion, lui répondit l'Arbuste,
Part d'un bon naturel ; mais quittez ce souci.
20 Les vents me sont moins qu'à vous
[redoutables.
Je plie, et ne romps pas. Vous avez jusqu'ici
Contre leurs coups épouvantables
Résisté sans courber le dos ;
Mais attendons la fin. » Comme il disait ces mots
25 Du bout de l'horizon accourt avec furie
Le plus terrible des enfants
Que le Nord eût portés jusque-là dans ses flancs.
L'Arbre tient bon ; le Roseau plie.
Le vent redouble ses efforts,
30 Et fait si bien qu'il déracine
Celui de qui la tête au Ciel était voisine
Et dont les pieds touchaient à l'empire des morts.

Jean DE LA FONTAINE, *Fables*, I, 22 (1668)

1. Chaîne de montagne entre la mer Noire et la mer Caspienne. – 2. Le vent du Nord dans toute sa violence. –
3. Un vent léger.

6 ★★★ Étudier la portée satirique d'un conte philosophique

a. Quelles critiques de la guerre sont formulées dans ce dialogue ?

b. Repérez trois procédés relevant du registre satirique dans cette critique.

c. VERS LE COMMENTAIRE

Rédigez un paragraphe de commentaire dans lequel vous analyserez le rôle de la métaphore animale dans ce dialogue.

Micromégas, un habitant de l'étoile Sirius, découvre la Terre et ses minuscules habitants. Il réussit à s'entretenir avec un groupe de philosophes. L'un d'eux lui révèle que les Terriens forment « un assemblage de fous, de méchants et de malheureux ».

« [...] Savez-vous bien, par exemple, qu'à l'heure que je vous parle il y a cent mille fous de notre espèce, couverts de chapeaux, qui tuent cent mille animaux couverts d'un turban, ou qui
5 sont massacrés par eux[1], et que, presque par toute la terre, c'est ainsi qu'on en use de temps immémorial ? » Le Sirien frémit et demanda quel pouvait être le sujet de ces horribles querelles entre de si chétifs animaux. « Il s'agit, dit le philosophe,
10 de quelque tas de boue grand comme votre talon. Ce n'est pas qu'aucun de ces millions d'hommes qui se font égorger prétende un fétu[2] sur ce tas de boue. Il ne s'agit que de savoir s'il appartiendra à un certain homme qu'on nomme *Sultan*, ou à un
15 autre qu'on nomme, je ne sais pourquoi, *César*. Ni l'un ni l'autre n'a jamais vu ni ne verra jamais le petit coin de terre dont il s'agit, et presque aucun de ces animaux qui s'égorgent mutuellement n'a jamais vu l'animal pour lequel il s'égorge.
20 – Ah, malheureux ! s'écria le Sirien avec indignation, peut-on concevoir cet excès de rage forcenée ? Il me prend envie de faire trois pas, et d'écraser de trois coups de pied toute cette fourmilière d'assassins ridicules. – Ne vous en donnez
25 pas la peine, lui répondit-on ; ils travaillent assez à leur ruine. Sachez qu'au bout de dix ans il ne reste jamais la centième partie de ces misérables ; sachez que, quand même ils n'auraient pas tiré l'épée, la faim, la fatigue ou l'intempérance[3] les
30 emportent presque tous. D'ailleurs, ce n'est pas eux qu'il faut punir, ce sont ces barbares sédentaires qui, du fond de leur cabinet, ordonnent, dans le temps de leur digestion, le massacre d'un million d'hommes, et qui ensuite en font remer-
35 cier Dieu solennellement. »

VOLTAIRE, *Micromégas*, VII (1752)

1. Allusion à la guerre austro-russo-turque (1736-1739).
2. Revendique un brin de paille.
3. Démesure.

Les registres satirique et polémique

Dans les argumentations directe et indirecte, les registres satirique et polémique sont employés pour donner plus d'efficacité aux critiques.

▌ **Le registre satirique**, qui dénonce en ridiculisant, joue sur la caricature des traits de caractère et des discours, sur différents jeux de mots et décalages humoristiques, sur l'hyperbole, l'antiphrase ironique et la litote (> *chap. 13*), et sur les niveaux de langue (> *chap. 6*).

▌ **Le registre polémique**, qui cherche à convaincre en mettant en cause les idées de l'adversaire, emploie la reprise parodique de ses mots, l'exclamation, l'apostrophe, l'interrogation rhétorique, un lexique dépréciatif, l'exagération, l'ironie.

7 ★★★ Étudier les caractères des utopies

VERS LA QUESTION SUR LE CORPUS

En analysant les textes du corpus suivant (> *chap. 20, exercice 4, p. 166*) : François Rabelais, *Gargantua*, LVII (1534), Thomas More, *Utopie*, II (1516), distinguez dans chacun ce qui relève de l'idéal et ce qui constitue une critique de la réalité.

8 ★★★ Analyser le sens allégorique d'une image

a. Quelle signification allégorique peut-on dégager de cette image ?

b. Précisez sa portée critique.

Le Douanier Rousseau (1844-1910), *La Guerre ou la Chevauchée de la discorde* (1894), huile sur toile, 114 x 195 cm (musée d'Orsay, Paris).

Texte 1

La guerre est un fruit de la dépravation des hommes ; c'est une maladie convulsive et violente du corps politique ; il n'est en santé, c'est-à-dire dans son état naturel, que lorsqu'il jouit de la *paix* ; c'est elle qui donne de la vigueur aux empires ; elle maintient l'ordre parmi les citoyens ; elle laisse aux lois la force qui leur est nécessaire ; elle favo-
5   rise la population, l'agriculture et le commerce ; en un mot elle procure au peuple le bonheur qui est le but de toute société. La guerre au contraire dépeuple les États ; elle y fait régner le désordre ; les lois sont forcées de se taire à la vue de la licence qu'elle introduit ; elle rend incertaines la liberté et la propriété des citoyens ; elle trouble et fait négliger le commerce ; les terres deviennent incultes et abandonnées. Jamais les
10   triomphes les plus éclatants ne peuvent dédommager une nation de la perte d'une multitude de ses membres que la guerre sacrifie ; ses victoires même lui font des plaies profondes que la paix seule peut guérir.

▶ DAMILAVILLE, article « Paix », *Encyclopédie* (1751-1772)

Texte 2

Candide, un jeune Allemand, après avoir été chassé du château où il a passé son enfance, est témoin de la guerre que se livrent les Abares et les Bulgares.

Rien n'était si beau, si leste, si brillant, si bien ordonné que les deux armées. Les trompettes, les fifres, les hautbois, les tambours, les canons, formaient une harmonie telle qu'il n'y en eut jamais en enfer. Les canons renversèrent d'abord à peu près six mille hommes
5   de chaque côté ; ensuite la mousqueterie ôta du meilleur des mondes environ neuf à dix mille coquins qui en infectaient la surface. La baïonnette fut aussi la raison suffisante de la mort de quelques milliers d'hommes. Le tout pouvait bien se monter à une trentaine de mille âmes. Candide, qui
10   tremblait comme un philosophe, se cacha du mieux qu'il put pendant cette boucherie héroïque.

Enfin, tandis que les deux rois faisaient chanter des *Te Deum*, chacun dans son camp, il prit le parti d'aller raisonner ailleurs des effets et des causes. Il passa par-dessus des
15   tas de morts et de mourants, et gagna d'abord un village voisin ; il était en cendres : c'était un village abare que les Bulgares avaient brûlé, selon les lois du droit public. Ici des vieillards criblés de coups regardaient mourir leurs femmes égorgées, qui tenaient leurs enfants à leurs mamelles san
20   glantes ; là des filles éventrées après avoir assouvi les besoins naturels de quelques héros, rendaient les derniers soupirs ; d'autres, à demi brûlées, criaient qu'on achevât de leur donner la mort. Des cervelles étaient répandues sur la terre à côté de bras et de jambes coupés.

▶ VOLTAIRE, *Candide ou l'Optimisme*, chap. 3 (1759)

Compréhension

1. Sous quelles formes différentes la critique de la guerre est-elle menée dans ces deux textes ?
2. Relevez dans le texte 2 trois procédés du registre satirique.

Vers la dissertation

Pensez-vous que l'œuvre littéraire est un moyen efficace pour lutter contre des maux comme la guerre ou l'injustice ? Vous appuierez votre réponse sur les textes du corpus, les œuvres étudiées en classe et vos lectures personnelles.

Pour réussir…

- Dégager la problématique du sujet
- Proposer les grandes lignes d'un plan pour le traiter
- Dégager trois arguments pour chaque partie du développement, en analysant notamment les textes du corpus
- Trouver un exemple pour chacun des arguments

Étudier et pratiquer
les genres de l'éloquence

Objectifs et compétences

▶ Découvrir l'art oratoire : ses origines, ses objectifs, ses pratiques
▶ Mesurer l'efficacité de l'éloquence comme moyen pour persuader
▶ Utiliser les procédés de l'éloquence pour défendre une opinion

|||||||| Découvrir

Texte 1

> *Lors des débats à la Chambre des députés*[1] *en 1908, Jean Jaurès, député et grand orateur, donne les raisons de son opposition à la peine de mort.*

Ah ! Messieurs, je n'ai pas la prétention de démêler[2] à fond ; mais savez-vous quelle est notre objection principale contre la peine de mort ? Savez-vous quelle devrait être, pour tous les républicains, pour tous les hommes, l'objection principale contre la peine de mort ? C'est
5 qu'elle détourne précisément les assemblées, c'est qu'elle détourne les nations de la recherche des responsabilités sociales dans le crime. *(Applaudissements à l'extrême gauche et sur divers bancs à gauche.)*

Ah ! c'est chose facile, c'est procédé commode : un crime se commet, on fait monter un homme sur l'échafaud, une tête tombe ; la
10 question est réglée, le problème est résolu. Nous, nous disons qu'il est simplement posé ; nous disons que notre devoir est d'abattre la guillotine et de regarder au-delà les responsabilités sociales. *(Applaudissements à l'extrême gauche.)*

Nous disons, messieurs, qu'il est très commode et qu'il serait cri-
15 minel de concentrer, sur la seule tête des coupables, toute la responsabilité. Nous en avons notre part, tous les hommes en ont leur part, la nation tout entière en a sa part.

▶ Jean JAURÈS, Chambre des députés, 18 novembre 1908,
cité par Sandrine Costa, *La Peine de mort de Voltaire à Badinter* (2001),
© GF Flammarion

1. La Chambre des députés prendra le nom d'Assemblée nationale en 1946 avec la IVe République.
2. De démêler à fond la question posée précédemment.

COMPAREZ LES TEXTES

1. Quels points communs observez-vous entre ces textes ?

2. Qui désigne le pronom « vous » dans les deux textes ? Qui désigne le pronom « nous » par rapport à « vous » ? Les deux s'opposent-ils ?

3. Quelles indications les phrases en italique et entre parenthèses donnent-elles sur l'effet produit par l'orateur ?

Robert Badinter.

Texte 2

En 1981, l'avocat Robert Badinter, alors ministre de la Justice, défend devant l'Assemblée nationale le projet de loi gouvernementale pour l'abolition de la peine de mort. Le projet sera adopté par 363 voix contre 117.

Le choix qui s'offre à vos consciences est donc clair : ou notre société refuse une justice qui tue et accepte d'assumer, au nom de ses valeurs fondamentales – celles qui l'ont faite grande et respectée entre toutes – la vie de ceux
5 qui font horreur, déments ou criminels ou les deux à la fois, et c'est le choix de l'abolition ; ou cette société croit, en dépit de l'expérience des siècles, faire disparaître le crime avec le criminel, et c'est l'élimination.

Cette justice d'élimination, cette justice d'angoisse et
10 de mort, décidée avec sa marge de hasard, nous la refusons. Nous la refusons parce qu'elle est pour nous l'antijustice, parce qu'elle est la passion et la peur triomphant de la raison et de l'humanité. [...]

Demain, grâce à vous, la justice française ne sera plus
15 une justice qui tue. Demain, grâce à vous, il n'y aura plus, pour notre honte commune, d'exécutions furtives, à l'aube, sous le dais[1] noir, dans les prisons françaises. Demain, les pages sanglantes de notre justice seront tournées.
20 À cet instant plus qu'à aucun autre, j'ai le sentiment d'assumer mon ministère, au sens ancien, au sens noble, le plus noble qui soit, c'est-à-dire au sens de « service ». Demain, vous voterez l'abolition de la peine de mort. Législateur français, de tout mon cœur, je vous en remercie.
25 *(Applaudissements sur les bancs des socialistes et des communistes et sur quelques bancs du Rassemblement pour la République et de l'Union pour la démocratie française. Les députés socialistes et quelques députés communistes se lèvent et applaudissent longuement.)*

▶ Robert BADINTER, Assemblée nationale, 17 septembre 1981, cité par Sandrine Costa, *La Peine de mort de Voltaire à Badinter* (2001), © GF Flammarion

1. Le voile qui couvre.

Problématique

● **En quoi l'éloquence est-elle une manière efficace de défendre une opinion ?**
Comment l'orateur éloquent parvient-il à emporter l'adhésion du public ?

- Étudier l'art de l'éloquence (l'art oratoire) permet de comprendre le pouvoir de la parole.

- S'exprimer avec éloquence apprend comment transmettre des émotions par la maîtrise du langage, afin de persuader un destinataire.

Les genres de l'éloquence

L'éloquence est l'art de parler devant un auditoire, dans le but de persuader, et en utilisant les ressources de la parole jugées les plus efficaces pour y parvenir.

1 LES ORIGINES DE L'ÉLOQUENCE

■ **L'éloquence est née dans les cités grecques** au ve siècle avant Jésus-Christ. Dans un régime démocratique, en effet, les décisions sont prises à l'issue de débats publics et chaque citoyen fait entendre sa «voix». Pour jouer un rôle dans la vie politique, on doit être capable de **parler en public**.

■ **L'art de bien parler** est ainsi devenu un objet d'enseignement, **la rhétorique**, dont les règles et l'usage se sont perpétués au fil des siècles, aussi bien dans la littérature que dans les discours politiques, judiciaires, ou publicitaires.

2 LES TROIS GENRES DE L'ÉLOQUENCE

C'est le philosophe grec **Aristote** qui les définit dans sa *Rhétorique*.

■ **Le genre judiciaire**, qui concerne les tribunaux, consiste à **défendre** ou à **accuser**. Il porte sur des faits passés, et la question qu'il pose est *quoi ? qu'en est-il ?* La réponse à cette question permet d'établir les preuves.

■ **Le genre délibératif** concerne à l'origine le domaine politique. Il consiste à **conseiller** ou **déconseiller**, soutenir ou combattre une proposition afin de **pousser** une assemblée **à prendre une décision**. Il porte sur l'avenir et pose la question *pour quoi ?* Ce genre s'est élargi à la littérature, notamment au théâtre dans les débats intérieurs. (>*chap. 24 et 25*)

■ **Le genre démonstratif** (ou épidictique) concerne **l'éloge** ou **le blâme**. Il consiste à «montrer» les qualités ou les défauts qu'on loue ou réprouve. On le rencontre dans les portraits, les articles de presse, la critique d'art (>*chap. 3*).

3 LES LIEUX DE L'ÉLOQUENCE

■ **L'éloquence politique** s'exerce devant une assemblée ou lors de débats télévisés opposant des hommes politiques. Elle regroupe les discours prononcés par les chefs d'État, les ministres, les élus, et toute personne exerçant publiquement une parole citoyenne.

■ **L'éloquence religieuse** s'exprime dans un lieu de culte. **Sermons** et **oraisons funèbres** sont énoncés par des prédicateurs.

■ **L'éloquence judiciaire** se fait entendre dans un tribunal. Le discours prononcé par l'avocat pour défendre est une **plaidoirie**, le discours qui accuse, un **réquisitoire**.

4 L'ÉLOQUENCE MISE EN QUESTION

Par ses excès, l'éloquence engendre des défauts, ainsi que des dangers, souvent dénoncés.

■ **L'artifice.** L'éloquence ne serait qu'un simple savoir-faire. L'orateur qui dispose de recettes serait capable de défendre n'importe quelle opinion, quel que soit le sujet.

■ **La manipulation.** L'objectif de tout orateur est d'influencer un auditoire. Mais s'agit-il d'influencer ? de dominer ? de fanatiser par le pouvoir des mots ? Les discours des dictateurs sont un moyen de propagande d'une terrible efficacité.

Employer les procédés oratoires

En fonction du but recherché, l'orateur pourra privilégier les procédés suivants.

Pour se situer par rapport à son propre discours

◆ **La modestie** : on minimise ses mérites pour mettre en valeur son sujet.
Je n'ai pas la prétention de démêler à fond... (> *Texte 1, p. 132*)

◆ **La concession** : on expose le point de vue de l'adversaire en termes élogieux pour mieux s'y opposer par la suite.

◆ **La prétérition** : on prétend passer sous silence un point sur lequel, grâce à ce procédé, on attire indirectement l'attention.
Je ne parlerai pas de... Inutile d'insister sur...

◆ **La réfutation des objections** : on devance les réactions prévisibles pour les écarter.
Vous me direz... On ne manquera pas de m'objecter...

Pour s'adresser à son auditoire

◆ **On associe l'auditoire** à son propos en employant les marques de personnes comme les pronoms « vous » ou « nous » qui établissent une complicité. (> *Textes 1 et 2, pp. 132-133*)

◆ **On interpelle l'auditoire** ou un absent comme s'ils étaient en mesure de dialoguer ou d'agir. C'est **l'apostrophe** (> *Exemple commenté*), ou **l'interrogation rhétorique** : une fausse question qui n'attend pas de réponse ou qui contient elle-même sa propre réponse, ou à laquelle l'orateur lui-même répond aussitôt (> *chap. 9*).
Savez-vous quelle est notre objection... ? (> *Texte 1*)

Pour donner de la force à la parole

◆ **L'amplification** consiste à développer une idée en variant l'expression.

◆ **L'insistance** permet de donner du relief à une idée, par exemple en commençant à la définir négativement *(ce n'est pas... ; c'est...)* ou en utilisant la gradation (des mots de plus en plus forts). *Nous..., tous les hommes..., la nation toute entière...* (> *Texte 1*)

◆ **Les figures de style** comme la métaphore, la métonymie (> *chap. 13*) provoquent l'imagination.

Pour donner du rythme à la phrase

◆ **L'ampleur et la cadence** sont données par la **période** (> *chap. 9*) : une longue phrase au rythme binaire ou ternaire, construite sur une partie ascendante (la protase), puis descendante (l'apodose) et terminée par une clausule (> *Exemple commenté*).

◆ **La symétrie et l'insistance** sont produites par **l'anaphore** – la répétition des mêmes mots en tête de phrase ou de proposition. *Demain, grâce à vous...* (> *Texte 2*) – ou par **l'antithèse** – le rapprochement de deux mots ou deux groupes de mots opposés.
La passion et la peur triomphant de la raison et de l'humanité. (> *Texte 2*).

Danton appelle à la mobilisation contre les ennemis de la République.

Pour les vaincre, Messieurs, il nous faut de l'audace, encore de l'audace, toujours de l'audace et la France est sauvée.
(Les applaudissements recommencent.)

DANTON, *Discours devant l'Assemblée nationale* (2 septembre 1792)

● Danton implique les députés en les **apostrophant**. Il s'engage lui-même par l'emploi de «nous». Les procédés destinés à marquer les esprits pour emporter l'adhésion sont la **répétition** et la **gradation**, le **rythme ternaire** et la **clausule** de la «période» qui rend la victoire présente aux yeux de l'auditoire.

1 Repérer les procédés oratoires dans une tirade de comédie

a. Relevez dans la tirade les deux phrases qui résument, sous la forme d'une maxime, 1. la critique de la fidélité, 2. l'éloge de l'infidélité. Pourquoi, selon vous, la tirade est-elle si longue, alors qu'elle se résume à ces deux idées ?

b. En vous aidant de la Méthode (>p. 135), repérez les procédés utilisés par le personnage pour rendre son discours éloquent et persuasif.

Don Juan, grand séducteur, s'adresse à son valet Sganarelle, qui vient de lui reprocher son infidélité.

DON JUAN

Quoi ! tu veux qu'on se lie à demeurer au premier objet[1] qui nous prend, qu'on renonce au monde pour lui, et qu'on n'ait plus d'yeux pour personne ? La belle chose de vouloir se piquer d'un faux honneur d'être fidèle, de s'ensevelir pour toujours dans une passion, et d'être mort dès sa jeunesse à toutes les autres beautés qui nous peuvent frapper les yeux ! Non, non, la constance n'est bonne que pour les ridicules ; toutes les belles ont droit de nous charmer, et l'avantage d'être rencontrée la première ne doit point dérober aux autres les justes prétentions qu'elles ont toutes sur nos cœurs. Pour moi, la beauté me ravit partout où je la trouve, et je cède facilement à cette douce violence dont elle nous entraîne. J'ai beau être engagé, l'amour que j'ai pour une belle n'engage point mon âme à faire injustice aux autres ; je conserve des yeux pour voir le mérite de toutes, et rends à chacune les hommages et les tributs[2] où la nature nous oblige. Quoi qu'il en soit, je ne puis refuser mon cœur à tout ce que je vois d'aimable, et, dès qu'un beau visage me le demande, si j'en avais dix mille, je les donnerais tous. Les inclinations naissantes, après tout, ont des charmes inexplicables, et tout le plaisir de l'amour est dans le changement.

MOLIÈRE, *Dom Juan*, I, 2 (1665)

1. L'objet du désir amoureux. - 2. Les devoirs.

2 Utiliser un procédé oratoire

a. Sur quel procédé le rythme de la phrase est-il fondé ? (>p. 135)

b. Quel jugement est exprimé sur les voyages et l'étranger ? Comment la structure de la phrase met-elle en valeur ce jugement ?

c. VERS L'ÉCRITURE D'INVENTION

Défendez l'opinion contraire sur le rapport à l'étranger en conservant les mots de la phrase ; vous ne changerez que ce qui fait suite à « on comprend bien », « on s'aperçoit bien », « on voit bien ».

C'est en allant loin qu'on comprend bien comme tout est proche et court et vide ; c'est en cherchant l'inconnu qu'on s'aperçoit bien comme tout est médiocre et vite fini ; c'est en parcourant la terre qu'on voit bien comme elle est petite et sans cesse à peu près pareille.

Guy DE MAUPASSANT, *Les Sœurs Rondoli* (1884)

3 Distinguer les genres de l'éloquence

a. En vous reportant aux Repères (>p. 134), précisez le genre de l'éloquence auquel appartient le texte ci-dessous.

J'accuse le général Billot d'avoir eu entre les mains les preuves certaines de l'innocence de Dreyfus et de les avoir étouffées, de s'être rendu coupable de ce crime de lèse-humanité et de lèse-justice, dans un but politique et pour sauver l'état-major compromis.

Émile ZOLA, extrait de la « Lettre ouverte adressée au président de la République », Journal *L'Aurore*, 13 janvier 1898

b. VERS L'ÉCRITURE D'INVENTION

Un de vos amis est victime d'une injustice. Vous le défendez en utilisant tous les genres de l'éloquence. Écrivez six courtes phrases correspondant aux catégories du tableau :

Genre judiciaire	Genre délibératif	Genre démonstratif
Accuser	Pousser à agir	Louer
Défendre	Dissuader d'agir	Blâmer

4 Étudier un monologue délibératif au théâtre

a. Observez la division en strophes. Précisez à quelle étape de la délibération chaque strophe est consacrée.

b. Comment s'expriment les hésitations du personnage ? Étudiez le jeu des antithèses et des parallélismes. Relevez également deux chiasmes et un oxymore (>chap. 13). Mettez en relation le choix de ces figures avec le conflit intérieur du personnage.

c. Qu'attend-on dans la 6e strophe qui sera la dernière de ce long monologue ?

Rodrigue aime Chimène, qu'il doit épouser. Mais Don Diègue, le père de Rodrigue, a été insulté par Don Gormas, le père de Chimène. Don Diègue demande à son fils de le venger. Resté seul, Rodrigue examine la cruauté de sa situation.

RODRIGUE

                Percé jusques au fond du cœur
    D'une atteinte imprévue aussi bien que mortelle,
    Misérable vengeur d'une juste querelle,
    Et malheureux objet d'une injuste rigueur,
5   Je demeure immobile, et mon âme abattue
                Cède au coup qui me tue.
            Si près de voir mon feu [1] récompensé,
                Ô Dieu, l'étrange peine !
            En cet affront mon père est l'offensé,
10   Et l'offenseur le père de Chimène !

            Que je sens de rudes combats !
    Contre mon propre honneur mon amour s'intéresse.
    Il faut venger un père, et perdre une maîtresse ;
    L'un m'anime le cœur, l'autre retient mon bras.
15 Réduit au triste choix ou de trahir ma flamme [1],
                Ou de vivre en infâme,
            Des deux côtés mon mal est infini.
                Ô Dieu, l'étrange peine !
            Faut-il laisser un affront impuni ?
20   Faut-il punir le père de Chimène ?

            Père, maîtresse, honneur, amour,
    Noble et dure contrainte, aimable tyrannie,
    Tous mes plaisirs sont morts, ou ma gloire ternie.
    L'un me rend malheureux, l'autre indigne du jour.
25 Cher et cruel espoir d'une âme généreuse [2],
                Mais ensemble amoureuse,
            Digne ennemi de mon plus grand bonheur,
                Fer [3] qui causes ma peine,
            M'es-tu donné pour venger mon honneur ?
30   M'es-tu donné pour perdre ma Chimène ?
    […]

Pierre CORNEILLE, *Le Cid*, I, 6 (1637)

1. Mon amour. – 2. Courageuse, noble. – 3. L'épée que Don Diègue a remise à son fils pour le duel.

★★
5 Analyser
et rédiger une dénonciation

a. Repérez les antithèses sur lesquelles l'orateur construit l'opposition entre les puissants et les misérables.

b. En vous référant à la Méthode (> *p. 135*), relevez tous les procédés oratoires utilisés pour donner de la force au discours.

c. <mark>VERS L'ÉCRITURE D'INVENTION</mark>

À votre tour, rédigez le discours que le délégué des pays pauvres de notre planète prononcerait devant les représentants des pays riches. Vous pourrez, comme le personnage, commencer par « Savez-vous ?... »

Au XVIIᵉ s., Gwynplaine, héros du roman L'Homme qui rit, *s'adresse aux lords britanniques.*

Savez-vous que les pêcheurs de harengs de Harlech mangent de l'herbe quand la pêche manque ? Savez-vous qu'à Burton-Lazers il y a encore des lépreux traqués, et auxquels on tire des coups de fusils s'ils sortent de leurs tanières ? À Ailesbury, ville dont un de vous est lord, la disette[1] est en permanence. À Penckridge en Coventry, dont vous venez de doter la cathédrale et d'enrichir l'évêque, on n'a pas de lits dans les cabanes, et l'on creuse des trous dans la terre pour y coucher les petits enfants, de sorte qu'au lieu de commencer par le berceau, ils commencent par la tombe. J'ai vu ces choses là. Milords, les impôts que vous votez, savez-vous qui les paie ? Ceux qui expirent. Hélas ! vous vous trompez. Vous faites fausse route. Vous augmentez la pauvreté du pauvre pour augmenter la richesse du riche. C'est le contraire qu'il faudrait faire. Quoi, prendre au travailleur pour donner à l'oisif, prendre au déguenillé[2] pour donner au repu, prendre à l'indigent[3] pour donner au prince. Oh ! oui, j'ai du vieux sang républicain dans les veines. J'ai horreur de cela.

Victor HUGO, *L'Homme qui rit*, VIII, 7 (1869)

1. Le manque de nourriture. - 2. Celui qui est vêtu de guenilles, de vêtements en lambeaux. - 3. Le pauvre.

★★
6 Transformer un slogan en discours

a. Observez cette image et le slogan qui l'accompagne. Expliquez quel message est adressé au public.

b. <mark>VERS L'ÉCRITURE D'INVENTION</mark>

Rédigez un discours d'une quinzaine de lignes dans lequel vous reprendrez les éléments essentiels du message de l'affiche. Vous veillerez à utiliser efficacement les procédés de l'éloquence.

Affiche de l'Observatoire international des prisons, 2010.

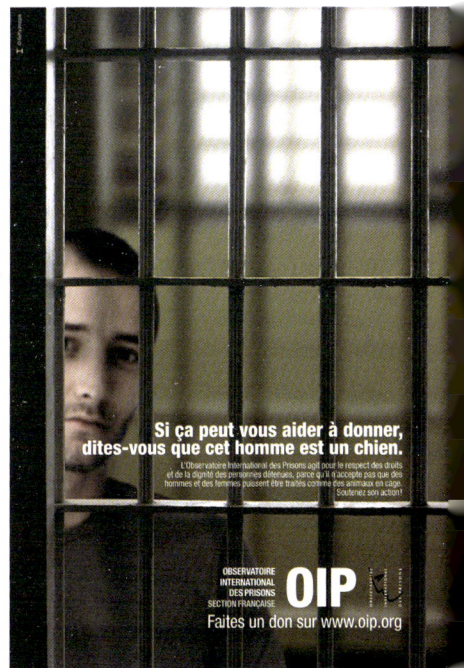

Sous le slogan est écrit :
L'Observatoire international des prisons agit pour le respect des droits et de la dignité des personnes détenues, parce qu'il n'accepte pas que des hommes et des femmes puissent être traités comme des animaux en cage. Soutenez son action !

7 **Définir un bon orateur**

Formulez six qualités que vous attendez d'un bon avocat (un délégué de classe, un représentant au conseil lycéen, un candidat au concours de plaidoiries en faveur des droits de l'homme…) : «Un bon avocat doit…», «Un bon avocat est celui qui…».

★★★

8 **Plaider une cause**

Aujourd'hui, on entend souvent remettre en question l'âge légal de la majorité, fixé à 18 ans depuis 1974. Dans un discours où vous utiliserez les ressources de l'éloquence, défendez la majorité à 18 ans contre ceux qui l'attaquent.

★★★

9 **Analyser la gestuelle de l'éloquence**

a. Par quels moyens les qualités morales de «l'orateur» sont-elles mises en évidence dans cette statue antique ?

b. Observez le geste de la main droite. Comparez avec l'attitude de Robert Badinter sur la photo p. 133. À votre avis, quel est le rôle de ce geste pour un orateur ?

c. Recherchez (au CDI, sur Internet) d'autres représentations d'orateurs qui feraient apparaître d'autres postures. Comparez-les.

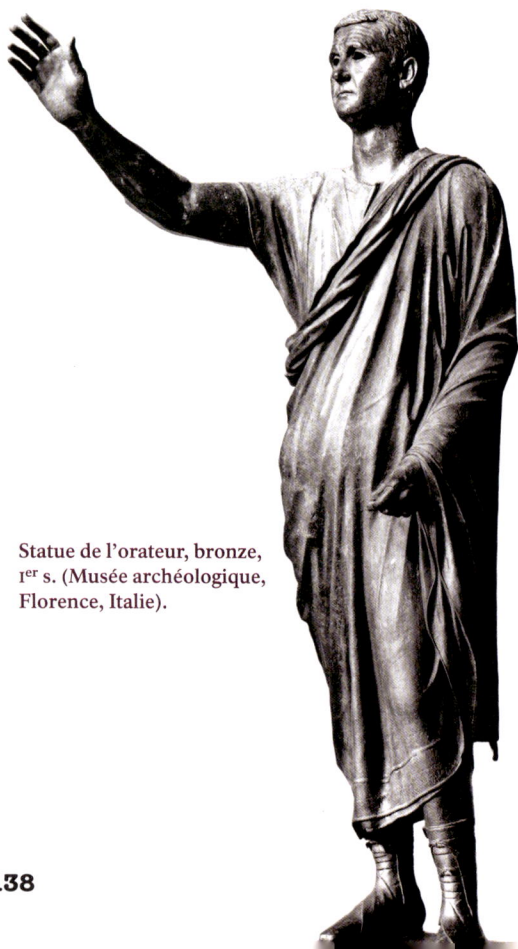

Statue de l'orateur, bronze, 1er s. (Musée archéologique, Florence, Italie).

★★★

10 **Rédiger et prononcer un éloge**

a. En vous inspirant de la tirade de Don Juan (exercice 1), faites l'éloge de la fidélité en utilisant les mêmes procédés oratoires. Vous pourrez choisir de défendre la fidélité amoureuse, la fidélité en amitié, la fidélité à ses idées, à ses convictions…

b. **VERS L'EXPOSÉ ORAL**

Prononcez votre discours en vous efforçant d'adopter une élocution et une intonation particulièrement persuasives.

★★★

11 **Évaluer le rôle de l'éloquence**

On raconte qu'au ve siècle avant J.-C., en Sicile, où des paysans expropriés cherchaient à récupérer leurs terres, un recueil d'art oratoire fut distribué afin que le peuple y trouve les moyens de se faire entendre et de résoudre d'éventuels conflits, autrement que par la force.

Rédigez deux paragraphes dans lesquels vous montrerez par deux exemples que l'éloquence, aujourd'hui, a un rôle à jouer comme substitut à la violence.

Mise au point

Le débat

Dans le cadre d'un débat, la communication orale fait partie de l'art de bien parler. On doit s'y montrer persuasif tout en respectant la parole de chacun. Voici quelques règles à suivre :

- **savoir écouter** les intervenants afin de bien comprendre leur pensée ;
- **savoir exprimer ses idées**, les reformuler, les nuancer; s'impliquer ;
- **s'adapter** à la progression du débat ;
- **créer une dynamique** en relançant l'intérêt au besoin par des questions.

Pour plus d'informations : > *chap. 50*

Exercice guidé

★★★

12 **Organiser un débat**

Vous êtes désigné(e) pour coordonner un débat sur le sujet suivant : *« Pour ou contre le choix de scolariser son enfant à la maison ».*

→ Vous êtes chargé(e) d'ouvrir le débat : expliquez en quoi consiste le sujet.

→ Vous devez constituer les groupes : sur quels critères allez-vous répartir les participants ?

→ Vous devez poser quelques questions pour lancer ou relancer le débat : mettez au point ces questions.

→ Vous devez faire le bilan du débat : quels aspects devrez-vous mettre en évidence ?

Phèdre, jeune citoyen d'Athènes, vient d'écouter un discours qui l'a enthousiasmé lorsqu'il rencontre le philosophe Socrate. Celui-ci l'invite à la réflexion et au dialogue à l'ombre d'un platane.

SOCRATE. − Nous nous proposions tout à l'heure d'examiner ce qui fait qu'on écrit bien ou mal ; n'est-ce pas le moment de faire cet examen ?

PHÈDRE. − Évidemment si.

5 SOCRATE. − N'est-il pas nécessaire, pour qu'un discours soit parfait, qu'il ait pour fondement la connaissance de la vérité touchant la question qu'on veut traiter ?

PHÈDRE. − J'ai entendu dire à ce sujet, mon cher
10 Socrate, qu'il n'était pas nécessaire au futur orateur de connaître ce qui est réellement juste, mais ce qui semble juste à la multitude chargée de prononcer[1], ni ce qui est réellement bon ou beau, mais ce qui paraîtra tel ; car c'est de la vraisem-
15 blance, non de la vérité, que sort la persuasion.

SOCRATE. − [...] ce que tu viens de dire mérite qu'on s'y arrête.

PHÈDRE. − Tu as raison.

SOCRATE. − Nous nous y prendrons de la manière
20 que voici.

PHÈDRE. − Voyons.

SOCRATE. − Si je te conseillais de te procurer un cheval pour aller à la guerre et que nous ignorions tous deux ce qu'est un cheval, si je savais

25 seulement que Phèdre prend pour un cheval celui des animaux domestiques qui a les plus grandes oreilles ...

PHÈDRE. − Il y aurait de quoi rire, Socrate.

SOCRATE. − Non, pas encore. Si je voulais sérieu-
30 sement te persuader, et si pour cela je composais un discours à la louange de l'âne que j'appellerais cheval, disant que c'est une bête inestimable à la maison et à l'armée, propre à te porter au combat, capable de transporter les bagages et apte à
35 bien d'autres usages ...

PHÈDRE. − Ce serait le comble du ridicule.

SOCRATE. − Ne vaut-il pas mieux être ridicule que dangereux et funeste à ses amis ?

PHÈDRE. − Sans doute.

40 SOCRATE. − Lors donc qu'un orateur ignorant le bien et le mal trouve des concitoyens dans la même ignorance, et entreprend de les persuader, non pas en louant l'ombre d'un âne sous le nom de cheval, mais en louant le mal sous le nom de
45 bien, et lorsque ayant étudié les préjugés de la multitude, il arrive à lui persuader de faire le mal au lieu du bien, à ton avis, quel fruit la rhétorique récoltera-t-elle de ce qu'elle a semé ?

PHÈDRE. − Des fruits assez mauvais.

> PLATON, *Phèdre ou De la beauté*, XLII,
> traduit du grec par É. Chambry (1964),
> © Garnier Flammarion

1. De juger. Cette « multitude » est l'opinion publique.

Compréhension

1. Quel sujet les interlocuteurs se proposent-ils d'examiner dans le dialogue ? Quelle problématique Socrate fait-il apparaître ?

2. Quelle « manière » (l. 19) Socrate utilise-t-il pour faire comprendre son idée ? Quel est le rôle de l'âne et du cheval dans sa démonstration ?

3. « Des fruits assez mauvais » (l. 49) : donnez quelques exemples qui pourraient illustrer cette image.

Vers l'écriture d'invention

Poursuivez le dialogue entre Socrate et Phèdre sur la question suivante : Est-ce une bonne chose que les candidats aux élections se fassent aider par des conseillers en rhétorique ?

Pour réussir...

- Conserver la « méthode » adoptée par Socrate pour faire progresser le dialogue
- Utiliser certaines notions acquises dans « Connaître l'essentiel » (> *pp. 134-135*)
- Parvenir à une conclusion

Élaborer, organiser et illustrer une argumentation

Objectifs et compétences
◗ Trouver un plan et le suivre
◗ Organiser et articuler le raisonnement
◗ Exploiter les exemples

IIIIIIII Découvrir

Texte 1

La langue française a subi et subit chaque jour davantage les conséquences de cette situation[1]. Envahie par des mots étrangers qu'on ne cherche même pas à assimiler en les « francisant », défigurée par toutes sortes d'expressions ou de locutions mal formées, introduites hâtivement et sans esprit critique par la presse, la radio ou des écrivains sans
5   scrupule, la langue française court aujourd'hui un grand danger et risque de se détériorer rapidement.

Il est certain qu'à notre époque, plus qu'à toute autre, une langue doit évoluer et qu'elle doit même s'enrichir rapidement de mots nouveaux permettant de traduire l'accroissement rapide de nos connaissances et de nos possibilités d'action : tout purisme excessif
10   qui tenterait de s'opposer à cette conséquence inéluctable du progrès de la civilisation ne pourrait que venir se briser contre la force d'un courant qu'il ne pourrait remonter et, en se refusant de tenter de le guider, il ferait finalement plus de mal que de bien.

Mais l'enrichissement du français, s'il est à la fois souhaitable et inévitable, doit se faire de façon rationnelle préservant l'autonomie de la langue et restant conforme à ses origines
15   et à son génie. Le français doit, certes, se transformer et s'accroître, mais il doit le faire sans perdre les qualités essentielles de précision et de cohérence qui ont assuré dans le passé le succès de son emploi dans le monde et la diffusion des idées dont il était l'interprète.

◗ **Louis de Broglie**, *Sur les sentiers de la science* (1960), © **Éditions Albin Michel**

1. Ce que nous nommons aujourd'hui la mondialisation.

QUESTIONS

1. Que constate l'auteur dans le premier paragraphe ? Quelle crainte exprime-t-il ?

2. Résumez l'idée contenue dans le paragraphe 2. Cette idée est-elle en contradiction avec le paragraphe 1 ? Pourquoi l'auteur parle-t-il d'« une langue » et non plus de « la langue française » ?

3. Quelle solution est apportée dans le paragraphe 3 ? Cette idée répond-elle au paragraphe 2, au paragraphe 1, aux deux à la fois ? Quel rôle joue la conjonction « Mais » dans l'argumentation ?

Texte 2

J'entends dire que les Anglais ne se refusent aucun des mots qui leur sont commodes. Ils les prennent partout où ils les trouvent chez leurs voisins. De telles usurpations[1] sont permises. En ce genre tout devient commun par le seul usage. Les paroles ne sont que des sons, dont on fait arbitrairement les signes de nos pensées. Ces sons n'ont en eux-mêmes aucun prix. Ils sont autant au peuple qui les emprunte, qu'à celui qui les a prêtés. Qu'importe qu'un mot soit né dans notre pays, ou qu'il nous vienne d'un pays étranger ? La jalousie serait puérile, quand il ne s'agit que de la manière de mouvoir les lèvres, et de frapper l'air.

D'ailleurs nous n'avons rien à ménager[2] sur ce faux point d'honneur. Notre langue n'est qu'un mélange de grec et de latin, et de tudesque[3], avec quelques restes confus de gaulois. Puisque nous ne vivons que sur ces emprunts, qui sont devenus notre fonds propre, pourquoi aurions-nous une mauvaise honte sur la liberté d'emprunter, par laquelle nous pouvons achever de nous enrichir ? Prenons de tous côtés tout ce qu'il nous faut pour rendre notre langue plus claire, plus précise, plus courte et plus harmonieuse […].

▶ FÉNELON, *Lettre à l'Académie française* (1716)

1. Appropriations. – 2. Nous n'avons pas à nous montrer trop scrupuleux. – 3. Germanique.

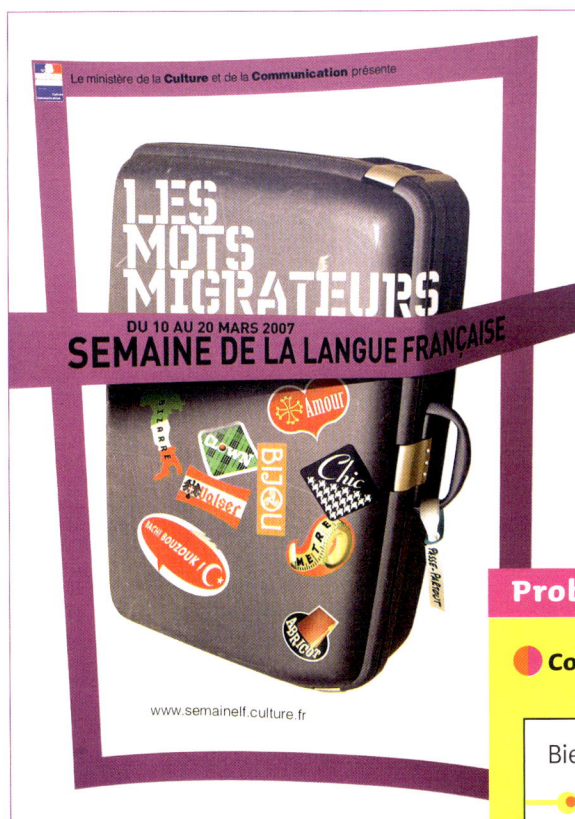

Le ministère de la **Culture** et de la **Communication** présente

LES MOTS MIGRATEURS
DU 10 AU 20 MARS 2007
SEMAINE DE LA LANGUE FRANÇAISE

www.semainelf.culture.fr

Affiche du Salon Expolangues (2007), Paris.

QUESTIONS

1. Quelle est la thèse de Fénelon ? Où est-elle résumée sous forme de conseil ?

2. L'auteur justifie sa thèse par trois arguments. Retrouvez-les dans le texte. Dites ce qui rend ces arguments concrets.

3. Comparez la manière de présenter les idées dans les textes 1 et 2.

Problématique

🔴 **Comment procéder pour rendre une argumentation efficace ?**

Bien argumenter, c'est :

- ordonner ses idées autour d'un projet ;
- donner au raisonnement une structure clairement repérable ;
- soutenir le propos par des faits concrets.

L'argumentation pas à pas

1 CONSTRUIRE UN PROJET ARGUMENTATIF

Un plan permet de mettre en forme des idées pour répondre efficacement à un projet argumentatif. Selon ce que l'on veut démontrer, on peut choisir différents types de plans.

■ **Le plan thématique**. On distingue plusieurs éléments à traiter et on argumente sur chacun d'eux en justifiant à chaque fois son point de vue.

■ **Le plan critique**. Il repose, le plus souvent, sur la structure de la concession (*chap. 15*) : *Oui... Mais...*.
 1. On admet d'abord la validité d'un jugement.
 2. On expose son propre point de vue en l'étayant par des arguments plus solides.

■ **Le plan dialectique**. C'est une version plus complexe du plan critique. Il consiste à intégrer la contradiction dans le raisonnement.
 1. On énonce une thèse et on la justifie.
 2. On énonce la thèse opposée (qui devient donc l'antithèse) et on la justifie.
 3. On défend un point de vue nuancé qui concilie ou complète les deux précédents, ou, mieux, qui résout la contradiction entre les deux par une troisième voie.
 L'auteur du texte 1 (p. 140) adopte le plan dialectique.

2 STRUCTURER L'ARGUMENTATION

La structure garantit la relation logique entre les idées.

■ **La structure d'ensemble**

L'introduction pose les données du projet à défendre et joue le rôle d'annonce.
Le développement comporte l'exposé des arguments, organisés en unités cohérentes et progressives.
La conclusion marque l'aboutissement logique du développement et apporte une réponse aux questions posées dans l'introduction.

■ **L'organisation interne du discours**

Les mots d'annonce et de reprise balisent le parcours (*Méthode, p. 67 et Des mots pour, p. 145*).
 Deux solutions se présentent ; il existe plusieurs obstacles ; ...sont les suivantes :... Ces difficultés... De telles possibilités...

La disposition en paragraphes permet d'organiser ses idées en unités de sens.
 Dans le texte 1, chaque paragraphe correspond à une étape du raisonnement.
 Les trois paragraphes sont clairement séparés par des alinéas (retraits à la première ligne).

Les mots de liaison (*Tout d'abord, ensuite, enfin*) et les **connecteurs logiques** (adverbes, conjonctions de coordination et de subordination) assurent les articulations logiques de la pensée (*Des mots pour, p. 121*).
 Dans le texte 1 « Il est certain que... Mais... », dans le texte 2 : « D'ailleurs... Puisque... » marquent la progression de l'argumentation.

3 ILLUSTRER SES IDÉES

Les exemples donnent aux arguments un appui concret.
Les citations peuvent aussi servir à illustrer le propos.

■ Où trouver ses exemples ?

– dans sa connaissance du monde contemporain ou de l'histoire ;
– dans ses lectures ; dans les récits, les mythes ;
– dans les productions artistiques : peinture, cinéma, bandes dessinées, chansons ;
– dans ses expériences personnelles, à condition de leur donner une portée générale.

■ Les deux types d'exemples

Les exemples illustratifs sont ajoutés à l'argument pour l'éclairer et le rendre plus vivant.
Les exemples argumentatifs jouent le rôle d'arguments ; on ne pourrait pas les supprimer sans nuire à la cohérence.

Dans le texte 2 (> p. 141), le cas des Anglais est cité à l'appui de la thèse ; c'est un exemple à valeur d'argument.

■ Où placer les exemples ?

– Soit l'exemple **suit** l'énoncé de l'idée, on tient alors un **raisonnement déductif** : on énonce une règle générale et on la vérifie par l'exemple.
– Soit l'exemple **précède** l'énoncé de l'idée. On tient alors un **raisonnement inductif** : l'exemple présente un cas particulier et on en tire une règle générale.

Quelles que soient sa nature et sa place, l'exemple doit être **accompagné d'un commentaire** et se rattacher à ce que l'on veut prouver.

MÉTHODE

Élaborer une argumentation

Pour mettre au point une argumentation, il est nécessaire de procéder par étapes.

1. Prendre le temps de la réflexion ; cerner les objectifs, le but à atteindre (que veut-on prouver ?) ; choisir sa stratégie (> chap. 15) ; chercher les arguments et les exemples en explorant des pistes variées. C'est l'étape du « remue-méninges ».

2. Classer les idées ; garder les plus efficaces ; hiérarchiser les arguments (du moins fort au plus convaincant) ; préparer un plan (> p. 142) en distinguant les différentes unités par des titres et par des signes (lettres ou numéros) : *I. a), b) ; II. a), b) ou A1, A2 ; B1, B2...*

3. Rédiger l'argumentation en suivant les étapes fixées au brouillon ; titres et numéros disparaissent, remplacés par des mots d'articulation, des phrases d'introduction partielle... Les paragraphes organisent visuellement votre argumentation.

4. Vérifier la cohérence de l'ensemble : le résultat correspond-il à votre projet ?
Faites le test : imaginez qu'un lecteur extérieur cherche à reconstituer le schéma de votre argumentation ; y parvient-il facilement ? Ce schéma est-il conforme à ce que vous aviez préparé au brouillon ?

• Un bon exemple d'élaboration de l'argumentation nous est donné par la rhétorique antique (> *chap. 17*). Ce n'est pas un hasard : la conception et les règles d'organisation du discours nous viennent de ce modèle transmis au cours des siècles.

Voici quelles étaient les cinq parties de la rhétorique :

L'*inventio* est la recherche des idées.

La *dispositio* règle l'organisation du discours. C'est la mise en ordre des idées.

L'*elocutio* consiste à adapter le style au discours, et notamment à choisir les figures (de rhétorique) ou les procédés pour convaincre ou persuader.

La *memoria* consiste à visualiser mentalement le parcours et à mémoriser par différents moyens l'organisation de son discours.

L'*actio* est la mise en œuvre du discours par l'orateur. Elle concerne la diction, le rythme, les expressions, les gestes qui mettent en valeur les paroles.

On reconnaît facilement dans ces démarches les étapes de la méthode de l'élaboration de l'argumentation (> *Méthode, p. 143*), à l'exception de l'« actio », qui concerne spécifiquement le discours oral.

Exercices

★ 1 Vérifier la pertinence des idées

a. Parmi les six pistes de réflexion, choisissez les trois qui vous semblent pertinentes pour répondre à la question.
b. Expliquez pourquoi vous devez rejeter les trois autres.

QUESTION : Pourquoi les jeunes aiment-ils se divertir la nuit ?

1. La nuit protège, isole, permet de s'enfermer dans un monde à soi.
2. Tout le monde aime la nuit parce que c'est un moment poétique et qui fait rêver.
3. La nuit favorise l'anonymat, abolit les différences et les tabous.
4. Les jeunes cherchent une rupture avec le quotidien diurne des parents, de la scolarité.
5. Les jeunes n'ont pas tous les mêmes goûts. Il y en a qui n'aiment pas la nuit parce qu'elle leur fait peur…
6. Certains loisirs ne peuvent pas se pratiquer la nuit.

★★ 2 Choisir un plan

Quel type de plan conviendrait pour traiter les questions suivantes ? Justifiez votre choix en proposant les grandes lignes de ce plan.

QUESTION 1

Pensez-vous que l'utilisation d'Internet puisse former des jeunes plus ouverts, plus critiques ?

QUESTION 2

Quelles réflexions vous inspire la phrase du philosophe Alain : « Rien n'est plus dangereux qu'une idée quand on n'a qu'une idée » ?

★★ 3 Présenter un plan

Présentez sous forme de plan détaillé les réflexions que vous inspire cette phrase.

La jeunesse est le plus bel âge de la vie.

★★ 4 Apprécier le rôle d'un exemple

a. Quelle est la thèse défendue par Chrysale ? Délimitez le passage.
b. Par quel exemple le personnage justifie-t-il sa thèse ? Délimitez le passage.
c. L'exemple est-il satisfaisant pour le raisonnement ? Rédigez votre réponse.

CHRYSALE
Il n'est pas bien honnête, et pour beaucoup de
[causes,
Qu'une femme étudie et sache tant de choses.
Former aux bonnes mœurs l'esprit de ses
[enfants,
Faire aller son ménage, avoir l'œil sur ses gens,
5 Et régler la dépense avec économie,
Doit être son étude et sa philosophie.
Nos pères, sur ce point, étaient gens bien sensés,
Qui disaient qu'une femme en sait toujours assez
Quand la capacité de son esprit se hausse

10 À connaître un pourpoint d'avec un haut-de-
[chausse[1].
Les leurs ne lisaient point mais elles vivaient bien ;
Leurs ménages étaient tout leur docte entretien,
Et leurs livres un dé, du fil et des aiguilles
Dont elles travaillaient au trousseau de leurs filles.

MOLIÈRE, *Les Femmes savantes*, II, 7 (1672)

1. À distinguer une veste d'un pantalon.

★★ 5 Trouver des exemples

a. Que dénonce ce texte ? Pourquoi l'auteur utilise-t-il le mot « chaînes » ?

b. Trouvez trois exemples pour illustrer les trois « TV ».

Nous sommes dans une société TV : Tous Vus, Tout Voir, Tout Visible. TV1, TV2, TV3, ce sont nos chaînes. Menace d'être tous vus, passion de tout voir, fantasme du tout visible. Il faut envi-
5 sager chacune de ces questions en particulier, et comment les trois se nouent ensemble pour former la société de l'hypervisible.

Gérard WAJCMAN, *L'Œil absolu* (2010)

Des mots pour...
introduire un exemple ou une citation

Un exemple

❚ Par exemple, Ainsi... C'est ainsi que... C'est ce que fait... Tel est le cas de... L'exemple le plus significatif est celui de...

❚ L'exemple de... montre, illustre... ; la situation, le cas de... peut en fournir un exemple ; une bonne illustration de... est donnée par...

❚ Considérons... Prenons le cas de... On peut donner comme exemple... On peut évoquer à ce sujet... Pour illustrer cette idée, on peut rappeler que...

❚ On en a pour preuve... On peut le vérifier dans... Cela peut s'appliquer à...

Une citation

❚ « Rire est le propre de l'homme », comme l'écrivait Rabelais.

❚ Un des slogans de mai 1968 le disait : « Il est interdit d'interdire ».

❚ Voltaire a dénoncé le scandale de l'esclavage en une formule : « C'est à ce prix que vous mangez du sucre en Europe. »

❚ La Fontaine définissait les fables comme un genre « Dont le récit est menteur / Et le sens est véritable. »

★★ 6 Présenter des citations

En relation avec le sujet de l'exercice 3, présentez dans une phrase les citations suivantes.

1. Y a rien de pire que d'avoir vingt ans et des idées : tout le monde les trouve mauvaises. (Coluche)

2. J'avais vingt ans. Je ne laisserai personne dire que c'est le plus bel âge de la vie. (Paul Nizan)

3. Dis, qu'as-tu fait, toi que voilà, / De ta jeunesse ? (Paul Verlaine)

4. Il faut que jeunesse se passe. (Proverbe)

★★★ 7 Trouver et présenter des exemples

a. Lisez la phrase suivante et vérifiez que vous comprenez le sens du mot « symbole ».

b. Parmi les œuvres réalistes et naturalistes que vous connaissez, choisissez-en une qui pourrait illustrer les deux aspects de « l'œuvre d'art supérieure ».

c. Rédigez la présentation de cet exemple.

Une œuvre d'art n'est supérieure que si elle est, en même temps, un symbole et l'expression exacte d'une réalité.

Guy DE MAUPASSANT, *La Vie errante* (1890)

★★★ 8 Dégager des arguments à partir d'un exemple

a. Quelles idées se dégagent de l'expérience rapportée par Ionesco ?

b. Formulez ces idées en deux arguments : l'un concernant l'image que le public se fait de l'écrivain ; l'autre concernant le métier de journaliste.

Dès que quelqu'un a écrit un sonnet, un vaudeville, une chanson, un roman, une tragédie, les journalistes se précipitent sur lui pour savoir ce que l'auteur de la chanson ou de la tragédie
5 pense du socialisme, du capitalisme, du bien, du mal, des mathématiques, de l'astronautique, de la théorie des quanta, de l'amour, du football, du chef de l'État. « Quelle est votre conception de la vie et de la mort ? » me demandait un journaliste
10 sud-américain lorsque je descendais la passerelle du bateau avec mes valises à la main. Je posai mes valises, essuyai la sueur de mon front et le priai de m'accorder vingt ans pour réfléchir à la question, sans toutefois pouvoir l'assurer qu'il aura la
15 réponse.

Eugène IONESCO, *Notes et contre-notes* (1962),
© Éditions Gallimard

9 Argumenter à propos d'une image

Que pensez-vous de cette mention obligatoire apposée sur les paquets de cigarettes et informant du danger du tabac ? Organisez votre réponse en trois parties différenciées.

10 Dégager et reconstituer la structure d'un développement

a. Lisez attentivement le texte. Dégagez sa structure en vous aidant d'un système de numérotation.
b. Observez le schéma donné à la suite du texte. Comparez-le avec votre travail. Complétez les passages laissés entre crochets par un titre ou une courte phrase de résumé.

On cernera mieux la nature du mythe en comparant personnage de roman et héros mythologique. Soit par exemple Julien Sorel ou Vautrin. Ces personnages ont une double caractéristique.
5 D'abord ils sont prisonniers des œuvres où ils apparaissent. Ils ont bien fait quelques apparitions sur les scènes ou à l'écran, mais parce que toute l'œuvre – *Le Rouge et le Noir, Le Père Goriot* – avait fait l'objet d'une adaptation dramatique. Corré-
10 lativement, aussi connus soient-ils, ils sont moins célèbres que leurs auteurs respectifs, Stendhal ou Balzac.
Il en va tout autrement d'un personnage mythologique, don Juan par exemple. Créé en 1630
15 par Tirso de Molina (*Le Séducteur de Séville*), il a bien vite oublié et fait oublier ses origines. Qui connaît Tirso de Molina ? Qui ne connaît pas don Juan ? On l'a vu réapparaître partout de génération en génération dans des comédies, des
20 romans, des opéras. On dirait que chaque pays, chaque époque a voulu donner sa version particulière du héros qui incarne la révolte du sexe contre Dieu et la société, l'utilisation du sexe contre l'ordre, contre tous les ordres. Mais peut-
25 être cette pérégrination du séducteur d'œuvre en œuvre a-t-elle un ressort caché et vivant. Si don Juan a animé tant de vies imaginaires, c'est sans doute parce qu'il a sa place dans la vie réelle. Si nous le rencontrons dans tant d'œuvres, c'est

30 parce que nous le rencontrons dans la vie. Il y a des don Juan autour de nous, il y a du don Juan en nous. C'est l'un des modèles fondamentaux grâce auquel nous donnons un contour, une forme, une effigie repérée à nos aspirations et à nos humeurs.

Michel TOURNIER, *Le Vent Paraclet* (1977),
© Éditions Gallimard

La nature du mythe
(sujet de la réflexion)

I. Le personnage de roman : *Julien Sorel, Vautrin*

Deux caractéristiques :

a) […]
b) […]

(comparaison avec)

II. Le héros mythologique :

Deux caractéristiques :

a) […]
b) […]

Nouvel argument : […]
Conclusion : *définition du héros mythologique.*

Exercice guidé

11 Rédiger une introduction

Rédigez l'introduction de l'argumentation élaborée pour la question 1 de l'exercice 2. Aidez-vous du parcours suivant :
➔ une phrase pour introduire le thème ;
➔ une phrase pour énoncer la question ;
➔ une phrase pour la reformuler et éclairer les mots clés « ouverts » et « critiques » ;
➔ deux phrases pour annoncer les parties du plan que vous avez choisi.

12 Retrouver une argumentation d'après une conclusion

Reconstituez, sous forme de schéma, le développement qui conduirait à la conclusion suivante.

L'absence de contrôle [de l'information] qui fut un objectif démocratique à atteindre pendant des siècles parce qu'il s'agissait de se débarrasser de multiples censures devient aujourd'hui une
5 des principales menaces, parce que la logique dominante s'est inversée.

Dominique WOLTON, *Internet et après ?* (2000),
© Flammarion

Je crois qu'une œuvre d'art, quelle qu'elle soit, vit à deux conditions : la première, de plaire à la foule, et la seconde, de plaire aux connaisseurs. Dans toute production qui atteint l'un de ces deux buts, il y a un talent incontestable, à mon avis.
5 Mais le vrai talent, seul durable, doit les atteindre tous deux à la fois.

Je sais que cette façon de voir n'est pas celle de tout le monde. Il y a des gens qui font profession de mépriser le vulgaire, comme il y en a qui n'ont foi qu'en lui. Rien n'est plus
10 fatal aux artistes, car qu'arrive-t-il ? Qu'on ne veut rien faire pour le public, ou qu'on lui sacrifie tout. Les uns, fiers d'un succès populaire, ne songent qu'au flot qui les entoure, et qui, demain, les laissera à sec. Les conseils qu'on leur donne se perdent dans le bruit ; l'équité leur paraît envie[1]. [...] Les
15 autres, trompés par les louanges de leurs amis, le succès manquant, s'irritent ; ils se croient méconnus, mal jugés, et crient à l'injustice. « *On les délaisse*, disent-ils, *et pourtant, messieurs tels ou tels, qui s'y connaissent, les ont applaudis* ». Qui ne les goûte pas est ignorant ; ils travaillent pour trois personnes ;
20 l'orgueil les prend, les concentre, les enivre, et le talent meurt étouffé.

Je voudrais, autant qu'il est en moi, pouvoir combattre cette double erreur. Il faut consulter les connaisseurs, et apprendre d'eux à se corriger et se montrer fier de leurs éloges ;
25 mais il ne faut pas oublier le public. Il faut chercher à attirer la foule, à être compris et nommé par elle, car c'est par elle qu'on est de son temps ; mais il ne faut pas lui sacrifier l'estime des connaisseurs, ou, qui pis est, son propre sentiment.

> Alfred DE MUSSET, « Salon de 1836 » in *Revue des Deux Mondes*

1. Un jugement pourtant équitable leur semble dicté par l'envie.

Compréhension

1. En quoi consiste le vrai talent, selon Musset ?
2. Dégagez dans l'ensemble du texte la structure binaire (fondée sur deux éléments).
3. Quel rôle l'auteur donne-t-il aux paragraphes 2 et 3 dans son argumentation ?

Vers l'écriture d'invention

Rédigez la critique élogieuse d'un film que vous avez aimé. Vous disposerez votre article en trois paragraphes comme le texte de Musset en adoptant le même plan. Vous défendrez l'idée que le film réunit deux qualités essentielles à vos yeux : il touche une large audience ; il possède des qualités artistiques.

Pour réussir…

- Repérer et respecter les données du texte-support
- Disposer un texte en unités cohérentes et progressives
- Organiser la structure interne d'un texte à partir d'éléments imposés

Visiteurs à l'exposition « Claude Monet » au Grand Palais, Paris (2010).

Objectifs et compétences

▶ Analyser les différentes conceptions de l'homme à travers la littérature
▶ Mettre en relation le type d'argumentation et la vision de l'homme qu'elle propose
▶ Réfléchir sur sa propre condition et argumenter sur sa vision personnelle de l'homme

IIIIIIII Découvrir

Texte 1

Parmi tant de splendeurs que la terre a créées,
Il y a l'homme, lui, la merveille du monde !
[…]
Génie de l'univers, il ne redoute rien,
Hormis la mort, Hadès[1], qu'il ne peut éluder[2],
5 Bien qu'il sache soigner des blessures profondes ;
Il est intelligent ; sa pensée est féconde ;
Il penche vers le bien autant que vers le mal.

▶ SOPHOCLE, *Antigone*, v. 334-366, (441 av. J.-C.),
traduit du grec par P. Renault, © www.remacle.org, D.R.

1. Dieu grec de la mort et des Enfers.
2. Éviter.

Rembrandt (1606-1669), *Portrait de sage* (1634), huile sur toile (Galerie nationale, Prague, République tchèque).

Texte 2

L'homme n'est qu'un roseau, le plus faible de la nature, mais c'est un roseau pensant. Il ne faut pas que l'univers entier s'arme pour l'écraser, une vapeur, une goutte d'eau suffit pour le tuer. Mais quand l'univers l'écraserait, l'homme serait encore plus 5 noble que ce qui le tue, puisqu'il sait qu'il meurt et l'avantage que l'univers a sur lui. L'univers n'en sait rien.

Toute notre dignité consiste donc en la pensée.

▶ Blaise PASCAL, *Pensées*, 231-232 (éd. Sellier), (1657-1670)
© Classiques Garnier 2010

COMPAREZ LES TEXTES 1 ET 2

1. Relevez les mots mélioratifs et les mots péjoratifs qui caractérisent l'homme.

2. Quelle conception de l'homme ce relevé traduit-il ?

Argumentation 147

Texte 3

Les habitants d'une petite ville, atteints de « rhinocérite », se sont tous transformés en rhinocéros ; seul Bérenger, incarnation symbolique du « résistant », refuse cette situation. En proie au doute, il se demande si cet inquiétant conformisme ne va pas finalement le gagner.

BÉRENGER. – [...] C'est moi, c'est moi. [...] *(Il enlève son veston, défait sa chemise, contemple sa poitrine dans la glace.)* J'ai la peau flasque. Ah, ce corps trop blanc, et poilu ! Comme je voudrais avoir une peau dure et cette magnifique couleur d'un vert sombre, d'une nudité décente, sans poils, comme la leur ! *(Il écoute les barrissements.)*
5 Leurs chants ont du charme, un peu âpre, mais un charme certain ! Si je pouvais faire comme eux. *(Il essaye de les imiter.)* Ahh, ahh, brr ! Non, ça n'est pas ça ! Essayons encore, plus fort ! Ahh, ahh, brr ! Non, non, ce n'est pas ça, que c'est faible, comme cela manque de vigueur ! Je n'arrive pas à barrir. Je hurle seulement. Ahh, ahh, brr ! Les hurlements ne sont pas des barrissements ! Comme j'ai mauvaise conscience, j'au-
10 rais dû les suivre à temps. Trop tard maintenant ! Hélas, je suis un monstre, je suis un monstre. Hélas, jamais je ne deviendrai un rhinocéros, jamais, jamais ! Je ne peux plus changer, je voudrais bien, je voudrais tellement, mais je ne peux pas. Je ne peux plus me voir. J'ai trop honte ! *(Il tourne le dos à la glace.)* Comme je suis laid ! Malheur à celui qui veut conserver son originalité ! *(Il a un brusque sursaut.)* Eh bien, tant pis ! Je me
15 défendrai contre tout le monde ! Ma carabine, ma carabine ! *(Il se retourne face au mur du fond où sont fixées les têtes des rhinocéros, tout en criant :)* Contre tout le monde, je me défendrai ! Je suis le dernier homme, je le resterai jusqu'au bout ! Je ne capitule pas !

RIDEAU

Eugène IONESCO, *Rhinocéros*, acte III (1959), © Éditions Gallimard

Problématique

● **Quelles conceptions de l'homme sont apparues au cours des siècles et quelles stratégies argumentatives ont été utilisées pour les faire partager ?**

Au cours des siècles, les contextes politiques, religieux et sociaux ont façonné différentes conceptions de l'homme. Confronter ces conceptions permet de :

- réfléchir sur sa propre condition ;
- se forger une vision personnelle de l'homme ;
- choisir une stratégie argumentative appropriée pour la faire prévaloir.

QUESTIONS

1. Relevez les expressions qui soulignent le désarroi de Bérenger. Quelles sont les raisons de son trouble ?

2. Quelle image de la condition humaine suggère ce relevé ?

3. Quel sens donnez-vous au sursaut final et aux gestes de Bérenger (l. 14-17) ? Quel parti prend-il ?

4. Ce dénouement vous paraît-il donner une idée optimiste ou pessimiste de la condition humaine au XXᵉ siècle ?

La question de l'Homme du XVIᵉ s. au XXᵉ s.

1 QUELQUES GRANDES QUESTIONS SUR L'HOMME

Les écrivains, lorsqu'ils réfléchissent sur l'homme, reviennent toujours sur les mêmes questions essentielles.

■ **Qu'est-ce que l'homme ?** Qu'est-ce qui le distingue de l'animal ? Est-il avant tout un corps, un esprit, une âme, un mélange des trois ? Quelle est sa place dans la nature (une créature parmi les autres, le maître de la nature) ? Comment définir, connaître l'humain, compte tenu de la diversité des hommes ?

■ **Existe-t-il « un » homme ?** Une nature humaine universelle et éternelle ou plutôt une condition humaine avec ses différentes étapes : naître, travailler, vivre au milieu d'autres hommes, mourir... ?

■ **Qu'en est-il de cette condition des hommes ?** Sont-ils soumis à une force supérieure ou maîtres de leur destinée, de leur histoire ? Peuvent-ils être heureux ?

■ **Existe-t-il des valeurs universelles** comme le respect de l'autre et de soi-même, dans la mosaïque de peuples et de coutumes qui constitue l'humanité ?

Chaque époque apporte à ce questionnement fondamental ses réponses en fonction du contexte historique, social, politique, et de sa sensibilité.

2 RENAISSANCE ET HUMANISME : OPTIMISME ET INTERROGATIONS SUR L'HOMME

■ **Les humanistes de la Renaissance** (〉*chap. 20*) placent **l'homme** (plus que Dieu) **au centre** de leur réflexion. Ils retiennent de l'Antiquité l'idée d'une harmonie nécessaire entre le corps et l'esprit.

■ **La découverte du Nouveau Monde** leur enseigne la **diversité des humains** qu'ils accueillent avec curiosité et tolérance, mais les **guerres de Religion** introduisent un **doute sur l'homme** et sur la « misère de notre condition » (Montaigne).

■ **L'humanisme** s'exprime dans des romans épiques et comiques (Rabelais), des utopies (〉*chap. 16*), des poèmes, des essais (Montaigne).

3 XVIIᵉ S. : DEUX VISIONS OPPOSÉES DE L'HOMME

■ **La vision baroque** d'un monde instable où rien n'est irréversible laisse à l'homme une certaine liberté. Les **libertins** conçoivent même un monde sans Dieu et recherchent le bonheur sur terre.

■ **La pensée des classiques**, assez pessimiste, se fait en réaction à cette vision et propose l'idée d'une nature humaine permanente et universelle. L'homme n'a que peu de prise sur un monde achevé soumis à la volonté de Dieu comme la société est soumise au roi. Il est aussi victime de ses passions, de son imagination, mais peut parfois atteindre à une certaine grandeur (〉*Texte 2, p. 148*). Le modèle social idéal est l'**« honnête homme »**, qui fuit les attitudes extrêmes.

■ L'**argumentation directe**, chez les moralistes classiques, prend la forme de maximes, de ~~...~~ts et de sermons (〉*chap. 16*). L'**argumentation indirecte** passe par la fable, le théâtre, le

4 XVIIIᵉ S. : DES IDÉES ET DES VALEURS NOUVELLES

■ **Le mouvement européen des Lumières** éclaire la diversité des hommes, des mœurs et des lois. Il se propage à la faveur du développement des économies, des sciences, des voyages, qui favorise la circulation des idées.

■ **L'affirmation de valeurs universelles** fait également pendant au relativisme des Lumières : la sociabilité, le bonheur et surtout l'esprit critique d'un **homme libre** qui, **armé de sa raison**, pense par lui-même. L'homme des Lumières par excellence est **le philosophe**, qui prône la tolérance, la paix, le progrès des connaissances.

■ **La contestation philosophique** s'exprime dans des genres variés (essais, pamphlets, encyclopédies et dictionnaires, comédies et romans épistolaires, contes philosophiques...) et de nombreux registres (didactique, polémique, ironique...).

5 XIXᵉ S. : DE LA PASSION ROMANTIQUE AUX COMBATS HUMANITAIRES

■ **Pour le romantisme**, l'homme est un **être d'émotion** qui cherche à fuir dans le rêve une société qui ne le comprend pas : c'est le « mal du siècle ».
Peu à peu, cependant, apparaît une prise de conscience sociale et politique : le romantique s'efforce avec idéalisme d'aider les opprimés (Hugo, *Les Misérables*).

■ **Dans la seconde moitié du siècle**, avec la révolution industrielle, la diffusion de nouvelles théories scientifiques (Darwin), socio-économiques (Marx), l'homme est décrit comme **le produit de son hérédité** et de son environnement socioculturel.

■ Ces idées s'expriment notamment dans le **roman réaliste** et **naturaliste** (❭*chap. 22*).

6 XXᵉ S. : DÉSHUMANISATION ET NOUVEL HUMANISME

■ **Le traumatisme de deux guerres mondiales**, les crimes des idéologies totalitaires, la disparition des repères religieux ont dégradé la notion d'homme et entraîné la conscience de **l'absurdité de la vie humaine** et de **la difficulté à communiquer**.
Le théâtre (❭*Texte 3, p. 149*), les romans, les essais traduisent cette crise existentielle.

■ Certains écrivains incitent à redonner sens à l'existence par **l'engagement politique** et proposent **un nouvel humanisme** (Malraux, Sartre, Camus).

■ La **photographie et le cinéma** se mettent au service de l'argumentation.

MÉTHODE

Étudier les procédés du registre polémique

Registre de choix pour des genres comme le pamphlet, le libelle ou les textes de propagande (❭*chap. 15*), le registre polémique s'utilise aussi dans les débats et vise à convaincre en combattant les idées de l'adversaire, en le provoquant ou en le ridiculisant. Il privilégie :

— **un vocabulaire dévalorisant l'adversaire** ;

— **l'implication du locuteur**, à travers le vocabulaire affectif *(haïr, détester...)* ;

— **les phrases exclamatives** ;

— **la mise en cause de l'interlocuteur** – à travers les apostrophes, les interrogations rhétoriques, les reprises parodiques de ses propos ;

— **l'ironie**, notamment à travers l'antiphrase, certaines images et les exagérations.

Misérables médecins des âmes, vous criez pendant cinq quarts d'heure sur quelques piqûres d'épingle, et vous ne dites rien sur
5 la maladie qui nous déchire en mille morceaux ! Philosophes moralistes, brûlez tous vos livres. Tant que le caprice de quelques hommes fera loyalement égorger des milliers de
10 nos frères, la partie du genre humain consacrée à l'héroïsme sera ce qu'il y a de plus affreux dans la nature entière.

VOLTAIRE, article « Guerre », *Dictionnaire philosophique portatif* (1764)

• Pour condamner la guerre, Voltaire adopte le **registre polémique** : il **apostrophe** avec violence les prêtres, qui font de longs sermons sur des péchés sans importance (des *piqûres d'épingle*), et les « philosophes », qui dissertent inutilement. Il multiplie les **termes péjoratifs** pour accuser ces « misérables » mais aussi pour évoquer la guerre de façon réaliste par les verbes « déchirer, égorger » et la métaphore de la « maladie ». Les hyperboles (*mille, milliers*), l'adjectif « affreux » et les exclamations témoignent de son indignation. **L'ironie** de Voltaire apparaît dans l'oxymore « loyalement égorger » et dans l'antiphrase « l'héroïsme ». Voltaire rappelle les hommes et les penseurs à leur sens moral par le terme à connotation religieuse « frères », qui prend ici une valeur à la fois ironique et **pathétique**.

Exercices

1 Comprendre et formuler clairement une question sur l'homme

a. Quelle interrogation fondamentale de l'être humain ces textes expriment-ils ?
b. Par quels moyens insistent-ils sur l'incapacité de l'homme à répondre à cette question ?

TEXTE 1

Le silence éternel de ces espaces infinis m'effraie.

Blaise PASCAL, *Pensées*, 233 (éd. Sellier), (1657-1670),
© Classiques Garnier

TEXTE 2

SGANARELLE. – Je voudrais bien vous demander qui a fait ces arbres-là, ces rochers, cette terre, et ce ciel que voilà là-haut, et si tout cela s'est bâti de lui-même. [...] Mon raisonnement est qu'il y
5 a quelque chose d'admirable dans l'homme, quoi que vous puissiez dire, que tous les savants ne sauraient expliquer.

MOLIÈRE, *Dom Juan*, III, 1 (1665)

TEXTE 3

Et moi aussi, je me suis senti prêt à tout revivre. Comme si cette grande colère m'avait purgé du mal, vidé d'espoir, devant cette nuit chargée de signes et d'étoiles, je m'ouvrais pour la première fois à la tendre indifférence du monde.

Albert CAMUS, *L'Étranger* (1942), © Éditions Gallimard

2 Comprendre un tableau allégorique

VERS L'ANALYSE D'UN DOCUMENT ICONOGRAPHIQUE

a. Quel âge de la vie humaine représente chacun des personnages ?
b. Quel sens symbolique peut prendre la remise du verre d'eau ?

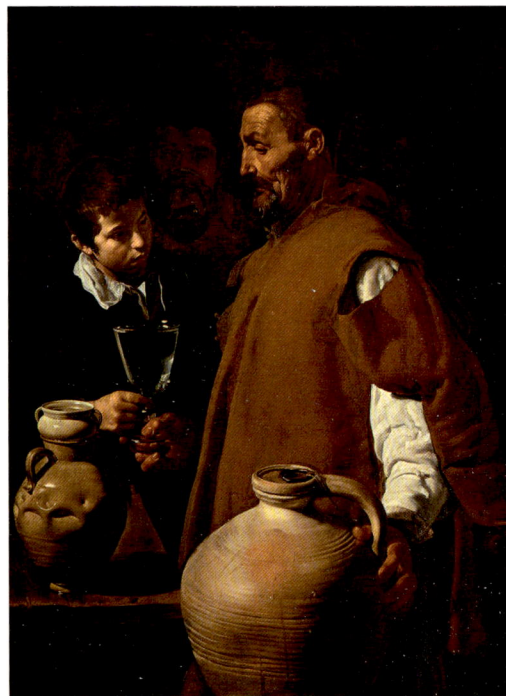

Diego Velazquez (1599-1660), *Le Porteur d'eau de Séville* (vers 1620), huile sur toile, 106 x 82 cm (Apsley House, musée Wellington, Londres, Royaume-Uni).

3 Comprendre et comparer des conseils de vie de l'Antiquité et du XVIᵉ siècle

a. Quels thèmes ces textes abordent-ils ?

b. Reformulez brièvement le conseil de vie que proposent ces trois textes.

c. À quelles différentes stratégies argumentatives (›*chap. 15*) les auteurs recourent-ils ?

TEXTE 1

Ne cherche pas à savoir, Leuconoé[1], (c'est un sacrilège) quelle fin pour moi, quelle fin pour toi les dieux ont fixées et ne consulte pas les calculs des horoscopes babyloniens[2]. Oh ! Il vaut bien
5 mieux accepter de subir tout ce qui arrivera ! Que Jupiter t'ait accordé de vivre encore plusieurs hivers, ou que l'hiver qui maintenant brise la mer tyrrhénienne sur les écueils qui lui font obstacle soit pour toi le dernier, montre-toi sage, filtre le
10 vin de tes barriques et réduis ton espérance d'une longue vie à un court espace de temps. Au moment même où nous parlons, le temps, jaloux de nous, se sera déjà enfui. Cueille le jour, sans faire confiance le moins du monde au lendemain.

HORACE, *Odes*, I, 11, (23 av. J.-C.), traduit du latin par J. et S. Dauvin, © D.R.

1. Nom de la jeune fille à qui s'adresse l'ode. – 2. Les Babyloniens, fameux mathématiciens et astronomes, attribuaient aux astres et aux nombres des propriétés divinatoires.

TEXTE 2

Donc, si vous me croyez, mignonne,
Tandis que votre âge fleuronne[1]
En sa plus verte nouveauté,
Cueillez, cueillez votre jeunesse :
5 Comme à cette fleur, la vieillesse
Fera ternir votre beauté.

RONSARD, *Odes*, I, 17 (1550-1552), édition en français moderne par P. de Nolhac et F. Joukovsky, © Garnier Frères, 1969

1. S'épanouit comme une fleur.

TEXTE 3

Quand je danse, je danse ; quand je dors, je dors ; […]
Notre grand et glorieux chef-d'œuvre, c'est de vivre à propos. Toutes les autres choses, régner,
5 thésauriser[1], bâtir, n'en sont, tout au plus, que de petits appendices et des accessoires[2]. […]
Je « passe » le temps quand il est mauvais et désagréable ; quand il est bon, je ne le veux pas « passer », je le goûte à nouveau, je m'y arrête.
10 Pour moi, donc, j'aime la vie et la cultive telle qu'il a plu à Dieu de nous l'octroyer.

MONTAIGNE, *Essais*, III, 13 (1580-1595), édition en français moderne par A. Lanly © Éditions Honoré Champion, 2002

1. Amasser de l'argent. – 2. Des activités sans importance.

4 Confronter deux images de l'homme idéal aux XVIIᵉ et XVIIIᵉ siècles

VERS LA QUESTION SUR LE CORPUS OU L'EXPOSÉ ORAL

Comparez le portrait de Louis XIV, Texte 1, et celui du philosophe des Lumières, Texte 2.

➜ Relevez les termes mélioratifs qui font de ces portraits des éloges.

➜ Quelles qualités de chaque personnage sont mises en valeur ?

➜ Quelles ressemblances et quelles différences présentent ces personnages ?

TEXTE 1

Cet air libre et facile […] entre dans tout ce qu'il[1] dit ; tous ses termes sont propres, et bien choisis, quoiqu'ils ne soient point recherchés ; toutes ses expressions sont simples, et naturelles :
5 mais le tour qu'il leur donne est le plus délicat, et le plus noble du monde. Dans ses discours les plus familiers, il ne lui échappe pas un mot qui ne soit digne de lui, et qui ne se sente de la majesté qui l'accompagne par tout : il agit et il parle
10 toujours en Roi, mais en Roi sage, et éclairé, qui observe en toutes rencontres les bienséances, que chaque chose demande. […]. Comme le bon sens est la principale règle qu'il suit en parlant, il ne dit jamais rien que de raisonnable.

Père Dominique BOUHOURS, *Entretiens d'Ariste et d'Eugène* (1671)

1. Le Roi.

TEXTE 2

Les autres hommes sont emportés par leurs passions, sans que les actions qu'ils font soient précédées de la réflexion : ce sont des hommes qui marchent dans les ténèbres ; au lieu que
5 le *philosophe*, dans ses passions mêmes, n'agit qu'après la réflexion ; il marche la nuit, mais il est précédé d'un flambeau.[…]
Il veut trouver du plaisir avec les autres ; et pour en trouver, il faut en faire : ainsi il cherche à
10 convenir à ceux avec qui le hasard ou son choix le font vivre ; et il trouve en même temps ce qui lui convient : c'est un honnête homme qui veut plaire et se rendre utile […].
Le vrai *philosophe* est donc un honnête homme
15 qui agit en tout par raison, et qui joint à un esprit de réflexion et de justesse les mœurs et les qualités sociales.

DUMARSAIS, *Encyclopédie*, article « Philosophe » (1751-1772)

★★ 5 Analyser les marques du registre polémique

D'où vient l'efficacité de ce réquisitoire contre l'esclavage ?

→ Qui parle ? À qui s'adresse ce discours ? Analysez les marques de la présence du locuteur et de la mise en cause de son interlocuteur.

→ Quelle est la modalité dominante des phrases ?

→ Relevez et commentez les expressions particulièrement violentes.

→ Relevez et analysez le jeu des oppositions.

Hommes ou démons, qui que vous soyez, oserez-vous justifier les attentats contre ma liberté naturelle par le droit du plus fort ? Quoi ! celui qui veut me rendre esclave n'est point coupable ?
5 Il use de ses droits ? Où sont-ils ces droits ? Qui leur a donné un caractère assez sacré pour faire taire les miens ? Je tiens de la nature le droit de me défendre ; elle ne t'a donc pas donné celui de m'attaquer. Si tu te crois autorisé à m'opprimer,
10 parce que tu es plus fort et plus adroit que moi, ne te plains donc pas quand mon bras vigoureux ouvrira ton sein pour y chercher ton cœur ; ne te plains pas, lorsque, dans tes entrailles déchirées, tu sentiras la mort que j'y aurai fait passer avec tes
15 aliments. Je suis plus fort ou plus adroit que toi ; sois à ton tour victime ; expie maintenant le crime d'avoir été oppresseur. […]

Je hais, je fuis l'espèce humaine, composée de victimes et de bourreaux ; et si elle ne doit pas
20 devenir meilleure, puisse-t-elle s'anéantir !

Denis DIDEROT, *Contribution à l'Histoire des deux Indes de l'abbé Raynal* (1780)

★★ 6 Analyser l'expression lyrique de la vision romantique de l'homme

VERS L'EXPOSÉ ORAL

Comment Perdican rend-il convaincant son plaidoyer en faveur de la condition humaine ? Aidezvous des consignes suivantes.

→ Comment est construite cette tirade ?

→ Étudiez le jeu des oppositions.

→ Quelles sont les marques du lyrisme ?

→ Quelle image de l'être humain se dégage du discours de Perdican ?

Camille, par peur d'être déçue par l'amour, refuse d'épouser le jeune Perdican.

PERDICAN – Adieu, Camille, retourne à ton couvent[1], et lorsqu'on te fera de ces récits hideux qui t'ont empoisonnée, réponds ce que je vais te dire : Tous les hommes sont menteurs, incons-
5 tants, faux, bavards, hypocrites, orgueilleux et lâches, méprisables et sensuels ; toutes les femmes sont perfides, artificieuses[2], vaniteuses, curieuses et dépravées ; le monde n'est qu'un égout sans fond où les phoques les plus informes rampent et
10 se tordent sur des montagnes de fange[3] ; mais il y a au monde une chose sainte et sublime, c'est l'union de deux de ces êtres si imparfaits et si affreux. On est souvent trompé en amour, souvent blessé et souvent malheureux ; mais on aime, et
15 quand on est sur le bord de sa tombe, on se retourne pour regarder en arrière, et on se dit : « J'ai souffert souvent, je me suis trompé quelquefois, mais j'ai aimé. C'est moi qui ai vécu, et non pas un être factice créé par mon orgueil et mon ennui. »

MUSSET, *On ne badine pas avec l'amour*, II, 5 (1834)

1. Camille a passé sa première jeunesse au couvent où des religieuses lui ont fait un tableau amer et effrayant de l'amour. – 2. Rusées, trompeuses. – 3. Boue, symbole de souillure, de corruption.

★★★ 7 Analyser la force d'un pamphlet politique

a. Montrez que la composition du texte repose à la fois sur :

→ les notations de temps et les temps verbaux ;

→ les variations dans l'énonciation ;

→ la succession de divers tableaux.

b. Relevez et analysez :

→ les procédés de l'amplification ;

→ les images (métaphores et personnifications…).

c. Quel est l'effet produit ?

d. Qu'est-ce qui rend particulièrement saisissantes les différentes scènes évoquées par Hugo ?

e. Faites la synthèse des reproches que Hugo adresse à Napoléon III.

Hugo, en exil en Belgique, compose un pamphlet contre Louis Napoléon Bonaparte qui a pris le pouvoir en 1851 par un coup d'État, suivi d'une répression sanglante.

Louis Bonaparte a creusé en hâte une fosse[1] et y a jeté son crime. Quelques pelletées de terre, le goupillon[2] d'un prêtre, et tout a été dit. Maintenant, le carnaval impérial danse dessus.
5 Est-ce là tout ? est-ce que cela est fini ? est-ce que Dieu permet et accepte de tels ensevelissements ? Ne le croyez pas. Quelque jour, sous les pieds de Bonaparte, entre les pavés de marbre de l'Élysée ou des Tuileries, cette fosse se rouvrira
10 brusquement, et l'on en verra sortir l'un après l'autre chaque cadavre avec sa plaie, le jeune homme frappé au cœur, le vieillard branlant sa vieille tête trouée d'une balle, la mère sabrée avec son enfant tué dans ses bras, tous debout, livides,
15 terribles, et fixant sur leur assassin des yeux sanglants !

En attendant ce jour, et dès à présent, l'histoire commence votre procès, Louis Bonaparte. L'histoire rejette votre liste officielle des morts et vos 20 « *pièces justificatives* ». L'histoire dit qu'elles mentent et que vous mentez.

Vous avez mis à la France un bandeau sur les yeux et un bâillon dans la bouche. Pourquoi ?

Est-ce pour faire des actions loyales ? Non, des 25 crimes.

Victor HUGO, *Napoléon le Petit*, IV, « Les autres crimes - Questions sinistres » (1852)

1. Les victimes de la répression ont été, semble-t-il, volontairement à demi enterrées pour dissuader les opposants au coup d'État de toute résistance. – 2. Instrument servant à asperger d'eau bénite, lors de cérémonies religieuses.

★★★

8 **Comparer un héros de roman et un personnage historique du XXᵉ siècle**

VERS LA QUESTION SUR LE CORPUS

a. Pourquoi peut-on parler de personnages « héroïques » ?

b. Quels indices montrent que le texte 2 fait le portrait d'un homme qui a réellement existé ?

c. Quelles valeurs ces héros ont-ils en commun ?

d. Quelle conception de la vie humaine Malraux propose-t-il à travers le portrait de ces deux hommes ?

TEXTE 1

Lors de la révolution chinoise de 1927, Gisors, professeur et philosophe marxiste, médite sur l'engagement révolutionnaire de son fils, un des personnages principaux du roman.

Ici Gisors retrouvait son fils, indifférent au christianisme mais à qui l'éducation japonaise (Kyo avait vécu au Japon de sa huitième à sa dix-septième année) avait imposé aussi la conviction 5 que les idées ne devaient pas être pensées, mais vécues. Kyo avait choisi l'action, d'une façon grave et préméditée, comme d'autres choisissent les armes ou la mer […]. Le sens héroïque lui avait été donné comme une discipline, non 10 comme une justification de la vie. Il n'était pas inquiet. Sa vie avait un sens, et il le connaissait : donner à chacun de ces hommes que la famine, en ce moment même, faisait mourir comme une peste lente, la possession de sa propre dignité.

André MALRAUX, *La Condition humaine* (1933), © Éditions Gallimard

TEXTE 2

Lors du transfert au Panthéon des cendres du héros de la Résistance Jean Moulin, Malraux prononce son oraison funèbre.

Le jour où, au fort Montluc à Lyon, après l'avoir fait torturer, l'agent de la Gestapo lui tend de quoi écrire puisqu'il ne peut plus parler, Jean Moulin dessine la caricature de son bourreau.

5 Pour la terrible suite, écoutons seulement les mots si simples de sa sœur : « *Son rôle est joué, et son calvaire commence. Bafoué, sauvagement frappé, la tête en sang, les organes éclatés, il atteint les limites de la souffrance humaine sans jamais trahir un seul* 10 *secret, lui qui les savait tous.* »

Comprenons bien que, pendant les quelques jours où il pourrait encore parler ou écrire, le destin de la Résistance est suspendu au courage de cet homme. […]

15 Pauvre roi supplicié des ombres, regarde ton peuple d'ombres se lever dans la nuit de juin constellée de tortures.

André MALRAUX, « Transfert des cendres de Jean Moulin au Panthéon », *Oraisons funèbres* (1971), © Éditions Gallimard

★★★

9 **Analyser une expression graphique de l'angoisse existentielle**

Comment l'artiste rend-il compte, dans ce tableau peint en 1893, de l'angoisse du personnage central, comme le pressentiment d'un malheur auquel il fait allusion dans son journal intime (Document 2). Vous observerez avec attention les couleurs, les lignes de composition du tableau et la manière dont le personnage est représenté.

DOCUMENT 1

Edward Munch (1863-1944), *Le Cri* (1893), huile, tempera et pastel sur carton, 91 x 73,5 cm (Galerie nationale, Oslo, Norvège).

DOCUMENT 2

Je me promenais sur un sentier avec deux amis, le soleil se couchait. Tout d'un coup le ciel devint rouge sang. Je m'arrêtai, fatigué, et m'appuyai sur une clôture. Il y avait du sang et des langues de feu au-dessus du fjord bleu-noir et de la ville. Mes 5 amis continuèrent, et j'y restai, tremblant d'angoisse. Je sentis un cri infini qui passait à travers l'univers et déchirait la Nature.

Edvard MUNCH, *Journal intime*, 1892 © D.R.

Chapitre 19 • **Confronter diverses argumentations sur la question de l'Homme du XVIᵉ au XXᵉ siècle** **155**

★★★
10 Comprendre une mise en garde face à l'inhumanité

VERS LE COMMENTAIRE

a. Quelles précisions permettent de comprendre que Primo Levi évoque sans les nommer explicitement les atrocités des camps de concentration ?

b. Par quels procédés l'auteur implique-t-il fortement son lecteur pour provoquer une prise de conscience ?

c. Montrez que l'efficacité argumentative de ce pressant appel, de cette exhortation à se souvenir, tient :
➜ à sa composition ;
➜ au jeu des oppositions ;
➜ aux images ;
➜ aux figures de l'amplification.

d. Quelles autres ressources, propres à la poésie, l'auteur exploite-t-il pour donner toute sa force à cet appel ?

e. Observez attentivement la photographie ci-contre. En quoi est-elle, comme le poème de Levi, un avertissement sur ce qui menace l'humanité de l'homme ?

Primo Levi, juif d'origine italienne, a 24 ans lorsqu'il est déporté à Auschwitz, en 1944.

Vous qui vivez en toute quiétude
Bien au chaud dans vos maisons,
Vous qui trouvez le soir en rentrant
La table mise et des visages amis,
5 *Considérez si c'est un homme*
Que celui qui peine dans la boue,
Qui ne connaît pas de repos,
Qui se bat pour un quignon de pain,
Qui meurt pour un oui pour un non.
10 *Considérez si c'est une femme*
Que celle qui a perdu son nom et ses cheveux
Et jusqu'à la force de se souvenir,
Les yeux vides et le sein froid
Comme une grenouille en hiver.
15 *N'oubliez pas que cela fut,*
Non, ne l'oubliez pas :
Gravez ces mots dans votre cœur.
Pensez-y chez vous, dans la rue,
En vous couchant, en vous levant ;
20 *Répétez-les à vos enfants.*
Ou que votre maison s'écroule ;
Que la maladie vous accable,
Que vos enfants se détournent[1] de vous.

Primo LEVI, *Si c'est un homme (Se questo è un uomo)*
(1947), traduit de l'italien par Martine Schruoffeneger,
© Éditions Julliard, 1987

1. Les verbes des trois derniers vers sont employés au subjonctif.

V. Yudin, *Groupe de survivants dans le camp de concentration d'Auschwitz après sa libération* (1945), photographie.

★★★
11 Analyser une réflexion sur l'homme et la science

a. À quel(s) genre(s) littéraire(s) appartient ce texte ?

b. Quels sont les deux domaines de l'activité humaine sur lesquels porte cette réflexion ? Relevez les mots du champ lexical de ces domaines.

c. Qu'apporte à l'argumentation le rappel de l'expérience personnelle de l'auteur ?

d. Résumez en une phrase le contenu de la réflexion philosophique de Michel Serres.

e. En quoi cette réflexion rejoint-elle l'affirmation de Gargantua à son fils : « Science sans conscience n'est que ruine de l'âme » (> *p. 161*) ?

Hiroshima

Je suis devenu philosophe à cause d'Hiroshima. J'étais mathématicien, scientifique. Hiroshima
5 a été pour moi une rupture philosophique de première importance parce que j'avais toujours appris que la science est toute bonne et seule bonne ; elle avait apporté le progrès, le confort, la guérison. Puis, tout d'un coup, la science était
10 capable de donner des résultats de ce genre. Cela a été pour moi un drame absolu. Dans les années 1950 et 1960, lorsque je faisais mes études à l'École normale ou à la Sorbonne, j'ai dit aux épistémologues[1] qui étaient mes professeurs
15 qu'ils n'avaient pas entendu le son d'Hiroshima. Les professeurs d'épistémologie ne tenaient pas compte de cet événement-là. Or, si on n'en tient pas compte, on ne peut pas parler de science. La philosophie des sciences ne peut pas faire l'éco-
20 nomie de l'éthique[2] des sciences.

Michel SERRES, *Le Monde magazine*, n° 60,
6 novembre 2010

1. Philosophes des sciences. – 2. La morale.

12 De la réflexion philosophique au document iconographique

a. Quelles phrases du texte de Michel Serres (exercice 11) cette photographie pourrait-elle illustrer ?
b. D'où vient sa force argumentative (sujets, composition, registre…) ?
c. Proposez une légende qui rendrait compte du contenu argumentatif de la photo.

Nick Ut, *Kim Phuc âgée de 9 ans et d'autres enfants effrayés après un bombardement au napalm près de Trang Bang, au Viêtnam* (1972), photographie

Des mots pour…
parler de l'homme

▌**Les sciences de l'homme :** anthropologie, sociologie, ethnologie, ethnographie, philosophie…
▌**L'être humain** peut être désigné par l'homme, l'humanité, l'espèce humaine, le genre humain…
▌**Les domaines de l'humain :** société, science, morale, religion, politique, esthétique, culture…
▌**Le groupe social** auquel appartient l'homme : société, corps social, collectivité, communauté, peuple, peuplade, hiérarchie…
▌**Les coutumes :** habitudes, mœurs, pratiques, usages, tradition, lois, institutions, règles…
▌**La morale :** éthique, sagesse, règles de vie, valeurs, bien, qualités, mal, défauts, vices, devoir, conscience…
▌**Les croyances :** convictions, religion, confession, foi, culte, superstition…

13 Proposer une réflexion moderne sur l'homme

VERS L'ÉCRITURE D'INVENTION

À partir de vos lectures et de votre réflexion personnelle et sur le modèle du poème ci-dessous, composez un texte qui rendra compte de ce qu'est pour vous un « homme » et qui se terminera par le dernier vers du poème de Kipling.

[…]
Si tu sais méditer, observer et connaître,
Sans jamais devenir sceptique ou destructeur ;
Rêver, mais sans laisser ton rêve être ton maître,
Penser sans n'être qu'un penseur ;

Si tu peux être dur sans jamais être en rage,
Si tu peux être brave et jamais imprudent,
Si tu sais être bon, Si tu sais être sage,
Sans être moral ni pédant ;
[…]

Alors les Rois, les Dieux, la Chance et la Victoire
Seront à tous jamais tes esclaves soumis,
Et, ce qui vaut mieux que les Rois et la Gloire,
Tu seras un homme, mon fils.

Rudyard KIPLING, « If », in *You'll be a Man, my Son !* (1910), traduit de l'anglais par André MAUROIS, extrait de *Si-Tu seras un homme, mon fils*, Guillaume Reynard, © Éditions Flammarion (1998)

TOUTES SÉRIES

Objet d'étude : La question de l'Homme dans les genres de l'argumentation, du XVIe siècle à nos jours

Corpus

Texte A   VOLTAIRE, *Femmes, soyez soumises à vos maris* (1768)

Texte B   Olympe DE GOUGES, *Déclaration des droits de la femme et de la citoyenne*, préambule (1791)

Texte C   Simone DE BEAUVOIR, *Le Deuxième Sexe* (1949)

Document D   PLANTU, *L'Année 1999* (1999)

Texte A

Madame de Grancey vient de lire la lettre de saint Paul dans laquelle il écrit : « Femmes, soyez soumises à vos maris » ; elle fait part de son indignation à l'abbé de Châteauneuf...

Sommes-nous donc des esclaves ? N'est-ce pas assez qu'un homme, après m'avoir épousée, ait le droit de me donner une maladie de neuf mois, qui quelquefois est mortelle ? [...] Ne suffit-il pas que je sois sujette
5 tous les mois à des incommodités très désagréables pour une femme de qualité, et que, pour comble, la suppression d'une de ces douze maladies par an soit capable de me donner la mort sans qu'on vienne me dire encore : Obéissez ?
10 Certainement la nature ne l'a pas dit ; elle nous a fait des organes différents de ceux des hommes ; mais en nous rendant nécessaires les uns aux autres, elle n'a pas prétendu que l'union formât un esclavage. Je me souviens bien que Molière a dit :
15 *Du côté de la barbe est la toute-puissance.*[1]
Mais voilà une plaisante raison pour que j'aie un maître ! Quoi ! Parce qu'un homme a le menton couvert d'un vilain poil rude, qu'il est obligé de tondre de fort près, et que mon menton est né rasé, il faudra
20 que je lui obéisse très humblement ? Je sais bien qu'en général les hommes ont les muscles plus forts que les nôtres, et qu'ils peuvent donner un coup de poing mieux appliqué : j'ai peur que ce ne soit là l'origine de leur supériorité.
25 Ils prétendent avoir aussi la tête mieux organisée, et, en conséquence, ils se vantent d'être plus capables de gouverner ; mais je leur montrerai des reines qui valent bien des rois. On me parlait ces jours passés d'une princesse allemande qui se lève à cinq heures
30 du matin pour travailler à rendre ses sujets heureux, qui dirige toutes les affaires, répond à toutes les lettres, encourage tous les arts, et qui répand autant de bienfaits qu'elle a de lumières. Son courage égale ses connaissances ; aussi n'a-t-elle pas été élevée dans
35 un couvent par des imbéciles qui nous apprennent ce qu'il faut ignorer, et qui nous laissent ignorer ce qu'il faut apprendre. Pour moi, si j'avais un État à gouverner, je me sens capable d'oser suivre ce modèle.

VOLTAIRE, *Femmes, soyez soumises à vos maris* (1768)

1. Paroles du bourgeois Arnolphe à la jeune Agnès, sa pupille, dans *L'École des femmes*, de Molière.

Texte B

Femme de lettres, Olympe de Gouges fut l'une des premières féministes françaises. Ses prises de position pour l'égalité des droits et ses attaques contre Robespierre la conduisirent à l'échafaud, en 1793.

Homme, es-tu capable d'être juste ? C'est une femme qui t'en fait la question ; tu ne lui ôteras du moins pas ce droit. Dis-moi : Qui t'a donné le souverain empire d'opprimer mon sexe ? ta force ? tes talents ?
5 Observe le Créateur dans sa sagesse ; parcours la nature dans toute sa grandeur, dont tu sembles vouloir te rapprocher, et donne-moi, si tu l'oses, l'exemple de cet empire tyrannique.
Remonte aux animaux, consulte les éléments, étu-
10 die les végétaux, jette enfin un coup d'œil sur toutes les modifications de la matière organisée ; et rends-toi à l'évidence quand je t'en offre les moyens ; cherche, fouille et distingue, si tu le peux, les sexes dans l'administration de la nature. Partout tu les trouveras
15 confondus, partout ils coopèrent avec un ensemble harmonieux à ce chef-d'œuvre immortel.
L'homme seul s'est fagoté un principe de cette exception. Bizarre, aveugle, boursouflé de sciences et dégénéré, dans ce siècle de lumières[1] et de sagacité[2],
20 dans l'ignorance la plus crasse, il veut commander en despote sur un sexe qui a reçu toutes les facultés intellectuelles ; qui prétend jouir de la révolution, et réclamer ses droits à l'égalité, pour ne rien dire de plus.

Olympe de GOUGES, *Déclaration des droits de la femme et de la citoyenne*, préambule (1791)

1. Connaissances. – 2. Vivacité d'esprit.

Aujourd'hui, il est très difficile aux femmes d'assumer à la fois leur condition d'individu autonome et leur destin féminin ; c'est là la source de ces maladresses, de ces malaises qui les font parfois considérer comme « un sexe perdu ». Et sans doute il est plus confortable de subir un aveugle esclavage que de travailler à s'affranchir : les morts aussi sont mieux adaptés à la terre que les vivants. De toute façon un retour au passé n'est pas plus possible qu'il n'est souhaitable. Ce qu'il faut espérer, c'est que de leur côté les hommes assument sans réserve la situation qui est en train de se créer ; alors seulement la femme pourra la vivre sans déchirement. Alors pourra être exaucé le vœu de Laforgue[1] : « O jeunes filles, quand serez-vous nos frères, nos frères intimes sans arrière-pensée d'exploitation ? quand nous donnerons-nous la vraie poignée de main ? » […] Alors elle sera pleinement un être humain, « quand sera brisé l'infini servage de la femme, quand elle vivra pour elle et par elle, l'homme – jusqu'ici abominable – lui ayant donné son renvoi »[2].

Simone DE BEAUVOIR, *Le Deuxième Sexe* (1949),
© Éditions Gallimard

1. Citation du poète Jules Laforgue (1860-1887).
2. Citation extraite de la lettre de Rimbaud à Paul Demeny (Charleville, 15 mai 1871).

« La femme est l'avenir de l'homme » : titre d'une chanson de Jean Ferrat inspiré d'un vers de Louis Aragon, « L'avenir de l'homme, c'est la femme » (*Le Fou d'Elsa*, 1963).

Plantu (né en 1951), *L'Année 1999*, dessin (1999).

Observez attentivement les quatre documents du corpus, puis comparez les stratégies argumentatives de ces documents qui traitent de la condition féminine.

Vous traiterez au choix l'un des trois sujets proposés.

Commentaire
Séries générales (16 points)
Vous commenterez le texte de Voltaire.

Séries technologiques (14 points)
Vous commenterez le texte d'Olympe de Gouges, en vous appuyant sur le parcours suivant :
– d'où vient la véhémence de ce préambule ?
– à quoi voit-on que son auteur est bien une femme du XVIIIe siècle ?

Dissertation

La question de l'homme vous paraît-elle être le sujet fondamental de toute littérature ? Vous répondrez par un développement organisé en vous appuyant sur les textes du corpus et sur vos lectures.

Écriture d'invention

Composez le discours que vous pourriez prononcer de nos jours devant une assemblée de représentants internationaux pour les inciter à améliorer la condition des femmes. Vous emprunterez le registre lyrique et vous aurez recours aux procédés de la persuasion.

20
Étudier les problématiques
de l'humanisme
pendant la Renaissance

Objectifs et compétences

▶ Comprendre les changements dans la vision de l'homme et du monde à la Renaissance
▶ Analyser la place des sources antiques dans l'humanisme
▶ Percevoir la dimension européenne et la modernité de l'humanisme

‖‖‖‖‖‖ Découvrir

Le géant Gargantua écrit à son fils Pantagruel parti étudier à Paris : dans sa lettre, il définit ce qu'est pour lui la formation d'un humaniste.

Très cher fils,

[...] je t'engage à employer ta jeunesse à bien progresser en savoir et en vertu. Tu es à Paris, tu as ton précepteur Epistémon : l'homme par un enseignement direct et de vive voix, la ville par de
5 louables exemples, ont pouvoir de te former.

J'entends et je veux que tu apprennes parfaitement les langues : premièrement le grec, comme le veut Quintilien[1]; deuxièmement le latin ; puis l'hébreu pour les saintes Lettres, le chaldéen et l'arabe[2] pour la même raison ; et que tu formes ton style sur celui de Pla-
10 ton pour le grec, sur celui de Cicéron pour le latin. Qu'il n'y ait pas d'étude scientifique que tu ne gardes présente en ta mémoire et pour cela tu t'aideras de l'universelle encyclopédie des auteurs qui s'en sont occupés.

Des arts libéraux[3] : géométrie, arithmétique et musique, je t'en ai
15 donné le goût quand tu étais encore jeune, à cinq ou six ans ; achève le cycle ; en astronomie, apprends toutes les règles, mais laisse-moi l'astrologie et l'art de Lulle[4], comme autant de supercheries et de futilités.

[...] Et quant à la connaissance de l'histoire naturelle, je veux
20 que tu t'y adonnes avec zèle : qu'il n'y ait mer, rivière, ni source dont tu ignores les poissons ; tous les oiseaux du ciel, tous les arbres, arbustes, et les buissons des forêts, toutes les herbes de la terre, tous les métaux cachés au ventre des abîmes, les pierreries de tous les pays de l'Orient et du Midi, que rien ne te soit inconnu.
25 Puis relis soigneusement les livres des médecins grecs, arabes et latins, sans mépriser les Talmudistes et les Cabalistes[5] et, par de fréquentes dissections, acquiers une connaissance parfaite de cet autre monde qu'est l'homme. Et pendant quelques heures du jour, va voir les saintes Lettres : d'abord, en grec, le Nouveau Testament et les
30 Épîtres des apôtres puis, en hébreu, l'Ancien Testament.

En somme, que je voie en toi un abîme de science. […] Et je veux que, bientôt, tu mettes à l'épreuve tes progrès ; cela, tu ne pourras pas mieux le faire qu'en soutenant des discussions publiques, sur tous les sujets, envers et contre tous, et qu'en fréquentant les gens lettrés qui sont tant à Paris qu'ailleurs.

Mais – parce que, selon le sage Salomon[6], Sagesse n'entre pas en âme malveillante et que science sans conscience n'est que ruine de l'âme – tu dois servir, aimer et craindre Dieu, et mettre en Lui toutes tes pensées et tout ton espoir ; […]

Mon fils, que la paix et la grâce de Notre-Seigneur soient avec toi. *Amen.*

D'Utopie[7], ce dix-septième jour du mois de mars,

Ton père, Gargantua.

▶ François RABELAIS, *Pantagruel*, chap. VIII (1532), édition en français moderne par Guy Demerson, © Éditions du Seuil, 1973 et 1995

1. Rhéteur et pédagogue latin du 1er s. après J.-C. – 2. Langues nécessaires à l'étude de l'Écriture sainte. – 3. Les principales disciplines de l'enseignement. – 4. Philosophe scolastique du XIVe s. qui incarne la pensée obscure du Moyen Âge. – 5. Commentateurs qui expliquent le sens caché de l'Ancien Testament. – 6. Roi de la Bible, particulièrement sage et juste. – 7. Pays imaginaire ayant un gouvernement idéal rendant les gens heureux, imaginé par Thomas More (▶*p. 166*).

Vincenzo Foppa (vers 1430-vers 1515), *Le Jeune Cicéron lisant* (vers 1464), fresque (Wallace Collection, Londres, Royaume-Uni).

QUESTIONS

1. Relevez et classez les disciplines et les sources de l'enseignement préconisé par Gargantua. Qu'en concluez-vous sur ce programme d'étude ?

2. Relevez les références à l'Antiquité.

3. L'apprentissage, d'après Gargantua, passe-t-il principalement par la lecture des livres ?

4. Quelles sont les marques de l'enthousiasme de Gargantua ? Quels passages révèlent cependant son réalisme et sa lucidité ?

5. Quels sont, d'après cette lettre, les buts de l'éducation humaniste ? En quoi vise-t-elle à former l'âme plus que l'esprit ?

Problématique

● **Quelle influence l'humanisme continue-t-il à exercer sur nos représentations esthétiques, politiques et morales ?**

Étudier l'humanisme de la Renaissance, c'est :

● mesurer les mutations religieuses, morales, scientifiques et artistiques qu'il a apportées ;

● prendre conscience des sources antiques de la culture européenne ;

● et comprendre ce que notre monde européen moderne doit à ce courant de pensée.

L'humanisme de la Renaissance

Les hommes du XVIᵉ siècle pensent vivre un nouvel âge d'or, une renaissance. Ils rejettent le Moyen Âge et redécouvrent la culture et la littérature de l'Antiquité gréco-latine, les « humanités », d'où leur nom d'humanistes. Par sa croyance en l'homme, l'humanisme de la Renaissance marque aussi le début des Temps modernes, inspire les Lumières et constitue encore aujourd'hui une référence morale et intellectuelle.

1 LE CONTEXTE DE LA RENAISSANCE

■ **Les progrès techniques de la navigation** permettent les **grandes découvertes** : le monde connu change brutalement de dimension. Les nouveaux pays suscitent l'admiration. Les richesses affluent en Europe et permettent d'entretenir des artistes pour décorer palais et églises.

■ **L'imprimerie** (inventée par Gutenberg vers 1450) met les textes anciens et la Bible (le savoir et la foi) à la portée d'un public élargi. **Copernic** (1543) révolutionne l'astronomie : la Terre n'est plus le centre de l'Univers. La **médecine** progresse par la pratique de la dissection.

■ **L'Italie**, principale puissance économique européenne, devient dès le XVᵉ siècle le **foyer intellectuel et artistique de l'Europe**. Après la prise de Constantinople par les Turcs (1453), des manuscrits anciens sont mis en sûreté en Italie par des savants, qui stimulent le retour aux sources de l'Antiquité. Les guerres d'Italie (1494-1559) permettent aux Français de découvrir l'art de vivre à l'italienne. Les poètes de la Pléiade imitent les sonnets de **Pétrarque** (1304-1374). **Léonard de Vinci** (1452-1510) construit pour François Iᵉʳ les châteaux de la Loire.

■ **Les guerres de Religion** se déchaînent de 1562 à 1598 (édit de Nantes). **La lecture individuelle de la Bible** se généralise grâce à l'imprimerie. En France, les **évangélistes** souhaitent un retour de l'Église au christianisme primitif. Rabelais en France, le Hollandais Érasme, l'Anglais Thomas More participent à ce mouvement et échangent une correspondance. **Luther** (1483-1546), en Allemagne, proteste contre les abus de l'Église. Après l'Allemagne et l'Europe du Nord, la **Réforme protestante** gagne la France avec **Calvin** (1509-1564). Une partie de l'Europe change de religion.

2 LES VALEURS DE L'HUMANISME

■ **L'humaniste croit en l'homme** pour édifier un nouveau monde. Il le met au centre de ses préoccupations, faisant sienne la devise de l'écrivain latin Térence (194-159 av. J.-C.) : « **Je suis homme et rien de ce qui est humain ne m'est étranger** ».

■ **Il rejette l'enseignement traditionnel médiéval**, la scolastique, et invente une nouvelle pédagogie pour éduquer l'homme dans toutes ses dimensions (morale, intellectuelle, physique…) (❯ *Texte p. 160*).

■ **Il revendique sa liberté de penser** et exprime sa vision d'une société idéale dans des utopies (*Utopie* de Thomas More, 1516 ; l'abbaye de Thélème dans *Gargantua* de Rabelais, 1534) et des mondes de fantaisie (*Éloge de la folie* d'Érasme, 1511).

■ **Animé d'un esprit d'ouverture et de tolérance**, il concilie l'héritage païen et un christianisme ouvert, le cosmopolitisme européen et une conscience nationale.

3 VERS LA SAGESSE LUCIDE

■ **L'humanisme de la première moitié du XVIᵉ siècle est plutôt optimiste** à l'image des personnages inventés par **Rabelais** dans *Pantagruel* (1532) et *Gargantua* (1534). Ces bons géants sont en quête de sagesse, condamnent les guerres injustes qui ravagent leurs royaumes et s'ouvrent à de nouveaux mondes.

■ **La tragédie des guerres de Religion et les crimes des conquistadors** tempèrent l'enthousiasme des humanistes.

■ **Montaigne**, dans ses *Essais* (1580-1595), fait le bilan de ses expériences : l'homme est instable, plein de contradictions, mais Montaigne « aime la vie » (>*p. 153*).

4 UNE LANGUE MODERNE, DES GENRES ET DES REGISTRES VARIÉS

■ Les humanistes européens **communiquent en latin** mais ils cherchent aussi à **enrichir leur langue nationale** pour mettre l'art, le savoir et la foi à la portée de leurs compatriotes.

■ **Les poètes de la Pléiade**, Du Bellay et Ronsard, étoffent le français en retrouvant des termes anciens, en empruntant aux dialectes provinciaux, en créant des mots à partir du latin ou du grec… (*Défense et Illustration de la langue française* de Du Bellay, 1549). Ils empruntent des formes poétiques aux Anciens (églogues, épîtres…) et le sonnet à l'Italie.

MÉTHODE

Analyser la place des sources antiques dans les textes de la Renaissance

Pour apprécier la place de l'Antiquité dans un texte de la Renaissance, il faut repérer :

les thèmes repris de l'Antiquité : la nature, qui permet à l'homme de prendre la mesure de la grandeur du monde et de la Création, l'éducation, le pouvoir, la politique ;

les références aux doctrines philosophiques de l'Antiquité

◆ **Le stoïcisme** : philosophie austère qui prône la maîtrise des passions par la volonté, l'indifférence à ce qui peut affecter l'être humain et l'exercice de la vertu.

◆ **L'épicurisme** : philosophie qui propose de limiter son bonheur aux plaisirs naturels et de pratiquer le « Carpe diem » (« Cueille le jour », c'est-à-dire « Profite des plaisirs simples de la vie »).

◆ **Le scepticisme** : philosophie qui prône le doute et dont la devise est « Que sais-je ? ».

les allusions mythologiques ou historiques à travers les noms propres ou les mentions de personnages célèbres ;

les citations grecques ou latines d'auteurs antiques ;

les tournures syntaxiques empruntées aux langues anciennes (comme « Heureux qui comme Ulysse… ») ou aux « périodes » latines, longues phrases oratoires (>*chap. 17*).

[La] Nature est un doux guide, mais pas plus doux que sage et juste.

« *Intrandum est in rerum naturam, et penitus quid ea postulet, pervidendum*[1] ». […] Je cherche partout la piste de [la] Nature : nous l'avons brouillée de traces artificielles[2] […]. Pourquoi démembrons-nous par un divorce[3] une construction dont les parties tissées entre elles se correspondent si étroitement et si fraternellement ? Au contraire, renouons-la par des services mutuels. Que l'esprit s'éveille et vivifie la pesanteur du corps, le corps arrête la légèreté de l'esprit et la fixe.

MONTAIGNE, *Essais*, III, 13 (1580-1595), édition en français moderne par A. Lanly, © Éditions Honoré Champion 2002

1. « Il faut entrer dans la nature des choses et voir exactement ce qu'elle exige. » (Cicéron). – 2. Nous avons perdu sa trace, parce qu'elle est mêlée sous des traces non naturelles. – 3. Pourquoi écartelons-nous les membres d'un bâtiment ?

• Montaigne, dans sa profession de foi épicurienne, conseille, à **l'exemple des Anciens**, de se mettre à l'écoute de la nature. Il personnifie cette dernière sous les traits d'une déesse protectrice, « prudent(e) » – celle des Anciens –, qui enseigne la modération des désirs. **Cicéron, cité en latin**, lui fournit un argument d'autorité qui donne du poids à cette leçon de philosophie. Comme les Anciens, Montaigne refuse la séparation de l'esprit et du corps et **s'oppose** ainsi à **la conception médiévale** qui considérait le corps comme inférieur. Il conseille de cultiver harmonieusement l'un et l'autre ; il rappelle ainsi le « *mens sana in corpore sano* » (« un esprit sain dans un corps sain ») de l'Antiquité. Montaigne s'est ainsi forgé une philosophie de vie personnelle mais dont il a puisé de nombreux éléments dans sa culture antique.

Exercices

1 Repérer les références à l'Antiquité

a. Recherchez qui sont Cybèle et les Faunes. Pourquoi Ronsard les a-t-il introduits dans cet hymne à la beauté d'Hélène ? Expliquez le rapport entre Cybèle et le pin.

b. À quels rites ou habitudes antiques font allusion les vers 1, 10, 11, 13 et 14 ?

c. En quoi ces références discrètes s'harmonisent-elles bien avec les thèmes de l'amour, de la jeunesse et de la beauté ?

Je plante en ta faveur cet arbre de Cybelle[1],
Ce Pin, où tes honneurs[2] se liront tous les jours :
J'ai gravé sur le tronc nos noms et nos amours,
Qui croîtront à l'envi[3] de l'écorce nouvelle.

5 Faunes qui habitez ma terre paternelle,
Qui menez sur le Loir vos danses et vos tours[4],
Favorisez la plante et lui donnez secours,
Que l'Été ne la brûle, et l'Hiver ne la gèle.

Pasteur, qui conduiras en ce lieu ton troupeau,
10 Flageolant[5] une Églogue[6] en ton tuyau d'aveine[7],
Attache tous les ans à cet arbre un tableau[8],

Qui témoigne aux passants mes amours et ma
            [peine :
Puis l'arrosant de lait et du sang d'un agneau,
Dis : « Ce Pin est sacré, c'est la plante d'Hélène. »

Pierre DE RONSARD, *Sonnets pour Hélène*, II, 8 (1578)

Fra Filippo Lippi (vers 1406-1469), *Rencontre d'un homme et d'une femme* (vers 1440), tempera sur bois, 64,1 x 41,9 cm (Metropolitan Museum of Art, New York, États-Unis).

1. Orthographe moderne : Cybèle. – 2. Beautés, –
3. En abondance. – 4. Rondes. – 5. Jouant d'une petite flûte, le flageolet. – 6. Petit poème sur des thèmes rustiques. –
7. Avoine. – 8. Les Anciens suspendaient aux arbres sacrés ou dans les temples des tableaux en remerciement aux dieux.

★ 2 Mesurer l'influence de l'humanisme italien

a. Comparez ces sonnets de Louise Labé et de Pétrarque, humaniste italien du XIVᵉ s. Quelles ressemblances trouvez-vous dans le thème, la structure du poème et des vers, le choix des images ?

b. Quelles différences remarquez-vous ?

TEXTE 1

Paix je ne trouve et n'ai à faire guerre,
Et je crains et espère, et brûle et suis de glace,
Et vole au ciel et sur la terre gis,
Et rien n'étreins et tout le monde embrasse.

5 Telle m'a en prison, qui ne m'ouvre ni ferme,
Et ne me tient pour sien, et ne défait le lacs[1] ;
Et ne me tue Amour ni ne défait mes fers,
Et ne me veut vivant ni me tire d'empas[2].

Je vois sans yeux, et n'ai de langue et crie,
10 Et j'aspire à périr et demande secours,
Et je me porte haine et aime autrui.

Je me pais[3] de douleur et pleurant ris,
Également me déplaît mort et vie.
En cet état je suis, Dame, à cause de vous.

PÉTRARQUE, *Canzoniere* (1374), sonnet CXXXIV, traduit par Gérard Genot, © Aubier-Flammarion, 1969

1. Lien. – 2. Embarras. – 3. Repais.

TEXTE 2

Je vis, je meurs ; je me brûle et me noie.
J'ai chaud extrême en endurant froidure ;
La vie m'est et trop molle et trop dure.
J'ai grands ennuis entremêlés de joie.

Tout à un coup je ris et je larmoie,
5 Et en plaisir maint grief[1] tourment j'endure ;
Mon bien s'en va, et à jamais il dure ;
Tout en un coup, je sèche et je verdoie.

Ainsi Amour inconstamment me mène.
Et quand je pense avoir plus de douleur,
10 Sans y penser je me trouve hors de peine.

Puis quand je crois ma joie être certaine,
Et être au haut de mon désiré heur[2],
Il me remet en mon premier malheur.

Louise LABÉ, Sonnets, VII (1555), orthographe modernisée, © Éditions Gallimard, Pléiade, 1969

1. Pénible. – 2. Bonheur.

★★ 3 Comparer deux programmes d'éducation humanistes

VERS LE COMMENTAIRE COMPARÉ

Comparez le programme d'éducation de Rabelais (texte p. 160) et celui de Montaigne.

➡ Repérez leurs ressemblances et leurs différences (matières, méthode d'apprentissage…).

➡ Identifiez les phrases clés de ces textes et commentez leur portée.

➡ Montrez que ces deux programmes sont complémentaires et témoignent d'une évolution des conceptions éducatives humanistes.

Montaigne propose des directives pour l'éducation d'un jeune noble.

[…] Je voudrais aussi qu'on fût soucieux de lui[1] choisir un guide[2] qui eût plutôt la tête bien faite que bien pleine et qu'on exigeât chez celui-ci les deux qualités, mais plus la valeur morale et
5 l'intelligence que la science, et [je souhaiterais] qu'il[3] se comportât dans [l'exercice de] sa charge d'une nouvelle manière.

On ne cesse de criailler à nos oreilles [d'enfants], comme si l'on versait dans un entonnoir,
10 et notre rôle, ce n'est que de redire ce qu'on nous a dit. Je voudrais que le précepteur corrigeât ce point [de la méthode usuelle], et que, d'entrée, selon la portée de l'âme qu'il a en main, il commençât à la mettre sur la piste[4], en lui faisant goû-
15 ter les choses, les choisir et les discerner d'elle-même[5], en lui ouvrant quelquefois le chemin, quelquefois en le lui faisant ouvrir. Je ne veux pas qu'il invente et parle seul, je veux qu'il écoute son disciple parler à son tour. […]
20 Qu'il[6] ne demande pas seulement [à son élève] de lui répéter des mots de sa leçon [qu'il lui a faite], mais de lui dire leur sens et leur substance, et qu'il juge du profit qu'il en aura fait, non par le témoignage de sa mémoire, mais par celui de sa
25 vie. Ce que [l'élève] viendra d'apprendre, qu'il le lui fasse mettre en cent formes et adaptées à autant de sujets différents pour voir s'il l'a dès lors bien compris et bien fait sien […].

MONTAIGNE, *Essais*, I, 26 (1580-1595), édition en français moderne par A. Lanly, © Éditions Honoré Champion, 1989

1. Au futur élève. – 2. Un précepteur. – 3. Le précepteur. – 4. Piste où l'on présente les chevaux pour le galop d'essai. – 5. L'âme elle-même, c'est-à-dire l'élève. – 6. Le précepteur.

4 Analyser deux utopies

Dans ces deux textes,

a. Relevez les termes positifs qui traduisent la confiance en l'homme et l'optimisme des humanistes.

b. Identifiez les qualités que Rabelais et More attribuent aux habitants de Thélème et d'Utopie et déduisez-en le portrait de l'humaniste idéal.

c. Pourquoi peut-on dire de l'abbaye de Thélème et de l'île d'Utopie qu'il s'agit de mondes utopiques (〉 *pp. 126-127*) ?

d. En quoi le tableau ci-dessous rend-il compte de l'atmosphère de l'abbaye de Thélème ?

La Fontaine de Jouvence (1470), enluminure (bibliothèque Estense, Modène, Italie).

Texte 1

Gargantua a fait construire, pour le moine Frère Jean, l'abbaye de Thélème, abbaye « du bon vouloir », selon l'étymologie grecque, où sont formés les jeunes nobles.

Toute leur vie[1] était régie non par des lois, des statuts ou des règles, mais selon leur volonté et leur libre arbitre. Ils sortaient du lit quand bon leur semblait, buvaient, mangeaient, travaillaient,
5 dormaient quand le désir leur en venait. Nul ne les éveillait, nul ne les obligeait à boire ni à manger, ni à faire quoi que ce soit. Ainsi en avait décidé Gargantua. Et leur règlement se limitait à cette clause :
10   FAIS CE QUE VOUDRAS,
parce que les gens libres[2], bien nés, bien éduqués, conversant en bonne société, ont naturellement un instinct, un aiguillon qu'ils appellent honneur et qui les pousse toujours à agir vertueu-
15 sement et les éloigne du vice. […]

Ils étaient si bien éduqués qu'il n'y avait aucun ou aucune d'entre eux qui ne sût lire, écrire, chanter, jouer d'instruments de musique, parler cinq ou six langues et s'en servir pour composer
20 en vers aussi bien qu'en prose. Jamais on ne vit des chevaliers si preux, si nobles, si habiles à pied comme à cheval, si vigoureux, si vifs et maniant si bien toutes les armes, que ceux qui se trouvaient là. Jamais on ne vit des dames si élégantes, si mi-
25 gnonnes, moins désagréables, plus habiles de leurs doigts à tirer l'aiguille et à s'adonner à toute activité convenant à une femme noble et libre, que celles qui étaient là.

François RABELAIS, *Gargantua*, LVII (1534), édition en français moderne par Guy Demerson, © Édition du Seuil, 1995

1. La vie des pensionnaires de l'abbaye. – 2. De bonne naissance.

Texte 2

Dans son essai politique et social Utopie, *l'Anglais Thomas More décrit une société fondée sur les valeurs humanistes qui habitent l'île d'Utopia.*

Derrière et entre les maisons se trouvent de vastes jardins. Chaque maison a une porte sur
5 la rue et une porte sur le jardin. Ces deux portes s'ouvrent aisément d'un léger coup de main, et laissent entrer le premier venu.

Les Utopiens appliquent en ceci le principe de la possession commune. Pour anéantir jusqu'à
10 l'idée de la propriété individuelle et absolue, ils changent de maison tous les dix ans, et tirent au sort celle qui doit leur tomber en partage.

Les habitants des villes soignent leurs jardins avec passion ; ils y cultivent la vigne, les fruits,
15 les fleurs et toutes sortes de plantes. Ils mettent à cette culture tant de science et de goût, que je n'ai jamais vu ailleurs plus de fertilité et d'abondance réunies à un coup d'œil plus gracieux. Le plaisir n'est pas le seul mobile qui les excite au
20 jardinage ; il y a émulation entre les différents quartiers de la ville, qui luttent à l'envi[1] à qui aura le jardin le mieux cultivé. Vraiment, l'on ne peut rien concevoir de plus agréable ni de plus utile aux citoyens que cette occupation. Le fondateur
25 de l'empire l'avait bien compris, car il appliqua tous ses efforts à tourner les esprits vers cette direction.

Thomas MORE, *Utopie*, livre II (1516), traduit par Victor Stouvenel

1. Avec enthousiasme.

5 Comparer deux réflexions européennes sur le pouvoir

Comparez ces deux extraits d'essais sur le pouvoir, en vous aidant des consignes suivantes.

➔ Précisez la situation d'énonciation dans les deux textes.

➔ Repérez les registres.

➔ Comparez les buts des deux auteurs.

Texte 1

Érasme, dans son essai fantaisiste, donne la parole à la Folie, qui vante la façon dont elle mène le monde.

Depuis longtemps, je désirais vous parler des Rois et des Princes de cour ; eux, du moins, avec la franchise qui sied à des hommes libres, me rendent un culte sincère.

5 À vrai dire, s'ils avaient le moindre bon sens, quelle vie serait plus triste que la leur et plus à fuir ? Personne ne voudrait payer la couronne du prix d'un parjure ou d'un parricide, si l'on réfléchissait au poids du fardeau que s'impose celui 10 qui veut vraiment gouverner. Dès qu'il a pris le pouvoir, il ne doit plus penser qu'aux affaires politiques et non aux siennes, ne viser qu'au bien général, ne pas s'écarter d'un pouce de l'observation des lois qu'il a promulguées et qu'il fait exé-15 cuter, exiger l'intégrité de chacun dans l'administration et les magistratures […]. Enfin, vivant au milieu des embûches, des haines, des dangers, et toujours en crainte, il sent au-dessus de sa tête le Roi véritable[1], qui ne tardera pas à lui demander 20 compte de la moindre faute, et sera d'autant plus sévère pour lui qu'il aura exercé un pouvoir plus grand.

En vérité, si les princes se voyaient dans cette situation, ce qu'ils feraient s'ils étaient sages, ils 25 ne pourraient, je pense, goûter en paix ni le sommeil, ni la table. C'est alors que j'apporte mon bienfait : ils laissent aux Dieux l'arrangement des affaires, mènent une vie de mollesse et ne veulent écouter que ceux qui savent leur parler agréable-30 ment et chasser tout souci des âmes. Ils croient remplir pleinement la fonction royale, s'ils vont assidûment à la chasse, entretiennent de beaux chevaux, trafiquent à leur gré des magistratures et des commandements, inventent chaque jour de 35 nouvelles manières de faire absorber par leur fisc la fortune des citoyens, découvrent les prétextes habiles qui couvriront d'un semblant de justice la pire iniquité[2]. Ils y joignent, pour se les attacher, quelques flatteries aux masses populaires.

ÉRASME, *Éloge de la folie* (1509-1511)
traduit par Pierre de Nolhac, © Éditions Flammarion
1. Dieu. – 2. Injustice.

Texte 2

Machiavel, homme politique florentin, donne des conseils aux princes pour gouverner efficacement.

Il n'est donc pas nécessaire à un prince d'avoir toutes les bonnes qualités dont j'ai fait l'énumération, mais il lui est indispensable de paraître les avoir ; j'oserai même dire qu'il est quelque-5 fois dangereux d'en faire usage, quoiqu'il soit toujours utile de paraître les posséder. Un prince doit s'efforcer de se faire une réputation de bonté, de clémence, de piété, de loyauté, et de justice ; il doit d'ailleurs avoir toutes ces bonnes qualités, 10 mais rester assez maître de soi pour en déployer de contraires, lorsque cela est expédient.

Je pose en fait qu'un prince, et surtout un prince nouveau, ne peut exercer impunément toutes les vertus de l'homme moyen, parce que 15 l'intérêt de sa conservation l'oblige souvent à violer les lois de l'humanité, de la charité, de la loyauté et de la religion. Il doit se plier aisément aux différentes circonstances dans lesquelles il peut se trouver. En un mot, il doit savoir persé-20 vérer dans le bien, lorsqu'il n'y trouve aucun inconvénient, et s'en détourner lorsque les circonstances l'exigent.

MACHIAVEL, *Le Prince* (1532), traduit de l'italien
par Raymond Naves © Éditions Garnier Frères 1968

Exercice guidé

★★★

6 **Retrouver les caractéristiques de l'humanisme dans un tableau**

Dites en quoi ce tableau de Botticelli rend compte des caractéristiques de l'esprit humaniste. Aidez-vous des indications suivantes.

➡ Repérez les figures mythologiques qui se trouvent dans le tableau et les détails qui figurent certains emblèmes de dieux ou déesses antiques.

➡ Repérez les motifs propres à l'art de la Renaissance :
– quels éléments rappellent les tableaux religieux chrétiens ?
– quelle image du corps humain donne ce tableau ?
– en quoi le cadre et la saison sont-ils en accord avec l'esprit humaniste ?

➡ Quel est le sens allégorique de ce tableau ?

Sandro Botticelli (1444-1510), *Le Printemps* (vers 1478), tempera sur bois, 203 x 314 cm (musée des Offices, Florence, Italie).

SÉRIE LITTÉRAIRE

Objet d'étude : Vers un espace culturel européen : Renaissance et humanisme

Corpus

Texte A	François RABELAIS, *Pantagruel*, XXXII (1532)
Texte B	Joachim DU BELLAY, « Heureux qui comme Ulysse », *Les Regrets*, XXXI (1558)
Texte C	Montaigne, *Essais*, III, 9, « De la vanité » (1580-1595)

Texte A

Le géant Pantagruel abrite ses soldats sous sa langue. Le narrateur, Alcofribas Nasier (anagramme de François Rabelais !), qui fait partie de son armée, s'aventure dans la bouche de son « maître ».

– Jésus, dis-je, il y a ici un nouveau monde ?

– Certes, dit-il, il n'est pas nouveau ; mais l'on dit bien que, hors d'ici, il y a une terre neuve où ils ont soleil et lune, et tout plein de belles affaires ; mais ce-
5 lui-ci est plus ancien.

– Oui mais, dis-je, mon ami, quel nom porte cette ville où tu vas vendre tes choux ?

– Elle porte le nom, dit-il, d'Aspharage[1], et les habitants sont des chrétiens, gens de bien, qui vous feront
10 un bon accueil.

Bref, je décidai d'y aller.

Or, en chemin, je rencontrai un compagnon qui tendait des pièges aux pigeons, et je lui demandai : « Mon ami, d'où viennent ces pigeons-ci ?
15 – Sire, dit-il, ils viennent de l'autre monde. »

Je pensai alors que, quand Pantagruel bâillait, les pigeons entraient à toute volée dans sa gorge, croyant que c'était un colombier. […]

Partant de là, je passai entre les rochers, qui étaient
20 ses dents, et je réussis à monter sur l'une d'elles ; là je trouvai les plus beaux lieux du monde, de beaux et grands jeux de paume, de belles galeries, de belles prairies, beaucoup de vignes et une infinité de fermettes à la mode italienne, dans les champs pleins de
25 délices ; là, je demeurai bien quatre mois et je ne fis jamais meilleure chère qu'alors.

Puis je descendis par les dents de derrière pour aller aux lèvres ; mais en passant je fus détroussé par des brigands dans une grande forêt, qui est vers les
30 oreilles.

Puis, en redescendant, je trouvai une petite bourgade dont j'ai oublié le nom, où je fis encore meilleure chère que jamais, et où je gagnai un peu d'argent pour vivre. Savez-vous comment ? À dormir ; car on loue
35 les gens à la journée pour dormir, et ils gagnent cinq à six sous par jour ; mais ceux qui ronflent bien fort gagnent bien sept sous et demi. Je racontai aux sénateurs comment on m'avait détroussé dans la vallée ; ils me dirent qu'en vérité les gens qui vivaient au-delà
40 étaient malfaisants et brigands de nature ; à cela je vis que, de même que nous avons des contrées en deçà et au-delà des monts, de même ils en ont en deçà et au-delà des dents ; mais il fait bien meilleur vivre en deçà et l'air y est meilleur.

45 Là je me mis à penser qu'on ne se trompe pas quand on dit que la moitié du monde ne sait pas comment l'autre vit, vu que personne n'avait encore écrit sur ce pays-là, où il y a plus de vingt-cinq royaumes habités, sans compter les déserts et un gros bras de mer ; mais
50 j'ai composé là-dessus un grand livre intitulé l'*Histoire des Rengorgés* ; je les ai nommés ainsi parce qu'ils demeurent dans la *gorge* de mon maître Pantagruel.

Finalement je voulus m'en retourner, et passant par sa barbe, je me jetai sur ses épaules, et de là je dévale à
55 terre et tombe devant lui.

François RABELAIS, *Pantagruel*, chap. XXXII (1532), édition en français moderne par Guy Demerson, © Éditions du Seuil 1973 et 1995

1. Nom inventé du grec qui signifie « Ville-du-Gosier ».

Le poète Du Bellay se trouve à Rome, où il écrit Les Regrets, *ses impressions de voyage…*

Heureux qui, comme Ulysse, a fait un beau voyage,
Ou comme celui-là qui[1] conquit la toison[2],
Et puis est retourné, plein d'usage[3] et raison,
Vivre entre ses parents le reste de son âge !

5 Quand reverrai-je, hélas ! de mon petit village
Fumer la cheminée, et en quelle saison
Reverrai-je le clos de ma pauvre maison,
Qui m'est une province[4] et beaucoup davantage ?

Plus me plaît le séjour qu'ont bâti mes aïeux,
10 Que des palais romains le front audacieux,
Plus que le marbre dur me plaît l'ardoise fine,

Plus mon Loire gaulois que le Tibre latin,
Plus mon petit Liré[5] que le mont Palatin[6] :
Et plus que l'air marin la douceur angevine[7].

Joachim Du Bellay, *Les Regrets*, XXXI (1558)

1. L'homme qui. – 2. Le héros mythologique Jason, qui emmena les Argonautes conquérir la Toison d'or. – 3. Expérience. – 4. Un royaume. – 5. Village natal de Du Bellay, situé en Anjou. – 6. Une des sept collines de Rome. – 7. D'Anjou.

Texte C

Outre les raisons que j'ai données, faire des voyages me semble un exercice profitable. L'esprit y a une activité continuelle pour remarquer les choses inconnues et nouvelles, et je ne connais pas de meilleure
5 école, comme je l'ai dit souvent, pour former la vie que de mettre sans cesse devant nos yeux la diversité de tant d'autres vies, opinions et usages […].
J'ai une constitution physique qui se plie à tout et un goût qui accepte tout, autant qu'homme au monde.
10 La diversité des usages d'un peuple à l'autre ne m'affecte que par le plaisir de la variété. Chaque usage a sa raison [d'être]. Que ce soient des assiettes d'étain, de bois ou de terre cuite, [que ce soit] du bouilli ou du rôti, du beurre ou de l'huile de noix ou d'olive, [que
15 ce soit] du chaud ou du froid, tout est un pour moi et si un que[1], vieillissant, je blâme cette aptitude [qui me vient] d'une riche nature et que j'aurais besoin que la délicatesse [du goût] et le choix arrêtassent le manque de mesure de mon appétit et parfois soulageassent
20 mon estomac. Quand je me suis trouvé ailleurs qu'en France et que, pour me faire une politesse, on m'a demandé si je voulais être servi à la française, je m'en suis moqué et je me suis toujours précipité vers les tables les plus garnies d'étrangers.

25 J'ai honte de voir nos compatriotes enivrés de cette sotte manie [qui les porte à] s'effaroucher des manières contraires aux leurs : il leur semble qu'ils sont hors de leur élément s'ils sont hors de leur village. Où qu'ils aillent, ils restent attachés à leurs façons [de
30 vivre] et abominent celles des étrangers. […] La plupart d'entre eux ne partent en voyage que pour faire le retour. […] On dit bien vrai [quand on affirme] qu'un « honnête homme », c'est un « homme mêlé ».
Au rebours[2] [de nos compatriotes], je voyage fa-
35 tigué de nos façons de vivre, non pour chercher des Gascons en Sicile (j'en ai laissé assez au pays) ; je cherche plutôt des Grecs, et des Persans : c'est ceux-là que j'aborde, que j'observe ; c'est à cela que je me prête et que je m'emploie. Et qui plus est : il me semble
40 que je n'ai guère rencontré de manières qui ne vaillent pas les nôtres.

Montaigne, *Essais*, III, 9, « De la vanité », (1580-1595), édition modernisée par A. Lanly, © Éditions Honoré Champion, 2002

1. Au point que. – 2. Moi, au contraire.

Question (4 points)

Après avoir lu attentivement les textes du corpus, vous répondrez à la question suivante :
Quelles conceptions du voyage les textes de ce corpus proposent-ils ?

Travaux d'écriture (16 points)

Vous traiterez au choix l'un des trois sujets proposés.

Commentaire

Vous commenterez le texte de Rabelais.

Dissertation

Comment l'humanisme de la Renaissance a-t-il réussi à concilier deux aspirations apparemment contradictoires : le retour à l'Antiquité et une vision nouvelle et moderne du monde et de l'homme ?

Écriture d'invention

Composez un éloge du voyage dans lequel vous mettrez en valeur ses bienfaits dans la formation d'un être humain.

21

Étudier et pratiquer
la narration
et la description

Objectifs et compétences
- Étudier les modes de narration et les points de vue
- Comprendre l'articulation entre point de vue et description
- Analyser les différentes fonctions d'une description

||||||| Découvrir

Texte 1

Madame Cibot, ancienne belle écaillère[1], avait quitté son poste au *Cadran-Bleu* par amour pour Cibot, à l'âge de vingt-huit ans, après toutes les aventures qu'une belle écaillère rencontre sans les chercher. La beauté des femmes du peuple dure peu, surtout quand elles restent en espalier[2] à la porte d'un restaurant. Les chauds rayons
5 de la cuisine se projettent sur les traits qui durcissent, les restes de bouteilles bus en compagnie des garçons s'infiltrent dans le teint, et nulle fleur ne mûrit plus vite que celle d'une écaillère. Heureusement pour madame Cibot, le mariage légitime et la vie de concierge arrivèrent à temps pour la conserver ; elle demeura comme un modèle de Rubens[3], en gardant une beauté virile que ses rivales de la rue de Normandie calom-
10 niaient, en la qualifiant de *grosse dondon*. Ses tons de chair pouvaient se comparer aux appétissants glacis des mottes de beurre d'Isigny ; et nonobstant[4] son embonpoint, elle déployait une incomparable agilité dans ses fonctions. Madame Cibot atteignait à l'âge où ces sortes de femmes sont obligées de se faire la barbe[5]. N'est-ce pas dire qu'elle avait quarante-huit ans ? Une portière à moustaches est une des plus grandes garanties
15 d'ordre et de sécurité pour un propriétaire.

> Honoré DE BALZAC, *Le Cousin Pons* (1847)

1. Personne qui ouvre des huîtres, dans un restaurant.
2. Debout.
3. Peintre flamand du XVIIe siècle, connu pour ses modèles féminins aux formes généreuses.
4. Malgré.
5. Se raser.

QUESTIONS

1. Quelles sont vos impressions sur le personnage à la lecture du texte ?

2. Connaît-on l'identité de celui qui raconte ? Est-il absent du récit ?
Pour répondre, vous pouvez, par exemple, analyser les temps verbaux.

3. Le narrateur est-il neutre par rapport au personnage ? Repérez
les comparaisons et les métaphores. Qu'apportent-elles à la description
de Mme Cibot ?

4. L'ensemble de vos réponses confirme-t-il vos premières impressions ?

L'Assommoir, affiche du théâtre de la Porte Saint-Martin, Paris, 1900, lithographie de Steinlen (1859-1923), (musée des Arts décoratifs, Paris).

Texte 2

L'Assommoir *relate la vie de Gervaise, qui réussit une ascension sociale puis sombre dans l'alcool à la fin du roman. La scène suivante se déroule dans un café, alors qu'elle fréquente Coupeau, son futur mari.*

Et elle se leva. Coupeau, qui approuvait vivement ses souhaits, était déjà debout, s'inquiétant de l'heure. Mais ils ne sortirent pas tout de suite ; elle eut la curiosité d'aller regarder, au fond, derrière la barrière de chêne, le grand alambic de cuivre rouge, qui fonc-
5 tionnait sous le vitrage clair de la petite cour ; et le zingueur[1], qui l'avait suivie, lui expliqua comment ça marchait, indiquant du doigt les différentes pièces de l'appareil, montrant l'énorme cornue d'où tombait un filet limpide d'alcool. L'alambic, avec ses récipients de forme étrange, ses enroulements sans fin de tuyaux, gardait une
10 mine sombre ; pas une fumée ne s'échappait ; à peine entendait-on un souffle intérieur, un ronflement souterrain ; c'était comme une besogne de nuit faite en plein jour, par un travailleur morne, puissant et muet.

▶ Émile ZOLA, *L'Assommoir* (1877)

1. Il s'agit de Coupeau, qui est couvreur.

QUESTIONS

1. Qui raconte cette scène ?

2. À travers quels regards le lecteur découvre-t-il l'alambic ?

3. Quels changements percevez-vous à partir de la l. 8 ? Observez les temps verbaux et les pronoms.

4. La description répond-elle au même objectif au début et à la fin du paragraphe ?

Problématique

● **En quoi la narration, les points de vue et les descriptions sont-ils révélateurs d'une vision du monde et de l'homme ?**

Dans le roman et la nouvelle (mais aussi dans une fable, un conte, certaines tirades de théâtre), une histoire est racontée sous la forme d'un récit d'événements, souvent accompagné de descriptions.
Analyser un récit conduit à se poser trois questions essentielles :

● qui raconte ? C'est la question du mode de narration et du choix du narrateur ;

● qui voit ? C'est la question du choix du point de vue (ou focalisation) ;

● quelles sont les fonctions de la description dans le récit ?

Narration et description

1 MODE DE NARRATION ET CHOIX DU NARRATEUR

■ **Le narrateur** est celui qui, dans un roman, un conte ou une fable, prend en charge **le récit des événements et les descriptions**. Il doit être distingué de l'auteur, personne réelle qui signe le livre. On considère que le narrateur se confond avec l'auteur uniquement dans le cas de l'autobiographie.

■ La présence du narrateur est plus ou moins affirmée selon le **mode de narration** :

La narration est à la première personne
Si le narrateur raconte à la 1re personne, on parle de **narrateur-personnage**.
Il peut être un personnage essentiel à l'histoire ou un simple témoin de celle-ci.

La narration est à la troisième personne
Si le narrateur raconte à la 3e personne, on parle de **narrateur extérieur**.
Il est détaché de l'histoire et ne participe pas aux événements. Le récit semble alors avancer tout seul (⟩ *Texte 2, p. 171*).

2 LES POINTS DE VUE

■ **Appelé aussi focalisation**, **le point de vue** correspond à l'angle de vue, la perspective, plus ou moins large que le narrateur choisit pour raconter et décrire.
Le point de vue révèle notamment ce que le narrateur sait ou non des faits.

■ Les descriptions sont des passages clés permettant le repérage des points de vue.

■ **Trois points de vue** peuvent se combiner et alterner au sein d'un même récit.

Le point de vue omniscient (ou focalisation zéro)	Le point de vue interne	Le point de vue externe
• Avec le point de vue omniscient, **le narrateur sait tout** des événements, des lieux, des personnages : leurs pensées, leurs actions passées, présentes ou à venir. **Il peut tout voir et raconter** ce qui se passe en des lieux différents, en même temps. Il est omniscient (*omni* = tout, *scire* = savoir), il sait tout.	• Dans une narration à la 1re personne, le point de vue est systématiquement interne : **le narrateur-personnage ne raconte que ce qu'il perçoit et connaît**.	• Le narrateur choisit de ne pas entrer dans les pensées des personnages. Il n'est alors rien d'autre **qu'un témoin de l'histoire**, comme une **caméra** posée à un endroit.
	• Dans une narration à la 3e personne, le narrateur extérieur peut cependant choisir un point de vue interne. Il présente alors tout ou une partie de l'action, fait des commentaires et des jugements et décrit des lieux et des objets **à travers les yeux et l'esprit d'un des personnages** (que l'on nomme personnage focalisateur).	• Le point de vue externe n'existe donc jamais dans un récit à la 1re personne.
• Ce point de vue n'existe donc jamais dans un récit à la 1re personne.		
• La description est alors souvent précise et parfois savante.	• Dans les deux cas, la description est influencée par ce point de vue.	• La description se veut **objective**, elle se limite à ce qui peut être observé.

LES FONCTIONS DE LA DESCRIPTION

■ Quels que soient le mode de narration et le point de vue employés, la description peut remplir une ou plusieurs fonctions pouvant coexister dans un même récit :
– **une fonction informative**, et parfois **didactique**, qui sert à instruire le lecteur ;
– **une fonction référentielle** qui sert à créer un effet de réel ;
– **une fonction narrative** qui contribue à l'action, notamment en l'annonçant ;
– **une fonction symbolique** qui exprime (par un lieu, un objet, un trait physique ou moral d'un personnage dans le cadre de son portrait) une idée ou une valeur ;
– **une fonction esthétique** qui permet à l'auteur de mettre en valeur ses talents littéraires.

MÉTHODE

Interpréter et utiliser les modes de narration et les points de vue

■ **Choisir un narrateur-personnage** (point de vue interne, narration à la première personne), c'est mettre le lecteur en situation de confident, lui donner l'illusion d'une certaine proximité avec le narrateur. C'est une façon de transmettre la manière dont ce narrateur-personnage perçoit les événements et les autres personnages.

■ **Le point de vue omniscient**, quant à lui, fait croire au lecteur qu'il maîtrise l'ensemble de l'histoire (passé, présent, futur, pensées des différents personnages), alors qu'en définitive il ne connaît que ce que le narrateur veut bien lui en dire.

■ **Le point de vue externe**, lui, oblige le lecteur à être attentif aux indices que le narrateur lui propose : c'est par exemple au lecteur de déduire des actions d'un personnage son caractère ou ses pensées. Le lecteur doit décoder l'implicite.

■ **Varier les points de vue contribue à la richesse d'un récit**
Cette variété permet au lecteur de croiser les perceptions des événements et des personnages.

EXEMPLE COMMENTÉ

Une partie de loto a lieu pour l'anniversaire d'Eugénie, la fille du tonnelier Grandet, riche et avare.

À huit heures et demie du soir, deux tables étaient dressées. La jolie madame des Grassins avait réussi à mettre son fils[1] à côté d'Eugénie. Les acteurs de cette scène pleine d'intérêt, quoique
5 vulgaire en apparence, munis de cartons bariolés, chiffrés, et de jetons en verre bleu, semblaient écouter les plaisanteries du vieux notaire, qui ne tirait pas un numéro sans faire de remarque ; mais tous pensaient aux millions de monsieur Gran-
10 det. Le vieux tonnelier contemplait vaniteusement les plumes roses, la toilette fraîche de madame des Grassins, la tête martiale du banquier, celle d'Adolphe, le président, l'abbé, le notaire et se disait intérieurement : « Ils sont là pour mes écus […]. »

Honoré DE BALZAC, *Eugénie Grandet* (1833)

1. Adolphe : sa mère souhaite le voir épouser Eugénie.

• Balzac choisit ici de faire le récit des événements grâce à un **narrateur extérieur** à l'action ; cependant, ce dernier intervient en qualifiant madame des Grassins de « jolie » et la scène de « pleine d'intérêt ». D'autre part, les **points de vue** sont **variés** afin de rendre l'intérêt de la scène encore plus perceptible.
En effet, le début du paragraphe permet d'accéder aux pensées simultanées des invités de monsieur Grandet, qui « tous pensaient [à ses] millions ». Le point de vue est ici **omniscient**, le lecteur peut constater l'hypocrisie de l'assemblée qui assiste à la fête par intérêt.
À partir de la ligne 10, le narrateur change le point de vue, qui devient **interne**. Le lecteur peut repérer ce changement grâce à l'indication : « Le vieux tonnelier contemplait… ». Il a alors un accès privilégié aux réflexions de l'hôte, et peut ainsi s'apercevoir qu'il n'est pas dupe.

1 ★ Distinguer auteur, narrateur et personnage

a. Quel est le mode de narration dans cet extrait ?

b. Quelle est l'identité du narrateur ? Peut-il s'agir de l'auteur ?

c. Quels éléments du texte avez-vous exploités pour répondre à cette question ?

d. <mark>VERS L'ÉCRITURE D'INVENTION</mark>

À votre tour, rédigez un paragraphe dans lequel l'identité du narrateur est originale et doit être découverte par le lecteur.

> Impossible de se faufiler dans la pénombre de la cuisine où les dalles anciennes diffusent la fraîcheur de la céramique. Me voici condamnée, cette après-midi encore, à creuser dans le massif
> 5 des capucines calcinées pour abriter mon corps pesant de fièvre dans l'ombre des feuilles du dernier bégonia dont le vert s'étiole en une lutte inégale avec le souffle brûlant de la canicule […]. Il paraît que les vaches meurent en grand nombre.
> 10 Je suis à ce point exténuée que mes propres bourdonnements me font sursauter. Je me contente d'éponger d'une patte molle, le suintement de mes ailes bleutées de crainte qu'elles ne s'engluent, me paralysant sur place.

Noëlle CHATELET, « Sécheresse », *Histoires de bouche* (1986), © Mercure de France, 1986

2 ★ Choisir un des cinq sens pour construire une description

a. Connaît-on l'identité du narrateur ?

b. Le point de vue choisi donne-t-il accès aux pensées de l'ensemble des personnages présents dans la maison ou à un seul ? Justifiez votre réponse.

c. Quel est donc le point de vue employé ?

d. Comment ce choix aide-t-il le lecteur à mieux comprendre la situation de l'enfant ?

e. À quels sens fait appel la description ? Pourquoi ?

f. <mark>VERS L'ÉCRITURE D'INVENTION</mark>

Observez le tableau de Claude Monet, et rédigez une description qui fasse appel de manière privilégiée à l'un des cinq sens.

> Lorsque l'enfant s'éveilla, la nuit lui parut vieille. Grise déjà, et tout usée : on voyait le jour au travers. Couché sur le côté, il distinguait parfaitement le motif du papier peint. Alors il attendit. Attendit le bruit.
> 5 Le matin, au moins, il avait le temps de s'y préparer. Tout commençait par un crépitement léger, au plafond : les talons des femmes dans l'appartement du troisième (combien étaient-elles là-
> 10 haut ? Deux ? Trois ?). Puis des appels rauques dans la cour, le pas des hommes dans l'escalier, le grincement des portes ; et soudain, comme un aboiement, une morsure, le claquement sec des verrous ! Il avait beau prévoir, se boucher les
> 15 oreilles, se cacher sous la couverture, chaque fois il sursautait, son cœur s'affolait.

Françoise CHANDERNAGOR, *La Chambre* (2002), © Éditions Gallimard

Claude Monet (1840-1926), *La Gare Saint-Lazare* (1877), huile sur toile, 54,3 x 73,6 cm (National Gallery, Londres, Royaume-Uni).

3 ★ Reconnaître et comprendre l'utilisation d'un point de vue

a. Connaît-on l'identité du narrateur ?

b. Le point de vue choisi permet-il de connaître les préoccupations des parents ? Pourquoi est-ce utile pour la suite du conte ?

c. Quelles oppositions peut-on relever dans la description – le portrait – du petit Poucet ?

d. Qu'en déduisez-vous sur le point de vue choisi ? Quel est l'intérêt de ce choix ?

> Il était une fois un Bûcheron et une Bûcheronne qui avaient sept enfants, tous Garçons. L'aîné n'avait que dix ans, et le plus jeune n'en avait que sept. On s'étonnera que le Bûcheron ait
> 5 eu tant d'enfants en si peu de temps ; mais c'est que sa femme allait vite en besogne, et n'en faisait pas moins que deux à la fois. Ils étaient fort pauvres, et leurs sept enfants les incommodaient beaucoup, parce qu'aucun d'eux ne pouvait en-
> 10 core gagner sa vie. Ce qui les chagrinait encore, c'est que le plus jeune était fort délicat et ne disait mot : prenant pour bêtise ce qui était une marque de la bonté de son esprit. Il était fort petit, et quand il vint au monde, il n'était guère plus
> 15 gros que le pouce, ce qui fit que l'on l'appela le

petit Poucet. Ce pauvre enfant était le souffre-douleurs de la maison, et on lui donnait toujours le tort. Cependant il était le plus fin, et le plus avisé de tous ses frères, et s'il parlait peu, il écoutait
20 beaucoup.

Charles PERRAULT, « Le petit Poucet », *Contes de ma mère l'Oye* (1697)

★
4 Interpréter le choix d'un point de vue

a. Qui est le narrateur dans cet extrait ?
b. Quel est le point de vue choisi ?
c. Que comprend implicitement le lecteur sur les relations entre ces trois personnages ?

Il s'agit de la première page du récit.

– Veux-tu lire ce qu'il y a d'écrit au-dessus de ta partition ? demanda la dame.
– Moderato cantabile, dit l'enfant.
La dame ponctua cette réponse d'un coup de
5 crayon sur le clavier. L'enfant resta immobile, la tête tournée vers sa partition.
– Et qu'est-ce que ça veut dire, moderato cantabile ?
– Je ne sais pas.
10 Une femme, assise à trois mètres de là, soupira.
– Tu es sûr de ne pas savoir ce que ça veut dire, moderato cantabile ? reprit la dame.
L'enfant ne répondit pas. La dame poussa un cri d'impuissance étouffé, tout en frappant de
15 nouveau le clavier de son crayon. Pas un cil de l'enfant ne bougea. La dame se retourna.
– Madame Desbaresdes, quelle tête vous avez là, dit-elle.
Anne Desbaresdes soupira une nouvelle fois.
20 – À qui le dites-vous, dit-elle.

Marguerite DURAS, *Moderato cantabile* (1958),
© 1958, Éditions de Minuit

★★
5 Utiliser les modes de narration et les points de vue

VERS L'ÉCRITURE D'INVENTION

À partir de ce tableau, rédigez trois courts paragraphes :
➡ le premier d'un point de vue externe ;
➡ le second d'un point de vue omniscient ;
➡ le troisième en choisissant le point de vue interne, soit dans une narration à la 1ʳᵉ personne, soit dans une narration à la 3ᵉ personne. Le personnage focalisateur sera le jeune homme au centre du tableau.

★★
6 Repérer les changements de point de vue et leurs effets

a. À quel moment de ce texte trouve-t-on un changement de point de vue ? Justifiez votre réponse.
b. Qu'est-ce que cette alternance permet au lecteur de savoir ?

Julien Sorel, jeune paysan du Jura, se distingue très tôt par son intelligence ; le maire de son village, M. de Rênal, le choisit comme précepteur (professeur particulier) de ses enfants. Julien vient se présenter.

Le teint de ce petit paysan était si blanc, ses yeux si doux, que l'esprit un peu romanesque de Mᵐᵉ de Rênal eut d'abord l'idée que ce pouvait être une jeune fille déguisée, qui venait demander
5 quelque grâce à M. le maire. Elle eut pitié de cette pauvre créature, arrêtée à la porte d'entrée, et qui évidemment n'osait pas lever la main jusqu'à la sonnette. Mᵐᵉ de Rênal s'approcha, distraite un instant de l'amer chagrin que lui donnait l'arrivée
10 du précepteur. Julien, tourné vers la porte, ne la voyait pas s'avancer. Il tressaillit quand une voix douce dit tout près de son oreille :
– Que voulez-vous ici, mon enfant ?
Julien se tourna vivement, et, frappé du regard
15 si rempli de grâce de Mᵐᵉ de Rênal, il oublia une partie de sa timidité. Bientôt, étonné de sa beauté, il oublia tout, même ce qu'il venait faire. Mᵐᵉ de Rênal avait répété sa question.
– Je viens pour être précepteur, Madame, lui
20 dit-il enfin, tout honteux de ses larmes qu'il essuyait de son mieux.

STENDHAL, *Le Rouge et le Noir* (1830)

Ilia Efimovich Repin (1844-1930), *Les Haleurs de la Volga* (1870-1873), huile sur toile, 131,5 × 281 cm (Musée russe, Saint-Pétersbourg).

Les haleurs représentent dans l'imaginaire russe la pénibilité des conditions de travail.

7 Analyser un changement de point de vue dans une description

a. Quel est le mode de narration ?

b. Quelle est la focalisation employée dans le premier paragraphe de cet incipit ?

c. Quelles sont les fonctions de la description dans ce premier paragraphe ?

d. Y a-t-il un changement de point de vue dans le second paragraphe ? Justifiez votre réponse.

e. VERS L'ÉCRITURE D'INVENTION

Choisissez un lieu que vous connaissez bien, que vous décrirez à la manière de Zola, de plus en plus précisément. Inscrivez votre description dans une ambiance marquée par la saison de votre choix, et montrez comment elle influence la perception de ce lieu.

f. VERS LA DISSERTATION

Rédigez un paragraphe pour justifier la présence de descriptions dans un roman.

Voici l'incipit d'un roman de Zola, Le Rêve.

Pendant le rude hiver de 1860, l'Oise gela, de grandes neiges couvrirent les plaines de la basse Picardie ; et il en vint surtout une bourrasque du nord-est, qui ensevelit presque Beaumont, le jour
5 de la Noël. La neige, s'étant mise à tomber dès le matin, redoubla vers le soir, s'amassa durant toute la nuit. Dans la ville haute, rue des Orfèvres, au bout de laquelle se trouve comme enclavée la façade nord du transept de la cathédrale, elle
10 s'engouffrait, poussée par le vent, et allait battre la porte Sainte-Agnès, l'antique porte romane, presque déjà gothique, très ornée de sculptures sous la nudité du pignon. Le lendemain, à l'aube, il y en eut là près de trois pieds.
15 La rue dormait encore, emparessée[1] par la fête de la veille. Six heures sonnèrent. Dans les ténèbres, que bleuissait la chute lente et entêtée des flocons, seule une forme indécise vivait, une fillette de neuf ans, qui, réfugiée sous les vous-
20 sures de la porte, y avait passé la nuit à grelotter, en s'abritant de son mieux. Elle était vêtue de loques, la tête enveloppée d'un lambeau de foulard, les pieds nus dans de gros souliers d'homme. Sans doute elle n'avait échoué là qu'après avoir
25 longtemps battu la ville[2], car elle y était tombée de lassitude. Pour elle, c'était le bout de la terre, plus personne ni plus rien, l'abandon dernier, la faim qui ronge, le froid qui tue ; et, dans sa faiblesse, étouffée par le poids lourd de son cœur, elle ces-
30 sait de lutter, il ne lui restait que le recul physique, l'instinct de changer de place, de s'enfoncer dans ces vieilles pierres, lorsqu'une rafale faisait tourbillonner la neige.

Émile ZOLA, *Le Rêve* (1888)

1. Pleine de paresse. – 2. Après avoir longtemps erré.

8 Analyser l'intérêt d'une description

a. Quel mode de narration et quel point de vue sont adoptés ?

b. Quelles impressions provoque le choix du point de vue ? Quelle vision du monde est proposée ?

Dans le hall, la lumière est parfaitement blanche, répercutée par des centaines de miroirs. Près de l'entrée principale, il y a une horloge électrique. Sur son panneau carré, de petits volets
5 tournent rapidement, remplaçant régulièrement leurs chiffres :

15 05
15 06
15 07
10 15 08
15 09
15 10
15 11

Des voix de femmes parlant tout près des mi-
15 cros disent des choses sans importance. Assis sur des banquettes de cuir, des gens attendent…

Jean-Marie Gustave LE CLÉZIO, *Le Livre des fuites* (1969),
© Éditions Gallimard

9 Interpréter les choix du narrateur

a. Quel est le mode de narration ?

b. Quels points de vue sont adoptés ici ?

c. En sachant que ce texte est le début d'une nouvelle, que permet l'alternance de points de vue ?

Conradin avait dix ans quand le médecin décréta qu'il ne lui en restait pas cinq à vivre. L'opinion de ce docteur mielleux et incompétent ne comptait guère, pourtant Mrs. De Ropp s'y était
5 rangée. Or Mrs. De Ropp régentait pratiquement tout.

Mrs. De Ropp, cousine et tutrice de Conradin, représentait aux yeux du garçon les trois cinquièmes de ce que le monde comptait d'iné-
10 vitable, de désagréable et de réel ; en perpétuel conflit, les deux autres cinquièmes se résumaient à lui-même et à son imagination. Un de ces jours, songeait Conradin, il finirait par succomber sous le poids écrasant de ces choses inévitables et pé-
15 nibles – telles que les maladies, la surveillance étouffante dont il était l'objet, et l'ennui mortel qui l'accablait. D'ailleurs, sans cette imagination débridée que stimulait la solitude, il aurait succombé depuis longtemps.
20 Même lorsqu'elle s'efforçait d'être honnête avec elle-même, Mrs. De Ropp ne se serait jamais avoué qu'elle n'aimait pas Conradin, bien qu'elle eût peut-être vaguement conscience que le contrarier « pour son bien » était un devoir dont
25 elle s'acquittait sans peine. Conradin, quant à lui, la haïssait du fond du cœur, ce qu'il parvenait

fort bien à dissimuler. Les quelques menus plaisirs qu'il s'inventait prenaient une saveur toute particulière dès lors qu'il savait qu'ils déplairaient
30 à sa tutrice, cet être impur qu'il avait exclu à tout jamais de son royaume imaginaire.

SAKI, « Sredni Vashtar » (1910), traduit de l'anglais par Guillaume Marlière, in *La Dimension fantastique 2*, © Librio, 2002

Exercice guidé

★★★
10 **Comparer deux versions
d'un début de roman**

VERS LE COMMENTAIRE

Comparez, dans un travail structuré en paragraphes, les deux incipit du roman : vous présenterez d'abord l'intérêt des constantes, puis analyserez les modifications et leurs effets.
Pour vous aider, prenez en compte pour chaque texte :
➜ le mode de narration ;
➜ le degré d'implication du narrateur ;
➜ le point de vue choisi et ses effets ;
➜ les fonctions de la description,
➜ les procédés d'écriture utilisés pour la description.

Le héros de ce livre, un matin d'octobre, arriva à Paris avec un cœur de dix-huit ans et un diplôme de bachelier ès lettres.
Il fit son entrée dans cette capitale du monde
5 civilisé par la porte Saint-Denis, dont il put admirer la belle architecture ; il vit dans les rues des voitures de fumier traînées par un cheval et un âne, des charrettes de boulanger tirées à bras d'homme, des laitières qui vendaient leur lait, des
10 portières qui balayaient le ruisseau. Cela faisait beaucoup de bruit. Notre homme, la tête à la portière de la diligence, regardait les passants et lisait les enseignes.

Gustave FLAUBERT, *L'Éducation sentimentale*, première version (1845)

Le 15 septembre 1840, vers six heures du matin, la *Ville-de-Montereau*, près de partir, fumait à gros tourbillons devant le quai Saint-Bernard[1].
Des gens arrivaient hors d'haleine ; des bar-
5 riques, des câbles, des corbeilles de linge gênaient la circulation ; les matelots ne répondaient à personne ; on se heurtait ; les colis montaient entre les deux tambours, et le tapage s'absorbait dans le bruissement de la vapeur, qui, s'échappant par
10 des plaques de tôle, enveloppait tout d'une nuée blanchâtre, tandis que la cloche, à l'avant, tintait sans discontinuer.

Gustave FLAUBERT, *L'Éducation sentimentale*, seconde version (1869)

1. Quai du bord de Seine à Paris.

★★★
11 **Interpréter une utilisation
originale des points de vue**

a. Quel est le caractère innovant du mode de narration dans cet extrait ?
b. Émettez des hypothèses sur l'identité du narrateur.
c. Quel est le point de vue ? Que permet-il habituellement ? Est-ce le cas ici ?
d. Quel est l'effet créé par ce choix ? Quels éléments cela apporte-t-il à l'autoportrait donné à lire avec ce texte ?
e. Quelles sont les fonctions de la description ?

Nous devenons de plus en plus sales, nos habits aussi. Nous prenons des habits propres dans nos valises sous le banc, mais bientôt il n'y a plus d'habits propres. Ceux que nous portons se déchirent,
5 nos chaussures s'usent, se trouent. Quand c'est possible, nous marchons nu-pieds et ne portons qu'un caleçon ou un pantalon. La plante de nos pieds durcit, nous ne sentons plus les épines ni les pierres. Notre peau brunit, nos jambes et nos
10 bras sont couverts d'écorchures, de coupures, de croûtes, de piqûres d'insecte. Nos ongles, jamais coupés, se cassent, nos cheveux, presque blancs à cause du soleil, nous arrivent aux épaules.

Agota KRISTOF, *Le Grand Cahier* (1986), © Éditions du Seuil

Mise au point
La description : décors et portraits

❙ Alors que la narration inscrit les faits dans la durée, la description représente ce qui se situe dans l'espace. Elle indique au lecteur les caractères d'une scène, d'un objet, d'un lieu : elle **plante le décor**. Elle dépeint des personnages dans ce cadre : elle est alors appelée « **portrait** ».

❙ La description s'apparente souvent à **un tableau** : elle comporte des éléments visuels, un vocabulaire de formes, de lignes, de volumes, de couleurs, des nuances traduites notamment par les adjectifs. Des métaphores et des comparaisons aident aussi à visualiser décors et personnages.

❙ Comme un tableau, une description est une « **composition** » **ordonnée** : elle peut aller du plan général au détail ou au contraire élargir le champ à partir d'un point précis.

❙ Elle est souvent accompagnée de jugements ou de réflexions. C'est le cas du **portrait psychologique ou moral** où à la description proprement dite s'ajoutent des remarques sur le comportement ou le passé du personnage.

Narrateur et narrataire

- Le **narrataire** est le personnage auquel s'adresse le narrateur.
- Le lecteur peut percevoir son identité de manière plus ou moins nette : le plus souvent il n'est pas désigné et le lecteur endosse cette fonction.
- Il arrive cependant que le narrateur s'adresse à un personnage identifiable, comme dans le cas très rare d'un récit à la 2ᵉ personne du pluriel (> *La Modification, exercice 12*).

★★★ 12 Analyser et commenter des choix narratifs innovants

VERS LE COMMENTAIRE

Dans une réponse structurée, analysez d'une part l'originalité de la narration de ce début de roman, et d'autre part l'intérêt de la description.

Vous avez mis le pied gauche sur la rainure de cuivre, et de votre épaule droite vous essayez en vain de pousser un peu plus le panneau coulissant.

5 Vous vous introduisez par l'étroite ouverture en vous frottant contre ses bords, puis, votre valise couverte de granuleux cuir sombre couleur d'épaisse bouteille, votre valise assez petite d'homme habitué aux longs voyages, vous l'arra-
10 chez par sa poignée collante, avec vos doigts qui se sont échauffés, si peu lourde qu'elle soit, de l'avoir portée jusqu'ici, vous la soulevez et vous sentez vos muscles et vos tendons se dessiner non seulement dans vos phalanges, dans votre paume,
15 votre poignet et votre bras, mais dans votre épaule aussi, dans toute la moitié du dos et dans vos vertèbres depuis votre cou jusqu'aux reins.

Non, ce n'est pas seulement l'heure, à peine matinale, qui est responsable de cette faiblesse
20 inhabituelle, c'est déjà l'âge qui cherche à vous convaincre de sa domination sur votre corps, et pourtant, vous venez seulement d'atteindre les quarante-cinq ans.

Vos yeux sont mal ouverts, comme voilés de
25 fumée légère, vos paupières sensibles et mal lubrifiées, vos tempes crispées, à la peau tendue et comme raidie en plis minces, vos cheveux qui se clairsèment et grisonnent, insensiblement pour autrui mais non pour vous, pour Henriette et
30 pour Cécile, ni même pour les enfants désormais, sont un peu hérissés et tout votre corps à l'intérieur de vos habits qui le gênent, le serrent et lui pèsent, est comme baigné, dans son réveil imparfait, d'une eau agitée et gazeuse pleine d'animal-
35 cules[1] en suspension.

Michel BUTOR, *La Modification* (1957),
© 1957, Éditions de Minuit

1. Animaux microscopiques.

★★★ 13 Rédiger une description

VERS L'ÉCRITURE D'INVENTION

Choisissez un des enfants dans le groupe de gauche du tableau de Fernand Pelez. Rédigez un court paragraphe de récit à la manière de Michel Butor (> *exercice 12*), dans lequel l'enfant sera le narrataire, désigné à la 2ᵉ personne du singulier. Intégrez des éléments de description significatifs.

Fernand Pelez (1843-1913), *Grimaces et Misère, les saltimbanques* (1888), huile sur toile, 2,22 m x 6,27 m (musée du Petit Palais, Paris)

James Tissot (1836-1902), *Le Départ* (vers 1880), huile sur toile, 100 x 130 cm (musée des Beaux-Arts, Nantes).

Jean, aussi blond que son frère était noir, aussi calme que son frère était emporté, aussi doux que son frère était rancunier, avait fait tranquillement son droit et venait d'obtenir son diplôme de licencié en même temps que Pierre obtenait celui de docteur.

5 Tous les deux prenaient donc un peu de repos dans leur famille, et tous les deux formaient le projet de s'établir au Havre s'ils parvenaient à le faire dans des conditions satisfaisantes.

Mais une vague jalousie […] les tenait en éveil dans une fraternelle et inoffensive inimitié. Certes ils s'aimaient, mais ils s'épiaient. […]

10 Jean, dès son enfance, avait été un modèle de douceur, de bonté et de caractère égal ; et Pierre s'était énervé, peu à peu, à entendre vanter sans cesse ce gros garçon dont la douceur lui semblait être de la mollesse, la bonté de la niaiserie et la bienveillance de l'aveuglement. […]

15 Depuis qu'il était homme, on ne lui disait plus : « Regarde Jean et imite-le ! » mais chaque fois qu'il entendait répéter : « Jean a fait ceci, Jean a fait cela », il comprenait bien le sens et l'allusion cachés sous ces paroles.

Leur mère, une femme d'ordre […] apaisait sans 20 cesse les petites rivalités nées chaque jour entre ses deux grands fils, de tous les menus faits de la vie commune. Un léger événement, d'ailleurs, troublait en ce moment sa quiétude, et elle craignait une complication, car elle avait fait la connaissance pendant l'hiver, pendant que ses 25 enfants achevaient l'un et l'autre leurs études spéciales, d'une voisine, Mme Rosémilly, veuve d'un capitaine au long cours, mort à la mer deux ans auparavant. La jeune veuve […] avait pris l'habitude de venir faire un bout de tapisserie et de causette, le soir, chez ces voisins aimables 30 qui lui offraient une tasse de thé. […]

Les deux fils, à leur retour, trouvant cette jolie veuve installée dans la maison, avaient aussitôt commencé à la courtiser, moins par désir de lui plaire que par envie de se supplanter.

Guy DE MAUPASSANT, *Pierre et Jean* (1887)

Compréhension

1. Comment est construit le portrait des deux frères ? Vous vous interrogerez notamment sur le choix du point de vue.
2. Quelle fonction de la description reconnaissez-vous dans ce passage ?

Vers l'écriture d'invention

Faites le récit à la troisième personne de la soirée au cours de laquelle les deux frères rencontrent pour la première fois la jeune veuve. Alternez les points de vue de Pierre et de Jean en respectant les caractères présentés dans le texte de Maupassant. Intégrez des éléments descriptifs en vous inspirant du tableau de James Tissot.

Pour réussir…

- Montrer l'opposition des deux frères à travers l'alternance des points de vue
- Choisir au moins deux fonctions à développer dans les passages descriptifs
- Prendre en compte le tableau de James Tissot, notamment la position des personnages

Objectifs et compétences

▸ Distinguer les composantes du récit, notamment dans le roman et la nouvelle réalistes et naturalistes
▸ Analyser le rythme du récit
▸ Mesurer les enjeux spécifiques de l'incipit et de l'excipit

||||||| Découvrir

> *Voici les incipit de deux récits de Zola proposant deux versions de la même histoire : une femme mariée et son amant s'arrangent pour faire disparaître l'époux gênant. Dans le premier cas, Zola choisit d'écrire une nouvelle ; dans le second, il développe un roman.*

Texte 1

Michel avait vingt-cinq ans lorsqu'il épousa Suzanne, une jeune femme de son âge, d'une maigreur nerveuse, ni laide, ni belle, mais ayant dans son visage effilé deux grands beaux yeux qui allaient largement d'une tempe à l'autre. Ils vécurent trois années sans querelles, ne recevant guère que Jacques, un ami du
5 mari, dont la femme devint peu à peu passionnément amoureuse. Jacques se laissa aller à la douceur cuisante de cette passion. D'ailleurs, la paix du ménage ne fut pas troublée ; les amants étaient lâches et reculaient devant la certitude d'un scandale. Sans en avoir conscience, ils en arrivèrent lentement au projet de se débarrasser de Michel. Un meurtre devait tout arranger, en leur permettant
10 de s'aimer en liberté et selon la loi

Un jour, ils décidèrent le mari à faire une partie de campagne[1]. On alla à Corbeil, et là, lorsque le dîner eut été commandé, Jacques proposa et fit accepter une promenade en canot sur la Seine [...].

Quand la barque fut en pleine Seine, cachée derrière les hautes futaies[2] d'une
15 île, Jacques saisit brusquement Michel et essaya de le jeter à l'eau. Suzanne cessa de chanter ; elle détourna la tête, pâle, les lèvres serrées, silencieuse et frissonnante. Les deux hommes luttèrent un instant sur le bord de la barque qui s'enfonçait en craquant. Michel, surpris, ne pouvant comprendre, se défendit, muet, avec l'instinct d'une bête qu'on attaque ; il mordit Jacques à la joue, en-
20 leva presque le morceau, et tomba dans la rivière en appelant sa femme avec rage et terreur. Il ne savait pas nager.

▸ Émile Zola, *Un mariage d'amour*, in *Le Figaro* (1866)

1. Journée à la campagne.
2. Ensemble de grands arbres.

Gustave Caillebotte (1848-1894),
Canotiers sur la rivière Yerres (1877),
huile sur toile, 81 x 116 cm
(collection privée).

Texte 2

Au bout de la rue Guénégaud, lorsqu'on vient des quais, on trouve le passage[1] du Pont-Neuf, une sorte de corridor étroit et sombre qui va de la rue Mazarine à la rue de Seine. Ce passage a trente pas de long et deux de large, au plus ; il
5 est pavé de dalles jaunâtres, usées, descellées, suant toujours une humidité âcre[2] ; le vitrage qui le couvre, coupé à angle droit, est noir de crasse.

Par les beaux jours d'été, quand un lourd soleil brûle les rues, une clarté blanchâtre tombe des vitres sales et traîne
10 misérablement dans le passage. Par les vilains jours d'hiver, par les matinées de brouillard, les vitres ne jettent que de la nuit sur les dalles gluantes, de la nuit salie et ignoble.

À gauche, se creusent des boutiques obscures, basses, écrasées, laissant échapper des souffles froids de caveau. Il
15 y a là des bouquinistes, des marchands de jouets d'enfant, des cartonniers[3], dont les étalages gris de poussière dorment vaguement dans l'ombre ; les vitrines, faites de petits carreaux, moirent[4] étrangement les marchandises de reflets verdâtres ; au-delà, derrière les étalages, les boutiques
20 pleines de ténèbres sont autant de trous lugubres dans lesquels s'agitent des formes bizarres.

À droite, sur toute la longueur du passage, s'étend une muraille contre laquelle les boutiquiers d'en face ont plaqué d'étroites armoires ; des objets sans nom, des marchandises
25 oubliées là depuis vingt ans s'y étalent le long de minces planches peintes d'une horrible couleur brune. Une marchande de bijoux faux s'est établie dans une des armoires ; elle y vend des bagues de quinze sous, délicatement posées sur un lit de velours bleu, au fond d'une boîte en acajou.
30 Au-dessus du vitrage, la muraille monte, noire, grossièrement crépie, comme couverte d'une lèpre et toute couturée de cicatrices.

▶ Émile ZOLA, *Thérèse Raquin* (1867)

1. Petite rue couverte par une verrière (architecture typique du Paris du XIXᵉ s.). – 2. Qui irrite les sens. – 3. Fabricants d'emballages. – 4. Créent des effets de lumière.

COMPAREZ LES TEXTES

1. Quelles informations sont données au lecteur ? Sur quoi portent-elles ? En quoi sont-elles différentes ?

2. Observez les temps de chaque texte. Dans le texte 1, combien de temps dure l'action dans le premier paragraphe ? Et dans les deux derniers ? En quoi la différence de rythme observée est-elle signifiante ? Pourquoi le texte 2 est-il écrit au présent ? Qu'en déduisez-vous ?

3. À la fin de la lecture, quelles sont vos attentes pour la suite de l'histoire ? Pour le texte 2, soyez attentif à la comparaison finale.

Problématique

● **En quoi l'analyse de la composition du récit et de son rythme donne-t-elle des clés pour comprendre les visées de l'auteur ?**

Le roman et la nouvelle, notamment à l'époque du réalisme et du naturalisme, présentent, selon des choix narratifs particuliers, une histoire fictive. Analyser cette narration et cette fiction, c'est se demander :

● quelles stratégies sont mises en œuvre pour rendre originale et efficace la composition du récit ;

● dans quel ordre et selon quel rythme.

La composition du récit dans le roman et la nouvelle

1 LE RÉCIT DANS LE ROMAN ET LA NOUVELLE

■ **Un récit** est la combinaison d'une **histoire** et de l'ensemble des moyens mis en œuvre pour la raconter, ensemble qu'on appelle **narration**.

Ainsi Zola peut créer deux récits, un roman et une nouvelle, à partir d'une même histoire.

■ **Roman et nouvelle** présentent l'**histoire fictive** de **personnages**, évoluant dans un **espace-temps défini** et accomplissant des **actions** dont l'ensemble forme **l'intrigue**.

• Dans le **roman**, l'intrigue est généralement complexe.

Elle présente souvent de nombreux personnages dans des lieux variés et une durée assez longue pour permettre des rebondissements.

Dans Les Misérables *de Victor Hugo, l'action implique des dizaines de personnages et s'étend sur plusieurs années.*

• La **nouvelle**, récit bref, se concentre sur quelques personnages saisis dans des lieux peu nombreux et un temps limité.

L'action unique est souvent marquée dans les dernières pages par une surprise.

Dans Un mariage d'amour *de Zola, l'intrigue met aux prises seulement trois personnages.*

■ **Dans le roman et la nouvelle réalistes et naturalistes** (〉*chap. 1*), les **quatre composantes de tout récit de fiction** revêtent les caractères suivants :

La narration des actions et des événements (〉*chap. 21*)	Les descriptions des personnages et des lieux (〉*chap. 21*)	Les discours rapportés des personnages (〉*chap. 23*)	Les commentaires du narrateur (〉*chap. 21*)
• Elle vise à donner l'illusion du réel. La **narration à la 3e personne** et le point de vue **omniscient** sont privilégiés. Ex. : *l'incipit d'*Un mariage d'amour *(texte 1, p. 180)*	• Elles sont attentives au **détail vrai**. Ex. : *la description du passage du Pont-Neuf dans* Thérèse Raquin *(texte 2, p. 181)*	• Ils sont **adaptés au langage de leur classe sociale et de leur activité**.	• Ils sont limités, la narration visant une certaine **impartialité**.
• Parfois un second narrateur, à la première personne, introduit un récit dans le récit (ou **récit enchâssé**) qui donne une forte impression d'authenticité.	• Elles mettent en relation **les personnages et leur milieu de vie et de travail**.	• Ils comprennent les **monologues intérieurs**, révélateurs des émotions des personnages.	• Mais ils permettent d'introduire des explications et plus rarement des jugements sur les personnages. Ex. : *dans* Un mariage d'amour, *« les amants étaient lâches et reculaient devant la certitude d'un scandale » (texte 1, p. 180)*

L'auteur choisit l'ordre de présentation des événements, la part relative des descriptions, des réflexions et des dialogues qui interrompent le récit.

■ **Le moment de la narration**

• Il peut se présenter comme **postérieur** aux événements : le narrateur raconte rétrospectivement l'histoire et utilise les temps du passé. *Incipit d'*Un mariage d'amour, *texte 1, p. 180.*

• La narration peut être **simultanée** : le narrateur raconte au présent et donne l'illusion que les événements se déroulent sous les yeux du lecteur.

• L'ordre de la narration est souvent **chronologique**. Le narrateur peut cependant choisir de faire des retours en arrière ou d'annoncer des événements à venir (anticipation).

■ **Le rythme de la narration** valorise des moments clés du récit en les développant.

• Le **ralenti** développe à l'extrême un instant court.
   *La scène du meurtre de Michel dans le 3ᵉ paragraphe d'*Un mariage d'amour.

• **La scène**, elle, cherche à donner l'illusion d'un temps réel, notamment grâce aux dialogues.

• **Le rythme** peut s'accélérer et certains événements, être résumés (c'est un **sommaire**) ou passés sous silence (c'est une **ellipse**).

• Le temps peut être suspendu, toute action mise de côté. C'est une **pause** qui correspond fréquemment à la description ou aux commentaires du narrateur.

MÉTHODE

Analyser le début d'un récit (incipit) ou sa conclusion (excipit)

Repérer les trois fonctions de l'incipit

🖋 **1. Informer le lecteur,** en répondant aux questions : qui ? où ? quand ?
Les informations données peuvent être très précises (date, nom propre…), créant un effet de réel. Le narrateur met en place un décor pour l'action, un cadre qui s'impose au lecteur.
La description qui ouvre Thérèse Raquin, *texte 2, p. 181.*
Elles peuvent aussi être plus implicites :
le lecteur doit alors décoder des indices textuels pour situer l'histoire.

🖋 **2. Intéresser le lecteur,** lui donner envie de poursuivre la lecture.
La curiosité provoquée par l'incipit va le pousser à formuler des hypothèses sur la suite de l'histoire à partir des indices donnés. L'incipit construit ainsi un **horizon d'attente** que le lecteur va vérifier au fil des pages.

🖋 **3. Instaurer un pacte (ou contrat) de lecture.** L'incipit permet ainsi souvent de reconnaître un sous-genre du roman : roman réaliste, policier, science-fiction, fantastique…
Lorsqu'il plonge le lecteur au cœur des événements, on parle d'**incipit** *in medias res* (« au milieu des choses »). Cette technique est fréquente chez les auteurs réalistes et naturalistes.

Repérer les caractéristiques de l'excipit et l'interpréter

🖋 Le dénouement est **fermé** lorsque l'histoire est achevée, **ouvert** lorsqu'il permet une suite laissant place à l'imagination du lecteur.

🖋 **Donner du sens à l'excipit,** c'est le confronter si possible à l'incipit pour évaluer le parcours du ou des personnages, et comprendre le sens de leur évolution. Lorsque le dénouement est ouvert, c'est proposer des hypothèses d'interprétation.

🖋 Dans le cas de la nouvelle, le pacte de lecture est souvent d'**étonner le lecteur** par une fin inattendue : **la chute.** Le lecteur est alors invité à relire le texte pour comprendre comment l'auteur l'a manipulé.

Denise était venue à pied de la gare Saint-Lazare, où un train de Cherbourg l'avait débarquée avec ses deux frères, après une nuit passée sur la dure banquette d'un wagon de troisième classe. Elle tenait par
5 la main Pépé, et Jean la suivait, tous trois brisés du voyage, effarés et perdus au milieu du vaste Paris, le nez levé sur les maisons, demandant à chaque carrefour la rue de la Michodière, dans laquelle leur oncle Baudu demeurait. Mais, comme elle débouchait en-
10 fin sur la place Gaillon, la jeune fille s'arrêta net de surprise.

– Oh ! dit-elle, regarde un peu, Jean !

Et ils restèrent plantés, serrés les uns contre les autres, tout en noir, achevant les vieux vêtements du
15 deuil de leur père. Elle, chétive pour ses vingt ans, l'air pauvre, portait un léger paquet ; tandis que, de l'autre côté, le petit frère, âgé de cinq ans, se pendait à son bras, et que, derrière son épaule, le grand frère, dont les seize ans superbes florissaient, était debout,
20 les mains ballantes.

– Ah bien ! reprit-elle après un silence, en voilà un magasin !

C'était, à l'encoignure[1] de la rue de la Michodière et de la rue Neuve-Saint-Augustin, un magasin de
25 nouveautés dont les étalages éclataient en notes vives, dans la douce et pâle journée d'octobre. Huit heures sonnaient à Saint-Roch [...].

Émile Zola, *Au bonheur des dames* (1883)
1. Au coin.

• Cet **incipit informe** le lecteur sur le lieu, de manière précise : « la gare St Lazare », « la rue de la Michodière ». Le cadre temporel est plus implicite : la référence aux conditions de voyage *(dure banquette, troisième classe)* et la durée du trajet *(une nuit)*, suggèrent une époque contemporaine de l'écriture du roman. Caractéristique de **l'incipit** *in medias res*, le récit s'ouvre sur le prénom d'un personnage, comme si le lecteur le connaissait déjà. D'autres personnages sont décrits : « Jean », « Pépé », « l'oncle Baudu », permettant au lecteur de situer Denise dans son contexte familial et social : une orpheline accompagnée de ses frères. Son « air pauvre », son « léger » paquet et le fait qu'elle traverse Paris à pied indiquent sa précarité.

La deuxième fonction de l'incipit est de **susciter la curiosité** du lecteur qui peut s'interroger sur l'avenir de cette jeune provinciale dans la capitale. Les « huit heures » sonnant au clocher créent non seulement un effet de réel en situant l'action à un moment précis, mais annoncent symboliquement une nouvelle vie.

Enfin, **le contrat de lecture** proposé est celui des **romans naturalistes,** marqué par l'effacement du narrateur, la volonté de faire vrai et l'intérêt porté à des personnages ancrés dans un milieu social précis.

Image publicitaire du XIXe s. pour le Bon Marché à Paris.

1 ★ Mesurer l'intérêt de jouer avec le rythme du récit

a. Parmi les différents rythmes exploitables dans une narration (ralenti, scène, sommaire, ellipse, pause…), quels sont ceux utilisés dans cet extrait de roman ?

b. Expliquez, pour chaque rythme repéré, son intérêt pour le récit.

Une jeune femme, Emma, épouse un médecin de campagne ordinaire mais rêve d'amours passionnées et d'une vie plus faste. Pour tromper son ennui, elle fréquente un jeune propriétaire terrien, Rodolphe, qui cherche à la séduire. Ils partent tous deux en promenade.

Il l'entraîna plus loin, autour d'un petit étang, où des lentilles d'eau faisaient une verdure sur les ondes. Des nénuphars flétris se tenaient immobiles entre les joncs.

5   Au bruit de leurs pas dans l'herbe, des grenouilles sautaient pour se cacher.

– J'ai tort, j'ai tort, disait-elle. Je suis folle de vous entendre.

– Pourquoi ?... Emma ! Emma !

10   – Oh ! Rodolphe !... fit lentement la jeune femme en se penchant sur son épaule.

Le drap de sa robe s'accrochait au velours de l'habit. Elle renversa son cou blanc, qui se gonflait d'un soupir ; et, défaillante, tout en pleurs,

15 avec un long frémissement et se cachant la figure, elle s'abandonna.

Les ombres du soir descendaient ; le soleil horizontal, passant entre les branches, lui éblouissait les yeux. Çà et là, tout autour d'elle, dans les

20 feuilles ou par terre, des taches lumineuses tremblaient, comme si des colibris, en volant, eussent éparpillé leurs plumes. Le silence était partout ; quelque chose de doux semblait sortir des arbres ; elle sentait son cœur, dont les battements

25 recommençaient, et le sang circuler dans sa chair comme un fleuve de lait. Alors, elle entendit tout au loin, au-delà du bois, sur les autres collines, un cri vague et prolongé, une voix qui se traînait, et elle l'écoutait silencieusement, se mêlant comme

30 une musique aux dernières vibrations de ses nerfs émus. Rodolphe, le cigare aux dents, raccommodait avec son canif une des deux brides cassée[1].

Gustave FLAUBERT, *Madame Bovary* (1857)

1. Bride de cheval.

2 ★ Exploiter et analyser un ralenti

a. Par quels procédés d'écriture l'auteur allonge-t-il le temps de la narration ?

b. Pourquoi choisit-il de développer la narration de façon disproportionnée ?

c. VERS L'ÉCRITURE D'INVENTION

À votre tour racontez une action qui dans la réalité dure moins d'une minute et que vous développerez dans un ralenti. Vous pourrez employer à votre tour les moyens mis en œuvre dans cet extrait.

La nouvelle de Daniel Picouly évoque un but raté par Pelé lors de la Coupe du monde de football de 1970. L'action de la nouvelle se limite à ce but qui dure environ 20 secondes. Voici un dixième du récit.

La balle s'élève.

Ils l'ont tous vue arriver : Tostao, Charlton, Clodoaldo, Carlos Alberto, Mullery, Pelé, Banks et soixante-six mille têtes d'épingles plantées sur

5 la couronne du stade. La balle s'élève. Pas plus somptueuse que ça. Une trajectoire bêtement pure dans un ciel ramassé sur lui-même. Pas de quoi gâcher de la pellicule, ni s'emberlificoter l'épithète. La balle file avec cette traînée des yeux

10 qui la suit. C'est de la comète, de l'étoile du berger. Signe que le jésus est par là. Et les prétendants se préparent. Qui sera l'élu ? Qui croquera la fève dans la surface de réparation ? Réparation. Pourquoi réparer ? On n'a rien à se faire pardonner.

15 Au contraire. Chacun est là pour claquer du cuir, fracasser du petit bois. On tiraille, on frictionne. On se fait une toutoune avec le maillot de l'autre. On s'en fout du tableau d'affichage : 0-0. On n'est pas pour l'égalité républicaine. C'est un roi qu'il

20 nous faut. Et il est là, le roi !

Edson Arantes do Nascimento, dit Pelé.

La balle retombe.

Toujours la loi de la gravité. Art. 1 : tout corps sphérique plongé dans les airs déplace dans sa di-

25 rection un volume de corps nettement supérieur à sa masse.

Et il y en a du volume de corps qui se déplacent. Carlos Alberto, 1,81 mètre, 79 kg ; Mullery, 1,83 mètre, 80 kilos ; Pelé, 1,70 mètre, 74 kilos.

30 Chacun sa trajectoire et ses appuis. Gordon Banks, le gardien, est resté les crampons fichés sur sa ligne, le corps en X, le ressort bien bandé à l'intérieur.

La balle arrive. Elle est là.

Daniel PICOULY, « Le plus beau but du monde »,
dans *Y a pas péno, fous de foot*,
sous la direction de Daniel Picouly (1998), © Flammarion

a. Repérez l'incipit du roman lu par Minnie.

b. Quels sont les deux types d'incipit qui s'opposent dans cet extrait ? À quelle fonction répond chacun d'eux ?

c.

Cherchez (au CDI par exemple) un incipit de roman ou de nouvelle qui pourrait correspondre à chacun de ces types et présentez-les oralement de manière à en dégager les fonctions.

Minnie, jeune servante chez l'écrivain Henry James, a emprunté un recueil de nouvelles dont son maître est l'auteur.

Ce soir-là, Minnie se couche de bonne heure, avec le livre. Au lieu de la lumière électrique elle allume une bougie sur sa table de chevet, pour éviter que le rai lumineux sous sa porte révèle aux
5 autres membres de la maisonnée qu'elle ne dort pas. Elle ouvre le livre et tourne les pages avec respect, jusqu'à ce qu'elle trouve la nouvelle intitulée : « La Bête dans la jungle ». Elle lit la première phrase.

10 *Ce qui provoqua les propos qui le surpri-rent au cours de leur rencontre importe peu, n'étant probablement que quelques mots qu'il prononça sans intention précise – qu'il prononça tandis que tous deux se promenaient*
15 *lentement, après s'être retrouvés[1].*

Minnie cligne des yeux et relit la phrase. Elle ne la comprend pas davantage. Elle connaît le sens de chacun des mots mais ne peut rien tirer de la manière dont ils sont assemblés. Est-ce pos-
20 sible que l'histoire commence vraiment ainsi ? Elle retourne à la page précédente pour s'en assurer. Elle approche le livre de la flamme de la bougie et lit encore une fois la phrase. À nouveau, elle se sent complètement déroutée. Minnie a l'habi-
25 tude d'histoires où on vous dit tout de suite de qui il s'agit – le nom de l'héroïne et du héros, où ils habitent, comment ils sont – avant d'entrer dans l'intrigue. Cette phrase-là a l'air de venir en plein milieu de quelque chose. Elle ne dit pas qui « il »
30 est, ni qui est l'autre, ni ce qui se passe entre eux, sinon pour remarquer, bizarrement, que de toute façon ça n'a pas d'importance.

David LODGE, *L'auteur ! L'auteur !* (2004), traduit de l'anglais par Suzanne V. Mayoux, © Rivages Poche, Payot, 2007

1. Traduction de Jean Pavans, Flammarion. (Cette note apparaît ainsi dans le livre de Lodge.)

★★
4 **Étudier la construction d'un récit dans son intégralité**

a. Après avoir lu la partie I de cette nouvelle, formulez vos hypothèses pour la suite du texte.

b. Analysez comment le narrateur inscrit cette nouvelle dans un contexte réaliste.

c. Expliquez l'intérêt du changement de temps à la ligne 48.

d. Quel changement de rythme percevez-vous ? En quoi est-ce justifié par rapport aux événements racontés ?

e. À la relecture de cette nouvelle, quels indices permettent d'annoncer la chute ?

f. Comment le lecteur peut-il savoir que le texte est complet et terminé ?

g. Comment interprétez-vous le titre de la nouvelle ?

Toute une année au soleil
(texte intégral)

[PARTIE I]

Le chien s'était habitué en moins d'une semaine. Après dix années passées à étouffer ses cris dans cet appartement de banlieue aux cloisons de papier mâché, il donnait libre cours à ses
5 instincts et hurlait en écho aux autres chiens des fermes voisines saluant l'apparition de la lune.

C'est Pierre qui avait eu le coup de foudre pour cette région d'Ardèche. Il aimait les rivières encaissées, les villages fermés, les vallées authen-
10 tiques que leur inconfort protégeait des grandes migrations estivales. L'autoroute du Sud passait à moins de trente kilomètres, reliant Valence à Tournon, mais peu de vacanciers se risquaient à emprunter les routes sinueuses du Haut-Vivarais.

15 Ils étaient venus dix années de suite, en juillet, pour les congés, profitant chaque fois des dernières cerises et des premiers abricots. Ils avaient fini par acheter une vieille ferme perchée au-dessus d'Arlebosc sur un chemin qui s'arrêtait à la
20 bâtisse suivante.

Pierre avait obtenu sa retraite en janvier et il était parti préparer la maison pour l'emménagement définitif. Il restait à Josette un long trimestre à accomplir pour bénéficier d'un repos octroyé
25 après le sacrifice de quarante années de sa vie au profit d'un fabricant de roulement à billes.

Elle l'avait rejoint en avril, avec le camion de déménagement, et s'était installée dans la chambre dont les fenêtres donnaient en direc-
30 tion des Alpes que l'on apercevait nettement les veilles d'orages. Il y avait longtemps qu'ils ne faisaient plus chambre commune. Pierre bricolait du matin au soir dans la maison et dans le potager. Le soir, il se bloquait, heureux, devant la
35 télé, un verre de saint-joseph à la main. Josette montait se coucher et son regard se troublait sur les lignes d'un livre sans réussir à accrocher le moindre mot. Les premiers mois, elle avait essayé de lier connaissances avec les femmes, au mar-
40 ché, dans les commerces ; mais son assurance de Parisienne, d'ouvrière rompue aux contacts, les avait effrayées. Les tentatives s'étaient échouées sur leurs « bonjour », leurs « bonsoir ».

Les enfants étaient venus, la fille en juillet, le
45 fils en août, avec les petits, et elle avait cru faire
provision de bonheur, d'éclats de rire pour les
longs mois de déclin et de froid.

[Partie II]

On était déjà en novembre et le vent sifflait
dans les forêts dépouillées. Pierre remuait dans
50 son lit, dormant par bribes. Le craquement d'une
marche de l'escalier le mit en éveil. Il se redressa et tendit l'oreille. On marchait dans la salle à
manger. Il décrocha son fusil et, lentement, faisant glisser ses pieds nus sur le carrelage du cou-
55 loir, il progressa jusqu'à la chambre de Josette. Le
corps de sa femme gonflait l'édredon. Pierre ne la
réveilla pas et parvint jusqu'à la rambarde de bois
qui surplombait le rez-de-chaussée. Une forme
noire s'éloignait vers la porte d'entrée. L'inconnu
60 se retourna brusquement pour prendre la valise
posée près de lui. Pierre interpréta le geste comme
une menace et fit feu à deux reprises. L'inconnu
s'écroula et ses râles d'agonie furent couverts
par les réverbérations du fracas des détonations.
65 Pierre se précipita vers la chambre de Josette,
pour la rassurer. Elle n'avait pas bougé et il eut
soudain peur qu'il ne lui soit arrivé malheur… Il
tira l'édredon, faisant apparaître le traversin qui
donnait l'illusion d'une présence. Il posa le fusil
70 et descendit les marches à la volée, au risque de
se rompre les os. Son doigt s'écrasa sur la commande électrique. La lumière crue éclaira le désastre. Josette gisait au milieu de son sang, sur
le seuil de la maison. Elle avait réussi à ouvrir la
75 valise, dans un dernier sursaut, et venait de quitter le monde le visage plongé dans les photos, les
lettres, les souvenirs d'une vie dont elle refusait
qu'elle se terminât là.

Didier DAENINCKX, *Main courante* (1994),
© Éditions Verdier

★★ 5 Étudier les fonctions spécifiques d'un incipit

a. Comment cet incipit répond-il à sa fonction informative ? Que sous-entend la précision temporelle
de la première phrase ?
b. Comment se manifeste le parti pris réaliste de
l'auteur ? Quel pacte de lecture propose-t-il ?
c. Qui va être, selon vous, le personnage central
du récit ? Vous pourrez vous servir également du
titre de la nouvelle.

Pendant un demi-siècle, les bourgeoises de
Pont-l'Évêque envièrent à Mme Aubain sa servante Félicité.

Pour cent francs par an, elle faisait la cuisine et
5 le ménage, cousait, lavait, repassait, savait brider
un cheval, engraisser les volailles, battre le beurre,

et resta fidèle à sa maîtresse, – qui cependant
n'était pas une personne agréable.

Elle[1] avait épousé un beau garçon sans fortune,
10 mort au commencement de 1809, en lui laissant
deux enfants très jeunes avec une quantité de
dettes. Alors elle vendit ses immeubles, sauf la
ferme de Toucques et la ferme de Geffosses dont
les rentes[2] montaient à 5 000 francs tout au plus,
15 et elle quitta sa maison de Saint-Melaine pour en
habiter une autre moins dispendieuse[3], ayant ap-
partenu à ses ancêtres et placée derrière les halles.

Gustave FLAUBERT, *Un cœur simple* (1877)

1. Mme Aubain. – 2. Revenus locatifs. – 3. Coûteuse.

★★ 6 Mettre en relation incipit et excipit

a. Choisissez deux adjectifs pour caractériser la
ferme des Lucas. Justifiez vos choix.
b. Quelle opposition voyez-vous entre les atmos-
phères installées dans l'incipit et dans l'excipit ?
c. VERS L'ÉCRITURE D'INVENTION

Rédigez le cœur de cette nouvelle permettant de
passer de l'incipit à l'excipit, en veillant à respecter le cadre réaliste du XIXe siècle.

INCIPIT

Dans tout le pays environnant on appelait la
ferme des Lucas « la Métairie ». On n'aurait su
dire pourquoi. Les paysans, sans doute, atta-
chaient à ce mot « métairie » une idée de richesse
5 et de grandeur, car cette ferme était assurément la
plus vaste, la plus opulente et la plus ordonnée de
la contrée.

La cour, immense, entourée de cinq rangs
d'arbres magnifiques pour abriter contre le vent
10 violent de la plaine les pommiers trapus et délicats, enfermait de longs bâtiments couverts en
tuiles pour conserver les fourrages et les grains,
de belles étables bâties en silex, des écuries pour
trente chevaux, et une maison d'habitation en
15 briques rouges, qui ressemblait à un petit château.

Les fumiers étaient bien tenus ; les chiens de
garde habitaient en des niches, un peuple de volailles circulait dans l'herbe haute.

Chaque midi, quinze personnes, maîtres, valets
20 et servantes, prenaient place autour de la longue
table de cuisine où fumait la soupe dans un vase
de faïence à fleurs bleues.

Les bêtes, chevaux, vaches, porcs et moutons,
étaient grasses, soignées et propres ; et maître Lu-
25 cas, un grand homme qui prenait du ventre, faisait sa ronde trois fois par jour, veillant sur tout et
pensant à tout.

On conservait, par charité, dans le fond de
l'écurie, un très vieux cheval blanc que la maî-
30 tresse voulait nourrir jusqu'à sa mort naturelle,
parce qu'elle l'avait élevé, gardé toujours, et qu'il
lui rappelait des souvenirs. […]

EXCIPIT

Et les hommes enfouirent le cheval juste à la place où il était mort de faim.

Et l'herbe poussa drue, verdoyante, vigoureuse, nourrie par le pauvre corps.

Guy DE MAUPASSANT, *Coco* (1884)

Exercice guidé

★★★

7 Interpréter les variations de rythme

VERS LE COMMENTAIRE

À partir de cet extrait de roman réaliste du xxᵉ siècle, rédigez un axe d'analyse, proposant donc plusieurs paragraphes, en suivant l'une de ces propositions :

➜ **I.** Montrez que l'auteur décrit un milieu de manière réaliste :
• par les indices permettant de situer le texte dans l'espace et le temps ;
• par les paroles des personnages.

➜ **II.** Étudiez le travail sur le temps et le rythme du récit :
• en analysant l'intérêt de la scène détaillée du premier paragraphe ;
• en justifiant l'accélération du second paragraphe.

Le roman raconte le déclin d'une riche famille de négociants allemands, et s'attache à trois générations.

Tandis qu'on échangeait les anneaux et que les deux « oui » retentissaient dans le silence, l'un grave, l'autre clair, mais tous deux un peu voilés, Mme Permaneder[1], écrasée par le passé, le présent et l'avenir, éclata en sanglots – toujours ses sanglots d'enfant, sincères et irrésistibles – et les dames Buddenbrook, Pfiffi en particulier, dont

le pince-nez, pour la cérémonie, s'ornait d'une chaîne d'or, promenèrent autour d'elles le sourire aigre-doux qui leur était habituel en pareille circonstance. Quant à Mlle Weichbrodt, Thérèse Weichbrodt, Sesemi, singulièrement rapetissée, qui portait toujours à son cou grêle, sur une broche ovale, le portrait de sa mère, elle prononça, avec cette fermeté excessive qui veut dissimuler une profonde et intime émotion :

– Sois hûrûse, ma bonne onfont[2] !

Puis, dans le cercle des blanches divinités qui, inaltérablement sereines, se détachaient sur le fond bleu des tapisseries, ce fut un festin aussi solennel que solide, à l'issue duquel les nouveaux époux s'éclipsèrent pour se mettre en route vers quelques grandes cités... C'était à la mi-avril, et, pendant la quinzaine qui suivit, Mme Permaneder, assistée du tapissier Jacob, réalisa un de ses chefs-d'œuvre, l'aménagement « distingué » de ce spacieux premier étage qu'on avait loué au centre de la Baeckergruber[3] et dont les pièces décorées d'une profusion de fleurs abritèrent bientôt le retour du ménage.

Thomas MANN, *Les Buddenbrook* (1901), traduit de l'allemand par Geneviève Bianquis, © Fayard, 1965

1. La mère de la mariée. – 2. L'orthographe traduit ici l'accent du personnage. – 3. Rue bourgeoise du centre-ville de Lübeck.

★★★

8 Écrire un incipit

VERS L'ÉCRITURE D'INVENTION

En vous inspirant de ce tableau de Courbet, proposez l'incipit d'un récit. Vous créerez une atmosphère différente, voire opposée à celle de l'incipit du texte de Maupassant (❭ *exercice 6*).
Votre texte devra permettre de répondre aux questions : Qui ? Où ? Quand ?

Gustave Courbet (1819-1877),
Les Cribleuses de blé (1854), détail,
huile sur toile, 131 x 167 cm
(musée des Beaux-Arts, Nantes).

Gaetano Esposito
(1858-1911), *La Côte
près de Naples*,
huile sur toile (galerie
d'Art moderne,
Florence, Italie).

> *Auteur sicilien du XIXe siècle, Verga a écrit, sur le modèle de Balzac et de sa* Comédie humaine, *une fresque,* Les Vaincus, *dont* Les Malavoglia *est le premier volume.* 'Ntoni *est le chef d'une famille exemplaire et unie, frappée tout le long du roman d'une succession de malheurs : ruine, morts, déclassement social. Voici la fin du livre.*

'Ntoni s'arrêta alors au milieu de la place pour regarder le village tout noir, comme s'il n'avait pas le cœur à s'en détacher, maintenant qu'il savait tout, et il s'assit sur le muret de la vigne du fermier Filippo.

Il resta ainsi un long moment, des pensées plein la tête, le
5 village noir dans les yeux et la mer qui grondait là-dessous dans ses oreilles. Il s'attarda jusqu'à ce qu'on commençât à entendre certains bruits qu'il connaissait, et des voix qui s'appelaient derrière les portes, des volets qui battaient, et des pas dans les rues obscures. Sur le rivage, au fond de la
10 place, les lumières commençaient à fourmiller. Il leva la tête pour regarder les *Trois Rois*[1] qui miroitaient et la *Poussinière*[1] qui annonçait l'aube, comme il l'avait vue si souvent. Alors il laissa retomber sa tête sur la poitrine en pensant à toute son histoire. Peu à peu, la mer commença à blanchir,
15 les *Trois Rois* à pâlir, les maisons qu'on reconnaissait toutes avec leurs portes closes perçaient les unes après les autres dans les rues obscures, et devant la boutique de Pizzuto qui était la seule à avoir une lanterne, Rocco Spatu[2] toussait et crachait, les mains dans les poches. – Bientôt l'oncle San-
20 toro ouvrira la porte, pensa 'Ntoni, et il s'accroupira sur le seuil pour commencer sa journée lui aussi. – Il retourna voir la mer, devenue amarante[3], toute piquée de barques qui avaient elles aussi commencé leurs journées, puis il reprit son sac en disant : – Il est temps que je m'en aille, parce
25 que les gens vont bientôt passer. Mais de tous, celui qui a commencé sa journée le premier, ça a été Rocco Spatu.

Giovanni VERGA, *Les Malavoglia* (1881), traduit de l'italien
par Maurice Darmon, © Éditions Gallimard

1. Il s'agit de constellations. – 2. Ivrogne du village. – 3. Couleur rouge.

Questions

1. Comment cet excipit témoigne-t-il d'une volonté de réalisme ?
2. Alors que l'histoire se termine par un échec, montrez que la narration propose une symbolique positive.
3. Cet excipit est-il fermé ou ouvert ? Justifiez votre réponse.

Vers l'écriture d'invention

En une quarantaine de lignes, rédigez l'incipit qui pourrait correspondre au roman. Afin de faire écho à l'excipit, votre texte montrera 'Ntoni et les siens, famille de pécheurs siciliens unie et à l'abri du besoin, faisant des projets.

Pour réussir…

- Respecter le mode de narration et le point de vue de l'excipit
- Inscrire le réel par des références spatio-temporelles précises
- Proposer des descriptions, mettre en place une atmosphère cohérente avec l'univers du roman
- Créer une attente chez le lecteur

Objectifs et compétences

▶ Étudier la caractérisation d'un personnage
▶ Identifier les valeurs incarnées par un personnage et la vision du monde ainsi proposée
▶ Analyser la dimension symbolique d'un personnage

IIIIIII Découvrir

Texte 1

Ce prince[1] était un chef-d'œuvre de la nature ; ce qu'il avait de moins admirable, c'était d'être l'homme du monde le mieux fait et le plus beau. Ce qui le mettait au-dessus des autres était une valeur incomparable, et un agrément[2] dans son esprit, dans son visage et dans ses actions, que l'on n'a jamais vu qu'à lui seul ; il avait un enjouement qui plaisait également aux
5 hommes et aux femmes, une adresse extraordinaire dans tous ses exercices, une manière de s'habiller qui était toujours suivie de tout le monde, sans pouvoir être imitée, et enfin un air dans toute sa personne qui faisait qu'on ne pouvait regarder que lui dans tous les lieux où il paraissait. […] Il avait tant de douceur et tant de disposition à la galanterie qu'il ne pouvait refuser quelques soins à celles qui tâchaient de lui plaire.

▶ Madame DE LAFAYETTE, *La Princesse de Clèves* (1678)

1. Le prince de Nemours.
2. Ensemble de qualités.

Jean Chalette (1581-1643), *Portrait de Jean de Caulet en Apollon* (1635), huile sur toile, 104,5 x 77 cm (musée des Augustins, Toulouse).

Quelle image le portraitiste cherche-t-il à donner de son modèle ?

Examinez notamment les accessoires, le costume et le décor.

Texte 2

Quand la caissière lui eut rendu la monnaie de sa pièce de cent sous, Georges Duroy sortit du restaurant.

Comme il portait beau par nature et par pose d'ancien sous-officier, il cambra sa taille, frisa sa moustache d'un geste militaire et familier, et jeta sur les dîneurs attardés un regard rapide et
5 circulaire, un de ces regards de joli garçon, qui s'étendent comme des coups d'épervier.

Les femmes avaient levé la tête vers lui, trois petites ouvrières, une maîtresse de musique entre deux âges, mal peignée, négligée, coiffée d'un chapeau toujours poussiéreux et vêtue d'une robe toujours de travers, et deux bourgeoises avec leurs maris, habituées de cette gargote[1] à prix fixe.

10 Lorsqu'il fut sur le trottoir, il demeura un instant immobile, se demandant ce qu'il allait faire. On était au 28 juin, et il lui restait juste en poche trois francs quarante pour finir le mois. Cela représentait deux dîners sans déjeuners, ou deux déjeuners sans dîners, au choix. Il réfléchit que les repas du matin étant de vingt-deux sous, au lieu de trente que coûtaient ceux du soir, il lui resterait, en se contentant des déjeuners, un franc vingt centimes de boni[2], ce qui
15 représentait encore deux collations au pain et au saucisson, plus deux bocks sur le boulevard. C'était là sa grande dépense et son grand plaisir des nuits ; et il se mit à descendre la rue Notre-Dame-de-Lorette[3]. [...]

Quoique habillé d'un complet de soixante francs, il gardait une certaine élégance tapageuse, un peu commune, réelle cependant. Grand, bien fait, blond, d'un blond châtain vague-
20 ment roussi, avec une moustache retroussée, qui semblait mousser sur sa lèvre, des yeux bleus, clairs, troués d'une pupille toute petite, des cheveux frisés naturellement, séparés par une raie au milieu du crâne, il ressemblait bien au mauvais sujet des romans populaires.

▶ Guy de Maupassant, *Bel-Ami* (1885)

1. Café-restaurant populaire.
2. Bénéfice.
3. Rue parisienne.

Problématique

🔴 **Pourquoi et comment l'étude des personnages romanesques permet-elle de comprendre la vision qu'offre le romancier de l'homme et du monde ?**

> Le personnage de roman est un être imaginaire. Il prend vie au fur et à mesure de la lecture, par la combinaison de multiples éléments.
>
> L'étudier, c'est chercher à savoir :
>
> - comment le romancier lui donne vie ;
> - quelles valeurs il incarne ;
> - quelle relation le lecteur entretient avec lui.

COMPAREZ LES TEXTES

1. À quel milieu appartient le personnage principal ? Quels éléments de son portrait le suggèrent ?

2. Le portrait physique du héros est-il en accord avec son portrait moral ? Justifiez votre réponse.

3. Quelle image de séducteur est proposée dans chaque cas ? Commentez une figure de style significative.

4. Le lecteur peut-il se sentir proche du duc de Nemours et de Georges Duroy ?

Le personnage romanesque

1 SA CARACTÉRISATION

L'auteur dispose de divers procédés pour donner corps à ses personnages.

■ **Le choix d'un nom**, souvent porteur de sens.

> *Georges Duroy, le personnage principal de* Bel-Ami, *va devenir Georges Du Roy, signe d'un anoblissement.* (›*Texte 2, p. 191*)

■ **Le portrait**, qui décrit au lecteur le physique du personnage, et l'informe sur son caractère, sa place dans la société, éventuellement sur ses valeurs.

> *Le portait du duc de Nemours dans* La Princesse de Clèves. (›*Texte 1, p. 190*)

■ **L'intégration dans un espace et un temps (cadre spatio-temporel) signifiants**, indiquant par exemple les goûts du personnage, son milieu, et pouvant être chargés d'une valeur symbolique.

> *Georges Duroy, désargenté, fréquente des « gargotes ».* (›*Texte 2*)

■ **La création ou la reprise d'un « type » psychologique, moral ou social** : le séducteur (›*Textes 1 et 2*), l'orpheline, l'aventurier, l'ambitieux, le hors-la-loi, l'ouvrier, le bourgeois…

2 SES PAROLES

Les paroles du personnage sont essentielles puisqu'elles permettent, par le lexique et les constructions de phrase, d'informer à la fois sur son appartenance sociale mais aussi sur ses réactions et ses émotions, sur sa vision du monde et des autres.

Parmi toutes les formes possibles :

■ **Le discours direct** offre fidèlement les mots prononcés par le personnage, entre guillemets.

> *Il lui demandait : « Es-tu contente ? »*

■ **Le discours indirect** reste fidèle aux paroles en les intégrant grammaticalement à la narration (subordination).

> *Il lui demandait si elle était contente.*

■ **Le discours indirect libre** fait entendre la voix du personnage (intonation, vocabulaire…) sans interrompre la narration.

> *Il l'interrogeait. Était-elle contente ?*

■ **Le discours narrativisé (ou récit de paroles)** raconte, résume avant tout la teneur des propos du personnage, sans les transmettre fidèlement.

> *Il la questionnait sur son état d'esprit.*

■ **Le monologue intérieur** permet au lecteur d'accéder aux pensées du personnage et ainsi de le connaître mieux qu'une personne réelle.

> *Georges Duroy planifie ses dépenses.* (›*Texte 2*)

3 SON STATUT

- **Par rapport à l'action**, le personnage peut être celui qui :
– mène et / ou celui qui suscite l'action ;
– soutient (**adjuvant**) ou s'oppose (**opposant**) à l'action d'un autre ;
– est le simple témoin des événements.

- **Secondaire ou principal**, le personnage appartient à un « **réseau** » **de personnages** qui ont tous des rôles variés.

Les personnages principaux se distinguent ainsi des personnages secondaires : ils apparaissent plus souvent et leur fonction dans le récit est plus importante.

- **Le héros** a longtemps désigné le personnage principal qui défendait des valeurs considérées comme positives (beauté, noblesse, courage...).

• Au milieu du XIXe siècle, dans les romans réalistes et naturalistes, le « héros » n'est plus nécessairement « héroïque » et idéalisé. Il représente une humanité moyenne.

• Et lorsqu'il perd toute qualité exceptionnelle, apparaît passif ou négatif, on parle d'**antihéros** (caractéristique du XXe siècle) par opposition au héros positif de la tradition.

• Le personnage du Nouveau Roman (1950-1960) est ainsi radicalement mis en question, menacé par l'anonymat de la société de masse, errant dans le vague de ses émotions.

- Différents **personnages collectifs** apparaissent aux XIXe et XXe siècles : le peuple, la ville, une armée... ainsi que des **personnages non humains** (*La Lison, locomotive et personnage de* La Bête humaine *de Zola* › *p. 196.*)

4 SON PARCOURS

- **Le parcours du personnage principal** structure le roman et en donne les temps forts : situation initiale, scène de rencontre, de conflit, dilemme, phases de rupture par rapport à un lieu, un autre personnage, un milieu, scène finale.

- Le roman peut s'attacher au parcours d'un personnage jeune, inexpérimenté, parfois idéaliste. Confronté à la société de son époque, à travers des rencontres décisives de personnages d'**initiateurs**, celui-ci évolue et modifie sa vision des autres et du monde.

Ces romans sont des **romans d'apprentissage ou d'éducation** (Bel-Ami *de Maupassant* › *Texte 2, p. 191*).

EXEMPLE COMMENTÉ

Souba leva alors la tête et regarda le paysage autour de lui. Les montagnes étaient dans son dos. Face à lui l'immensité du royaume. Il était le dernier d'un monde englouti. Un homme mûr dont la vie n'avait
5 pas encore commencé. Il lui restait à vivre. Il sourit. Il savait maintenant ce qu'il devait faire. Il allait construire un palais. Jusqu'à ce jour il avait obéi à son père et érigé les tombeaux, un à un. Aujourd'hui, c'était à Samilia[1] qu'il fallait penser. Il construirait un
10 palais. Le palais de Samilia.

Laurent GAUDÉ, *La Mort du roi Tsongor* (2002), © Actes Sud
1. Sa fille.

• Ce passage de la fin du roman montre Souba faisant un bilan de sa vie. « Les montagnes étaient dans son dos » : le symbole est clair, le héros a passé les épreuves imposées par son père, « construire des tombeaux un à un », et « l'immensité » s'ouvre désormais à lui. Le texte oppose le passé « d'un monde englouti » et un présent à « construire ». Après un long parcours, le personnage, émancipé de l'autorité paternelle, peut enfin choisir son propre chemin.

Analyser la dimension historique et symbolique d'un personnage

Voici six séries de questions à vous poser afin de replacer un personnage dans le contexte historique et littéraire de sa création et d'apprécier les valeurs qu'il incarne ou met en cause.

Où et quand ?

🖋 À quelle époque a été créé le personnage ?

🖋 À quelle époque et dans quels lieux vit-il ?

Attention : ces deux époques sont souvent différentes (➤ *chap. 2*)

🖋 Est-il associé aux événements historiques ou vit-il en marge de ceux-ci ?

Un mouvement littéraire ?

🖋 À quel mouvement littéraire appartient le roman où le personnage apparaît ? (➤ *chapitre 1*)

🖋 En quoi le personnage est-il représentatif de ce mouvement et d'une conception particulière du roman ?

Identité et type

🖋 Quelle est l'identité du personnage ? Son âge ?

🖋 Représente-t-il un type humain particulier : un caractère physique, psychologique ou moral ?

🖋 Un milieu professionnel ou social ? Quelle image en donne-t-il ?

Réaliste ou idéal ?

🖋 Comment l'auteur rend-il son personnage vraisemblable (nom, portrait, paroles…) ?

🖋 Le personnage est-il idéalisé ou au contraire très proche du réel ?

🖋 Son portrait est-il complet ou laisse-t-il le lecteur participer à sa construction ?

Valeurs incarnées et vision de l'homme

🖋 Le personnage semble-t-il exemplaire ?

🖋 Est-il un modèle pour le lecteur ? Ou un moyen pour faire réfléchir sur la condition humaine, les valeurs de la société ?

🖋 Quelles valeurs, positives ou négatives, sont portées par le personnage ?

Parcours

🖋 Le personnage évolue-t-il entre le début et la fin du roman (ascension ou déchéance) ?

🖋 En quoi son parcours est-il signifiant ?

★
1 Dégager le sens d'un portrait

a. Quel effet est produit par le choix d'un seul portrait pour les deux demoiselles Védin ?

b. Relevez et commentez les éléments du portrait mis en place. Proposez deux adjectifs permettant de caractériser ces femmes.

c. Comment ce portrait permet-il de comprendre les valeurs défendues par ces institutrices ?

Le roman se déroule en Haïti dans les années 1940.

Sous une latitude où le thermomètre ne descendait jamais au-dessous de la barre des vingt-cinq degrés Celsius, les demoiselles Védin étaient toujours vêtues de longues robes grises dont les
5 manches leur cachaient les bras. Leur âme était de ce même gris sombre. Je ne me souviens pas les avoir vues sourire, même une fois. À l'idée de gronder l'une d'entre nous, de la punir ou d'user de la règle sur ses doigts, la méchanceté gonflait
10 leur corsage, faisait briller leurs yeux et leur emplissait le cœur d'une rage joyeuse. […]
Ce premier jour de classe, la plus jeune des demoiselles Védin s'était approchée de nous, une grande tige de bois à la main. Elle avait un visage
15 de *malfini*, d'oiseau de proie. De sa voix aiguë et cassée elle nous cria : « Mesdemoiselles, en rang, deux par deux. Vous êtes ici pour goûter à ce qu'il y a de meilleur dans la civilisation. » J'entendais distinctement le bruit de chaque syllabe. Les mots
20 sifflaient entre ses dents. Cette phrase inaugurait, à elle seule, le long travail auquel ces vieilles filles s'étaient astreintes depuis des années : faire de ces jeunes négresses que nous étions des filles colorées de la France, métropole ancienne et loin-
25 taine.

Yannick LAHENS, *Dans la maison du père* (2000),
© Le Serpent à Plumes

Mise au point
Extension de la notion de personnage

❚ Le personnage de roman n'est pas obligatoirement un être humain. Il est fréquent qu'un animal, un objet, un lieu prennent une dimension humaine et jouent un rôle symbolique dans l'histoire, interagissant avec les personnages. *C'est le cas de la locomotive dans* La Bête humaine*, de Zola* (> *p. 196*).

❚ La foule peut, elle aussi, être traitée comme un unique personnage, ce qui met en évidence, selon les cas, sa force, sa cohésion, son inertie ou sa violence.

❚ **La personnification** est le procédé privilégié de cette démarche : verbes d'action ou de paroles, comparaisons et métaphores corporelles, champs lexicaux des sentiments et émotions…

★
2 Étudier un type de personnage dans son cadre de vie

a. Étudiez les relations entre les divers membres de ce salon. Quel jugement le narrateur porte-t-il sur ce milieu ?

b. Repérez et commentez la métaphore filée que le narrateur associe au personnage principal.

c. Quels autres éléments font du portrait de Madame Verdurin une caricature ?

Madame Verdurin accueille ses familiers dans son salon bourgeois qui cherche à égaler ceux des aristocrates.

De ce poste élevé[1] elle participait avec entrain à la conversation des fidèles et s'égayait de leurs « fumisteries »[2], mais depuis l'accident qui était arrivé à sa mâchoire, elle avait renoncé à prendre
5 la peine de pouffer effectivement et se livrait à la place à une mimique conventionnelle qui signifiait, sans fatigue ni risques pour elle, qu'elle riait aux larmes. Au moindre mot que lâchait un habitué contre un ennuyeux ou contre un ancien
10 habitué rejeté au camp des ennuyeux – et pour le plus grand désespoir de M. Verdurin qui avait eu longtemps la prétention d'être aussi aimable que sa femme, mais qui riant pour de bon s'essoufflait vite et avait été distancé et vaincu par cette ruse
15 d'une incessante et fictive hilarité – elle poussait un petit cri, fermait entièrement ses yeux d'oiseau qu'une taie[3] commençait à voiler, et brusquement, comme si elle n'eût eu que le temps de cacher un spectacle indécent ou de parer à un ac-
20 cès mortel, plongeant sa figure dans ses mains qui la recouvraient et n'en laissaient plus rien voir, elle avait l'air de s'efforcer de réprimer, d'anéantir un rire qui, si elle s'y fût abandonnée, l'eût conduite à l'évanouissement. Telle, étourdie par
25 la gaîté des fidèles, ivre de camaraderie, de médisance et d'assentiment, Mme Verdurin, juchée sur son perchoir, pareille à un oiseau dont on eût trempé le colifichet[4] dans du vin chaud, sanglotait d'amabilité.

Marcel PROUST, *Du côté de chez Swann* (1913)

1. Madame Verdurin est assise dans un fauteuil surélevé. –
2. Propos sans importance (le terme est familier). – 3. Tache sur l'œil. – 4. Biscuit pour oiseau.

3 Étudier le portrait dans un art visuel

a. Observez les techniques employées par le sculpteur : le choix de la matière, des couleurs, les formes, la taille…

b. À partir de cette observation et du titre de l'œuvre, analysez le regard que porte l'artiste sur son modèle. Quel type humain ou social est représenté ?

Duane Hanson (1925-1996), *Cliente d'un supermarché* (1970), statue en résine de polyester et divers matériaux, grandeur nature (Ludwig Collection, Aachen, Allemagne).

★
4 Prendre en compte les personnages non humains

Analysez l'ensemble des éléments qui contribuent à la personnification de la locomotive.

Jacques, conducteur de train, cherche à dégager la neige sur la voie en forçant le passage avec sa locomotive, la Lison.

Lentement, il recula d'environ trois cents mètres, pour prendre du champ. Et, ayant poussé au feu, dépassant même la pression permise, il revint contre le mur qui barrait la voie, il y jeta la
5 Lison, de toute sa masse, de tout le poids du train qu'elle traînait. Elle eut un han ! terrible de bûcheron qui enfonce la cognée, sa forte charpente de fer et de fonte en craqua. Mais elle ne put passer encore, elle s'était arrêtée, fumante, toute
10 vibrante du choc. Alors, à deux autres reprises, il dut recommencer la manœuvre, recula, fonça sur la neige, pour l'emporter ; et, chaque fois, la Lison, raidissant les reins, buta du poitrail, avec son souffle enragé de géante. Enfin, elle parut re-
15 prendre haleine, elle banda ses muscles de métal en un suprême effort, et elle passa, et lourdement le train la suivit, entre les deux murs de la neige éventrée. Elle était libre.

Émile ZOLA, *La Bête humaine* (1890)

★★
5 Étudier le parcours d'un personnage

a. Dans l'extrait 1, comment l'éducation du personnage est-elle perceptible dans ses attitudes et ses actes ? En quoi le choix du type de discours rapporté met-il en lumière la nature de la communication mère/enfant ?

b. Dans le dialogue de l'extrait 2, quels procédés révèlent l'opposition entre les deux personnages ?

c. Comment le rapprochement de ces deux extraits permet-il de comprendre le parcours du personnage ? En quoi ce personnage est-il déterminé par son milieu et son époque ?

d. Ce personnage est-il un héros ou un antihéros ? Que cherche l'auteur en faisant de Rudolf Lang le personnage central de son roman ?

Le roman retrace la vie de Rudolf Lang, né en 1900, de son enfance à son rôle de chef de camp d'extermination puis à son procès (Nuremberg, 1945).
Le premier extrait se situe en 1913 à Berlin dans l'appartement familial, le second en 1945 dans la cellule où Lang, dans l'attente de son jugement, est interrogé par un colonel de l'armée américaine.

EXTRAIT 1

Maman dit sans se retourner :
– Pose tes affaires par terre et viens te laver les mains.
J'approchai de l'évier, Maman me fit place, je
5 plongeai les mains dans l'eau, elle était chaude, Père nous défendait de nous laver à l'eau chaude, et je dis à voix basse :
– Mais c'est de l'eau chaude !
Maman soupira, prit la cuvette, la renversa
10 sans un mot dans l'évier, et ouvrit le robinet. Je pris le savon, elle s'écarta, me tourna le dos à moitié, la main droite appuyée sur le bord de l'évier, les yeux fixés sur le buffet. Sa main droite tremblait légèrement.
15 Quand j'eus fini, elle me tendit le peigne et dit sans me regarder :
– Peigne-toi. […]
Mère dit derrière mon dos :
– Ton père t'attend.
20 Je posai le peigne sur le buffet et je me mis à trembler.
– Ne pose pas le peigne sur le buffet, dit Maman.
Elle fit deux pas, saisit le peigne, l'essuya sur
25 son tablier, et l'enferma dans le tiroir du buffet. Je la regardai désespérément, ses yeux glissèrent sur moi, elle me tourna le dos et reprit sa place devant l'évier.
Je sortis, je me dirigeai lentement vers le bu-
30 reau de Père. Dans le couloir, je croisai de nouveau mes sœurs. Elles me jetèrent des regards sournois et je compris qu'elles avaient deviné où j'allais.

Je m'arrêtai devant la porte du bureau, je fis un
35 violent effort pour cesser de trembler et je frappai. La voix de Père cria : « Entrez ! », j'ouvris la porte, la refermai et je mis au garde à vous.

EXTRAIT 2

« Si c'était à refaire, vous ne le referiez pas ?

Je dis vivement :

– Je le referais, si on m'en donnait l'ordre.

Il me regarda une pleine seconde, son teint
5 rose rougit violemment, et il dit d'un air indigné :

– Vous agiriez contre votre conscience !

Je me mis au garde à vous, je regardai droit devant moi et je dis :

– Excusez-moi, je crois que vous ne compre-
10 nez pas mon point de vue. Je n'ai pas à m'occuper de ce que je pense. Mon devoir est d'obéir.

Il s'écria :

– Mais pas à ces ordres horribles !... Comment avez-vous pu ?... C'est monstrueux... ces enfants,
15 ces femmes... Vous ne ressentiez donc rien ?

Je dis avec lassitude :

– On ne cesse pas de me poser cette question.

– Eh bien, que répondez-vous d'ordinaire ?

– C'est difficile à expliquer. Au début, j'éprou-
20 vais une impression pénible. Puis, peu à peu, j'ai perdu toute sensibilité. Je crois que c'était nécessaire : Sans cela, je n'aurais pu continuer. Vous comprenez, je pensais aux juifs en termes d'unités, jamais en termes d'êtres humains. Je me
25 concentrais sur le côté technique de ma tâche.

Robert MERLE, *La Mort est mon métier* (1952),
© **Éditions Gallimard**

Exercice guidé

★★
6 **Rédiger un monologue intérieur**

a. Étudiez la composition de cette image à partir de la distinction des plans : quel effet est recherché ? (> *chap. 45*)

b. Cette image est extraite d'un film tourné entièrement en noir et blanc en 2009. Qu'apporte ce choix esthétique à la scène ci-dessous ?

c. **VERS L'ÉCRITURE D'INVENTION**

Choisissez un des personnages de cette scène (du premier, du second plan ou de l'arrière-plan). Rédigez, en une trentaine de lignes, son monologue intérieur, exprimant ses émotions et réflexions face au rituel du coucher.

Pour réussir cet exercice, aidez-vous du parcours suivant :

➡ analysez l'aspect du personnage choisi pour dégager son caractère : position, tenue, gestuelle et expression du visage ;

➡ déterminez un mode de narration et un point de vue (> *chap. 21*) ;

➡ sélectionnez des procédés d'écriture pour suggérer le flux de la pensée (ponctuation, construction des phrases, comparaison ou métaphore...) ;

➡ organisez votre paragraphe : déclenchement de la pensée, émotions et réflexions, clôture du monologue intérieur par un élément de rupture : sonnerie, parole d'un personnage...

Le Ruban blanc *évoque la vie d'un village allemand en 1913 et s'attache particulièrement à la relation très rigide entre parents et enfants au sein de la famille d'un pasteur.*

Le Ruban blanc, film de Michael Haneke (2009).

7 Analyser les caractéristiques du héros

a. Commentez la première phrase du texte en dégageant l'ambiguïté du mot « héros ». Quel sens donnez-vous à l'adjectif possessif associé à ce terme ?

b. Montrez que cet extrait est une critique du personnage de la part du narrateur, mais aussi une mise en valeur de certaines de ses qualités.

c. <mark>VERS LA DISSERTATION</mark>

Pour répondre à la question suivante : « Un personnage médiocre peut-il être un héros de roman ? », rédigez un paragraphe de dissertation dont cet extrait constituera l'exemple principal.

Fabrice del Dongo, jeune noble milanais, rêve de gloire et admire Napoléon Bonaparte. Il rejoint ses troupes sur le champ de bataille de Waterloo.

Nous avouerons que notre héros était fort peu héros en ce moment. Toutefois la peur ne venait chez lui qu'en seconde ligne ; il était surtout scandalisé de ce bruit[1] qui lui faisait mal aux oreilles.
5 L'escorte[2] prit le galop ; on traversait une grande pièce de terre labourée, située au-delà du canal, et ce champ était jonché de cadavres.

– Les habits rouges ! les habits rouges ! criaient avec joie les hussards de l'escorte, et d'abord
10 Fabrice ne comprenait pas ; enfin il remarqua qu'en effet presque tous les cadavres étaient vêtus de rouge. Une circonstance lui donna un frisson d'horreur ; il remarqua que beaucoup de ces malheureux habits rouges vivaient encore ; ils
15 criaient évidemment pour demander du secours, et personne ne s'arrêtait pour leur en donner. Notre héros, fort humain, se donnait toutes les peines du monde pour que son cheval ne mît les pieds sur aucun habit rouge. L'escorte s'arrêta ;
20 Fabrice, qui ne faisait pas assez attention à son devoir de soldat, galopait toujours en regardant un malheureux blessé.

Stendhal, *La Chartreuse de Parme* (1839)
1. Celui de la bataille. – 2. Troupe, garde.

8 Analyser la construction des personnages à travers leurs paroles

a. Repérez les formes de discours rapporté présentes dans ce texte. Qu'apporte la variété des formes de discours dans ce passage ?

b. Quel portrait des dames se dégage des rumeurs évoquées ?

Marianne, la narratrice, a été adoptée par le curé du village. De parents inconnus, elle fait l'objet de toutes les attentions et de toutes les rumeurs.

Le curé, qui, quoique curé de village, avait beaucoup d'esprit, et était un homme de très bonne famille, disait souvent que, dans tout ce que ces dames avaient alors fait pour moi, il ne leur avait jamais entendu prononcer le mot de
5 charité ; c'est que c'était un mot trop dur, et qui blessait la mignardise[1] des sentiments qu'elles avaient.

Aussi, quand elles parlaient de moi, elles ne disaient point cette petite fille ; c'était toujours cette
10 aimable enfant.

Était-il question de mes parents, c'était des étrangers, et sans difficulté de la première condition de leur pays ; il n'était pas possible que cela fût autrement, on le savait comme si on l'avait vu :
15 il courait là-dessus un petit raisonnement que chacune d'elles avait grossi de sa pensée et qu'ensuite elles croyaient comme si elles ne l'avaient pas fait elles-mêmes.

Marivaux, *La Vie de Marianne* (1742)
1. Délicatesse affectée.

9 Comparer deux visions d'un même type de personnage

a. Quels moyens sont mis en œuvre pour rendre le portrait du paysan balzacien réaliste (Document 1) ?

b. Le tableau de François Boucher (Document 2) vous semble-t-il avoir le même objectif ? Justifiez votre propos en ayant recours à l'analyse précise du portrait (composition, valeur symbolique du décor, costume, attitude…).

c. Quelle vision du paysan et de sa place dans la société est proposée dans chaque document ?

d. Récrivez la scène du roman de Balzac sans jamais avoir recours au discours direct.

DOCUMENT 1

– Comment un homme comme vous s'est-il laissé tomber dans la misère ? Car, dans l'état actuel des choses, un paysan n'a qu'à s'en prendre à lui-même de son malheur, il est libre, il peut de-
5 venir riche. Ce n'est plus comme autrefois. Si le paysan sait amasser un pécule[1], il trouve de la terre à vendre, il peut l'acheter, il est son maître !

– J'ai vu l'ancien temps et je vois le nouveau ; mon cher savant monsieur, répondit Fourchon,
10 l'enseigne est changée, c'est vrai, mais le vin est toujours le même ! AUJOURD'HUI n'est que le cadet d'HIER. Allez ! mettez ça dans *vout'journiau* ! Est-ce que nous sommes affranchis ? Nous appartenons toujours au même village, et le seigneur est
15 toujours là, je l'appelle Travail. La houe[2] qu'est toute notre chevance[3], n'a pas quitté nos mains. Que ce soit pour un seigneur ou pour l'impôt qui prend le plus clair de nos labeurs, faut toujours dépenser not'vie en sueurs…

Honoré DE BALZAC, *Les Paysans* (1844)
1. Économies modestes. – 2. Outil agricole. –
3. Possession, richesse.

François Boucher (1703-1770), *Pastorale ou Jeune berger dans un paysage* huile sur toile, 89 x 121,5 cm (musée des Beaux-Arts de Caen).

★★★
10 **Explorer une nouvelle approche du personnage**

a. Quelles difficultés éprouvez-vous à la lecture de cet incipit (> *chap. 22*) de roman ? Justifiez votre réponse.

b. Combien de personnages apparaissent dans ce texte ? Quels éléments vous permettent de faire le repérage ?

c. En quoi l'originalité de l'écriture introduit-elle une rupture avec une approche traditionnelle du personnage ?

Mon gendre aime les carottes râpées. Monsieur Alain adore ça. Surtout n'oubliez pas de faire des carottes râpées pour Monsieur Alain. Bien tendres… des carottes nouvelles… Les ca-
5 rottes sont-elles assez tendres pour Monsieur Alain ? Il est si gâté, vous savez, il est si délicat. Finement hachées… le plus finement possible… avec le nouveau petit instrument… Tiens… c'est tentant… Voyez, Mesdames, vous obtenez avec
10 cela les plus exquises carottes râpées… Il faut l'acheter. Alain sera content, il adore ça. Bien assaisonnées… de l'huile d'olive… « la Niçoise » pour lui, il n'aime que celle-là, je ne prends que ça… Les justes proportions, ah, pour ça il s'y

15 connaît… un peu d'oignon, un peu d'ail, et persillées, salées, poivrées… les plus délicieuses carottes râpées… Elle tend le ravier… « Oh, Alain, on les a faites exprès pour vous, vous m'aviez dit que vous adoriez ça… »

20 Un jour il a eu le malheur, dans un moment de laisser-aller, un moment où il se tenait détendu, content, de lui lancer cela négligemment, cette confidence, cette révélation, et telle une graine tombée sur une terre fertile cela a germé et cela
25 pousse maintenant : quelque chose d'énorme, une énorme plante grasse au feuillage luisant : Vous aimez les carottes râpées, Alain.
Alain m'a dit qu'il aimait les carottes râpées. Elle est à l'affût. Toujours prête à bondir. Elle a
30 sauté là-dessus, elle tient cela entre ses dents serrées. Elle l'a accroché. Elle le tire… Le ravier en main, elle le fixe d'un œil luisant. Mais d'un geste il s'est dégagé – un bref geste souple de sa main levée, un mouvement de la tête… « Non, merci… »
35 Il est parti, il n'y a plus personne, c'est une enveloppe vide, le vieux vêtement qu'il a abandonné dont elle serre un morceau entre ses dents.

Nathalie SARRAUTE, Le *Planétarium* (1959),
© Éditions Gallimard

Objet d'étude : Le roman et ses personnages du XVIIᵉ siècle à nos jours

Corpus

Texte A Denis DIDEROT, *Jacques le Fataliste et son maître* (1778)
Texte B Gustave FLAUBERT, *Madame Bovary* (1857)
Texte C Marguerite DURAS, *Le Ravissement de Lol V. Stein* (1964)

Texte A

LE MAÎTRE. – Tu as donc été amoureux ?
JACQUES. – Si je l'ai été !
LE MAÎTRE. – Et cela par un coup de feu ?
JACQUES. – Par un coup de feu.
5 LE MAÎTRE. – Tu ne m'en as jamais dit un mot.
JACQUES. – Je le crois bien.
LE MAÎTRE. – Et pourquoi cela ?
JACQUES. – C'est que cela ne pouvait être dit ni plus tôt ni plus tard.
10 LE MAÎTRE. – Et le moment d'apprendre ces amours est-il venu ?
JACQUES. – Qui le sait ?
LE MAÎTRE. – À tout hasard, commence toujours…

Jacques commença l'histoire de ses amours. C'était
15 l'après-dîner : il faisait un temps lourd ; son maître s'endormit. La nuit les surprit au milieu des champs ; les voilà fourvoyés. Voilà le maître dans une colère terrible et tombant à grands coups de fouet sur son valet, et le pauvre diable disant à chaque coup : « Celui-là
20 était apparemment encore écrit là-haut… »
Vous voyez, lecteur, que je suis en beau chemin, et qu'il ne tiendrait qu'à moi de vous faire attendre un an, deux ans, trois ans, le récit des amours de Jacques, en le séparant de son maître et en leur faisant courir à
25 chacun tous les hasards qu'il me plairait. Qu'est-ce qui m'empêcherait de marier le maître et de le faire cocu ? d'embarquer Jacques pour les îles ? d'y conduire son maître ? de les ramener tous les deux en France sur le même vaisseau ? Qu'il est facile de faire des contes !
30 Mais ils en seront quittes l'un et l'autre pour une mauvaise nuit, et vous pour ce délai.
L'aube du jour parut. Les voilà remontés sur leurs bêtes et poursuivant leur chemin. – Et où allaient-ils ? – Voilà la seconde fois que vous me faites cette
35 question, et la seconde fois que je vous réponds : Qu'est-ce que cela vous fait ? Si j'entame le sujet de leur voyage, adieu les amours de Jacques…

Denis DIDEROT, *Jacques le Fataliste et son maître* (1778)

Texte B

La mère de Charles Bovary compare les mérites de la première épouse de son fils, une veuve nommée Mme Dubuc, et de sa seconde épouse, la jeune Emma Rouaux.

Du temps de madame Dubuc, la vieille femme se sentait encore la préférée ; mais, à présent, l'amour de Charles pour Emma lui semblait une désertion de sa tendresse, un envahissement sur ce qui lui appar-
5 tenait ; et elle observait le bonheur de son fils avec un silence triste comme quelqu'un de ruiné qui regarde, à travers les carreaux, des gens attablés dans son ancienne maison. Elle lui rappelait, en manière de souvenirs, ses peines et ses sacrifices, et, les comparant
10 aux négligences d'Emma, concluait qu'il n'était point raisonnable de l'adorer d'une façon si exclusive.
Charles ne savait que répondre ; il respectait sa mère, et il aimait infiniment sa femme ; il considérait le jugement de l'une comme infaillible, et cependant
15 il trouvait l'autre irréprochable. Quand madame Bovary était partie, il essayait de hasarder timidement, et dans les mêmes termes, une ou deux des plus anodines observations qu'il avait entendu faire à sa maman ; Emma, lui prouvant d'un mot qu'il se trompait,
20 le renvoyait à ses malades.
Cependant, d'après des théories qu'elle croyait bonnes, elle voulut se donner de l'amour. Au clair de lune, dans le jardin, elle récitait tout ce qu'elle savait par cœur des âmes passionnées et lui chantait en sou-
25 pirant des adagios mélancoliques ; mais elle se trouvait ensuite aussi calme qu'auparavant, et Charles n'en paraissait ni plus amoureux ni plus remué.
Quand elle eut ainsi un peu battu le briquet sur son cœur sans en faire jaillir une étincelle, incapable,
30 du reste, de comprendre ce qu'elle n'éprouvait pas, comme de croire à tout ce qui ne se manifestait point par des formes convenues, elle se persuada sans peine que la passion de Charles n'avait plus rien d'exorbitant. Ses expansions étaient devenues régulières ;
35 il l'embrassait à de certaines heures. C'était une habitude parmi les autres, et comme un dessert prévu d'avance, après la monotonie du dîner.

Gustave FLAUBERT, *Madame Bovary* (1857)

Lol, jeune héroïne du roman, est conviée à un bal avec son fiancé, Michael. Ce dernier est d'emblée fasciné par Anne-Marie Stretter qu'il rencontre pour la première fois, accompagnée de sa fille.

Il s'était arrêté, il avait regardé les nouvelles venues[1], puis il avait entraîné Lol[2] vers le bar et les plantes vertes du fond de la salle.

Elles avaient traversé la piste et s'étaient dirigées
5 dans cette même direction.

Lol, frappée d'immobilité, avait regardé s'avancer, comme lui, cette grâce abandonnée, ployante, d'oiseau mort. Elle était maigre. Elle devait l'avoir toujours été. Elle avait vêtu cette maigreur, se rappelait
10 clairement Tatiana[3], d'une robe noire à double fourreau de tulle également noir, très décolletée. Elle se voulait ainsi faite et vêtue, et elle l'était à son souhait, irrévocablement. L'ossature admirable de son corps et de son visage se devinait. Telle qu'elle apparaissait,
15 telle, désormais, elle mourrait, avec son corps désiré.

Qui était-elle ? On le sut plus tard : Anne-Marie Stretter. Était-elle belle ? Quel était son âge ? Qu'avait-elle connu, elle que les autres avaient ignoré ? Par quelle voie mystérieuse était-elle parvenue à ce qui se présen-
20 tait comme un pessimisme gai, éclatant, une souriante indolence de la légèreté d'une nuance, d'une cendre ? Une audace pénétrée d'elle-même, semblait-il, seule, la faisait tenir debout. Mais comme celle-ci était gracieuse, de même façon qu'elle. Leur marche de prairie
25 à toutes les deux les menait de pair où qu'elles aillent. Où ? Rien ne pouvait plus arriver à cette femme, pensa Tatiana, plus rien, rien. Que sa fin, pensait-elle.

Avait-elle regardé Michael Richardson en passant ? L'avait-elle balayé de ce non-regard qu'elle prome-
30 nait sur le bal ? C'était impossible de le savoir.

Marguerite DURAS, *Le Ravissement de Lol V. Stein* (1964),
© Éditions Gallimard

1. Anne-Marie Stretter et sa fille. – 2. Lol diminutif de Lola.
3. Amie de Lol.

Question (4 points)

Lisez attentivement les textes du corpus, puis comparez la manière dont le narrateur informe le lecteur sur les personnages et leurs sentiments dans ces textes.

Travaux d'écriture (16 points)

Vous traiterez au choix l'un des trois sujets proposés.

Commentaire

Vous commenterez le texte de Flaubert.

Dissertation

Dans quelle mesure le personnage de roman donne-t-il au lecteur un accès privilégié à la connaissance du cœur humain ?
Vous répondrez à cette question dans un développement argumenté en vous appuyant sur les textes qui vous sont proposés, ceux que vous avez étudiés en classe et vos lectures personnelles.

Écriture d'invention

Rédigez la narration faite par Jacques (> *Texte A*) de son histoire d'amour malheureuse, en intégrant le portrait de la femme aimée.

24

Étudier
la comédie et le comique

Objectifs et compétences	▸ Revoir les composantes du texte de théâtre
	▸ Apprécier les caractéristiques de la comédie, notamment au XVIIᵉ siècle
	▸ Analyser les procédés du comique et leurs effets

|||||||| Découvrir

Texte 1

Xanthias fait le portrait de son maître Chéricléon, un vieux juge qui soutient Cléon, homme politique contemporain d'Aristophane (ce politicien avait institué une indemnité journalière pour inciter les citoyens à être juges au tribunal…).

XANTHIAS. – Je vais vous la dire, la maladie du patron : c'est un cas de judicardite comme on n'en a jamais vu. C'est ça qui le démange : juger ! Il faut toujours qu'il siège sur le premier banc des juges, sinon il braille ! Du sommeil ? il n'en voit pas une miette de toute la nuit. […] Son coq
5 avait beau chanter bien avant minuit : « Il m'éveille trop tard, a-t-il dit. Les prévenus lui ont graissé la patte[1] exprès pour ça, à prix d'argent ! » Sitôt soupé, il gueule pour avoir ses souliers ; et puis il s'en va là-bas, bien avant l'aube, et pique un somme, en acompte, collé contre le pilier comme une bernicle[2]. […] Nous le surveillons. On l'a baranclé[3], ver-
10 rouillé pour qu'il ne s'échappe pas. Car son fils est consterné par sa ma-ladie. […] Alors nous, on a bouclé tout le logement sous un filet tendu à la ronde, et on monte la garde. Le nom du vieux, c'est Chéricléon, oui-da ! Foi d'animal ! et son fils, que vous voyez, c'est Vomicléon. Il a des façons plutôt rebiffarrogantes[4] !
15 VOMICLÉON (*du haut du toit*). – Hé, Xanthias, Sosie[5], vous dormez ?
XANTHIAS. – Oh là là !
SOSIE. – Quoi ?
XANTHIAS. – C'est Vomicléon qui se lève !
VOMICLÉON. – Un mouvement tournant, vite par ici, l'un ou l'autre !
20 Mon père est entré dans le fournil, il fourgonne comme un rat là au fond. (*À Sosie*) Allons, guette, qu'il ne se coule pas par l'évent[6] de la salle de bain ! (*À Xanthias*) Et toi, arc-boute-toi contre la porte !
XANTHIAS. – Voilà, patron.
VOMICLÉON. – Mille sabords ! Qu'est-ce que c'est que ce raffut dans la
25 cheminée ? Hé toi, qui va là ?
CHÉRICLÉON (*sortant la tête en haut de la cheminée*). – C'est moi, Lafumée qui m'en vais.
VOMICLÉON. – Lafumée ? Voyons voir ça ? et de quel bois ?
CHÉRICLÉON. – De bois de justice !

▸ ARISTOPHANE, *Les Guêpes*, v. 85-145 (422 av. J.-C.),
traduit du grec par V.-H. Debidour (1966), © Éditions Gallimard

Honoré Daumier (1808-1879), *Dupin aîné, député, avocat, académicien* (1832), sculpture en terre crue peinte (musée d'Orsay, Paris).

1. Donner de l'argent en échange d'un avantage (familier).
2. Coquillage qui s'accroche aux rochers.
3. Enfermé (mot inventé).
4. Mot inventé, composé de « se rebiffer » (refuser une contrainte) et « arrogant » (qui fait preuve d'insolence et de mépris).
5. Esclave de Vomicléon.
6. Tuyau d'évacuation.

Texte 2

Philaminte, une femme qui se veut savante, chasse sa servante Martine, sous prétexte qu'elle ne sait pas parler correctement le « beau langage ».

MARTINE

Quand on se fait entendre, on parle toujours bien,
Et tous vos biaux dictons ne servent pas de rien.

PHILAMINTE

Hé bien ! ne voilà pas encore de son style,
« Ne servent pas de rien » !

BÉLISE[1]

Ô cervelle indocile !
5   Faut-il qu'avec les soins qu'on prend incessamment,
On ne te puisse apprendre à parler congrûment[2] ?
De « pas » mis avec « rien », tu fais la récidive[3],
Et c'est, comme on t'a dit, trop d'une négative[4].

MARTINE

Mon Dieu ! je n'avons pas étugué comme vous,
10 Et je parlons tout droit comme on parle cheux nous.

PHILAMINTE

Ah ! Peut-on y tenir ?

BÉLISE

Quel solécisme[5] horrible !

PHILAMINTE

En voilà pour tuer une oreille sensible.

BÉLISE

Ton esprit, je l'avoue, est bien matériel.
« Je » n'est qu'un singulier, « avons » est pluriel.
15 Veux-tu toute ta vie offenser la grammaire ?

MARTINE

Qui parle d'offenser grand-mère ni grand-père ?

▶ MOLIÈRE, *Les Femmes savantes*, acte II, scène 6 (1672)

1. Belle-sœur de Philaminte, la maîtresse de maison.
2. Comme il faut.
3. Répétition.
4. Négation.
5. Faute de syntaxe (c'est-à-dire de construction grammaticale d'une phrase).

COMPAREZ LES TEXTES

1. Pourquoi ces deux scènes font-elles rire ?

2. Quels personnages sont caricaturés ? Quels défauts sont ridiculisés ?

3. Quelle est la fonction des serviteurs dans chacune des scènes ?

4. Que traduisent les noms « Chéricléon » et « Vomicléon » dans la scène d'Aristophane ? Quels jeux sur les mots apparaissent dans celle de Molière ?

Problématique

● **Que vise la comédie à travers les procédés du comique ?**

La comédie vise à provoquer le rire, mais aussi à susciter la réflexion.

● Étudier la comédie, c'est comprendre pourquoi nous rions au théâtre.

● C'est aussi apprécier la portée du comique.

La comédie et le comique

1 RÉPLIQUES ET DIDASCALIES

Écrit pour être joué, le **texte de théâtre** indique ce que doivent dire les acteurs et précise de quelle façon ces paroles doivent être prononcées. Répliques et didascalies constituent ainsi les deux composantes essentielles de tout texte de théâtre.

■ **Les répliques** des personnages sont les **discours que les acteurs doivent prononcer** lors de la représentation (❯*chap. 25*).
Une **tirade** est une **longue réplique** qu'un personnage dit d'un trait à un autre personnage.

■ **Des informations complémentaires** sont données au lecteur :
– par le titre de la pièce, la liste des personnages, la mention des actes et des scènes ;
– et surtout par les **didascalies**, indications scéniques, généralement présentées en italique, qui précisent les décors, les éclairages, les costumes, les gestes des comédiens, les jeux de scène, les intonations, etc.

> CHÉRICLÉON *(sortant la tête en haut de la cheminée)*. – C'est moi, Lafumée qui m'en vais.

■ Un cas particulier : **les didascalies internes** sont des indications de mise en scène intégrées dans une réplique. TARTUFFE. – Vous toussez fort, Madame.

2 LA DOUBLE ÉNONCIATION

■ **Énonciation 1.** Au théâtre, les personnages communiquent **entre eux sur la scène.**

■ **Énonciation 2.** Mais les dialogues des **acteurs** sont aussi dits **à l'intention du public.**

■ Par ailleurs, **l'auteur**, à travers ses personnages, adresse indirectement un **message au public.**

3 LES JEUX SUR L'ÉNONCIATION

■ Les personnages sur scène sont censés ignorer la présence du public. Cette **convention** est parfois **brisée** :

– **un monologue** est une tirade dans laquelle un personnage, seul en scène, s'adresse à lui-même ou à un personnage absent (et au public) ;

– **un aparté** est une brève réplique dite à l'écart des autres personnages et que seul le spectateur est censé entendre.

Monologue et aparté dévoilent les **pensées intimes** d'un personnage, ses délibérations, ses doutes ; ils créent une connivence entre le public et le personnage.

4 LE RYTHME DU TEXTE DE THÉÂTRE

■ Il repose sur :

– **la longueur des scènes et des répliques**, qui accélère ou ralentit le rythme ;

– **l'enchaînement des répliques** : la succession questions-réponses, les interruptions accélèrent le rythme ; les tirades ou les récits le ralentissent…

– **la stichomythie**, dialogue dans lequel les personnages se répondent vers à vers, qui produit un effet de rapidité ou traduit une tension croissante de l'échange ;

– **les silences**, qui créent l'attente.

1 LES ORIGINES ANTIQUES DE LA COMÉDIE

Les origines grecques : Ve et IVe siècle avant Jésus-Christ

■ **Des réjouissances populaires** accompagnaient les cérémonies religieuses en l'honneur de Dionysos, dieu du vin et de la fécondité : comme dans un carnaval, un cortège de danseurs – le *cômos* – échangeait des plaisanteries avec le public. C'est la **naissance de la comédie** (en grec, « chant du cômos »).

■ **La comédie ancienne** (Aristophane, Ve siècle avant Jésus-Christ) désacralise les mythes, en se moquant de leurs personnages, héros ou dieux. Elle attaque aussi violemment des **personnages contemporains** : hommes politiques (> *Texte 1 p. 202*), écrivains, philosophes.

■ **La comédie nouvelle** (Ménandre, IVe siècle avant Jésus-Christ) se moque des défauts et des vices des hommes en général. Elle est l'ancêtre de la comédie latine.

La comédie latine : IIIe-IIe siècle avant Jésus-Christ

■ **Avec Plaute**, la comédie latine, moins politique et plus populaire que la comédie grecque, met en scène le petit peuple (le vieil avare, le marchand d'esclaves, les esclaves) et provoque **un rire franc**, avec un gros comique proche de la farce.

■ **Avec Térence**, elle évolue vers un **comique plus léger** qui repose sur une intrigue amoureuse, avec des personnages à la **psychologie plus fine** et pleins de **bons sentiments**.

2 LA COMÉDIE CLASSIQUE DU XVIIe SIÈCLE

Ses sources

■ Les auteurs comiques français du XVIIe siècle se sont largement inspirés de la **comédie antique**.

Molière s'est inspiré de Plaute pour son Avare *et de Térence pour ses* Fourberies de Scapin. *Pour son unique comédie,* Les Plaideurs, *Racine s'est inspiré des* Guêpes d'Aristophane (> *Texte 1*).

■ La comédie classique trouve aussi ses sources dans la **farce médiévale**, aux personnages ridicules empêtrés dans des situations bouffonnes, et la *commedia dell'arte*, théâtre populaire italien du XVIe siècle, souvent improvisé.

■ Mais elle répond aux attentes d'un **public** moins populaire, **plus raffiné** : la bourgeoisie et la noblesse.

Les formes de la comédie au XVIIe siècle

■ **Grâce à Molière**, la comédie devient un genre à part entière capable de rivaliser avec la tragédie : d'abord en un acte, elle atteint cinq actes et est parfois écrite en vers *(Tartuffe)*.
On distingue :
– la **farce**, avec son gros comique *(Le Médecin volant)* ;
– la **comédie d'intrigue**, qui multiplie les incidents *(Les Fourberies de Scapin)* ;
– la **comédie de caractère**, qui peint des types humains et leurs défauts *(L'Avare)* ;
– la **comédie de mœurs**, qui critique des faits de société *(Les Femmes savantes)* ;
– les **grandes comédies**, à intention morale *(Dom Juan)* ;
– Les **comédies-ballets**, entremêlées de danses *(Le Bourgeois Gentilhomme)*.

Après la comédie classique... (> *chap. 26*)

■ Au XVIIIe siècle, la comédie porte sur scène la satire du monde politique et social et donne la parole aux « opprimés » *(Beaumarchais)*.

■ Au XIXe siècle, elle prend la forme du **vaudeville**, qui repose sur des situations loufoques et compliquées et fait la satire de la **bourgeoisie** (> *chap. 26*).

■ Au XXe siècle, elle rend compte de l'absurdité de l'existence humaine par **le comique de l'absurde et l'humour noir**.

3 QUELQUES PERSONNAGES DE LA COMÉDIE

■ La comédie met en scène des **personnages de la vie ordinaire** et des **types sociaux** comme le **valet** et la **servante** pleins d'astuce, le **maître** ridicule, le **barbon**, vieillard désagréable, le **père** tyrannique, la **jeune ingénue**, le **jeune amoureux**.

4 LES FONCTIONS DU RIRE ET DE LA COMÉDIE

■ Le rire au théâtre a un **rôle social**. La comédie a ainsi :

– une fonction **ludique**, de divertissement : le rire libère des angoisses de la vie ;
– une fonction **critique** : elle dénonce ses cibles par la satire ;
– une fonction **morale** : elle corrige les mœurs par le rire (en latin : *castigat ridendo mores*).

MÉTHODE

Repérer et utiliser les procédés du comique

Aucune situation n'est comique en soi : ce sont les procédés d'écriture et la manière de présenter la situation qui la rendent comique.
Pour analyser les sources du comique et utiliser les procédés comiques, il faut savoir repérer :

le comique visuel, notamment de gestes : coups, grimaces, chutes, costumes ridicules… Comme il s'agit d'un comique de scène, il faut être capable d'imaginer les mises en scène possibles du texte théâtral ;

le comique de mots : les accents, les mots grossiers, les insultes, les calembours, les jeux sur les sonorités et les répétitions, ces dernières étant un des ressorts essentiels du comique ;

le comique de situation : déguisements et reconnaissances, quiproquos, coups de théâtre ;

le comique de caractère, avec la caricature d'un défaut ou d'un vice… (*Textes 1 et 2, p. 202-203*) ;

le comique de parodie, avec l'imitation caricaturale et burlesque du style d'une œuvre littéraire ou de la façon de s'exprimer d'une personne ;

le comique de l'absurde, créé par le bouleversement des repères logiques, les effets de décalage, l'humour noir (évocation amusée sur un ton détaché de situations horribles ou macabres, qui souligne l'absurdité du monde).

EXEMPLE COMMENTÉ

Soupçonnant tout le monde de vol, le vieil Harpagon fouille La Flèche, le valet de son fils.

HARPAGON – Attends. Ne m'emportes-tu rien ?
LA FLÈCHE – Que vous emporterais-je ?
HARPAGON – Viens çà, que je voie. Montre-moi tes mains.
5 LA FLÈCHE – Les voilà.
HARPAGON – Les autres.
LA FLÈCHE – Les autres ?
HARPAGON – Oui.
LA FLÈCHE – Les voilà.

MOLIÈRE, *L'Avare*, I, 3 (1668)

● Molière caricature ici un vieil avare : Harpagon ne peut s'empêcher de fouiller tous ceux qu'il rencontre et sa folie l'amène à une demande absurde : exiger que le valet lui montre ses « autres » mains. À ce **comique de caractère** s'ajoute le c**omique visuel des jeux de scène** : les acteurs doivent imaginer les gestes qui accompagnent la réplique de La Flèche « Les voilà. ». Dans certaines mises en scène, La Flèche remet ses mains derrière son dos pour les montrer à nouveau ; dans d'autres, il les passe entre ses jambes ; ailleurs il prend les mains d'Harpagon pour les lui « montrer ». C'est ici autant le metteur en scène que Molière qui crée le comique.

1 ★ Faire des hypothèses à partir de la présentation d'une comédie

a. Quels éléments de la présentation de cette pièce indiquent qu'il s'agit d'une comédie ?

b. En vous reportant au Connaître l'essentiel (> *p. 205*), précisez de quelle forme de comédie il s'agit.

c. Quelle indication le titre de la pièce donne-t-il sur les buts de l'auteur ?

Les Femmes savantes

PERSONNAGES

CHRYSALE, *bon bourgeois.*
PHILAMINTE, *femme de Chrysale.*
ARMANDE, HENRIETTE, *filles de Chrysale et de Philaminte.*
ARISTE, *frère de Chrysale.*
BÉLISE, *sœur de Chrysale.*
CLITANDRE, *amant d'Henriette.*
TRISSOTIN, *bel esprit.*
VADIUS, *savant.*
MARTINE, *servante de cuisine.*
L'ÉPINE, *laquais.*
JULIEN, *valet de Vadius.*
LE NOTAIRE.

La scène est à Paris.

MOLIÈRE, *Les Femmes savantes* (1672)

2 ★ Apprécier la désacralisation d'un mythe dans une comédie antique

a. Commentez la longueur des répliques dans ce dialogue : quel rythme imprime-t-elle à la scène ?

b. Analysez les différents niveaux de langue (> *chap. 6*).

c. Faites une recherche au CDI sur Dionysos. Quelle image de lui cette scène donne-t-elle ?

d. Quels sont les buts d'Aristophane ?

e. Comment mettriez-vous en scène cet extrait ?

Le dieu Dionysos est descendu aux Enfers pour en ramener un des grands dramaturges – Eschyle, Sophocle, Euripide ; il attend son tour pour traverser le Styx, fleuve des Enfers. Charon, le batelier qui transporte les morts, l'apostrophe.

CHARON. – Toi, assieds-toi : sus ! À l'aviron ! *Criant à la ronde.* Qui encore pour traverser ? Pressons, pressons ! *Se retournant vers Dionysos qui s'est assis sur la rame :* Hé, toi ? qu'est-ce que tu fais ?

5 DIONYSOS. – Ce que je fais ? Je me mets juste où tu m'as dit, ni plus ni moins : à l'aviron, assis dessus !

CHARON, *lui montrant le banc de nage[1].* – Vas-tu t'asseoir *ici*, oui ou non, gros Ventripote ?

DIONYSOS, *obéissant.* – Voilà. *Il garde les mains sous son habit.*

10 CHARON. – Vas-tu sortir tes bras ? les étirer ?

DIONYSOS, *levant les bras en l'air.* – Voilà.

CHARON. – Dis donc, ne fais pas comme ça le crétin, hein ? Cale tes pieds et souque[2] ferme !

15 DIONYSOS, *pleurnichant.* – Ben quoi, alors ? – comment je vais pouvoir ? pas du métier, moi ! pas un marin, moi ! pas un insulaire, moi ! Alors, comment souquer, moi ?

CHARON. – Ça ira tout seul. Tu entendras des
20 chants magnifiques dès que tu auras empoigné la rame.

DIONYSOS. – De qui, de quoi ?

CHARON. – Des voix de sirènes-reinettes – une merveille !

25 DIONYSOS. – Bon. Donne la cadence.

CHARON. – Oh !... opop ! oh !... opop ! *Charon scande, Dionysos rame, la barque avance. Le Chœur des Grenouilles commence, d'abord doucement, puis crescendo.*

30 LE CHŒUR DES GRENOUILLES. –

> Brékékékex, coax, coax !
> Brékékékex, coax, coax !
> Humides filles des fontaines,
> Vocoaxcoacalisons
35 > [...] Brékékékex, coax, coax !

DIONYSOS. – Et moi, je commence à avoir mal au cul, hé, coax, coax !

LE CHŒUR. – Brékékékex, coax, coax !

ARISTOPHANE, *Les Grenouilles*, v. 197-211, 225-226 (405 av. J.C.), traduit du grec par V.-H. Debidour (1966), © Éditions Gallimard

1. Banc où s'installent les rameurs. – 2. Rame.

Deux acteurs ambulants portant des masques de comédie, statuettes grecques (Ier siècle av. J. - C.), Myrina (Lemnos), (musée du Louvre, Paris).

★★
3 Repérer et identifier le comique de mots

www.

VERS L'EXPOSÉ ORAL

Analysez les diverses sources du comique dans cette scène.

Répondez à cette question en vous aidant des indications et questions suivantes.

➜ Repérez les didascalies et les répliques dites en aparté. Quels sont leur utilité et leurs effets ?

➜ Relevez les mots qui créent un effet comique (sons, sens, répétitions…). Pourquoi font-ils rire ?

➜ Quels autres procédés comiques repérez-vous ?

FOLLAVOINE. – Les Hébrides ?… Vous ne savez pas où c'est ?

ROSE, *ahurie.* – Les Hébrides ?

FOLLAVOINE. – Oui.

5 ROSE. – Ah ! non !… non !… *(Comme pour se justifier.)* C'est pas moi qui range ici !… c'est Madame.

FOLLAVOINE, *se redressant en refermant son dictionnaire sur son index de façon à ne pas perdre la page.* – Quoi ! quoi, « qui range » ! les Hébrides !…

10 des îles ! bougre d'ignare !… de la terre entourée d'eau… vous ne savez pas ce que c'est ? […] Elle ne sait rien cette fille ! rien ! qu'est-ce qu'on lui a appris à l'école ? *(Redescendant jusque devant la table contre laquelle il s'adosse.)* « C'est pas elle qui

15 a rangé les Hébrides » ! Je te crois, parbleu ! *(Se replongeant dans son dictionnaire.)* « Z'Hébrides… Z'Hébrides… » *(Au public.)* C'est extraordinaire ! je trouve zèbre, zébré, zébrure, zébu !… Mais de Zhébrides, pas plus que dans mon œil ! Si ça y

20 était, ce serait entre zébré et zébrure. On ne trouve rien dans ce dictionnaire !

Georges FEYDEAU, *On purge bébé*, 1 (1910)

★★
4 Imaginer le comique de scène

a. Repérez dans cet extrait les didascalies internes.

b. À partir du texte et de la photographie ci-contre, analysez pourquoi cette « leçon » est comique.

Un bourgeois, monsieur Jourdain, veut passer pour un « gentilhomme » et, pour cela, prend des « leçons » de danse, de musique et … de « philosophie ».

MAÎTRE DE PHILOSOPHIE. – […] Il y a cinq voyelles ou voix : A, E, I, O, U.

MONSIEUR JOURDAIN. – J'entends tout cela.

MAÎTRE DE PHILOSOPHIE. – La voix A se forme en

5 ouvrant fort la bouche : A.

MONSIEUR JOURDAIN. – A, A. Oui.

MAÎTRE DE PHILOSOPHIE. – La voix E se forme en rapprochant la mâchoire d'en bas de celle d'en haut : A, E.

10 MONSIEUR JOURDAIN. – A, E ; A, E. Ma foi, oui ! Ah ! que cela est beau !

MAÎTRE DE PHILOSOPHIE. – Et la voix I, en rapprochant encore davantage les mâchoires l'une de l'autre, et écartant les deux coins de la bouche

15 vers les oreilles : A, E, I.

MONSIEUR JOURDAIN. – A, E, I, I, I, I. Cela est vrai. Vive la science !

MAÎTRE DE PHILOSOPHIE. – La voix O se forme en rouvrant les mâchoires, et rapprochant les lèvres

20 par les deux coins, le haut et le bas : O.

MONSIEUR JOURDAIN. – O, O. Il n'y a rien de plus juste. A, E, I, O, I, O. Cela est admirable ! I, O, I, O.

MAÎTRE DE PHILOSOPHIE. – L'ouverture de la bouche fait justement comme un petit rond qui

25 représente un O.

MONSIEUR JOURDAIN. – O, O, O. Vous avez raison, O. Ah ! la belle chose, que de savoir quelque chose !

MAÎTRE DE PHILOSOPHIE. – La voix U se forme en

30 rapprochant les dents sans les joindre entièrement, et allongeant les deux lèvres en dehors, les approchant aussi l'une de l'autre sans les rejoindre tout à fait : U.

MONSIEUR JOURDAIN. – U, U. Il n'y a rien de plus

35 véritable : U.

MOLIÈRE, *Le Bourgeois Gentilhomme*, II, 4 (1670)

Le Bourgeois Gentilhomme, de Molière, mise en scène de Jean Meyer, avec Louis Seigner (Monsieur Jourdain) et Denis d'Ines (le maître de philosophie), (Comédie-Française, Paris, 1951).

★★
5 Analyser l'efficacité comique d'un portrait

VERS LA QUESTION SUR LE CORPUS

À quoi tient le comique de ces portraits ?

Répondez à cette question en vous aidant des indications et questions suivantes.

➜ Dans quel texte dominent les traits qui concernent : 1. le physique, 2. le comportement et le caractère du personnage décrit ?

→ Relevez et analysez les images (❯*chap. 13*) qui déforment les personnages décrits.

→ Relevez les figures de l'amplification (❯*chap. 9, 13*).

Texte 1

SGANARELLE. – [...] Tu vois en Don Juan, mon maître, [...] un enragé, un chien, un diable, un Turc, un hérétique[1], qui ne croit ni Ciel, ni Enfer, ni loup-garou, qui passe cette vie en véritable bête brute, en pourceau d'Épicure[2], un vrai Sardana-pale[3], qui ferme l'oreille à toutes les remontrances qu'on lui peut faire [...].

MOLIÈRE, *Dom Juan*, I, 1 (1665)

1. Impie, sacrilège. – 2. Débauché. Épicure est un philosophe qui valorise le plaisir. – 3. Roi légendaire d'Assyrie, qui vivait dans un luxe excessif.

Texte 2

LE CHŒUR

Doucement bercé sur sa mule fringante[1], maître Blazius s'avance dans les bluets[2] fleuris, vêtu de neuf, l'écritoire[3] au côté. Comme un poupon sur l'oreiller, il se ballotte sur son ventre rebondi, et les yeux à demi fermés, il marmotte un *Pater noster*[4] dans son triple menton. Salut, maître Blazius ; vous arrivez au temps de la ven-dange, pareil à une amphore antique.

Alfred DE MUSSET, *On ne badine pas avec l'amour*, I, 1(1834)

1. Alerte. – 2. Bleuets. – 3. Coffret avec le matériel nécessaire pour écrire. – 4. En latin, prière « Notre Père ».

★★★
6 Dégager la portée critique d'une scène de comédie

a. Cet extrait est-il une tirade, un monologue ou un dialogue ?

b. En vous appuyant sur les champs lexicaux do-minants, identifiez les cibles de la critique de Figaro.

c. Pourquoi le statut du personnage qui formule la critique la rend-il plus efficace ?

d. VERS LA DISSERTATION

En vous appuyant sur ce texte, rédigez un pa-ragraphe argumentatif (❯*chap. 38*) qui soutiendra la thèse suivante : la comédie est un moyen efficace pour critiquer la société.

FIGARO, *seul, se promenant dans l'obscurité, dit du ton le plus sombre :*

[...] Non, monsieur le Comte, vous ne l'aurez pas[1]... vous ne l'aurez pas. Parce que vous êtes un grand seigneur, vous vous croyez un grand génie !... Noblesse, fortune, un rang, des places[2], tout cela rend si fier ! Qu'avez-vous fait pour tant de biens ? Vous vous êtes donné la peine de naître, et rien de plus. Du reste, homme assez ordinaire ; tandis que moi, morbleu ! perdu dans la foule obscure, il m'a fallu déployer plus de science et

de calculs pour subsister seulement, qu'on n'en a mis depuis cent ans à gouverner toutes les Espagnes : et vous voulez jouter... [...] Est-il rien de plus bizarre que ma destinée ? fils de je ne sais pas qui, volé par des bandits, élevé dans leurs mœurs, je m'en dégoûte et veux courir une carrière honnête ; et partout je suis repoussé ! [...] Il s'élève une question sur la nature des ri-chesses ; et, comme il n'est pas nécessaire de tenir les choses pour en raisonner, n'ayant pas un sou, j'écris sur la valeur de l'argent et sur son produit net : sitôt je vois, du fond d'un fiacre, baisser pour moi le pont d'un château fort, à l'entrée duquel je laissai l'espérance et la liberté. *(Il se lève.)* Que je voudrais bien tenir un de ces puissants de quatre jours, si légers sur le mal qu'ils ordonnent, quand une bonne disgrâce a cuvé son orgueil ! je lui di-rais... que les sottises imprimées n'ont d'impor-tance qu'aux lieux où l'on en gêne le cours ; que sans la liberté de blâmer, il n'est point d'éloge flatteur ; et qu'il n'y a que les petits hommes qui redoutent les petits écrits. *(Il se rassied.)*

BEAUMARCHAIS, *Le Mariage de Figaro*, V, 3 (1784)

1. Suzanne, la fiancée de Figaro dont le Comte veut « profiter » avant son mariage avec Figaro. – 2. Des fonctions dans la société.

Exercice guidé

★★★
7 Analyser un personnage de comédie : le valet

VERS LA QUESTION SUR LE CORPUS OU L'EXPOSÉ ORAL

À partir des extraits suivants, dégagez les ca-ractéristiques essentielles du valet ou de la ser-vante de comédie.

Analysez :

→ sa façon de s'exprimer ;

→ son caractère ;

→ ses rapports avec son maître / sa maîtresse ;

→ son rôle dans la scène ;

→ son évolution au cours des siècles.

Corpus

MOLIÈRE, *Dom Juan*, I, 1 (❯*exercice 5*)
MARIVAUX, *L'Île des esclaves*, 1 (❯*p. 226*)
BEAUMARCHAIS, *Le Mariage de Figaro*, V, 3 (❯*exercice 6*)
Georges FEYDEAU, *On purge bébé*, 1 (❯*exercice 3*)

Thierry Belnet dans *Arlequin serviteur de deux maîtres*, de Carlo Goldoni, mise en scène de Jean-Louis Thamin (Théâtre Silvia-Montfort, Paris, 1993).

★★★
8 **Étudier le comique de l'absurde**

a. Montrez que, dans cette conversation, les repères logiques sont bouleversés.

b. Pourquoi peut-on parler d'humour noir ?

c. En quoi cette scène rompt-elle avec la conception traditionnelle du personnage de théâtre ? (›*chap. 26*)

d. Quelle vision de l'homme se dégage de cette scène ?

e. Analysez l'image : montrez comment cette mise en scène suggère le conformisme des personnages tout en étant originale.

M. SMITH, *toujours dans son journal.* – Tiens, c'est écrit que Bobby Watson est mort.

Mme SMITH. – Mon Dieu, le pauvre, quand est-ce qu'il est mort?

5 M. SMITH. – Pourquoi prends-tu cet air étonné? Tu le savais bien. Il est mort il y a deux ans. Tu te rappelles, on a été à son enterrement, il y a un an et demi.

Mme SMITH. – Bien sûr que je me rappelle. Je me 10 suis rappelé tout de suite, mais je ne comprends pas pourquoi toi-même tu as été si étonné de voir ça sur le journal.

M. SMITH. – Ça n'y était pas sur le journal. Il y a déjà trois ans qu'on a parlé de son décès. Je m'en 15 suis souvenu par associations d'idées !

Mme SMITH. – Dommage ! Il était si bien conservé.

M. SMITH. – C'était le plus joli cadavre de Grande-Bretagne ! Il ne paraissait pas son âge. Pauvre Bobby, il y avait quatre ans qu'il était mort et il 20 était encore chaud. Un véritable cadavre vivant. Et comme il était gai !

Mme SMITH. – La pauvre Bobby.

M. SMITH. – Tu veux dire « le » pauvre Bobby.

Mme SMITH. – Non, c'est à sa femme que je pense. 25 Elle s'appelait comme lui, Bobby, Bobby Watson. Comme ils avaient le même nom, on ne pouvait pas les distinguer l'un de l'autre quand on les voyait ensemble. Ce n'est qu'après sa mort à lui, qu'on a pu vraiment savoir qui était l'un et qui 30 était l'autre. Pourtant, aujourd'hui encore, il y a des gens qui la confondent avec le mort et lui présentent des condoléances. Tu la connais ?

Eugène IONESCO, *La Cantatrice chauve*, 1 (1950),
© Éditions Gallimard

★★★
9 **Argumenter sur la comédie**

VERS L'ÉCRITURE D'INVENTION

Molière explique à ses acteurs pourquoi il a choisi le registre comique pour ses pièces et vante les vertus de la comédie.

Écrivez son « plaidoyer » qui s'appuiera sur des exemples précis.

La Cantatrice chauve, d'Eugène Ionesco, mise en scène de Jean-Luc Lagarce, avec Mireille Herbstmeyer (Mme Smith) et Jean-Louis Grinfeld (M. Smith), (Nouveau Théâtre, Besançon, 1992).

Des mots pour...
commenter un texte comique

❚ **Un texte comique** fait rire, sourire, amuse, divertit, égaie (le lecteur / le spectateur) ; se moque de, ridiculise, tourne en ridicule...

❚ On parle de : gros **rire**, rire franc, appuyé, léger, badin, grinçant, sardonique, mordant, sarcastique, trait d'esprit...

❚ Un texte est **humoristique**, plaisant, gai, alerte, spirituel, fantaisiste ; amusant, comique, drôle ; parodique, ironique ; caricatural, farcesque, burlesque, bouffon, désopilant, hilarant ; cocasse, absurde, satirique...

❚ **Un texte comporte** de l'humour, de la fantaisie, du burlesque, de l'humour noir, de l'ironie, de la dérision...

❚ **Un auteur** comique **recourt** à la déformation, au grossissement, à la caricature, à la charge, au décalage, à la répétition...

Scène XI *(fin de la scène)*

TOINETTE. – [...] Voulez-vous que je vous convainque, et vous fasse voir tout à l'heure comme Madame aime Monsieur ? [...] Mettez-vous tout étendu dans cette chaise, et contrefaites le mort. Vous verrez la douleur où elle sera, quand je lui dirai la nouvelle. [...]

ARGAN. – N'y a-t-il point quelque danger à contrefaire le mort ?

5 TOINETTE. – Non, non : quel danger y aurait-il ? Étendez-vous là seulement. *(Bas.)* [...] Voici Madame. Tenez-vous bien.

Scène XII, BÉLINE, TOINETTE, ARGAN, BÉRALDE

TOINETTE *s'écrie*. – Ah, mon Dieu ! Ah, malheur ! Quel étrange accident !

BÉLINE. – Qu'est-ce, Toinette ?

TOINETTE. – Ah, Madame !

10 BÉLINE. – Qu'y a-t-il ?

TOINETTE. – Votre mari est mort.

BÉLINE. – Mon mari est mort ?

TOINETTE. – Hélas ! oui. Le pauvre défunt est trépassé.

BÉLINE. – Assurément ?

15 TOINETTE. – Assurément. Personne ne sait encore cet accident-là, et je me suis trouvée ici toute seule. Il vient de passer entre mes bras. Tenez, le voilà tout de son long dans cette chaise.

BÉLINE. – Le Ciel en soit loué ! Me voilà délivrée d'un grand fardeau. Que tu es sotte, Toinette, de t'affliger de cette mort !

20 TOINETTE. – Je pensais, Madame, qu'il fallût pleurer.

BÉLINE. – Va, va, cela n'en vaut pas la peine. Quelle perte est-ce que la sienne ? et de quoi servait-il sur la terre ? Un homme incommode à tout le monde, malpropre, dégoûtant, sans cesse un lavement ou une médecine dans le ventre, mouchant, toussant, crachant toujours [...].

25 TOINETTE. – Voilà une belle oraison funèbre.

BÉLINE. – Il faut, Toinette, que tu m'aides à exécuter mon dessein, et tu peux croire qu'en me servant ta récompense est sûre. Puisque, par un bonheur, personne n'est encore averti de la chose, portons-le dans son lit,

30 et tenons cette mort cachée, jusqu'à ce que j'aie fait mon affaire. [...] Viens, Toinette, prenons auparavant toutes ses clefs.

ARGAN, *se levant brusquement*. – Doucement.

BÉLINE, *surprise et épouvantée*. – Ahy !

35 ARGAN. – Oui, Madame ma femme, c'est ainsi que vous m'aimez ?

TOINETTE. – Ah, ah ! le défunt n'est pas mort.

ARGAN, *à Béline qui sort*. – Je suis bien aise de voir votre amitié, et d'avoir entendu le beau panégyrique que

40 vous avez fait de moi. Voilà un avis au lecteur qui me rendra sage à l'avenir, et qui m'empêchera de faire bien des choses.

▶ MOLIÈRE, *Le Malade imaginaire*, III, 11, 12 (1673)

Compréhension

1. Pourquoi peut-on parler de « théâtre dans le théâtre » dans cette scène ?
2. Comment le procédé de la fausse nouvelle permet-il de montrer les personnages sous leur vrai jour ?
3. Repérez quels éléments le texte fournit pour le mettre en scène.

Vers l'exposé oral

Comment Molière, à partir d'une situation grave, réussit-il à faire rire le public ?

Pour réussir...

➤ Analyser précisément les mots de la question (*chap. 42*)
➤ Repérer les didascalies (internes / externes) et en dégager l'incidence sur le registre du texte
➤ Repérer les procédés du comique et en indiquer les effets
➤ Imaginer concrètement, à partir du texte, les mises en scène possibles (*chap. 27*)

Objectifs
et compétences

▶ Revoir la notion d'action dans une pièce de théâtre
▶ Étudier les caractéristiques de la tragédie, notamment au XVIIe siècle
▶ Repérer et commenter les procédés du tragique et du pathétique

||||||| **Découvrir**

Maria Callas dans *Médée*,
film de Pasolini (1969).

Texte 1

*Médée a appris que Jason veut la répudier, bien qu'elle l'ait aidé à conquérir la Toison
d'or et qu'elle lui ait donné deux enfants. Il veut épouser Créuse.*

MÉDÉE

Vous tous, dieux nommés par Jason et vous, divinités que Médée a droit
d'invoquer, chaos de l'éternelle nuit, régions souterraines de l'enfer, ombres
impies, souverain de ce royaume funeste[1], et toi, son épouse[2], enlevée
par un séducteur plus fidèle[3], je vous invoque d'une voix sinistre : venez,
5 déesses qui punissez les crimes[4], venez avec votre chevelure de serpents en
désordre, et des torches funèbres dans vos mains sanglantes, venez telles
que vous parûtes autrefois à mes noces ; apportez-moi la mort pour cette
nouvelle épouse[5], la mort pour son père et pour toute cette race royale,
et laissez-moi vous demander un supplice plus terrible pour mon époux.
10 Qu'il vive, mais pour errer dans des villes inconnues, pauvre, exilé, tremblant, détesté, sans asile ; [...] qu'il ait des enfants semblables à lui-même,
semblables à leur mère ! Je suis, oui, je suis déjà vengée, j'ai des enfants.
Mais c'est trop de plaintes et de paroles inutiles[6]. [...]

▶ **SÉNÈQUE (Ier s.),** *Médée,* **acte I, scène 1, traduit du latin par M. E. Greslon,**
© www.remacle.org, D.R.

1. Le dieu des enfers Hadès.
2. La déesse Perséphone.
3. Hadès a été plus fidèle à Perséphone que Jason à Médée.
4. Les Érynies, déesses infernales, représentées avec de grandes ailes, des serpents
pour cheveux, des fouets et des torches, du sang qui coule de leurs yeux.
5. Créuse (ou Glaucé), fille du roi Créon, pour laquelle Jason a abandonné Médée.
6. Dans sa version originale en latin, le texte est écrit en vers.

Texte 2

Rome et Albe sont en guerre : le Romain Horace vient d'annoncer à sa sœur Camille qu'il a donné la victoire à Rome en tuant l'Albain Curiace, son fiancé.

CAMILLE

Rome, l'unique objet de mon ressentiment !
Rome, à qui vient ton bras d'immoler mon amant !
Rome, qui t'a vu naître, et que ton cœur adore !
Rome enfin que je hais parce qu'elle t'honore !
Puissent tous ses voisins ensemble conjurés
Saper ses fondements encor mal assurés !
Et si ce n'est assez de toute l'Italie,
Que l'Orient contre elle à l'Occident s'allie ;
Que cent peuples unis des bouts de l'univers
Passent pour la détruire et les monts et les mers !
Qu'elle-même sur soi renverse ses murailles,
Et de ses propres mains déchire ses entrailles !
Que le courroux du Ciel allumé par mes vœux
Fasse pleuvoir sur elle un déluge de feux !
Puissé-je de mes vœux y voir tomber ce foudre[1],
Voir ses maisons en cendre, et tes lauriers en poudre[2],
Voir le dernier Romain à son dernier soupir,
Moi seule en être cause, et mourir de plaisir !

HORACE *mettant l'épée à la main*
et poursuivant sa sœur qui s'enfuit
C'est trop, ma patience à la raison fait place ;
Va dedans les enfers plaindre ton Curiace !

CAMILLE, *blessée derrière le théâtre.*
Ah ! traître !
HORACE, *revenant sur le théâtre*
Ainsi reçoive un châtiment soudain
Quiconque ose pleurer un ennemi romain !

▶ **Pierre CORNEILLE**, *Horace*, **acte IV, scène 5,**
v. 1301-1320 (1640)

1. Nom masculin au XVIIᵉ s. : l'éclair et le tonnerre.
2. En poussière.

COMPAREZ LES TEXTES

1. Qu'a de terrible la situation de ces deux héroïnes ?

2. Quelles émotions, quels sentiments expriment-elles face à cette situation douloureuse ? Comment s'efforcent-elles de lutter contre leur destin ?

3. Repérez et étudiez les procédés d'écriture (vocabulaire, syntaxe, images, rythme...) qui rendent compte de la violence de leurs sentiments.

4. Dans chacune des pièces, examinez la place (acte, scène) du monologue de Médée et de la tirade de Camille : quel rôle ces deux textes jouent-ils dans l'action ?

Problématique

● **Quels sont les enjeux de la tragédie et ses effets sur le lecteur et le spectateur ?**

Le tragique naît du sentiment que l'homme lutte contre des forces qui le dépassent et l'écrasent.

● Étudier la tragédie, c'est apprécier comment un dramaturge met en scène la condition humaine à travers des situations qui provoquent « terreur » et « pitié ».

La tragédie et le tragique

1 L'ACTION, L'INTRIGUE ET LES PERSONNAGES

■ **L'action au théâtre** est l'ensemble des événements et des actes qui conduisent à la réalisation d'un ou de plusieurs objectifs.

■ **L'intrigue** est la succession des péripéties, des incidents qui précipitent, compliquent ou retardent l'action.

■ **Les personnages**. C'est sur eux que repose l'intrigue.
  – **Le sujet** – héros ou personnage principal – est **en quête d'un objet** qui peut être une personne aimée, le pouvoir, la fortune…
  – **Les personnages** qui l'aident dans cette recherche sont appelés les **adjuvants** ; ceux qui s'opposent à lui, les **opposants**.

  Jason et Créuse sont les opposants de Médée (❯ Texte 1, p. 212).

2 LES PHASES DE L'ACTION

■ **L'exposition**. La ou les premières scènes fournissent les éléments nécessaires à la compréhension de la situation. Elles présentent les personnages : leur identité, leur passé, leurs relations, et les grandes lignes du conflit qui a déjà éclaté ou qui menace.

■ **Le nœud dramatique**. C'est le moment le plus compliqué de la pièce : il résulte du conflit entre les forces qui participent (ou s'opposent) à l'action principale.

■ **Le dénouement**. Il marque la fin de l'action et apporte la résolution du nœud dramatique.

3 DES SITUATIONS DRAMATIQUES PARTICULIÈRES

■ **Le coup de théâtre** est une péripétie, un événement qui vient bouleverser de façon inattendue la situation ou le dénouement.

  Dans Horace *de Corneille, Horace tue sa sœur Camille* (❯ Texte 2, p. 213).

■ **Le quiproquo** est une méprise, une sorte de « dialogue de sourds » : les personnages croient parler du même sujet et en fait se méprennent. *Dans* Œdipe roi *de Sophocle, Œdipe demande instamment que l'on retrouve le coupable de la mort de Laios, qui n'est autre que lui-même.*

■ **Le récit** permet de rendre compte d'événements survenus hors scène *(récit de Théramène,* Phèdre, *Racine)*.

4 ACTES ET SCÈNES

■ Une pièce de théâtre est traditionnellement composée de **1 à 5 actes**, qui correspondent à une étape importante de l'action. Dans la tragédie classique (❯ci-contre), le point culminant de l'action se trouve souvent au troisième acte.

■ Les actes sont divisés en **scènes**, elles-mêmes délimitées par l'entrée ou la sortie d'un ou de plusieurs personnages. Le théâtre du xxᵉ s. a souvent supprimé ces divisions.

1 LA TRAGÉDIE ANTIQUE

■ **Née à Athènes au Vᵉ s. av. J.-C.**, la tragédie tire son origine de célébrations religieuses en l'honneur de **Dionysos**. Les sujets de la tragédie sont empruntés à la mythologie et à l'histoire antique.

L'intrigue met en scène des **personnages de rang élevé**, légendaires ou historiques. Les acteurs sont tantôt seuls en scène, tantôt échangent avec le **chœur**, qui commente la situation.

■ Au moment où s'installe la démocratie athénienne, **trois grands dramaturges grecs** en interrogent les fondements religieux et politiques en représentant différents conflits.

– **Eschyle** exprime l'esprit religieux et la fierté nationale d'Athènes en mettant en scène héros ou dieux.

– **Sophocle** humanise les personnages de la tragédie toujours soumis à la volonté du destin.

– **Euripide** met l'accent sur les tourments de la passion.

■ **Le Romain Sénèque** (Iᵉʳ s. ap. J.-C.) adaptera en latin des tragédies grecques comme la *Médée* d'Euripide (❭ *Texte 1, p. 212*).

2 QU'EST-CE QU'UNE SITUATION TRAGIQUE ?

■ **La situation tragique** naît de la présence de la fatalité, force supérieure qui pèse sur le héros, de la lutte du héros et de son impuissance, de l'enfermement dans l'espace (d'une ville, d'un palais...), de l'urgence oppressante du temps.

■ **La fatalité** peut avoir plusieurs origines : le destin, l'intervention d'une divinité, la force d'une passion, les contraintes de la société, la marche inéluctable de l'histoire, la force de la conscience ou d'une obligation morale, la conscience angoissée de l'absurdité de la condition humaine...

3 RÈGLES ET FONCTIONS DE LA TRAGÉDIE CLASSIQUE (XVIIᵉ SIÈCLE)

■ **La « tragédie classique » prend forme au XVIIᵉ s.** Ses deux principaux auteurs sont **Corneille** et **Racine**.

■ **Pour créer à la fois l'illusion de vérité et un spectacle grandiose et vraisemblable**, les dramaturges classiques s'imposent des **règles contraignantes** :

– reprendre des personnages et des événements historiques ou mythiques de l'Antiquité ;

– proposer une action et un ton en accord avec la grandeur morale et sociale des héros ;

– composer une pièce en cinq actes, en vers (uniquement des alexandrins) ;

– respecter les trois **unités** – d'action (une seule), de temps (l'action dure au plus 24 h) et de lieu (une ville, un palais, une seule pièce), ce qui contribue à l'intensité dramatique et à la vraisemblance ;

– respecter la **bienséance** : pas de sang versé ni d'acte choquant sur scène.

■ **Selon le philosophe Aristote** (IVᵉ s. av. J.-C.), la tragédie doit :

– imiter le réel et peindre la nature humaine ;

– donner à une situation et aux conflits une intensité particulière en les situant dans une famille (❭ *Texte 1, p. 212*) et un cadre politique *(Cinna)* ;

– avoir une portée morale : souligner des vertus héroïques, ce que fait Corneille, ou les ravages de la passion, chez Racine ;

– permettre la « **catharsis** » : le spectateur se libère de ses angoisses et de ses sentiments inavouables en les vivant à travers les personnages des tragédies pour lesquels il éprouve de la terreur (devant le crime ou la démesure) et de la pitié (pour les victimes).

■ **La tragédie met en scène des héros qui font preuve de** :
– grandeur d'âme, c'est-à-dire de sens du devoir et des valeurs (vertu, honneur, respect) ;
– courage et témérité, sans crainte d'affronter les dieux ou toute autre puissance ;
– lucidité : ils mènent un combat sans issue en toute conscience ;
– passion : si Camille dans *Horace* en meurt (> *Texte 2, p. 213*), les héros de Corneille surmontent souvent les conflits et, par leur volonté, accèdent à la maîtrise de soi *(Auguste, dans* Cinna, *pardonne à ceux qui ont comploté contre lui et assure même leur bonheur)*.
Ceux de Racine essaient en vain d'échapper au destin et vont au bout de leurs passions criminelles *(Britannicus, Phèdre)*.

■ **Les confidents** permettent au héros de dévoiler ses sentiments aux spectateurs.

MÉTHODE

Commenter les procédés du tragique, du pathétique et du lyrisme

Le tragique traduit le **déchirement** ou l'**impuissance**. Pour l'analyser, vous devez repérer :
🖋 le vocabulaire de la fatalité, de l'enfermement, de la mort, de la disproportion, du néant, du devoir ;
🖋 des interrogations, des antithèses, des interjections.

Le pathétique **émeut** et provoque la **pitié**. Pour l'analyser, vous devez repérer :
🖋 le vocabulaire des émotions, des sensations, de l'affectivité, de la douleur et de la souffrance ; des interjections ;
🖋 des hyperboles ; des exclamations et interrogations ; des rythmes amples ou heurtés ;
🖋 des apostrophes ou invocations (prières).

Le lyrisme traduit de façon **poétique** et exaltée **sentiments, émotions, états d'âme**. Pour l'analyser, vous devez repérer :
🖋 les marques de la 1re personne, les interrogations rhétoriques et les exclamations ;
🖋 les images poétiques et les rythmes amples, binaires, ternaires…

EXEMPLE COMMENTÉ

Après la guerre de Troie, la Troyenne Andromaque, veuve d'Hector, et son fils Astyanax sont captifs de Pyrrhus, le roi d'Épire. Celui-ci, amoureux de sa captive, exerce sur elle un chantage : si elle refuse de l'épouser, il livrera son fils aux Grecs.

CÉPHISE[1]
Madame, il[2] va bientôt revenir en furie.
ANDROMAQUE
Eh bien, va l'assurer…
CÉPHISE
                    De quoi ? de votre foi[3] ?
ANDROMAQUE
Hélas ! pour la promettre est-elle encore à moi ?
Ô cendres d'un époux ! ô Troyens ! ô mon père !
Ô mon fils, que tes jours coûtent cher à ta mère !

Jean RACINE, *Andromaque*, III, 8 (1667)

1. Confidente d'Andromaque. – 2. Pyrrhus. – 3. Amour et fidélité.

• Andromaque se trouve dans une **situation tragique** : sa fidélité à son époux mort et à Troie entre **en conflit** avec son amour maternel. L'entretien avec sa confidente prend des **accents pathétiques** : incapable d'agir face à ce **dilemme** qui la déchire, elle exprime la lutte de son âme dans des vers poignants. Ses doutes se marquent dans une **interrogation rhétorique** ; elle exhale sa douleur dans les **interjections** « Hélas » et « Ô » qui créent un rythme heurté. Andromaque se réfugie dans un passé qui la hante et ses plaintes prennent la forme d'une **invocation lyrique** à des défunts : son « époux » désigné par la métonymie saisissante des « cendres », les « Troyens » et son « père ». Le rappel des liens conjugaux et maternels – à travers les mots « fils » et « mère » dans un même vers – et les **indices de la première personne** concrétisent son malheur et font d'elle une victime pitoyable.

Exercices

★ 1 Faire des hypothèses à partir de la présentation d'une tragédie

www.

Quels éléments de la présentation de cette pièce indiquent qu'il s'agit d'une tragédie ?

Phèdre

PERSONNAGES

THÉSÉE, *fils d'Egée, roi d'Athènes.*
PHÈDRE, *femme de Thésée, fille de Minos et de Pasiphaé.*
HIPPOLYTE, *fils de Thésée et d'Antiope, reine des Amazones.*
ARICIE, *princesse du sang royal d'Athènes.*
ŒNONE, *nourrice et confidente de Phèdre.*
THÉRAMÈNE, *gouverneur d'Hippolyte.*
ISMÈNE, *confidente d'Aricie.*
PANOPE, *femme de la suite de Phèdre.*
GARDES.

La scène est à Trézène, ville du Péloponnèse.

Jean RACINE, *Phèdre* (1677)

★ 2 Identifier les diverses formes de la fatalité

www.

a. Quels mots désignent la force qui pèse sur le héros ?
b. Déduisez-en la nature de la fatalité qui l'accable.

TEXTE 1

Prométhée a volé aux dieux le feu pour le donner aux hommes. Comme punition, il est enchaîné à un rocher où un aigle lui dévore éternellement le foie.

PROMÉTHÉE

Hélas ! vous le voyez, esclave dans ces chaînes
Dont Jupiter[1] sur moi fait peser le fardeau,
Je ne puis de mes flancs écarter mon bourreau.
Inutile à moi-même, il faut sans résistance
5 Subir de mon rival l'inflexible vengeance.
J'implore enfin la mort et je ne l'obtiens pas :
Jupiter à mes vœux interdit le trépas.

ESCHYLE (Ve s. av. J.-C.), *Prométhée délivré*, cité par CICÉRON in *Tusculanes*, II, 10, © www.remacle. org, D.R.

1. Le maître des dieux

TEXTE 2

PHÈDRE

Vaines précautions ! cruelle destinée !
Par mon époux lui-même à Trézène amenée,
J'ai revu l'ennemi[1] que j'avais éloigné.
Ma blessure trop vive aussitôt a saigné.
5 Ce n'est plus une ardeur dans mes veines cachée ;
C'est Vénus toute entière à sa proie attachée.

Jean RACINE, *Phèdre*, I, 3 (1677)

1. Hippolyte, son beau-fils dont elle est amoureuse.

TEXTE 3

HERNANI

Oh ! Je porte malheur à tout ce qui m'entoure !
     […] Je suis une force qui va
Agent aveugle et sourd de mystères funèbres !
Une âme de malheur faite avec des ténèbres !
5 Où vais-je ? Je ne sais. Mais je me sens poussé
D'un souffle impétueux, d'un destin insensé.

Victor HUGO, *Hernani*, III, 2 (1830)

★ 3 Comprendre le langage de la tragédie classique

www.

Pour chacun des mots suivants, cherchez dans le dictionnaire son ou ses sens modernes, et son sens « classique », au XVIIe siècle. *Pour vous aider, reportez-vous aux chapitres 5 et 6.*

aimable	fer	objet
amant	fers	prudent
chagrin	feu	ressentiment
charme	formidable	séduire
clartés	gêne	souffrir
cœur	générosité	vertu
ennui	habile	
étonner	honnête	

Exercice guidé

★ 4 Analyser la puissance évocatrice et la poésie du vers classique

En vous aidant de la méthode ci-contre, expliquez pourquoi ces vers tragiques classiques sont devenus célèbres.
➔ Vous étudierez leur rythme (ample ou régulier, binaire, ternaire), la force suggestive de leurs sonorités ou des images, leur pouvoir d'émotion et leur simplicité.

TEXTE 1

Don Diègue, le père de Rodrigue, a été offensé par un de ses pairs.

Ô rage ! ô désespoir ! ô vieillesse ennemie !
N'ai-je donc tant vécu que pour cette infamie ?

Pierre CORNEILLE, *Le Cid*, I, 4 (1640)

TEXTE 2

HERMIONE, *seule*

Où suis-je ? Qu'ai-je fait ? Que dois-je faire
                              [encore ?
Quel transport me saisit ? Quel chagrin me
                              [dévore ?
Errante, et sans dessein, je cours dans ce palais.
Ah ! ne puis-je savoir si j'aime, ou si je hais ?

Jean RACINE, *Andromaque*, V, 1 (1667)

Je ne veux que la voir, soupirer et mourir.

Pierre Corneille, *Polyeucte*, II, 2 (1642)

ORESTE

Eh bien ! filles d'enfer[1] vos mains sont-elles prêtes ?
Pour qui sont ses serpents qui sifflent sur vos têtes ?

Jean Racine, *Andromaque*, V, 5 (1667)

1. Les Érynies, déesses de la vengeance.

TITUS

Depuis cinq ans entiers chaque jour je la vois,
Et crois toujours la voir pour la première fois.

Jean Racine, *Bérénice*, II, 2 (1670)

Exercice guidé

★★
5 **Analyser l'efficacité tragique d'un coup de théâtre**

a. Distinguez dans cet extrait le héros, l'adjuvant, l'opposant.
b. Quel jeu de scène mentionné dans la première réplique de Phèdre laisse prévoir un événement inattendu ? Qu'imagine le spectateur après les interrogations de Phèdre (v. 2-3) ?
c. Quels vers d'Œnone confirment l'imminence d'un coup de théâtre mais en retardent aussi la révélation ?
d. Identifiez les deux vers qui révèlent au spectateur ce coup de théâtre. Comment leur rythme traduit-il le trouble d'Œnone ?
e. Montrez que cette révélation provoque un changement radical chez Phèdre :
➡ comparez les premiers et les derniers vers de l'extrait (modes et temps verbaux, jeu d'opposition dans le vocabulaire, rythme des vers…) ;
➡ qualifiez son attitude envers sa confidente.

Tant qu'elle a cru au retour de son époux Thésée, Phèdre n'a pas révélé à son beau-fils Hippolyte l'amour coupable qu'elle lui porte. Mais, comme on a annoncé la mort de Thésée, Phèdre avoue son amour. Elle attend avec angoisse le retour de sa confidente, Œnone, qui doit l'informer de la réaction d'Hippolyte.

PHÈDRE

Déesse[1], venge-toi. Nos causes sont pareilles.
Qu'il[2] aime. Mais déjà tu reviens sur tes pas,
Oenone ? On[2] me déteste, on[2] ne t'écoute pas.

Scène 3
PHÈDRE, ŒNONE

ŒNONE

Il faut d'un vain amour étouffer la pensée,
5   Madame. Rappelez votre vertu passée.
Le roi, qu'on a cru mort, va paraître à vos yeux,

Thésée est arrivé. Thésée est en ces lieux.
Le peuple, pour le voir, court et se précipite.
Je sortais par votre ordre, et cherchais Hippolyte,
10 Lorsque jusques au ciel mille cris élancés...

PHÈDRE

Mon époux est vivant, Œnone, c'est assez.
J'ai fait l'indigne aveu d'un amour qui l'outrage.
Il vit. Je ne veux pas en savoir davantage.

ŒNONE

Quoi ?

PHÈDRE

Je te l'ai prédit, mais tu n'as pas voulu.
15 Sur mes justes remords tes pleurs ont prévalu.
Je mourais ce matin digne d'être pleurée.
J'ai suivi tes conseils, je meurs déshonorée.

Jean Racine, *Phèdre* III, 2-3 (1677)

1. Vénus, la déesse de l'amour. – 2. Désigne Hippolyte.

★★
6 **Analyser le mélange des registres dans un dénouement**

VERS L'EXPOSÉ ORAL

a. À quoi voit-on qu'il s'agit du dénouement ?
b. Quels thèmes tragiques s'entrecroisent dans les répliques d'Octave ?
c. Montrez qu'Octave fait ici l'éloge funèbre de son ami Cœlio, ainsi que son propre blâme.
d. Étudiez le mélange des registres pathétique et lyrique dans cette scène.
e. Quels éléments de mise en scène mentionnés dans le texte rendent ce dénouement plus émouvant ?
f. Par quel parti pris de mise en scène (image ci-contre) Lambert Wilson rend-il sensible le pathétique de ce dénouement ?

Cœlio a demandé à son ami Octave de l'aider à conquérir la jeune Marianne, mariée au vieux juge Claudio mais amoureuse d'Octave. Alors qu'il se rendait à un rendez-vous avec Marianne que lui avait obtenu Octave, Cœlio s'est cru trahi par son ami et s'est laissé tuer par les hommes de main de Claudio. Octave et Marianne se rencontrent une dernière fois.

Un cimetière.
OCTAVE et MARIANNE, *auprès d'un tombeau.*
OCTAVE. – Moi seul au monde je l'ai connu[1]. Cette urne d'albâtre[2], couverte de ce long voile de deuil, est sa parfaite image. C'est ainsi qu'une douce mélancolie voilait les perfections de cette
5   âme tendre et délicate. […] Elle eût été heureuse, la femme qui l'eût aimé.
MARIANNE. – Ne serait-elle point heureuse, Octave, la femme qui t'aimerait ?
OCTAVE. – Je ne sais point aimer ; Cœlio seul le
10 savait. La cendre que renferme cette tombe est

tout ce que j'ai aimé sur la terre, tout ce que j'ai-
merai. Lui seul savait verser dans une autre âme
toutes les sources de bonheur qui reposaient dans
la sienne. Lui seul était capable d'un dévouement
15 sans bornes ; lui seul eût consacré sa vie entière à
la femme qu'il aimait, aussi facilement qu'il aurait bravé la mort pour elle. Je ne suis qu'un débauché sans cœur ; je n'estime point les femmes :
l'amour que j'inspire est comme celui que je res-
20 sens, l'ivresse passagère d'un songe. Je ne sais pas
les secrets qu'il savait. Ma gaieté est comme le
masque d'un histrion[3] ; mon cœur est plus vieux
qu'elle, mes sens blasés n'en veulent plus. Je ne
suis qu'un lâche ; sa mort n'est point vengée.
25 MARIANNE. – Comment aurait-elle pu l'être, à
moins de risquer votre vie ? Claudio est trop vieux
pour accepter un duel, et trop puissant dans cette
ville pour rien craindre de vous.
OCTAVE. – Cœlio m'aurait vengé si j'étais mort
30 pour lui, comme il est mort pour moi. Ce tombeau m'appartient : c'est moi qu'ils ont étendu
sous cette froide pierre ; c'est pour moi qu'ils
avaient aiguisé leurs épées ; c'est moi qu'ils ont
tué. Adieu la gaieté de ma jeunesse, l'insouciante
35 folie, la vie libre et joyeuse au pied du Vésuve !
adieu les bruyants repas, les causeries du soir, les
sérénades sous les balcons dorés ! adieu Naples et
ses femmes, les mascarades à la lueur des torches,
les longs soupers à l'ombre des forêts ! adieu
40 l'amour et l'amitié ! ma place est vide sur la terre.
MARIANNE. – Mais non pas dans mon cœur, Octave pourquoi dis-tu : Adieu l'amour ?
OCTAVE. – Je ne vous aime pas, Marianne ; c'était
Cœlio qui vous aimait !

Alfred DE MUSSET, *Les Caprices de Marianne*, II, 6 (1833)

1. Cœlio. – 2. Pierre colorée ou très blanche, douce et chaude
au toucher. – 3. Bouffon.

Les Caprices de Marianne, d'Alfred de Musset, mise
en scène de Lambert Wilson, avec Lambert Wilson
(Octave) et Laure Marsac (Marianne) (Théâtre des
Bouffes du Nord, Paris, 1994).

Des mots pour…
commenter un texte tragique

❚ **Un texte / personnage tragique** émeut, angoisse,
terrifie, bouleverse, apitoie, attendrit, inquiète,
suscite la pitié, l'effroi, la terreur…
❚ **Un personnage tragique** exprime son malheur, son
infortune, ses tourments, son trouble ; exhale sa
passion, sa détresse, son désespoir, son affliction,
sa déception, sa désolation, sa douleur, sa souffrance ; se plaint, se lamente, se désespère…
❚ **Le héros tragique** est en butte à, lutte contre, est
soumis à, est menacé par, est accablé par la fatalité, le destin, le sort, la destinée, une malédiction,
une nécessité inéluctable…

Exercice guidé

★★★
7   **Formuler une définition**
      de la tragédie

VERS LA DISSERTATION

Quelle définition donneriez-vous du tragique ?
Vous appuierez votre réponse sur des exemples
précis, à partir de l'étude de ce texte. Aidez-
vous des indications et questions suivantes.

➡ Quelle expression répétée indique qu'il s'agit
d'une définition de la tragédie ?
➡ Relevez les mots ou les métaphores qui traduisent la marche inéluctable de la fatalité.
➡ Répertoriez les exemples de personnages et de
situations qu'Anouilh présente comme particulièrement représentatifs du tragique.
➡ Montrez comment Anouilh souligne la solitude
et la grandeur du héros tragique.
➡ Relevez des affirmations paradoxales et provo-
catrices au sujet de la tragédie.
➡ Récapitulez les différences que souligne Anouilh
entre tragédie et drame.
➡ Relevez le passage qui oppose implicitement
lyrisme et tragique.

LE CHŒUR. – Et voilà. Maintenant, le ressort est
bandé. Cela n'a plus qu'à se dérouler tout seul.
C'est cela qui est commode dans la tragédie. On
donne le petit coup de pouce pour que cela dé-
5 marre, rien, un regard pendant une seconde à
une fille qui passe et lève les bras dans la rue, une
envie d'honneur un beau matin, au réveil, comme
de quelque chose qui se mange, une question de
trop que l'on se pose un soir… C'est tout. Après,
10 on n'a plus qu'à laisser faire. On est tranquille.
Cela roule tout seul. C'est minutieux, bien huilé
depuis toujours. La mort, la trahison, le désespoir
sont là, tout prêts, et les éclats, et les orages[1], et les
silences, tous les silences : le silence quand le bras

du bourreau se lève à la fin, le silence au commencement quand les deux amants sont nus l'un
en face de l'autre pour la première fois, sans oser
bouger tout de suite, dans la chambre sombre, le
silence quand les cris de la foule éclatent autour
du vainqueur – et on dirait un film dont le son
s'est enrayé[2], toutes ces bouches ouvertes dont il
ne sort rien, toute cette clameur qui n'est qu'une
image, et le vainqueur, déjà vaincu, seul au milieu
de son silence...

C'est propre, la tragédie. C'est reposant, c'est
sûr... Dans le drame, avec ces traîtres, avec ces
méchants acharnés, cette innocence persécutée,
ces vengeurs, ces terre-neuve[3], ces lueurs d'espoir,
cela devient épouvantable de mourir, comme un
accident. On aurait peut-être pu se sauver, le
bon jeune homme aurait peut-être pu arriver à
temps avec les gendarmes. Dans la tragédie on est
tranquille. D'abord, on est entre soi. On est tous
innocents en somme ! Ce n'est pas parce qu'il y
en a un qui tue et l'autre qui est tué. C'est une
question de distribution[4]. Et puis, surtout, c'est
reposant, la tragédie, parce qu'on sait qu'il n'y a
plus d'espoir, le sale espoir ; qu'on est pris, qu'on
est enfin pris comme un rat, avec tout le ciel sur
son dos, et qu'on n'a plus qu'à crier, – pas à gémir, non, pas à se plaindre, – à gueuler à pleine
voix ce qu'on avait à dire, qu'on n'avait jamais dit
et qu'on ne savait peut-être même pas encore. Et
pour rien : pour se le dire à soi, pour l'apprendre,
soi. Dans le drame, on se débat, parce qu'on espère en sortir. C'est ignoble, c'est utilitaire. Là,
c'est gratuit. C'est pour les rois. Et il n'y a plus
rien à tenter, enfin !

Jean ANOUILH, *Antigone* (1946), © Éditions de la Table ronde

1. Disputes, aussi violentes que des orages. – 2. Détraqué. –
3. Chiens de l'île de Terre-Neuve, aux pieds palmés, ce qui
leur permet de nager ; au figuré : personne toujours disposée
à aider les autres. – 4. Distribution des rôles.

★★★
8 Analyser le tragique contemporain

a. Comment Hamm met-il en évidence dans sa façon de parler :
1. la déchéance physique à venir de Clov,
2. la solitude et la misère de la condition humaine ?

b. Quels indices permettent de dire que la cécité
que Hamm prédit à Clov symbolise le néant de
l'existence après la mort ?

*Hamm, un aveugle paraplégique, s'entretient avec
son valet et fils adoptif Clov.*

HAMM. – Un jour tu seras aveugle. Comme moi.
Tu seras assis quelque part, petit plein perdu dans
le vide, pour toujours, dans le noir. Comme moi.
(Un temps.) Un jour tu te diras, Je suis fatigué, je
vais m'asseoir, et tu iras t'asseoir. Puis tu te diras,
J'ai faim, je vais me lever et me faire à manger.
Mais tu ne te lèveras pas. Tu te diras, J'ai eu tort
de m'asseoir, mais puisque je suis assis je vais rester assis encore un peu, puis je me lèverai et je me
ferai à manger. Mais tu ne te lèveras pas et tu ne
te feras pas à manger. *(Un temps.)* Tu regarderas le
mur, puis tu te diras, Je vais fermer les yeux, peut-
être dormir un peu, après ça ira mieux, et tu les
fermeras. Et quand tu les rouvriras il n'y aura plus
de mur. *(Un temps.)* L'infini du vide sera autour
de toi, tous les morts de tous les temps ressuscités
ne le combleraient pas, tu y seras comme un petit
gravier au milieu de la steppe. *(Un temps.)* Oui, un
jour tu sauras ce que c'est, tu seras comme moi,
sauf que toi tu n'auras personne, parce que tu
n'auras eu pitié de personne et qu'il n'y aura personne de qui avoir pitié.

Samuel BECKETT, *Fin de partie*, Épilogue (1957),
© 1957, Éditions de Minuit

Fin de partie, de Samuel Beckett,
mise en scène de Bernard Levy, avec Gilles
Arbona (Clov) et Thierry Bosc (Hamm)
(Théâtre de l'Athénée, Paris, 2006).

À la mort de son père, Titus accède au trône de Rome. Mais il ne peut à la fois être empereur et épouser la femme qu'il aime, Bérénice, la reine de Judée, à cause de l'hostilité du peuple romain contre une étrangère. Titus se résout à régner et fait annoncer à Bérénice qu'elle doit quitter Rome. Elle tente de le faire changer d'avis…

BÉRÉNICE

Eh bien ! régnez, cruel ; contentez votre gloire :
Je ne dispute[1] plus. J'attendais, pour vous croire,
Que cette même bouche, après mille serments
D'un amour qui devait unir tous nos moments,
5   Cette bouche, à mes yeux[2] s'avouant infidèle,
M'ordonnât elle-même une absence éternelle.
Moi-même j'ai voulu vous entendre en ce lieu.
Je n'écoute plus rien, et pour jamais : adieu.
Pour jamais ! Ah, Seigneur ! songez-vous en vous-même
10 Combien ce mot cruel est affreux quand on aime ?
Dans un mois, dans un an, comment souffrirons-nous,
Seigneur, que tant de mers me séparent de vous ?
Que le jour recommence, et que le jour finisse,
Sans que jamais Titus puisse voir Bérénice,
15 Sans que de tout le jour je puisse voir Titus ?
Mais quelle est mon erreur, et que de soins[3] perdus !
L'ingrat, de mon départ consolé par avance,
Daignera-t-il compter les jours de mon absence ?
Ces jours si longs pour moi lui sembleront trop courts.

TITUS

20 Je n'aurai pas, Madame, à compter tant de jours.
J'espère que bientôt la triste[4] Renommée
Vous fera confesser que vous étiez aimée.
Vous verrez que Titus n'a pu, sans expirer[5]…

BÉRÉNICE

Ah ! Seigneur ! s'il est vrai, pourquoi nous séparer ?

▶ Jean RACINE, *Bérénice*, IV, 5 (1670)

1. Discute. – 2. En ma présence. – 3. Au pluriel : prévenances, attentions pour une personne. – 4. Sens fort : cruelle, tragique. – 5. Mourir.

Compréhension

1. Analysez la progression de la tirade de Bérénice : montrez les changements successifs dans son attitude, ses émotions et ses sentiments, en vous appuyant notamment sur le vocabulaire du regard, de l'ouïe et du temps.

2. D'où vient le lyrisme douloureux de cette scène ? Étudiez les thèmes abordés, le lexique de l'amour et de la séparation, les interjections.

3. Étudiez la retenue de Bérénice et de Titus dans l'expression de leurs sentiments (périphrases, ellipses, forme négative…). Quelle valeur prennent les phrases interrogatives ?

Vers l'exposé oral

Comment Racine rend-il particulièrement poignante et émouvante cette entrevue entre les deux amants ?

Pour réussir…

- Analyser précisément les mots de la question posée (▷ *chap. 42*)
- Lire expressivement, notamment un texte en vers (éviter les vers faux, tenir compte du rythme pour créer l'émotion…)
- Commenter la versification et ses effets
- Identifier les registres de la scène, en repérer les indices
- Analyser les émotions et les sentiments du héros tragique

26

Étudier le renouvellement des formes théâtrales du XVIIᵉ siècle à nos jours

Objectifs et compétences
▸ Connaître les grandes étapes de l'histoire du théâtre après le classicisme
▸ Comprendre comment les conditions de représentation ont pu influencer l'écriture du théâtre

|||||||| Découvrir

Texte 1

> *Le jeune Cœlio est amoureux de Marianne, épouse de Claudio. Le mari se doute de quelque chose et se confie à son valet, Tibia.*

CLAUDIO. – Je crois que Marianne a des amants.

TIBIA. – Vous croyez, monsieur ?

CLAUDIO. – Oui ; il y a autour de ma maison une odeur d'amants ; personne ne passe naturellement devant ma porte ; il y pleut des guitares et des entremetteuses[1]. [...]

5 TIBIA. – Fi ! votre femme n'a pas d'amants. – C'est comme si vous disiez que j'ai des maîtresses.

CLAUDIO. – Pourquoi n'en aurais-tu pas, Tibia ? Tu es fort laid, mais tu as beaucoup d'esprit.

TIBIA. – J'en conviens, j'en conviens.

10 CLAUDIO. – Regarde, Tibia, tu en conviens toi-même ; il n'en faut plus douter, et mon déshonneur est public.

TIBIA. – Pourquoi public ?

CLAUDIO. – Je te dis qu'il est public.

TIBIA. – Mais, monsieur, votre femme passe pour un dragon de vertu dans toute la 15 ville ; elle ne voit personne, elle ne sort de chez elle que pour aller à la messe.

CLAUDIO. – Laisse-moi faire. – Je ne me sens pas de colère, après tous les cadeaux qu'elle a reçus de moi. – Oui, Tibia, je machine en ce moment une épouvantable trame[2], et me sens prêt à mourir de douleur.

TIBIA. – Oh ! que non.

20 CLAUDIO. – Quand je te dis quelque chose, tu me ferais plaisir de le croire. *(Ils sortent.)*

CŒLIO, *rentrant.* – Malheur à celui qui, au milieu de la jeunesse, s'abandonne à un amour sans espoir ! Malheur à celui qui se livre à une douce rêverie, avant de savoir où sa chimère[3] le mène, et s'il peut être payé de retour ! Mollement couché dans une 25 barque, il s'éloigne peu à peu de la rive ; il aperçoit au loin des plaines enchantées, de vertes prairies et le mirage léger de son Eldorado. Les vents l'entraînent en silence et, quand la réalité le réveille, il est aussi loin du but où il aspire que du rivage qu'il a quitté ; il ne peut ni poursuivre sa route ni revenir sur ses pas.

▸ Alfred DE MUSSET, *Les Caprices de Marianne*, acte I, scène 1 (1833)

1. Femmes servant d'intermédiaires dans une intrigue amoureuse.
2. Plan.
3. Illusion, rêverie.

Les Caprices de Marianne, d'Alfred de Musset, mise en scène de Françoise Chatot, avec Grégoire Roger (Coelio) (Théâtre Gyptis, Marseille, 2008).

Texte 2

Cet extrait constitue le début de la pièce.

LE DEUXIÈME HOMME. – Le prologue[1], c'est principalement, l'histoire des deux hommes…

LA FEMME. – Elle reste en retrait… si proche aussi… elle dit qu'elle compte moins, qu'elle est moins importante… Elle est au second plan… Il y a moins de lumière, on
5 la voit mal.

LE PREMIER HOMME. – Lui, le premier homme…

Il marche vers le fleuve, on ne dit plus la rivière, il descend vers le fleuve, il ne sait pas ce que cela va être…

Il est malheureux, c'est à cela qu'il songe… Cela serait très beau, très élégant de le
10 crier… sans retenue… de le crier, son malheur, dans la ville éteinte… Extrêmement littéraire… « Histoire d'amour », c'est une histoire littéraire aussi…

La femme rit doucement, ou elle pleure, à peine.

LE DEUXIÈME HOMME. – L'autre homme, le second… on l'appellera le deuxième homme… il dort, il me semble bien que c'est cela, à ce moment-là, pendant ce temps-
15 là… il est dans son lit et il dort…

Jean-Luc LAGARCE, *Histoire d'amour* (1983), © Éditions Les Solitaires intempestifs, 2000

1. Introduction servant à présenter des événements se situant avant l'action principale.

COMPAREZ LES TEXTES

1. Quel est le thème commun à ces deux textes ? Est-il courant au théâtre ?

2. Quelle est l'originalité du traitement de ce thème dans chaque texte ?

3. Dans le texte 1, repérez et commentez le changement de registre entre le début et la fin du texte.

4. Comparez la présentation des personnages dans ces deux scènes d'exposition.

5. Quels rôles joue la ponctuation dans chaque texte ?

Problématique

Comment les formes d'écriture théâtrale ont-elles évolué du XVIIe au XXIe siècle ?

La tragédie et la comédie classiques du XVIIe siècle ont fixé des règles devenues des modèles. Par la suite, les auteurs ont suivi et adapté ces modèles ou proposé de nouvelles voies.

Analyser l'évolution des formes d'écriture théâtrale du XVIIe siècle à nos jours, c'est :

- prendre la mesure des adaptations et des innovations ;
- savoir les caractériser.

Les formes théâtrales du XVIIIe siècle à nos jours

1 LE XVIIIe SIÈCLE : UN SIÈCLE CHARNIÈRE

Les auteurs du XVIIIe siècle sont largement inspirés par la comédie et la tragédie classiques (›*chap. 24, 25*). Au niveau de la représentation, ce siècle voit apparaître le rideau de scène qui délimite plus nettement l'espace de jeu.

■ **La tragédie** reste le genre noble *(Voltaire)*, mais sans se renouveler formellement. Peu de ces pièces sont encore lues ou jouées aujourd'hui.

■ **La comédie** ouvre de nouvelles voies.

• Dans la première moitié du siècle, elle mêle émotion et rire, dévoile la complexité du sentiment amoureux et propose une **réflexion sur les rapports sociaux** à travers le travestissement et l'échange des rôles entre hommes et femmes, maîtres et valets *(L'Île des esclaves, Marivaux)*.

• Elle reflète ensuite les interrogations des **Lumières** et remet en cause la société de l'Ancien Régime. Par les monologues et les apartés, le public est invité à suivre le personnage dans sa révolte. Le Figaro de Beaumarchais *(Le Mariage de Figaro, 1784)* est un valet élevé au rang de héros.

■ **Le drame bourgeois.** Son apparition marque une évolution des mentalités : le public attend des sujets plus contemporains et des personnages plus proches de la vie réelle. Pour Diderot *(Le Père de famille, 1758)*, « le drame est une tragédie domestique et bourgeoise ».

2 LE XIXe SIÈCLE : DES COURANTS CONTRADICTOIRES

■ **Le drame romantique. Victor Hugo** crée une révolution littéraire lors de la première d'*Hernani* (1830), qui met fin à la séparation des genres entre comédie et tragédie, jugée artificielle. Cette pièce marque la naissance du drame romantique (›*chap. 2*).

• Ce nouveau genre rejette les règles classiques de la bienséance et des trois unités pour faire place à un certain réalisme : on mange, on se bat, on meurt sur scène ; l'action dépasse la journée, les changements de lieux sont fréquents.

• Le drame donne à des personnages nobles un langage ordinaire, créant un effet de décalage comique. Inversement, le valet s'exprime noblement et peut être un héros tragique. Le rang social ne détermine plus la noblesse de l'action. Un roi peut être risible, mesquin ; un valet, agir avec héroïsme.

• **Musset** compose « un théâtre dans un fauteuil » qu'on pourrait se contenter de lire grâce aux développements des didascalies *(Lorenzaccio, 1834 : plus de trente décors et cent rôles)*.

■ **Vaudeville et mélodrame.** De son côté, le théâtre populaire maintient la séparation des genres.

• Le **vaudeville**, genre comique, mêle quiproquos et situations rocambolesques *(Labiche, Feydeau, Courteline)*.

• Le **mélodrame** se caractérise par un excès de sentimentalisme, des personnages figés et manichéens, ainsi que par un goût pour le spectaculaire dans les représentations.

■ **Les réécritures.** Les mythes antiques sont repris. Le tragique est renouvelé par un mélange des tons et le recours à un langage du quotidien. Les mythes sont ainsi désacralisés, et permettent aux auteurs de parler de leur propre époque. **Jarry** parodie la tragédie de Shakespeare *Macbeth* avec *Ubu Roi* (1896). **Anouilh** reprend le mythe d'Antigone (1944), **Cocteau** celui d'Orphée…

■ **Un nouveau rapport au public.** Le dramaturge allemand **Bertolt Brecht** refuse de s'inscrire dans le jeu de l'illusion théâtrale (un spectacle qui tente de reproduire le réel). Il propose le **théâtre de distanciation** : le spectateur ne doit pas s'identifier aux personnages mais est invité à penser pour réagir, à l'aide d'un retour en force des fonctions du chœur et du prologue.

■ **Le théâtre de l'absurde** (**Ionesco, Beckett**) rejette les codes habituels, par l'absence d'intrigue, le refus du dialogue cohérent et la présentation de personnages stéréotypés. Il mélange le comique et le tragique, montre au public le vide de l'existence humaine et l'impossibilité d'y trouver du sens.

■ **Le théâtre contemporain** expérimente de nouvelles formes : pièces silencieuses ou avec un seul acteur, monologues développés à l'extrême, nouvelle exploitation du chœur antique, paroles simultanées, fragmentées, brouillage temporel avec la coexistence de deux époques sur scène, etc.

MÉTHODE

Reconnaître et analyser le théâtre de l'absurde

▬ **Percevoir le mélange des registres du comique et du tragique** : il se fait à chaque instant, parfois au sein d'une même réplique.

▬ **Étudier les personnages à travers leur langage et leur action** : les champs lexicaux de la tragédie se mêlent au langage du quotidien. Les personnages sont à la fois ridicules et touchants : leurs paroles sont pleines de répétitions, d'hésitations et de non-sens. L'absence d'action ou son apparent désordre est source de rire tout en témoignant du vide de l'existence humaine.

▬ **Prendre en compte le jeu des comédiens** : le mime prend une large place, pouvant faire rire mais aussi révéler l'inutilité tragique des gestes.

EXEMPLE COMMENTÉ

ESTRAGON. – Alors donne-moi un radis *(Vladimir fouille dans ses poches, ne trouve que des navets, sort finalement un radis qu'il donne à Estragon qui l'examine, le renifle.)* Il est noir !

VLADIMIR. – C'est un radis.

ESTRAGON. – Je n'aime que les roses, tu le sais bien !
[…]

VLADIMIR. – Alors rends-le-moi.

Estragon le lui rend.

ESTRAGON. – Je vais chercher une carotte.

Il ne bouge pas.

VLADIMIR. – Ceci devient vraiment insignifiant.

ESTRAGON. – Pas encore assez.

Silence.

Samuel BECKETT, *En attendant Godot* (1952),
© 1952, Éditions de Minuit.

• Le lecteur-spectateur est confronté à un sentiment ambigu. Il peut **sourire** de la futilité de ce dialogue de sourds, s'amuser de la contradiction entre parole et action (« Je vais chercher une carotte ». *Il ne bouge pas*), du comique de gestes, proche du mime (Vladimir fouillant ses poches). Le duo est proche de celui des clowns. **L'absence d'événements, l'immobilisme des personnages** présentent cependant une image plus sombre. Le personnage qui voudrait un monde « rose » et non « noir », la conscience de l'insignifiance de leur échange et de leurs actes, rendent cette scène représentative du **tragique** qui finit par un « silence » évocateur.

★
1 **Analyser le renouvellement**
du couple maître-valet au XVIII\u1d49 siècle

a. Comment, à travers les personnages, cette scène s'inscrit-elle dans la tradition de la comédie classique ? Vous vous aiderez des noms des personnages, et de leurs relations.

b. Faites une analyse précise des didascalies. Qu'ajoutent-elles aux paroles échangées ?

c. Quelle évolution des rapports de forces est perceptible dans la scène ? Quels nouveaux ressorts comiques sont ainsi proposés ?

Suite à un naufrage, Iphicrate[1] et Arlequin se retrouvent sur l'île des esclaves où les maîtres sont condamnés à servir leurs valets.

ARLEQUIN. – Mon cher patron, vos compliments me charment ; vous avez coutume de m'en faire à coups de gourdin[2] qui ne valent pas ceux-là ; et le gourdin est dans la chaloupe.

5 IPHICRATE. – Eh ! ne sais-tu pas que je t'aime ?

ARLEQUIN. – Oui, mais les marques de votre amitié tombent toujours sur mes épaules, et cela est mal placé […]

IPHICRATE. – Esclave insolent !

10 ARLEQUIN, *riant.* – Ah ! ah ! vous parlez la langue d'Athènes ; mauvais jargon que je n'entends plus.

IPHICRATE. – Méconnais-tu ton maître, et n'es-tu plus mon esclave ?

ARLEQUIN, *se reculant d'un air sérieux.* – Je l'ai 15 été, je le confesse à ta honte ; mais va, je te le pardonne ; les hommes ne valent rien. Dans le pays d'Athènes, j'étais ton esclave, tu me traitais comme un pauvre animal, et tu disais que cela était juste, parce que tu étais le plus fort. Eh bien ! 20 Iphicrate, tu vas trouver ici plus fort que toi ; on va te faire esclave à ton tour ; on te dira aussi que cela est juste, et nous verrons ce que tu penseras de cette justice-là ; tu m'en diras ton sentiment, je t'attends là. Quand tu auras souffert, tu seras plus 25 raisonnable ; tu sauras mieux ce qu'il est permis de faire souffrir aux autres. Tout en irait mieux dans le monde, si ceux qui te ressemblent recevaient la même leçon que toi. Adieu, mon ami ; je vais trouver mes camarades et tes maîtres. *Il* 30 *s'éloigne.*

IPHICRATE, *au désespoir, courant après lui, l'épée à la main.* – Juste ciel ! peut-on être plus malheureux et plus outragé que je le suis ? Misérable ! tu ne mérites pas de vivre.

35 ARLEQUIN. – Doucement ; tes forces sont bien diminuées, car je ne t'obéis plus, prends-y garde.

MARIVAUX, *L'Île des esclaves*, 1 (1725)

1. Prénom formé à partir de *iphi* (la force) et *kratos* (le pouvoir). – **2.** Matraque.

L'Île des esclaves, de Marivaux, mise en scène d'Irina Brook, avec Fabio Zenoni (Iphicrate) et Sidney Wernicke (Arlequin), décor de Noelle Ginefri (Théâtre de l'Atelier, Paris, 2005).

Le Mariage de Figaro, de Beaumarchais,
mise en scène de Ned Grujic, costumes
et mobilier d'Erig Le Goff, décors d'Éric Daurat,
création lumières de Véronique Guidevaux
(Théâtre 13, Paris, 2005).

★ 2 Étudier les libertés théâtrales du XVIIIᵉ siècle

Voici le titre et les didascalies qui marquent le début de chaque acte de la comédie de Beaumarchais.

En quoi ces indications vous permettent-elles de voir que l'auteur ne respecte que partiellement la règle des trois unités ?

La Folle Journée, ou le Mariage de Figaro,
comédie en cinq actes

La scène est au château d'Aguas-Frescas, à trois lieues de Séville.

ACTE I

Le théâtre représente une chambre à demi démeublée ; un grand fauteuil de malade est au milieu. Figaro, avec une toise, mesure le plancher. Suzanne attache à sa tête, devant une glace, le petit bouquet de fleurs d'orange, appelé chapeau de la mariée.

ACTE II

Le théâtre représente une chambre à coucher superbe, un grand lit en alcôve, une estrade au-devant. […]

ACTE III

Le théâtre représente une salle du château appelée salle du trône et servant de salle d'audience […].

ACTE IV

Le théâtre représente une galerie ornée de candélabres, de lustres allumés, de fleurs, de guirlandes, en un mot, préparée pour donner une fête. […]

ACTE V

Le théâtre représente une salle de marronniers, dans un parc ; deux pavillons, kiosques, ou temples de jardins, sont à droite et à gauche ; le fond est une clairière ornée, un siège de gazon sur le devant. Le théâtre est obscur.

★★ 3 Comprendre un texte théorique

a. Selon Mme de Staël, en quoi y a-t-il opposition entre la tradition théâtrale française et la tradition étrangère ?

b. Quelle est la position de Mme de Staël sur l'unité de temps et de lieu ?

c. En quoi consiste, selon elle, l'illusion théâtrale ?

Les Français considèrent l'unité de temps et de lieu comme une condition indispensable de l'illusion théâtrale ; les étrangers[1] font consister cette illusion dans la peinture des caractères, dans la vérité du langage, et dans l'exacte observation des mœurs du siècle et du pays qu'on veut peindre. Il faut s'entendre sur le mot d'illusion dans les arts : puisque nous consentons à croire que des acteurs séparés de nous par quelques planches sont des héros grecs morts il y a trois mille ans, il est bien certain que ce qu'on appelle l'illusion, ce n'est pas s'imaginer que ce qu'on voit existe véritablement ; une tragédie ne peut nous paraître vraie que par l'émotion qu'elle nous cause. Or, si, par la nature des circonstances représentées, le changement de lieu et la prolongation du temps ajoutent à cette émotion, l'illusion en devient plus vive.

Mme DE STAËL, *De l'Allemagne*, II, 15 (1813)

1. Référence aux auteurs allemands (les Romantiques) et anglais (Shakespeare, notamment).

★★ 4 Analyser le mélange des registres dans le drame romantique

a. De quel milieu sont issus les personnages en présence ? Quelle attitude est attendue de leur part dans la tradition classique ?

b. Quel est le registre de la conversation entre ces hommes ? Justifiez votre réponse.

c. En quoi Victor Hugo crée-t-il une rupture ?

La pièce se situe à la cour de François Iᵉʳ, où Triboulet, le fou du roi, est l'objet des railleries et des rumeurs.

M. DE PIENNE

Monsieur de Pardaillan,
                (M. de Gordes, M. de Pardaillan, Marot,
                et M. de Cossé, qui est venu se joindre
                au groupe, font cercle autour du duc.)
                                Devinez, s'il vous plaît ?
Une chose inouïe arrive à Triboulet.

M. DE PARDAILLAN

Il est devenu droit ?[1] […]

MAROT

On l'a servi tout cuit par hasard sur la table ?

M. DE PIENNE

Non. C'est plus drôle. Il a… – Devinez ce qu'il a.
– C'est incroyable !

M. DE GORDES

                Un duel avec Gargantua !

M. DE PIENNE

Point.

M. DE PARDAILLAN

                Un singe plus laid que lui ?

M. DE PIENNE

                                Non pas.

MAROT

                                Sa poche

Pleine d'écus ? […]

M. DE GORDES

Une âme, par hasard ?

M. DE PIENNE

                Je vous le donne en dix !
Triboulet le bouffon, Triboulet le difforme,
Cherchez bien ce qu'il a… – quelque chose
                                [d'énorme !

MAROT

Sa bosse ?

M. DE PIENNE

                Non, il a… – Je vous le donne en cent !
– Une maîtresse !

                Tous éclatent de rire.

Victor HUGO, *Le roi s'amuse*, I, 3 (1832)

1. Triboulet est bossu.

★★ 5 Étudier des procédés de distanciation

a. Quelle convention théâtrale est ici remise en cause ? Quel est l'effet créé pour le public ?

b. Que découvre le lecteur-spectateur grâce à la narration du personnage ?

c. VERS L'ÉCRITURE D'INVENTION

Récrivez cette scène sous la forme d'une exposition traditionnelle à l'aide d'un dialogue entre plusieurs personnages. Aidez-vous des Notions élémentaires (> *p. 214*).

Une rue dans la capitale de Setchouan. C'est le soir. Wang, le marchand d'eau, se présente au public.

WANG. – Je suis marchand d'eau ici dans la capitale de Setchouan. Mon commerce est pénible. Quand il y a peu d'eau, je dois aller la chercher loin. Et quand il y en a beaucoup, je suis sans
5 ressources. Mais il règne dans notre province une grande pauvreté générale. Tout le monde dit que seuls les dieux peuvent encore nous aider. À mon ineffable joie, j'apprends d'un marchand de bestiaux qui circule beaucoup que quelques-uns
10 des dieux les plus éminents sont déjà en route et qu'ici aussi dans le Setchouan on peut s'attendre à leur venue. Le Ciel serait très inquiet des nombreuses plaintes qui montent vers lui. Depuis trois jours j'attends ici à l'entrée de la ville, vers
15 le soir particulièrement, pour être le premier à les saluer. Après je n'en aurai sans doute plus guère l'occasion : ils seront entourés de gens haut placés et par ailleurs amplement sollicités.

Bertolt BRECHT, *La Bonne Âme de Setchouan* (1939-1940),
traduit de l'allemand par F. Rey,
© Éditions de l'Arche (1997)

★★ 6 Découvrir le vaudeville à travers une scène d'exposition

a. En quoi cette scène est-elle conforme à ce qu'on attend d'une scène d'exposition comique ?

b. Comment Courteline réinterprète-t-il le couple maître-valet ?

Le cabinet du directeur. Celui-ci, installé à sa table de travail, donne des signatures qu'il éponge aussitôt.[…]
LE DIRECTEUR. – Entrez !
5   *Apparition de M. Badin.*
MONSIEUR BADIN, *saluant jusqu'à terre.* – Monsieur le Directeur…
LE DIRECTEUR, *toujours plongé dans ses signatures.* – Bonjour, monsieur Badin. Entrez donc, monsieur
10 Badin, et prenez un siège, je vous en prie.
MONSIEUR BADIN. – Je suis confus…
LE DIRECTEUR. – Du tout, du tout. – Dites-moi, monsieur Badin, voilà près de quinze jours que vous n'avez pas mis le pied à l'Administration.

15 Monsieur Badin, *humble*. – Ne m'en parlez pas !...
[...] Monsieur, je vais vous expliquer. J'ai été retenu chez moi par des affaires de famille. J'ai perdu mon beau-frère...

Le Directeur. – Encore !

20 Monsieur Badin. – Monsieur...

Le Directeur. – Ah çà ! monsieur Badin, est-ce que vous vous fichez de moi ?

Monsieur Badin. – Oh !...

Le Directeur. – À cette heure, vous avez perdu
25 votre beau-frère, comme déjà, il y a trois semaines, vous aviez perdu votre tante, comme vous aviez perdu votre oncle le mois dernier, votre père à la Trinité, votre mère à Pâques ! Sans préjudice, naturellement, de tous les cousins, cousines, et
30 autres parents éloignés que vous n'avez cessé de mettre en terre à raison d'au moins un la semaine. Quel massacre ! non, mais quel massacre ! A-t-on idée d'une boucherie pareille !... Et je ne parle ici, notez bien, ni de la petite sœur qui se marie
35 deux fois l'an, ni de la grande qui accouche tous les trois mois. Eh bien ! monsieur, en voilà assez. Que vous vous moquiez du monde, soit ! mais il y a des limites à tout, et si vous supposez que l'Administration vous donne deux mille quatre cents
40 francs pour que vous passiez votre vie à marier les uns, à enterrer les autres, ou à tenir sur les fonts baptismaux, vous vous mettez le doigt dans l'œil !

Georges COURTELINE, *Monsieur Badin* (1897)

★★
7 Analyser une scène d'exposition contemporaine

a. Quels éléments de l'écriture théâtrale ont été supprimés par l'auteur ? En quoi est-ce déconcertant ?

b. Quelle valeur est donnée au silence (représenté par le saut de ligne) dans l'échange de paroles ?

c. VERS L'ÉCRITURE D'INVENTION

Récrivez cette scène d'exposition sous une forme traditionnelle : vous présenterez une liste de personnages et leurs caractéristiques, un lieu ; vous répartirez les répliques entre vos personnages, en ponctuant le dialogue par des didascalies porteuses de sens.

Voici le début de la pièce.

– Il y en a, ils se taisent
– Ouais, il y en a, ils se plantent là et ils se taisent
– Bon, et on est tombé sur un de ceux-là
– Bravo
5 – On a gagné le gros lot

– Ceux qui se taisent, d'abord, ils mettent mal à l'aise
– Exact
– Parce que c'est quoi se taire, d'abord
10 – Ouais, ça veut dire quoi, d'abord

– Tu es quelque part avec des gens qui discutent
– Et il y en a un qui se tait
– Qui se tait, mais alors
– Que ça s'entend presque, tellement y se tait fort,
15 celui-là [...]

Jean-Yves PICQ, « Donc », *Petites pièces à géométrie variable* (1999), © Éditions Color Gang

★★★
8 Comparer des stratégies d'exposition

VERS LE COMMENTAIRE COMPARÉ

À partir du corpus des trois scènes d'exposition ci-dessus (pièces de Courteline, Brecht et J.-Y. Picq), rédigez cet axe de commentaire en deux paragraphes (points communs et différences).

Axe

Ces scènes d'exposition permettent, à des niveaux différents, d'informer le spectateur.

★★★
9 Écrire à la manière du théâtre de l'absurde

VERS L'ÉCRITURE D'INVENTION

En vous aidant des textes du théâtre de l'absurde présents dans les chapitres 24 et 25 (pp. 210-220), rédigez le dialogue entre les deux personnages A et B du texte ci-dessous. Gardez le texte et servez-vous-en à titre de didascalies (vous pouvez le diviser).

Dans Acte sans paroles II, *Beckett propose une scène de mime.*

A, vêtu d'une chemise, sort à quatre pattes du sac, s'immobilise, rêvasse, joint les mains, prie, rêvasse, se lève, rêvasse, sort de la poche de sa chemise une petite fiole contenant des pilules, rê-
5 vasse, avale une pilule, rentre la fiole, rêvasse, va jusqu'au petit tas de vêtements, rêvasse, s'habille, rêvasse, sort de la poche de sa veste une grosse carotte entamée, mord dedans, mâche brièvement, crache avec dégoût, rentre la carotte, rêvasse [...]

10 B, vêtu d'une chemise, sort à quatre pattes du sac, se lève, sort une grande montre de la poche de sa chemise, la consulte, la rentre, fait quelques mouvements de gymnastique consulte de nouveau sa montre, sort une brosse à dents de sa
15 poche et se brosse vigoureusement les dents, rentre la brosse, consulte sa montre, se frotte vigoureusement le cuir chevelu, sort un peigne de sa poche et se peigne, rentre le peigne, consulte sa montre, va jusqu'aux vêtements, s'habille,
20 consulte sa montre, [...] sort la carotte de la poche de sa veste, mord dedans, mâche et avale avec appétit, rentre la carotte....

Samuel BECKETT, « Acte sans paroles II », *Comédie et actes divers* (1970), traduit de l'anglais par l'auteur, © 1970, Éditions de Minuit

Objets d'étude : Le texte théâtral et sa représentation du XVIIe siècle à nos jours

Les réécritures du XVIIe siècle à nos jours

Corpus

Texte A   Jean RACINE, *Iphigénie*, acte IV, scène 6 (1674)

Texte B   Michel AZAMA, *Iphigénie ou le Péché des dieux*, tableau 14 (1991)

Texte C   Michel AZAMA, *Iphigénie ou le Péché des dieux*, introduction (1991)

Texte A

Afin que les dieux envoient les vents favorables au départ des navires de guerre grecs vers Troie, le roi Agamemnon doit sacrifier sa fille Iphigénie. Achille, son fiancé, vient d'apprendre cette nouvelle. Voici le début de la scène 6 de l'acte IV.

ACHILLE

Un bruit assez étrange est venu jusqu'à moi,
Seigneur, je l'ai jugé trop peu digne de foi.
On dit, et sans horreur je ne puis le redire,
Qu'aujourd'hui par votre ordre Iphigénie expire,
5 Que vous-même, étouffant tout sentiment humain,
Vous l'allez à Calchas[1] livrer de votre main.
On dit que sous mon nom à l'autel appelée,
Je ne l'y conduisais que pour être immolée,
Et que d'un faux hymen[2] nous abusant tous deux,
10 Vous vouliez me charger d'un emploi si honteux.
Qu'en dites-vous, Seigneur ? Que faut-il que j'en pense ?
Ne ferez-vous pas taire un bruit qui vous offense ?

AGAMEMNON

Seigneur, je ne rends point compte de mes desseins[3] :
Ma fille ignore encor mes ordres souverains ;
15 Et, quand il sera temps qu'elle en soit informée,
Vous apprendrez son sort, j'en instruirai l'armée.

ACHILLE

Ah ! je sais trop le sort que vous lui réservez.

AGAMEMNON

Pourquoi le demander, puisque vous le savez ?
[...]
Plaignez-vous donc aux Dieux qui me l'ont demandée
[...].

Jean RACINE, *Iphigénie*, IV, 6 (1674)

1. Oracle. – 2. Mariage. – 3. Projets.

Texte B

LE CHŒUR.
Ils vont tuer Iphigénie

LE CHŒUR

Dans le ciel plombé immobile
Les mouettes tracent des signes fous :
Ils vont tuer Iphigénie !

Toi qui mettais l'ortie sauvage
5 Dans la nuit de tes boucles :
Ils te tueront Iphigénie !

La ville d'un seul coup effrayante.
Sur le soir traînent des rumeurs :
Ils vont tuer Iphigénie !

10 Grande ouverte la porte de sa chambre
Comme la chambre d'un mort :
Ils vont tuer Iphigénie !

Dans l'heure de midi le silence
Des servantes stupéfaites :
15 Ils vont tuer Iphigénie !

Un essaim de mouches s'avance
Rumeur bourdonnante des dieux :
Ils vont tuer Iphigénie !

Il y a l'armée dans son brouillard de sang
20 Des bateaux pleins de futurs morts :
Ils vont tuer Iphigénie !

Il y a sa mère qui a blanchi d'un coup.
Cette lumière que le vent a éteinte :
Ils vont tuer Iphigénie !

Michel AZAMA, *Iphigénie ou le Péché des dieux*, tableau 14 (1991), © Éditions Théâtrales

Texte C

Avec Iphigénie, cette armée qui attend de partir à la guerre, c'est une fois de plus toutes les épées de Damoclès suspendues au-dessus de la tête de l'humanité. Que ce vieux mythe soit toujours aussi neuf, quelle lapalissade[1] !

Envahir un pays – accomplir un génocide – exécuter la jeunesse au son d'hymnes patriotiques… Les dieux eux-mêmes ne sont pas absents de nos guerres des étoiles : Dieu chrétien-Dieu juif-Dieu musulman […]

Je n'ai pas écrit une énième adaptation d'Euripide, mais un texte pour la jeunesse d'aujourd'hui, que ça passionne, contrairement à ce qu'on nous raconte […].

Le Théâtre ne change rien au monde. Puisse-t-il continuer longtemps d'interroger quelques consciences.

Michel AZAMA, *Iphigénie ou le Péché des dieux*, introduction (1991), © Éditions Théâtrales

1. Évidence.

Question (4 points)

Après avoir lu attentivement les textes du corpus, vous répondrez à la question suivante :
Quels sont les différents choix des auteurs des textes A et B pour rendre la mort d'Iphigénie tragique aux yeux du public ?

Travaux d'écriture (16 points)

Vous traiterez au choix l'un des trois sujets proposés.

Commentaire
Vous ferez un commentaire comparé des textes A et B.

Dissertation
Pensez-vous, comme Michel Azama, que le théâtre puisse « interroger quelques consciences » ? Vous développperez votre argumentation en vous appuyant sur les textes du corpus, ainsi que sur ceux étudiés en classe, vos lectures personnelles et votre expérience de spectateur.

Écriture d'invention
Rédigez la scène dans laquelle Achille propose à Iphigénie de fuir avant sa mise à mort. Vous donnerez un cadre contemporain à votre scène.

27

Étudier les formes et les enjeux de la représentation théâtrale

Objectifs et compétences

▶ Étudier les relations entre texte et représentation
▶ Connaître les éléments de la représentation théâtrale
▶ Mesurer le rôle et l'apport de la mise en scène

|||||||| Découvrir

Document 1

Tartuffe s'est introduit chez le riche Orgon en se faisant passer pour un dévot afin de s'emparer de sa fortune et de séduire sa femme Elmire. Celle-ci, pour convaincre son mari de la malhonnêteté de celui qu'il croit être un saint homme, invite Orgon à se cacher sous la table lors d'un entretien qu'elle accorde à Tartuffe. Celui-ci devient de plus en plus pressant sans qu'Orgon ne réagisse. Elmire, pour le prévenir, se met alors à tousser.

Document 2

Tartuffe, de Molière, mise en scène de Claude Duparfait, avec Frédérique Dufour (Elmire), James Joint (Tartuffe), Régis Lux (Orgon) (Centre dramatique national de Montreuil, 2002).

TARTUFFE
Contentez mon désir, et n'ayez point d'effroi ;
Je vous réponds de tout, et prends le mal sur moi.
Vous toussez fort, Madame.

ELMIRE
Oui, je suis au supplice.

TARTUFFE
5 Vous plaît-il un morceau de ce jus de réglisse ?

ELMIRE
C'est un rhume obstiné, sans doute, et je vois bien
Que tous les jus du monde ici ne feront rien.

TARTUFFE
Cela, certes, est fâcheux.

ELMIRE
Oui, plus qu'on ne peut dire.

TARTUFFE
10 Enfin votre scrupule est facile à détruire ;
Vous êtes assurée ici d'un plein secret,
Et le mal n'est jamais que dans l'éclat qu'on fait.
Le scandale du monde est ce qui fait l'offense,
Et ce n'est pas pécher que pécher en silence.

ELMIRE *(après avoir encore toussé)*
15 Enfin je vois qu'il faut se résoudre à céder,
Qu'il faut que je consente à vous tout accorder […]
Il faut bien s'y résoudre, et contenter les gens.
Si ce consentement porte en soi quelque offense,
Tant pis pour qui me force à cette violence :
20 La faute assurément n'en doit pas être à moi.

TARTUFFE
Oui, Madame, on s'en charge ; et la chose de soi...

ELMIRE
Ouvrez un peu la porte, et voyez, je vous prie,
Si mon mari n'est point dans cette galerie.

TARTUFFE
Qu'est-il besoin pour lui du soin que vous prenez ?
25 C'est un homme, entre nous, à mener par le nez.
De tous nos entretiens il est pour faire gloire,
Et je l'ai mis au point de voir tout sans rien croire.

▶ MOLIÈRE, *Tartuffe*, acte IV, scène 5, v. 1495-1526, (1664)

Document 3

Tartuffe, de Molière, mise en scène de Benno Besson, avec Évelyne Buyle (Elmire), Jean-Pierre Gos (Tartuffe), Roger Jendly (Orgon) (théâtre Vidy, Lausanne, Suisse, 1995).

Document 4

Tartuffe, de Molière, mise en scène de Brigitte Jaques, avec Anne Le Guernec (Elmire), Thibault Perrenoud (Tartuffe), Pierre-Stefan Montagnier (Orgon) (Château de Grignan, 2009).

COMPAREZ LES DOCUMENTS

1. Observez les acteurs (position dans l'espace, costume, gestes, expression du visage …) dans ces trois mises en scène. Quelles différences apparaissent ?

2. Comparez les différents éléments des décors. Quelle scénographie vous paraît la plus intéressante ?

3. Le sens donné au texte dans chaque mise en scène est-il exactement le même ? Justifiez votre réponse.

4. Pourquoi peut-on parler, à propos de cette scène, de théâtre dans le théâtre ? En quoi offre-t-elle de grandes possibilités de mise en scène ?

Problématique

● **En quoi la représentation d'une pièce est-elle une interprétation du texte ?**

Le théâtre est à la fois un genre littéraire et un spectacle vivant qui est la représentation jouée du texte écrit.

Analyser une pièce de théâtre et saisir la particularité de sa mise en scène, c'est comprendre :

● comment l'écriture du texte est déterminée par la représentation ;

● comment les éléments du spectacle s'organisent pour faire « vivre » le texte ;

● pourquoi et comment chaque mise en scène donne sens à la pièce en l'interprétant.

La représentation théâtrale

Même si le texte de théâtre peut être écrit pour être lu, il est surtout conçu pour être représenté, ce qui le distingue des autres textes littéraires. Le mot « théâtre » vient du grec *théa* qui signifie « action de voir ». Ainsi, le sens du texte est lié au fait de voir le jeu des comédiens, les mouvements, les costumes, l'organisation de l'espace, le décor…

1 PASSER DU TEXTE À LA REPRÉSENTATION

Un spectacle est l'association du travail de l'auteur et de celui de l'équipe qui crée le spectacle.

Texte	Représentation
■ **L'auteur** est le « créateur » du texte. Il l'écrit en pensant à la représentation. **Les didascalies** constituent ses indications pour rendre possible la représentation (>*chap. 24*).	■ **Le metteur en scène**, véritable chef d'orchestre, apporte son interprétation du texte. Souvent à l'origine du projet, il oriente les choix, coordonne le travail de tous les intervenants et dirige les comédiens. Son rôle a évolué avec le temps. Il est entouré de nombreux collaborateurs (>*Mise au point p. 238*).
■ **Le personnage** est un être fictif, défini par son identité, ses actions, ses paroles, son costume, voire les objets indiqués par le texte.	■ **Le comédien** se fait l'interprète du personnage. Son jeu repose sur son corps, son visage, sa voix, instruments donnant vie au personnage.
■ **L'espace dramatique** (fictif) est défini par le texte. Il est présenté dans la didascalie initiale ou en début d'acte. ■ **Le lecteur** imagine sa propre mise en scène.	■ **L'espace scénique** est celui où évoluent les acteurs. Le décor reprend ou non les indications données par les didascalies. ■ **Le spectateur** peut avoir plusieurs statuts : – complice ou confident (lors des apartés, des quiproquos et des monologues) ; – voyeur lorsque le spectacle se joue comme entre quatre murs ; – acteur lorsqu'il est pris à partie, interpellé.
La lecture du texte théâtral est une **expérience solitaire**.	Le spectacle théâtral est une **expérience collective**, le partage d'une émotion.

2 ÉVOLUTIONS DE LA MISE EN SCÈNE

■ **La mise en scène**, dans un sens exclusivement matériel – choix de décors, de costumes, d'accessoires, réglage des mouvements individuels ou de groupes –, existe depuis l'origine du théâtre. **Aristote** l'appelle « l'exécution technique » du spectacle.

■ **Jusqu'au xixᵉ siècle**, la conception de cette exécution a pu revenir à l'auteur ou à un acteur (comme Molière, qui était les deux à la fois), au régisseur, au chef de troupe ou au directeur de théâtre.

■ **Le terme de « mise en scène »** apparaît en 1830, mais il reste lié à son sens aristotélicien jusqu'à la fin du xixᵉ siècle. **Antoine** et **Stanislavski** sont les premiers metteurs en scène à lui donner le sens **d'interprétation et de création**. Il s'agit de faire voir la pièce selon un certain point de vue.

■ Depuis, à des degrés plus ou moins importants, les metteurs en scène revendiquent ce rôle artistique et créatif, et deviennent presque co-auteurs de la pièce, leur nom même étant mis en avant comme une signature. On parle ainsi de la *Phèdre* de **Chéreau**, qui est metteur en scène.

Décrypter les choix d'une mise en scène

Pour caractériser l'interprétation que le metteur en scène propose de la pièce, il faut observer et analyser les éléments de la représentation théâtrale, puis interroger le sens des choix faits.

L'espace scénique

🔹 Est-il traditionnel ou original (plateau tournant sur la scène, avancée dans le parterre…) ?

Le jeu du comédien

🔹 Comment prononce-t-il les paroles de son personnage ? (Une même réplique peut être dite de différentes manières et ainsi changer de sens).

🔹 Quel jeu est mis en place quand le comédien ne parle pas ?

🔹 Comment le corps du comédien est-il porteur de sens (positionnement, regard, gestuelle…) ?

🔹 Quel impact ont l'âge du comédien et son physique sur son jeu ?

🔹 Si le metteur en scène choisit d'attribuer un rôle féminin à un homme ou inversement, quelle interprétation nouvelle est proposée ?

Les costumes et les objets

🔹 En quoi consiste le costume des comédiens (habits mais aussi maquillage, masques, perruques, et parfois objets) ?

🔹 Le costume donne-t-il des informations sur le personnage ? En quoi est-il représentatif d'une époque ? Des rapports sociaux ? Dans quelle mesure traduit-il un caractère ?

🔹 Comment les objets participent-ils à l'action ? Quelle est leur portée symbolique ?

Décor et éclairage

🔹 Les décors sont-ils toujours les mêmes ou changent-ils ? Sont-ils mobiles ? Comment aménagent-ils l'espace ?

🔹 Respectent-ils l'époque de l'action, ou la modernisent-ils ? Comment et pourquoi ?

Effets sonores et visuels

🔹 Y a-t-il de la musique ? des bruits ? En quoi est-ce significatif ?

🔹 Quelle place est accordée aux silences, aux bruitages pour créer un décor sonore ?

🔹 Des moments de danse ou d'autres expressions artistiques sont-ils intégrés à la pièce ?

🔹 Les nouvelles technologies, comme la vidéo, sont-elles utilisées ? Comment ?

🔹 Qu'apportent ces éléments au spectacle ?

Les spectateurs

🔹 Sont-ils nettement séparés des acteurs ou la salle est-elle un espace de jeu pour les comédiens ? Comment et pourquoi le public est-il sollicité ?

Cette scène présente un conflit entre Don Alphonse et son épouse, Lucrèce Borgia, femme manipulatrice, qui ne cesse de le dominer.

DON ALPHONSE. — [...] Vous avez peur de moi, madame ! Jusqu'ici c'était moi qui avais peur de vous. J'entends qu'il en soit ainsi désormais, et, pour commencer, voici le premier de vos amants sur lequel je mets la main. Il mourra.

Victor HUGO, *Lucrèce Borgia*, (1833), II, 4.

Antoine Vitez, metteur en scène, crée en 1985 ce spectacle. Voici ses instructions :

Prendre à contre-pied le texte, [...] l'attendu de son sens. Ici par exemple, la menace doit être murmurée au lieu d'être proférée dans la force [...] La haine et le mépris ne se contiennent que pour grandir.

Victor HUGO, *Lucrèce Borgia*, commentaire dramaturgique par Antoine Vitez, Yannis Kokkos, Eloi Recoing (1985), © Actes Sud

● Les instructions d'Antoine Vitez à son comédien montrent comment une réplique prend notamment sens sur scène par l'**intonation** avec laquelle elle est dite. Elles peuvent sembler en contradiction avec les codes de jeu habituels (on menace en criant), mais le metteur en scène veut suggérer au spectateur qu'une menace est d'autant plus inquiétante qu'elle est contrôlée et non proférée sous le coup de la colère. Cette consigne sur l'intonation contient également une indication implicite sur **le positionnement** des acteurs : le murmure entraîne une proximité physique, d'où l'idée d'une pression exercée sur le personnage de Lucrèce.

1 ★ Étudier le travail du metteur en scène

a. Que révèle l'emploi du pronom « nous » sur le travail de préparation du spectacle ?

b. Outre les créateurs du spectacle, qui donne du sens aux choix de mise en scène ? Pourquoi est-ce intéressant ?

c. Qu'apporte à ce spectacle la distribution des rôles ?

Lors d'un entretien, Jean-Luc Lagarce commente sa mise en scène de La Cantatrice chauve *de Ionesco. Vous pouvez lire un extrait de la pièce et voir une photographie de cette mise en scène au chapitre 24 (›p. 210).*

Les couples [...] sont interchangeables. Les deux femmes sont habillées exactement pareil. Elles ont des costumes qui « font » très reine d'Angleterre – ni moi ni la costumière n'y avions
5 pensé, mais tout le monde nous l'a fait remarquer ! – Elles ont des tailleurs type Chanel, un peu roses, avec des chapeaux à fleurs [...]. Les deux femmes sont habillées pareil et les deux hommes aussi, mais la distribution joue des ef-
10 fets de contraste. À la création, Monsieur Smith était interprété par un acteur assez rond, pas très grand. Il faisait moins de 1,70 m. Madame Smith est une actrice très grande et avec des talons et un chapeau, elle arrive à 1,90 m. Madame Martin
15 est une actrice qui mesure 1,48 m. Quant à Monsieur Martin c'est un grand garçon maigre. Il y a donc bien deux couples habillés exactement de la même manière, mais avec de drôles d'effets de perspective…

Entretien avec Jean-Luc Lagarce, par Jean-Pierre Han, 1992 au sujet de la mise en scène de *La Cantatrice chauve* de Ionesco par J.-L. Lagarce, © www.lagarce.net

2 ★ Comparer deux choix de mise en scène

a. Quels sentiments du personnage du roi Lear sont évoqués dans les deux mises en scène ?

b. Comment est représentée la tempête dans les deux cas ? Quels effets sont créés ?

c. La modernisation du contexte proposée par la mise en scène d'André Engel (document 1) vous semble-t-elle pertinente ? Pourquoi ?

d. Que cherche Jean-François Sivadier (document 2) en faisant un choix plus intemporel ?

e. Quelle mise en scène préférez-vous ? Justifiez votre réponse.

Le vieux roi Lear veut partager ses biens entre ses trois filles. Pour cela, il leur réclame une déclaration d'amour filial : la plus belle part de l'héritage ira à la plus aimante. Cordelia, la plus jeune, refuse de se plier à cette mascarade et Lear, blessé, la bannit. Séjournant alternativement chez ses deux autres filles, Lear est réduit peu à peu à mendier quelques signes de respect. Fou de douleur, il part, délirant, dans la lande, lors d'une tempête…

DOCUMENT 1

Le Roi Lear, de Shakespeare, mise en scène d'André Engel, avec Michel Piccoli (le roi Lear) (Ateliers Berthier, Théâtre de l'Odéon, 2007).

DOCUMENT 2

Le Roi Lear, de Shakespeare, mise en scène de Jean-François Sivadier, avec Nicolas Bouchaud (le roi Lear) (Festival d'Avignon, 2007).

3 Proposer des éléments de mise en scène d'un texte

a. En vous reportant à la Méthode (p. 235), imaginez l'ensemble des éléments à mettre en place pour jouer cette scène.

b. Justifiez chacun de vos choix en dégageant l'idée que vous cherchez à transmettre.

c. Définissez l'identité des acteurs que vous choisiriez pour ces rôles (sexe, âge, physique…).

d. Quels caractères donnez-vous à chaque personnage ? Comment les traduire par le costume, la gestuelle, la voix… ?

Un. – 1, 2, 3, 4, 5, 6, 7, 8, 9 et 10. Dix gouttes, il m'a dit le docteur. Dans un peu d'eau sucrée, avant les deux principaux repas.

Deux. – Vous êtes sûr que vous en avez mis dix ?

5 Moi, j'en ai compté douze.

Un. – Vous êtes sûr ?

Deux. – Je me suis peut-être trompé. J'en ai compté treize, mais la dernière on n'en parle pas, c'était une bulle. Enfin, ça n'a pas d'importance.

10 L'important c'est que vous, vous soyez sûr de votre compte.

Un. – Sûr, sûr… Comment voulez-vous que je sois sûr. Faudrait que je recompte.

Deux. – Moi, à votre place, je recompterais, parce

15 que sur le flacon, c'est marqué : « Ne pas dépasser la dose prescrite ».

Un. – Ben oui, mais comment voulez-vous que je les recompte, moi ! Les gouttes, maintenant, on ne les voit plus. Elles se sont mélangées dans le verre.

Roland DUBILLARD, « Le compte-gouttes », *Diablogues*
(1973), © Éditions Gallimard

4 Analyser le monologue

a. Quels sont les reproches que le personnage fait aux monologues ? Pourquoi est-ce paradoxal ? Quel est l'effet créé ?

b. Comment ce texte fait-il participer le public ?

c. Quelles difficultés posent les monologues en général au metteur en scène ?

d. Proposez des solutions pour la représentation de ce monologue.

Non ! je m'en vais ! cela m'agace ! Il y a là, à côté, ce grand blond, vous savez, ce grand blond qui dit des monologues… Eh bien ! Il en dit un en ce moment !…

Des monologues ! A-t-on idée de cela ! Si

5 j'étais la préfecture de police, je les défendrais ! C'est faux ! Archi-faux ! Un homme raisonnable ne parle pas tout seul. Il pense, et alors il ne parle pas ! C'est ce qui le distingue des fous qui parlent et qui ne pensent pas. Admettre le monolo-

10 gue, c'est rabaisser l'humanité ! On devrait le défendre ! cela me rend malade.

Moi, je n'admets le monologue… qu'à plusieurs, parce qu'alors ce n'est plus un monolo-

gue ! Ce sont des gens qui se parlent et nous, qui

15 les écoutons, dans la salle, nous sommes comme des indiscrets ; mais ils ne s'occupent pas de nous. Tandis que celui qui vient nous débiter un monologue… De quel droit ? Qui est-ce qui lui demande quelque chose ? Enfin, c'est comme si

20 je venais vous en dire un, moi ! Hein ! qu'est-ce que vous diriez ? C'est faux, archi-faux, n'est-ce pas ? Eh bien ! nous sommes du même avis.

[…] Enfin, je vous demande un peu, quoi de plus ridicule qu'un homme qui a bien autre chose à faire

25 que de bavarder tout seul, et qui se met à déclamer.

Georges FEYDEAU, « Un monsieur qui n'aime pas les monologues », *Monologue* (1882)

5 Étudier les choix de scénographie

a. Après avoir lu les deux textes ci-dessous, repérez trois domaines d'intervention du scénographe.

b. Pour chaque domaine trouvé, expliquez un des choix effectués par les scénographes, pour la pièce de Koltès.

TEXTE 1

La première collaboration de Chéreau et Koltès – *Combat de nègre et de chiens*, en 1983 – aboutit à un spectacle très réussi. Pour cette pièce à quatre personnages située en pleine Afrique, sur

5 un chantier européen, Chéreau et Richard Peduzzi, son scénographe, avaient conçu dans la petite salle de Nanterre un espace magnifique, en combinant les éléments de réel (le gigantisme d'un pont d'autoroute inachevé en surplomb de

10 la scène, les voitures sur le plateau), et une théâtralité avouée (la bifrontalité[1], la proximité du public et des acteurs).

Anne-Françoise Benhamou, « Territoires de l'œuvre », in *Théâtre aujourd'hui*, n° 5, 1996, © CNDP

1. Le public est placé de chaque côté d'une scène centrale.

TEXTE 2

À propos de la scénographie de Combat de nègre et de chiens, *mise en scène de Gérard Lorcy, 1995*

La scène (très petite) est conçue comme une sorte d'arène ouverte, les fauteuils des spectateurs, de plain-pied avec elle, sont disposés en rangées à trois endroits du cercle […]. Le « loin-

5 tain » et le « pont inachevé » ne sont évidemment pas suggérés mais l'existence d'un « plafond bas » donne une sensation d'oppression et de chaleur moite, accentuée, dans la première partie du spectacle, par des sources lumineuses biaisées,

10 éclairant de façon sélective les parties du décor liées aux scènes ; le dispositif, au-dessus de la tête des spectateurs, renforce l'impression d'enfermement des personnages.

Anne-Françoise Benhamou, « Territoires de l'œuvre » in *Théâtre aujourd'hui*, n° 5, 1996, © CNDP

Les collaborateurs du metteur en scène

Le metteur en scène donne vie au texte de théâtre grâce au travail de nombreux collaborateurs, parmi lesquels :

❙ **le scénographe :** artiste responsable de tout l'appareil visuel de la représentation, c'est le « maître de l'espace ». Il travaille en étroite collaboration avec **les décorateurs** et **les éclairagistes ;**

❙ **le dramaturge :** son travail est essentiellement de préparation : recherche et documentation littéraires et historiques, réflexion sur le sens, parfois adaptation du texte ;

❙ **le régisseur :** responsable de l'organisation matérielle du spectacle et de la vie de la troupe en tournée.

★★★
6 ## Comprendre l'intérêt des effets sonores

a. Dans les didascalies suivantes, relevez celles qui installent un silence et expliquez l'effet recherché. Faites de même avec un effet sonore.

b. Quelles indications semblent difficiles à mettre en œuvre ? Pourquoi ? En quoi ces didascalies sont-elles originales ?

c. Comment un metteur en scène et son équipe peuvent-ils rendre ces effets sonores ?

d. En quoi le témoignage du metteur en scène Patrice Chéreau (Texte B) permet-il de comprendre l'illusion théâtrale ?

Texte A

Voici des extraits de didascalies indiquant des effets sonores pour la pièce Combat de nègre et de chiens *de Bernard-Marie Koltès.*

Scène 8

Ils écoutent. Chute brusque du vent ; les feuilles bougent et puis s'arrêtent ; bruit mat d'une course, pieds nus sur la pierre, au loin ; chutes de feuilles et de toiles d'araignées ; silence.

Scène 9

Dans un profond silence, deux gardiens s'interpellent brusquement, brutalement ; puis le silence revient.

Tout à coup un tourbillon de sable rouge portant des cris de chien couche les herbes et plie les branches […].

Bernard-Marie KOLTÈS, *Combat de nègre et de chiens* (1983), © 1989, Éditions de Minuit

Texte B

J'ai commencé à fabriquer le silence sur un plateau : avec des fréquences de groupe électrogène ou de simples grésillements indécelables à l'oreille, j'installe des plages de silences apparentes ; lorsque ces bruits indiscernables s'arrêtent brutalement, le public entend un silence, devenu total, dans toute sa profondeur.

Patrice Chéreau, à propos de sa mise en scène de *Combat de nègre et de chiens* en 1996, in *Théâtre aujourd'hui*, n° 5, 1996

Exercice guidé

★★★
7 ## Faire la critique d'une mise en scène

VERS L'ÉCRITURE D'INVENTION

Écrivez la suite de cette scène.

➜ Vous veillerez à ce que Louise et Jean-Claude justifient chacun leur point de vue sur le spectacle, en faisant référence précisément à des éléments de mise en scène et de jeu des acteurs.

➜ Vous exploiterez, comme référence, un spectacle que vous avez vu au théâtre ou en DVD en classe.

➜ Votre travail comportera une tirade et des didascalies.

Ils sont chics. Costumes de gala. Louise, tendue, marche vite. Jean-Claude, visage fermé, traîne derrière elle. Escaliers, couloirs, ils cherchent un nom sur une porte[1].

LOUISE. – « Bravo », tu lui dis « bravo », c'est tout.

JEAN-CLAUDE. *(Soupirs)*

LOUISE. – Je ne te demande pas de te répandre en compliments, je te demande juste de lui dire un
5 petit bravo....

JEAN-CLAUDE. *(Soupirs).* […]

LOUISE. – Tu ne peux pas dire « bravo » ?

JEAN-CLAUDE. – Non.

LOUISE. – Même un petit bravo ?

10 JEAN-CLAUDE. – Non.

LOUISE. – C'est quoi ? C'est le mot qui te gêne ?

JEAN-CLAUDE. – Non, c'est ce qu'il veut dire.

LOUISE. – Oh ! ce qu'il veut dire, ce qu'il veut dire, si tu le dis comme « bonjour », déjà il veut beau-
15 coup moins dire ce qu'il veut dire.

JEAN-CLAUDE. – Ça veut quand même un peu dire « félicitations », non ?

LOUISE. – Oui mais pas plus. Vraiment pas plus.

JEAN-CLAUDE. – J'ai haï cette soirée, tu es
20 consciente de ça, Louise ? ! J'ai tout détesté, les costumes, les décors, la pièce et Elle, surtout, Elle !

Jean-Michel RIBES, *Théâtre sans animaux* (2002), © Actes Sud 2002

1. La loge de la comédienne.

Exercice guidé

★★★

8 **Confronter des points de vue sur la mise en scène**

Il est fréquent d'opposer auteur et metteur en scène.

➔ Préparez un plan détaillé qui suivra le schéma suivant.

I. Pour certains, la mise en scène doit rester fidèle au texte et à l'esprit de l'auteur.

II. Pour d'autres, le metteur en scène doit pouvoir exercer sa liberté créatrice.

III. Le spectateur doit pouvoir interpréter à sa manière les choix de la mise en scène.

➔ Vous proposerez trois arguments pour chaque partie, accompagnés d'exemples choisis dans les paroles suivantes et dans les autres documents du chapitre (iconographies et textes).

PAROLES D'AUTEURS

« Je ne crois vraiment pas qu'une pièce puisse être mise en scène, même par le metteur en scène le plus talentueux, sans les conseils et les directives de l'auteur. Il existe différentes interpréta-
5 tions, mais l'auteur a le droit d'exiger que la pièce soit jouée entièrement selon sa propre interprétation… Il faut absolument que soit créée l'atmosphère particulière voulue par l'auteur. »

Anton TCHEKHOV (1860-1904), extrait d'une lettre, cité par G. Banu, dans la préface de *La Mouette,* © Livre de Poche

Je n'interviens pas dans la mise en scène : à partir du moment où j'ai donné mon accord, je ne demande pas que soit réalisé ce que j'ai en tête. Mais je suis disponible pour participer au
5 travail scénique si on me le demande. […] L'un des personnages, un ange[1], ressemblait pour moi à un homme un peu canaille ; elle en a fait une femme : je suis ravi de cet ange imprévu. Je n'ai pas de rapport paternel avec mes textes.

Jean-Pierre MILOVANOFF, entretien avec Véronique Jacob (1996), © www.lexpress.fr

1. J.-P. Milovanoff s'exprime à propos de sa pièce *L'Ange des peupliers*, mise en scène par Laurence Mayot.

PAROLES DE METTEURS EN SCÈNE

L'art de la mise en scène existe, mais c'est un art de l'interprétation. On y met en œuvre une réelle créativité, mais il ne s'agit pas d'une création en soi. Cette interprétation peut avoir plus
5 ou moins d'autonomie par rapport au projet originaire de l'auteur. Mais, pour moi, l'essentiel est dans l'éthique du rapport à l'œuvre, dont nous ne sommes que les passeurs.

Jean-Pierre VINCENT, entretien avec C. Denailles, in *L'ère de la mise en scène* (2005) © Éditions du CNDP

Être au service de l'auteur me paraît une notion difficile. Est-ce que je suis au service du texte ? Non, je suis au service de l'histoire : j'essaie de raconter l'histoire […], mais je ne peux la
5 raconter que telle que moi, je l'ai comprise. Je ne peux pas faire comme si j'étais quelqu'un d'autre. Un metteur en scène, qui prétend qu'il est au service de l'auteur trahit sa propre personnalité ou ne la connaît pas ou se ment à lui-même ou aux
10 autres. Ça n'existe en aucun cas au théâtre. C'est impossible. Chaque metteur en scène fera de la même pièce un autre spectacle.

Michael THALHEIMER, *Combat de nègre et de chiens*, dossier pédagogique, © Théâtre national de la Colline, 2010

PAROLES D'UNIVERSITAIRE

Le danger principal de cette attitude[1] réside […] dans la tentation de figer le texte, de le sacraliser au point de bloquer tout le système de la représentation et l'imagination des « interprètes » (metteur en scène et comédiens).

Anne UBERSFELD, *Lire le théâtre* (1977), © D.R.

1. Considérer la représentation comme une simple traduction du texte littéraire.

Le spectacle n'appartient pas au praticien[1], il appartient au spectateur : c'est lui, le lecteur des signes et, à la limite, leur constructeur.

Anne UBERSFELD, « Le texte dramatique », in *Le Théâtre* (1980) © Bordas

1. Celui qui le fabrique.

Jacques Lassalle, metteur en scène, en répétition avec Jean-Quentin Châtelain (Jason) et Isabelle Huppert (Médée), pour la mise en scène de *Médée* d'Euripide (Festival d'Avignon, 2000).

Objet d'étude : Le texte théâtral et sa représentation du XVIIe siècle à nos jours

Corpus

Texte A	Pierre CORNEILLE, *Le Cid*, acte IV, scène 3 (1637, revu en 1682)
Texte B	Wadji MOUAWAD, *Incendies* (2003)
Document annexe	*Violences, Corps et Tentations* de A.-G. Gabily, mise en scène de Stanislas Nordey, Théâtre de la Colline, Paris (2001)

Texte A

Don Rodrigue revient du combat contre les Mores, et raconte la victoire au roi.

DON RODRIGUE

Nous nous levons alors, et tous en même temps
Poussons jusques au ciel mille cris éclatants.
Les nôtres, à ces cris, de nos vaisseaux répondent ;
Ils paraissent armés, les Mores se confondent[1],
5 L'épouvante les prend à demi descendus ;
Avant que de combattre, ils s'estiment perdus.
Ils couraient au pillage, et rencontrent la guerre ;
Nous les pressons sur l'eau, nous les pressons sur terre,
Et nous faisons courir des ruisseaux de leur sang,
10 Avant qu'aucun résiste ou reprenne son rang.
Mais bientôt, malgré nous, leurs Princes les rallient ;
Leur courage renaît, et leurs terreurs s'oublient :
La honte de mourir sans avoir combattu
Arrête leur désordre, et leur rend leur vertu.
15 Contre nous de pied ferme ils tirent leurs alfanges[2],
De notre sang au leur font d'horribles mélanges.
Et la terre, et le fleuve, et leur flotte, et le port
Sont des champs de carnage, où triomphe la mort.
     Ô combien d'actions, combien d'exploits célèbres
20 Sont demeurés sans gloire au milieu des ténèbres,
Où chacun, seul témoin des grands coups qu'il donnait,
Ne pouvait discerner où le sort inclinait !
J'allais de tous côtés encourager les nôtres,
Faire avancer les uns, et soutenir les autres,
25 Ranger ceux qui venaient, les pousser à leur tour,
Et ne l'ai pu savoir jusques au point du jour.
Mais enfin sa clarté montre notre avantage :
Le More voit sa perte et perd soudain courage ;
Et voyant un renfort qui nous vient secourir,
30 L'ardeur de vaincre cède à la peur de mourir.

Pierre CORNEILLE, *Le Cid*, IV, 3 (1637, revu en 1682)

1. Tombent dans la confusion.
2. Épées courbées des soldats mores.

Texte B

La pièce évoque la guerre civile au Liban. Nawal et Sawda, deux fugitives, rencontrent des soldats ennemis.

NAWAL. – Laisse-nous passer. […]

SOLDAT 1. – Vos chaussures semblent de bonne qualité. Tu vois ces chaussures ? Nous les avons prises cette nuit aux pieds des ca-
5 davres. Chacun des hommes qui les por-taient, on l'a tué au corps à corps, les yeux dans les yeux. Ils nous disaient : « On est du même pays, du même sang » et on leur fra-cassait le crâne, puis on leur enlevait leurs
10 chaussures.

NAWAL. – Recule !

SOLDAT 1. – Au début ma main tremblait. C'est comme dans tout. La première fois est hésitante. On ne sait pas combien ça
15 peut être fort un crâne. Alors on ne sait pas comment fort il faut cogner. Le couteau, on ne sait pas où le planter. On ne sait pas. Le plus difficile n'est pas de planter le couteau, c'est de le retirer, parce que tous les muscles
20 se contractent et agrippent le couteau. Les muscles savent que la vie est là. Autour du couteau. Alors on aiguise la lame et alors il n'y a plus de problème. La lame sort comme elle rentre. La première fois c'est dur. Après
25 c'est plus facile, c'est comme tout.

NAWAL. – N'avance pas !

SOLDAT 1. – Prends ton couteau, Jamil,[1] nous allons les saigner l'une après l'autre, lente-ment, pour que chacune entende le cri de
30 l'autre et on verra bien si celle qui sait chan-ter a une belle voix et si celle qui sait penser a encore des idées.

Sawda sort un pistolet et tire deux coups, coup sur coup.

Wadji MOUAWAD, *Incendies* (2003), © Actes Sud 2003

1. Il s'agit du Soldat 2, présent sur scène.

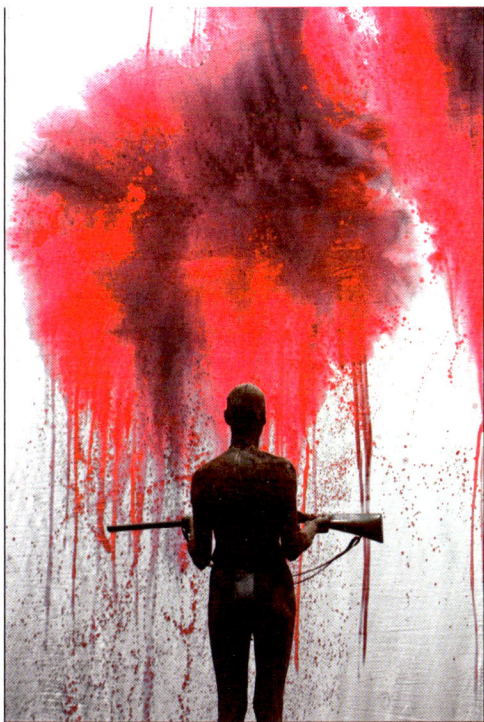

Violences – Corps et tentations, de Didier-Georges Gabily, mise en scène de Stanislas Nordey, avec Frédéric Leidgens (Théâtre de la Colline, Paris, 2001).

Séries générales

Question (4 points)

Après avoir lu attentivement les textes et le document du corpus, vous répondrez à la question suivante :
Quels procédés sont employés pour évoquer la violence aux lecteurs-spectateurs ?

Travaux d'écriture (16 points)

Vous traiterez au choix l'un des trois sujets proposés.

Commentaire

Vous commenterez le texte de Corneille.

Dissertation

Dans l'article « Débat sur la violence au théâtre » publié dans *Le Monde*, du 4 décembre 2006, Jean-Loup Rivière, auteur dramatique et critique de théâtre, fait référence à Aristote, pour qui « le monstrueux doit être dans le texte, pas sur la scène ». Vous discuterez cette affirmation. Vous développerez votre argumentation en vous appuyant sur les textes du corpus, ainsi que sur ceux étudiés en classe, vos lectures personnelles et votre expérience de spectateur.

Écriture d'invention

Un metteur en scène s'adresse à l'ensemble de ses collaborateurs (acteurs, scénographe, costumiers, éclairagistes...) pour définir ses choix d'interprétation de l'extrait d'*Incendies* (⟩ *texte B*) et donner notamment ses consignes pour représenter la violence sur scène. Vous rédigerez son intervention.

Séries technologiques

Questions (6 points)

1. Quelle vision du soldat est proposée dans chacun des deux textes ?
2. De quel texte l'image (document annexe) vous semble-t-elle la plus proche ? Justifiez votre réponse.

Travaux d'écriture (14 points)

Commentaire

Vous commenterez le texte de W. Mouawad en vous appuyant sur le parcours de lecture suivant :
I. Une communication impossible
II. Un spectacle réaliste et violent de la guerre

Dissertation

Comment le théâtre permet-il de raconter et de toucher ? Pour répondre à cette question, vous vous appuierez sur les scènes de ce corpus, sur les pièces que vous connaissez et les représentations que vous avez vues.

Écriture d'invention

Voir le sujet ci-contre.

28

Étudier le travail du poète sur le langage

Objectifs et compétences
▶ Analyser les contraintes formelles de l'écriture poétique
▶ Interpréter les choix d'écriture d'un poète

‖‖‖‖‖‖‖ Découvrir

Texte 1

> *Le poète évoque, dans cet extrait, un groupe de personnages masqués sous les fenêtres d'un palais à Venise.*

La chanson du masque

Chantons et dansons, nous qui sommes joyeux, tandis que ces mélancoliques descendent le canal sur le banc des gondoliers, et pleurent en voyant pleurer les étoiles.

5 Dansons et chantons, nous qui n'avons rien à perdre, et que[1] derrière le rideau où se dessine l'ennui de leurs fronts penchés, nos patriciens[2] jouent d'un coup de cartes palais et maîtresses !

▶ Aloysius BERTRAND, *Gaspard de la nuit* (1842)

1. Tandis que.
2. Aristocrates, nobles.

Texte 2

Malines[1]

Vers les prés le vent cherche noise[2]
Aux girouettes, détail fin
Du château de quelque échevin[3],
Rouge de brique et bleu d'ardoise,
5 Vers les prés clairs, les prés sans fin…

Comme les arbres des féeries
Des frênes, vagues frondaisons[4],
Échelonnent mille horizons
À ce Sahara de prairies,
10 Trèfle, luzerne et blancs gazons.

Les wagons filent en silence
Parmi ces sites apaisés.
Dormez, les vaches ! Reposez,
Doux taureaux de la plaine immense,
15 Sous vos cieux à peine irisés !

Le train glisse sans un murmure,
Chaque wagon est un salon
Où l'on cause bas et d'où l'on
Aime à loisir cette nature
20 Faite à souhait pour Fénelon[5].

▶ Paul VERLAINE, *Romances sans paroles* (1874)

1. Ville de Belgique.
2. Querelle (sens étymologique : « bruit »).
3. Membre du corps municipal (en Belgique et aux Pays-Bas).
4. Feuillages.
5. Écrivain du XVIIᵉ s., qui a célébré la nature.

Vittorio Emanuele Bressanin (1860-1941), *Le Carnaval de Venise*, huile sur toile, partie d'un triptyque (Galerie internationale d'Art moderne, Venise, Italie).

Texte 3

La Chanson du Mal-Aimé

Les dimanches s'y[1] éternisent
Et les orgues de Barbarie
Y sanglotent dans les cours grises
Les fleurs aux balcons de Paris
5 Penchent comme la tour de Pise

Soirs de Paris ivres du gin
Flambant de l'électricité
Les tramways feux verts sur l'échine
Musiquent au long des portées
10 De rails leur folie de machines

Les cafés gonflés de fumée
Crient tout l'amour de leurs tziganes
De tous leurs siphons enrhumés
De leurs garçons vêtus d'un pagne
15 Vers toi toi que j'ai tant aimée

Moi qui sais des lais[2] pour les reines
Les complaintes de mes années
Des hymnes d'esclave aux murènes[3]
La romance du mal aimé
20 Et des chansons pour les sirènes

▶ Guillaume APOLLINAIRE, extrait de « La Chanson
du Mal-Aimé », *Alcools* (1913), © Éditions Gallimard

1. À Paris.
2. Poèmes médiévaux.
3. Poissons aux morsures dangereuses.

COMPAREZ LES TEXTES

1. Qu'est-ce qui différencie le texte 1 des autres ?
Repérez, dans ce texte, les répétitions de mots
et de construction. En quoi peut-on les rapprocher
de l'écriture d'un poème en vers ?

2. Combien de syllabes ont les vers du texte 2 ?
Comment doit-on lire « girouettes » (v. 2)
et « féeries » (v. 6) pour obtenir le même nombre
de syllabes ?

3. Comment l'auteur joue-t-il sur la polysémie
du mot « vagues » au vers 7 du texte 2 ?

4. Dans le texte 3, quelle image poétique permet
de décrire les orgues et les fleurs ? Quel est l'effet
recherché par le poète ?

5. Quelles sonorités consonantiques sont per-
ceptibles dans la 3e strophe du texte 3 ? Quel effet
peut-on dégager de cette répétition sonore ?

Problématique

● **Comment le travail sur le langage donne-t-il au poème
son pouvoir d'émotion et de suggestion ?**

Le mot « poésie » vient d'un verbe grec, *poiein*, qui signifie « créer ».
L'écriture d'un poème est en effet un acte de création consistant à tirer parti de
toutes les ressources du langage.
Étudier un texte poétique consiste donc à analyser le travail de son auteur sur :

- la forme poétique choisie : les vers ou la prose ;

- le rythme et les sonorités ;

- les images et le sens des mots.

Cette étude permet alors d'apprécier la richesse et le pouvoir de suggestion
d'un texte poétique.

Le travail du poète sur le langage

De nombreux traités ont réglementé la création et l'agencement des vers, des strophes et des rimes. Les contraintes formelles que le poète choisit de respecter ou d'inventer stimulent sa créativité.

1 LE VERS

Sa métrique

■ **Le vers se définit par son mètre**, c'est-à-dire par le **nombre de ses syllabes**.
– Le « e » se prononce s'il est suivi d'une consonne : *heur**e** tranquille* (>*Mise au point, p. 248*).
– On parle de **diérèse** quand on prononce deux syllabes au lieu d'une :
   mé-lo-di-eux au lieu de *mé-lo-dieux.*
■ **Les vers les plus fréquents** sont l'**octosyllabe** (8 syllabes), le **décasyllabe** (10 syllabes) et l'**alexandrin** (12 syllabes).
■ **Le poème en vers libre** : au xxᵉ siècle, les poètes choisissent ce poème en vers non rimés, dont la ponctuation peut être absente, pour la liberté qu'il offre (>*chap. 29*).

Son rythme

■ **La mesure du rythme** est déterminée par la présence d'un accent tonique sur la dernière syllabe (ou l'avant-dernière, si la dernière finit par un e muet) d'un mot ou d'un groupe de mots formant une unité grammaticale.
■ Cet accent détermine le rythme du vers par la place des coupes, situées après chaque syllabe accentuée.
   *Laissez-**nous** / savou**rer** / les ra**pi** / des dé**lices** (Lamartine)*
■ **La césure** est la coupe centrale (notée //) qui sépare les vers de plus de 8 syllabes en deux parties égales. On appelle ces parties les **hémistiches**.
   Laissez-nous savourer (1ᵉʳ hémistiche 6 syl.) // les rapides délices (2ᵉ hémistiche, 6 syl.)

2 LES SONORITÉS DU POÈME

L'écriture poétique crée des échos sonores qui invitent à rechercher des rapports de sens entre les mots rapprochés.

Les rimes

■ **Une rime** est constituée d'au moins deux mots, en fin de vers, dont le dernier son est identique.
■ **La qualité d'une rime** dépend du nombre de sons communs. Elle est :
– **pauvre** quand un seul son est commun : *années / aimé* (>*Texte 3, p. 243*) ;
– **suffisante**, pour deux sons en commun (un son voyelle et un son consonne) : *fumée / aimée* ;
– **riche**, pour au moins trois sons communs : *reines / sirènes.*
■ **La disposition des rimes** : **suivies** : AABB, **croisées** : ABAB, **embrassées**, ABBA.
■ Deux mots finissant par un e muet *(geste / leste)* forment une **rime féminine**. Les autres rimes sont **masculines**.
■ Deux mots qui riment dans un vers forment une **rime interne**.
   J'erre à travers mon beau Paris (Apollinaire)

D'autres échos sonores et sémantiques

■ **L'assonance** : répétition d'un son voyelle. *Moi qui sais des lais pour les reines* (>*Texte 3*)
■ **L'allitération** : répétition de sons consonnes. *Les cafés gonflés de fumée* (>*Texte 3*)
■ **L'harmonie imitative** : les sonorités s'accordent avec le sens de l'énoncé.
   Pour qui sont ces serpents qui sifflent sur vos têtes ? (Racine)

3 LA STROPHE

- Formée de vers séparés par un blanc, la **strophe** constitue souvent une **unité de sens**.
- Deux vers composent un **distique** ; trois, un **tercet** ; quatre, un **quatrain** ; cinq, un **quintil** ; six, un **sizain** ; huit, un **huitain** ; dix, un **dizain**.
- Le **sonnet** est un poème constitué de deux quatrains suivis de deux tercets (›_chap. 29_).
- On parle de **paragraphes** dans un poème en prose, et parfois de **versets** (›_Mise au point, p. 250_).

REPÈRES

1 LE TRAVAIL SUR LE RYTHME

La recherche d'un rythme régulier

Liée par ses origines à la musique, la poésie est fondée sur l'idée de retour et de rythme.
- **Le rythme repose sur un principe de répétition** : son, mot, famille de mots, refrain.
    Vers les prés clairs, les prés sans fin… (›_Texte 2, p. 242_)
- **La place et le nombre de coupes** du vers peuvent aussi créer un rythme particulier (›_Méthode, p. 246_).
- **L'alternance métrique** produit un effet de balancement.

Continuités et ruptures : rythme du vers et construction de la phrase

On parle de **discordance rythmique** quand la fin d'un groupe syntaxique ne coïncide pas avec la fin du vers. Trois cas sont possibles.

- **Le rejet** repousse au vers suivant un ou deux mots d'une phrase, souvent pour les mettre en valeur.
    « Comment vous nommez-vous ? Il me dit : « Je me nomme/
    →
    Le pauvre. » Je lui pris la main : « Entre brave homme. » (Hugo)

- Inversement, **le contre-rejet** place en fin de vers un groupe grammatical bref qui se poursuit au vers suivant, et est ainsi souligné.
    Je dis à cette nuit : Sois plus lente ; et l'aurore
    →
    Va dissiper la nuit. (Lamartine)

- On parle d'**enjambement** lorsqu'un groupe syntaxique commencé dans un vers se poursuit jusqu'à la césure ou jusqu'à la fin du vers suivant.
    Laissez-nous savourer les rapides délices
    →
    Des plus beaux de nos jours ! (Lamartine)

2 LA CRÉATION D'IMAGES

- **Les figures d'analogie** que sont la métaphore, la comparaison, l'allégorie et la personnification (›_chap. 13_) permettent le rapprochement de deux réalités distinctes. Leur emploi, très fréquent dans le langage poétique, traduit une façon personnelle de voir le monde.
- Associées en réseau lexical, elles donnent alors à voir une réalité inédite, par leur **pouvoir de métamorphose**.
    Le décor de « La Chanson du Mal-Aimé » (›Texte 3, p. 243) est personnifié pour mettre en valeur l'harmonie entre la ville et les sentiments du poète.

LE JEU SUR LE SENS, LES SONS ET LA PLACE DES MOTS

Un auteur enrichit le sens d'un poème en recourant aux moyens créatifs suivants.

■ **Le jeu sur la polysémie**, sur les **sens propre et figuré**, sur le sens moderne et le **sens étymologique**.

Mon verre s'est brisé comme un éclat de rire (Apollinaire)

Le poète joue sur les sens propre et figuré d'« éclat » (de verre, de rire).

■ **La création lexicale** (**néologisme** quand le mot inventé est resté en usage dans la langue).

La voix chante toujours à en râle-mourir (Apollinaire)

■ **Le jeu sur les lettres et les sons**

Le Rhin le Rhin est IVre où les VIgnes se mirent (Apollinaire)

Ici, l'inversion visuelle double le chiasme sonore et illustre l'idée de miroir.

Le poète peut créer un **acrostiche** : l'initiale de chaque vers est la lettre d'un nom lu verticalement.

■ **La mise en espace des mots**. Les espaces et les blancs créent un rythme visuel dans la poésie moderne.

Grâce au **calligramme**, le poète représente graphiquement le thème évoqué par le poème (❯*chap. 29*).

■ **Le bouleversement de la syntaxe** ou la suppression de la ponctuation multiplient les lectures possibles d'un passage.

MÉTHODE

Interpréter des choix d'écriture

Une fois les choix d'écriture identifiés, il convient de les interpréter, en étant attentif aux points suivants.

— **Le choix du mètre. L'alexandrin**, par sa longueur, donne de l'ampleur aux vers, et se prête à un rythme lent, ou varié. Les mètres courts (moins de 8 syllabes) créent un effet de légèreté et de rapidité, les mètres impairs (5, 7, 9 syllabes) un certain déséquilibre.

— **Les expressions à la rime.** En créant une équivalence, un écho sonore, la rime souligne un rapprochement ou une opposition de sens.

— **La lecture en diérèse** met en valeur un mot. En l'allongeant, elle contribue parfois à ralentir le rythme.

— **Les discordances rythmiques**, prisées au XIXe s. gomment les frontières entre prose et poésie. Un poète peut choisir un **rejet** ou un **contre-rejet** pour mettre en lumière l'expression isolée.

— **Du nombre de coupes** d'un vers découle souvent le rythme. De nombreuses coupes créent un rythme saccadé.

— **Les jeux sur les sonorités** accentuent la dimension musicale du poème et enrichissent son sens grâce à l'**harmonie imitative**.

EXEMPLE COMMENTÉ

Soirs de Paris ivres du gin
Flambant de l'électricité
Les tramways feux verts sur l'échine
Musiquent au long des portées
5 De rails leur folie de machines

Guillaume APOLLINAIRE, « La Chanson du Mal-Aimé », *Alcools* (1913)

• **L'enjambement** des vers 1 et 2 et **l'absence de ponctuation** autorisent plusieurs lectures : « flambant » peut être épithète de « gin », apposé à « soirs » ou à « tramways ». **Les personnifications** « soirs » / « ivres », comme l' « échine » qui animalise les « tramways », contribuent à animer la ville. Le poète joue sur **la polysémie** du nom « portées » : les tramways sont reliés, comme « portés », par les câbles ; les lignes parallèles des rails évoquent des portées musicales.

La richesse des images donne ainsi à voir une réalité parisienne riche et multiple. Grâce aux nombreuses **associations**, Apollinaire célèbre avec une ivresse poétique la modernité urbaine.

Exercices

VÉRIFIER SES ACQUIS

1 Distinguer les différentes strophes et rimes d'un poème

a. Quel nom portent les strophes de ces poèmes ?
b. Quelle disposition de rimes les poètes ont-ils choisie ?
c. Étudiez la qualité des rimes de chaque texte.

TEXTE 1

Vieux temps déjà
S'en sont courus,
Et neufs venus,
Que déa[1] ! que déa !
5 Puis ça, puis là.

Charles D'ORLÉANS, *Rondeaux* (XIIIe siècle),
orthographe modernisée

1. Exclamation d'étonnement.

TEXTE 2

La solitude

Ô que j'aime la solitude !
C'est l'élément des bons esprits,
C'est par elle que j'ai compris
L'art d'Apollon[1] sans nulle étude.
5 Je l'aime pour l'amour de toi,
Connaissant que ton humeur l'aime ;
Mais, quand je pense bien à moi,
Je la hais pour la raison même :
Car elle pourrait me ravir
10 L'heur[2] de te voir et te servir.

SAINT-AMANT, *Les Œuvres* (1629)

1. La poésie. – 2. Le bonheur.

2 Étudier le rythme d'un vers

a. Quelle discordance rythmique est employée dans cette strophe ?
b. Montrez que le rythme des vers 1 et 2 contraste avec celui du vers 3.
c. À travers quelles images le poète traduit-il son angoisse ?
d. Quel rapport de sens unit les expressions à la rime aux vers 1-3 et 2-4 ?

Et de longs corbillards, sans tambours ni
                          [musique,
Défilent lentement dans mon âme ; l'Espoir,
Vaincu, pleure, et l'Angoisse atroce, despotique,
Sur mon crâne incliné plante son drapeau noir.

Charles BAUDELAIRE, « Spleen », LXXVIII,
Les Fleurs du mal (1857)

APPROFONDIR

3 ★ Enrichir le vocabulaire de l'analyse

Proposez une expression équivalente pour remplacer les mots soulignés.

1. Les mots à la rime <u>ont</u> des sens opposés.
2. Le rythme <u>montre bien</u> que le poète médite.
3. Ce poème <u>qui a</u> quatre strophes <u>a</u> aussi des rimes suivies <u>qui sont</u> toutes suffisantes.
4. <u>On a une impression</u> de tristesse à la lecture de ce sonnet.
5. Ce sont les allitérations en [k] qui <u>sont les plus importantes</u> dans ces vers.

4 ★ Placer les coupes pour lire un poème

a. Étudiez l'alternance métrique dans cet extrait. Combien chaque vers a-t-il de syllabes ?
b. Placez les coupes des vers 1 à 4.
c. Les vers 1, 3, 5, 7 ont-ils une césure centrale ? Quel est l'effet produit par le rythme de ces vers ?

L'ombre des arbres dans la rivière embrumée
        Meurt comme de la fumée
Tandis qu'en l'air, parmi les ramures réelles,
        Se plaignent les tourterelles.

5 Combien, ô voyageur, ce paysage blême
        Te mira blême toi-même,
Et que tristes pleuraient dans les hautes feuillées
        Tes espérances noyées !

Paul VERLAINE, *Romances sans paroles*, IX (1874)

5 ★ Repérer les jeux sur les mots

a. Expliquez le double sens du vers 4.
b. Retrouvez dans les vers 5 à 8 tous les jeux sur les mots.

LE LÉZARD QUAT'

De tous je suis le quatrième
On me mesure à la tétrade
Je cours derrière le troisième
Et je précède la pentade

CHŒUR

5 Nous lézards aimons les Muses
Elles Muses aiment les Arts
Avec les Arts on s'amuse
On muse avec les lézards [...]

Raymond QUENEAU, *Les Ziaux* (1943),
© Éditions Gallimard

★★
6 **Analyser les jeux typographiques d'un poème du XXᵉ siècle**

VERS L'EXPOSÉ ORAL

En quoi ce texte relève-t-il d'un art poétique qui illustre par l'exemple les conseils qu'il formule ? Pour vous aider, répondez aux questions suivantes.

→ À qui s'adresse le poète ?
→ Quels sont les conseils qu'il formule ?
→ Que critique implicitement Cendrars ?
→ Comment l'auteur choisit-il de figurer les acrobaties qu'évoque le texte ?

ACADÉMIE MÉDRANO

A Conrad Moricand.

Danse avec ta langue, Poète, fais un entrechat
Un tour de piste
                              sur un tout petit basset
                                        noir ou haquenée
Mesure les beaux vers mesurés et fixe les formes fixes
Que sont *LES BELLES LETTRES* apprises
Regarde :

Les affiches se fichent de toi te
                    mordent avec leurs dents
                    en couleur entre les doigts
                    de pied
La fille du directeur a des lumières électriques
Les jongleurs sont aussi les trapézistes
                              xuellirép tuaS
               teuof ed puoC
aç-emirpxE
Le clown est dans le tonneau malaxé
Il faut que ta langue { passe à la caisse
                                              les soirs où
                         { fasse l'orchestre
Les **Billets de faveur** sont supprimés.
                                        Novembre 1916.

Blaise CENDRARS, Sonnets dénaturés, in *Du monde entier*
(1912-1924), © Éditions Denoël, 1947

Académie Médrano : nom d'un cirque célèbre au XXᵉ s. –
Conrad Moricand : astrologue contemporain de l'auteur. –
Haquenée : petit cheval.

Mise au point
La lecture des -e muets dans le vers

En fin de mot, un *-e* muet :
▌ **est compté** si le mot suivant commence par une consonne,
▌ et **n'est pas compté** s'il précède un mot commençant par une voyelle (on parle alors d'élision du *e*) ou s'il est en fin de vers.

Rouge de briqu(e) et bleu d'ardois(e)

Des mots pour...
commenter un poème

▌ **Pour désigner le texte** : le sonnet, l'extrait, le poème, l'ode... (>*chap. 29*)
▌ **Pour décrire sa structure** : le poème a trois strophes, se divise en, possède, est organisé en, est disposé en, est constitué de, se compose de, comporte, comprend...
▌ **Pour parler du rythme** : le rythme, la cadence, la scansion, la prosodie.
▌ **Pour exposer le but du poème** : le poème montre, expose, présente, décrit, raconte, évoque, exprime, illustre, traduit, révèle, suggère, dénonce, fait l'éloge, célèbre...
▌ **Pour exposer les procédés employés par l'auteur** : le poète emploie, a recours à, se sert de, exploite, choisit ; grâce à, par le biais de, au moyen de...

★★
7 **Analyser le recours à la polysémie**

a. Quelles sont les différentes significations du mot « grain » exploitées par l'auteur ?
b. Comment le système de rimes se trouve-t-il enrichi aux vers 1 et 2 ?
c. Quelle image le poète donne-t-il de la femme ?

La passion c'est l'averse
                    Qui traverse !
Mais la femme n'est qu'un grain :
Grain de beauté, de folie
                    Ou de pluie...
5   Grain d'orage – ou de serein[1]. –

Tristan CORBIÈRE, *Les Amours jaunes* (1873)
1. Rosée du soir.

★★
8 **Repérer les jeux sur les lettres**

a. Retrouvez l'acrostiche qui structure cette strophe.
b. Quel lien existe-t-il entre cet acrostiche et la visée de l'extrait ?
c. Comment le motif du double est-il ici représenté ?

Vente, gresle, gelle, j'ay mon pain cuit.
Je suis paillart[1], la paillarde me suit.
Lequel vault mieux ? Chascun bien s'entresuit[2].
L'ung vault l'autre ; c'est a mau rat[3] mau chat.
5   Ordure amons, ordure nous assuit[4] ;
Nous deffuyons[5] onneur, il nous deffuit,
En ce bordeau[6] ou tenons nostre estat.

François VILLON, *Le Testament* (1461) in « Classiques
français du Moyen Âge », © Éditions Champion, 1992

1. Débauché. – 2. S'accorde bien avec l'autre. – 3. À mauvais rat (détournement du proverbe « à bon chat bon rat »).
4. Accompagne. – 5. Fuyons. – 6. Bordel.

9 Interpréter le rythme des phrases d'un poème ★★

a. Quelles répétitions (mots et construction de phrases) contribuent à rythmer le texte ?

b. Combien le texte possède-t-il de phrases ? Comment sont-elles disposées ? Dans quelle intention ?

c. Quelles assonances et allitérations enrichissent le rythme des strophes 2 et 4 ?

d. Quel sentiment le poète semble-t-il exprimer à travers le rythme qu'il donne à son texte ?

Joal[1]

Joal !
Je me rappelle.

Je me rappelle les signares[2] à l'ombre verte des
vérandas
Les signares aux yeux surréels comme un éclair
de lune sur la grève.

5 Je me rappelle les fastes du couchant
Où Koumba N'Dofène[3] voulait faire tailler son
manteau royal.

Je me rappelle les festins fumant du sang des
troupeaux égorgés[4]
Du bruit des querelles, des rhapsodies[5] des
griots[6].

Je me rappelle les voix païennes rythmant le
Tantum Ergo[7]
10 Et les processions et les palmes et les arcs de
triomphe.

Je me rappelle la danse des filles nubiles[8]
Les chœurs de lutte – oh ! la danse finale des
jeunes hommes, buste
Penché élancé, et le pur cri d'amour des femmes
– *Kor siga*[9] !

Je me rappelle, je me rappelle...
15 Ma tête rythmant
Quelle marche lasse le long des jours d'Europe
où parfois
Apparaît un jazz orphelin qui sanglote sanglote
sanglote.

Léopold Sédar SENGHOR, *Œuvre poétique* (1964),
© Éditions du Seuil

1. Lieu de naissance du poète, au Sénégal. – 2. Femme
métisse vivant maritalement avec un Européen. – 3. Prince
du royaume dont Senghor est originaire. – 4. Renvoie
aux sacrifices rituels lors de funérailles. – 5. Morceaux de
musique chantés de cité en cité. – 6. Conteur et musicien
traditionnel, dépositaire de la mémoire de son pays. –
7. Chant religieux. – 8. Jeune fille en âge de se marier. –
9. Signifie « mère, fiancée ou femme de l'homme ».

10 Apprécier l'enrichissement de sens créé par les images ★★

a. Observez les vers 1 et 2. Par quel moyen le poète rend-il au mot « dorade » son sens d'origine ?

b. Retrouvez les métaphores des vers 3 et 4. En quoi permettent-elles de superposer plusieurs réalités ?

c. Quel est l'effet produit par les sonorités dans l'expression « ineffables vents » et la place de l'adjectif « ineffables » (v. 4) ?

d. Étudiez le lexique. Quels sens se trouvent sollicités ?

e. VERS L'EXPOSÉ ORAL

Comment le travail sur le langage permet-il d'enrichir la signification de cette strophe ?

J'aurais voulu montrer aux enfants ces dorades
Du flot bleu, ces poissons d'or, ces poissons
[chantants.
– Des écumes de fleurs ont bercé mes dérades[1]
Et d'ineffables vents m'ont ailé par instants.

Arthur RIMBAUD, « Le bateau ivre », *Poésies* (1871)

1. Création lexicale de Rimbaud à partir du verbe *dérader*,
« quitter la rade, le port ».

11 Étudier le rôle des images dans un poème ★★

a. Repérez les comparaisons et métaphores.

b. À quels champs lexicaux sont empruntés les comparants ? Quel est l'effet recherché par le poète ?

c. Quelles assonances, présentes au v. 1, retrouve-t-on dans tout le poème ? Dans quel but ?

d. Par quels moyens le poète représente-t-il l'image du cercle ?

e. Justifiez ce thème dans le poème.

La courbe de tes yeux fait le tour de mon cœur,
Un rond de danse et de douceur,
Auréole du temps, berceau nocturne et sûr,
Et si je ne sais plus tout ce que j'ai vécu
5 C'est que tes yeux ne m'ont pas toujours vu.

Feuilles de jour et mousse de rosée,
Roseaux du vent, sourires parfumés,
Ailes couvrant le monde de lumière,
Bateaux chargés du ciel et de la mer,
10 Chasseurs des bruits et sources des couleurs,

Parfums éclos d'une couvée d'aurores
Qui gît toujours sur la paille des astres,
Comme le jour dépend de l'innocence
Le monde entier dépend de tes yeux purs
15 Et tout mon sang coule dans leurs regards.

Paul ELUARD, *Capitale de la douleur* (1926),
© Éditions Gallimard

12 Commenter les multiples significations d'un poème

a. Quel moment de la journée est évoqué dans ce poème ? Justifiez votre réponse en vous appuyant sur le lexique.

b. Quels adjectifs pourrait-on employer pour caractériser le rythme du texte ?

c. Placez les coupes dans chaque vers. En quoi le rythme des vers reflète-t-il l'atmosphère du poème ?

d. Quelle image du poète se dégage de la lecture des vers 1, 2 et 5?

e. Montrez l'importance du vers 7 en étudiant sa place dans le poème, le rôle de la majuscule, les sonorités et le rythme.

La ceinture

Quand le ciel couleur d'une joue
Laisse enfin les yeux le chérir
Et qu'au point doré de périr
Dans les roses le temps se joue,

5 Devant le muet de plaisir
Qu'enchaîne une telle peinture,
Danse une Ombre à libre ceinture
Que le soir est près de saisir.

Cette ceinture vagabonde
10 Fait dans le souffle aérien
Frémir le suprême lien
De mon silence avec ce monde…

Absent, présent… Je suis bien seul,
Et sombre, ô suave linceul.

Paul VALÉRY, « La ceinture », in *Charmes* (1922) recueilli dans *Œuvres*, Bibliothèque de la Pléiade (1929), © Éditions Gallimard

Caspar David Friedrich (1774-1840), *La Mer de glace* (1824), huile sur toile, 96,7 x 126,9 cm (Hamburger Kunsthalle, Hambourg, Allemagne).

Mise au point
Le verset

Épousant le **souffle d'une respiration,** le verset est emprunté à la Bible par des poètes du XXᵉ siècle comme Senghor, Claudel, Saint-John Perse, Michaux.

▌ Il est constitué d'un **court paragraphe,** signalé par un alinéa, et peut parfois être divisé en plus petites unités métriques.

▌ Proche de la **poésie orale** en raison d'un rythme très travaillé, il est souvent associé, eu égard à ses origines, aux thèmes du mythe, du rêve ou du voyage.

Exercice guidé
★★★

13 Étudier le travail de la langue dans un poème en prose

VERS LE COMMENTAIRE

Comment le poète transforme-t-il la dureté du décor évoqué ?
Pour vous aider, suivez le parcours de lecture suivant.

➜ Comment interpréter la répétition du mot « Icebergs » ?

➜ Retrouvez les échos sonores des versets 2 et 3. Quel effet produisent-ils ?

➜ Étudiez l'expression lexicale de l'absence. Quelle image du paysage contribue-t-elle à renforcer ?

➜ Comment peut-on interpréter l'emploi des majuscules aux mots qui ne débutent pas les phrases ?

➜ Quelle relation semble unir le poète au paysage décrit ?

Icebergs

Icebergs, sans garde-fou, sans ceinture, où de vieux cormorans abattus et les âmes des matelots morts récemment viennent s'accouder aux nuits enchanteresses de l'hyperboréal[1].

5 Icebergs, Icebergs, cathédrales sans religion de l'hiver éternel, enrobés dans la calotte glaciaire de la planète Terre.
Combien hauts, combien purs sont vos bords enfantés par le froid.

10 Icebergs, Icebergs, dos du Nord-Atlantique, augustes Bouddhas gelés sur des mers incontemplées, Phares scintillants de la Mort sans issue, le cri éperdu du silence dure des siècles.

Icebergs, Icebergs, Solitaires sans besoin, 15 des pays bouchés, distants, et libres de vermine. Parents des îles, parents des sources, comme je vous vois, comme vous m'êtes familiers…

Henri MICHAUX, « Iceberg » in *La Nuit remue* (1935), © Éditions Gallimard, 1967

1. Relatif aux régions du Grand Nord.

Alfred Sisley (1839-1899), *Paysage* (1870), huile sur toile, 38 x 55 cm (musée des Beaux-Arts, Lyon).

Le réveil en voiture

Voici ce que je vis : Les arbres sur ma route
Fuyaient mêlés, ainsi qu'une armée en déroute,
Et sous moi, comme ému[1] par les vents soulevés,
Le sol roulait des flots de glèbe[2] et de pavés !

5 Des clochers conduisaient parmi les plaines vertes
Leurs hameaux aux maisons de plâtre, recouvertes
En tuiles, qui trottaient ainsi que des troupeaux
De moutons blancs, marqués en rouge sur le dos !

Et les monts enivrés chancelaient, – la rivière
10 Comme un serpent boa, sur la vallée entière
Étendu, s'élançait pour les entortiller…
– J'étais en poste[3] moi, venant de m'éveiller !

▶ Gérard DE NERVAL, *Odelettes* (1832)

1. Émouvoir vient du latin *movere*, « remuer ».
2. Motte de terre.
3. En voiture de poste.

Compréhension

1. Quelles comparaisons et métaphores du poème contribuent à transformer le paysage ? Quelle est l'intention du poète ?
2. Comment pouvez-vous interpréter les discordances rythmiques employées par Nerval ?

Vers le commentaire

Quelle image du paysage le poète donne-t-il à voir ?
En vous appuyant sur le travail du poète sur le langage, vous répondrez à cette question dans un développement organisé, argumenté et illustré d'exemples du poème.

Pour réussir…

- Repérer et interpréter les discordances rythmiques
- Interpréter le sens des images (métaphores et comparaisons)
- Étudier les sonorités

29

Étudier l'évolution des formes poétiques du Moyen Âge à nos jours

Objectifs et compétences
- Distinguer les principales formes – fixes, régulières, libres – des poèmes
- Mesurer l'évolution littéraire des formes de poèmes du Moyen Âge à nos jours
- Apprécier les choix et les inventions du poète

IIIIIII Découvrir

Texte 1

Quant je me depart dou manoir
Ou ma treschiere dame maint,

Mon cuer li convient remanoir,
Quant je me depart dou manoir.

5 Et quant senz cuer m'estuet manoir,
Attains sui de mort, se ne maint,
Quant je me depat dou manoir,
Ou ma treschiere dame maint.

Texte transposé en français moderne

Quand je quitte la demeure
Où ma très chère dame demeure,

Il convient à mon cœur de rester
Quand je quitte la demeure.

5 Et quand sans cœur il me faut rester,
Je suis atteint à mort, si je ne demeure,
Quand je quitte la demeure
Où ma très chère dame demeure.

▶ Guillaume DE MACHAUT, *Poésies* (XIVe siècle)

QUESTION

Observez le texte original. Qu'est-ce qui apparente le poème à une chanson ?

Texte 2

Sonnet du miroir

Miroir, peintre et portrait qui donne et qui reçois,
Et qui porte en tous lieux avec toi mon image,
Qui peux tout exprimer, excepté le langage,
Et pour être animé n'as besoin que de voix ;

5 Tu peux seul me montrer quand chez toi je me vois,
Toutes mes passions peintes sur mon visage ;
Tu suis d'un pas égal mon humeur et mon âge,
Et dans leurs changements jamais ne te déçois.

Les mains d'un artisan au travail obstinées,
10 D'un pénible travail font, en plusieurs années,
Un portrait qui ne peut ressembler qu'un instant.

Mais toi, peintre brillant, d'un art inimitable,
Tu fais sans nul effort un ouvrage inconstant
Qui ressemble toujours et n'est jamais semblable.

▶ Louis D'ÉPINAY D'ÉTELAN, « Sonnet du miroir », orthographe modernisée (1687), in *Anthologie de la poésie baroque française*, Jean Rousset (1968), © Armand Colin

QUESTIONS

1. De combien de phrases ce poème est-il composé ?

2. Quel est le thème de chacune de ces phrases ?

Texte 3

Le chiffon

Ne confondons pas le chiffon professionnel frais émoulu de l'école avec le chiffon amateur découpé dans la culotte d'un garçon ou dans une robe démodée.

Pour ses contractions et ses circonvolutions, il tient à la fois de l'es-
5 tomac et de l'intestin, digère poussière, sciure, sable, craie, moutons, taches et miettes sur la table.

Au demeurant, bon garçon, le cœur sous la main, quoique ainsi placé, celui-là lui cause de fréquents malaises.

Toute la chimie du ménage passe dans ses plis et replis.

10 Le chiffon à chaussures avec ses moirures fauves, raide comme une figure de cire, le chiffon pour les vitres empestant l'alcool, clochard ivre sur une route verglacée.

Estomac de pierre, il digère tout, taches suspectes, traces de pluie ou de doigts égarés sur les vitres. On frotte et la vie redevient transparente
15 sauf pour le clochard qui s'endort ivre-mort en travers d'une porte. [...].

Clochard ivre – ou policier en civil ? Estomac de pierre – mais le cœur sous la main, bien mal placé, n'est-ce pas ?

Ivre sur une route de nuit. Quand l'aube revient, transparente, un clochard dort, ivre-mort en travers d'une porte.

20 Honteux et méprisé, empestant l'alcool, il s'embourbe dans la sciure et le vomi, pas étonnant qu'il ait mal au cœur.

Lorsqu'il n'est plus que velours lâche, toison déshonorée, on le jette dans le seau noir [...].

▶ Alain WEXLER, *Récifs* (2003), © Le Dé bleu

QUESTIONS

1. Observez la disposition du texte. Dans ce poème en prose, quelles ressemblances trouvez-vous avec des vers traditionnels ?

2. Pourquoi le poète a-t-il choisi la poésie pour faire l'éloge du chiffon ?

Salvador Dalí (1904-1989), *Dalí de dos peignant Gala de dos éternisée par six cornées virtuelles provisoirement réfléchies dans six vrais miroirs* (1972-1973), huile sur toile, 60,5 x 60,5 cm (Fondation Gala-Salvador Dalí, Figueras, Espagne).

Problématique

● **En quoi le choix d'une forme poétique révèle-t-il la sensibilité particulière d'un auteur ?**

● Étudier la forme d'un poème permet d'inscrire le texte dans une esthétique qui révèle les canons de son époque. Il faut donc se demander dans quelle mesure un texte propose, ou non, un renouvellement des formes poétiques, et manifeste par là une sensibilité personnelle.

● L'analyse d'un poème repose alors sur le rapport qu'entretient le texte avec les formes fixes, les formes régulières, les formes libres.

L'évolution des formes poétiques

Le genre poétique s'est constamment renouvelé. Du Moyen Âge au xviiie siècle, il présente souvent des formes fixes, en vers, et des formes plus libres mais régulières. Du xixe au xxie siècle, des formes nouvelles apparaissent, parfois inspirées des anciennes, parfois totalement inédites, offrant un vaste champ à la créativité des poètes.

1 LES FORMES FIXES

■ **Un poème de forme fixe** est, comme l'indique son nom, **fixé par des règles de composition**. Au cours du Moyen Âge (du xie au xve siècle), musique et poésie, auparavant associées dans les chants des troubadours, deviennent autonomes ; les poètes cherchent à traduire le rythme et les sonorités de la musique par les mots.

■ **La ballade** (de *baller*, « danser ») est née au Moyen Âge. Elle possède, le plus souvent, trois strophes « carrées » (le nombre de syllabes des vers est identique à celui des vers des strophes) qui s'achèvent par un refrain. Le poème finit par un **envoi**, une courte strophe adressée au destinataire du poème.

■ **Le rondeau** (de *ronde*) apparaît au xiiie siècle (›*Texte 1, p. 252*). Construit sur deux rimes, il possède un refrain, qui reprend une partie ou l'ensemble du premier vers.

■ **Le sonnet**, très répandu à la Renaissance (xvie siècle, en France), est constitué de deux quatrains suivis de deux tercets, en alexandrins (›*Texte 2, p. 252*), parfois en octosyllabes. Les rimes des quatrains sont embrassées (parfois croisées), les deux tercets commencent par une rime suivie puis des rimes embrassées ou croisées. (›*chap. 28*).

2 LES FORMES RÉGULIÈRES

■ **Sans s'inscrire dans une forme fixe**, de nombreux poèmes sont des **poèmes réguliers**. Leur construction, en vers et en rime, reste toutefois assez libre. Certains relèvent d'un genre poétique spécifique.

■ **L'ode**, empruntée par Ronsard à la poésie de la Grèce antique, se caractérise par des vers courts et des strophes d'égale longueur, en nombre variable. Elle privilégie le lyrisme.

■ **La fable**, qui apparaît dans l'Antiquité (Ésope, Phèdre), est d'abord destinée à l'enseignement des enfants (›*chap. 16*). Au xviie siècle, La Fontaine en fait un genre poétique à part entière.

■ **La satire**, poème argumentatif emprunté à l'Antiquité (Horace, Juvénal), dénonce les défauts des hommes sur un ton humoristique.

■ **Le blason** se développe à la Renaissance. Poème court, il fait l'éloge du corps féminin.

3 LE POÈME EN PROSE

■ **Le poème en prose**, né au début du xixe siècle, avec Aloysius Bertrand (›*p. 242*), prend son essor au xixe siècle grâce à Baudelaire et se maintient jusqu'à nos jours.

De la prose, il garde la forme narrative ou descriptive.

De la poésie, il garde quatre principes : la **composition**, en paragraphes ou versets (›*chap. 28*) rappelant les strophes, les **effets rythmiques** créés par des répétitions, le **contraste**, privilégiant antithèses et antonymes, l'**analogie**, recherchant les métaphores et l'harmonie imitative.

4 ■ LES FORMES LIBRES

■ **Le poème en vers libres** se caractérise par la présence de vers (avec ou sans majuscules), de longueur variable, ne comportant pas toujours de rimes. Les poètes jouent sur les sonorités, sur l'alternance des vers longs et brefs, sur les alinéas et les blancs entre les vers. Certains poètes, comme Apollinaire, abandonnent la ponctuation, ce qui multiplie les possibilités de lecture du poème (›*chap. 28*).

■ **Le calligramme**, poème très court, se caractérise par la **disposition graphique** des mots qui forment le dessin des objets évoqués par le texte. Inspiré par les collages cubistes *(Apollinaire)*, le poème prend ainsi une dimension visuelle (›*chap. 3*).

■ **Les tendances contemporaines** : une grande variété de sujets, de formes, de modes de création caractérise la poésie contemporaine. Une constante demeure : le travail sur les images, le rythme et les sons.
Les poèmes visuels privilégient les variations typographiques, la libre disposition des mots sur la page.
Les **poèmes sonores**, composés pour être dits, peuvent s'accompagner de musique.

MÉTHODE

Étudier un sonnet

Étudier un sonnet, c'est analyser le parti qu'un poète tire de sa brièveté, de la structure de ses strophes et de ses rimes.

Mettre en relation la composition du poème et son sujet

👉 Avec deux groupes de strophes inégales (deux quatrains et deux tercets), la forme du sonnet permet de mieux mettre en valeur une comparaison, un contraste ou une évolution entre deux réalités.
👉 Il importe d'abord de dégager le sujet développé dans chaque strophe. En effet, les deux quatrains exposent souvent un premier aspect des choses, puis les tercets, un autre.
👉 On peut également étudier les relations entre les expressions à la rime.

Être attentif au dernier vers

👉 Le dernier vers du sonnet se démarque souvent : il représente en effet une « **pointe** », c'est-à-dire une chute, préparée au long du poème, et qui permet à l'auteur d'exprimer le véritable message à retenir. Il convient alors de relire le sonnet à la lumière du dernier vers.

EXEMPLE COMMENTÉ

Les mains d'un artisan au travail obstinées,
D'un pénible travail font, en plusieurs années
Un portrait qui ne peut ressembler qu'un instant.

Mais toi, peintre brillant, d'un art inimitable,
5 Tu fais sans nul effort un ouvrage inconstant
Qui ressemble toujours et n'est jamais semblable.

Extrait du Texte 2, p. 252.
Louis d'Épinay d'Ételan, « Sonnet du miroir », extrait (1687)

• Les **tercets** constituent une unité : le premier sert de faire-valoir au second. L'opposition de la dernière strophe est mise en valeur par la conjonction « Mais », le contraste entre « pénible » et « sans nul effort » et l'opposition des derniers vers de chaque tercet.
La **pointe** (v. 6) est travaillée pour vanter les mérites inégalés du miroir grâce au paradoxe qu'elle exprime, jouant sur le motif de l'altérité (par l'opposition : *toujours / jamais*) et de la similitude (*ressemble / semblable*, termes proches dans leur sens et leurs sonorités).

1 Analyser les caractéristiques d'un rondeau

a. Quelle expression se trouve répétée ? À quel endroit du poème ?

b. Quel sentiment exprime le poète ? Quel est le registre de ce texte ? Pour vous aider, reportez-vous à la Méthode du chapitre 30 (>*p. 266*).

Je ne sçay comment je dure,
Car mon dolent[1] cuer font d'yre[2]
Et plaindre n'oze, ne dire
Ma doloreuse aventure,

5 Ma dolente[3] vie obscure.
Riens, fors[4] la mort ne desire ;
Je ne sçay comment je dure.

Et me fault, par couverture[5],
Chanter que mon cuer soupire
10 Et faire semblant de rire ;
Mais Dieu sçait ce que j'endure.
Je ne sçay comment je dure.

Christine DE PISAN (1364-1430), Œuvres

1. Souffrant. – 2. Colère. – 3. Douloureuse. – 4. Hormis. – 5. En dissimulant.

2 Dégager la construction d'un sonnet

a. Quel nom portent les strophes de ce poème ?

b. Quelle disposition de rimes le poète a-t-il choisie ?

c. Quels sont les mots à la rime qui soulignent une opposition ? En quoi la disposition choisie accentue-t-elle le contraste ?

d. Comment le poète souligne-t-il l'opposition entre le passé et le présent ?

e. Montrez l'unité des deux premières strophes et des deux dernières, en étudiant la syntaxe et les répétitions.

Maintenant je pardonne à la douce fureur[1]
Qui m'a fait consumer le meilleur de mon âge,
Sans tirer autre fruit de mon ingrat ouvrage
Que le vain passe-temps d'une si longue erreur.

5

Maintenant je pardonne à ce plaisant labeur,
Puisque seul il endort le souci qui m'outrage[2],
Et puisque seul il fait qu'au milieu de l'orage,
Ainsi qu'auparavant, je ne tremble de peur.

10 Si les vers ont été l'abus de ma jeunesse,
Les vers seront aussi l'appui de ma vieillesse :
S'ils furent ma folie, ils seront ma raison,

S'ils furent ma blessure, ils seront mon Achille[3],
S'ils furent mon venin, le scorpion utile
Qui sera de mon mal la seule guérison.

Joachim DU BELLAY, XIII, Les Regrets (1558), orthographe modernisée

1. Passion violente. – 2. Qui me blesse. – 3. Personnage d'Homère *(L'Iliade)* réputé pour sa force.

3 Étudier les images d'une ode

a. Par quels procédés d'écriture le poète personnifie-t-il la nature ?

b. Quel est l'effet produit par ces personnifications ?

c. Montrez que la dernière strophe s'oppose aux précédentes.

d. Quel est le registre de ce poème ? (>*Méthode, p. 266*)

Le matin

L'Aurore, sur le front du jour,
Sème l'azur, l'or et l'ivoire,
Et le soleil, lassé de boire[1],
Commence son oblique tour.

5 Ses chevaux, au sortir de l'onde,
De flamme et de clarté couverts,
La bouche et les naseaux ouverts,
Ronflent la lumière du monde.

[...]

La lune fuit devant nos yeux ;
10 La nuit a retiré ses voiles :
Peu à peu le front des étoiles
S'unit à la couleur des cieux.

[...]

Une confuse violence
Trouble le calme de la nuit,
15 Et la lumière avec le bruit,
Dissipe l'ombre et le silence.

Théophile DE VIAU, Œuvres poétiques (1621-1624)

1. De boire l'eau de l'océan où le char d'Apollon plonge chaque soir.

4 Analyser la composition d'un poème en prose

a. Quelles composantes du récit en prose retrouve-t-on dans ce poème ?

b. Montrez que chaque paragraphe comporte une unité.

c. Quelle image est employée dans la première phrase ? Quelle atmosphère contribue-t-elle à créer ?

d. Étudiez la construction et le rythme du deuxième paragraphe. Quelle progression remarquez-vous ?

e. Justifiez le titre du poème.

La lune aux yeux bleus

La nuit, les chevelures des femmes et les branches des saules se confondent. Je marchais au bord de l'eau. Tout à coup, j'entendis chanter : alors seulement je reconnus qu'il y avait là
5 des jeunes filles.

Je leur dis : « Que chantez-vous ? » Elles répondirent : « Ceux qui reviennent. » L'une attendait son père et l'autre son frère ; mais celle qui attendait son fiancé était la plus impatiente.
10 Elles avaient tressé pour eux des couronnes et des guirlandes, coupé des palmes aux palmiers et tiré des lotus de l'eau. Elles se tenaient par le cou et chantaient l'une après l'autre.

Je m'en allai le long du fleuve, tristement, et
15 toute seule, mais en regardant autour de moi, je vis que derrière les grands arbres la lune aux yeux bleus me reconduisait.

Pierre LOUŸS, *Les Chansons de Bilitis* (1894)

★ 5 Saisir le rôle des images dans un poème surréaliste

a. À quel champ lexical sont empruntées les images ?

b. En quoi ce choix contribue-t-il à l'éloge de la femme ?

Tu es l'eau détournée de ses abîmes
Tu es la terre qui prend racine
Et sur laquelle tout s'établit

Tu fais des bulles de silence dans le désert des
[bruits
5 Tu chantes des hymnes nocturnes sur les cordes
[de l'arc-en-ciel,
Tu es partout tu abolis toutes les routes

Tu sacrifies le temps
À l'éternelle jeunesse de la flamme exacte
Qui voile la nature en la reproduisant

10 Femme tu mets au monde un corps toujours
[pareil

Le tien

Tu es la ressemblance.

Paul ELUARD, *Facile* (1935), © Éditions Gallimard

★ 6 Commenter un poème visuel

a. Décrivez précisément l'image formée par cet assemblage de lettres.

b. Montrez que la légende oblige à une lecture très différente des lettres et du mot représentés.

Phrase accompagnant le calligramme :
Le roc dans l'urne dans le cercle vicieux dans le mur raviné dans la double ÉCHELLE

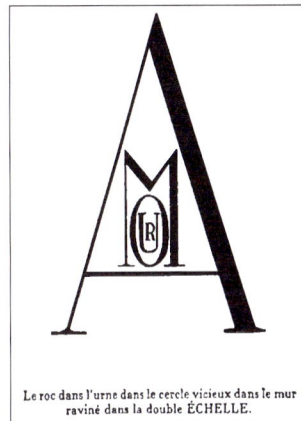

Le roc dans l'urne dans le cercle vicieux dans le mur raviné dans la double ÉCHELLE.

Michel LEIRIS, « Glossaire j'y serre mes gloses » (1939), in *Mots sans mémoire*, © Éditions Gallimard, 1998

★★ 7 Créer un poème visuel

VERS L'ÉCRITURE D'INVENTION

Vous composerez un court poème sur le thème du reflet en jouant sur la disposition des mots sur la page et la calligraphie des lettres.

★★ 8 Dégager le caractère poétique d'un texte en prose

a. Observez le temps des verbes, la personne qui parle, le titre de l'ouvrage. À quel genre semble appartenir cet extrait ?

b. Grâce à quels procédés, empruntés à l'écriture d'un poème, l'auteur transforme-t-il la foule en fleuve ?

J'étais à Londres en 1896 [...].
J'y trouvais merveilleusement forte la sensation de se dissoudre dans le nombre des hommes, de ne plus être qu'un élément parfaitement quel-
5 conque de la pluralité fluente des vivants dont l'écoulement par les voies infinies, par les Strand, par les Oxford Street[1], par les ponts qui se vont perdant parmi les vapeurs dans le vague, m'enivrant d'une rumeur de pas sur le sol sourd qui
10 ne laissait à ma conscience que l'impression de l'emportement fatal de nos destinées. J'obéissais ; je me livrais sans but, et jusqu'à l'extrême fatigue, à ce fleuve de gens en qui se fondaient les visages, les démarches, les vies particulières, les certitudes
15 de chacun d'être unique et incomparable.

Paul VALÉRY, *Regards sur le monde actuel* (1945), © Éditions Gallimard

1. Rues de Londres.

9 **Commenter le rapport entre le choix d'une forme et un sujet**

a. Comment le poème suggère-t-il l'avancée progressive des Djinns ?

b. Par quels procédés d'écriture l'auteur évoque-t-il le silence dans les deux premières strophes ?

c. Comment est suggérée la violence du passage des Djinns dans les deux dernières ?

d. Quels aspects du registre épique se retrouvent dans cet extrait ?

Les Djinns[1]

Murs, ville
Et port,
Asile
De mort,
5   Mer grise
Où brise
La brise,
Tout dort.

Dans la plaine
10 Naît un bruit.
C'est l'haleine
De la nuit.
Elle brame
Comme une âme
15 Qu'une flamme
Toujours suit !

[…]

La rumeur approche,
L'écho la redit.
C'est comme la cloche
20 D'un couvent maudit ; –
Comme un bruit de foule,
Qui tonne et qui roule,
Et tantôt s'écroule,
Et tantôt grandit.

[…]

25 C'est l'essaim des Djinns qui passe,
Et tourbillonne en sifflant !
Les ifs, que leur vol fracasse,
Craquent comme un pin brûlant.
Leur troupeau, lourd et rapide
30 Volant dans l'espace vide,
Semble un nuage livide
Qui porte un éclair au flanc.

[…]

Cris de l'enfer ! voix qui hurle et qui pleure !
L'horrible essaim, poussé par l'aquilon,
35 Sans doute, ô ciel ! s'abat sur ma demeure.
Le mur fléchit sous le noir bataillon.
La maison crie et chancelle penchée,
Et l'on dirait que, du sol arrachée,
Ainsi qu'il chasse une feuille séchée,
40 Le vent la roule avec leur tourbillon !

Victor HUGO, *Les Orientales* (1829)

1. Esprits invisibles (mot d'origine arabe).

Le registre épique

Hérité du genre de l'épopée (long poème narratif valorisant les exploits d'un héros), le **registre épique** renvoie à des choix d'écriture qui privilégient :

❙ **les sujets guerriers**, ou relatifs à un combat dans des conditions difficiles ;

❙ **l'éloge d'un héros**, s'appuyant sur les valeurs guerrières de la force et du courage ;

❙ **la vivacité du rythme** des phrases, reflétant les épreuves rencontrées ;

❙ **la description**, souvent grandiose, parfois « merveilleuse », des opposants (adversaires, tempête…).

★★★

10 **Étudier la variété de poèmes du XIXᵉ siècle sur la nature**

a. Dans le texte de Lamartine, quelle image le poète donne-t-il de la nature ?

b. Quel sentiment exprime-t-il ?

c. Quelle est l'originalité de la forme du poème de Musset ?

d. À quoi la lune est-elle successivement comparée ? Dans quelle intention ?

e. Quelles remarques peut-on faire sur la représentation de la lune dans le tableau de Munch ?

f. VERS LA QUESTION SUR UN CORPUS
Comparez le rapport du poète à la nature dans les deux textes.

TEXTE 1

Le vallon

Mon cœur, lassé de tout, même de l'espérance,
N'ira plus de ses vœux importuner le sort ;
Prêtez-moi seulement, vallon de mon enfance,
Un asile d'un jour pour attendre la mort.

5 Voici l'étroit sentier de l'obscure vallée :
Du flanc de ces coteaux pendent des bois épais,
Qui, courbant sur mon front leur ombre
                    [entremêlée,
Me couvrent tout entier de silence et de paix.

Là, deux ruisseaux cachés sous des ponts de
                    [verdure
10 Tracent en serpentant les contours du vallon ;
Ils mêlent un moment leur onde et leur murmure,
Et non loin de leur source ils se perdent sans nom.

[…]

Ah ! c'est là qu'entouré d'un rempart de verdure,
D'un horizon borné qui suffit à mes yeux,
15 J'aime à fixer mes pas, et, seul dans la nature,
À n'entendre que l'onde, à ne voir que les cieux.

Alphonse DE LAMARTINE,
Méditations poétiques (1820)

TEXTE 2

C'était, dans la nuit brune,
Sur le clocher jauni,
    La lune,
Comme un point sur un i.

5 Lune, quel esprit sombre
Promène au bout d'un fil,
    Dans l'ombre,
Ta face et ton profil ?

Es-tu l'œil du ciel borgne ?
10 Quel chérubin cafard[1]
    Nous lorgne
Sous ton masque blafard ?

N'es-tu rien qu'une boule,
Qu'un grand faucheux[2] bien gras
15   Qui roule
Sans pattes et sans bras ?

Est-ce un ver qui te ronge
Quand ton disque noirci
    S'allonge
20 En croissant rétréci ?

Qui t'avait éborgnée,
L'autre nuit ? T'étais-tu
    Cognée
À quelque arbre pointu ?
[…]

Alfred DE MUSSET, « Ballade à la lune »,
***Contes d'Espagne et d'Italie* (1829)**

1. Quel ange sournois. − 2. Insecte proche de l'araignée.

DOCUMENT 3

Edward Munch (1863-1944), *Clair de lune* **(1895), détail,
huile sur toile (Galerie nationale, Oslo, Norvège).**

★★★ 11 Inventer un poème en prose

a. En vous inspirant du texte 3 (›*p. 253*), vous écrirez à votre tour un poème en prose pour célébrer un objet banal du quotidien.

b. Vous proposerez ensuite une analyse de votre propre texte qui mettra en valeur les procédés d'écriture d'un poème en prose que vous avez utilisés. Vous veillerez à illustrer chaque procédé étudié d'un exemple précis de votre poème.

★★★ 12 Étudier la richesse des images d'un poème en vers libre

a. Montrez que ce poème est écrit en vers libres.

b. Quel terme est répété dans la première strophe ? Quelles autres expressions du texte (nom, conjonction, adverbe) renvoient à ce thème ?

c. Comment la maturation progressive des fruits est-elle suggérée dans la première strophe ?

d. Que désignent « les mille paupières vertes » au vers 14 ? En quoi cette image est-elle un éloge de la nature ?

e. Quelles images permettent au poète d'évoquer l'intimité du décor naturel ?

Fruits

Dans les chambres des vergers
ce sont des globes suspendus
que la course du temps colore
des lampes que le temps allume
5 et dont la lumière est parfum

On respire sous chaque branche
le fouet odorant de la hâte
     *

Ce sont des perles parmi l'herbe
de nacre à mesure plus rose
10 que les brumes sont moins lointaines

des pendeloques plus pesantes
que moins de linge elles ornent
     *

Comme ils dorment longtemps
sous les mille paupières vertes !

15 Et comme la chaleur

par la hâte avivée
leur fait le regard avide !

**Philippe JACCOTTET, « Fruits » in *Airs* (1967),
© Éditions Gallimard**

a. Quels sont les éléments (thèmes, images, sensations) communs aux deux textes ?

b. Comment le rythme du bercement, dans le deuxième paragraphe du texte 1 et la deuxième strophe du texte 2, est-il rendu?

c. Quelles différences percevez-vous entre les deux passages soulignés dans chaque texte ?

d. VERS L'EXPOSÉ ORAL

En quoi le titre du poème en prose peut-il s'appliquer aux deux textes ?

Un hémisphère dans une chevelure

Dans l'océan de ta chevelure, j'entrevois un port fourmillant de chants mélancoliques, d'hommes vigoureux de toutes nations et de navires de toutes formes découpant leurs architec-
5 tures fines et compliquées sur un ciel immense où se prélasse l'éternelle chaleur.

Dans les caresses de ta chevelure, je retrouve les langueurs des longues heures passées sur un divan, dans la chambre d'un beau navire, bercées
10 par le roulis imperceptible du port, entre les pots de fleurs et les gargoulettes rafraîchissantes.

Dans l'ardent foyer de ta chevelure, je respire l'odeur du tabac mêlé à l'opium et au sucre; dans la nuit de ta chevelure, je vois resplendir l'infini
15 de l'azur tropical ; sur les rivages duvetés de ta chevelure je m'enivre des odeurs combinées du goudron, du musc et de l'huile de coco [...].

Charles BAUDELAIRE, XVII, *Petits poèmes en prose* (1869)

La chevelure

[...]
Un port retentissant où mon âme peut boire
À grands flots le parfum, le son et la couleur ;
Où les vaisseaux, glissant dans l'or et dans la
                                        [moire[1],
Ouvrent leurs vastes bras pour embrasser[2]
                                        [la gloire[3]
5 D'un ciel pur où frémit l'éternelle chaleur.

Je plongerai ma tête amoureuse d'ivresse
Dans ce noir océan où l'autre est enfermé ;
Et mon esprit subtil que le roulis caresse
Saura vous retrouver, ô féconde paresse,
10 Infinis bercements du loisir embaumé !

Cheveux bleus, pavillon de ténèbres tendues,
Vous me rendez l'azur du ciel immense et rond ;
Sur les bords duvetés de vos mèches tordues
Je m'enivre ardemment des senteurs confondues
15 De l'huile de coco, du musc et du goudron.
[...]

Charles BAUDELAIRE, XXIII, *Les Fleurs du mal* (2e édition, 1861)

1. Aspect souple et chatoyant d'un tissu. – 2. Prendre dans ses bras, entourer. – 3. Les deux sens du mot coexistent : la célébrité, et l'auréole qui entoure le visage ou le corps du Christ dans certains tableaux.

Exercice guidé
★★★
14 **Dégager la nature poétique d'un texte contemporain**

a. Quelles sont les particularités syntaxiques de ce poème ? Dans quelle intention sont-elles privilégiées par le poète?

b. Comment le texte parvient-il à épouser les mouvements de la neige ?

c. Quel est l'effet produit par l'anaphore de « lumière » ?

d. VERS LA DISSERTATION

Qu'est-ce qui peut, selon vous, inciter un poète à respecter les règles classiques de l'écriture d'un poème ou, au contraire, à s'en affranchir ?

De tous les côtés beau

neige
de tous les côtés beau

capable, quand elle tombe, de plus de mille milliards
        d'opérations à virgule flottante par seconde

5 au sol
fait merles
plus noirs, et rouges-gorges

parfois le vent est tel qu'elle remonte

lumière de neige lumière de jour lumière de nuit
10 lumière de nuit de jour
[...]

Dominique FOURCADE, *Le Sujet monotype* (1997),
© Éditions P.O.L.

Matin

L'un trempe son pain blanc dans du café au lait,
L'autre boit du thé noir et mange des tartines,
Un autre prend un peu de rouge à la cantine.
L'un s'étire et se tait. L'autre chante un couplet.

5 Là-bas la nuit ; ici l'on ouvre des volets.
L'un dort, l'autre déjà transpire dans l'usine.
Plus d'un mène sa fille à la classe enfantine.
L'un est blanc, l'autre est noir, chacun est comme il est.

Ils sont pourtant pareils et font le même rêve
10 Et le même désir est en nous qui se lève :
Nous voulons vivre plus, atteindre ce degré

De plénitude où sont les couleurs de la pomme
Et du citron que le matin vient éclairer.
Nous voulons être heureux, heureux, nous autres hommes.

▶ GUILLEVIC, *Trente et un sonnets* (1954),
© Éditions Gallimard

Compréhension

1. Qu'entend montrer le poète dans ce sonnet ?
2. En quoi quatrains et tercets ont-ils une unité ?

Vers le commentaire

Comment le poète évoque-t-il les différences entre les hommes ?
En quoi les hommes sont-ils toutefois semblables ?
En adoptant les questions ci-dessus comme axes d'étude, vous commenterez ce poème de Guillevic.

Pour réussir…

● Connaître les principales règles de la versification traditionnelle (> *chap. 28*)
● Étudier les caractéristiques d'un sonnet classique, pour apprécier l'adaptation qu'en propose le poète
● Savoir apprécier la qualité des images du poème

Paul Klee (1879-1940), *Loi* (1938), gouache sur papier, 485 x 325 cm (Pinacothèque moderne, Munich, Allemagne).

30

Étudier
les fonctions de la poésie

Objectifs et compétences
▶ Dégager la fonction principale d'un poème
▶ Distinguer différentes fonctions de la poésie
▶ Étudier différentes images et vocations du poète

|||||||| Découvrir

Texte 1

Oui, je suis le rêveur ; je suis le camarade
Des petites fleurs d'or du mur qui se dégrade,
Et l'interlocuteur des arbres et du vent.
Tout cela me connaît, voyez-vous. J'ai souvent,
5 En mai, quand de parfums les branches sont gonflées,
Des conversations avec les giroflées ;
Je reçois des conseils du lierre et du bleuet.
L'être mystérieux, que vous croyez muet,
Sur moi se penche, et vient avec ma plume écrire.
10 J'entends ce qu'entendit Rabelais ; je vois rire
Et pleurer ; et j'entends ce qu'Orphée[1] entendit.

▶ Victor **HUGO**, XXVII (extrait), *Les Contemplations* (1856)

1. Héros et poète dans la mythologie grecque.

Texte 2

Le mal

Tandis que les crachats rouges de la mitraille
Sifflent tout le jour par l'infini du ciel bleu ;
Qu'écarlates ou verts[1], près du Roi qui les raille,
Croulent les bataillons en masse dans le feu ;

5 Tandis qu'une folie épouvantable broie
Et fait de cent milliers d'hommes un tas fumant ;
– Pauvres morts ! dans l'été, dans l'herbe, dans ta joie,
Nature ! ô toi qui fis ces hommes saintement !...

– Il est un Dieu, qui rit aux nappes damassées
10 Des autels, à l'encens, aux grands calices[2] d'or ;
Qui dans le bercement des hosannah[3] s'endort,

Et se réveille, quand des mères, ramassées
Dans l'angoisse, et pleurant sous leur vieux bonnet noir,
Lui donnent un gros sou lié dans leur mouchoir !

▶ Arthur **RIMBAUD**, *Les Cahiers de Douai* (1871)

Jean Cocteau (1883-1963), *Orphée*, dessin à l'encre (collection privée).

1. L'auteur évoque la guerre franco prussienne (1870-1871). Les uniformes des Français sont rouges ; ceux des Prussiens, verts.
2. Coupes utilisées lors des messes pour célébrer l'eucharistie.
3. Chant de grâce.

Texte 3

Un train qui siffle dans la nuit
C'est un sujet de poésie
Un train qui siffle en Bohème
C'est là le sujet d'un poème

5 Un train qui siffle mélod'
Ieusement c'est pour une ode
Un train qui siffle comme un sansonnet[1]
C'est bien un sujet de sonnet

Et un train qui siffle comme un hérisson
10 Ça fait tout un poème épique[2]
Seul un train sifflant dans la nuit
Fait un sujet de poésie

▶ Raymond QUENEAU, « Un train qui siffle dans la nuit »
in *L'Instant fatal* (1948), © Éditions Gallimard

1. Petit oiseau.
2. Qui célèbre de hauts faits.

Texte 4

Femme noire

Femme nue, femme noire
Vêtue de ta couleur qui est vie, de ta forme qui est beauté !
J'ai grandi à ton ombre ; la douceur de tes mains bandait
    mes yeux.
5 Et voilà qu'au cœur de l'Été et de Midi, je te découvre
    Terre promise, du haut d'un haut col calciné
Et ta beauté me foudroie en plein cœur, comme l'éclair
    d'un aigle.

▶ Léopold Sédar SENGHOR, « Femme noire » (extrait)
Chants d'ombre (1964), © Éditions du Seuil

COMPAREZ LES TEXTES

1. Quels sont les différents thèmes qui ont inspiré ces quatre poèmes ?

2. Dans quels poèmes la présence de l'auteur apparaît-elle directement ? indirectement ? Grâce à quels termes ou procédés ?

3. Quel texte évoque le rôle du poète ? Les trois autres poèmes vous semblent-ils illustrer ce rôle ? Appuyez-vous sur chaque texte pour justifier votre réponse.

4. Quelle est finalement la visée de chaque poème ?

Problématique

● **Quels sont les enjeux majeurs d'un texte poétique ?**

Étudier un poème revient à s'interroger sur les sources de l'inspiration poétique, et plus largement sur le rôle du poète ainsi que sur les fonctions de la poésie.

Pour analyser un poème, il faut dégager sa visée principale en se demandant quel but poursuit le poète :

• exprimer des sensations et des sentiments ;

• déchiffrer et proposer une vision du monde ;

• célébrer ou contester certains de ses aspects, défendre une cause ;

• inventer un nouveau langage.

Les fonctions de la poésie

1 EXPRIMER DES SENSATIONS ET DES SENTIMENTS

La poésie a une fonction expressive quand le poète cherche à faire partager ses sensations et ses sentiments.

Son émotion traduit, plus généralement, des sentiments universels, dans lesquels chacun peut se reconnaître.

Les sensations, les sentiments

■ La poésie, comme mode de connaissance du réel, cherche à éveiller nos sens, à redonner tout leur pouvoir d'émotion aux **sensations premières**.

■ L'**amour** conduit le poète à célébrer une relation harmonieuse ou à exprimer ses attentes, dans des poèmes lyriques.

– Au Moyen Âge, les troubadours chantent leur amour ; Ronsard, au XVIe siècle, s'adresse à Hélène ou à Cassandre.

– Au XXe siècle, Lou inspire la poésie d'Apollinaire ; Nusch, celle d'Eluard ; Elsa, celle d'Aragon.

■ Après un deuil ou une séparation, écrire permet d'exprimer **sa souffrance**. Hugo, dans *Les Contemplations*, rend un hommage émouvant à la fille qu'il a perdue.

■ **La nostalgie** de l'enfance ou **le regret** d'un pays que l'on a quitté ont inspiré les poètes d'époques variées.

– Au XVIe siècle, du Bellay rédige les *Regrets*.

– Au XXe siècle, Césaire célèbre son pays natal, Saint-John Perse, son enfance *(Éloges)*.

■ **L'angoisse** existentielle que l'homme éprouve face à sa **mort inéluctable** se traduit diversement selon les époques.

– Du Moyen Âge au XVIIe s., la mort et la brièveté de la vie sont des thèmes récurrents de la poésie. Au XIXe siècle, les romantiques et Baudelaire expriment leur mal de vivre, leur « spleen ».

2 « DÉCHIFFRER » LE MONDE

La poésie a une fonction didactique quand le poète entend montrer des correspondances entre mondes sensible et spirituel.

Le langage poétique permet de révéler les multiples facettes d'une même réalité, ainsi que les liens secrets tissés entre les êtres et les choses, que le poète est seul à voir. La poésie est alors une quête du sens et le poète un traducteur.

Le rôle du poète

■ Au XIXe siècle, **le poète se représente** volontiers (❯ *Texte 1, p. 262*). Il expose son rôle auprès des hommes, parfois dans des textes théoriques *(Rimbaud, Verlaine)*. Il donne de lui-même l'image d'un être à part, souvent incompris, mais doté de capacités particulières.

Élu et interprète de Dieu *(Hugo)*, il assume son **rôle de guide** auprès du peuple qu'il doit éclairer, c'est un « **voyant** » *(Rimbaud)*.

■ La poésie a alors un caractère philosophique et didactique, elle permet de livrer un enseignement, souvent de façon allégorique *(La Fontaine, Vigny)*.

Des thèmes d'inspiration variés

■ La poésie renouvelle sans cesse ses sources d'inspiration. La vieillesse *(Baudelaire)*, la pauvreté *(Hugo)*, la laideur *(Rimbaud, Baudelaire)* sont vues sous un autre jour. Les poètes des XIXe et XXe siècles *(Apollinaire, Cendrars, Ponge, Réda)* explorent de nouveaux territoires, comme les réalités du monde moderne et du quotidien *(la ville, les transports, les objets)* (❯ *Texte 3, p. 263*)

3 DÉFENDRE UNE CAUSE : CÉLÉBRER OU DÉNONCER

La poésie a une fonction argumentative quand un auteur choisit la célébration, la dénonciation, la défense d'une cause qu'il souhaite faire partager.

Écrire pour célébrer

■ Faire **l'éloge** d'**une femme aimée**, d'une femme idéale, est un thème majeur dans l'histoire de la poésie (〉*Senghor, Texte 4, p. 263*). La forme du blason (XVIe siècle) s'y prête particulièrement.
De même, l'admiration des beautés du monde donne lieu à **l'éloge de la nature**.
Création de Dieu, reflet d'un état d'âme ou refuge accueillant, la nature a séduit les poètes à toutes les époques : au XIXe siècle *(poètes romantiques)*, au XXe siècle aussi *(Bonnefoy, Supervielle, Reverdy, Jaccottet)*.

Écrire pour dénoncer

■ Certains poètes puisent leurs sources d'inspiration dans l'actualité de leur temps et prennent parti pour **une cause religieuse, politique ou morale**.

– Au XVIe siècle, d'Aubigné défend la cause des protestants.

– Au XIXe siècle, Hugo, Baudelaire, Rimbaud dénoncent la misère des enfants du peuple ; Hugo, républicain en exil, s'en prend à Napoléon III *(Les Châtiments)*.

– Au XXe siècle, les poètes engagés *(Aragon, Éluard, Desnos, Char)* se servent de la poésie comme d'une arme de résistance contre l'occupant nazi.
Le poète sénégalais Senghor et le Martiniquais Césaire dénoncent les abus du colonialisme et développent une poésie de la négritude.

4 RENOUVELER LE LANGAGE

Quels que soient ses thèmes, la poésie a une fonction esthétique qui consiste à donner aux mots, sens, force et beauté.
Le poète ne se satisfait pas de l'état des choses, des pensées figées et des stéréotypes du langage. Il cherche à atteindre une forme de pureté ou simplement à jouer sur les mots pour en régénérer la signification.

Créer un nouveau langage pour atteindre un idéal

■ **Les poètes du Parnasse** *(Gautier, Heredia)* cherchent à travers la poésie à représenter la beauté idéale.

■ Reprenant l'idée baudelairienne d'une correspondance entre le monde des sens et celui de l'esprit, **les symbolistes** *(Rimbaud, Verlaine, Mallarmé)* cherchent à travers les analogies à accéder à une vérité supérieure. Il s'agit de « peindre non la chose mais l'effet qu'elle produit » *(Mallarmé)*. Les règles de versification et de syntaxe sont détournées, les mots choisis pour leur rareté, la musicalité du vers devient primordiale.

Créer un nouveau langage en jouant avec les mots

■ La poésie des XXe et XXIe siècles multiplie les jeux sur le langage.
Le poète se livre à des expériences, en inventant de nouveaux mots *(Michaux, Queneau)* ou de nouvelles contraintes *(l'OuLiPo, Ouvroir de Littérature Potentielle, avec Queneau, Roubaud, Perec et O. Salon)*.

■ **La poésie visuelle** exploite le support de l'écrit qu'est la page et recherche une disposition significative et graphique des mots sur le papier *(Apollinaire)*.

Étudier le lyrisme d'un poème

La poésie lyrique, prisée du Moyen Âge à nos jours, exprime les sentiments du poète, de façon explicite ou en les suggérant, grâce aux procédés suivants.

■ **Les marques de la subjectivité** (›*chap. 12*), dont l'emploi de la première personne ;

■ **La modalité exclamative** (›*chap. 9*), qui traduit l'émotion (on parle d'« **élégie** » pour désigner une plainte) ou l'enthousiasme, avec expressivité et authenticité ;

■ **L'apostrophe lyrique** (« Ô »), dont la valeur poétique participe de la célébration ou de la déploration ;

■ **Le lexique des sensations et des sentiments** (›*chap. 7*), pour exprimer les nuances d'une émotion personnelle et le rapport de l'être au monde ;

■ **La recherche de sonorités musicales et d'un rythme** qui épouse le sentiment éprouvé et renoue avec l'origine musicale du lyrisme (le terme renvoie au mythe d'Orphée, qui charmait les bêtes sauvages avec sa lyre et son chant) ;

■ **Les figures d'analogie** (›*chap. 13*), dont le pouvoir de suggestion permet d'évoquer ce qui ne peut être dit.

EXEMPLE COMMENTÉ

Ô triste, triste était mon âme
À cause, à cause d'une femme.

Je ne me suis pas consolé
Bien que mon cœur s'en soit allé.

[...]

5 Et mon cœur, mon cœur trop sensible
Dit à mon âme : Est-il possible,

Est-il possible, – le fût-il –
Ce fier exil, ce triste exil ?

Paul VERLAINE, « Ariettes oubliées », VII (extrait),
Romances sans paroles (1873)

● Le désarroi du poète est suggéré par la répétition de l'adjectif « triste » qui est associé aux **marques de la première personne**. Le « **Ô** » **lyrique** qui ouvre le poème lui donne d'emblée un **ton élégiaque**, celui d'une complainte. Le **lexique des sentiments** (*je ne me suis pas consolé, mon cœur, sensible*) traduit la peine du poète rendue lancinante par le jeu des répétitions (v. 1, 2, 5, 6-7, 8). Enfin, la modalité interrogative exprime l'incompréhension et la déploration.

www. ⟐ **Pour aller plus loin...**

→ Retrouvez sur le site www.editions-hatier.fr/methodesetpratiques des extraits de textes à connaître pour étudier le rôle du poète et la fonction de la poésie.

Exercices

Exercices

1 ★ Repérer les procédés du lyrisme

a. À qui s'adresse le poète dans cet extrait ?

b. Observez les adjectifs. Quelle image est donnée de la nature ?

c. Quelle est la modalité de la phrase du vers 1 ? Que traduit-elle ?

d. Le rythme des vers est-il régulier ? Que suggère-t-il ?

> Qu'il est doux d'être au monde, et quel bien que
> [la vie !
> Tu le disais ce soir par un beau jour d'été.
> Tu le disais, ami, dans un site enchanté,
> Sur le plus vert coteau de ta forêt chérie.

Alfred DE MUSSET, *Poésies nouvelles* (1850)

2 ★ Déterminer la visée principale d'un poème

www.

a. Quelle est la visée principale de chacun de ces extraits ?

b. Quels procédés de l'écriture poétique chaque poète choisit-il pour atteindre son but ?

TEXTE 1

> Quand reverrai-je, hélas, de mon petit village
> Fumer la cheminée, et en quelle saison
> Reverrai-je le clos de ma pauvre maison,
> Qui m'est une province, et beaucoup davantage ?

Joachim DU BELLAY, « Heureux qui comme Ulysse… », *Les Regrets* (1558), version modernisée

TEXTE 2

> Où vont tous ces enfants dont pas un seul ne rit ?
> Ces doux êtres pensifs que la fièvre maigrit ?
> Ces filles de huit ans qu'on voit cheminer seules ?
> Ils s'en vont travailler quinze heures sous des
> [meules ;
> 5 Ils vont, de l'aube au soir, faire éternellement
> Dans la même prison le même mouvement.
> Accroupis sous les dents d'une machine sombre
> […].

Victor HUGO, « Melancholia », *Les Contemplations* (1856)

TEXTE 3

> Avec ses deux ailes
> Qui traînent à terre
> Comme des haltères
> Au bout de bretelles,
> 5 L'escargoéland
> Jamais ne se presse :
> Il sait que sans cesse
> L'escargoéland.

Jacques ROUBAUD et Olivier SALON, « L'escargoéland » in *Anthologie de l'Oulipo* (2009), © Éditions Gallimard

3 ★ Saisir les qualités propres au poète

a. Quel don a le poète selon Baudelaire ? Quels termes en soulignent le caractère exceptionnel ?

b. Expliquez en une phrase la thèse de Victor Hugo.

c. D'après ces textes, le poète paraît-il différent des autres hommes ? Justifiez votre réponse en la nuançant.

TEXTE 1

> Le poète jouit de cet incomparable privilège, qu'il peut à sa guise être lui-même et autrui. Comme ces âmes errantes qui cherchent un corps, il entre, quand il veut, dans le personnage de chacun.

Charles BAUDELAIRE, « Les foules », *Petits Poèmes en prose* (1869)

TEXTE 2

> Peuples ! écoutez le poète !
> Écoutez le rêveur sacré !
> Dans votre nuit, sans lui complète,
> Lui seul a le front éclairé.
> 5 Des temps futurs perçant les ombres,
> Lui seul distingue en leurs flancs sombres
> Le germe qui n'est pas éclos.
> Homme, il est doux comme une femme.
> Dieu parle à voix basse à son âme
> Comme aux forêts et comme aux flots.

Victor HUGO, « Fonction du poète », *Les Rayons et les Ombres* (1840)

4 ★★ Étudier l'expression imagée des sentiments

a. Quels sentiments exprime le poète ?

b. Quelles métaphores choisit-il pour les exprimer ?

c. Qu'est-ce qui, dans le texte, suggère que ce rondeau était chanté ?

> Quand je fus pris au pavillon[1]
> De ma dame très gente[2] et belle,
> Je me brûlai à la chandelle,
> Ainsi que fait le papillon.
>
> 5 Je rougis comme vermillon[3],
> Aussi flambant qu'une étincelle,
> Quant je fus pris au pavillon.
> De ma dame très gente et belle.
>
> Si j'avais été un émerillon[4]
> 10 Ou si j'avais eu d'aussi bonnes ailes,
> Je me serais méfié de celle
> Qui me donna de l'aiguillon[5]
> Quant je fus pris au pavillon.

Charles D'ORLÉANS, rondeau XXIII, *Rondeaux* (XIIIᵉ siècle), orthographe modernisée

1. Piège pour oiseaux. – 2. Noble. – 3. Couleur rouge. – 4. Oiseau de proie. – 5. Qui me donna un coup de pique.

a. Montrez que l'attitude de l'albatros sur le pont du navire s'oppose à celle qu'il adopte dans le ciel.
b. Relevez les expressions qui désignent l'albatros. Quelles caractéristiques mettent-elles en avant ?
c. Quelles analogies sont établies entre le poète et l'oiseau ?

L'albatros

Souvent, pour s'amuser, les hommes d'équipage
Prennent des albatros, vastes oiseaux des mers,
Qui suivent, indolents[1] compagnons de voyage,
Le navire glissant sur les gouffres amers.

5 À peine les ont-ils déposés sur les planches,
Que ces rois de l'azur, maladroits et honteux,
Laissent piteusement leurs grandes ailes blanches
Comme des avirons traîner à côté d'eux.

Ce voyageur ailé, comme il est gauche et veule[2] !
10 Lui, naguère si beau, qu'il est comique et laid !
L'un agace son bec avec un brûle-gueule,
L'autre mime, en boitant, l'infirme qui volait !

Le Poète est semblable au prince des nuées
Qui hante la tempête et se rit de l'archer ;
15 Exilé sur le sol au milieu des huées,
Ses ailes de géant l'empêchent de marcher.

Charles BAUDELAIRE, *Les Fleurs du mal* (1857)
1. Insouciants. − 2. Faible, au sens moral.

VERS LA QUESTION SUR UN CORPUS

Ces deux conceptions de la poésie s'opposent-elles ? Vous rédigerez votre réponse dans un paragraphe argumenté, organisé et illustré d'exemples des deux textes. Aidez-vous des indications et questions suivantes.
➜ Quel rôle Éluard assigne-t-il à la poésie ?
➜ Quelles fonctions de la poésie se dégagent du texte d'Alain Bosquet ?
➜ Reformulez en une phrase la thèse soutenue par Bosquet.

TEXTE 1

Il est temps de redire[1], de proclamer que les poètes sont des hommes comme les autres, puisque les meilleurs d'entre eux ne cessent de soutenir que tous les hommes sont ou peuvent
5 être à l'échelle du poète.
Devant le péril aujourd'hui couru par l'homme, des poètes nous sont venus de tous les points de l'horizon français. Une fois de plus la poésie mise au défi se regroupe, retrouve un sens précis à sa
10 violence latente, crie, accuse, espère.

Paul ÉLUARD, *L'Honneur des poètes*, Préface (1943),
© Éditions de Minuit clandestines
1. Le recueil, collectif, a été publié clandestinement pendant l'Occupation.

TEXTE 2

Défense du poète

Écrire un poème, est-ce une trahison,
comme devant la mise à mort d'un innocent
on détourne les yeux ? Aligner quelques mots
qui lâchent le réel pour un gramme d'azur,

5 est-ce dresser un paravent contre le monde
affolé dans son bain, parmi l'écume noire ?
Traiter sa fable favorite en libellule
par-dessus la rivière, est-ce oublier le pain

qui manque à l'homme ? Remplacer le vrai
[printemps
10 par un printemps verbal aux toucans[1] invisibles
qui sont peut-être un peu de feu, est-ce insulter

notre nature ? Aimer une voyelle blanche
comme on aime sa fille, est-ce être dédaigneux
de notre amour universel, qui nous saccage ?

Alain BOSQUET, « Défense du poète », in *Sonnets pour une fin de siècle* (1980), © Éditions Gallimard
1. Oiseaux dotés d'un énorme bec coloré.

---

a. Quel passage renvoie à un souvenir de tristesse ? Par quels moyens ce sentiment est-il suggéré ?
b. Quelle est la modalité qui domine dans les phrases ? Dans quelle intention ?
c. Comment le poète évoque-t-il sa mère ?
d. **VERS LE COMMENTAIRE**
Dans quelle mesure le titre du recueil peut-il s'appliquer à cet extrait ?

Le poète évoque des souvenirs d'enfance, en Guadeloupe.

Et tout n'était que règnes et confins de
[lueurs.
Et les troupeaux montaient, les vaches sentaient le
sirop-de-batterie… Croissent mes membres
et pèsent, nourris d'âge ! Je me souviens des
5 pleurs
d'un jour trop beau dans trop d'effroi dans
trop d'effroi !… du ciel blanc, ô silence ! qui
[flamba
comme un regard de fièvre… Je pleure, comme je
pleure, au creux de vieilles douces mains…
[…]

10 ... Que ta mère était belle, était pâle
lorsque si grande et lasse, à se pencher,
elle assurait ton lourd chapeau de paille ou de
soleil, coiffé d'une double feuille de siguine[1],
et que, perçant un rêve aux ombres dévoué,
15 l'éclat des mousselines
inondait ton sommeil !

SAINT-JOHN PERSE, « Et tout n'était que règnes » in *Éloges*
(première publication en 1911, 1960), © Éditions Gallimard

1. Plante tropicale à larges feuilles (philodendron).

★★★
**8 Commenter un sonnet
sur les fonctions de la poésie**

VERS LE COMMENTAIRE

En vous interrogeant sur les fonctions de la poé-
sie, vous ferez un commentaire de ce sonnet.
Vous pourrez vous aider du plan suivant :
I. La composition du sonnet : une progression
significative
II. Le but de la poésie : célébrer les beautés du
monde
III. La représentation du poète

Apothéose

En tous sens, à jamais, le Silence fourmille
De grappes d'astres d'or mêlant leurs
[tournoiements.
On dirait des jardins sablés de diamants,
Mais, chacun, morne et très-solitaire, scintille.

5 Or, là-bas, dans ce coin inconnu, qui pétille
D'un sillon de rubis mélancoliquement,
Tremblotte une étincelle au doux clignotement :
Patriarche éclaireur conduisant sa famille.

Sa famille : un essaim de globes lourds fleuris.
10 Et sur l'un, c'est la terre, un point jaune, Paris,
Où, pendue, une lampe, un pauvre fou qui
[veille :

Dans l'ordre universel, frêle, unique merveille.
Il en est le miroir d'un jour et le connaît.
Il y rêve longtemps, puis en fait un sonnet.

Jules LAFORGUE, *Premiers poèmes* (1re édition 1903)
© Éditions Gallimard, 1970

Exercice guidé

★★★
9 Étudier la poésie engagée du xxe s.

VERS L'EXPOSÉ ORAL

Quelle fonction de la poésie est mise en œuvre
dans ce poème ? Justifiez votre réponse. Aidez-
vous des questions suivantes.
➜ Quelles images frappantes choisit Jean Tardieu
pour évoquer le massacre ?

➜ Sur quelle figure de style (➔*chap. 13*) est construit
le texte ? Quel est l'effet produit ?
➜ Dans quel but le pronom « je » est-il employé ?
➜ Comment l'auteur parvient-il à rendre hommage
aux martyrs ?

*En 1944, les Nazis ont massacré 643 villageois
d'Oradour-sur-Glane, hommes, femmes et enfants.
Ils les ont enfermés dans l'église du village et y ont
mis le feu.*

Oradour je crie et hurle
Chaque fois qu'un cœur éclate
Sous les coups des assassins
Une tête épouvantée
5 Deux yeux larges deux yeux rouges
Deux yeux graves deux yeux grands
Comme la nuit la folie
Deux yeux de petit enfant :
Ils ne me quitteront pas.
10 Oradour je n'ose plus
Lire ou prononcer ton nom.

Oradour honte des hommes
Oradour honte éternelle
Nos cœurs ne s'apaiseront
15 Que par la pire vengeance
Haine et honte pour toujours.

Oradour n'a plus de forme
Oradour, femmes ni hommes
Oradour n'a plus d'enfants
20 Oradour n'a plus de feuilles
Oradour n'a plus d'église
Plus de fumées plus de filles
Plus de soirs ni de matins
Plus de pleurs ni de chansons.

25 Oradour n'est plus qu'un cri
Et c'est bien la pire offense
Au village qui vivait
Et c'est bien la pire honte
Que de n'être plus qu'un cri,
30 Nom de la haine des hommes
Nom de la honte des hommes
Le nom de notre vengeance
Qu'à travers toutes nos terres
On écoute en frissonnant,
35 Une bouche sans personne,
Qui hurle pour tous les temps.

Jean TARDIEU, « Oradour » (extrait), publié en 1944
dans le dernier numéro clandestin des *Lettres françaises*,
figure dans *Les Dieux étouffés* (1944), © Éditions Seghers

Exercices

Objet d'étude : Écriture poétique et quête du sens, du Moyen Âge à nos jours

Corpus

Texte A   Victor HUGO, « J'aime l'araignée », Livre III, *Les Contemplations* (1856)
Texte B   Guillaume APOLLINAIRE, « La chenille », *Le Bestiaire* (1918)
Texte C   Francis PONGE, « L'huître », *Le Parti pris des choses* (1942)
Texte D   Jacques ROUBAUD, « Le lombric », *Les Animaux de tout le monde* (1990)

Texte A

J'aime l'araignée

J'aime l'araignée et j'aime l'ortie,
　　Parce qu'on les hait ;
Et que rien n'exauce et que tout châtie
　　Leur morne souhait ;

5　Parce qu'elles sont maudites, chétives,
　　Noirs êtres rampants ;
Parce qu'elles sont les tristes captives
　　De leur guet-apens ;

Parce qu'elles sont prises dans leur œuvre ;
10　　O sort ! fatals nœuds !
Parce que l'ortie est une couleuvre,
　　L'araignée un gueux ;

Parce qu'elles ont l'ombre des abîmes,
　　Parce qu'on les fuit,
15 Parce qu'elles sont toutes deux victimes
　　De la sombre nuit.

Passants, faites grâce à la plante obscure,
　　Au pauvre animal.
Plaignez la laideur, plaignez la piqûre,
20　　Oh ! plaignez le mal !

Il n'est rien qui n'ait sa mélancolie ;
　　Tout veut un baiser.
Dans leur fauve horreur, pour peu qu'on oublie
　　De les écraser,

25 Pour peu qu'on leur jette un œil moins superbe,
　　Tout bas, loin du jour,
La mauvaise bête et la mauvaise herbe
　　Murmurent : Amour !

Victor HUGO, *Les Contemplations* (1856)

Texte B

La chenille

Le travail mène à la richesse.
Pauvres poètes, travaillons !
La chenille en peinant sans cesse
Devient le riche papillon.

Guillaume APOLLINAIRE, *Le Bestiaire* (1918),
© Éditions Gallimard

Texte C

L'huître

　　L'huître, de la grosseur d'un galet moyen, est d'une apparence plus rugueuse, d'une couleur moins unie, brillamment blanchâtre. C'est un monde opiniâtrement clos. Pourtant on peut l'ouvrir : il faut alors la
5 tenir au creux d'un torchon, se servir d'un couteau ébréché et peu franc, s'y reprendre à plusieurs fois. Les doigts curieux s'y coupent, s'y cassent les ongles : c'est un travail grossier. Les coups qu'on lui porte marquent son enveloppe de ronds blancs, d'une sorte
10 de halos.
　　À l'intérieur l'on trouve tout un monde, à boire et à manger : sous un *firmament* (à proprement parler) de nacre, les cieux d'en-dessus s'affaissent sur les cieux d'en-dessous, pour ne plus former qu'une mare, un
15 sachet visqueux et verdâtre, qui flue et reflue à l'odeur et à la vue, frangé d'une dentelle noirâtre sur les bords.
　　Parfois très rare une formule perle à leur gosier de nacre, d'où l'on trouve aussitôt à s'orner.

Francis PONGE, *Le Parti pris des choses* (1942),
© Éditions Gallimard

Le lombric
(Conseils à un jeune poète de douze ans)

Dans la nuit parfumée aux herbes de Provence
le lombric se réveille et bâille sous le sol,
étirant ses anneaux au sein des mottes molles
il les mâche, digère et fore avec conscience.

5 Il travaille, il laboure en vrai lombric de France
comme, avant lui, ses père et grand-père ; son rôle,
il le connaît. Il meurt. La terre prend l'obole
de son corps. Aérée, elle reprend confiance.

Le poète, vois-tu, est comme un ver de terre
10 il laboure les mots, qui sont comme un grand champ
où les hommes récoltent les denrées langagières ;

mais la terre s'épuise à l'effort incessant !
sans le poète lombric et l'air qu'il lui apporte
le monde étoufferait sous les paroles mortes.

Jacques ROUBAUD, *Les Animaux de tout le monde* (1990),
© Éditions Seghers, coll. « Volubile »

Séries générales

Question (4 points)

Après avoir lu attentivement les textes du corpus, vous répondrez à la question suivante :
Quelles fonctions de la poésie sont mises en œuvre dans les textes de ce corpus ?

Travaux d'écriture (16 points)

Vous traiterez au choix l'un des trois sujets proposés.

Commentaire
Vous commenterez le texte de Jacques Roubaud.

Dissertation
Baudelaire écrit à propos de Paris : « Tu m'as donné ta boue et j'en ai fait de l'or ». Dans quelle mesure cette citation rend-elle compte du rôle des poètes ?

Écriture d'invention
Vous avez réalisé une anthologie de poèmes en choisissant des thèmes inattendus, qui ont suscité des réactions d'étonnement auprès de certains élèves de votre classe. Vous décidez donc de rédiger une préface à votre anthologie pour défendre la liberté d'inspiration dans le choix des sujets.

Séries technologiques

Questions (6 points)

Après avoir lu attentivement les textes du corpus, vous répondrez aux questions suivantes de manière organisée et synthétique.
1. Que représente chaque animal dans ces poèmes ? *(2 points)*
2. Ces poèmes font-ils tous l'éloge de l'animal qu'ils évoquent ? Justifiez votre réponse. *(4 points)*

Travaux d'écriture (14 points)

Vous traiterez au choix l'un des trois sujets proposés.

Commentaire
Vous commenterez le poème de Victor Hugo en vous aidant du parcours de lecture suivant :
1. Analysez la façon dont l'auteur présente l'aspect physique des araignées et des orties.
2. Étudiez les moyens qu'emploie le poète pour faire de ce texte un plaidoyer efficace.

Dissertation
La poésie n'est-elle selon vous destinée qu'à représenter l'homme ou doit-elle aussi chercher des sources d'inspiration plus variées comme, par exemple, les animaux ?
Vous répondrez à cette question dans un développement organisé en vous aidant des textes du corpus et des poèmes que vous avez étudiés.

Écriture d'invention
Vous venez de remporter le premier prix d'un concours de poésie organisé par votre établissement. Le responsable du site du lycée vous demande d'exposer dans un article d'une cinquantaine de lignes la fonction que vous attribuez à la poésie aujourd'hui. Rédigez cet article.

31 Étudier et pratiquer les réécritures

▶ Distinguer différentes formes de réécriture
▶ Confronter et replacer dans leur contexte une œuvre et ses réécritures
▶ Prendre conscience d'un héritage culturel en appréciant les notions de modèle et d'écart

▌▌▌▌▌▌▌ Découvrir

Texte 1

Parce qu'il a défié les dieux, Prométhée est condamné par Zeus à souffrir éternellement, enchaîné sur un rocher. Devant le Chœur venu le consoler, il rappelle son action en faveur des hommes.

Jadis ils regardaient sans voir et écoutaient sans entendre, et telles les formes des songes, ils vivaient, tout au long de leur existence, dans le chaos et la confusion. Ils ne connaissaient pas les maisons de briques brûlées par le soleil, ils ne savaient pas travailler le bois, et ils vivaient comme les fourmis alertes au fond de grottes inac-
5 cessibles au soleil. Rien ne leur indiquait avec certitude l'hiver, le printemps fleuri ou l'été fertile, et ils agissaient en tout sans user de leur bon sens, jusqu'à ce que je leur montre l'art subtil de distinguer le lever et le coucher des étoiles. Pour eux, j'ai inventé aussi la science des nombres, la plus éminente de toutes, et l'assemblage des lettres, qui garde la mémoire de toutes choses et encourage la culture des arts.
10 Le premier, j'ai soumis au joug les bêtes pour qu'elles remplacent les mortels dans leurs travaux les plus pénibles ; et j'ai attelé au char les chevaux, dociles aux rênes, raffinement de la richesse. Moi seul encore ai inventé ces véhicules aux ailes de lin sur lesquels les marins sillonnent les mers. Voilà les inventions dont j'ai fait profiter les mortels, tandis que, pour moi-même, malheureux, je ne découvre rien qui
15 puisse me délivrer de ma misère présente.

▶ Eschyle, *Prométhée enchaîné*, v. 447-471 (467 av. J.-C.), traduit du grec par Dimitri T. Analis, © SNELA La Différence (2004)

Prométhée enchaîné, d'Eschyle, mise en scène de Luca Ronconi, décor de Margherita Palli, avec Franco Branciaroli (Prométhée) (Théâtre antique de Fourvière, Lyon, 2003).

Texte 2

> Le roi Bérenger I*er* va mourir. Dans le palais qui s'effondre, devant une cour dérisoire, le seul garde qui reste fait l'éloge du roi et de son règne.

LE GARDE, *pendant que Juliette se met à pousser le Roi dans son fauteuil à roulettes et le promène autour du plateau.* – Majesté, mon Commandant, c'est lui qui avait inventé la poudre. Il a volé le feu aux Dieux puis il a mis le feu aux poudres. Tout a failli sauter. Il a tout retenu dans ses mains, il a tout reficelé. Je l'aidais, ce
5 n'était pas commode. Il a installé les premières forges sur la terre. Il a inventé la fabrication de l'acier. Il travaillait dix-huit heures sur vingt-quatre. Nous autres, il nous faisait travailler davantage encore. Il était ingénieur en chef. Monsieur l'Ingénieur a fait le premier ballon, puis le ballon dirigeable. Enfin, il a construit de ses mains le premier aéroplane. Cela n'a pas réussi tout de suite. Les premiers
10 pilotes d'essai, Icare et tant d'autres, sont tombés dans la mer jusqu'au moment où il a décidé de piloter lui-même. J'étais son mécanicien. Bien avant encore, quand il était petit dauphin, il avait inventé la brouette. Je jouais avec lui. Puis, les rails, le chemin de fer, l'automobile. Il a fait les plans de la tour Eiffel, sans compter les faucilles, les charrues, les moissonneuses, les tracteurs. *(Au Roi.)*
15 N'est-ce pas, monsieur le Mécanicien, vous vous en souvenez ?

LE ROI. – Les tracteurs, tiens, j'avais oublié.

LE GARDE. – Il a éteint les volcans, il en a fait surgir d'autres. Il a bâti Rome, New York, Moscou, Genève. Il a fondé Paris. Il a fait les
20 révolutions, les contre-révolutions, la religion, la réforme, la contre-réforme.

JULIETTE. – On ne le dirait pas à le voir.

> Eugène IONESCO, *Le roi se meurt* (1962),
> © Éditions Gallimard

Le roi se meurt, d'Eugène Ionesco, mise en scène de Georges Werler, avec Michel Bouquet (le Roi) (Théâtre Hébertot, Paris, 2004).

COMPAREZ LES TEXTES

1. Quels points communs observez-vous entre les deux textes ? Dans le texte 2, quelle phrase fait référence au personnage de Prométhée ? Quels éléments majeurs du texte d'Eschyle Ionesco a-t-il conservés ?

2. Analysez précisément par quels moyens s'opère la transposition comique de la tragédie antique chez Ionesco.

3. Comparez les personnages de Prométhée et de Bérenger I*er*. Quelle valeur symbolique est donnée à chacun ?

Problématique

● **En quoi le phénomène de réécriture vient-il enrichir la réflexion sur la création littéraire ?**

> Étudier et pratiquer les réécritures est le moyen privilégié de :
>
> - ● mettre les œuvres en perspective les unes avec les autres ;
> - ● relativiser la notion de nouveauté et d'originalité ;
> - ● comprendre la singularité d'un écrivain face à ses modèles.

Les réécritures

L'intertextualité désigne les relations qu'un texte entretient avec d'autres textes. Dans le cadre des réécritures, ces relations prennent différentes formes.

1 L'EMPRUNT

- **L'allusion** : on fait référence de façon plus ou moins détournée à une phrase, une situation, empruntées à un auteur connu. *Verlaine fait allusion à Fénelon, dans le poème* Malines (❯ *p. 242*)

- **Les reprises** : on s'approprie un personnage ou une œuvre du passé pour en donner sa vision personnelle.

  Molière reprend des comédies de Plaute (❯*chap. 24), Boileau, la satire de Juvenal (*❯*chap. 16) ; le théâtre du XXᵉ s. revisite les tragédies antiques (*❯*chap. 25).*

2 L'IMITATION

- **Le pastiche** : on imite, en exagérant les procédés, le style d'un écrivain qu'en général on admire.

- **La parodie** : on imite de façon caricaturale un genre, un registre, un style, en introduisant des décalages comiques avec le modèle.
  – **Le burlesque** traite de sujets nobles ou sérieux en employant des termes comiques ou vulgaires.
  – **L'héroï-comique** traite un sujet vulgaire sur un ton noble.

3 LES TRANSPOSITIONS

- **Les différentes « versions » d'un texte** : on change le mode de narration, le point de vue, l'énonciation, les formes de discours…

  Maupassant a écrit deux versions du Horla *avant d'opter pour celle du journal intime.*

- **L'adaptation** : on fait passer une œuvre d'un genre dans un autre (du roman au théâtre, du roman au cinéma…) ; on modifie le texte en fonction du destinataire (adultes – enfants) ; on actualise un texte classique.

4 LES VARIATIONS

- **Au sens strict,** on réécrit un même énoncé en **variant les modes d'écriture**.
  Raymond Queneau, dans Exercices de style, *récrit de 99 façons différentes la même anecdote.*

- **Au sens courant,** le mot désigne les **différentes déclinaisons** d'un mythe, d'un thème, d'un type de personnage… *(variation sur le mythe de l'âge d'or ; sur le personnage de Don Juan…).*

Une scène ou un motif récurrents peuvent devenir un **topos**, un « lieu » commun de la littérature (ou de la peinture) : *la rencontre amoureuse, le coucher de soleil…*

5 AMPLIFICATION ET RÉDUCTION

- **Les brouillons,** les ébauches, les variantes d'un texte offrent des exemples de ces ajouts ou de ces retraits (❯*manuscrit de Verlaine, p. 93*).

- **Le développement d'un texte ou son résumé** sont des formes de réécritures enseignées par la rhétorique classique et pratiquées aujourd'hui dans les travaux d'écriture d'invention et d'argumentation (❯*chap. 40-41*).

Confronter un texte source et sa réécriture

Pour analyser de quelle façon un texte réécrit un texte antérieur, il est nécessaire de suivre ces étapes.

- **Se reporter aux paratextes** : les deux textes appartiennent-ils au même genre ? au même mouvement littéraire ? quelle durée les sépare ? dans quel contexte ont-ils été écrits ?

- **Dégager ce qui rapproche le texte second du texte source** : thème ; forme, genre ; emprunts explicites ou implicites.

- **Dégager ce qui les distingue** : les ajouts ; les écarts avec le modèle : leur nature et leur sens.

- **Analyser le sens et les effets de la réécriture** : dégager l'intention, prendre en compte le changement de contexte ; évaluer le degré d'originalité, de créativité ; définir la vision singulière de l'écrivain.

EXEMPLE COMMENTÉ

TEXTE 1

On a dérobé à l'avare Euclion une marmite pleine d'or.

EUCLION. – Je suis fini, je suis mort, je suis assassiné. Où courir, où ne pas courir ? Arrêtez-le ! arrêtez-le ! Qui ? Et par qui ? Je ne sais, je ne vois rien, je suis aveugle ; où vais-je, où suis-je, qui suis-je, je ne suis plus certain de rien. Je vous en
5 supplie, je vous le demande, je vous en conjure, secourez-moi, et montrez-moi l'homme qui me l'a enlevée.

PLAUTE, *La Comédie de la marmite*, IV, 9, traduit du latin par Pierre Grimal, © Éditions Gallimard (Pléiade)

TEXTE 2

On a dérobé à l'avare Harpagon sa cassette pleine d'or.

HARPAGON. – Au voleur ! au voleur ! à l'assassin ! au meurtrier ! Justice, juste ciel ! Je suis perdu, je suis assassiné ! On m'a coupé la gorge, on m'a dérobé mon argent ! Qui peut-ce être ? Qu'est-il devenu ? où est-il ? où se cache-t-il ? Que fe-
5 rai-je pour le trouver ? Où courir ? où ne pas courir ? N'est-il point là ? n'est-il point ici ? Qui est-ce ? Arrête ! *(Il se prend lui-même le bras.)* Rends-moi mon argent, coquin !… Ah ! c'est moi. Mon esprit est troublé, et j'ignore où je suis, qui je suis, et ce que je fais. Hélas ! mon pauvre argent, mon pauvre
10 argent, mon cher ami, on m'a privé de toi ! Et, puisque tu m'es enlevé, j'ai perdu mon support, ma consolation, ma joie ; tout est fini pour moi, et je n'ai plus que faire au monde ! Sans toi, il m'est impossible de vivre. C'en est fait, je n'en puis plus, je me meurs, je suis mort, je suis enterré !
15 N'y a-t-il personne qui veuille me ressusciter en me rendant mon cher argent, ou en m'apprenant qui l'a pris ?

MOLIÈRE, *L'Avare*, IV, 7 (1668)

• Molière, au milieu du XVIIᵉ siècle, emprunte le sujet et le personnage de l'Avare à Plaute, auteur comique latin du IIIᵉ siècle av. J.-C. Il place le monologue de l'Avare au même moment que Plaute dans sa pièce. Il reprend presque mot pour mot le texte source à deux reprises. **Autre point commun** : les deux textes suivent le même déroulement, quatre étapes identiques dans les extraits présentés : 1. « Je suis assassiné ! » ; 2. Questions ; 3. Désordre de l'esprit ; 4. Appel à témoin.

Mais Molière **ajoute un effet comique** propre à la farce (*Il se prend lui-même le bras*). L'apport le plus personnel réside dans la lamentation de l'avare devant son « cher ami » disparu ; cet ajout amplifie le désespoir et la folie ; par contraste, le jeu que le texte tisse avec les mots produit des effets risibles. Le personnage devient pitoyable.

La réécriture enrichit donc le texte source, du comique de geste et de mots ; surtout, l'approfondissement psychologique élargit la comédie antique à la « comédie de caractère » avec ses personnages complexes, humanisés, universels.

Exercices

★ 1 Apprécier une réécriture par amplification

a. Quels éléments du texte 1 sont développés dans le texte 2 ? Quelles raisons peuvent expliquer cette amplification ?

b. Quel texte préférez-vous ? Justifiez votre choix.

TEXTE 1

La question[1] est une invention merveilleuse et tout à fait sûre, pour perdre un innocent qui a la complexion[2] faible et sauver un coupable qui est né robuste.

Jean DE LA BRUYÈRE, XIV, 51, *Les Caractères* (1688)

1. La torture. – 2. Constitution physique.

TEXTE 2

Dialogue entre le musicien Destouches et Croutef, fonctionnaire siamois, sur le fonctionnement de la justice au Siam, c'est-à-dire, indirectement, en France.

DESTOUCHES. – […]. Et la question[1], en usez-vous ?
CROUTEF. – C'est notre plus grand plaisir ; nous avons trouvé que c'est un secret infaillible pour sauver un coupable qui a les muscles vigoureux,
5 les jarrets forts et souples, les bras nerveux et les reins doubles ; et nous rouons[2] gaiement tous les innocents à qui la nature a donné des organes faibles. Voici comme nous nous y prenons avec une sagesse et une prudence merveilleuses.
10 Comme il y a des demi-preuves, c'est-à-dire des demi-vérités, il est clair qu'il y a des demi-innocents et des demi-coupables. Nous commençons donc par leur donner une demi-mort, après quoi nous allons déjeuner ; ensuite vient la mort tout
15 entière, ce qui donne dans le monde une grande considération, qui est le revenu du prix de nos charges[3].

VOLTAIRE, *André Destouches à Siam* (1766)

1. La torture. – 2. Nous faisons subir le supplice de la roue. – 3. Sous l'Ancien Régime, les fonctions publiques s'achetaient (et pouvaient être revendues).

★★ 2 Étudier une réécriture parodique

a. Reportez-vous au chapitre 25 (La tragédie et le tragique) ; retrouvez les principaux codes et procédés expressifs propres à ce genre et à ce registre.

b. Étudiez les effets d'imitation et de détournement pratiqués par Obaldia.

Dans le Kentucky, au XIXᵉ siècle, une fille de joie raconte l'attaque de la ville par les Indiens.

Une clameur intense, ainsi qu'un ouragan,
Retentit tout à coup et me glace le sang.
[…]

Pancho ! Pancho-City ! Gigantesque brasier,
Quel crime as-tu commis à ce point expié ?
5 À l'atroce lueur qui me fait son aumône,
Je me vêts et m'enfuis, pareille à « l'Amazone
Au sein nu », les cheveux dénoués et sans frein :
Tableau que tout artiste a rêvé d'avoir peint.
Dehors, un vent de feu me lèche le visage.
10 Il me saute à la gorge une odeur de carnage.
Les barbares précis, fondant comme l'éclair,
N'ont laissé derrière eux qu'un atroce désert :
Cadavres mutilés et surpris pêle-mêle,
Enfants violacés encore à la mamelle,
15 Innocents et pécheurs poussant un dernier couac
Leurs visages fendus à coup de tomahawk !

René DE OBALDIA, *Du vent dans les branches de sassafras*, I, 5 (1966), © Grasset

★★ 3 Étudier les variations autour d'un topos littéraire

a. Constituez un groupement de textes rassemblant des scènes de première rencontre. Dégagez les codes communs à ces scènes.

b. Analysez le traitement original donné ici à cette tradition littéraire.

c. À votre tour, écrivez une scène de première rencontre en vous efforçant de renouveler le topos.

Lorsque les quatre grains d'yeux d'Amédée et de Philomène se rencontrèrent, il leur fut inutile d'esquisser le moindre mensonge comme ceux que deux êtres, jusque-là inconnus l'un pour
5 l'autre, dressent entre eux de peur de devenir la proie sans défense d'une exaltation débornée. Philomène comprit que l'homme qu'elle avait longtemps cherché sur les paillasses fétides de la Cour Fruit-à-Pain, le seul, le vrai, se tenait là
10 devant elle et qu'il l'espérait depuis des siècles de temps. Elle arrangea avec fébrilité son opulente chevelure noire de câpresse[1] et chercha à rassembler ses mots afin de ne pas commettre quelque impardonnable faute de français. Amédée, mal-
15 gré son air d'oiseau-kayali rendu hagard par l'approche d'un cyclone, réussit à balbutier :

« Philomène… je vous aime.

– Monsieur, je te aime… » répondit la jeune femme.

20 Rigobert[2] péta de rire. Il rit, il rit, il rit. Les deux futurs amants le regardaient comme statufiés. Le voisinage vint et s'embarqua lui aussi dans cette entreprise de rire sans qu'il sût exactement de quoi il retournait.

Raphaël CONFIANT, *Le Nègre et l'Amiral*, I, 3 (1988), © Grasset et Fasquelle

1. Aux Antilles, femme née de parents noir et mulatre.
2. Un ami du couple.

★★ 4 Interpréter une réécriture d'image

a. À quel célèbre tableau français ce dessin de presse fait-il référence ?

b. Dans quel contexte le tableau a-t-il été peint ? Dans quel contexte (historique, culturel, économique) se place le dessin, à votre avis ?

c. Par groupes, formulez une interprétation du dessin de presse. Comparez vos interprétations.

Norman Ferguson (1902-1957), dessin de presse, paru dans le *Financial Times*, Londres.

★★★ 5 Comparer deux fins de romans

a. Dans quelle mesure le texte de Zola est-il une réécriture du texte de Balzac ?

b. Sur quels points portent les différences ?

c. Comparez la vision du monde qui s'exprime à travers le personnage romanesque dans ces deux scènes finales.

Texte 1

Au cimetière du Père-Lachaise, Eugène de Rastignac, jeune étudiant ambitieux, vient d'enterrer le Père Goriot, ruiné et abandonné par ses filles, Mesdames de Restaud et de Nucingen.

Rastignac, resté seul, fit quelques pas vers le haut du cimetière et vit Paris tortueusement couché le long des deux rives de la Seine, où commençaient à briller les lumières. Ses yeux s'attachèrent presque avidement entre la colonne de la place Vendôme et le dôme des Invalides, là où vivait ce beau monde dans lequel il avait voulu pénétrer. Il lança sur cette ruche bourdonnant un regard qui semblait par avance en pomper le miel, et dit ces mots grandioses : « À nous deux maintenant ! »

Et pour premier acte du défi qu'il portait à la Société, Rastignac alla dîner chez Mᵐᵉ de Nucingen.

Honoré DE BALZAC, *Le Père Goriot* (1835)

Texte 2

Le peintre Bongrand et le romancier Sandoz viennent d'enterrer au nouveau cimetière de Saint-Ouen leur ami Claude Lantier qui s'est suicidé, impuissant à créer la peinture qu'il rêvait.

Ils se retrouvaient devant le tas allumé des vieilles bières pourries[1]. Maintenant, elles étaient en plein feu suantes et craquantes ; mais on ne voyait toujours pas les flammes, la fumée seule avait augmenté, une fumée âcre, épaisse que le vent poussait en gros tourbillons, et qui couvrait le cimetière entier d'une nuée de deuil.

– Fichtre ! onze heures ! dit Bongrand en tirant sa montre. Il faut que je rentre.

Sandoz eut une exclamation de surprise.

– Comment ! déjà onze heures !

Il promena sur les sépultures basses, sur le vaste champ fleuri de perles[2], si régulier et si froid, un long regard de désespoir, encore aveuglé de larmes. Puis il ajouta :

– Allons travailler.

Émile ZOLA, *L'Œuvre* (1886)

1. On brûle les vieux cercueils dans un carré du cimetière.
2. Les couronnes qui ornent les tombes.

★★★ 6 Analyser une réécriture

a. Quels points communs et quelles différences remarquez-vous entre le texte 1 et le texte 2 ?

b. Quel style Musset imite-t-il ? Dans quel but ?

c. Récapitulez les différentes formes de réécritures pratiquées dans le texte 2.

Texte 1

Considère, mon amour, jusqu'à quel excès tu as manqué de prévoyance !

GUILLERAGUES, *Lettres portugaises*, 1ʳᵉ lettre (1669)

Texte 2

Lettre d'une jeune fille abandonnée par son amant.

Considère, mon amour adoré, mon ange, mon bien, mon cœur ; toi que j'idolâtre de toutes les puissances de mon âme ; toi, ma joie et mon désespoir ; toi, mon rire et mes larmes ; toi, ma vie et ma mort ! – jusqu'à quel excès effroyable tu as méconnu les nobles sentiments dont ton cœur est plein, et oublié la sauvegarde de l'homme, la seule force de la faiblesse, la seule visière baissée dans le combat de la vie, la seule aile d'ange qui palpite sur nous, la seule vertu qui marche sur les flots, comme le divin Rédempteur, la prévoyance, sœur de l'adversité !

Alfred DE MUSSET, *Lettre de Dupuis et Cotonet*, 1ʳᵉ lettre (1836-1837)

SÉRIE LITTÉRAIRE   Objet d'étude : **Les réécritures du XVIIe siècle à nos jours**

Corpus

Texte A   François VILLON, *Ballade des dames du temps jadis* (1489)
Texte B   Max JACOB, « Villonelle », *Le Laboratoire central* (1921)
Texte C   Henri BELLAUNAY, « Ballade des étoiles du temps jadis », *Petite Anthologie imaginaire de la poésie française* (2000)

Texte A

Ballade des dames du temps jadis

Dites-moi où, n'en quel pays
Est Flora[1] la belle Romaine
Alcibiade[1] et Thaïs[1],
Qui fut sa cousine germaine ?
5 Echo[1], parlant quand bruit on mène
Dessus rivière ou sur étang,
Qui beauté eut trop plus qu'humaine ?
Mais où sont les neiges d'antan ?

Où est la très sage Héloïse[2]
10 Pour qui fut châtré et puis moine
Pierre Abélard à Saint-Denis ?
Pour son amour eut cette essoyne[3].
Semblablement, où est la reine [2]
Qui commanda que Buridan
15 Fut jeté en un sac en Seine ?
Mais où sont les neiges d'antan ?

La Reine blanche comme lis
Qui chantait à voix de sirène,
Berthe[2] au grand pied, Bietris[2], Alis[2],
20 Haremburgis[2] qui tint le Maine,
Et Jeanne[2] la bonne Lorraine
Qu'Anglais brûlèrent à Rouen ?
Où sont-elles, Vierge souveraine ?
Mais où sont les neiges d'antan ?

25 Prince, n'enquérez de semaine
Où elles sont, ni de cet an,
Qu'à ce refrain ne vous remaine[4] :
Mais où sont les neiges d'antan ?

François VILLON, *Ballade des dames du temps jadis* (1489), édition modernisée

1. Personnages réels ou mythologiques de l'Antiquité grecque.
2. Femmes illustres des XIIe et XIIIe siècles. Certains noms ont pu être inventés. – 3. Épreuve. – 4. Ne demandez ni cette semaine ni cette année où elles sont sans que je vous ramène à ce refrain.

Texte B

Villonelle[1]

Dites-moi quelle fut la chanson
Que chantaient les belles sirènes
Pour faire pencher des trirèmes[2]
Les Grecs qui lâchaient l'aviron.

5 Achille qui prit Troie, dit-on,
Dans un cheval bourré de son
Achille fut grand capitaine
Or, il fut pris par des chansons
Que chantaient des vierges hellènes[3]
10 Dis-moi, Vénus, je t'en supplie
Ce qu'était cette mélodie

Un prisonnier dans sa prison
En fit une en Tripolitaine
Et si belle que sans rançon
15 On le rendit à sa marraine
Qui pleurait contre la cloison

Nausicaa[4] à la fontaine
Pénélope[4] en tissant la laine
Zeuxis[5] peignant sur les maisons
20 Ont chanté la faridondaine !…
Et les chansons des échansons ?

Échos d'échos des longues plaines
Et les chansons des émigrants !
Où sont les refrains d'autres temps
25 Que l'on a chantés tant et tant ?
Où sont les filles aux belles dents
Qui l'amour par les chants retiennent ?
Et mes chansons ? qu'il m'en souvienne !

**MAX JACOB, « Villonelle », *Le Laboratoire central* (1921),
© Éditions Gallimard (1921)**

1. Une villanelle était une poésie populaire qui accompagnait les danses villageoises. Max Jacob déforme le mot pour rendre hommage à Villon. – 2. Navire de l'Antiquité à trois rangs de rameurs. – 3. Grecques. – 4. Personnages féminins de l'*Odyssée* d'Homère. – 5. Peintre grec du Ve s. av. J.-C.

Ballade des étoiles du temps jadis

Dites-moi où n'en quel pays
Est Sophia la belle Loren,
Lollobrigida et Vitti[1],
Qui ne le lui cédaient qu'à peine,
5 BB aux bêtes tant amène
Dessus banquise ou dans les champs,
Aux phoques donnant tendre *aveine*.
Où sont les Étoiles d'antan ?

Où est la fière Magnani
10 Qui primait tretoutes Romaines
Et qui cependant fut trahie
Pour une étrangère lointaine ?
Où sont les jambes de Marlène,
Où donc les beaux yeux de Morgan,
15 Arletty la courbevoisienne ?
Où sont les Étoiles d'antan ?

Où est Esther au corps poli
Au bal aimant mener sirènes,
Rita, Audrey, Barbara, *Liz* ?
20 Où est la *soëve* Marylène
Et celle-là qui fut la Reine,
Sous noirs miroirs ses yeux cachant ?
Autant en emporte *Vivian*.
Où sont les Étoiles d'antan ?

25 Princesses, clartés incertaines,
Nous vous regretterons souvent,
Faisant *toudis*, demande vaine :
Où sont les Étoiles d'antan ?

Aveine : avoine
Liz : on prononçait Li
Soëve : douce
Vivian : on prononçait Viviène
Toudis : tous les jours

Henri BELLAUNAY, « Ballade des étoiles du temps jadis »,
Petite Anthologie imaginaire de la poésie française (2000),
© Éditions de Fallois

1. Les noms propres sont ceux de célèbres actrices
du cinéma du xxᵉ siècle.

Questions (4 points)

Après avoir lu attentivement les textes du corpus, vous répondrez aux questions suivantes :
Quel est le thème commun aux trois textes ?
En quoi le texte B et le texte C sont-ils des réécritures du texte A ?

Travaux d'écriture (16 points)

Vous traiterez au choix l'un des trois sujets proposés.

Commentaire
Vous commenterez le poème de Max Jacob.

Dissertation
« Créations, recréations, récréations ». En vous appuyant sur les textes du corpus, sur ceux que vous avez étudiés en classe et sur vos lectures personnelles, vous justifierez le choix de ce sous-titre donné à un ouvrage consacré aux réécritures.

Écriture d'invention
Rédigez, en réponse aux nostalgiques, un article intitulé « Le Phœnix » dans lequel vous ferez l'éloge des réécritures qui permettent aux formes anciennes de renaître et de se renouveler constamment. Vous ne vous interdirez pas de faire référence à la chanson.

32

La question sur le corpus (1)
lire **un corpus** et **des consignes**, crayon en main

SUJET

En quoi ces extraits présentent-ils les personnages de façon réaliste ?

Objet d'étude : Le roman et la nouvelle

Corpus **Texte A**   Gustave Flaubert, *Un cœur simple* (1877)

 Texte B   Émile Zola, *Au Bonheur des dames* (1883)

 Texte C   Guy de Maupassant, *Bel-Ami* (1885)

Texte A

Il s'agit de la première page de la nouvelle Un cœur simple.

Pendant un demi-siècle, les bourgeoises de Pont-l'Evêque envièrent à Mme Aubain sa servante Félicité.

Pour cent francs par an, elle faisait la cuisine et
5 le ménage, cousait, lavait, repassait, savait brider un cheval, engraisser les volailles, battre le beurre, et resta fidèle à sa maîtresse, – qui cependant n'était pas une personne agréable. [...]

Elle se levait dès l'aube, pour ne pas manquer
10 la messe, et travaillait jusqu'au soir sans interruption ; puis, le dîner étant fini, la vaisselle en ordre et la porte bien close, elle enfouissait la bûche sous les cendres et s'endormait devant l'âtre, son rosaire[1] à la main. Personne, dans les marchandages,
15 ne montrait plus d'entêtement. Quant à la propreté, le poli de ses casseroles faisait le désespoir des autres servantes. Économe, elle mangeait avec lenteur, et recueillait du doigt sur la table les miettes de son pain, – un pain de douze livres[2], cuit exprès
20 pour elle, et qui durait vingt jours.

En toute saison elle portait un mouchoir d'indienne[3] fixé dans le dos par une épingle, un bonnet lui cachant les cheveux, des bas gris, un jupon rouge, et par-dessus sa camisole[4] un tablier à ba-
25 vette[5], comme les infirmières d'hôpital.

Son visage était maigre et sa voix aiguë. À vingt-cinq ans, on lui en donnait quarante ; dès la cinquantaine, elle ne marqua plus aucun âge ; – et, toujours silencieuse, la taille droite et les gestes
30 mesurés, semblait une femme en bois, fonctionnant d'une manière automatique.

Gustave FLAUBERT, *Un cœur simple* (1877)

1. Chapelet. – 2. Six kilos. – 3. Tissu de coton. –
4. Chemise. – 5. Remontant sur la poitrine.

Texte B

Denise débute comme vendeuse dans le grand magasin « Au bonheur des dames ».

D'abord, elle eut à surmonter les terribles fatigues du rayon. Les paquets de vêtements lui cassaient les bras, au point que, pendant les six premières semaines, elle criait la nuit en se retour-
5 nant, courbaturée, les épaules meurtries. Mais elle souffrit plus encore de ses souliers, de gros souliers apportés de Valognes, et que le manque d'argent l'empêchait de remplacer par des bottines légères. Toujours debout, piétinant du matin au soir, gron-
10 dée si on la voyait s'appuyer une minute contre la boiserie, elle avait les pieds enflés, des petits pieds de fillette qui semblaient broyés dans des brodequins de torture[1] ; les talons battaient de fièvre, la plante s'était couverte d'ampoules, dont la peau
15 arrachée se collait à ses bas.

Émile ZOLA, *Au bonheur des dames* (1883)
1. Instruments de torture brisant les pieds.

Texte C

Madeleine vient d'épouser Georges Duroy ; le couple parisien se rend chez les parents du jeune homme, qui tiennent un café en Normandie.

Ce fut un long déjeuner de paysans avec une suite de plats mal assortis, une andouille après un gigot, une omelette après l'andouille. [...]

La mère Duroy ne parlait point, toujours triste et
5 sévère, épiant de l'œil sa bru avec une haine éveillée dans le cœur, une haine de vieille travailleuse, de vieille rustique aux doigts usés, aux membres déformés par les dures besognes, contre cette femme de ville qui lui inspirait une répulsion de maudite,
10 de réprouvée, d'être impur fait pour la fainéantise et le péché. Elle se levait à tout moment pour aller chercher les plats, pour verser dans les verres une boisson jaune et aigre de la carafe ou le cidre roux mousseux et sucré des bouteilles dont le bouchon
15 sautait comme celui de la limonade gazeuse.

Guy DE MAUPASSANT, *Bel-Ami* (1885)

Étape 1 — Parcourir les documents

1. Identifier la nature des documents

—— Parcourez chaque document pour distinguer sa nature.
S'agit-il d'un texte littéraire, d'un article de presse ou d'encyclopédie, d'une préface… ?
—— Repérez ses caractéristiques : genre, forme de discours, époque, courant littéraire…

> **Quelle est la nature des documents ?**
>
> *Le corpus est constitué d'un extrait de nouvelle (› Texte A) et de deux extraits de romans (› Textes B et C). Les textes mêlent narration et description. Ils appartiennent aux courants réaliste et naturaliste de la fin du XIXe siècle.*

2. Saisir l'unité du corpus

—— Établissez les **points communs** des documents : thème (amitié, bonheur, guerre…), registre (lyrique, comique…), situation (dispute, aveu, rencontre…), place dans l'œuvre (incipit de roman, scène de dénouement…), type de personnages (valet, amoureux, héros…), visée (dénoncer, célébrer…)
—— Trouvez **ce qui les distingue**.
—— Repérez quels documents se rejoignent, se complètent ou s'opposent.

> **Quelle est l'unité du corpus ?**
>
> *Les personnages sont tous des femmes, que chaque texte contribue à présenter.*
> *Le travail est un thème important, moins présent dans le texte de Maupassant que dans les deux autres.*
>
> *Le texte A évoque la vie de Félicité en général. Les textes B et C se concentrent sur un moment particulier de la vie des personnages.*

3. S'appuyer sur le paratexte

—— Aidez-vous des indications fournies par la date de publication, le chapeau de présentation, les notes, la place d'une scène dans une pièce de théâtre, le titre d'un poème, de l'œuvre…

> **Quelles informations apporte le paratexte ?**
>
> *Le chapeau en italique (› textes B et C) précise la situation de l'extrait dans le roman.*
> *Les notes éclairent le sens de certains mots.*
> *Le nom des auteurs, tous du XIXe siècle, renvoie aux mouvements réaliste et naturaliste. (› Chap. 1 et 21)*

Étape 2 — Analyser et comprendre la question posée

4. Distinguer les différents types de questions

Le libellé de la question peut porter sur les points suivants :
—— **1. Question portant sur un thème ou un personnage**
Analysez les différences de traitement du thème ou du personnage dans les textes, puis recherchez les procédés qui soutiennent ces différents traitements : champs lexicaux, figures de style…
—— **2. Question portant sur un genre**
Repérez les caractéristiques propres au genre, et dégagez-en les particularités.

> **Sur quoi porte la question ?**
>
> *Exemples de questions portant sur un thème ou un personnage :*
> *Quelles conceptions différentes de la justice sont exprimées dans ces extraits de comédie ?*
> *Quels sentiments successifs sont éprouvés par les personnages ?*
>
> *Exemple de question portant sur un genre :*
> *Quelles particularités de l'écriture dramatique ces extraits illustrent-ils ?*

3. Question sur la visée des textes
Identifiez le but de chacun des textes et les moyens choisis par son auteur pour y parvenir.

4. Question sur un procédé d'écriture, un registre ou une forme de discours
En vous aidant de vos connaissances, analysez la façon dont le procédé ou le registre est mis en œuvre dans chaque texte.

5. Analyser la question posée
— Soulignez les **expressions-clés** de la consigne, qui peuvent être :
soit une question (Comment... ?, Quels sont... ?)
soit un verbe (Comparez... Vous montrerez...)
— Aidez-vous de la mise au point p. 283.
— Soulignez **l'objet de l'étude attendue** pour le mettre en évidence.
— Reformulez au brouillon la question pour expliciter la démarche à suivre.
Le but : Je dois montrer que...
Les moyens : ... en analysant...

Que dois-je montrer et comment ?

En quoi ces extraits présentent-ils les personnages de façon réaliste ?

Je dois montrer que ces trois textes présentent des personnages qui ne sont pas idéalisés, en retrouvant et en analysant dans chaque texte les caractéristiques d'une présentation réaliste.

Étape 3 — Rechercher les éléments de réponse

6. Souligner les citations à retenir
— Avec des stylos de couleurs différentes soulignez dans chaque texte les termes ou phrases nécessaires à l'analyse, et qui seront cités dans la réponse rédigée.

Exemple tiré du texte de Zola (B)
D'abord, elle eut à **surmonter** les **terribles fatigues du rayon**. Les paquets de vêtements lui **cassaient** les **bras**, au point que, pendant les six premières semaines, elle **criait** la nuit en se retournant, **courbaturée**, les **épaules** meurtries.

Vert = *Conditions de travail difficiles*
Rose = *Conséquences physiques*
Bleu = *Description du corps*

7. Noter au brouillon les éléments de réponse
— En vous aidant de votre lecture attentive des textes, de vos connaissances, des citations relevées, notez au brouillon les éléments de réponse, sans les rédiger et en essayant de les organiser.
— Un tableau par texte (et par question pour les séries technologiques) s'avère efficace et permet de gagner du temps.
Ces tableaux vous aideront à confronter les textes, en mettant en avant les points communs et les différences.

Comment présenter les éléments de réponses de manière organisée
Caractéristiques d'une présentation réaliste :
Choix d'un univers quotidien
→ *Travail de Denise et de Félicité (Textes B, A)*
→ *Scène de repas en famille (Texte C)*
Évocation de conditions de travail pénibles
→ *Longueur des journées (Textes A, B)*
→ *Conséquences physiques (Textes A, B, C)*
Détails vraisemblables
→ *Le pain de Félicité (Texte A)*
→ *L'état des pieds de Denise (Texte B)*
→ *Les doigts de la mère Duroy (Texte C)*

★ 1 Vérifier ses connaissances

a. En vous servant de vos cours et de ce manuel, proposez quatre exemples d'un genre littéraire, d'un registre, d'une forme de discours.

b. Identifiez pour chacun des mouvements littéraires suivants le siècle qui lui correspond.

1. Les Lumières	
2. Le Nouveau Roman	A. XVIᵉ s.
3. Le symbolisme	B. XVIIᵉ s.
4. Le classicisme	C. XVIIIᵉ s.
5. Le romantisme	D. XIXᵉ s.
6. Le réalisme	E. XXᵉ s.
7. L'humanisme	

Mise au point
Distinguer les nuances d'une consigne

Types de consignes et démarche attendue

❚ **« Justifiez... »** : apportez la preuve de ce que vous avancez en donnant des arguments tirés de l'étude du texte et de vos connaissances, et en fournissant des exemples.

❚ **« Analysez... »** : repérez (en observant les documents), nommez (en employant un vocabulaire adéquat) et interprétez (en donnant une signification à votre observation) l'objet de l'analyse.

❚ **« Caractérisez... »** : trouvez les caractéristiques, les particularités.

❚ **« Dégagez... »** : déduisez vos remarques de votre observation des documents.

❚ **« Comment l'auteur... ? »** : identifiez les procédés d'écriture (champs lexicaux, figures de style, forme de discours...) choisis par l'auteur.

❚ **« Par quels moyens... ? »** : désignez-les par les termes de l'analyse littéraire, et justifiez votre réponse en citant les textes.

❚ **« Quel est l'objectif / la visée, le but ? »** : exposez dans quelle intention l'auteur a rédigé l'extrait étudié. Justifiez toujours votre réponse.

❚ **« Montrez... »** : justifiez l'affirmation proposée en analysant et en citant les textes.

❚ **« Dans quelle mesure, En quoi... ? »** : justifiez l'affirmation proposée, en montrant qu'elle peut être nuancée.

❚ **Question totale : « Le texte cherche-t-il... ? »** : ne vous contentez pas d'une réponse par « oui » ou « non », justifiez-la précisément.

❚ **« Comparez »** : décrivez et analysez les points communs et les différences.

❚ **« Distinguez »** : identifiez différents aspects d'une même notion (ex. : différents points de vue)

★ 2 Identifier l'objet d'étude illustré par un corpus

À quel objet d'étude renvoient les corpus suivants ?

CORPUS 1
TEXTE A Honoré de Balzac, *La Duchesse de Langeais*
TEXTE B Marcel Proust, *À la recherche du temps perdu*
TEXTE C Albert Cohen, *Belle du seigneur*

CORPUS 2
TEXTE A Théophile Gautier, « Le Pin des Landes », *España*
TEXTE B Victor Hugo, « Fonction du poète », *Les Rayons et les ombres*
TEXTE C Charles Baudelaire, « L'Albatros », *Les Fleurs du mal*

CORPUS 3
TEXTE A Molière, *L'Avare*
TEXTE B Samuel Beckett, *En attendant Godot*
TEXTE C Eugène Ionesco, *Rhinocéros*

★ 3 Analyser la question posée

a. Encadrez la consigne et soulignez l'objet (le thème) de la question.

b. Reformulez ces questions pour expliciter la démarche attendue.

1. Quelles fonctions peut-on attribuer au costume de théâtre d'après les textes du corpus ?

2. Justifiez le rapprochement de ces quatre poèmes.

3. Dégagez la thèse commune soutenue par les auteurs de ces textes.

4. Que dénoncent les textes A et B du corpus ?

5. Quelle vision de la relation amoureuse ces textes proposent-ils ?

6. Dans quelle mesure ces portraits prennent-ils appui sur le réel ?

7. Dites comment chaque document s'inspire du poème d'Homère.

8. En quoi la réflexion de J. Schérer (texte D) éclaire-t-elle les autres textes du corpus ?

9. Analysez et comparez le statut du narrateur et le point de vue dans ces débuts de roman.

10. Ces descriptions mettent-elle en valeur les mêmes aspects de la ville ?

4 Dégager les points communs entre les textes d'un corpus

Quels points communs pouvez-vous trouver dans la façon dont sont décrits ces paysages ?

TEXTE A

Ce soir-là, plus que jamais, tandis qu'il[1] cheminait au hasard, le noir souvenir le hanta, émergea de dessous les ponts où pleurent les visages de sources invisibles. Une impression mortuaire
5 émanait des logis clos, des vitres comme des yeux brouillés d'agonie, des pignons[2] décalquant dans l'eau des escaliers de crêpe[3]. Il longea le Quai Vert, le Quai du Miroir, s'éloigna vers le Pont du Moulin, les banlieues tristes bordées de peupliers.

Georges RODENBACH, *Bruges-la-morte* **(1892)**

1. Hugues a perdu sa femme avec laquelle il vivait à Bruges, ville de canaux en Belgique. – 2. Avancée pointue du toit. –
3. Le crêpe noir est une bande de tissu que les veufs portaient au bras.

TEXTE B

Les glaciers fondaient. Ils n'avaient plus que de petites langues amincies dans les cannelures des roches ; la montagne couverte de cascades grondait comme un tambour. Il n'y avait plus de
5 petits ruisseaux mais des torrents musclés aux reins terribles et qui portaient des glaçons et des rochers, bondissaient, luisants et tout fumants d'écume plus haut que les sapins, minaient leurs rives profondes, emportaient les lambeaux de fo-
10 rêts. Les eaux, les roches, les glaces, les ossements d'arbres se tordaient en grosses branches d'acier à travers le pays et se déversaient en mugissant dans l'immense fleuve.

Jean GIONO, *Le Chant du monde* **(1934),**
© Éditions Gallimard

TEXTE C

Sur la grande plaine[1], les énormes insectes métalliques piochaient leur butin dans les tréfonds de la terre. [...]
En cette fin d'année 1997, Lev était venu en
5 visite d'inspection. Subjugué par le spectacle, il ne bougeait plus, contemplant la plaine mécanisée, comme si la terre même était saisie de cette étrange et constante convulsion, fouillée par les tuyaux de forage, dont les têtes découpaient les
10 roches et les mâchaient, aspirant le précieux liquide. Il n'y avait plus que les insectes, l'horizon entier en était couvert, dans une gigantesque invasion de sauterelles prédatrices. À des centaines de mètres de profondeur, elles mangeaient, bu-
15 vaient, absorbaient le pétrole [...].

Fabrice HUMBERT, *La Fortune de Sila* **(2010)**
© Le Passage Paris-New York Éditions (2010)

1. Plaine de champs de pétrole, que le propriétaire, Lev, vient inspecter

5 Saisir l'unité d'un corpus

a. À quel objet d'étude renvoie ce corpus ?
b. Quelles informations importantes le paratexte apporte-t-il ?
c. Quels sont les points communs de ces extraits ?
d. Inventez une question qui permettrait de les comparer.

TEXTE A

Sganarelle s'entretient avec Gusman, le valet d'Elvire, au sujet de la fuite de Don Juan juste après son mariage avec Elvire.

SGANARELLE. – Je n'ai pas grande peine à le comprendre[1], moi ; et si tu connaissais le pèlerin, tu trouverais la chose assez facile pour lui. Je ne dis pas qu'il ait changé de sentiments pour Done El-
5 vire, je n'en ai point de certitude encore : tu sais que, par son ordre, je partis avant lui, et depuis son arrivée il ne m'a point entretenu ; mais, par précaution, je t'apprends, *inter nos*[2], que tu vois en Don Juan, mon maître, le plus grand scélérat
10 que la terre ait jamais porté, un enragé, un chien, un diable, un Turc, un hérétique, qui ne croit ni Ciel, ni Enfer, ni loup-garou, qui passe cette vie en véritable bête brute, en pourceau d'Épicure[3], en vrai Sardanapale[3], qui ferme l'oreille à toutes les
15 remontrances[4] chrétiennes qu'on lui peut faire, et traite de billevesées[5] tout ce que nous croyons.

MOLIÈRE, *Dom Juan,* **I, 1 (1665)**

1. Que Don Juan soit parti. – 2. Entre nous. – 3. Épicure et Sardanapale renvoient à la recherche du plaisir. –
4. Reproches. – 5. Propos stupides.

TEXTE B

La pièce s'ouvre sur cet extrait.

DON JUAN. – Sois le bienvenu, mon frère, dans la ville royale[1]. Tu veux donc aussi, enfin lassé de tes études, donner libre cours à tes ardeurs juvéniles réprimées et chercher ici de gaies aventures
5 d'amour ?
DIÈGUE. – Notre père m'envoie pour que je te demande comment tu passes ici le temps de ta jeunesse, ce temps fugitif qui pour toi ne reviendra jamais, et si tu l'emploies pour t'obtenir gloire et
10 honneur.
DON JUAN *(rit)*. – Tu fais l'espion et le prédicateur ? Je vais me soumettre ; pour que ton voyage ne soit pas en vain, tu pourras le suivre comme aumônier de campagne pendant mes joyeuses tournées
15 conquérantes.

Nikolaus LENAU, *Don Juan,* **sc. 1 (1844), traduit de l'allemand**
par Walther Thomas (1931), © Aubier 1931

1. Séville.

Texte C

La Duchesse a convié dans son château plusieurs femmes et, sans le leur dire, Don Juan, qu'elles ont toutes connu dans le passé. Première arrivée, la Comtesse, accueillie par Marion, la domestique, découvre le portrait du séducteur.

MARION. – Pardonnez-moi, Madame, mais j'entends une voiture.

LA COMTESSE. – Comment ? Nous sommes plusieurs ?

5 *Marion est déjà sortie. La Comtesse s'approche du feu pour s'y chauffer lorsqu'elle voit le portrait. Celui-ci reste caché au public.*

LA COMTESSE. – Mon Dieu ! Ce portrait...

Elle semble un instant paniquée, puis elle s'approche lentement, pour le contempler d'un air mauvais. Elle siffle entre ses dents.

LA COMTESSE. – Ah ça !

On entend le tonnerre gronder et l'on comprend qu'un orage est en train de se déclarer au-dehors.

Éric-Emmanuel SCHMITT, *La Nuit de Valognes*, I, 1 (1991)
© Actes Sud 1991

Exercice guidé

★★★
6 Rechercher les premiers éléments d'une réponse

Aidez-vous de ces questions pour trouver les premiers éléments de réponse.

➡ Quelle est la nature de ces textes ?

➡ Lisez attentivement la question. Que faut-il déterminer afin de pouvoir y répondre ?

➡ Exposez en une phrase par texte le but que poursuit chaque auteur.

➡ Quels arguments chacun avance-t-il pour défendre son opinion ?

(> *La suite de ce sujet est proposée p. 291, exercice 5*)

QUESTION

Comparez les visées de ces préfaces.

Texte A

Si l'emploi de la comédie est de corriger les vices des hommes, je ne vois pas par quelle raison il y en aura de privilégiés. Celui-ci[1] est, dans l'État, d'une conséquence bien plus dangereuse 5 que tous les autres ; et nous avons vu que le théâtre a une grande vertu pour la correction. Les plus beaux traits d'une sérieuse morale sont moins puissants, le plus souvent, que ceux de la satire ; et rien ne reprend mieux la plupart des 10 hommes que la peinture de leurs défauts. C'est une grande atteinte aux vices que de les exposer à la risée de tout le monde. On souffre aisément des répréhensions[2] ; mais on ne souffre point la raillerie[3]. On veut bien être méchant ; mais on ne 15 veut point être ridicule.

MOLIÈRE, préface de *Tartuffe* (1669)

1. Le vice de l'hypocrisie. – 2. Reproches. – 3. Moquerie.

Texte B

Ce n'est pas que quelques personnes ne m'aient reproché cette même simplicité[1] que j'avais recherchée avec tant de soin. Ils ont cru qu'une tragédie qui était si peu chargée d'intrigues ne pouvait 5 être selon les règles du théâtre. Je m'informai s'ils se plaignaient qu'elle les eût ennuyés. On me dit qu'ils avouaient tous qu'elle n'ennuyait point, qu'elle les touchait même en plusieurs endroits et qu'ils la verraient encore avec plaisir. Que veu-10 lent-ils davantage ? Je les conjure d'avoir assez bonne opinion d'eux-mêmes pour ne pas croire qu'une pièce qui les touche, et qui leur donne du plaisir, puisse être absolument contre les règles. La principale règle est de plaire et de toucher. 15 Toutes les autres ne sont faites que pour parvenir à cette première.

Jean RACINE, préface de *Bérénice* (1671)

1. Les détracteurs de *Bérénice* ont jugé l'action de la pièce insuffisante, pauvre.

Texte C

De cette évidence[1] se déduit la loi du drame. En effet, au-delà de cette barrière de feu qu'on appelle la rampe[2] du théâtre, et qui sépare le monde réel du monde idéal, créer et faire vivre, 5 dans les conditions combinées de l'art et de la nature, des caractères, c'est-à-dire, et nous le répétons, des hommes ; dans ces hommes, dans ces caractères, jeter des passions qui développent ceux-ci et modifient ceux-là ; et enfin, du choc de 10 ces caractères et de ces passions avec les grandes lois providentielles, faire sortir la vie humaine, c'est-à-dire des événements grands, petits, douloureux, comiques, terribles, qui contiennent pour le cœur ce plaisir qu'on appelle l'intérêt, et 15 pour l'esprit cette leçon qu'on appelle la morale : tel est le but du drame. On le voit, le drame tient de la tragédie par la peinture des passions, et de la comédie par la peinture des caractères.

Victor HUGO, préface de *Ruy Blas* (1838)

1. Hugo vient d'exposer les attentes des spectateurs de théâtre. – 2. Rampe au sol éclairant la scène.

7 Rechercher exemples et éléments de réponse

a. Recherchez les exemples que vous utiliserez dans votre réponse.

b. Notez ensuite les principaux éléments de réponse à la question posée.

(> *La suite de ce sujet est proposée p. 291, exercice 6*)

QUESTION

Quelles sont les différentes manifestations du lyrisme dans ces poèmes ?

Texte A

Parfum exotique

Quand, les deux yeux fermés, en un soir chaud
          [d'automne,
Je respire l'odeur de ton sein chaleureux,
Je vois se dérouler des rivages heureux
Qu'éblouissent les feux d'un soleil monotone ;

5 Une île paresseuse où la nature donne
Des arbres singuliers et des fruits savoureux ;
Des hommes dont le corps est mince et
          [vigoureux,
Et des femmes dont l'œil par sa franchise
          [étonne.

Guidé par ton odeur vers de charmants climats,
10 Je vois un port rempli de voiles et de mâts
Encor tout fatigués par la vague marine,

Pendant que le parfum des verts tamariniers[1],
Qui circule dans l'air et m'enfle la narine,
Se mêle dans mon âme au chant des mariniers.

Charles BAUDELAIRE, *Les Fleurs du mal* (1857)

1. Arbres des régions tropicales.

Texte B

Brise marine

La chair est triste, hélas ! et j'ai lu tous les livres.
Fuir ! là-bas fuir ! Je sens que des oiseaux sont ivres
D'être parmi l'écume inconnue et les cieux !
Rien, ni les vieux jardins reflétés par les yeux
5 Ne retiendra ce cœur qui dans la mer se trempe
Ô nuits ! ni la clarté déserte de ma lampe
Sur le vide papier que la blancheur défend,
Et ni la jeune femme allaitant son enfant.
Je partirai ! Steamer balançant ta mâture,
10 Lève l'ancre pour une exotique nature !

Un Ennui, désolé par les cruels espoirs,
Croit encore à l'adieu suprême des mouchoirs !
Et, peut-être, les mâts, invitant les orages
Sont-ils de ceux qu'un vent penche sur les
          [naufrages
15 Perdus, sans mâts, sans mâts, ni fertiles îlots…
Mais, ô mon cœur, entends le chant des matelots !

Stéphane MALLARMÉ, *Poésies* (1866)

Texte C

J'aurai passé ma vie...

J'aurai passé ma vie le long des quais
À faillir m'embarquer
Dans de bien funestes histoires,
Tout cela pour l'amour
5 De mon cœur fou de la gloire d'amour.

Oh, qu'ils sont pittoresques les trains manqués !...
Oh, qu'ils sont « À bientôt ! à bientôt ! »
Les bateaux
Du bout de la jetée !...
10 De la jetée charpentée
Contre la mer,
Contre ma chair,
Contre l'amour.

Jules LAFORGUE, *Derniers vers*, X, (1890)

8 Organiser les éléments de réponse

Présentez la réponse à la question posée sous la forme d'un plan détaillé.

QUESTION

Comparez la manière dont est traité dans ces trois textes le thème de la descente aux Enfers.

Texte A

Souhaitant connaître son avenir, Ulysse rejoint le monde des Enfers pour y interroger Tirésias, un devin aveugle.

Là Périmède et Eurylochos[1] maintinrent les victimes[2] ; moi cependant, ayant tiré du long de ma cuisse mon coutelas aigu, je creusai une fosse d'une coudée en long et en large ; tout autour je
5 versai des libations[3] pour tous les morts : une première de lait mêlé de miel ; une seconde de doux vin ; une troisième d'eau ; par-dessus, je répandis la blanche farine d'orge. [...]
Les âmes des morts se rassemblaient du fond
10 de l'Erèbe[4] ; jeunes épousées, jeunes hommes, vieillards éprouvés par la vie, tendres vierges dont le cœur novice n'avait pas connu d'autre douleur, et combien de guerriers blessés par les javelines[5] armées de bronze, victimes d'Arès[6],
15 avec leurs armes ensanglantées ! Ils venaient en foule de toute part autour de la fosse, élevant une prodigieuse clameur, et moi, la crainte blême me saisissait.

HOMÈRE, *Odyssée*, **chant XI, traduction de M. Dufour et J. Raison © Flammarion-GF, 1965**

1. Compagnons d'Ulysse. – 2. Les bêtes à sacrifier. –
3. Boissons versées en offrande. – 4. Nom des Enfers. –
5. Javelots. – 6. Dieu de la guerre.

Texte B

Énée est guidé par la Pythie, prêtresse des Enfers, dans le royaume des morts.

Ils allaient obscurs, dans la nuit solitaire, à travers l'ombre et à travers les demeures vides et le vain royaume de Dis[1] : tel, le chemin qu'on fait dans les bois, par une lune incertaine, sous une
5 méchante lumière, quand Jupiter a enfoui le ciel dans l'ombre et que la sombre nuit a enlevé aux choses leur couleur.

Dans le vestibule même, à l'entrée des gorges de l'Orcus[2], le Deuil et les Remords vengeurs ont
10 fait leur lit ; là habitent les pâles Maladies, et la triste Vieillesse, et la Crainte, et la Faim mauvaise conseillère, et la hideuse Pauvreté, formes terribles à voir, et la Mort, et la Souffrance ; puis, le Sommeil, frère de la Mort, et les Joies mauvaises
15 de l'esprit, et, sur le seuil en face, la Guerre meurtrière, et les chambres de fer des Euménides[3], et la Discorde[4] insensée, avec sa chevelure de vipères nouée de bandelettes sanglantes. […]

Tremblant alors d'une subite épouvante, Énée
20 saisit son glaive et en présente la pointe acérée aux monstres qui l'obsèdent[5] ; et, si sa docte compagne ne l'avertissait que ce sont des âmes ténues[6], sans corps, qui volettent sous une enveloppe sans consistance, il se ruerait sur elles et pourfendrait
25 vainement des ombres avec son glaive.

De là part une route qui mène aux ondes de l'Achéron[7] du Tartare. [...] Là toute une foule se ruait à flots pressés sur la rive : mères, époux, héros magnanimes dont le corps a fourni la carrière
30 de la vie, enfants, jeunes filles qui ne connurent point les noces, jeunes gens qui furent placés sur le bûcher devant les yeux de leurs parents ; aussi nombreux que les feuilles qui tournoient et tombent dans les bois au premier froid de l'automne.

VIRGILE, *Enéide*, livre VI, traduction de M. Rat,
© Flammarion - GF, 1965

1. Dis pater (père des richesses) : surnom d'Hadès qui règne sur les Enfers. – 2. Démon de la mort. – 3. Déesses de la vengeance familiale. – 4. Déesse, compagne du dieu de la guerre, et dont les cheveux sont des serpents. – 5. L'assaillent. – 6. Sans consistance. – 7. Fleuve que doivent traverser les âmes avant d'arriver aux Enfers.

Texte C

Matteo se laisse entraîner vers le royaume des morts, par le curé don Mazerotti qui vient de mourir

C'est alors que tout se mit à bouger. Une ombre flotta à quelques centimètres du corps du vieil homme[1]. Elle se dirigea vers la porte et un bruit sourd de gonds rouillés retentit. La porte
5 des Enfers s'ouvrait. Matteo resta bouche bée. Les deux battants s'écartaient avec la lenteur des siècles. C'était comme si toutes les trognes de monstres sculptés prenaient vie. Elles semblaient gémir et grincer des dents, affamées par cette vie
10 qui venait de s'éteindre et qui allait bientôt leur être présentée.

Matteo se leva. Il ne pensait plus à rien. Il savait simplement que c'était le moment, qu'il devait profiter de cet instant. Il suivit l'ombre et entra,
15 laissant derrière lui le cadavre de don Mazerotti avec son étrange sourire sur les lèvres. [...]

La porte s'était refermée. Matteo se trouvait devant un territoire immense. [...]

Le bruit, bientôt, fut assourdissant. Ils étaient
20 parvenus à la rive d'un immense fleuve. Matteo s'arrêta et contempla les eaux qui grondaient devant lui. Elles étaient noires comme une poix[2] épaisse et faisaient une écume grise qui giclait çà et là, dans de grandes gerbes tumultueuses de plu-
25 sieurs mètres. Des tourbillons passaient à toute allure. L'eau grondait, giclait, remuait comme si elle allait sortir de son lit trop étroit pour contenir sa rage.

« Qu'est-ce que c'est ? demanda Matteo.
30 – Le fleuve des Larmes, répondit l'ombre du curé avec une voix sans intonation. C'est la torture des âmes. Elles y sont ballottées en tous sens et gémissent. »

Matteo regarda avec plus d'attention. Dans
35 les eaux, il distinguait maintenant, effectivement, une multitude d'ombres qui gesticulaient comme des noyés, luttant en vain contre le courant. Il les avait d'abord confondues avec l'eau du fleuve mais, maintenant que son regard devenait plus
40 attentif, il comprenait que le fleuve n'était fait que de cela : des milliers d'ombres, les unes sur les autres, portées par le même courant, renversées sans cesse et fouettées par les eaux. Un fleuve d'âmes hurlantes.

Laurent GAUDÉ, *La Porte des enfers* (2008),
© Actes Sud 2008

1. L'ombre de don Mazerotti quitte son corps. – 2. Matière noire ressemblant à du goudron.

33

La question sur le corpus (2)
Rédiger la réponse à une question sur un corpus

Le corpus et la question sont présentés p. 280.

LA MÉTHODE À SUIVRE

LES QUESTIONS À VOUS POSER

Étape 1 — Organiser les grandes idées au brouillon

1. Construire les axes de la réponse
— Déterminez le contenu de chaque paragraphe : à chacun correspond un élément de réponse.
— Évitez de répondre texte par texte, préférez les développements synthétiques.

> **Quelles sont les grandes idées à retenir ?**
> *Ces présentations sont réalistes par :*
> *I. Le choix d'un cadre quotidien*
> *II. L'évocation de conditions de travail difficiles*
> *III. La description sans complaisance des personnages*
> *IV. Le souci du détail concret*

2. Illustrer les idées par des exemples
— Associez à chaque idée des exemples tirés des textes, des phrases précises, des termes ou des expressions, des procédés littéraires et leurs effets.

> **Comment illustrer les idées principales ?**
> *Exemple d'illustration du point IV. Le souci du détail concret → Importance de la nourriture :*
> *Texte A : le pain, les miettes → souci d'économie de l'héroïne.*
> *Texte C : le gigot, l'andouille, le cidre = des détails prosaïques → renvoient au monde rural.*
> *=› Aliments : effet de réel*

Étape 2 — Rédiger l'introduction

3. En quelques lignes
— Présentez les textes.
— Exposez leur point commun.
— Reprenez la question posée.

> **Exemple d'introduction**
> Le corpus est constitué d'extraits de récits du XIXᵉs. : une nouvelle de Flaubert et deux romans, de Maupassant et de Zola. Les trois auteurs, étroitement liés aux mouvements réaliste et naturaliste, évoquent des personnages féminins, de condition sociale modeste, dans leur quotidien. On peut alors se demander en quoi précisément ces femmes sont présentées de façon réaliste.

Étape 3 — Rédiger le développement

4. Assurer la clarté de la réponse
— Construisez des paragraphes.
— Présentez chaque idée par une phrase.
— Ajoutez des termes de liaison.

> **Exemple de développement**
> *Vous trouverez dans cet exemple, mentionné en couleurs ou souligné, tout ce que vous devez faire.*
> Toutes trois apparaissent d'abord dans un cadre réaliste : leur univers quotidien. Le monde de Félicité et de

5. Adopter un vocabulaire précis
—— Nommez les procédés d'écriture employés.

6. Rédiger avec élégance
—— Insérez vos citations.
—— Variez votre expression :
(ex : Denise / son héroïne / la jeune vendeuse)

Denise tourne autour de leur travail. Flaubert énumère les activités de la servante qui « faisait la cuisine [...], cousait, lavait, repassait » et Zola évoque le métier de vendeuse. Quant à Maupassant, il décrit une scène de genre : un repas en famille à la campagne.

De plus, l'évocation de leurs conditions de travail difficiles situe ces extraits dans un cadre réaliste. Aussi deux des extraits mettent-ils en avant la longueur des journées de labeur par des compléments de temps : Félicité travaille « dès l'aube », « jusqu'au soir » (l. 9 et 10), et Denise piétine « du matin au soir » (l. 9). Les deux femmes ont un faible salaire, Flaubert en précise le montant, Félicité gagne « cent francs par an » (l. 4) et Zola insiste sur le cruel « manque d'argent » (l. 7) de son héroïne.

Pour souligner les conséquences de la misère de Denise, l'auteur emploie une comparaison qui rapproche les chaussures de la jeune vendeuse d'un instrument de torture (l. 6 et 12). Il développe le champ lexical de la souffrance à travers les verbes « crier », « souffrir » et les adjectifs « courbaturée », « meurtries, enflés ». De même, le pluriel « les terribles fatigues du rayon » (l. 1) rend plus sensible la difficulté du métier.

La plupart des personnages sont par ailleurs décrits sans complaisance car les auteurs recherchent la vraisemblance. Mme Duroy apparaît comme une femme aigrie par la jalousie et les difficultés de la vie. Flaubert compare Félicité à un automate, « une femme en bois », qui « fonctionne » plus qu'elle ne vit.

Enfin, le soin qu'apporte chaque auteur à la description de détails concrets renforce la vraisemblance et contribue à l'illusion du réel. Ainsi peut-on noter l'importance accordée à la nourriture, détail trivial mais porteur de sens. L'évocation du pain de douze livres (l. 19), comme le ramassage des miettes sur la table (l. 18) permettent à Flaubert d'illustrer l'extrême souci d'économie de Félicité. Le gigot et l'andouille, dont le mot est répété (l. 2 et 3), renvoient au monde rural, le cidre, à la Normandie. De même, le corps de ces femmes est souvent cité parce qu'il porte les marques des difficultés de leur existence, qu'il s'agisse de la peau des pieds de Denise (l. 14 et 15), de ses bras, de ses épaules, ou des doigts de Mme Duroy (l. 7).

Étape 4 — Rédiger la conclusion

7. Proposer un bilan en reprenant succinctement les principaux termes de la question pour montrer qu'on y a répondu.

Exemple de conclusion

Ainsi, ces extraits présentent les personnages de façon réaliste. Ils constituent aussi, à plusieurs égards, un témoignage sur la condition de la femme à la fin du XIXe s.

Exercices

★ 1 Employer des connecteurs

Ajoutez dans le développement suivant des termes de liaison pour en améliorer la cohérence.

(www) *Consultez sur le site www.editions-hatier.fr/ methodesetpratiques, la rubrique ›Les Liens logiques*

Les quatre portraits de ce corpus peuvent être rapprochés, ils mettent en valeur un défaut ou une qualité du personnage qu'ils présentent. Ils ont des procédés d'écriture souvent communs dont le
5 lexique évaluatif qui oriente le jugement du lecteur. Les deux premiers portraits sont des éloges. Dans le blason qui célèbre les grâces de la femme aimée, le poète de la Renaissance accumule les notations positives. Il emploie des adjectifs méliora-
10 tifs comme « doux », « délicieux », « gracieux » pour souligner l'hommage rendu.
Les termes péjoratifs sont nombreux dans les deux derniers extraits : le portrait à charge que propose La Bruyère et le texte de Victor Hugo. La Bruyère
15 énumère les qualités de son personnage, Ruffin, « il est sain, il a un visage frais et un œil vif », et Hugo vante les capacités militaires de Louis Napoléon Bonaparte qui « connaît à fond la manœuvre du canon » et qui « monte bien à cheval ». Les
20 deux auteurs n'abordent là que des qualités superficielles, leur but est de feindre l'objectivité. Ils accablent ensuite leur personnage de défauts. L'auteur des *Châtiments*[1] décrit Napoléon comme un « histrion[2] », « pas tout à fait réveillé ».

1. Victor Hugo. – 2. Mauvais comédien.

★ 2 Insérer des exemples

Reformulez les phrases suivantes en insérant les exemples cités.

1. L'auteur développe la métaphore filée du fleuve pour décrire le peuple.

   « s'écoulait », « fluide », « en aval », « en amont », « le flot ».

2. Le poète souligne les oppositions par le jeu des rimes.

   « ténèbres »/« funèbre » (v. 1 et v. 3) ; « lumière » / « éclaire » (v. 6 et v. 8)

3. La description du chantier est très précise. Le romancier adopte un lexique technique. Ce passage s'inscrit dans le courant naturaliste.

   « travée », « solives ».

4. Ces monologues n'ont pas le même rôle. Les deux premiers ont une fonction délibérative.
   - extrait de *Cinna*, Corneille / - extrait d'*On ne badine pas avec l'amour*, Musset.

Exercice guidé

★ 3 Rédiger l'introduction

➡ Observez la question et les références des textes. Quel thème ceux-ci ont-ils en commun ?

➡ Pour présenter ces textes dans l'introduction, quelles informations devez-vous garder ? Quelles sont celles qui sont moins utiles ?

➡ Rédigez l'introduction de la réponse.

QUESTION

Dans quelle mesure ces textes proposent-ils une conception semblable de l'amitié ?

CORPUS

Texte A   Montaigne, « De l'amitié », *Essais*, livre I, chapitre XXVIII (1580-1595)

Texte B   La Fontaine, « Les deux amis », *Fables*, livre VIII (1678)

Texte C[1]   Molière, *Le Misanthrope*, acte I, scène 1 (1666)

1. Dans cet extrait, le personnage d'Alceste défend le principe de sincérité dans les rapports humains.

★★ 4 Organiser sa réponse en associant exemples et arguments

a. Complétez le tableau ci-dessous en retrouvant dans les textes les exemples qui illustrent chacun des procédés cités.

Procédés employés	Références à citer		
	Texte A	Texte B	Texte C
Exemples historiques			
Exemples fictifs			
Métaphores			
Ironie			
Lexique péjoratif			
Champ lexical de la violence			

b. Rédigez un court paragraphe pour expliquer le rôle des métaphores.

QUESTION

Quels moyens différents ont choisis les auteurs de ces textes pour dénoncer l'intolérance religieuse ?

CORPUS

Texte A

Helvétius dénonce les ravages du fanatisme religieux en recourant à des exemples historiques.

C'est ensuite le fanatisme qui met les armes à la main des princes chrétiens ; il ordonne aux catholiques le massacre des hérétiques ; il fait reparaître sur la terre ces tortures inventées par les Phalaris[1], les Busiris[2] et les Néron[3] ; il dresse, il allume en Espagne les bûchers de l'Inquisition, tandis que les pieux Espagnols quittent leurs ports, traversent les mers, pour planter la croix et la désolation en Amérique. Qu'on jette les yeux sur le nord, le midi, l'orient et l'occident du monde, partout on voit le couteau sacré de la religion levé sur le sein des femmes, des enfants, des vieillards ; et la terre fumante du sang des victimes immolées aux faux dieux ou à l'Être suprême, n'offrir de toutes parts que le vaste, le dégoûtant et l'horrible charnier de l'intolérance.

HELVÉTIUS, « Discours second », *De l'Esprit* (1758)

1. Tyran de Sicile qui faisait brûler ses ennemis dans un taureau en bronze. – 2. Roi légendaire d'Égypte qui sacrifia aux dieux les étrangers de passage dans son royaume. – 3. Empereur romain réputé pour sa violente répression des chrétiens.

TEXTE B

Le jeune Candide et son maître Pangloss se retrouvent au Portugal où ils sont arrêtés par l'Inquisition.

Après le tremblement de terre qui avait détruit les trois quarts de Lisbonne, les sages du pays n'avaient pas trouvé un moyen plus efficace pour prévenir une ruine totale que de donner au peuple un bel auto-da-fé[1] ; il était décidé par l'université de Coïmbre que le spectacle de quelques personnes brûlées à petit feu, en grande cérémonie, est un secret infaillible pour empêcher la terre de trembler.

On avait en conséquence saisi un Biscayen convaincu d'avoir épousé sa commère[2], et deux Portugais qui en mangeant un poulet en avaient arraché le lard[3]: on vint lier après le dîner le docteur Pangloss et son disciple Candide, l'un pour avoir parlé, l'autre pour avoir écouté avec un air d'approbation[4] : tous deux furent menés séparément dans des appartements d'une extrême fraîcheur, dans lesquels on n'était jamais incommodé du soleil ; huit jours après ils furent tous deux revêtus d'un san-benito[5]., et on orna leurs têtes de mitres[5] de papier. [...] Candide fut fessé en cadence, pendant qu'on chantait ; le Biscayen et les deux hommes qui n'avaient point voulu manger de lard furent brûlés, et Pangloss fut pendu, quoique ce ne soit pas la coutume. Le même jour la terre trembla de nouveau avec un fracas épouvantable.

VOLTAIRE, *Candide*, chap. VI (1759)

1. Jugement et châtiment prononcés par l'Inquisition. – 2. Habitant de Biscaye (Pays basque), accusé d'avoir épousé la marraine d'un enfant dont il est parrain. – 3. Ces Portugais sont soupçonnés d'être juifs. La religion juive recommande de ne pas manger de porc. – 4. Candide écoute naïvement les leçons de philosophie de son maître. – 5. Vêtement et long chapeau pointu portés par les condamnés.

TEXTE C

On entend aujourd'hui par fanatisme une folie religieuse, sombre et cruelle. C'est une maladie de l'esprit qui se gagne comme la petite vérole[1]. [...]

Il n'est d'autre remède à cette maladie épidémique que l'esprit philosophique, qui, répandu de proche en proche, adoucit enfin les mœurs des hommes, et qui prévient les accès du mal ; car dès que ce mal fait des progrès, il faut fuir et attendre que l'air soit purifié. Les lois et la religion ne suffisent pas contre la peste des âmes ; la religion, loin d'être pour elles un aliment salutaire, se tourne en poison dans les cerveaux infectés. Ces misérables ont sans cesse présent à l'esprit l'exemple d'Aod[2] qui assassine le roi Églon ; de Judith qui coupe la tête d'Holopherne en couchant avec lui ; de Samuel qui hache en morceaux le roi Agag ; du prêtre Joad qui assassine sa reine à la porte aux chevaux, etc., etc., etc. Ils ne voient pas que ces exemples, qui sont respectables dans l'Antiquité, sont abominables dans le temps présent : ils puisent leurs fureurs dans la religion même qui les condamne.

VOLTAIRE, article « Fanatisme », *Dictionnaire philosophique portatif* (1764)

1. Maladie contagieuse très fréquente à l'époque. – 2. Aod, Égion, Judith, Holopherne, Samuel, Agag, Joad : personnages d'épisodes bibliques dans lesquels des Hébreux accomplissent de hauts faits au nom de leur dieu.

Exercice guidé

★★
5 **Rédiger un paragraphe de réponse**

En vous référant au corpus et aux questions présentés dans l'exercice 6, p.285, vous rédigerez la première partie de la réponse en montrant que ces préfaces ont une visée commune.

→ Formulez deux ou trois éléments de réponse montrant la visée commune à ces textes.
→ Retrouvez les exemples qui vous permettront d'illustrer ces éléments de réponse.
→ Rédigez le paragraphe de réponse en veillant à la clarté de l'expression.

★★★
6 **Rédiger une réponse complète**

En vous référant au corpus de l'exercice 7, p. 286, vous rédigerez une réponse complète à la question posée.

QUESTION
Quelles sont les différentes manifestations du lyrisme dans ces poèmes ?

Corpus

Texte A   MOLIÈRE, *Le Malade imaginaire*, acte I, scène 1 (1673)

Texte B   Jean ANOUILH, *Antigone*, prologue (1946)

Texte C   Jean TARDIEU, *Il y avait foule au manoir* (1966)

Texte A

ARGAN, *seul dans sa chambre, assis, une table devant lui, compte des parties d'apothicaire[1] avec des jetons ; il fait, parlant à lui-même, les dialogues suivants.* – Trois et deux font cinq, et cinq font dix, et dix font vingt ; trois
5 et deux font cinq. « Plus, du vingt-quatrième[2], un petit clystère[3] insinuatif, préparatif et rémollient[4], pour amollir, humecter et rafraîchir les entrailles de monsieur. » Ce qui me plaît de Monsieur Fleurant, mon apothicaire, c'est que ses parties sont toujours fort ci-
10 viles[5]. « Les entrailles de Monsieur, trente sols[6]. » Oui ; mais, Monsieur Fleurant, ce n'est pas tout que d'être civil ; il faut être aussi raisonnable et ne pas écorcher les malades. [...] Si bien donc que de ce mois, j'ai pris une, deux, trois, quatre, cinq, six, sept et huit méde-
15 cines ; et un, deux, trois, quatre, cinq, six, sept, huit, neuf, dix, onze et douze lavements ; et, l'autre mois, il y avait douze médecines et vingt lavements. Je ne m'étonne pas si je ne me porte pas si bien ce mois-ci que l'autre. Je le dirai à Monsieur Purgon[7], afin qu'il
20 mette ordre à cela. Allons, qu'on m'ôte tout ceci. Il n'y a personne. J'ai beau dire : on me laisse toujours seul : il n'y a pas moyen de les arrêter ici. *(Il sonne une sonnette pour faire venir ses gens.)* Ils n'entendent point, et ma sonnette ne fait pas assez de bruit. Drelin, drelin,
25 drelin. Point d'affaire. Drelin, drelin, drelin : ils sont sourds… Toinette ! Drelin, drelin, drelin : tout comme si je ne sonnais point. Chienne, coquine ! Drelin, drelin, drelin : j'enrage !

MOLIÈRE, *Le Malade imaginaire*, I, 1 (1673)

1. Factures du pharmacien (Monsieur Fleurant). – **2.** Le 24 du mois. – **3.** Lavement intestinal. – **4.** Qui prépare et ramollit. – **5.** Polies. – **6.** Sous. – **7.** Médecin d'Argan.

Texte B

Un décor neutre. Trois portes semblables. Au lever du rideau, tous les personnages sont en scène. Ils bavardent, tricotent, jouent aux cartes.
Le Prologue[1] se détache et s'avance.

LE PROLOGUE. – Voilà. Ces personnages vont vous jouer l'histoire d'Antigone. Antigone, c'est la petite maigre qui est assise là-bas, et qui ne dit rien. Elle regarde droit devant elle. Elle pense. Elle pense qu'elle
5 va être Antigone tout à l'heure, qu'elle va surgir soudain de la maigre jeune fille noiraude et renfermée que personne ne prenait au sérieux dans la famille et se dresser seule en face du monde, seule en face de Créon, son oncle, qui est le roi. Elle pense qu'elle va
10 mourir, qu'elle est jeune et qu'elle aussi, elle aurait bien aimé vivre. Mais il n'y a rien à faire. Elle s'appelle Antigone et il va falloir qu'elle joue son rôle jusqu'au bout… [...]
Et maintenant que vous les connaissez tous, ils
15 vont pouvoir vous jouer leur histoire. Elle commence au moment où les deux fils d'Œdipe[2], Étéocle et Polynice, qui devaient régner sur Thèbes un an chacun à tour de rôle, se sont battus et entre-tués sous les murs de la ville, Étéocle l'aîné, au terme de la première an-
20 née de pouvoir ayant refusé de céder la place à son frère. Sept grands princes étrangers que Polynice avait gagnés à sa cause ont été défaits devant les sept portes de Thèbes. Maintenant la ville est sauvée, les deux frères ennemis sont morts et Créon, le roi, a ordonné
25 qu'à Étéocle, le bon frère, il serait fait d'imposantes funérailles, mais que Polynice, le vaurien, le révolté, le voyou, serait laissé sans pleurs et sans sépulture, la proie des corbeaux et des chacals. Quiconque osera lui rendre les devoirs funèbres sera impitoyablement
30 puni de mort.

Jean ANOUILH, *Antigone* (1946),
© Éditions de La Table ronde

1. Héritier du coryphée, chef de chœur des pièces antiques. – **2.** Ancien roi de Thèbes, également père d'Ismène et d'Antigone, il est le beau-frère de Créon.

Le Baron de Z… organise un bal dans son château. Les invités viennent chacun leur tour se présenter sur scène. Le premier est Dubois-Dupont.

> DUBOIS-DUPONT, *il est vêtu d'un « plaid »*
> *à pèlerine[1] et à grands carreaux*
> *et coiffé d'une casquette assortie « genre anglais ».*
> *Il tient à la main*
> *une branche d'arbre en fleur.*

Je me présente : je suis le détective privé Dubois. Surnommé Dupont, à cause de ma ressemblance avec le célèbre policier anglais Smith. Voici ma carte : Dubois-Dupont, homme de confiance et de méfiance.
5 Trouve la clé des énigmes et des coffres-forts. Brouille les ménages ou les raccommode, à la demande. Prix modérés.

Les raisons de ma présence ici sont mystérieuses autant que… mystérieuses… mais vous les connaîtrez
10 tout à l'heure. Je n'en dis pas plus. Je me tais. Motus.

Qu'il me suffise de vous indiquer que nous nous trouvons, par un beau soir de printemps (il montre la branche), dans le manoir[2] du baron de Z… Zède comme Zèbre, comme Zéphyr… *(Il rit bêtement.)*
15 Mais chut ! Cela pourrait vous mettre sur la voie.

Comme vous pouvez l'entendre, le baron et sa charmante épouse donnent, ce soir, un bal somptueux. La fête bat son plein. Il y a foule au manoir.

> *On entend soudain la valse qui recommence,*
> 20 *accompagnée de rires, de vivats, du bruit des verres*
> *entrechoqués. Puis tout s'arrête brusquement. […]*

Quand je me tais… *(Bruits de bal)…* ça recommence… quand je commence, cela se tait. C'est merveilleux !
25 Mais, assez causé ! Je suis là pour accomplir une mission périlleuse. Quelqu'un sait qui je suis. Tous les autres ignorent mon identité. J'ai tellement d'identités différentes ! C'est-à-dire que l'on me prend pour ce que je ne suis pas.
30 Le crime – car il y aura un crime – n'est pas encore consommé. Et pourtant, chose étrange, moi le détective, me voici déjà sur les lieux mêmes où il doit être perpétré !… Pourquoi ? Vous le saurez plus tard.

Jean TARDIEU, *Il y avait foule au manoir* **in Théâtre de chambre, (1966), © Éditions Gallimard**

1. Ample manteau orné d'une cape. – 2. Petit château à la campagne. – 3. Anonymement, en secret.

Séries générales

Question (4 points)

Après avoir lu attentivement les textes du corpus, vous répondrez à la question suivante : Quelles sont les particularités de ces scènes d'exposition ?

Séries technologiques

Questions (6 points)

1. À qui sont destinés les propos des personnages en scène ?
2. Quelles sont les fonctions de ces monologues ?

Travaux d'écriture (14 ou 16 points)

Vous traiterez au choix l'un des trois sujets proposés.

Commentaire

Vous commenterez le texte de Jean Tardieu.

Dissertation

« Les comédies ne sont faites que pour être jouées », écrit Molière. Pensez-vous qu'il soit nécessaire d'assister à la représentation d'une pièce de théâtre pour en apprécier la valeur ? Vous répondrez à cette question en vous appuyant sur les textes du corpus et sur votre expérience de lecteur ou de spectateur de théâtre.

Écriture d'invention

Toinette paraît à son tour seule sur scène et présente son maître Argan et la difficulté d'être à son service. Vous vous appuierez sur le texte de Molière (Texte A) et vous rédigerez ce monologue en recourant aux éléments du langage théâtral ainsi qu'au registre qui vous sembleront appropriés.

34

Le commentaire (1)
Étudier **le texte**,
concevoir **un plan détaillé**

SUJET   Vous ferez un commentaire du texte de Victor Hugo.
Objet d'étude : La poésie

Ce texte est un extrait d'un poème plus vaste intitulé « Les pauvres gens ».

> L'homme est en mer. Depuis l'enfance matelot,
> Il livre au hasard sombre une rude bataille.
> Pluie ou bourrasque, il faut qu'il sorte, il faut qu'il aille,
> Car les petits enfants ont faim. Il part le soir
> 5 Quand l'eau profonde monte aux marches du musoir[1].
> Il gouverne à lui seul sa barque à quatre voiles.
> La femme est au logis, cousant les vieilles toiles,
> Remmaillant les filets, préparant l'hameçon,
> Surveillant l'âtre où bout la soupe de poisson,
> 10 Puis priant Dieu sitôt que les cinq enfants dorment.
> Lui, seul, battu des flots qui toujours se reforment,
> Il s'en va dans l'abîme et s'en va dans la nuit.
> Dur labeur ! tout est noir, tout est froid ; rien ne luit.
> Dans les brisants[2], parmi les lames en démence,
> 15 L'endroit bon à la pêche, et, sur la mer immense,
> Le lieu mobile, obscur, capricieux, changeant,
> Où se plaît le poisson aux nageoires d'argent,
> Ce n'est qu'un point ; c'est grand deux fois comme la chambre.
> Or, la nuit, dans l'ondée et la brume, en décembre,
> 20 Pour rencontrer ce point sur le désert mouvant,
> Comme il faut calculer la marée et le vent !
> Comme il faut combiner sûrement les manœuvres !
> Les flots le long du bord glissent, vertes couleuvres ;
> Le gouffre roule et tord ses plis démesurés,
> 25 Et fait râler d'horreur les agrès[3] effarés.
> Lui, songe à sa Jeannie[4] au sein des mers glacées,
> Et Jeannie en pleurant l'appelle ; et leurs pensées
> Se croisent dans la nuit, divins oiseaux du cœur.

Victor **Hugo**, *La Légende des siècles*, première série, XIII, 3 (1859)

1. Extrémité d'une digue.
2. Rochers à fleur d'eau sur
   lesquels les vagues
   se brisent.
3. Équipement nécessaire
   au gréement d'un bateau
   (cordage, poulie…).
4. Sa femme.

Faire un commentaire, c'est témoigner de capacités à comprendre le sens littéral du texte, mais aussi le sens implicite ; à en donner une interprétation ; à analyser comment la langue et le style sont utilisés par l'auteur, et à justifier pour le correcteur ses hypothèses de lecture en les soutenant par des arguments et en les ordonnant.

Faites d'abord un travail au brouillon, sans rédiger, à partir des 5 étapes décrites dans ce chapitre.

LA MÉTHODE À SUIVRE

LES QUESTIONS À VOUS POSER

Étape 1 — # Lire et comprendre le texte

1. Noter ses premières impressions

— Lisez une première fois le texte.

— Puis notez spontanément vos premières impressions, par exemple **à l'aide d'adjectifs** qui expriment votre perception du texte et permettent d'en dégager **les effets**.

Par exemple, le trouvez-vous émouvant, angoissant, poétique, inattendu ? Vous a-t-il fait rire ? Vous a-t-il rendu triste ?

Aidez-vous de l'encadré Des mots pour, p. 299 : il propose une longue liste d'adjectifs.

— Ces impressions sont les **premières pistes d'interprétation**.

Attention : la présentation du texte en italique, qui le précède, ne fait pas partie du texte à commenter.

Quelles sont vos impressions, à la lecture du texte ?
Quels adjectifs, par exemple, vous viennent à l'esprit ?

Ce texte est émouvant, le héros est courageux. On éprouve de la pitié pour le pêcheur, pauvre, qui doit chaque nuit affronter la mer, pour sa femme qui l'attend, inquiète, avec ses cinq enfants.

L'univers marin est précisément décrit et impressionnant. On a l'impression d'être en pleine mer, sur le bateau, et on voit la mer, immense et déchaînée comme un monstre à combattre.

2. Comprendre le sens des mots

— Pour cela, aidez-vous du contexte de la phrase ou du vers, et de la formation des mots.

Quels mots nécessitent une explication ?

Par exemple, le mot « bourrasque » est associé à la pluie et à l'idée d'une « rude bataille » : il s'agit d'un phénomène météorologique violent.

3. Élucider le sens de certains passages

— Prenez le temps de comprendre la **structure grammaticale** des phrases.

Si une phrase est confuse pour vous, mettez de côté les adjectifs, puis les compléments du nom, les propositions subordonnées… jusqu'à ce que le sens soit compréhensible.

Quels passages sont difficiles à comprendre ?

Les vers 14 à 18 constituent une seule phrase que l'on peut réduire ainsi : « dans les brisants » […], l'endroit bon à la pêche, […] n'est qu'un point.

4. Élucider le sens des images

— Repérez les éléments constituant l'image.

— Cherchez ce qui rend leur rapprochement possible.

Quel est le sens des images employées ?
« Les flots le long du bord glissent, vertes couleuvres »
Le poète associe deux éléments : les flots et les couleuvres, grâce au fait que leur couleur est semblable ainsi que leur mouvement. Il crée ainsi une image métaphorique.

5. Identifier les grandes composantes du texte

— **Le genre** vous permet de comprendre les contraintes dans lesquelles s'inscrit le texte.

Quel est le genre du texte ?

Le texte est un extrait de poème en vers. Il faut donc prendre en compte le travail sur le rythme, sur les sonorités et les images propres à l'expression poétique.

— **L'époque** influence l'écriture. Si un auteur appartient à un **mouvement littéraire**, le texte en porte généralement les marques. (› chap. 1)
Exploitez ici vos connaissances des caractéristiques des mouvements ainsi que celles sur l'auteur. Soyez attentif à la date de publication.

Comment le mouvement littéraire, l'époque d'écriture sont-ils présents dans le texte ?

Ce texte est marqué par le romantisme de Victor Hugo qui rend sublimes des actions quotidiennes et qui révèle la grandeur déchaînée des éléments naturels.

— **Le type de discours** dominant dans le texte, et les autres types de discours présents – argumentatif, descriptif, narratif, explicatif (› chap. 14) donnent des indications sur les intentions de l'auteur.
Rappel : un même texte peut être à la fois narratif et descriptif, narratif et argumentatif...

Quel est le type de discours dominant ?

Ce texte est le récit de la sortie en mer d'un pêcheur raconté par un narrateur omniscient. Il comporte aussi une description de la mer déchaînée, à laquelle sont associées de nombreuses images.

— **La situation d'énonciation** permet de savoir qui parle, à qui, pour qui.
Elle est particulièrement importante pour l'étude du texte théâtral, où l'énonciation est double (› chap. 24).

Quelle est la situation d'énonciation ?

Celle d'un récit à la troisième personne, sans intervention explicite du poète.

— **Le sujet** du texte est ce dont il parle, le **thème** est la réflexion qu'il suggère. Sujets et thèmes peuvent être identifiés par le repérage des principaux **champs lexicaux**.

Quel est le sujet du texte ? Quel est le thème ?

Le sujet est la vie d'un petit pêcheur, le thème est celui des « pauvres gens » et de leurs conditions de vie.
Le poème montre la rudesse, la solitude, le danger du travail, indispensable à la survie de la famille.
Un second sujet est la mer déchaînée de nuit, le thème est celui du combat de l'homme face à la nature.
Un troisième sujet est l'amour du couple, le thème, celui de la force qu'il procure.

— **La structure visuelle du texte** (strophe, paragraphes, enchaînements de répliques...) permet d'en repérer les étapes.

Quelle est la structure du texte ? En quoi est-elle signifiante ?

L'extrait est constitué d'une seule grande strophe à rimes plates, ce qui renforce la cohésion de la scène.
Le poème évoque alternativement le marin et sa femme pour les réunir en fin de poème.

— **Les registres** définissent les impressions que l'auteur cherche à créer chez le lecteur, les intentions de l'auteur.

Quels registres dominent dans le texte ?

Le poème est pathétique car Victor Hugo fait ressentir de la pitié pour le marin et sa femme.
Il est aussi épique car il fait l'éloge d'un homme courageux face aux éléments déchaînés.

Trouver et formuler les axes du commentaire

6. Dégager les axes

— Vous devez maintenant mettre en relation vos premières impressions (>Étape 1) et les réponses aux questions posées dans l'Étape 2, pour dégager les grandes pistes d'interprétation.

— L'étude des grandes composantes du texte a-t-elle apporté des éléments allant dans le sens de vos interprétations ?

Si oui, vos pistes sont sûrement valables.

Sinon, ou vos impressions sont fausses (dues à un contresens sur le texte), ou votre analyse du texte doit être approfondie.

— **Rappel : pour l'épreuve des séries technologiques,** les axes sont donnés dans le sujet, sous la forme d'un « parcours » à suivre (deux questions).

> **Quelles sont les grandes pistes d'interprétation du texte (axes) ?**
>
> L'*émotion* ressentie par le lecteur provient de l'*évocation pathétique* de la vie quotidienne du pêcheur et de sa famille mais aussi du récit épique du combat du marin contre une mer déchaînée.
>
> *Exemple de sujet de commentaire pour les séries technologiques*
> *Vous ferez le commentaire du début de* La Condition humaine *de Malraux en suivant ce parcours :*
> *1. Comment Malraux (>p. 155) crée-t-il une atmosphère d'angoisse et de suspense ?*
> *2. Comment rend-il compte de l'univers mental de Tchen, de ses hésitations et de ses doutes ?*

7. Formuler les axes

— Formulez les axes au brouillon en les introduisant par « Je veux montrer que » pour bien mettre en avant les grandes lignes de votre interprétation.

> **Comment formuler au brouillon les axes ?**
>
> *Je veux montrer (attention, cette expression ne devra pas se retrouver dans votre devoir rédigé !) :*
> **Axe I.** *Que le poète cherche à toucher le lecteur (> Étape 1) : il raconte le quotidien difficile du marin et des siens (> Étape 2).*
> **Axe II.** *Comment le poète transforme le marin en héros (> Étape 1) : il dramatise la situation et la rend épique (> Étape 2).*

Développer chaque axe

8. Faire au brouillon l'analyse détaillée du texte

— Relisez le texte et, au fur et à mesure, **relevez les procédés pertinents, nommez-les et analysez leurs effets.**

— **En fonction du genre et du type de discours** complétez avec des procédés caractéristiques du texte (par exemple : pour un poème, vous serez attentif à la versification ; pour une scène de théâtre, à l'énonciation ; pour un récit, au mode de narration et à la focalisation, aux paroles rapportées ; pour un texte argumentatif, au réseau des connecteurs logiques…).

> **Quels sont les procédés signifiants et à quel axe les rattacher ?**
>
> **V. 1.** *Utilisation du présent : effet de réel (axe I), valeur de répétition des actions sans cesse à recommencer (axe II). Enjambement entre les vers 1 et 2 qui accompagne l'idée de durée (marin depuis l'enfance) (axe I).*
> **V. 2.** *Le mot « sombre », accentué avant la césure du vers, est mis en valeur afin de suggérer le caractère héroïque du marin, renforcé par le nom « bataille » à la rime (place privilégiée). Le marin devient un guerrier face à la mer (axe II).*
> **V. 3.** *La répétition « il faut qu'il » insiste sur l'idée de destin, déjà présente avec la référence au « hasard », v. 2, et de responsabilité vis-à-vis de la famille (axe I).*

9. Lier chaque procédé à un des axes dégagés

—— Vous donnez ainsi de la cohérence à votre commentaire.

> **V. 5.** Ce vers personnifie « l'eau » qui « monte » comme une menace. De plus, les échos sonores des vers 1, 2, 4 et 5 mettent en valeur deux sonorités : « on », « m », et donnent une impression de mouvement incessant et inexorable *(axe II)*.

Étape 5 — Organiser le plan

10. Organiser chaque axe en sous-parties

—— Sur une nouvelle feuille de brouillon, vous allez élaborer la structure de votre commentaire, son plan détaillé.
Votre objectif est d'avoir une démarche **démonstrative**.

—— Chaque **sous-partie développe un de vos arguments** qui vient justifier l'axe dans lequel il s'inscrit.
Chaque sous-partie correspond visuellement à un paragraphe de votre commentaire.

—— Afin d'établir une **progression** pour votre lecteur, classez vos sous-parties, de l'argument le plus évident au plus complexe, des aspects du texte les plus explicites aux plus implicites.

> **Quels arguments peuvent justifier les axes ? Dans quel ordre les proposer ?**
> **Axe I. / Partie I** Je veux montrer que le poète cherche à toucher le lecteur. Il raconte le quotidien du marin et des siens.
> *Arguments*
> *A.* En présentant l'image pathétique d'une famille misérable.
> *B.* En faisant un récit réaliste des actions quotidiennes du marin et de sa femme.
> *C.* En faisant du marin et de sa famille des représentants des pauvres gens.
>
> **Axe II. / Partie II.** Je veux montrer que le poète dramatise la situation pour transformer le marin en héros :
> *Arguments*
> *A.* En proposant la description épique d'une nuit en mer.
> *B.* En transformant le travail du marin en combat.
> *C.* En présentant un héros sensible qui puise sa force dans l'amour.

11. Justifier chaque argument

—— Fondez votre **interprétation** des effets produits par le texte en citant et en commentant les procédés d'écriture signifiants (> Étape 4).
– Pour chaque argument (sous-partie d'axe), associez au moins deux citations.
– Pour chaque **citation**, nommez un procédé d'écriture utilisé.
– Pour chaque **procédé**, **commentez** son intérêt et ses effets de sens.

—— Une fois que vous avez respecté toutes ces étapes, vous avez un plan très détaillé, qui va vous servir de guide dans la rédaction du commentaire.

> **Quels procédés sont utiles pour détailler la sous-partie I. A ?**
> L'image pathétique d'une famille misérable
>
> L'adjectif « *petits* », lié aux enfants, *suggère leur fragilité*.
> La précision de leur nombre, « *cinq* », insiste sur le *besoin de nourriture*.
> L'enjambement du vers 4 « *Car les petits enfants ont faim* » *donne sens au travail du pêcheur* et aux risques qu'il prend.
> L'accumulation des actions de la mère (*participes présents v. 7-10*) *est touchante, d'autant plus qu'elle est seule*.

⭐ 1 Nommer des impressions, qualifier les effets du texte

a. Pour chacun des trois extraits suivants, dites quelles impressions vous ressentez en proposant des adjectifs qui expriment les différents intérêts des textes.

b. Pour chaque adjectif, justifiez votre choix à l'aide de deux citations du texte.

Texte A

Le poète décrit un cadavre d'animal rencontré au bord d'une route.

[…]
Et le ciel regardait la carcasse superbe
    Comme une fleur s'épanouir.
La puanteur était si forte, que sur l'herbe
    Vous crûtes vous évanouir.

5 Les mouches bourdonnaient sur ce ventre
                  [putride,
    D'où sortaient de noirs bataillons
De larves, qui coulaient comme un épais liquide
    Le long de ces vivants haillons. […]

Charles BAUDELAIRE, « Une charogne », Spleen et idéal
XXIX, *Les Fleurs du Mal* (1857)

Texte B

   La scène représente une chambre de la maison de Père Ubu où une table splendide est dressée.

          PÈRE UBU, MÈRE UBU

MÈRE UBU. – Eh ! nos invités sont bien en retard.
PÈRE UBU. – Oui, de par ma chandelle verte. Je crève de faim. Mère Ubu, tu es bien laide aujourd'hui. Est-ce parce que nous avons du
5 monde ?
MÈRE UBU, *haussant les épaules.* – Merdre.
PÈRE UBU, *saisissant un poulet rôti.* – Tiens, j'ai faim. Je vais mordre dans cet oiseau. C'est un poulet, je crois. Il n'est pas mauvais.
10 MÈRE UBU. – Que fais-tu, malheureux ? Que mangeront nos invités ?
PÈRE UBU. – Ils en auront encore bien assez. Je ne toucherai plus à rien. Mère Ubu, va donc voir à la fenêtre si nos invités arrivent.
15 PÈRE UBU, *y allant.* – Je ne vois rien.
Pendant ce temps, le Père Ubu dérobe une rouelle[1] de veau.

Alfred JARRY, *Ubu roi*, I, 2 (1896)

1. Partie de la cuisse du veau au-dessus du jarret.

Texte C

   Nous sommes là pour dire que si l'Afrique s'enlise dans le non-développement, c'est aussi parce que des générations de ses fils et de ses filles lui ont été arrachées et que si la Martinique
5 et la Guadeloupe sont dépendantes de l'économie du sucre, dépendantes de marchés protégés, si la Guyane a tant de difficultés à maîtriser ses richesses naturelles, si La Réunion est forcée de commercer si loin de ses voisins, c'est le résultat
10 direct de l'exclusif colonial […].
   Nous sommes là pour dire que la traite et l'esclavage furent et sont un crime contre l'humanité ; que les textes juridiques ou ecclésiastiques[1] qui les ont autorisés, organisés percutent la mo-
15 rale universelle ; qu'il est juste d'énoncer que c'est dans nos idéaux de justice, de fraternité, de solidarité, que nous puisons les raisons de dire que le crime doit être qualifié[2].

Discours « La traite et l'esclavage sont un crime contre
l'humanité » de Mme Taubira, le 18 février 1999
à l'Assemblée nationale, in *Abolition de l'esclavage* (2009),
© Seuil, Points, collection « Les grands discours »

1. Religieux. – 2. Reconnu juridiquement.

🏷️ Des mots pour…

Exprimer les impressions face au texte, le qualifier :

❚ Lyrique, exalté, passionné, oratoire…

❚ Émouvant, poignant, pathétique…

❚ Dramatique, intense, dynamique, grave, violent…

❚ Mélancolique, désespéré, angoissant, tragique…

❚ Réaliste, pittoresque…

❚ Énigmatique, mystérieux, surprenant, inquiétant, déstabilisant…

❚ Didactique, symbolique, allégorique, moralisateur…

❚ Critique, polémique, péjoratif…

❚ Amusant, humoristique, comique, parodique…

❚ Original, inattendu, novateur, provocateur, révolté…

❚ Traditionnel, conformiste…

★ 2 Identifier les composantes du texte

Complétez le tableau ci-dessous.

	Marcel Proust, *Du côté de chez Swann*, (1913) (❯*p. 195*)	Samuel Beckett, *Acte sans paroles II*, (1972) (❯*p. 229*)
Impressions Adjectifs qualifiant le texte		
Genre		
Mouvement littéraire éventuel		
Forme de discours dominante		
Énonciation		
Sujets et thèmes dominants		
Intentions de l'auteur (Registres)		

★ 3 Utiliser ses connaissances sur les mouvements littéraires

a. En vous aidant des chapitres 1 et 2, cherchez deux caractéristiques du romantisme présentes dans ce poème.

b. Associez à chacune trois citations du texte.

c. Pour chaque citation, nommez un procédé d'écriture utilisé.

d. Pour chaque procédé, commentez son intérêt et interprétez ses effets de sens.

L'automne

Salut ! bois couronnés d'un reste de verdure,
Feuillages jaunissants sur les gazons épars !
Salut, derniers beaux jours ! le deuil de la nature
Convient à la douleur et plaît à mes regards !

⁵ Je suis d'un pas rêveur le sentier solitaire,
J'aime à revoir encor, pour la dernière fois,
Ce soleil pâlissant, dont la faible lumière
Perce à peine à mes pieds l'obscurité des bois.

Oui, dans ces jours d'automne où la nature expire,
¹⁰ À ses regards voilés je trouve plus d'attraits,
C'est l'adieu d'un ami, c'est le dernier sourire
Des lèvres que la mort va fermer pour jamais.

Ainsi, prêt à quitter l'horizon de la vie,
Pleurant de mes longs jours l'espoir évanoui,
¹⁵ Je me retourne encore, et d'un regard d'envie
Je contemple ses biens dont je n'ai pas joui ! […]

Alphonse DE LAMARTINE, *Méditations poétiques* (1820)

★★ 4 Construire un plan à partir d'axes d'étude fournis

Voici des propositions d'axes pour l'étude du texte ci-dessous.

a. Choisissez-en un, et proposez deux arguments pour le soutenir.

b. Justifiez chaque argument avec le regroupement de procédés repérés, nommés et commentés.

AXES

1. La scène offre le portrait traditionnel d'un séducteur.
2. Le spectateur rit de la vantardise excessive de Matamore.

Matamore, après s'être vanté de ses exploits militaires, présente ses qualités de séducteur.

MATAMORE
Regarde, j'ai quitté cette effroyable mine
Qui massacre, détruit, brise, brûle, extermine,
Et, pensant au bel œil[1] qui tient ma liberté,
Je ne suis plus qu'amour, que grâce, que beauté.

CLINDOR
⁵ O Dieux ! en un moment que tout vous est
[possible !
Je vous vois aussi beau que vous êtes terrible,
Et ne crois point d'objet si ferme en sa rigueur
Qu'il puisse constamment vous refuser son
[cœur.

MATAMORE
Je te le dis encor, ne sois plus en alarme :
¹⁰ Quand je veux j'épouvante, et quand je veux je
[charme ;
Et, selon qu'il me plaît, je remplis tour à tour
Les hommes de terreur, et les femmes d'amour.
Du temps que ma beauté m'était inséparable
Leurs persécutions me rendaient misérable,
¹⁵ Je ne pouvais sortir sans les faire pâmer[2],
Mille mouraient par jour à force de m'aimer,
J'avais des rendez-vous de toutes les princesses ;
Les reines à l'envi[3] mendiaient mes caresses ;
Celle d'Ethiopie, et celle du Japon,
²⁰ Dans leurs soupirs d'amour ne mêlaient que
[mon nom.

Pierre CORNEILLE, *L'Illusion comique*, II, 2 (1636)

1. Celui de la femme qu'il aime. – 2. Perdre connaissance. –
3. En rivalisant les unes avec les autres.

Exercice guidé

★★★
5 **Trouver des axes
et construire un plan détaillé**

À partir du texte ci-dessous, proposez un plan détaillé et complet de commentaire.
Voici quelques pistes concernant les procédés utilisés dans le texte pour vous aider dans votre étude :
→ le point de vue ;
→ la valeur du pluriel « les gens » et du « on » ;
→ la valeur des temps ;
→ la présence d'antithèses ;
→ l'importance des répétitions et anaphores ;
→ la structure et le rythme de la dernière phrase.

La narratrice évoque le voyage d'exil du Vietnam vers le Canada qu'elle a effectué enfant.

La petite ampoule suspendue au bout d'un fil retenu par un clou rouillé diffusait dans la cale une faible lumière, toujours la même. Au fond de ce bateau, le jour ne se distinguait plus de la
5 nuit. La constance de cet éclairage nous protégeait de l'immensité de la mer et du ciel qui nous entouraient. Les gens assis sur le pont nous rapportaient qu'il n'y avait plus de ligne de démarcation entre le bleu du ciel et le bleu de la mer.
10 On ne savait donc pas si on se dirigeait vers le ciel ou si on s'enfonçait dans les profondeurs de l'eau. Le paradis et l'enfer s'étaient enlacés dans le ventre de notre bateau. Le paradis promettait un tournant dans notre vie, un nouvel avenir, une
15 nouvelle histoire. L'enfer, lui, était nos peurs : peur des pirates, peur de mourir de faim, peur de s'intoxiquer avec les biscottes imbibées d'huile à moteur, peur de manquer d'eau, peur de ne plus pouvoir se remettre debout, peur de devoir uri-
20 ner dans ce pot rouge qui passait d'une main à l'autre, peur que cette tête d'enfant galeuse ne soit contagieuse, peur de ne plus jamais fouler la terre ferme, peur de ne plus revoir le visage de ses parents assis quelque part dans la pénombre au
25 milieu de ces deux cents personnes.

Kim Thúy, *Ru* (2010) © Éditions Liana Levi

Exercice guidé

★★★
6 **Préparer un plan
de commentaire comparé**

a. En vous reportant au chapitre 10 (p. 86), mettez en relation les poèmes de Nerval et de Baudelaire avec celui de Ludovic Janvier ci-dessous : vous obtenez ainsi un corpus de textes liés à l'objet d'étude « Poésie ».
b. Confrontez les textes de Nerval et de Ludovic Janvier, en vous aidant du parcours suivant.
→ Analysez trois points communs entre ces deux textes, dans un premier axe de commentaire comparé.
→ Dans le deuxième axe, développez la vision particulière de la femme que propose chaque poète.
c. VERS LE COMMENTAIRE COMPARÉ
Rédigez la conclusion du devoir en exploitant le texte de Baudelaire, en ouverture.

Femmes qui passent

Femmes qui passent ne veut pas dire
qu'elles passent au large de moi
mais qu'elles passent à travers moi
regards allures et parfums
5 en y laissant de multiples traces
aussitôt gonflées comme un plumage
lequel tarde à se refermer

Ludovic JANVIER, *Bleu comme dans renaître* (1996), in *Orphée Studio, Poésie d'aujourd'hui à voix haute* (1999) © Éditions Gallimard, Poésie

Mise au point
Le commentaire comparé

❚ Cet exercice propose de **confronter deux textes**. Il ne s'agit pas de juxtaposer les analyses de chacun d'eux mais bien de **comparer**.

❚ Vous devez donc proposer un plan comparatif sur le modèle suivant.

I. Ressemblances entre les textes
II. Différences, particularités
III. Explication des différences

❚ On peut aussi trouver un plan par centres d'intérêt.

Exemple pour deux poèmes :
I. L'expression de sentiments personnels
II. Qui trouve écho dans la nature
Ressemblances et différences constituent alors les paragraphes à l'intérieur de chaque axe.

Voici le plan général du commentaire (texte présenté p. 294).

I. [Je veux montrer que] le poète cherche à toucher le lecteur : il raconte le quotidien du marin et des siens

A. En présentant l'image pathétique d'une famille misérable.
- L'adjectif « petits », lié aux enfants, suggère leur fragilité.
- La précision de leur nombre, « cinq », insiste sur le besoin de nourriture.
- L'enjambement du vers 4 justifie le travail du pêcheur.
- L'accumulation des actions de la mère (participes présents v. 7-10) est touchante, d'autant plus qu'elle est seule.

B. En faisant un récit réaliste des actions quotidiennes du marin et de sa femme.
- Proposition nominale et exclamative suggérant une fatalité : « dur labeur » (v. 13).
- Accumulation des verbes d'action au participe présent pour la femme (v. 7-10).
- Vers 21 et 22, anaphore, associée à un infinitif et à l'exclamation : valorisation des compétences professionnelles.

C. En faisant du marin et de sa famille des représentants des « pauvres gens ».
- « L'homme », « la femme » : utilisation de désignations génériques, articles définis.
- Identité limitée : l'homme est défini par son métier, « matelot », la femme par un simple prénom, un diminutif affectueux.
- Le choix du présent de l'indicatif peut être celui du présent de vérité générale : tous les marins vivent dans ces conditions.

II. [Je veux montrer que] le poète transforme le marin en héros : il dramatise la situation

A. En proposant la description épique d'une nuit en mer.
- Le champ lexical de l'obscurité met en place une atmosphère inquiétante.
- Les personnifications de la mer v. 5 et v. 11 l'associent à une menace.
- Le rythme irrégulier des vers 14 à 18 témoigne d'un mouvement incessant.
- La rime « Démence » / « Immense » met en valeur la puissance de la tempête.
- Métaphore de la couleuvre qui montre l'aspect fourbe de la mer.

B. En transformant le travail du marin en combat.
- La métaphore de la « rude bataille » pour la sortie en mer fait comprendre le danger au lecteur.
- L'insistance sur le courage, la détermination, par répétition en début de chaque hémistiche du vers 12, de « s'en va ».
- Mise en valeur des compétences du pêcheur par une anaphore : « comme il faut ».
- Exclamation admirative des vers 21 et 22.

C. En présentant un héros sensible qui puise sa force dans l'amour.
- Motivation de la pêche : faire vivre les siens ; anaphore de « il faut ».
- La tendresse au sein du couple marquée par le possessif « sa Jeannie ».
- Le poème évoque l'homme et la femme en alternance : v. 26 et 27, avant de les réunir par la métaphore finale.

Étape 1 — Formuler l'argument du paragraphe

1. Ouvrir le paragraphe par l'exposé de son argument

Chaque paragraphe correspond à **une des sous-parties**.

— Pour commencer chaque paragraphe, formulez **son argument**, l'idée directrice mise en avant. Écrivez cette idée au présent dans une phrase précise et simple.

— Pour le premier paragraphe, celui qui ouvre la partie, vous devez également – et avant l'argument – formuler l'objectif de la partie (axe).

Comment ouvrir le paragraphe I. A ?
Pour toucher le lecteur (rappel de l'axe/partie I), l'auteur fait le récit réaliste des actions quotidiennes du marin. Il présente ainsi l'image pathétique d'une famille misérable (argument A).

Comment ouvrir le paragraphe I. B ?
Par ailleurs, l'auteur fait le récit réaliste des actions quotidiennes du marin et de sa femme.

Étape 2 — Présenter les procédés d'écriture

2. Citer le texte et commenter les procédés d'écriture

Ce sont eux qui servent de justification à l'argument du paragraphe (> *chap. 34, étapes 2 à 5*).

— **Pour chaque argument**, associez au moins **deux citations**.

— **Pour chaque citation**, nommez le procédé d'écriture utilisé.

— **Pour chaque procédé**, commentez **son intérêt et ses effets de sens**.

Vous éviterez ainsi de faire de la paraphrase ou de dresser une simple liste des procédés.

Comment faire référence au texte et rédiger les effets des procédés d'écriture
Ex. 1 Le champ lexical de l'obscurité, « noir », « obscur », « nuit », met en place une atmosphère inquiétante.
Ex. 2 « Dans les brisants [...] / L'endroit bon à la pêche [...] / Ce n'est qu'un point » : pour valoriser le courage du pêcheur, Victor Hugo développe sur cinq vers au rythme irrégulier, la difficulté d'accéder au banc de poissons qui se cache au centre des zones de rochers.
Ex. 3 L'anaphore des vers 21 et 22 associée à l'exclamation marque l'admiration du poète pour le savoir-faire du marin pêcheur.

3. Soigner l'articulation du paragraphe

— Vous devez mettre en place une structure claire et progressive reliant les différents éléments (argument, citations, procédés d'écriture et leurs effets), composant le paragraphe grâce à des **connecteurs logiques**, des mots de liaison (en vert ci-contre).

— Enfin, terminez le paragraphe par **une conclusion partielle** et **une phrase de transition avec le paragraphe suivant**.

Comment écrire le paragraphe II. A ?
Pour dramatiser la situation du pêcheur, ce poème évoque une mer hostile, la nuit. En effet, le champ lexical de l'obscurité « noir », « obscur », « nuit » met en place une atmosphère inquiétante. D'autre part, le vers 5 personnifie la mer car « l'eau profonde monte aux marches du musoir » comme une menace. La personnification est aussi utilisée au vers 11 alors que le marin est « battu des flots », à la merci des éléments. De plus, les sonorités sifflantes et le rythme irrégulier des vers 14 à 18 témoignent d'un mouvement incessant et inexorable. Enfin, l'association par la rime des caractéristiques de la mer, « démence » et « immense », impressionne le lecteur qui imagine aisément le déchaînement des flots. Cette idée est renforcée par la métaphore qui permet d'y voir de « vertes couleuvres » : la couleur de l'eau et son aspect fuyant sont ainsi valorisés. Le serpent connoté péjorativement, signe de danger et de trahison, amplifie l'impression d'une mer fourbe et capable de tuer. C'est dans ce contexte effrayant et hostile qu'est décrit le combat du pêcheur.

Exercices

★
1 Organiser un paragraphe

Voici un travail d'analyse de l'extrait d'*Utopie* de Thomas More, présenté ci-dessous.

Les éléments du paragraphe sont cependant dans le désordre. Réorganisez-les, en vous aidant notamment des connecteurs logiques.

Pour vous aider, commencez par lire le texte de More.

Texte

La source, qui est quelque peu en dehors de la cité, les gens d'Amaurote l'ont entourée de remparts et incorporée à la forteresse, afin qu'en cas d'invasion elle ne puisse être ni coupée ni empoi-
5 sonnée. De là, des canaux en terre cuite amènent ses eaux dans les différentes parties de la ville basse. Partout où le terrain les empêche d'arriver, de vastes citernes recueillent l'eau de pluie et rendent le même service.
10 Un rempart haut et large ferme l'enceinte, coupé de tourelles et de boulevards ; un fossé sec mais profond et large, rendu impraticable par une ceinture de buissons épineux, entoure l'ouvrage de trois côtés ; le fleuve occupe le quatrième.
15 Les rues ont été bien dessinées, à la fois pour servir le trafic et pour faire obstacle aux vents. Les constructions ont bonne apparence. Elles forment deux rangs continus, constitués par les façades qui se font vis-à-vis, bordant une chaus-
20 sée de vingt pieds de large. Derrière les maisons, sur toute la longueur de la rue, se trouve un vaste jardin, borné de tous côtés par les façades postérieures.
Chaque maison a deux portes, celle de devant
25 donnant sur la rue, celle de derrière sur le jardin. Elles s'ouvrent d'une poussée de main, et se referment de même, laissant entrer le premier venu. Il n'est rien là qui constitue un domaine privé. Ces maisons en effet changent d'habitants, par tirage
30 au sort, tous les dix ans. Les Utopiens entretiennent admirablement leurs jardins, où ils cultivent des plants de vigne, des fruits, des légumes et des fleurs d'un tel éclat, d'une telle beauté que nulle part ailleurs je n'ai vu pareille abondance, pa-
35 reille harmonie. Leur zèle est stimulé par le plaisir qu'ils en retirent et aussi par l'émulation[1], les différents quartiers luttant à l'envi à qui aura le jardin le mieux soigné.

Thomas MORE, *Utopie*, livre II, texte modernisé par M. Delcourt (1516), © Garnier-Flammarion
1. Compétition.

Paragraphe à réorganiser

1. Un autre atout réside dans la possibilité de vivre en autarcie : la ville peut subvenir à ses besoins.
2. L'énumération des produits potagers, « des plants de vigne, des fruits, des légumes », et le choix d'un témoignage direct du narrateur qui affirme « que nulle part ailleurs [il] n'a vu pareille abondance » montrent que l'argument d'une ville autonome sur le plan de l'alimentation est essentiel.
3. Ainsi, le champ lexical de l'architecture défensive est présent dans le début de l'extrait avec la référence aux « remparts » qui protègent la source d'eau, à la « forteresse » qui entoure la cité. L'aménagement distribuant l'eau potable est d'ailleurs particulièrement mis en valeur par la personnification des constructions qui « amènent » et « recueillent » l'eau. L'urbanisme est ici au « service » des habitants.
4. La ville que propose Thomas More est idéalisée. La description évoquée ici montre que sa première qualité est d'être fonctionnelle.
5. Elle permet tout d'abord d'assurer la sécurité de la population.

★
2 Soutenir son argumentation par des citations

Dans le paragraphe d'analyse suivant, portant sur le texte de Thomas More (exercice 1), aucune citation ne vient soutenir les analyses proposées. Intégrez des citations en variant vos modes d'insertion.

L'idéalisation de la ville au pays d'Utopie est liée, comme nous venons de le voir, à l'aspect fonctionnel de la ville, mais elle est aussi présentée comme un lieu d'harmonie sociale. Le dernier paragraphe offre une vision paisible des habitants dont la seule rivalité est celle liée à l'entretien des jardins. Le contraste des deux champs lexicaux, celui du combat et celui de la joie du jardinier, désamorce l'idée même de conflit. L'absence de propriété privée est présentée comme un atout majeur grâce au choix d'une formulation négative. Les maisons sont des lieux ouverts, personnifiés pour paraître plus accueillants. Enfin leur description, employant le pluriel, témoigne de la volonté d'un habitat égalitaire pour tous, renforcée par la redistribution décennale qui évite les jalousies et l'appropriation d'une maison particulière.

★
3 Améliorer l'enchaînement de l'analyse

a. Lisez attentivement le texte de Rostand.
b. Voici les phrases pouvant constituer un paragraphe d'analyse de la tirade des « non merci » de Cyrano. Aucun lien logique n'a été mis en place entre les différents éléments de la ré-

flexion. Reprenez la rédaction du paragraphe, en structurant plus clairement la démarche démonstrative grâce à des mots de liaison.

Texte

Le Bret veut rappeler son ami Cyrano (poète et mousquetaire) à la raison. En effet, celui-ci vient de refuser la protection du puissant comte de Guiche qui lui demandait en échange de modifier le texte de sa dernière pièce de théâtre.

LE BRET

Si tu laissais un peu ton âme mousquetaire[1],
La fortune et la gloire...

CYRANO

                    Et que faudrait-il faire ?
Chercher un protecteur puissant, prendre un
                                    [patron,
Et comme un lierre obscur qui circonvient un
                                    [tronc
5 Et s'en fait un tuteur en lui léchant l'écorce,
Grimper par ruse au lieu de s'élever par force ?
Non, merci ! Dédier, comme tous ils le font,
Des vers aux financiers ? se changer en bouffon
Dans l'espoir vil de voir, aux lèvres d'un
                                    [ministre,
10 Naître un sourire, enfin, qui ne soit pas sinistre ?
Non, merci ! Déjeuner, chaque jour, d'un
                                    [crapaud ?
Avoir un ventre usé par la marche ? une peau
Qui plus vite, à l'endroit des genoux, devient
                                    [sale ?
Exécuter des tours de souplesse dorsale ? [...]
15 Non, merci ! Se pousser de giron en giron[2],
Devenir un petit grand homme dans un rond,
Et naviguer, avec des madrigaux[3] pour rames,
Et dans ses voiles des soupirs de vieilles dames ?
Non, merci ! Chez le bon éditeur de Sercy
20 Faire éditer ses vers en payant ? Non, merci !
S'aller faire nommer pape par les conciles
Que dans des cabarets tiennent des imbéciles ?
Non, merci ! Travailler à se construire un nom
Sur un sonnet, au lieu d'en faire d'autres ? Non
25 Merci ! Ne découvrir du talent qu'aux mazettes[4] ?
Être terrorisé par de vagues gazettes[5],
Et se dire sans cesse : « Oh ! pourvu que je sois
Dans les petits papiers du *Mercure François* ?...
Non, merci ! Calculer, avoir peur, être blême,
30 Préférer faire une visite qu'un poème,
Rédiger des placets[6], se faire présenter ?
Non, merci ! non, merci ! non, merci ! [...]

Edmond ROSTAND, *Cyrano de Bergerac*, II, 8 (1897)

1. Toujours prête à combattre. – **2.** Partie du corps qui s'étend de la ceinture aux genoux ; ici, signifie « lieu protecteur ». – **3.** Petits poèmes, tendres ou galants. – **4.** Personne qui manque d'habileté, d'énergie. – **5.** Journaux, dont fait partie *Le Mercure françois*. – **6.** Écrit qui a pour but de demander une faveur.

Cyrano se confie à Le Bret.

Cyrano affirme des principes personnels qui s'adressent évidemment aussi au spectateur.

Le refus de Cyrano de plier face aux grands est établi dès le début de sa prise de parole par le choix du conditionnel « que faudrait-il faire ? ».

Le conditionnel révèle déjà sa résistance aux pressions.

Il affirme son indépendance vis-à-vis du pouvoir en rejetant toute compromission.

La tirade est structurée de manière régulière.

Elle propose des questions rhétoriques, comme « Faire éditer ses vers en payant ? », dont la réponse est sous-entendue.

Ces questions sont doublées par une même négation qui se trouve valorisée par son positionnement en tête ou en fin de vers : « Non, merci ! ».

L'emploi de l'exclamation rend le refus encore plus fort.

Des mots pour...
aider à la rédaction de l'analyse et éviter les répétitions

❙ **Pour présenter l'idée directrice** : la caractéristique de... est..., il s'agit de montrer..., on note la volonté de..., il convient d'étudier..., le texte se présente comme..., voyons tout d'abord comment...

❙ **Pour introduire une citation** : ainsi..., par exemple..., comme on le voit dans l'expression..., comme le suggère (le vers, la comparaison...), l'emploi de..., c'est le cas... (du terme, du verbe, de l'exclamation...), avec...

❙ **Pour analyser et commenter les procédés d'écriture** : le procédé... met en valeur..., témoigne de..., caractérise..., traduit..., attire l'attention du lecteur sur..., rend le propos plus..., permet d'insister..., sert à..., émouvoir, choquer, interpeller..., nuance le propos... permet de mettre à distance..., connote péjorativement / laudativement..., explicite l'idée selon laquelle...

❙ **Pour varier le vocabulaire** : l'auteur, l'écrivain, le romancier, le poète, le dramaturge, le polémiste, le fabuliste...

« Il y a » : nous constatons, on note, le texte propose, l'auteur présente, le lecteur découvre...
Cette citation, ce procédé « montre » : développe, amplifie, marque, implique, exprime, révèle...

4 **Insérer correctement les citations**

Voici quelques phrases issues du commentaire de l'extrait de *Cyrano de Bergerac* (exercice 3), dont les citations sont maladroitement insérées. Corrigez chacune d'elles.

1. La tirade offre en creux le portrait des poètes courtisans, comme le montre « à l'endroit des genoux, devient sale ».

2. Le poète de cour « aimer mieux faire une visite qu'un poème », ainsi Cyrano rejette la démarche qui cherche à obtenir des recommandations ou des faveurs.

3. L'antithèse oppose une démarche humiliante à un idéal de pureté « Grimper… force ? »

4. Au début de sa tirade, avec « prendre un patron, Et comme un lierre obscur qui circonvient un tronc », Cyrano explique sa vision du protectorat littéraire grâce à la comparaison du lierre qui ne peut pousser de manière indépendante.

Mise au point
Pour bien citer le texte

Vous pouvez :

❚ soit faire référence au texte, **par une citation entre guillemets**.
Un champ lexical doit faire l'objet d'une sélection des mots les plus pertinents et présenter chaque mot entre guillemets. Toute coupure doit être signalée par des crochets : […]

Afin de rendre votre rédaction plus fluide, il est préférable d'insérer de courtes citations (mots et expressions) dans vos phrases d'analyse.

Toute citation doit être grammaticalement correcte dans le cadre du paragraphe et être comprise sans recours au texte.

Dans le cas de la poésie, pour respecter la spécificité des vers, on signale la fin de ceux-ci par une barre oblique en maintenant les majuscules.

❚ soit faire référence au texte **en résumant un passage** et en le signalant grâce aux lignes, vers, numéros de paragraphe, strophes…

---

5 **Trouver et formuler l'argument d'un paragraphe**

À partir de la lecture du poème d'Anna de Noailles et des éléments d'analyse évoqués dans l'extrait de commentaire, formulez l'argument aux emplacements prévus par les crochets. Vous serez attentif à varier la formulation entre le début et la fin du paragraphe.

TEXTE

L'empreinte

Je m'appuierai si bien et si fort à la vie,
D'une si rude étreinte et d'un tel serrement,
Qu'avant que la douceur du jour me soit ravie[1]
Elle s'échauffera de mon enlacement.

5   La mer abondamment sur le monde étalée,
Gardera dans la route errante de son eau
Le goût de ma douleur qui est âcre et salée
Et sur les jours mouvants roule comme un bateau.

Je laisserai de moi dans le pli des collines
10 La chaleur de mes yeux qui les ont vu fleurir,
Et la cigale assise aux branches de l'épine
Fera vibrer le cri strident de mon désir.

Dans les champs printaniers la verdure nouvelle,
Et le gazon touffu sur le bord des fossés
15 Sentiront palpiter et fuir comme des ailes
Les ombres de mes mains qui les ont tant pressées.

La nature qui fut ma joie et mon domaine
Respirera dans l'air ma persistante ardeur,
Et sur l'abattement de la tristesse humaine
20 Je laisserai la forme unique de mon cœur…

Anna de NOAILLES, *Le Cœur innombrable* (1901)
1. Enlevée.

EXTRAIT DE COMMENTAIRE

Ce poème […………]. En effet, la première personne est omniprésente dans le poème, sous la forme du pronom sujet « je » et des adjectifs possessifs « mon cœur », « ma douleur ». La poétesse évoque sa propre mort de manière allusive, notamment par l'anticipation de son dernier jour où sa vie lui sera « ravie ». Cette mort semble être acceptée de manière sereine, l'emploi récurrent du futur marque la continuité de la présence au monde au-delà de la mort : « La nature […] respirera dans l'air ma persistante odeur ». Ainsi […………].

Pierre Bonnard (1867-1947), *Jeunes femmes au jardin ou la nappe rayée* (1921-1923), détail, huile sur toile (collection privée).

★★★
6 Rédiger un axe de commentaire

Voici un axe d'analyse possible pour le texte d'Anna de Noailles (exercice 5), et trois arguments le soutenant. Rédigez cet axe en trois paragraphes, reposant chacun sur l'étude de procédés variés et commentés.

I. [Je veux montrer que] le poète célèbre la vie.

A. En laissant une place importante à la nature grâce à…

B. En affirmant se sentir en communion avec cette nature grâce à…

C. En se voyant même survivre en elle grâce à…

★★★
7 Être plus précis dans l'expression

a. En vous servant de l'encadré Des mots pour, p. 305, améliorez la rédaction du paragraphe de commentaire proposé ci-dessous.

b. Dépassez le simple relevé des procédés en proposant un effet de sens à chaque étoile présente dans le texte.

TEXTE

Le centre du haut quartier était leur vrai sanctuaire. C'était au centre seulement qu'à l'ombre des tamariniers[1] s'étalaient les immenses terrasses de leurs cafés. Là, le soir, ils se retrouvaient
5 entre eux. Seuls les garçons de café étaient encore indigènes, mais déguisés en blancs, ils avaient été mis dans des smokings, de même qu'auprès d'eux les palmiers des terrasses étaient en pots. Jusque tard dans la nuit, installés dans des fauteuils en
10 rotin derrière les palmiers et les garçons en pots et en smokings, on pouvait voir les blancs, suçant pernods, whisky-soda ou martelperrier, se faire, en harmonie avec le reste, un foie bien colonial. […]

C'était la grande époque. Des centaines de mil-
15 liers de travailleurs indigènes saignaient les arbres des cent mille hectares de terres rouges, se saignaient à ouvrir les arbres des cent mille hectares des terres qui par hasard s'appelaient déjà rouges avant d'être la possession des quelques centaines
20 de planteurs blancs aux colossales fortunes. Le latex coulait. Le sang aussi. Mais le latex seul était précieux, recueilli, et, recueilli, payait. Le sang se perdait. On évitait encore d'imaginer qu'il s'en trouverait un grand nombre pour venir un jour
25 en demander le prix.

Marguerite DURAS, *Un barrage contre le Pacifique* (1950),
© Éditions Gallimard

1. Grand arbre tropical à grappes de fleurs.

COMMENTAIRE

Dans ce texte, le narrateur parle de l'exploitation criminelle des travailleurs « indigènes ». En effet, même si le narrateur n'intervient pas directement, il y a la répétition de l'idée de sang grâce au réseau sémantique, « saignaient », « se saignaient », « le sang »*. Il y a aussi l'opposition* entre le grand nombre d'ouvriers, « des centaines de milliers », et le faible nombre des planteurs blancs, « quelques centaines », à qui profite le travail. Le narrateur parle encore de la grandeur des exploitations. « Cent mille hectares » est répété deux fois*. Il y a aussi des ruptures de rythme : longues phrases au début du second paragraphe, qui décrivent le travail* des ouvriers, puis phrases courtes, simplement juxtaposées, sur le mode du constat fataliste : « le latex coulait. Le sang coulait aussi. »

★★★
8 Associer axe, argument et procédés

Rédigez un paragraphe de commentaire du texte de Marguerite Duras (exercice 7), à partir des éléments suivants.

AXE

[Je veux montrer que] les planteurs blancs font l'objet d'une critique virulente.

ARGUMENT

Parce qu'ils ont perdu le sens des valeurs (paragraphe).

PROCÉDÉS

Ce qui est signifié grâce à :
– parallélisme de la construction : « Les palmiers et les garçons en pots et en smokings ».
– comparaison des indigènes et du latex. Chiasme de « le latex seul était précieux, recueilli, et, recueilli, payait. »
– effet de contraste, mis en valeur par l'asyndète entre la phrase précédente, « le latex […] payait » et la suivante, « le sang se perdait. »

36

Le commentaire (3)
Rédiger **l'ensemble du devoir**

Le texte est présenté p. 294.

Le texte est présenté p. 294.

LA MÉTHODE À SUIVRE

LES QUESTIONS À VOUS POSER

Étape 1 — Déterminer le contenu de l'introduction

L'introduction se fait en 3 temps.

1. Trouver une « accroche »

— Commencez par une **phrase d'ouverture** (accroche) en lien avec le texte par le thème, le genre, le mouvement littéraire, un contexte historique…

— Vous pouvez utiliser l'objet d'étude dans le cadre duquel le texte vous est proposé.

2. Présenter l'auteur et le texte

— Pour la présentation du texte, évoquez l'auteur (ne gardez de sa biographie que les éléments pertinents pour l'étude du texte), présentez l'œuvre, sa date de parution, son genre.

— Pour une page de roman, de nouvelle, une scène de théâtre, **replacez l'extrait dans l'œuvre** en vous servant du chapeau.

— N'hésitez pas à définir la forme du texte avec précision (texte en vers, en prose, description, tirade, sonnet, fable…), et à en résumer le contenu.

— C'est l'occasion d'exploiter notamment les notes prises en début de travail (⟩*chap. 34, étape 2, les grandes composantes du texte*).

3. Annoncer le plan

— Annoncez le plan, c'est-à-dire **les axes** qui vont structurer votre développement.
Ainsi, l'introduction témoigne de vos connaissances, de votre capacité à cerner le texte et son contexte et à proposer au lecteur de votre copie, le cadre de votre intéprétation.

Comment commencer l'introduction ?

Si la poésie est souvent associée au lyrisme et à l'introspection avec le mythe d'Orphée, le poème est aussi lié dès son origine à l'épopée, à la glorification des actes héroïques, comme c'est le cas dans la Chanson de Roland.

Que dire pour bien présenter le texte ?

Victor Hugo, écrivain majeur de son siècle, est souvent considéré comme représentatif de l'écrivain engagé. Exilé dans les îles Anglo-Normandes à cause de ses convictions républicaines durant une vingtaine d'années, il côtoie les gens de mer. Il leur consacre un roman, Les Travailleurs de la mer, en 1866. Ce milieu est aussi présent dans le recueil de poèmes La Légende des siècles (1859). Dans cet ouvrage, il fait le projet de « petites épopées » pour dépeindre l'histoire de l'humanité. Il met en lumière les qualités morales des « Pauvres Gens », poème dont nous avons ici un extrait constitué de vingt-huit alexandrins. Loin de célébrer des héros légendaires, Victor Hugo choisit de faire l'éloge d'un simple marin.

Comment annoncer la démarche proposée ?

À travers cette longue strophe, nous verrons que Victor Hugo cherche d'abord à émouvoir son lecteur en lui faisant découvrir avec réalisme la vie du pêcheur. Cette scène, d'autre part, métamorphose le marin en héros d'un combat épique contre les éléments naturels.

Déterminer le contenu de la conclusion

La conclusion se fait en 2 temps.

4. Faire le bilan de la réflexion

— Pour cela, rappelez les axes de votre réflexion en évitant de répéter dans les mêmes termes ce qui a été dit dans le développement.

— Cette étape ne comporte **ni citation, ni analyse** de procédés précis.

5. Proposer une ouverture vers d'autres réflexions et d'autres textes

— Votre conclusion doit **présenter un élargissement** en lien avec le texte et concernant le genre, l'auteur, le mouvement littéraire…

— Le lien avec un autre texte (par exemple extrait du corpus étudié) est un moyen aisé de clore le devoir.

— Ainsi la conclusion vous permet-elle d'insister sur l'essentiel de votre propos en le synthétisant et d'inviter votre lecteur à poursuivre la réflexion.

— Évitez de terminer par une question.

> **Que rappeler en conclusion ?**
>
> *Ainsi, si Victor Hugo présente un témoignage réaliste des conditions de vie des petits pêcheurs, il cherche à transformer grâce à l'écriture poétique ces hommes et femmes en héros du quotidien, leur offrant par son poème un hommage émouvant.*

> **Quelle piste proposer pour poursuivre la réflexion ?**
>
> *Le poète s'engage ici auprès des plus faibles pour que chaque lecteur reconnaisse leur valeur, rappelant que la force de tous les hommes est motivée par l'amour. Ce même thème est également présent dans le roman* Les Misérables. *Jean Valjean, évadé du bagne, lutte pour pouvoir élever une petite orpheline, et témoigne lui aussi de la dignité des gens ordinaires.*

Rédiger le développement et ses transitions

6. Prévoir des transitions entre les étapes du commentaire

— Aménagez des transitions entre les axes du devoir : pour cela, **faites un bilan partiel en fin de chaque partie et annoncez la suite.**

— Soyez attentif à la mise en page de votre devoir, qui permet de visualiser les étapes.
Sautez deux lignes entre introduction / développement / conclusion.
Sautez une ligne entre les axes.
Allez à la ligne à chaque paragraphe à l'intérieur de l'axe.
Tout paragraphe commence par un alinéa (retrait de la première ligne).

— Le commentaire présente certains points plusieurs fois, notamment les axes (en introduction, en début d'axe, en conclusion). Variez les formulations.

> **Comment passer de l'axe I à l'axe II ?**
>
> *Comme nous venons de le voir, la présentation réaliste des conditions de vie de la famille du pêcheur permet à Victor Hugo de dresser le portrait d'un type social. Cependant, sa volonté va plus loin : par la dramatisation de la nuit de pêche, le poète transforme le marin en véritable héros des mers.*

> **Comment varier l'expression des axes ?**
>
> *Le poète dramatise la situation pour transformer le marin en héros.*
> *Le pêcheur devient héroïque dès lors que le poète transforme sa sortie en mer en combat.*
> *Le lecteur prend conscience de l'héroïsme du marin pêcheur grâce à la mise en scène dramatique de ses conditions de vie et de travail.*

7. Être attentif à l'expression écrite

—— L'ensemble de votre travail est déjà sous forme de notes au brouillon.

—— Il suffit de suivre votre plan détaillé pour rédiger chaque partie et chaque paragraphe (*> chap. 35*).

—— L'emploi de la première personne du singulier est à éviter.

—— Préférez les formulations impersonnelles, l'emploi du « nous » ou du « on » pour intégrer le lecteur à la réflexion.

—— Exprimez la logique démonstrative par des termes clairs !

Étape 4　Relire

8. Distinguer deux moments de relecture

—— **Première relecture :** au fur et à mesure de la rédaction (toutes les deux ou trois phrases, et en fin de paragraphe), afin de vérifier la clarté des propos, la cohérence des remarques.

—— **Seconde relecture :** en fin de devoir, afin de vérifier la correction de la langue.

Rappel : vérifiez que vous n'avez pas oublié de souligner le titre des œuvres.

1 ★ Sélectionner les informations pertinentes pour une introduction

a. Après avoir lu le texte de Laclos, sélectionnez dans la biographie les éléments pertinents pour présenter l'auteur et l'extrait.

b. Rédigez l'étape 2 de l'introduction, c'est-à-dire la présentation de l'auteur et de l'œuvre en reformulant ces informations. Complétez par la présentation de l'extrait.

OBJETS D'ÉTUDE 2de / 1re

Genres et formes de l'argumentation : XVIIe et XVIIIe siècles

La question de l'Homme dans les genres de l'argumentation, du XVIe siècle à nos jours

TEXTE
(SUPPORT DES EXERCICES 1 ET 2)

Ô ! Femmes, approchez et venez m'entendre. Que votre curiosité, dirigée une fois sur des objets utiles, contemple les avantages que vous avait donnés la nature et que la société vous a ravis.
5 Venez apprendre comment, nées compagnes de l'homme, vous êtes devenues son esclave ; comment, tombées dans cet état abject, vous êtes parvenues à vous y plaire, à le regarder comme votre état naturel ; comment enfin, dégradées de plus
10 en plus par votre longue habitude de l'esclavage, vous en avez préféré les vices avilissants, mais commodes, aux vertus plus pénibles d'un être libre et respectable. Si ce tableau fidèlement tracé vous laisse de sang-froid, si vous pouvez le consi-
15 dérer sans émotion, retournez à vos occupations futiles. Le mal est sans remède, les vices se sont changés en mœurs. Mais si au récit de vos malheurs et de vos pertes, vous rougissez de honte et de colère, si des larmes d'indignation s'échappent
20 de vos yeux, si vous brûlez du noble désir de ressaisir vos avantages, de rentrer dans la plénitude de votre être, ne vous laissez plus abuser par de trompeuses promesses, n'attendez point les secours des hommes auteurs de vos maux : ils n'ont
25 ni la volonté, ni la puissance de les finir, et comment pourraient-ils former des femmes devant lesquelles ils seraient forcés de rougir ? Apprenez qu'on ne sort de l'esclavage que par une grande révolution. Cette révolution est-elle possible ?
30 C'est à vous seules à le dire puisqu'elle dépend de votre courage. Est-elle vraisemblable ? Je me tais sur cette question ; mais jusqu'à ce qu'elle soit arrivée, et tant que les hommes régleront votre sort, je serais autorisé à dire, et il me sera facile de
35 prouver qu'il n'est aucun moyen de perfectionner l'éducation des femmes.

Partout où il y a esclavage, il ne peut y avoir éducation ; dans toute société, les femmes sont esclaves ; donc la femme sociale n'est pas suscep-
40 tible d'éducation. Si les principes de ce syllogisme sont prouvés, on ne pourra nier la conséquence. Or, que partout où il y a esclavage il ne puisse y avoir éducation, c'est une suite naturelle de la définition de ce mot. C'est le propre de l'éducation
45 de développer les facultés, le propre de l'esclavage c'est de les étouffer ; c'est le propre de l'éducation de diriger les facultés développées vers l'utilité sociale, le propre de l'esclavage est de rendre l'esclave ennemi de la société.

Choderlos de LACLOS, *De l'éducation des femmes* (1783)

BIOGRAPHIE

Pierre Choderlos de Laclos est un écrivain français. Né à Amiens en 1741 dans une famille de la petite noblesse provinciale, il est rapidement déçu dans sa carrière d'officier malgré la diversité
5 de ses affectations. Au cours de sa vie militaire, il contribue à la préparation de la bataille de Valmy, organise la fortification de l'île d'Aix et participe à la mise au point du « boulet creux ».

Il écrit des ouvrages de stratégie, des poèmes
10 et un traité, *De l'éducation des femmes* (1783), s'affirmant en précurseur de l'égalité des droits de l'homme et de la femme. Son œuvre la plus célèbre reste *Les Liaisons dangereuses* (1782).

Ce roman par lettres appartient à la tradition
15 de la littérature libertine. La séduction devient un véritable thème littéraire. Le comportement des personnages défie l'Église et la morale. En effet, tous les personnages sont enchevêtrés dans des liaisons et des infidélités. Valmont et la marquise
20 de Merteuil, personnages centraux du roman, luttent chacun pour dominer l'autre. Le roman témoigne des opinions politiques de l'auteur ainsi que de sa vision de la question de l'éducation des femmes. Cécile, jeune et naïve, la marquise de
25 Merteuil, cruelle et dominatrice, sont des profils déjà présents dans son essai. *Les Liaisons dangereuses* influenceront fortement la littérature romanesque des XIXe et XXe siècles.

Laclos meurt le 3 septembre 1803, à Tarente
30 (Italie), lors d'une épidémie de dysenterie.

2 ★ Varier la formulation des axes

Voici des propositions d'axes pour l'étude du texte de Laclos :

I. L'auteur dresse un constat très négatif de la situation des femmes au XVIIIe siècle.

II. L'auteur appelle à la révolte dans un texte polémique.

Reformulez chacun de ces axes deux fois.

3 Rédiger une transition et le bilan de la conclusion

a. À partir des deux axes du commentaire de l'extrait de *Ruy Blas* ci-dessous, rédigez une transition qui permette de passer de l'un à l'autre.

b. Rédigez également la partie « bilan » de la conclusion, en évitant des formulations trop proches de celles utilisées en transition.

OBJET D'ÉTUDE 1re

Le texte théâtral et sa représentation, du xviie siècle à nos jours

TEXTE
(SUPPORT DES EXERCICES 3 ET 4)

Ruy Blas est un valet que son maître fait passer pour un grand d'Espagne. Il vient de critiquer ouvertement les ministres et la reine vient l'en féliciter. Il ne peut dès lors lui cacher son amour.

RUY BLAS

          Parce que je vous aime !
Parce que je sens bien, moi qu'ils haïssent tous,
Que ce qu'ils font crouler s'écroulera sur vous !
Parce que rien n'effraie une ardeur si profonde,
5 Et que pour vous sauver je sauverais le monde !
Je suis un malheureux qui vous aime d'amour.
Hélas ! Je pense à vous comme l'aveugle au jour.
Madame, écoutez-moi. J'ai des rêves sans nombre.
Je vous aime de loin, d'en bas, du fond de l'ombre ;
10 Je n'oserais toucher le bout de votre doigt,
Et vous m'éblouissez comme un ange qu'on voit !
– Vraiment, j'ai bien souffert. Si vous saviez,
                    [madame !
Je vous parle à présent. Six mois, cachant ma
                    [flamme,
J'ai fui. Je vous fuyais et je souffrais beaucoup.
15 Je ne m'occupe pas de ces hommes du tout,
Je vous aime. – Ô mon Dieu, j'ose le dire en face
À votre majesté. Que faut-il que je fasse ?
Si vous me disiez : meurs ! Je mourrais. J'ai
                    [l'effroi
Dans le cœur. Pardonnez !

LA REINE

          Oh ! parle ! ravis-moi !
20 Jamais on ne m'a dit ces choses-là. J'écoute !
Ton âme en me parlant me bouleverse toute.
J'ai besoin de tes yeux, j'ai besoin de ta voix.
Oh ! c'est moi qui souffrais ! Si tu savais ! cent fois,
Cent fois, depuis six mois que ton regard
                    [m'évite…
25 – Mais non, je ne dois pas dire cela si vite.
Je suis bien malheureuse. Oh ! je me tais, j'ai peur !

Victor HUGO, *Ruy Blas*, III, 3 (1838)

AXES DE COMMENTAIRE

I. La scène présente un double aveu nécessaire et inévitable.

II. Le dialogue révèle pourtant un amour impossible.

★★
4 Exploiter ses connaissances pour l'ouverture de la conclusion

Rédigez une ouverture pour la conclusion du commentaire de l'extrait de *Ruy Blas* (exercice 3). Pour cela, vous rapprocherez cet extrait de l'extrait d'*On ne badine pas avec l'amour* de Musset (p. 154) autour du thème : la vision romantique de l'amour.

★★★
5 Rédiger une introduction

a. En vous reportant au chapitre 1 sur les mouvements littéraires (La Pléiade, p. 14), rédigez l'accroche de l'introduction.

b. Puis, grâce au chapitre 29 sur l'évolution des formes poétiques (le sonnet, p. 254) et à la courte biographie ci-dessous, rédigez la suite de l'introduction présentant l'auteur, l'œuvre, le texte.

c. Enfin, rédigez la dernière étape de l'introduction du commentaire de ce poème en annonçant le plan donné ci-dessous.

OBJETS D'ÉTUDE 2de / 1re

La poésie du xixe au xxe s.
Écriture poétique et quête du sens, du xvie s. à nos jours

TEXTE
(SUPPORT DES EXERCICES 5, 6, 7)

L'autre jour que j'étais sur le haut d'un degré[1],
Passant tu m'avisas, et me tournant la vue,
Tu m'éblouis les yeux, tant j'avais l'âme émue
De me voir en sursaut de tes yeux rencontré.

5 Ton regard dans le cœur, dans le sang m'est entré
Comme un éclat de foudre alors qu'il fend la nue :
J'eus de froid et de chaud la fièvre continue,
D'un si poignant regard mortellement outré.

Et si ta belle main passant ne m'eût fait signe,
10 Main blanche, qui se vante être fille d'un Cygne,
Je fusse mort, Hélène, aux rayons de tes yeux ;

Mais ton signe retint l'âme presque ravie,
Ton œil se contenta d'être victorieux,
Ta main se réjouit de me donner la vie.

Pierre DE RONSARD, *Sonnets pour Hélène* (1578)

1. Escalier

Pierre de Ronsard (1524-1585) naît dans une vieille famille noble près de Vendôme. À douze ans, il est envoyé à la Cour comme page. Malade, il revient chez lui partiellement sourd et décide
5 de se consacrer à l'écriture poétique en langue française. Il étudie les lettres antiques, reçoit une éducation humaniste. À partir de 1550, il publie très régulièrement. S'essayant à tous les genres poétiques, il suit la mode du sonnet. En 1558, il
10 est désigné comme « Prince des poètes » et s'attire les faveurs de Henri II devenant son poète officiel. L'âge venant, d'autres poètes le détrônent. Vieillissant, il se retire et compose notamment ses *Sonnets pour Hélène*.

PLAN

I. [Je veux montrer que] le poète met en scène la rencontre pour en faire un tableau.
    A. En présentant des personnages figés
    B. En insistant sur le jeu des regards

II. [Je veux montrer que] le poète exprime sa souffrance par le lyrisme.
    A. En décrivant l'amour comme une blessure
    B. En définissant l'amour comme un déchirement

III. [Je veux montrer que] le poème présente une idéalisation de la femme.
    A. En faisant l'éloge de la beauté
    B. En évoquant la femme comme source de vie

Mise au point

Organiser son temps au cours de l'épreuve du baccalauréat

Après **1 h 15** consacrée à la lecture du corpus et à la question, à titre indicatif, on peut répartir les **2 h 45** restant pour le commentaire comme suit :

▌ **40 minutes** : brouillon – impressions, recherche des composantes du texte, analyse linéaire

▌ **20 minutes** : brouillon – élaboration d'un plan très détaillé

▌ **1 h 30** : rédaction du devoir

▌ **15 minutes** restantes : relecture

★★★
6 **Mettre en place des transitions**

Reportez-vous au plan du commentaire donné dans l'exercice 5. et rédigez les transitions entre les parties I et II, puis II et III.

★★★
7 **Rédiger une conclusion**

a. Rédigez le bilan du devoir à partir du plan donné dans l'exercice 5.
b. Puis, soit en vous reportant aux deux poèmes présentant des passantes (p. 86), soit en faisant référence au portrait ci-dessous, mettez en place l'ouverture permettant de clore ce commentaire.

Sandro Botticelli (1444-1510), *Le Printemps* (vers 1478), tempera sur bois, 203 x 314 cm (musée des Offices, Florence, Italie).

Corpus

Texte A Émile ZOLA, *L'Assommoir* (1883)
Texte B Albert COHEN, *Belle du seigneur* (1968)

Texte A

Il s'agit de l'incipit du roman.

Gervaise avait attendu Lantier jusqu'à deux heures du matin.

Puis, toute frissonnante d'être restée en camisole[1] à l'air vif de la fenêtre, elle s'était assoupie, jetée en travers du lit, fiévreuse, les joues trempées de larmes. Depuis huit jours, au sortir du *Veau à deux têtes*, où
5 ils mangeaient, il l'envoyait se coucher avec les enfants et ne reparaissait que tard dans la nuit, en racontant qu'il cherchait du travail. Ce soir-là, pendant qu'elle guettait son retour, elle croyait l'avoir vu entrer au bal du Grand-Balcon, dont les dix fenêtres flambantes éclairaient d'une nappe d'incendie la coulée noire des boulevards extérieurs ; et, derrière
10 lui, elle avait aperçu la petite Adèle, une brunisseuse[2] qui dînait à leur restaurant, marchant à cinq ou six pas, les mains ballantes, comme si elle venait de lui quitter le bras pour ne pas passer ensemble sous la clarté crue des globes de la porte.

Quand Gervaise s'éveilla, vers cinq heures, raidie, les reins brisés,
15 elle éclata en sanglots. Lantier n'était pas rentré. Pour la première fois, il découchait. Elle resta assise au bord du lit, sous le lambeau de perse[3] déteinte qui tombait de la flèche attachée au plafond par une ficelle. Et, lentement, de ses yeux voilés de larmes, elle faisait le tour de la misérable chambre garnie, meublée d'une commode de noyer dont un tiroir
20 manquait, de trois chaises de paille et d'une petite table graisseuse, sur laquelle traînait un pot à eau ébréché. On avait ajouté, pour les enfants, un lit de fer qui barrait la commode et emplissait les deux tiers de la pièce. La malle de Gervaise et de Lantier, grande ouverte dans un coin, montrait ses flancs vides, un vieux chapeau d'homme tout au fond, en-
25 foui sous des chemises et des chaussettes sales ; tandis que, le long des murs, sur le dossier des meubles, pendaient un châle troué, un pantalon mangé par la boue, les dernières nippes dont les marchands d'habits ne voulaient pas. Au milieu de la cheminée, entre deux flambeaux de zinc dépareillés, il y avait un paquet de reconnaissances du mont-de-piété[4],
30 d'un rose tendre.

C'était la belle chambre de l'hôtel, la chambre du premier, qui donnait sur le boulevard.

Émile ZOLA, *L'Assommoir* (1883)

1. Chemise.
2. Ouvrière qui travaille le métal.
3. Tissu.
4. Ces papiers indiquent que tous ses biens sont déjà vendus (prêt sur gages).

Ariane attend Solal dont elle est amoureuse et qu'elle a in-vité à venir prendre le thé.

Un soir, peu avant neuf heures, elle décida que l'at-tendre dehors, sur le seuil, faisait obséquieux[1]. Oui, aller simplement ouvrir la porte lorsqu'il arriverait, mais ne pas se précipiter, aller tranquillement en res-
5 pirant largement, de manière à ne pas oublier qui elle était, de manière aussi à n'être pas essoufflée. Oui, très bien, maîtrise d'elle-même, le faire dignement entrer au salon. Là, conversation, puis lui proposer une tasse de thé. Bonne idée d'avoir déjà tout apporté au sa-
10 lon pour n'être pas devant lui en posture de femme de chambre apportant un plateau. Oui, tout y était, théière avec couvre-théière, tasses, lait, citron. Donc au moment opportun se lever, verser le thé lentement, lui demander sans servilité s'il voulait du lait ou du ci-
15 tron. Elle essaya. Lait ou citron ? Non, l'interrogation était ratée, citron ? Oui, ainsi, c'était bien. Aimable, mais indépendante.

Elle se précipita lorsque la sonnette retentit. Mais arrivée dans le vestibule, elle fit demi-tour. Avait-elle
20 bien enlevé la poudre ? de retour au salon, elle resta devant la glace, s'y regarda sans s'y voir. Le sang bat-tant à ses oreilles, elle se décida enfin, s'élança, faillit tomber, ouvrit la porte. Comment allez-vous ? lui de-manda-t-elle avec le naturel d'un chanteur d'opérette
25 faisant du parlé.

La respiration difficile, elle le précéda dans le salon. Un sourire immobile posé sur ses lèvres, elle lui indi-qua un fauteuil, s'assit à son tour, tendit le bas de sa robe, attendit. Pourquoi ne lui parlait-il pas ? lui avait-
30 elle déplu ? Il restait peut-être de la poudre. Elle passa sa main sur son nez, se sentit dépourvue de charme. Parler ? Sa voix serait enrouée, et s'éclaircir la gorge ferait un bruit affreux. Elle ne se doutait pas qu'il était en train d'adorer sa gaucherie et qu'il gardait le si-
35 lence pour la faire durer.

Lèvres tremblantes, elle lui proposa une tasse de thé. Il accepta avec impassibilité. Guindée, les joues enflammées, elle versa du thé sur le guéridon, dans les soucoupes, demanda pardon, tendit ensuite d'une
40 main le petit pot à lait et de l'autre les rondelles de citron. Laine ou coton ? demanda-t-elle. Il eut un rire, et elle osa le regarder. Il eut un sourire, et elle lui tendit les mains. Il les prit, et il plia le genou devant elle. Inspirée, elle plia le genou devant lui, et si no-
45 blement qu'elle renversa la théière, les tasses, le pot à lait et toutes les rondelles de citron. Agenouillés, ils se souriaient, dents éclatantes, dents de jeunesse. Age-nouillés, ils étaient ridicules, ils étaient fiers et beaux, et vivre était sublime.

Albert COHEN, *Belle du seigneur* (1968) © Éditions Gallimard

1. Flatteur, servile.

37

La dissertation (1)
Analyser **un sujet**
et concevoir **le plan du développement**

SUJET

D'après le marquis de Sade, « on appelle <mark>roman</mark> <mark>l'ouvrage fabuleux</mark> composé d'après <mark>les plus singulières aventures</mark> de la <mark>vie des hommes</mark>. » Cette <mark>définition du roman</mark> vous paraît-elle fondée ?

Vous répondrez à cette question en vous appuyant sur les textes du corpus présenté p. 190 (extraits de *La Princesse de Clèves* de Madame de Lafayette et de *Bel-Ami* de Maupassant), sur les romans étudiés en classe et sur vos lectures personnelles.

Objet d'étude : Le roman

LA MÉTHODE À SUIVRE

LES QUESTIONS À VOUS POSER

Étape 1 **Lire et analyser le sujet**

1. Cerner le domaine du sujet

— Pour bien analyser un sujet de dissertation et éviter un hors-sujet, commencez par **cerner son domaine : un des genres littéraires au programme.**

— Vous limiterez ainsi votre réflexion aux caractères et à l'évolution de ce genre et c'est dans ce domaine que vous choisirez vos exemples.

Sur quel objet d'étude porte le sujet ?
L'objet d'étude concerné par le sujet est le roman.
Votre réflexion devra porter sur la définition du roman.
Vos exemples seront des œuvres romanesques.

2. Distinguer les différentes parties du sujet

Examinez ensuite les différentes parties du sujet que vous devrez prendre en compte :

— **la citation**, présente ou non, et si oui, souvent extraite d'un des textes du corpus sur lequel porte la dissertation ;

— **la question** ouverte ou fermée (réponse oui/non) ;

— **la consigne** (souvent à l'impératif ou au futur).

Quelles sont les différentes parties du sujet ?
Le sujet comporte trois parties :
• une citation du marquis de Sade ;
• une question qui vous est adressée ;
• et une consigne au futur délimitant le choix de vos exemples.

3. Repérer et définir les expressions-clés

— Surlignez et analysez les **termes ou expressions-clés** du sujet.

— Recherchez et exploitez leur **étymologie**.

— Cherchez également les **antonymes** des termes du sujet ; ils permettent de mieux cerner les notions.

— S'il s'agit d'une image, d'une métaphore, élucidez son sens.

Quelles sont les expressions-clés du sujet ?
Les expressions-clés du sujet sont surlignées en jaune. L'expression « ouvrage fabuleux » peut être éclairée par l'étymologie. « Fabuleux » vient du latin fabula, « fable ». Un « ouvrage fabuleux » est, comme une fable, une création très libre de l'imagination, une fiction qui peut faire intervenir des éléments irréels, surnaturels.

4. Repérer les présupposés

— Les présupposés du sujet correspondent à l'ensemble des **informations sous-entendues et suggérées** par le sujet.
— Les dégager, c'est repérer tout ce qui découle du sujet, mais qui reste implicite.

> **Quels sont les présupposés du sujet ?**
>
> *L'expression « d'après les plus singulières aventures » présuppose que le roman ne s'inspire pas de ce qui est commun, moyen, banal.*
> *« Vous paraît-elle fondée » sous-entend que la définition proposée est peut-être insuffisante.*

5. Analyser les relations entre les expressions-clés

— Demandez-vous quel type de relation le sujet établit entre ses mots et expressions-clés : **opposition, nuance, équivalence, lien de causalité ?**
— S'il s'agit d'une opposition, repérez le choix qui vous est alors offert.

> **Quelles sont les relations entre les termes du sujet ?**
>
> *Le sujet pose une équivalence entre le roman et un monde d'aventures fictives, sortant de l'ordinaire. C'est sur cette équivalence que vous êtes appelé à réfléchir.*

Étape 2 — Dégager la problématique

6. Dégager la problématique à partir des questions formulées lors de l'analyse du sujet

— La problématique du sujet est l'ensemble des questions auxquelles le sujet vous invite à répondre **d'une manière nuancée et personnelle.**
— Évitez donc des réponses évasives comme « chacun a son opinion… ».
— La problématique est parfois explicite dans le sujet.
— Mais le correcteur attend de vous que vous la précisiez **en reformulant la question posée en plusieurs sous-questions** qui éclairciront certains des présupposés repérés lors de l'analyse du sujet.

> **Quelles questions découlent de l'analyse du sujet ?**
>
> *La question du sujet peut être subdivisée et reformulée en 6 questions :*
> *1. En quoi une imagination sans limites caractérise-t-elle la création d'un romancier ?*
> *2. Quelles aventures extraordinaires de la vie humaine nous raconte-t-il ?*
> *3. Comment les rend-il intéressantes ?*
> *4. Par quels aspects certains personnages de roman peuvent-ils apparaître comme singuliers ?*
> *5. Le roman n'a-t-il pas pourtant souvent un caractère plus réaliste ?*
> *6. Ne peut-il pas en effet plutôt représenter la vie ordinaire des hommes ?*

Étape 3 — Trouver des idées et des exemples

7. Rechercher des idées dans son cours ou dans les textes du corpus

— Une dissertation est **une argumentation structurée, comportant arguments et exemples.**
— Les idées que vous allez présenter dans le développement doivent être **en relation directe avec la question posée** et l'objet d'étude concerné.

> **Quelles idées en relation avec le sujet trouve-t-on dans le cours et les textes du corpus ?**
>
> *Le corpus de textes p. 190 présente deux héros de roman bien différents :*
> *• Dans* La Princesse de Clèves, *le duc de Nemours est présenté comme un être exceptionnel, un idéal humain, dont la destinée paraît promise aux « plus singulières aventures ». Il correspond bien à la définition du roman par le marquis de Sade.*
>
> **•••**

— Pour alimenter votre réflexion, inspirez-vous de **votre cours sur cet objet d'étude**.

— Relisez aussi attentivement **les textes du corpus** en notant au brouillon les **idées**, les **expressions-clés**, des **citations** se rapportant au sujet.

• *En revanche, Georges Duroy, dans* Bel-Ami, *semble caractérisé par des préoccupations matérielles, un milieu et une existence plutôt ordinaires. Il apparaît comme un type social du roman réaliste (>chap. 22), ce qui est à l'opposé des conceptions de Sade.*

8. Rechercher des exemples en relation avec un sujet

— Recherchez, comme y invitent les sujets, vos exemples à la fois dans les **textes du corpus**, dans les **textes étudiés en classe** et dans vos **lectures personnelles**.

Quels exemples conviennent pour ce sujet ?

Chacun des textes du corpus apporte un éclairage différent au sujet et peut être pris comme exemple.

De nombreux romans, loin d'évoquer un univers fabuleux et extraordinaire, évoquent des réalités quotidiennes dont ils révèlent des aspects parfois cachés :

Le Père Goriot *de Balzac,* L'Assommoir *de Zola.*

Étape 4 — Élaborer le plan

9. Distinguer différents types de sujets et choisir un plan adapté

— 1. **Le sujet et la consigne dictent des démarches à effectuer** : chaque partie du plan correspond à l'une de ces démarches.

— 2. **Le sujet invite à définir une notion, des conditions, ou à valider une thèse** : adoptez un plan thématique déclinant en deux ou trois parties les principaux aspects de la notion ou de la thèse, les principales conditions.

— 3. **Le sujet invite à discuter un jugement ou une définition** : présentez dans une partie les arguments favorables au jugement proposé puis dans une ou deux autres parties ceux qui permettent de le corriger ou de le nuancer.

— 4. **Le sujet invite à confronter deux thèses, deux définitions, deux projets** : consacrez deux parties à évaluer la pertinence relative de chacune de ces thèses ou définitions. Une troisième partie peut permettre de dépasser l'opposition en une synthèse. C'est le **plan dialectique (thèse, antithèse, synthèse)**.

Quel plan adopter en fonction du sujet ?

1. Sujet : *Comment le théâtre permet-il une représentation du pouvoir et dans quel but ?*

Plan : **I.** *Les manières de représenter le pouvoir au théâtre*

II. *Les finalités de cette représentation théâtrale du pouvoir*

2. Sujet : *Quelles sont, selon vous, les fonctions du poète ?*

Plan : **I.** *Le poète est un « voyant » qui nous révèle les beautés et les secrets du monde*

II. *Il peut prêter sa voix à la célébration comme à la contestation*

III. *Il est avant tout un artisan des mots*

3. Sujet présenté p. 316

Plan : **I.** *Le roman comme fiction présentant des aventures exceptionnelles*

II. *Le roman comme peinture réaliste d'une humanité ordinaire*

III. *Le roman comme transfiguration d'une vie banale en une destinée singulière*

4. Sujet : *Quel est, selon vous, l'intérêt d'argumenter à l'aide de récits imagés plutôt que de manière directe ?*

Plan : **I.** *Les atouts et les attraits de l'argumentation indirecte*

II. *Les avantages de l'argumentation directe*

III. *L'intérêt de combiner instruction et agrément dans l'argumentation*

Exercices

★ 1 Cerner le domaine et prendre en compte les différentes parties d'un sujet

a. Quelles sont la nature et la fonction de chacun des paragraphes formant ce sujet ? Quel thème de réflexion est évoqué dans chacun d'eux ?

b. Sur quel objet d'étude du programme de seconde porte ce sujet ? (›*chap. 1*)

c. D'après les 2e et 3e paragraphes, est-il possible d'emprunter des exemples au roman ? à une pièce de théâtre du xxe siècle ? au cinéma ?

SUJET

La Bruyère écrit dans *Les Caractères* (I, 68) : « Il ne faut point mettre un ridicule où il n'y en a point, c'est se gâter le goût, c'est corrompre son jugement et celui des autres ; mais le ridicule qui est quelque part, il faut l'y voir, l'en tirer avec grâce, et d'une manière qui plaise et qui instruise. »
En quoi la comédie, notamment à l'époque classique, a-t-elle pour mission de faire voir le ridicule « d'une manière qui plaise et qui instruise » ?
Vous illustrerez votre réflexion par l'exemple de comédies que vous avez lues, vues ou étudiées.

Exercice guidé

★ 2 Repérer et définir les expressions clés d'un sujet

a. Quelles expressions de la citation sont reformulées dans la question ?

b. Regroupez en deux séries de termes les caractères de l'âme humaine distingués par Georges Duhamel.

➡ Comment mettre en relation ces deux séries et les termes d'« admiration » et de « pitié » ?

➡ Qui doit éprouver de la pitié et de l'admiration d'après Duhamel ?

➡ Pour quoi et pour qui ?

c. Les expressions « rendre sensible » et « faire connaître » sont-elles synonymes ?

d. Cherchez un exemple d'un personnage de roman qui a connu à la fois la grandeur et la misère, la victoire et la défaite.

OBJET D'ÉTUDE 1re

Le personnage de roman, du xviie s. à nos jours

SUJET

Dans son *Essai sur le roman* (1925), Georges Duhamel écrit : « Le but suprême du romancier est de nous rendre sensible l'âme humaine, de nous la faire connaître et aimer dans sa grandeur comme dans sa misère, dans ses victoires comme dans ses défaites. Admiration et pitié, telle est la devise du roman. »

Cette définition de la destination principale du roman et de ses personnages vous paraît-elle fondée ?

★ 3 Repérer les présupposés d'un sujet

a. Dans le sujet suivant, que présuppose l'expression « un des ressorts (du théâtre) » ?

b. Expliquez la métaphore du « ressort » dans ce contexte.

c. Cherchez un exemple d'une scène ou d'une pièce de théâtre dans laquelle deux personnages sont confrontés. Quelle forme prend cette confrontation ? Quel est son intérêt ?

OBJETS D'ÉTUDE 2de / 1re

La tragédie et la comédie au xviie s.
Le texte théâtral et sa représentation, du xviie s. à nos jours

SUJET

En quoi la confrontation de deux personnages sur scène constitue-t-elle un des ressorts du théâtre ?

★ 4 Analyser les relations entre les termes d'un sujet

a. Quelle relation est suggérée par la conjonction « ou » entre les expressions-clés de ce sujet ? Quelles visions différentes de la poésie sont proposées ?

b. Quelle relation établit le complément « pour cela » entre « porter la marque de son temps, être résolument moderne » et « trouver […] un nouveau langage, des voies originales » ? Quels aspects de la poésie sont ainsi distingués et articulés ?

c. Donnez trois exemples des « voies originales » que peut emprunter la poésie moderne, aussi bien dans ses thèmes que dans ses formes.

OBJETS D'ÉTUDE 2de / 1re

La poésie du xixe au xxe s.
Écriture poétique et quête du sens du Moyen Âge à nos jours

SUJET

Pensez-vous que la poésie doive porter la marque de son temps, être résolument moderne, et trouver pour cela un nouveau langage, des voies originales, ou qu'elle doive être intemporelle ?

a. Classez les expressions-clés de la citation de Perrault en deux séries, selon qu'elles suggèrent :
– le plaisir apporté par les contes ;
– l'enseignement qu'ils contiennent.
Quelles relations Perrault établit-il entre les deux séries ? Expliquez le mot « bagatelles ».

b. Quels sont les points communs entre les différents récits à visée argumentative : contes, fables et utopies ? (> chap. 16)

c. Formulez la problématique du sujet sous la forme de questions en interrogeant chacun des caractères des récits distingués par Perrault (réponse à la question a.) ainsi que leurs relations.
Exemple : En quoi ces récits imagés sont-ils une source de plaisir ?

OBJET D'ÉTUDE `2de`
Genres et formes de l'argumentation : xviie s. et xviiie s.

SUJET
Charles Perrault a déclaré, à propos des contes, que ces « bagatelles n'étaient pas de pures bagatelles, qu'elles renfermaient une morale utile et que le récit enjoué dont elles étaient enveloppées n'avait été choisi que pour les faire entrer plus agréablement dans l'esprit et d'une manière qui instruisît et divertît tout ensemble ».
Vous direz comment les récits à visée argumentative (contes, fables, utopies…) que vous avez lus et étudiés illustrent ce propos.

★★
6 Reformuler la question du sujet

a. Que suggère l'adverbe « seulement » dans la question proposée par ce sujet ?

b. Quelles sont, selon vous, les principales différences entre un roman et une nouvelle ? (> chap. 22)

c. Reformulez la question du sujet en plusieurs interrogations en tenant compte de votre réponse aux questions a. et b.

OBJET D'ÉTUDE `2de`
Le roman et la nouvelle au xixe s.

SUJET
Dans son *Dictionnaire des idées reçues*, Flaubert définit ironiquement les livres « quels qu'ils soient » comme « toujours trop longs ». La distinction qu'on peut faire entre une nouvelle et un roman tient-elle seulement à leur différence de longueur ?

★★
7 Reformuler la question du sujet

Dégagez la problématique du sujet proposé dans l'exercice 2 en une série d'interrogations prenant en compte vos réponses aux questions de cet exercice.

★★
8 Exploiter les idées d'un texte pour traiter un sujet

a. Quelles relations entre les poètes et les hommes sont distinguées dans le sujet ?

b. Parmi ces relations, quelle est celle qui est privilégiée par Victor Hugo dans sa préface des *Contemplations* ? Quels arguments peut-on tirer de sa réflexion sur ses liens avec les autres hommes pour traiter le sujet ?

OBJETS D'ÉTUDE `2de / 1re`
La poésie du xixe au xxe s. – Écriture poétique et quête du sens du Moyen Âge à nos jours

SUJET
« Moi, je vis la vie à côté », écrit le poète Charles Cros dans son *Collier de griffes*. En quoi le poète est-il à la fois semblable aux autres hommes et différent d'eux ?

Texte

Qu'est-ce que les *Contemplations* ? C'est ce qu'on pourrait appeler, si le mot n'avait quelque prétention, *les Mémoires d'une âme*.
Ce sont, en effet, toutes les impressions, tous
5 les souvenirs, toutes les réalités, tous les fantômes vagues, riants ou funèbres, que peut contenir une conscience, revenus et rappelés, rayon à rayon, soupir à soupir, et mêlés dans la même nuée sombre. C'est l'existence humaine sortant de
10 l'énigme du berceau et aboutissant à l'énigme du cercueil ; c'est un esprit qui marche de lueur en lueur en laissant derrière lui la jeunesse, l'amour, l'illusion, le combat, le désespoir, et qui s'arrête éperdu « au bord de l'infini ». Cela commence par
15 un sourire, continue par un sanglot, et finit par un bruit du clairon de l'abîme.
Une destinée est écrite là jour à jour.
Est-ce donc la vie d'un homme ? Oui, et la vie des autres hommes aussi. Nul de nous n'a l'hon-
20 neur d'avoir une vie qui soit à lui. Ma vie est la vôtre, votre vie est la mienne, vous vivez ce que je vis ; la destinée est une. Prenez donc ce miroir, et regardez-vous-y. On se plaint quelquefois des écrivains qui disent moi. Parlez-nous de nous,
25 leur crie-t-on. Hélas ! quand je vous parle de moi, je vous parle de vous. Comment ne le sentez-vous pas ? Ah ! insensé, qui croit que je ne suis pas toi !
Ce livre contient, nous le répétons, autant l'individualité du lecteur que celle de l'auteur. *Homo*
30 *sum*[1]. Traverser le tumulte, la rumeur, le rêve, la lutte, le plaisir, le travail, la douleur, le silence ; se reposer dans le sacrifice, et, là, contempler *Dieu* ; commencer à *Foule* et finir à *Solitude*, n'est-ce pas, les proportions individuelles réservées, l'his-
35 toire de tous ?

Victor HUGO, préface des *Contemplations* (1856)

1. « Je suis un homme » ou « Je suis l'homme ».

★★
9 Rechercher des informations dans un corpus en relation avec un sujet

Pour traiter le sujet proposé dans l'exercice 8, recherchez des idées, des exemples, des citations dans le corpus suivant qui fait apparaître les différences entre le poète et les autres hommes.

CORPUS

Victor Hugo, « Fonction du poète », *Les Rayons et les Ombres*, p. 267
Charles Baudelaire, « L'albatros », p. 268
Paul Éluard, *L'Honneur des poètes*, p. 268.

★★
10 Rechercher des exemples en relation avec un sujet

a. Quels exemples empruntés aux différents genres de l'argumentation (❯ *chap. 16, 19 et 20*) pourriez-vous citer dans le développement d'une dissertation traitant le sujet suivant ?

b. Pour chaque exemple, précisez comment l'argumentation (directe ou indirecte) éclaire « les drames et les souffrances de la condition humaine ».

OBJET D'ÉTUDE 1re
La question de l'Homme dans les genres de l'argumentation du XVIe s. à nos jours
SUJET
Comment les genres de l'argumentation mettent-ils en lumière les drames et les souffrances de la condition humaine ?

★★
11 Distinguer différents types de sujets

Précisez quel type de plan est adapté au traitement de chacun des sujets suivants (❯ *Étape 4, p. 318*).

OBJET D'ÉTUDE 1re : Le personnage de roman, du XVIIe s. à nos jours
SUJET 1 : Commentez ce jugement de Flaubert : « L'histoire, l'aventure d'un roman, ça m'est bien égal. Les personnages, l'intrigue, c'est un détail. »

OBJET D'ÉTUDE 1re : Le texte théâtral et sa représentation, du Moyen Âge à nos jours
SUJET 2 : Expliquez comment les costumes participent à la représentation théâtrale et quelles significations on peut leur accorder.

OBJET D'ÉTUDE 1re : Écriture poétique et quête du sens, du Moyen Âge à nos jours
SUJET 3 : Pourquoi lit-on de la poésie ?

OBJET D'ÉTUDE 1re SÉRIE L : Les réécritures, du XVIIe s. à nos jours
SUJET 4 : Pensez-vous que la réécriture n'est qu'une forme de copie ou qu'elle constitue une véritable création ?

★★★
12 Choisir un plan adapté

a. Expliquez l'expression « théâtre de la parole » dans le sujet suivant. À quel autre genre de théâtre le sujet fait-il allusion ?

b. Présentez les grandes lignes d'un plan pour traiter le sujet.

OBJET D'ÉTUDE 1re : Le texte théâtral et sa représentation, du XVIIe s. à nos jours
SUJET : Pensez-vous que le théâtre en Occident soit simplement « un théâtre de la parole », comme le déplore Antonin Artaud ?

★★★
13 Compléter un plan

Voici les grandes lignes et quelques arguments d'un plan de dissertation pour traiter le sujet suivant. Complétez les arguments et donnez pour chacun un exemple (❯ *Textes des chapitres 28 à 30*).

OBJET D'ÉTUDE 1re : Écriture poétique et quête du sens du Moyen Âge à nos jours
SUJET
Théophile Gautier écrit à propos du poète dans « Le pin des Landes » (*España*, 1845) :
« Il faut qu'il ait au cœur une entaille profonde
Pour épancher ses vers, divines larmes d'or. »
Selon vous, la souffrance est-elle la condition nécessaire de toute poésie ?

PLAN
I. La souffrance, individuelle ou collective, paraît une source d'inspiration inépuisable pour le poète.
A. Les douleurs personnelles du poète (mal de vivre, mal d'aimer, hantise du temps qui passe, regrets...) nourrissent son œuvre.
B. ...
C. ...

II. Cependant d'autres émotions peuvent être à l'origine d'un poème et la condition nécessaire de la poésie est ailleurs.
A. Le bonheur, l'aspiration à un idéal, les sensations les plus élémentaires peuvent faire jaillir l'étincelle poétique.
B. ...
C. ...

★★★
14 Trouver des arguments pour soutenir une thèse

a. En vous reportant au sujet de l'exercice 3, et en réfléchissant aux différents conflits mis en scène dans les œuvres théâtrales que vous avez lues ou étudiées, recherchez trois arguments pour soutenir la thèse suivante : « La confrontation de deux personnages sur scène est un des principaux ressorts du théâtre. »

b. Ordonnez vos trois arguments selon une progression logique.

38

La dissertation (2)
Rédiger **un paragraphe**

Le sujet est présenté p. 316.

Un paragraphe de dissertation doit toujours comporter ces trois points :
*l'*Argument*, l'*Exemple *qui l'illustre et le* Commentaire *de cet exemple. Retenez :* AEC*.*
La longueur moyenne d'un paragraphe est d'une dizaine de lignes.

LA MÉTHODE À SUIVRE

LES QUESTIONS À VOUS POSER

Étape 1 **Trouver des arguments**

1. Rechercher des arguments pour étayer chaque partie

— Pour trouver des arguments qui soutiennent chaque partie du devoir, **partez des questions que vous aurez trouvées lors de l'analyse du suje**t (›*chap. 37, étape 2, p. 317*) et répondez-y.
— À une question qui débute par :
• « Pour quelles raisons… ? »,
répondez en commençant par « parce que… »
• « Dans quel but… ? »,
répondez par « pour… »
• « Comment… » « De quelle manière… ? »,
répondez par « en + gérondif » ou « par + nom »

— Chaque argument constitue un paragraphe.

2. Bien cerner l'argument d'un paragraphe en en variant la formulation

— Pour bien mesurer la portée de l'argument et ses implications, **formulez-le de diverses façons** en variant la structure syntaxique de la phrase et / ou le vocabulaire.

Comment trouver des arguments pour la partie I ?
Pour étayer la partie I. Le roman comme fiction présentant des aventures exceptionnelles, *partez des 6 questions formulées lors de l'analyse du sujet.*
Exemple
Question 4 : Par quels aspects certains personnages de romans peuvent-ils apparaître comme « singuliers » ?
4 réponses possibles :
• *par leur physique*
• *par leur rang social*
• *par leurs qualités intellectuelles*
• *par leur exception morale (dans le bien ou dans le mal…)*
Ces réponses constituent un argument.

Comment varier la formulation de l'argument ?
Certains personnages de romans peuvent apparaître comme « singuliers » par leur exception morale.
ou Certains personnages romanesques font preuve de qualités morales exceptionnelles.
ou Un romancier peut doter ses héros de vertus ou de vices extraordinaires qui dépassent l'humanité ordinaire.
ou C'est parfois la perfection ou la monstruosité morales qui donne au personnage son originalité.

3. **Trouver et choisir des exemples pertinents par rapport à l'argument**

—— Les exemples apportent à l'argument une illustration concrète et renforcent la démonstration.

—— Ils peuvent être tirés :

• du corpus, sous forme de références précises, d'extraits ou de brèves citations ;

• des lectures cursives ou activités proposées en classe (exposés) ;

• de votre culture personnelle : lectures, références à des œuvres littéraires, à des peintures, à la musique, au cinéma… ; connaissances historiques… ;

• de votre expérience personnelle de spectateur (représentations théâtrales, projection de films…).

> **Où chercher des exemples pertinents pour éclairer l'argument de la partie I ?**
>
> **Pour l'argument trouvé :** *Certains personnages de romans peuvent apparaître comme « singuliers » par leur exception morale (dans le bien ou dans le mal…)*
>
> **Exemple tiré du corpus :**
>
> • *Nemours dans* La Princesse de Clèves (> *p. 190*) : *« une valeur incomparable ».*
>
> **Exemples tirés de lectures cursives / culture personnelle :**
>
> • *Vautrin dans* Le Père Goriot *de Balzac et son absence de conscience morale (voir son discours à Rastignac).*
>
> • *Mme de Merteuil dans* Les Liaisons dangereuses *de Laclos, libertine sans scrupules.*
>
> • *Kyo dans* La Condition humaine *de Malraux* (> *p. 155*).

4. **Savoir varier la nature des exemples**

Les exemples peuvent prendre des formes variées :

—— une citation, le nom d'un personnage, **le rappel d'une situation, d'un événement**, d'une péripétie…, un titre d'œuvre, le nom d'un auteur, un mouvement littéraire…

> **Comment varier la nature de l'exemple ?**
>
> Harry Potter à l'école des sorciers, *de J.K. Rowling, comporte des scènes relevant du merveilleux. Ainsi, dans ce roman, au mépris de tout réalisme, le professeur Minerva Mac Gonagall peut se transformer en chat…*

6. **Bien présenter et insérer l'exemple**

—— **L'exemple est une citation.** Celle-ci doit être :

• courte, signalée par des guillemets, et exacte. Si vous la modifiez, signalez-le en mettant entre crochets les éléments transformés ou les coupes ;

• clairement attribuée à **son auteur**, au narrateur, au personnage ;

• référencée : indiquez le titre de l'œuvre (en le soulignant) dont elle est extraite ; le titre d'un poème doit être entre guillemets, non souligné ;

• introduite, située dans son contexte (par une phrase brève ou une expression) ;

• et le plus souvent intégrée dans une phrase.

—— **L'exemple est une référence.** Celle-ci doit être :

• précise : indiquez le titre de l'œuvre (en le soulignant), le **nom de l'auteur**, en précisant éventuellement l'époque ou le mouvement littéraire ;

• rapidement mise en contexte : situez l'épisode ou la scène, le personnage dans l'intrigue, dans l'œuvre.

> **L'exemple est une citation :**
>
> *Dans* La Princesse de Clèves, *lorsque* **Mme de Lafayette** *fait le portrait du duc de Nemours, un « prince » de la cour d'Henri II, elle le présente comme « un chef-d'œuvre de la nature, […] l'homme du monde le mieux fait et le plus beau ».*

> **L'exemple est une référence :**
>
> **Rappel de l'argument** : *C'est parfois la monstruosité morale qui donne au personnage son originalité. Vautrin, protagoniste du roman réaliste de* **Balzac** Le Père Goriot, *à travers un long discours à Rastignac, son « élève », se démarque de l'humanité ordinaire par son cynisme diabolique.*

7. Commenter l'exemple

Un exemple ne se suffit pas à lui-même. Simplement mentionné et non analysé, il n'a pas de valeur.

— Vous devez **développer l'exemple** en mettant en valeur les détails concrets qui appuient l'argument.

— Vous devez **l'expliquer, le commenter** (et surtout ne pas « raconter » l'œuvre).

— Faites des commentaires directement reliés à l'argument à démontrer.

> **L'exemple de Vautrin et son commentaire**
>
> *Cet ancien forçat veut, dans son discours à Rastignac, apprendre au jeune étudiant inexpérimenté à « parvenir » dans la société parisienne. Il met en œuvre une redoutable stratégie de persuasion, en exploitant toutes les ressources de la parole. Il paraît d'autant plus dangereux qu'il manie avec brio l'art de frapper l'imagination de son interlocuteur par des images saisissantes : il faut, selon lui, « entrer » dans le monde « comme un boulet de canon, ou s'y glisser comme une peste ». Il en vient même à suggérer à Rastignac d'être complice d'un meurtre. Son absence totale de conscience morale et ses qualités d'orateur parviennent à fasciner Rastignac et font de lui un tentateur inquiétant, un diable incarné.*

Étape 4 — Associer argument - exemple - commentaire

8. Rédiger en les associant l'argument, l'exemple et son commentaire

— Une fois l'argument défini, l'exemple trouvé et commenté, vous devez associer ces trois éléments et rédiger un paragraphe complet.

— Vous devez choisir et varier les **mots qui relient l'argument à l'exemple**.

Il peut s'agir de connecteurs (*ainsi, par exemple...*) ou d'expressions (*Comme en témoigne...*) ou d'expressions qui situent les exemples les uns par rapport aux autres (*Au xixe siècle..., plus récemment... ; de même ; au contraire...*).

— Un paragraphe tourne autour d'une notion. Vous serez amené à utiliser de nombreuses fois les mêmes termes.

— **Pour éviter ces répétitions**, avant de rédiger, constituez-vous **une « banque » de mots** en rapport avec cette notion, sans vous limiter à des synonymes, mais en variant la nature grammaticale des mots (verbes, noms, adjectifs...).

Quand vous rédigerez et à la relecture, vous n'aurez plus qu'à piocher dans cette réserve de mots.

— Enfin, **évitez les mots inutiles et les expressions lourdes.**

> **Comment associer argument, exemple et commentaire dans un paragraphe ?**
>
> *Certains personnages romanesques se démarquent de l'humanité commune par leur physique, qu'ils soient particulièrement beaux ou, au contraire, horriblement laids. Ainsi, dans La Princesse de Clèves, lorsque Mme de Lafayette fait le portrait du duc de Nemours, un « prince » de la cour de Henri II, elle le présente comme « un chef-d'œuvre de la nature, [...] l'homme du monde le mieux fait et le plus beau ». L'emploi des superlatifs élogieux, intensifiés par la précision « du monde », la métaphore hyperbolique « chef-d'œuvre », empruntée à la peinture, font imaginer au lecteur un héros « singulier » qui ne peut « être imité » et dont la beauté dépasse les êtres ordinaires.*
>
> *Exemple d'une « banque de mots » reliée à la notion de singularité :*
>
> *Unique, extraordinaire, original, originalité, se démarquer, se distinguer, se signaler par, singulier, se singulariser, étonnant, atypique, particulier, particularité, différent, différence, spécial, hors norme, anormal, anomalie, d'exception, exceptionnel, dérouter*

⭐ 1 Distinguer les trois composantes du paragraphe

Dans le paragraphe ci-dessous, qui figurerait dans la partie I de la dissertation, distinguez l'argument, les exemples et le commentaire des exemples.

OBJETS D'ÉTUDE 2de / 1re

La poésie du XIXe s. au XXe s. Écriture poétique et quête du sens du Moyen Âge à nos jours

SUJET

« Fuir : là-bas fuir », s'exclame Stéphane Mallarmé dans « Brise marine ». Pour être poète, suffit-il de se laisser emporter par son imagination et de fuir vers des mondes inconnus ?

Vous répondrez à cette question en vous appuyant sur les textes du corpus présenté p. 286, sur les poèmes étudiés en classe et sur vos lectures personnelles.

PLAN PROPOSÉ

I. La poésie comme évasion vers des mondes inconnus
II. La poésie comme peinture d'une réalité connue
III. La poésie comme création et transfiguration de la réalité à travers les mots

Le pouvoir créateur du poète lui permet de créer un monde nouveau, irréel ou inaccessible dans lequel s'évade le lecteur : ainsi, Rimbaud, dans « Aube » (Illuminations), peint un pays de rêve où, miraculeusement personnifiées, « les pierreries regardèrent » et où « une fleur [lui] dit son nom » ; dans « Fleurs », c'est un pays féerique où « la digitale [s'ouvre] sur un tapis de filigranes d'argent » ; dans « Déluge », le lecteur se trouve transporté chez « Barbe-Bleue »… Tous ces lieux irréels se dessinent comme s'ils existaient sous les yeux du lecteur, qui retrouve les mondes imaginaires où les fantaisies les plus folles semblent possibles. C'est par le recours aux images et par la juxtaposition de réalités diverses, hétéroclites même, que le poète peut ainsi inventer ces autres mondes où l'esprit voyage.

⭐ 2 Distinguer et associer arguments et exemples

Parmi la liste d'arguments et d'exemples proposés pour traiter les deux premières parties du plan ci-dessous :

a. Repérez les arguments, d'une part, et les exemples d'autre part ;
b. Distinguez les arguments qui illustrent la partie I et ceux qui illustrent la partie II ;
c. Associez à chaque argument le(s) exemple(s) qui l'illustre(nt).

OBJET D'ÉTUDE 2^{de}

Genres et formes de l'argumentation : XVIIe et XVIIIe s.

SUJET

Pour argumenter, est-il préférable d'illustrer son point de vue à travers une histoire ou de présenter directement ses arguments ?

PLAN PROPOSÉ

I. Les atouts d'une « histoire » pour argumenter
II. Les atouts des genres à arguments directs
III. Le choix de la stratégie argumentative dépend de facteurs divers ; l'efficacité de la combinaison des deux stratégies argumentatives

1. L'argumentation directe permet l'implication de l'auteur.
2. La fable « La Cigale et la Fourmi » de La Fontaine ne comporte pas de morale explicite : le lecteur doit l'extraire du récit.
3. Rousseau, dans son Discours sur les sciences et les arts (> p. 120), implique directement les lecteurs.
4. Une histoire permet l'évasion dans d'autres mondes, réels ou imaginaires.
5. Une argumentation indirecte implique une démarche inductive, du concret à l'abstrait.
6. Les risques d'erreur d'interprétation sont limités, car les idées sont formulées au premier degré.
7. L'argumentation directe permet l'implication du lecteur.
8. Une histoire sollicite la participation active et la réflexion du lecteur qui doit interpréter le récit et en dégager une idée.
9. Pascal (Pensées) (> p. 116) adopte une structure claire, rigoureuse, en paragraphes logiquement enchaînés qu'il est aisé de suivre.
10. Un récit introduit de la vivacité dans l'argumentation.
11. Une histoire permet d'éviter la censure.
12. Zadig (Voltaire) se passe dans un Orient exotique fictif avec des animaux fabuleux.
13. Un récit permet de recourir à des registres variés.
14. Dans Le Mariage de Figaro, le valet énonce des idées révolutionnaires (monologue de l'acte V) dont la formulation directe aurait pu entraîner des poursuites contre Beaumarchais.
15. Candide voyage à travers le monde entier et connaît des aventures rocambolesques.
16. Clarté de la structure rigoureuse et logique de la séquence « thèse / argument(s) / exemple(s) ».

3 Éviter les répétitions

a. Trouvez le plus grand nombre de mots synonymes ou de périphrases renvoyant à la notion d'efficacité liée au sujet de dissertation ci-dessous.

b. Trouvez les antonymes des mots *efficacité / efficace*, qui alimenteraient la deuxième partie de la dissertation (II. Les limites de l'apologue).

OBJET D'ÉTUDE 2^{de}

Genres et formes de l'argumentation : XVIIe et XVIIIe s.
SUJET
Les genres de la fable et du conte philosophique vous semblent-ils efficaces pour argumenter ?

★

4 Constituer une banque de mots

Composez une banque de mots, de nature grammaticale variée, qui renvoient à la notion de *réel / réalité*.

OBJETS D'ÉTUDE 2de / 1re

La poésie du XIXe s. au XXe s.
Écriture poétique et quête du sens
SUJET
Vous vous demanderez si la poésie nous éloigne du réel ou nous fait mieux percevoir la réalité.

★★

5 Exploiter une question qui découle du sujet

Trouvez des arguments en répondant à la question que suggère le sujet ci-dessous. Reportez-vous aux chapitres 24 à 27.

OBJETS D'ÉTUDE 2de / 1re

La tragédie et la comédie au XVIIe s.
Le texte théâtral et sa représentation, du XVIIe s. à nos jours
SUJET
Comment le théâtre permet-il une représentation du pouvoir et dans quel but ?

QUESTION TROUVÉE :

1. <u>De quelle manière</u> ou <u>par quels moyens</u> le théâtre représente-t-il le pouvoir ?

RÉPONSES POSSIBLES :

Le théâtre peut représenter le pouvoir :
– <u>en mettant</u> en scène divers types de personnages : rois, reines, sujets, maîtres, valets.
– <u>en</u>...
– <u>par</u> les scènes de conflits
– <u>par</u>...

6 Trouver des arguments

Trouvez trois arguments pour étayer les deux premières parties de la dissertation ci-dessous. Reportez-vous aux chapitres 21 à 23.

➡ Formulez les questions que vous suggère l'analyse du sujet.

➡ Observez les mots interrogatifs qui débutent vos questions pour trouver la formulation exacte qui permet d'y répondre (ex. : « Pourquoi … » ? › « parce que… »).

➡ Formulez clairement vos arguments.

➡ Ordonnez les arguments trouvés selon une progression logique.

OBJET D'ÉTUDE 2^{de}

Le roman et la nouvelle au XIXe s.
SUJET
Pensez-vous que le roman doive ouvrir les yeux du lecteur sur la vie ou bien au contraire lui permettre d'échapper à la réalité ?

PLAN PROPOSÉ

I. Le roman comme représentation du monde réel : intérêt du roman qui nous « ouvre les yeux » sur la vie
II. Le roman évasion : intérêt du roman qui nous fait échapper à la vie
III. Ces deux fonctions ne s'opposent pas nécessairement : ne peut-on dépasser l'alternative réel / évasion ?

★★

7 Formuler de plusieurs façons un même argument

Pour comprendre toutes les implications de l'argument ci-dessous, reformulez-le de deux façons différentes.

OBJETS D'ÉTUDE 2de / 1re

La tragédie et la comédie au XVIIe s.
Le texte théâtral et sa représentation, du XVIIe s. à nos jours
SUJET
Quelle est l'importance du conflit au théâtre ?

ARGUMENT

Le conflit est essentiel au théâtre parce qu'il crée une tension dramatique.

★★

8 Exploiter des citations

a. Quel argument chacune des citations suivantes de Paul Claudel vous suggère-t-elle pour étayer les deux parties de la dissertation ci-dessous ?

b. Rédigez deux phrases où vous formulerez ces arguments.

c. Composez deux paragraphes argumentatifs qui figureraient dans chacune des parties ci-dessous.

d. Composez un paragraphe qui comportera un exemple tiré de votre expérience de spectateur.

C'est une actrice qui parle dans les deux citations :

1. « Et quand je crie, j'entends toute la salle gémir. »

2. « L'homme s'ennuie, et l'ignorance lui est attachée depuis sa naissance. / Et ne sachant de rien comment cela commence ou finit, c'est pour cela qu'il va au théâtre. » (Paul Claudel, *L'Échange*)

OBJET D'ÉTUDE **1re**

Le texte théâtral et sa représentation du XVIIe siècle à nos jours

SUJET

Selon vous, pourquoi va-t-on au théâtre ?

Plan proposé

I. Le public vient au théâtre pour éprouver des émotions fortes

II. Le public vient chercher au théâtre des réponses à ses questions

Exercice guidé

★★ 9 Exploiter les exemples du corpus

a. Lisez les textes proposés dans le corpus.

b. Identifiez clairement quels textes pourraient illustrer chacun des arguments ci-dessous.

c. Rédigez un paragraphe pour chacun des arguments :

➥ dans l'un d'eux, l'exemple s'appuiera sur une citation précise du texte ;

➥ dans un autre, il consistera en une référence à un paragraphe d'un des textes ;

➥ dans un autre, il sera constitué par une référence à l'œuvre intégrale dont est extrait le texte.

Corpus

Texte A Émile Zola, *L'Assommoir* (> *p. 171*)

Texte B Émile Zola, *Thérèse Raquin* (> *p. 181*)

Texte C Flaubert, *Madame Bovary* (> *p. 185*)

Texte D Guy de Maupassant, *Coco* (> *p. 187*)

OBJET D'ÉTUDE **2de**

Le roman et la nouvelle au XIXe s.

SUJET

André Breton écrit : « Et les descriptions ! Rien n'est comparable au néant de celles-ci ! » *(Manifeste du surréalisme)*. Les descriptions dans un roman vous paraissent-elles vaines et inutiles ? Vous appuierez votre réponse sur les textes du corpus et sur vos lectures personnelles.

Arguments

La description dans un roman est utile :
1. parce qu'elle crée une atmosphère ;
2. parce qu'elle éclaire les personnages ;
3. parce qu'elle permet de créer l'illusion de la réalité ;
4. parce qu'elle peut prendre une valeur symbolique.

★★★ 10 Commenter un exemple emprunté au corpus de textes

a. Choisissez un des trois textes du corpus pouvant illustrer l'argument, qui figurerait dans la première partie du devoir : I. La fable est efficace pour parler de la question de l'Homme parce qu'elle aborde et éclaire certains aspects essentiels de la condition humaine.

b. Rédigez le paragraphe complet.

OBJET D'ÉTUDE **1re**

La question de l'Homme dans les genres de l'argumentation

SUJET

Le genre de la fable vous paraît-il adapté pour parler de la question de l'Homme ?

Corpus

Texte A La Fontaine, « Le Renard et la Cigogne », I, 18 (> *p. 115*)

Texte B La Fontaine, « La Génisse, la Chèvre et la Brebis, en société avec le Lion », I, 6 (> *p. 124*)

Texte C La Fontaine, « Le Chêne et le Roseau », I, 22 (> *p. 129*)

★★★ 11 Composer un paragraphe complet

Rédigez trois paragraphes argumentatifs qui constituent la partie II du sujet ci-dessous en y intégrant les exemples proposés.

OBJET D'ÉTUDE **1re**

Écriture poétique et quête du sens du Moyen Âge à nos jours

SUJET

Pensez-vous que le poète a une mission sociale d'« éclaireur », de témoin engagé ou qu'il doit s'éloigner du monde ?

Partie II. Le poète affirme sa mission sociale

A. En témoignant et en invitant à réfléchir : Primo Levi, *Si c'est un homme* (> *exercice 10, p. 156*)

B. En dénonçant les maux du présent par l'image et par le cri : A. Rimbaud, « Le mal » (> *Texte 2, p. 262*) ; P. Éluard, *L'Honneur des poètes* (> *exercice 6, p. 268*)

C. En éclairant l'avenir : V. Hugo, *Les Rayons et les Ombres* (> *exercice 3, p. 267*)

Le sujet est présenté p. 316.

Voici le plan proposé pour le traiter (parties, sous-parties, exemples).

Introduction

I. Le roman comme fiction présentant des aventures exceptionnelles
  A. L'univers romanesque pas nécessairement réaliste, souvent « fabuleux ».
  Ex. 1 Jules Verne, *Voyage au centre de la terre*
  Ex. 2 Tolkien, *Le Seigneur des anneaux*
  B. Certains personnages très « singuliers ».
  Ex. 1 Quasimodo *dans Notre-Dame de Paris* de V. Hugo
  Ex. 2 Vautrin dans *Le Père Goriot* de Balzac
  C. La « vie des hommes » prend une dimension héroïque : personnages présentés comme des modèles.
  Ex. 1. Le duc de Nemours dans *La Princesse de Clèves* de Mme de Lafayette
  Ex. 2 Kyo dans *La Condition humaine* de Malraux

II. Le roman comme peinture réaliste d'une humanité ordinaire
  A Distinct du conte ou de l'épopée, le roman représente souvent la vie quotidienne de l'humanité moyenne.
  Ex. 1 La vie de province, banale, ennuyeuse dans *Madame Bovary* de G. Flaubert
  Ex. 2 La découverte de Paris par une adolescente dans *Zazie dans le métro* de R. Queneau
  B. Le personnage romanesque : souvent un être sans qualités particulières.
  Ex. 1 Frédéric Moreau dans *L'Éducation sentimentale* de Flaubert, roman réaliste
  Ex. 2 Meursault dans *L'Étranger* d'A. Camus, roman de l'absurde
  C. Des aventures qui ne sont pas héroïques, qui illustrent les défaites de l'existence.
  Ex. 1 Celle de Gervaise, l'héroïne de *L'Assommoir* d'E. Zola
  Ex. 2 Celle de Jérôme et Sylvie dans *Les Choses* de G. Perec

III. Le roman comme transfiguration d'une vie banale en destinée « singulière »
  A. Des événements personnels ou historiques peuvent transformer une histoire apparemment banale en destinée extraordinaire.
  Ex. 1 J. A. Suter dans *L'Or* de B. Cendrars
  Ex. 2 Angelo dans *Le Hussard sur le toit* de J. Giono
  B. Des héros qui vont au bout de leur destin en accomplissant des choix difficiles.
  Ex. 1 Julien Sorel dans *Le Rouge et le Noir* de Stendhal
  Ex. 2 Jean Valjean dans *Les Misérables* de V. Hugo
  C. Le roman révèle la singularité cachée dans la banalité de la vie de chacun : il permet à l'homme de mieux connaître ses potentialités.
  Ex. 1 Le héros du *Père Goriot* de Balzac, « Christ de la paternité »
  Ex. 2 Le narrateur de *À la recherche du temps perdu* de M. Proust découvrant sa vocation d'artiste

Conclusion

Étape 1 — Détailler le plan au brouillon

1. Étoffer le plan de la dissertation

—— La problématique et l'analyse du type de sujet vous ont permis de dégager les grandes parties (ou axes directeurs) du plan (›chap. 37, étapes 3 et 4).

—— Construisez maintenant **un plan détaillé** au brouillon. Il servira de base à la rédaction de votre devoir.

—— Pour cela, hiérarchisez **les parties**.

—— Trouvez ensuite **des sous-parties** (de deux à quatre) que vous hiérarchiserez selon une démarche progressive.

En règle générale, allez du plus évident au moins évident (les idées les plus complexes se trouveront à la fin de chaque partie).

Ces **sous-parties** comportent des paragraphes dont la méthode est présentée dans le chapitre 38.

2. Compléter et présenter le plan au brouillon

—— Chaque **sous-partie** comporte un **argument**, son **développement** et un ou deux **exemples commentés** qui seront présentés dans un même paragraphe dans le devoir rédigé (›chap. 38).

—— Votre plan doit être :

- **aéré** ;
- **hiérarchisé** : **décalez** les idées vers la droite en fonction de leur importance. Formulez les points principaux que vous avez dégagés et, en léger retrait, les points secondaires qui s'y rattachent ;
- **complet** : la structure de chaque paragraphe argumentatif (›chap. 38) – **énoncé de l'argument**, son **développement** / **exemples** / **commentaire** – doit déjà apparaître dans le plan.
- mais **non rédigé** !

Attention : si, au moment où vous écrivez votre plan au brouillon, vous vous rendez compte que votre plan est déséquilibré, **rééquilibrez**-le en scindant une partie en deux et/ou en intégrant une partie trop courte dans une partie plus large : c'est sans doute qu'il s'agissait d'un argument et non d'une thèse (›chap. 37).

Plan

Partez du plan général en 3 parties trouvé au chapitre 37 (p. 318, Étape 4) :

I. *Le roman comme fiction présentant des aventures exceptionnelles*

II. *Le roman comme peinture réaliste d'une humanité ordinaire*

III. *Le roman comme transfiguration d'une vie banale en une destinée singulière*

*Puis détaillez les **sous-parties** de chaque **partie**.*

Comment présenter la partie I ?

I. *Le roman comme fiction présentant des aventures exceptionnelles*

A. *L'univers romanesque pas nécessairement réaliste, souvent « fabuleux »*

Des univers différents du nôtre et des péripéties extraordinaires

Ex. 1 : *Verne,* Voyage au centre de la terre *– découverte d'un monde inconnu*

Ex. 2 : *Tolkien,* Le Seigneur des anneaux *– anneau magique qui rend invisible*

B. *Certains personnages très « singuliers » :*

Par leur physique, leur exception sociale, intellectuelle ou morale

Ex. 1 : *Hugo,* Notre-Dame de Paris *– la bosse de Quasimodo*

Ex. 2 : *Balzac,* Le Père Goriot *– Vautrin, génie du mal*

C. *La dimension héroïque de la « vie des hommes ». Personnages présentés comme des modèles*

Ex 1 : *Le Duc de Nemours ou la Princesse de Clèves chez Mme de Lafayette – l'héroïsme de la passion en lutte avec le sens du devoir*

Ex 2 : *Kyo dans* La Condition humaine *de Malraux – le sacrifice d'une vie pour de jeunes révolutionnaires*

3. Prévoir les transitions entre les parties

— Comme pour le commentaire (>*chap. 34, 35, 36*), les parties ne doivent pas être juxtaposées, mais suivre un fil logique que signalent les transitions.

— Les transitions doivent comporter :
- • d'une part une conclusion partielle de la partie précédente ;
- • d'autre part une nouvelle idée qui annonce la teneur de la partie suivante.

> **Quelles transitions entre les parties I et II ?**
>
> *I. Le roman comme fiction présentant des aventures exceptionnelles*
> *Le lecteur se laisse emporter dans cet univers singulier ; cependant, il se reconnaît parfois plus facilement dans la peinture de la réalité commune.*
> *II. Le roman comme peinture réaliste d'une humanité ordinaire*

Étape 2   # Composer l'introduction

4. Connaître et composer les 4 temps de l'introduction

L'introduction d'une dissertation doit être rédigée **en un seul paragraphe** et comporte **quatre temps** : 1. l'accroche ; 2. l'énoncé du sujet ; 3. l'analyse du sujet, sa problématisation ; 4. l'annonce du plan.

— **L'accroche** ou phrase d'**amorce** suscite l'intérêt et replace la problématique du sujet dans un domaine plus vaste, par :
- • une référence à l'objet d'étude, à un genre, à un mouvement littéraire, à un thème ou à un fait qui figure dans le sujet ;
- • ou par une constatation de la vie courante ou du langage commun ;
- • ou par une citation significative en rapport avec la problématique.

Attention : évitez les phrases plates et trop vagues du type : *De tous temps, les hommes ont écrit des romans…*

— **L'énoncé du sujet** se fait à la suite de l'accroche, dans un même élan. Vous devez reprendre le sujet tel quel, sans toutefois garder certaines formules du type « selon vous… ».

— **La problématique** doit être clairement exposée. Pour cela, reprenez les questions que vous avez formulées lors de la recherche des idées (>*chap. 37, Étape 2, p. 317*).

> **Comment rédiger l'accroche et l'énoncé du sujet ?**
>
> *Exemple d'amorce tirée d'une constatation personnelle*
> *Dans la vie courante, l'expression « C'est du roman ! » signifie « Cela n'a rien de réel, c'est de la fantaisie ! » et celui dont on dit « c'est un vrai personnage de roman » est un être à part, original, que l'on ne rencontre pas dans la vie courante (= amorce). Ainsi, le marquis de Sade définit le roman comme un « ouvrage fabuleux composé d'après les plus singulières aventures de la vie des hommes » (= énoncé du sujet).*
>
> *Exemple d'amorce s'appuyant sur une référence et une citation*
> *Dans la préface de son roman* Pierre et Jean, *Maupassant distingue plusieurs types de romanciers : certains « transforment la vérité […] pour en tirer une aventure exceptionnelle et séduisante », d'autres « prétend(ent) nous donner une image exacte de la vie », évitent « tout enchaînement d'événements qui paraîtrait exceptionnel » (= amorce). Le marquis de Sade se rallie aux premiers types de romanciers, puisqu'il définit le roman comme un « ouvrage fabuleux composé d'après les plus singulières aventures de la vie des hommes » (= énoncé du sujet).*
>
> **Comment rédiger la problématique ?**
> *Cette définition rend-elle compte de la vraie nature du roman ? N'est-il composé que d'un monde fabuleux et extraordinaire ? Le roman n'a-t-il pas souvent un caractère plus réaliste ? Ne peut-il pas plutôt représenter la vie ordinaire des hommes ?*

L'annonce du plan

Signalez la démarche que vous allez suivre pour répondre à la problématique, en **faisant apparaître le « fil conducteur »** qui en assure la cohérence.

Voilà pourquoi vous ne pouvez rédiger votre introduction qu'après avoir établi le plan de votre devoir !

Attention : évitez les formulations maladroites et lourdes comme : *Je vais tenter dans une première partie de montrer que…, puis dans une deuxième partie que…*

(⟩*Pour retenir la structure de l'introduction, voir l'encadré Mise au point, p. 333*).

(⟩*Pour retenir la structure de l'introduction, voir l'encadré Mise au point, p. 333*).

Comment rédiger l'annonce du plan ?

Certes, le roman, œuvre de fiction qui trouve ses origines dans l'épopée, raconte souvent les exploits exceptionnels de héros hors du commun, mais il offre aussi souvent une peinture réaliste d'une humanité ordinaire. De fait, on ne saurait le réduire à cette alternative : même lorsqu'il raconte une vie banale, ses ressources lui permettent de la transfigurer en une destinée « singulière ».

Étape 3 — **Composer la conclusion**

5. Connaître les 2 temps de la conclusion

La conclusion, **rédigée en un seul paragraphe**, s'articule en deux temps ; elle suit un schéma inverse de celui de l'introduction.

Au lieu de se « rétrécir » en allant du plus large au plus particulier, elle doit s'élargir, en faisant d'abord la synthèse du devoir, puis en proposant une ouverture sur un sujet plus vaste.

6. Faire la synthèse des conclusions auxquelles on a abouti

— Apportez une **réponse claire** à la question posée au départ pour fermer le débat posé,

— puis reprenez le cheminement de la réflexion et ses **différentes étapes**.

Attention : évitez les formules lourdes et inutiles comme « *Pour conclure, on peut dire que…* », « *En conclusion, je dirais que…* ».

— Ne donnez pas l'impression de vous répéter en reprenant textuellement le plan annoncé en introduction ou tout ce qui a été dit. Il faut mettre l'accent sur l'essentiel de la réflexion, de la démonstration.

7. Élargir pour replacer le sujet dans un cadre plus vaste

— Trouvez une **ouverture vers un nouveau sujet** proche de celui que vous avez traité pour montrer que le débat s'inscrit dans une réflexion plus large.

Comment rédiger la synthèse des réponses ?

Genre complexe et protéiforme, le roman ne saurait se réduire à une définition trop schématique : il n'est ni le simple récit d'exploits héroïques ou extraordinaires, ni la pure représentation de la réalité. Il pourrait être plutôt, comme le définit Stendhal, « un miroir que l'on promène le long d'un chemin » : en effet, le miroir nous renvoie la réalité mais en même temps ne nous présente qu'un reflet. Il est cependant le seul moyen que nous ayons de nous « voir » et de nous connaître nous-mêmes.

— Vous pouvez élargir en faisant référence à **d'autres arts** (adaptations cinématographiques de romans, correspondance entre peinture et poésie…) ou **finir sur une citation** qui fait autorité et montre que votre réflexion s'inscrit dans un débat plus large.

Attention : évitez de mettre dans la conclusion des exemples ou des idées importantes que vous auriez oubliés.

(⟩ *Pour retenir la structure de la conclusion, voir l'encadré Mise au point, p. 333*).

Comment rédiger une ouverture ?

Rien d'étonnant à cela, puisque le roman est une œuvre artistique, au même titre que la peinture. Or, l'art est un « miroir » qui déforme, mais, par là même, nous révèle à nous-mêmes, plus « vrais que nature ».

Étape 4 Relire et corriger le style

8. Se relire avec des objectifs en tête

— Une fois la dissertation rédigée, vous devez vous **relire deux fois,** mais avec des objectifs : d'abord pour améliorer le style, ensuite pour corriger les fautes d'orthographe.

— **Supprimez les répétitions et les mots passe-partout.**
Si, en vous relisant, vous repérez de trop nombreuses répétitions, revenez aux « banques » de mots que vous avez constituées quand vous avez fait votre plan (⟩ *chap. 38*) et remplacez les mots répétés par des synonymes.

— **Évitez les mots inutiles et les expressions lourdes.**

— Pour ne pas encombrer vos phrases, ne formulez qu'**une idée par phrase.**

— **Soyez attentif à la correction grammaticale.** Vos phrases doivent comporter au moins un verbe conjugué. Ne faites pas de phrase avec une ou des subordonnées sans proposition principale.

— **Vérifiez l'orthographe.** Soyez particulièrement attentif à la ponctuation et aux **accords** (sujet/partie conjuguée du verbe, déterminant/nom, nom/adjectif, accord du participe passé) (⟩ *chap. 11*).

Supprimez les mots inutiles

• ~~(On peut remarquer que)~~ *les romans naturalistes mettent en scène des personnages qui font partie de l'humanité moyenne dont ils racontent la vie quotidienne. L'idée apparaît plus clairement si vous enlevez « on peut remarquer que… ».*

Évitez les répétitions
Pour « conception » du roman, vous disposez de « vision du… », « façon de voir le… », « définition du… », « idée du… », « regard porté sur le… », « image du… ».

Veillez à la correction grammaticale

• *De là, la conception naturaliste du roman.*
Vous devez faire un phrase avec un verbe conjugué : de là vient la conception naturaliste du roman.
• *Les romans du XVIIIe siècle multipliaient les péripéties rocambolesques. Tandis que le roman réaliste du XIXe siècle se donne comme but de « faire concurrence à l'état civil ».*
Pour que la phrase soit correcte, il faut supprimer le point et ne faire qu'une seule phrase, en ajoutant une virgule et un « t » minuscule à « tandis ».

Exercices

Mise au point

L'essentiel de l'introduction et de la conclusion

Schéma de l'introduction en « entonnoir »

- 1. Phrase d'amorce (ou accroche)
  - 2. Énoncé du sujet
    (citation éventuelle)
    - 3. Problématique
    - 4. Annonce du plan :
      Partie I
      Partie II

Schéma de la conclusion

- 1. Synthèse
  du développement

- 2. Élargissement

★ 1 Hiérarchiser les parties d'un plan de dissertation

Dans quel ordre placeriez-vous les parties proposées pour le sujet suivant ? Justifiez votre choix.

OBJETS D'ÉTUDE `2de / 1re`

La tragédie et la comédie au XVIIᵉ s.
Le texte théâtral et sa représentation,
du XVIIᵉ s. à nos jours

SUJET

Pensez-vous, comme Eugène Ionesco, que le théâtre est « le lieu de la plus grande liberté, de l'imagination la plus folle » ?

PARTIES PROPOSÉES

Un genre aux multiples contraintes
Des nuances et des limites à la « folie »
Un espace de liberté et d'imagination

★ 2 Hiérarchiser les sous-parties d'une partie de dissertation

Dans quel ordre placeriez-vous les sous-parties suivantes pour la partie « Un espace de liberté et d'imagination » de la dissertation de l'exercice 1 ? Justifiez votre choix.

A. La « folie » du spectacle ou la liberté de la mise en scène, de l'interprétation
B. Des conventions qui défient toute logique... : un lieu double, un temps double, un acteur-personnage
C. La liberté, la « folie » dans le texte lui-même

★★ 3 Présenter clairement un plan

a. Mettez en ordre les parties du devoir pour obtenir un plan cohérent et progressif.
b. Retrouvez quelles sous-parties proposées correspondent à chacune des parties.
c. Mettez en ordre les sous-parties dans chaque partie du devoir.
d. Cherchez un exemple pour chaque sous-partie.
e. Présentez sur une feuille le plan, en décalant les idées selon leur importance.

OBJETS D'ÉTUDE `2de / 1re`

La poésie du XIXᵉ s. au XXᵉ s.
Écriture poétique et quête du sens du Moyen Âge à nos jours

SUJET

Attendez-vous que la poésie soit nécessairement musicale ?

PARTIES PROPOSÉES

La poésie ne sollicite pas que les sens : elle a des fonctions plus profondes, elle « signifie », elle crée du sens.
La poésie doit être musicale parce qu'elle a à voir avec la musique.
La poésie n'est pas seulement musicale : elle entretient des relations avec tous les autres arts.

SOUS-PARTIES PROPOSÉES

La poésie doit être expression d'un moi profond.
Poésie et musique ont des éléments constitutifs communs.
La poésie crée des mondes nouveaux.
Poésie et musique, génératrices de sensations et d'émotions.
La poésie exprime une conception de l'Homme, du monde et de la vie.
Un mot est plus qu'un son ou une note : il évoque une image ou une idée.
Dans leur histoire, poésie et musique sont liées.
La poésie doit dépasser la musique : elle combine tous les arts, peinture, sculpture, danse...
La poésie est recréation et célébration du monde sensible.

★★ 4 Composer des transitions

Rédigez les transitions pour relier les différentes parties des sujets de dissertation proposés ci-dessous.

OBJETS D'ÉTUDE `2de / 1re`

Le roman et la nouvelle au XIXᵉ s.
Le personnage de roman du XVIIᵉ s. à nos jours

SUJET 1

Selon vous, quelles qualités doit présenter un bon début de roman ou de nouvelle ?

Un début de roman ou de nouvelle doit :
I. établir un lien entre le lecteur et un « monde » pour le faire entrer dans l'histoire
II. établir un lien entre le lecteur et les personnages
III. créer les conditions d'une lecture captivante en suscitant des attentes

OBJET D'ÉTUDE `1re SÉRIE L`

Les réécritures, du XVIIe siècle à nos jours
SUJET 2
Pensez-vous que la réécriture ne soit qu'une forme de copie ou qu'elle constitue une véritable création ?

PARTIES PROPOSÉES

I. Réécrire, c'est forcément, sinon copier, du moins imiter
II. Réécrire, c'est aussi créer : l'originalité en matière de création littéraire
III. La réécriture est en fait « re-création »

★★ 5 Trouver une accroche pour l'introduction

Trouvez deux amorces possibles pour débuter la dissertation qui répondrait au sujet suivant, l'une partant d'une constatation personnelle, l'autre plus littéraire (référence ou citation).

OBJETS D'ÉTUDE `2de / 1re`

La tragédie et la comédie au XVIIe s.
Le texte théâtral et sa représentation, du XVIIe s. à nos jours
SUJET
Vous vous demanderez de quelles ressources spécifiques dispose le théâtre pour représenter les conflits, les débats, les affrontements qui peuvent exister dans les rapports humains.

★★ 6 Formuler la problématique dans l'introduction

Reformulez avec vos propres mots la problématique pour expliciter le sujet qui sera traité dans le devoir. Pour cela, aidez-vous des Repères, p. 150.

OBJET D'ÉTUDE `1re`

La question de l'Homme dans les genres de l'argumentation du XVIe s. à nos jours
SUJET
Le genre de la fable vous paraît-il adapté pour parler de la question de l'homme ?

★★ 7 Annoncer son plan

Rédigez la partie finale de l'introduction (annonce du plan) du devoir suivant.

OBJET D'ÉTUDE `1re`

Le personnage de roman du XVIIe s. à nos jours
SUJET
Qu'est-ce qui caractérise un héros de roman ?

PLAN PROPOSÉ

I. Son rôle dans l'action
II. Sa place dans la constellation des personnages
III. Sa valeur symbolique

Exercice guidé

★★★ 8 Composer une introduction complète

Composez l'introduction complète des dissertations traitant les sujets 1 et 2.
➜ Trouvez une amorce.
➜ Reformulez clairement la problématique avec vos propres mots.
➜ Trouvez les parties qui permettraient de traiter ce sujet.
➜ Annoncez dans la fin de l'introduction le plan trouvé.

OBJETS D'ÉTUDE `2de / 1re`

La poésie du XIXe s. au XXe s.
Écriture poétique et quête du sens
SUJET 1
La poésie est-elle surtout destinée à l'expression des sentiments ?

OBJET D'ÉTUDE `1re SÉRIE L`

Vers un espace culturel européen : Renaissance et humanisme
SUJET 2
« Science sans conscience n'est que ruine de l'âme », déclare Gargantua à Pantagruel. Dans quelle mesure cette devise vous semble-t-elle rendre compte des valeurs et de l'idéal humanistes ?

★★★ 9 Exploiter un document iconographique comme exemple

Composez un paragraphe argumentatif qui répondrait au sujet et qui exploiterait comme exemple le document iconographique proposé.

OBJET D'ÉTUDE `1re`

La question de l'Homme dans les genres de l'argumentation du XVIe s. à nos jours
SUJET
« L'homme souffre si profondément qu'il a dû inventer le rire », affirme le philosophe Nietzsche (1844-1900). Pensez-vous que l'on puisse rire de tout ?

ARGUMENT (SOUS FORME DE CITATION) : « Le rire est la meilleure arme de paix ». Aristophane (>chap. 24)

DOCUMENT

« Les zèbres », de Michel KICHKA, paru dans *Le Monde*, le 25 décembre 2007

★★★
10 Trouver une ouverture pour la conclusion

En vous aidant du plan proposé et de la phrase de synthèse qui pourrait débuter la conclusion, trouvez une ouverture pour terminer la dissertation qui répondrait au sujet suivant.

OBJETS D'ÉTUDE 2de / 1re

Le roman et la nouvelle au XIXe s.
Le personnage de roman du XVIIe s. à nos jours
SUJET
Le but d'une dernière page de roman est-il uniquement de donner un dénouement à l'histoire ?

PLAN PROPOSÉ

I. La dernière page d'un roman, dénouement de l'histoire : la résolution du « problème », l'aboutissement d'un projet, la fin d'un parcours, un destin achevé…
II. Autres fonctions de la dernière page de roman : faire un bilan, mesurer l'évolution d'un personnage, relancer l'action, faire rêver…
III. Mais, au-delà de l'histoire, la dernière page donne son sens au roman : marquer son engagement, inciter à l'action, donner une vision de l'Homme et du monde…

PHRASE DE SYNTHÈSE

La dernière page d'un roman ne se borne pas à « dénouer » l'histoire ; elle peut avoir bien d'autres buts, et il semble qu'il y ait presque autant de fonctions de la fin d'un roman que de types de romans.

Exercice guidé

★★★
11 Composer la conclusion complète

Rédigez la conclusion des dissertations suivantes.
➡ Trouvez les grandes parties du plan qui répondrait à ce sujet.
➡ Formulez la synthèse à laquelle vous pensez arriver après la mise en œuvre de ces parties.
➡ Trouvez un élargissement possible (pensez par exemple à d'autres arts que la littérature).

OBJET D'ÉTUDE 1re

Le personnage de roman du XVIIe s. à nos jours
SUJET 1
Dans *L'Homme révolté*, Camus écrit : « Les héros ont notre langage, nos faiblesses, nos forces. Leur univers n'est ni plus beau ni plus édifiant que le nôtre. Mais eux, du moins, courent jusqu'au bout de leur destin et il n'est même jamais de si bouleversants héros que ceux qui vont jusqu'à l'extrémité de leur passion, […] Julien Sorel[1] ou le prince de Clèves[2]. C'est ici que nous perdons leur mesure, car ils finissent alors ce que nous n'achevons jamais. »
Discutez cette conception du héros de roman.

1. Personnage principal du roman de Stendhal *Le Rouge et le Noir*. – 2. Personnage du roman de Mme de Lafayette, *La Princesse de Clèves*.

OBJETS D'ÉTUDE 2de / 1re

La tragédie et la comédie au XVIIe s.
Le texte théâtral et sa représentation du XVIIe s. à nos jours
SUJET 2
Après avoir réfléchi aux diverses formes que peut prendre le monologue, vous vous interrogerez sur ses fonctions dans une œuvre théâtrale. Vous appuierez votre réflexion sur les pièces de théâtre que vous connaissez.

OBJET D'ÉTUDE 1re SÉRIE L

Vers un espace culturel européen : Renaissance et humanisme
SUJET 3
On a pu affirmer que le XVIe siècle et notre monde contemporain (XXe et XXIe siècles) présentaient des similitudes surprenantes, tant du point de vue du contexte que des aspirations, des valeurs, des progrès et des réalisations artistiques. Jusqu'où cette comparaison vous semble-t-elle être possible ?

Corpus

Texte A   Aloysius BERTRAND, « La ronde sous la cloche », *Gaspard de la nuit* (1842)

Texte B   Arthur RIMBAUD, « Les ponts », *Illuminations* (1886)

Texte C   Arthur RIMBAUD, « Aube », *Illuminations* (1886)

Texte D   Henri MICHAUX, « La jetée », *Mes propriétés, l'Espace du dedans* (1930)

Texte A   La ronde sous la cloche

C'était un bâtiment lourd, presque carré, entouré de ruines, et dont la tour principale, qui possédait encore son horloge, dominait tout le quartier. (Fenimore Cooper)

Douze magiciens dansaient une ronde sous la
5 grosse cloche de Saint-Jean[1]. Ils évoquèrent l'orage l'un après l'autre, et du fond de mon lit je comptai avec épouvante douze voix qui traversèrent processionnellement[2] les ténèbres.

Aussitôt la lune courut se cacher derrière les nuées,
10 et une pluie mêlée d'éclairs et de tourbillons fouetta ma fenêtre, tandis que les girouettes criaient comme des grues en sentinelle sur qui crève l'averse dans les bois.

La chanterelle[3] de mon luth, appendu à la cloison,
15 éclata ; mon chardonneret battit de l'aile dans sa cage ; quelque esprit curieux tourna un feuillet du Roman-de-la-Rose qui dormait sur mon pupitre.

Mais soudain gronda la foudre au haut de Saint-Jean. Les enchanteurs s'évanouirent frappés à mort, et
20 je vis de loin leurs livres de magie brûler comme une torche dans le noir clocher.

Cette effrayante lueur peignait des rouges flammes du purgatoire et de l'enfer les murailles de la gothique église, et prolongeait sur les maisons voisines l'ombre
25 de la statue gigantesque de Saint-Jean.

Les girouettes se rouillèrent ; la lune fondit les nuées gris de perle ; la pluie ne tomba plus que goutte à goutte des bords du toit, et la brise, ouvrant ma fenêtre mal close, jeta sur mon oreiller les fleurs de mon
30 jasmin secoué par l'orage.

Aloysius BERTRAND, « La ronde sous la cloche », III, 6, *Gaspard de la Nuit* (1842)

1. Nom de la cathédrale de Dijon. Par ailleurs, Saint Jean est l'auteur de *L'Apocalypse*, dernier livre de la Bible, qui décrit la fin du monde. – 2. À la façon d'un cortège. – 3. Corde la plus fine et la plus aiguë d'un instrument à cordes et à manche.

Texte B   Les ponts

Des ciels gris de cristal. Un bizarre dessin de ponts, ceux-ci droits, ceux-là bombés, d'autres descendant ou obliquant en angles sur les premiers, et ces figures se renouvelant dans les autres circuits éclairés du ca-
5 nal, mais tous tellement longs et légers que les rives chargées de dômes s'abaissent et s'amoindrissent. Quelques-uns de ces ponts sont encore chargés de masures. D'autres soutiennent des mâts, des signaux, de frêles parapets. Des accords mineurs se croisent,
10 et filent, des cordes montent des berges. On distingue une veste rouge, peut-être d'autres costumes et des instruments de musique. Sont-ce des airs populaires, des bouts de concerts seigneuriaux, des restants d'hymnes publics ? L'eau est grise et bleue, large
15 comme un bras de mer. – Un rayon blanc, tombant du haut du ciel, anéantit cette comédie.

Arthur Rimbaud, « Les ponts », *Illuminations* (1886)

Texte C   Aube

J'ai embrassé l'aube d'été.

Rien ne bougeait encore au front des palais. L'eau était morte. Les camps d'ombre ne quittaient pas la route du bois. J'ai marché, réveillant les haleines vives
5 et tièdes, et les pierreries regardèrent, et les ailes se levèrent sans bruit.

La première entreprise[1] fut, dans le sentier déjà empli de frais et blêmes éclats, une fleur qui me dit son nom.

10 Je ris au wasserfall[2] blond qui s'échevela à travers les sapins : à la cime argentée je reconnus la déesse.

Alors je levai un à un les voiles. Dans l'allée, en agitant les bras. Par la plaine, où je l'ai dénoncée au coq. À la grand'ville elle fuyait parmi les clochers et les
15 dômes, et courant comme un mendiant sur les quais de marbre, je la chassais.

En haut de la route, près d'un bois de lauriers, je l'ai entourée avec ses voiles amassés, et j'ai senti un peu son immense corps. L'aube et l'enfant tombèrent au bas du bois.

Au réveil il était midi.

Arthur RIMBAUD, « Aube », *Illuminations* (1886)
1. La première à qui je m'adressai. – 2. Chute d'eau en allemand.

Texte D   La jetée

Depuis un mois que j'habitais Honfleur, je n'avais pas encore vu la mer, car le médecin me faisait garder la chambre.

Mais hier soir, lassé d'un tel isolement, je construisis, profitant du brouillard, une jetée jusqu'à la mer.

Puis, tout au bout, laissant pendre mes jambes, je regardai la mer, sous moi, qui respirait profondément.

Un murmure vint de droite. C'était un homme assis comme moi les jambes ballantes et qui regardait la mer. « À présent, dit-il, que je suis vieux, je vais en retirer tout ce que j'y ai mis depuis des années. » Il se mit à tirer en se servant de poulies.

Et il sortit des richesses en abondance. Il en tirait des capitaines d'autres âges en grand uniforme, des caisses cloutées de toutes sortes de choses précieuses et des femmes habillées richement mais comme elles ne s'habillent plus. Et chaque être ou chaque chose qu'il amenait à la surface, il le regardait attentivement avec grand espoir, puis sans mot dire, tandis que son regard s'éteignait, il poussait ça derrière lui. Nous remplîmes ainsi toute l'estacade[1]. Ce qu'il y avait, je ne m'en souviens pas au juste, car je n'ai pas de mémoire, mais visiblement ce n'était pas satisfaisant, quelque chose en tout était perdu, qu'il espérait retrouver et qui s'était fané.

Alors, il se mit à rejeter tout à la mer.

Un long ruban ce qui tomba et qui, vous mouillant, vous glaçait.

Un dernier débris qu'il poussait l'entraîna lui-même.

Quant à moi, grelottant de fièvre, comment je pus regagner mon lit, je me le demande.

Henri MICHAUX, « La jetée », *Mes propriétés,
L'Espace du dedans* (1930) © Éditions Gallimard, 1941
1. Digue, jetée.

Questions

Après avoir lu attentivement les textes du corpus, vous répondrez aux questions suivantes :
1. Comment justifiez-vous que ces textes appartiennent à la poésie ?
2. En quoi leur construction suit-elle une progression comparable ?

Travaux d'écriture

Vous traiterez au choix l'un des trois sujets proposés :

Commentaire
Séries générales (16 points)
Vous commenterez le texte d'Henri Michaux « La jetée ».

Séries technologiques (14 points)
Vous commenterez le poème de Rimbaud, « Aube », en vous appuyant sur le parcours de lecture suivant :
1. Montrez que Rimbaud crée dans son poème un monde merveilleux proche des contes de fées.
2. Quels sont, selon vous, les sens métaphoriques ou symboliques que peut prendre ce poème ?

Dissertation
Dans « Les ponts », Arthur Rimbaud met un terme à sa vision par cette phrase : « Un rayon blanc, tombant du haut du ciel, anéantit cette comédie. »
En vous appuyant sur les textes du corpus et les poèmes que vous avez lus ou étudiés en classe, vous vous demanderez si la poésie nous éloigne du réel ou nous fait mieux percevoir la réalité.

Écriture d'invention
Vous avez composé un recueil de poèmes, en prose ou en vers, faisant une large part au rêve et à l'imaginaire, à la manière d'Aloysius Bertrand. Vous écrivez à un éditeur pour le convaincre de publier cet ouvrage et pour défendre votre démarche poétique.

40 **Écriture d'invention** (1)
Analyser le sujet d'invention en prenant
la mesure de ses contraintes

SUJET

Vous souhaitez mettre en scène une pièce de théâtre. Au comédien pressenti pour l'un des rôles principaux, vous expliquez dans une lettre votre vision de celle-ci, du rôle qui est le sien, de ses rapports avec les autres personnages et vous indiquez vos choix de mise en scène (décors, déplacements, costumes, musiques...).

Vous pouvez vous appuyer sur les textes du corpus suivant :

Corpus Texte A Aristophane, *Les Grenouilles* (405 av. J.-C.) (〉 *p. 207*)

Texte B Molière, *Dom Juan*, I, 1 et I, 2 (1665) (〉 *p. 209, p. 136*)

Texte C V. Hugo, *Hernani*, II, 2, v. 520-544 (1830) (〉 *p. 24*)

Objet d'étude : Le texte théâtral et sa représentation

Dans l'écriture d'invention, vous devez produire un texte qui témoigne de qualités créatrices tout en obéissant à des contraintes. L'écriture d'invention a souvent aussi une visée argumentative. Vous devez alors montrer des qualités de conviction et de persuasion (〉chapitre 15).

LA MÉTHODE À SUIVRE

LES QUESTIONS À VOUS POSER

Étape 1 **Repérer les différentes contraintes**

1. Identifier l'objet d'étude auquel appartient le texte à produire

— En général, le corpus fait partie d'**un seul objet d'étude** ; mais **parfois** il croise **deux objets d'étude** (par exemple : argumentation et théâtre).

Sur quel objet d'étude porte le sujet ?

Le champ lexical du théâtre, très présent dans la consigne, indique que l'objet d'étude est le théâtre, dans ses deux dimensions : texte et représentation. Mobilisez toutes vos connaissances sur le théâtre.

2. Identifier le genre du texte à produire

— L'écriture d'invention peut prendre des **formes variées** : articles de presse (éditorial, article polémique, article critique...) ; lettre (intime, ouverte, d'un personnage d'un des textes du corpus...) ; monologue délibératif, dialogue ; discours devant une assemblée ; essai ; récit à visée argumentative ; extrait de roman, scène de théâtre, fable...

À quel genre appartient le texte à produire ?

La consigne indique explicitement qu'il s'agit d'une lettre.

3. Identifier la situation d'énonciation

— Identifiez clairement **qui** sont le locuteur et le destinataire.

— Respectez cette **situation d'énonciation**.

Quelle est la situation d'énonciation demandée par la consigne ?

• *Qui parle ? « Vous », en tant que metteur en scène. Vous utiliserez « je » dans le texte.*

• *À qui ? « au comédien ».*

Mais il vous reste un choix à faire sur l'identité exacte de celui qui parle et du comédien (〉Étape 2).

4. Identifier la forme de discours à produire

— Vous devez dégager de la consigne la forme de discours imposée, et cerner ses visées.
Rappel : il y a **4 formes de discours** (›*chap. 14*) :
- discours narratif ;
- discours descriptif ;
- discours argumentatif ;
- discours explicatif / informatif.

— Certaines consignes précisent la ou les visées du texte à produire. Elles peuvent aussi seulement les suggérer. À vous de les déduire avec précision.

(›*Regardez avec attention l'encadré Mise au point sur les différentes sortes de sujets d'invention, p. 341*).

Quelle forme de discours la consigne exige-t-elle ? Quelles sont les visées du texte ?

La consigne n'indique pas explicitement le type de texte à produire, mais vous pouvez le déduire de certains mots :
- *vous expliquez –› le texte sera* **explicatif** *;*
- *qui n'a pas encore lu la pièce suggère que vous résumiez brièvement la pièce pour le comédien –› le texte sera en partie* **informatif**.
- *votre vision / vous indiquez vos choix suggèrent que vous avez pris un parti de mise en scène, que vous avez une opinion sur le théâtre et sur la pièce et que vous les défendez.*
- *au comédien pressenti suggère que vous devez également convaincre le comédien d'accepter le rôle –› le texte sera* **argumentatif**.

5. Chercher des indices sur le registre du texte

— Examinez si la consigne précise explicitement ou suggère **le registre** du texte à produire (exemple : un texte comique, didactique, polémique, lyrique…).

Le registre est-il précisé ?

La consigne n'indique pas explicitement le registre à adopter. Vous aurez donc à le choisir vous-même (›*Étape 2*).

6. Repérer des indications supplémentaires

— Soulignez et analysez les termes ou expressions qui peuvent vous donner des pistes, des **indications supplémentaires** sur le texte à produire et sur ses caractéristiques.

Quelles sont les indications supplémentaires fournies par la consigne ?

« décors, déplacements, costumes, musiques » : ces mots vous indiquent que vous devez parler de la représentation dans toutes ses dimensions *(jeu des acteurs, scénographie…)* (›*chap. 27*)

7. Identifier le niveau de langue

— La consigne indique parfois le **niveau de langue**. Mais le plus souvent, c'est l'identité du locuteur et du destinataire qui détermine ce niveau.
— Le registre familier est, bien sûr, à éviter.

Quel est le niveau de langue suggéré ?

La consigne du sujet traité ne précisant pas le niveau de langue de la lettre, vous opterez pour une langue correcte ou soutenue.

8. Vérifier le nombre de textes à produire !

— Certains sujets d'écriture d'invention demandent de produire deux textes (ex. : une lettre et sa réponse) qui ne sont pas forcément du même genre ni du même registre… Vous devez cerner les contraintes des deux textes à produire.

9. Composer la « formule » du texte à produire

—— À ce stade, vous pouvez collecter le résultat de votre analyse de la consigne en composant la « **formule** » du texte à produire.

—— **Elle répond à ces 7 points :**

Genre + Situation d'énonciation + Niveau de langue + Forme de discours + Thème + Registre + Buts de l'auteur

—— La formule vous évitera les hors-sujet et l'oubli de contraintes. Elle vous permettra de trouver les caractéristiques et faits d'écriture de votre texte et de mesurer les choix qui vous reviennent.

> **Quelle formule possible pour le sujet ?**
>
> *Lettre d'un metteur en scène à un comédien pour l'informer de la pièce qu'il veut mettre en scène, lui expliquer ses choix de mise en scène et son interprétation et le convaincre d'accepter le premier rôle.*

Étape 2   Exploiter la marge d'invention et faire des choix

10 Compléter la « formule » en opérant des choix

—— Dans cette formule, il vous reste une **marge de liberté et d'invention**. Tout ce qui n'a pas été imposé ou suggéré par la consigne doit se transformer en choix de votre part.

—— Vos choix doivent cependant rester **cohérents avec les exigences de la consigne** ; si on vous demande d'imaginer la suite d'une tirade de tragédie, vous devez respecter le registre tragique.

> **Quels choix vous restent à faire dans le sujet ?**
>
> *L'identité de celui qui parle*
> *Le sujet ne précise pas si vous gardez votre identité d'élève apprenti metteur en scène ou si vous devez être un metteur en scène adulte et professionnel.*
> *Vous décidez d'être un metteur en scène professionnel.*
>
> *L'identité du « comédien » : élève ou professionnel du spectacle ? Ce sera un ancien camarade d'école de théâtre, devenu entre-temps un comédien célèbre.*
>
> *La pièce : vous devez la choisir. Il faut bien la connaître car vous aurez des allusions à y faire.*
> *Ce sera* Dom Juan *de Molière.*
> *Choisissez de préférence une pièce que vous avez vue : les choix de mise en scène vous serviront d'exemples et de repères.*
>
> *Le registre du texte : on peut attendre d'un metteur en scène qu'il s'adresse au comédien dans un registre didactique. Pour le persuader d'accepter le rôle, il peut adopter aussi un registre lyrique.*

Exercices

1 ★ Identifier l'objet d'étude, le genre et la forme de discours à produire

En vous appuyant précisément sur les termes de la consigne, déterminez :
a. à quel(s) objet(s) d'étude se rattachent les sujets suivants.
b. quels sont précisément le genre et la forme de discours à produire.

SUJET 1

Touché par la lecture de poèmes, vous écrivez un article pour le journal de votre lycée, dans lequel vous expliquez avec enthousiasme à vos camarades ce qu'est pour vous la poésie. Vous rédigerez cet article sans le signer.

SUJET 2

Un éditeur, dans une préface à un recueil d'apologues, veut convaincre les lecteurs adultes que ces textes ne sont pas réservés aux enfants, mais qu'ils sont écrits pour tous. Vous rédigerez cette préface.

SUJET 3

À la manière du prologue d'*Antigone* d'Anouilh, (〉 *p. 292*), un personnage vient exposer aux spectateurs l'essentiel de l'intrigue de la pièce qu'ils vont voir jouer et leur en présenter les personnages. Écrivez ce monologue. Il pourra s'agir d'une pièce réellement écrite que vous connaissez ou d'une pièce dont vous aurez imaginé l'action et les personnages.

SUJET 4

Un dramaturge, dans la préface d'une de ses pièces, soutient que c'est la tragédie et non la comédie qui est le plus efficace pour traiter des questions humaines fondamentales. Écrivez cette préface.

2 ★ Être attentif au nombre de textes à produire

a. Combien de textes les consignes suivantes vous demandent-elles de produire ?
b. À quels genres appartient/appartiennent le(s) texte(s) à produire ?

OBJET D'ÉTUDE 2de
Le roman et la nouvelle au XIXe s.
SUJET 1

En fonction de l'idée que vous vous faites d'un bon début de roman, écrivez à votre tour la première page d'un roman que vous souhaitez faire publier. Vous envoyez ce début à un directeur de magazine littéraire, accompagné d'une lettre dans laquelle vous essayez de le convaincre de la qualité de ce début pour qu'il le publie.

OBJET D'ÉTUDE 2de
Le roman et la nouvelle au XIXe s.
SUJET 2

Vous rédigerez l'un des deux textes suivants : la lettre envoyée par un lecteur à un éditeur, dans laquelle le lecteur s'indigne que l'éditeur propose des romans comme celui de Michel Butor (〉 *p. 178*) ; ou la réponse de l'éditeur au lecteur qui lui aurait envoyé une telle lettre.

OBJET D'ÉTUDE 2de
Le roman et la nouvelle au XIXe s.
SUJET 3

Rédigez, à l'intention d'un écrivain contemporain que vous nommerez, une lettre pour lui dire votre admiration pour une de ses œuvres que vous venez de lire. Vous écrirez ensuite un bref billet à un camarade pour commenter cette lettre.

Mise au point
Les différentes sortes de sujets d'invention

L'écriture d'invention part souvent d'un texte-support (un des textes du corpus proposé) qu'il s'agit d'utiliser et de transformer. Il peut s'agir de :

❙ **« Transposer dans un autre temps »** : identifiez les éléments de contextualisation du texte-support à supprimer, et introduisez des éléments de contextualisation de l'époque indiquée.

❙ **« Transposer dans un autre genre, dans un autre registre »** : gardez le fond du texte (événements, s'il est narratif ; thèse et arguments, s'il est argumentatif), et respectez les caractéristiques formelles du genre ou du registre qu'on vous impose.

❙ **« Transformer en amplifiant »** : développez un aspect présent mais à peine suggéré dans le texte.

❙ **« Prolonger un texte, un débat »** : repérez les caractéristiques du texte pour les respecter et inventer un épisode cohérent avec le texte de départ.

❙ **« Imiter un texte en reprenant un élément ou son registre »** : repérez l'élément ou le registre et les faits d'écriture qui le caractérisent et réutilisez ces caractéristiques en variant le thème.

❙ **« Confirmer, soutenir, étayer »** : développez les arguments du texte-support et ajoutez-en de nouveaux. Illustrez-le d'exemples nouveaux.

❙ **« Réfuter »** : développez des contre-arguments à la thèse du texte-support et trouvez d'autres arguments qui soutiennent la thèse opposée à celle du texte.

★★ 3 Identifier la situation d'énonciation

Relisez les sujets proposés dans les exercices 1 et 2 et précisez pour chacun d'eux quels éléments de la situation d'énonciation sont explicitement indiqués ou suggérés.

Exercice guidé

★★ 4 Rechercher des indices sur le registre à respecter

Pour traiter les sujets suivants, quel(s) registre(s) allez-vous adopter ?
➔ Dites si le registre est expressément mentionné ou s'il est seulement suggéré. Dans le dernier cas, quels mots vous ont mis sur la voie ?
➔ S'il n'est pas indiqué, dites quel registre vous choisiriez. Justifiez votre choix.

OBJETS D'ÉTUDE 1re
La question de l'Homme du XVIe s. à nos jours
Le texte théâtral et sa représentation, du XVIIe s. à nos jours
SUJET 1
Avant de quitter Perdican, Camille lui répond pour lui opposer, sur le même ton, sa conception du monde et de l'amour. Écrivez sa tirade.

(⟩ *Le sujet s'appuie sur l'extrait de* On ne badine pas avec l'amour, *de Musset, p. 154.*)

OBJETS D'ÉTUDE 1re / 1re SÉRIE L
La question de l'homme du XVIe s. à nos jours
Vers un espace culturel européen : Renaissance et humanisme
Les réécritures, du XVIIe s. à nos jours
SUJET 2
« Depuis longtemps, je désirais vous parler des Rois et des Princes de cour », dit la Folie dans *L'Éloge de la Folie* d'Érasme. En usant des procédés de l'ironie, vous transposerez le texte d'Érasme à notre époque, en commençant par : « Depuis longtemps, je désirais vous parler des magnats de la finance ».

(⟩ *Le sujet s'appuie sur l'extrait de l'*Éloge de la folie *d'Érasme, p. 167.*)

OBJET D'ÉTUDE 2de
Genres et formes de l'argumentation du XVIIe s. à nos jours
SUJET 3
À la manière de La Fontaine, mais pas nécessairement en vers, vous écrirez un apologue qui se terminera par ces deux vers : « Trompeurs, c'est pour vous que j'écris / Attendez-vous à la pareille ».

(⟩ *Le sujet s'appuie sur « Le Renard et la Cigogne » de La Fontaine, p. 115.*)

OBJET D'ÉTUDE 1re
La question de l'Homme du XVIe s. à nos jours
SUJET 4
Une jeune femme moderne prend parti dans le débat sur la condition de la femme de nos jours et apostrophe son auditoire en commençant par la phrase suivante : « Sommes-nous donc des esclaves ? » Écrivez son intervention.

(⟩ *Le sujet s'appuie sur le corpus sur la condition de la femme, p. 158-159.*)

★★ 5 Analyser la consigne

En vous aidant de l'encadré Mise au point, p. 341, dites si les sujets d'invention des exercices 1, 2 et 4 ci-dessus vous invitent à : transposer, transformer, prolonger, imiter, étayer, réfuter (une thèse).

Exercice guidé

★★★ 6 Transposer une tirade de théâtre

Pour vous aider, répondez dans un premier temps aux consignes suivantes.
➔ Analysez ce qui rend la situation de Camille insupportable. Imaginez une situation similaire de nos jours.
➔ Analysez les émotions et les sentiments qui agitent Camille.
➔ Identifiez les registres du texte de Corneille ; repérez certaines figures de style et certains traits d'écriture caractéristiques de ces registres.
➔ À l'aide de votre analyse et de vos choix, écrivez le texte.

OBJETS D'ÉTUDE 2de / 1re / 1re SÉRIE L
La tragédie et la comédie au XVIIe s.
Le texte théâtral et sa représentation, du XVIIe s. à nos jours
Les réécritures, du XVIIe s. à nos jours
SUJET
Imaginez qu'une jeune fille de nos jours se trouve, comme Camille, dans une situation affective inextricable à cause d'un conflit et qu'elle exprime sa fureur face à un autre personnage. Vous conserverez le registre de la tirade de Camille et vous pourrez reprendre certaines de ses tournures.

(⟩ *Le sujet s'appuie sur l'extrait d'*Horace de Corneille, les imprécations de Camille, p. 213.*)

Exercice guidé

★★★

7 Déduire les contraintes et repérer la marge de choix

Dégagez dans la consigne suivante les contraintes à respecter et identifiez les choix à opérer. Pour vous aider :

➜ relevez les mots qui vous permettront d'identifier le genre, la situation d'énonciation, le thème, le registre, les formes de discours et les visées du texte ;

➜ dressez la liste des éléments pour lesquels il vous reste à faire des choix.

OBJET D'ÉTUDE 1re

La question de l'Homme du XVIe s. à nos jours

SUJET

Dans son oraison funèbre à Jean Moulin, André Malraux lance un appel à la jeunesse. En tant que délégué du comité de vie lycéenne de votre établissement, vous avez l'occasion de vous adresser à une centaine de vos camarades. Vous prononcez un discours visant à convaincre votre auditoire de la nécessaire participation des jeunes au devoir de mémoire. Votre texte devra présenter une progression argumentative cohérente, recourir à des procédés rhétoriques expressifs et variés. Vous pouvez vous inspirer de tout événement (international, national ou local) qui met en jeu le devoir de mémoire.

(❯ *Le sujet s'appuie sur le discours prononcé par André Malraux lors du transfert des cendres de Jean Moulin au Panthéon, p. 155.*)

Exercice guidé

★★★

8 Compléter la « formule » du texte à produire en opérant des choix opportuns

Composez la « formule » complète du texte à produire. Pour vous aider :

➜ relevez les mots qui vous permettront d'identifier le genre, la situation d'énonciation, le thème, le registre, les formes de discours et les visées du texte ;

➜ dressez la liste des éléments pour lesquels il vous reste à faire des choix ;

➜ opérez ces choix et complétez la formule du texte à produire, ces choix devant être cohérents avec la consigne.

OBJETS D'ÉTUDE 2de / 1re

La poésie du XIXe au XXe s.
La question de l'Homme du XVIe s. à nos jours

SUJET 1

L'un des auteurs du corpus a obtenu un prix littéraire pour son texte. Vous êtes le président du jury qui a décerné le prix. Rédigez le discours par lequel, lors de la remise du prix, vous présenterez à l'assistance le poème retenu et justifierez le choix du jury.

(❯ *Le sujet s'appuie sur le corpus suivant : « J'aime l'araignée », Hugo, p. 270 ; « Le mal », Rimbaud, p. 262 ; « Oradour », Jean Tardieu, p. 269 ; « Si c'est un homme », Primo Levi, p. 156.*)

OBJETS D'ÉTUDE 1re / 1re SÉRIE L

La question de l'Homme du XVIe s. à nos jours
Les réécritures, du XVIIe s. à nos jours

SUJET 2

En transposant dans le monde moderne la situation inventée par Voltaire dans le chapitre 3 de *Candide*, vous inventerez un court récit (pouvant contenir un dialogue) porteur d'une leçon pour notre temps. Vous vous interdirez l'usage d'un langage familier ou relâché.

(❯ *Le sujet s'appuie sur l'extrait de* Candide *de Voltaire, p. 131.*)

Mise au point
Sujet d'invention : gérer son temps

❘ **Le jour de l'examen**

La préparation de l'écriture d'invention prend autant de temps que celle de la dissertation ou du commentaire.

Voici quelques indications pour gérer au mieux la durée de l'épreuve (4h)

❘ **1 h 15** : lecture des textes et rédaction de la réponse à la question ou aux questions sur le corpus (❯ *chap. 32-33*)

❘ **1 h** : préparation de l'écriture d'invention : analyse des différentes contraintes, « formule » du texte à détailler clairement, recherche des caractéristiques formelles à respecter, finalisation des choix (recherche des idées, thèses, et exemples pour les sujets à visée argumentative, exploitation des textes-supports)

❘ **1 h 15** : rédaction

❘ **30 minutes** : relecture de l'ensemble du devoir

❘ **Tout au long de l'année**

Vous devez vous entraîner tout au long de l'année. La réussite dans l'écriture d'invention nécessite une pratique régulière.

Écriture d'invention (2)
Rédiger **le devoir**

SUJET   Le sujet proposé est présenté p. 338.

LA MÉTHODE À SUIVRE

LES QUESTIONS À VOUS POSER

Étape 1   Mettre en œuvre les traits d'écriture liés au texte à produire

1. Respecter les caractéristiques du genre du texte à produire

— Écrivez les **caractéristiques formelles** du genre à respecter sur votre brouillon pour penser à y recourir au moment de la rédaction.

— Dans le sujet proposé, le genre est celui de la lettre, et qui plus est, une lettre intime, puisque vous avez choisi comme identité du comédien, « un ancien camarade d'école de théâtre » (〉p. 340).

— Vous devez donc respecter les **caractéristiques formelles de la lettre** : en haut à droite, date et lieu d'écriture, marque du dialogue à distance, références à des événements antérieurs, formule d'appel, formule finale.

> **Quelles sont les caractéristiques d'une lettre ?**
>
> *Paris, le 15 mars 2011*
>
> *Cher Théo,*
>
> *Tu ne te souviens peut-être pas de moi et tu t'étonnes que je te tutoie, toi un acteur désormais devenu une star, à qui l'on mendie des interviews, qui a joué Hamlet, Rodrigue, Néron et les plus grands héros du théâtre ? Tu ne te souviens peut-être pas de moi, ton partenaire éphémère au cours Florent, celui qui t'a donné la réplique dans* Ruy Blas *: j'étais Gudiel, tu étais Salluste : je ne t'arrivais pas à la cheville ! En réalité, faire l'acteur, ce n'était pas pour moi. Alors, oui, je fais mes premières armes de metteur en scène, et pour un coup d'essai, je voudrais faire un coup de maître : je monte* Dom Juan *de Molière ! Plus audacieux encore : j'aimerais que tu sois mon Don Juan !*

2. Mettre en œuvre le registre

— Vous devez utiliser les caractéristiques du registre du texte à produire.

— Vous avez choisi les deux registres didactique et lyrique : utilisez toutes les marques stylistiques de ces deux registres.

Registre didactique : impératifs, subjonctifs exprimant l'ordre ou le conseil, l'exhortation ; présent de vérité générale ; verbes de volonté, vocabulaire de l'argumentation, expressions telles que « il faut, tu dois »

Registre lyrique : marques de la première personne ; phrases exclamatives, interrogations rhétoriques ; apostrophes ; interjections ; hyperboles ; vocabulaire de l'émotion, de l'exaltation…

> **Quelles sont les caractéristiques des registres choisis ?**
>
> *Mais attention ! Pas de* one man show *: il ne s'agit pas de tirer toute la couverture à soi. Don Juan est flanqué de son valet Sganarelle, son double… et il ne faut pas que tu l'écrases ; il va falloir que tu acceptes de te modérer un peu pour respecter l'équilibre que Molière a voulu garder dans ce couple étrange.*
>
> *Autre défi pour toi : tu dois faire frémir et en même temps forcer l'admiration de tous.*
>
> *Le Don Juan de Molière n'est pas comme les autres : ce n'est pas un simple séducteur, un « épouseur à toutes mains », il est bien plus… Il est esthète, libertin, grand seigneur, mais aussi le diable en personne. Il est tout cela à la fois et c'est un défi formidable pour un acteur que de prendre ces multiples visages. Le rôle est écrasant, certes, mais passionnant.*

3. Mettre en œuvre le niveau de langue

—— **Évitez toute familiarité**, même si des interlocuteurs authentiques pourraient y recourir dans ce type de situation. Évitez « ça » et les mots argotiques…

—— Pour ce sujet, utilisez les termes propres au théâtre (>*chap. 24 à 27*).

Quel niveau de langue et quel vocabulaire ?

C'est un metteur en scène professionnel qui s'exprime. Le niveau de langue sera correct ou soutenu.

Par ailleurs, il connaît les mots techniques du théâtre et de la scénographie comme : côté cour/côté jardin, jeune premier ; la rampe, avant-scène, cintres, parterre ; une mise en abyme ; didascalies…

Étape 2 — Préciser ses choix, exploiter le corpus

4. Pour un sujet à visée argumentative :

De nombreux sujets d'écriture d'invention ont une visée argumentative. Il ne s'agit pas seulement d'imaginer, mais il faut **construire une argumentation** qui comportera l'expression d'une ou de plusieurs thèses, appuyées sur des arguments et illustrées d'exemples.

—— **1. Précisez la ou les thèses à soutenir.**
• Vous devez formuler clairement la ou les thèses à développer (ou à réfuter) pour bien la ou les faire apparaître dans le devoir.

—— **2. Cherchez des arguments.**
• Vous devez rechercher des arguments (ou des contre-arguments) pour soutenir (ou réfuter) la ou les thèses, dans vos cours sur l'objet d'étude concerné, et éventuellement dans les textes du corpus.

—— **3. Illustrez les idées par des exemples précis.**
• Vous devez absolument donner des exemples précis, empruntés à vos connaissances littéraires et artistiques, ou aux textes du corpus. Une écriture d'invention sans exemples n'a pas de valeur. Il faut autant d'exemples que pour une dissertation.

—— Pour ce sujet, les mots « décors, déplacements, costumes, musiques » vous invitent à imaginer concrètement la mise en scène et à faire des choix précis, avec des références à la pièce.

—— **4. Donnez un tour naturel en accord avec le genre du texte à produire**
• Les arguments doivent être mis en œuvre de **façon naturelle** et **selon une dynamique propre au genre** du texte à produire.
• Ainsi, dans un dialogue, il faut donner une certaine tension au jeu des répliques (questions-réponses, arguments, contre-arguments, exemples, contre-exemples). La personnalité des interlocuteurs doit apparaître dans leurs propos.

Quelles sont les thèses à soutenir dans le sujet ?

• *Vous avez choisi* Dom Juan *de Molière.*
Votre thèse nº1 est : Dom Juan *est une pièce intéressante, qui peut plaire à tous.*
• *Vous faites le choix d'une mise en scène moderne.*
Votre thèse nº2 est : il faut interpréter Dom Juan *en modernisant la pièce.*
• *Vous attribuez le rôle de Don Juan au comédien que vous voulez convaincre de l'intérêt de ce personnage.*
Votre thèse nº3 : le rôle principal est passionnant pour un comédien.

Arguments de la thèse 1
• Dom Juan *est une pièce amusante et divertissante*
• *mais elle est aussi proche de nos préoccupations actuelles.*

Argument rédigé
Mais au fait, je ne t'ai pas dit pourquoi Dom Juan *? Eh bien, pour moi, c'est une pièce qui rassemble toutes les facettes de l'homme et ses préoccupations de tous temps : l'amour, l'amitié, les relations avec la famille, la société, l'au-delà…*

Exemple rédigé
J'ai fait « un « patchwork » de musiques, classique par moments, moderne à d'autres. Par exemple, la scène où Don Juan secourt le frère d'Elvire attaqué par des voleurs se joue sur un fond de musique agressive et discordante. […]
J'ai la même optique pour les décors : j'ai imaginé un décor traditionnel au premier acte – une maison aristocratique – mais j'ai transporté le troisième acte – celui de la forêt – dans une rue du Bronx, à New York : la ville moderne, c'est aussi une forêt, une jungle où l'on ne croit plus en rien, où on risque sa vie au détour d'une rue ; c'est aussi un lieu, comme la forêt, où Don Juan n'a pas l'habitude de se rendre… L'éclairage y est cru et aveuglant, un peu effrayant, comme venu de l'au-delà. À ce propos, le Pauvre que Don Juan rencontre dans la forêt et qu'il met au supplice en lui proposant un louis d'or « pourvu qu'il veuille jurer », j'en ai fait un SDF.

5. Pour un sujet qui n'est pas argumentatif,

—— **1. Précisez vos choix.**

—— **2. Exploitez les documents du corpus.**

Certaines consignes vous invitent à exploiter des textes du corpus dont vous pouvez vous inspirer pour enrichir votre texte.

• **Ces textes servent de base** pour une suite de texte, une transposition (dans un autre genre, un autre temps).

• Ils peuvent donner **des indications sur le style à adopter** : une formule du type « À la manière de… » vous invite à observer les traits d'écriture d'un des textes du corpus et à en utiliser de similaires.

Étape 3   Rédiger et se relire attentivement

6. Rédiger en ayant sous les yeux la « formule » du texte à produire

—— Une fois le canevas de votre écriture d'invention terminé, **vérifiez que vous avez respecté toutes les contraintes** explicites et implicites contenues dans la consigne.

—— C'est avec ces « ingrédients » sous les yeux que vous pouvez rédiger.

—— Une écriture d'invention est souvent moins longue qu'un commentaire ou une dissertation, mais **elle exige autant de travail**, car le correcteur attend une expression travaillée, qui fasse preuve de qualités littéraires.

—— **Vous vous relirez attentivement** en ayant soin d'éviter les termes familiers, les négations incomplètes (« je comprends pas »), et les fautes d'orthographe.

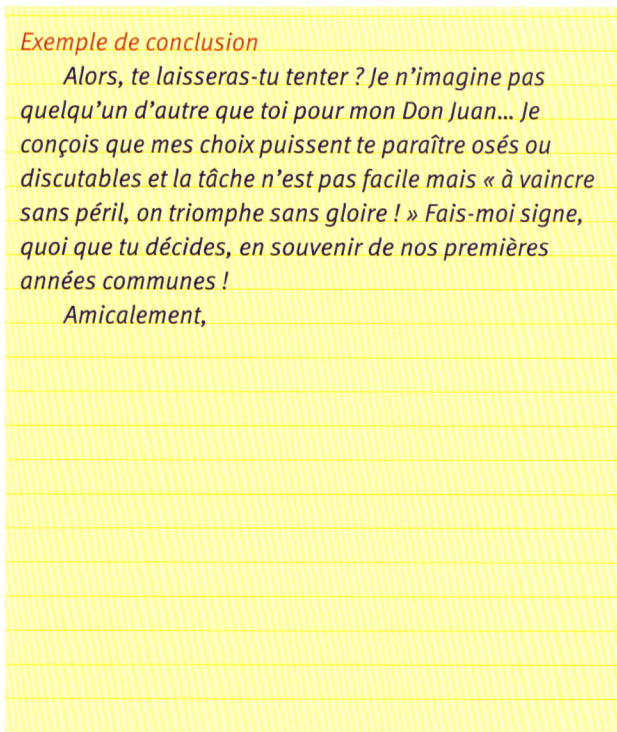

Exemple de conclusion

   Alors, te laisseras-tu tenter ? Je n'imagine pas quelqu'un d'autre que toi pour mon Don Juan… Je conçois que mes choix puissent te paraître osés ou discutables et la tâche n'est pas facile mais « à vaincre sans péril, on triomphe sans gloire ! » Fais-moi signe, quoi que tu décides, en souvenir de nos premières années communes !

   Amicalement,

« Formule » complétée du texte à produire

Sujet présenté p. 338

en rouge : les contraintes imposées • en vert : les choix à faire

Genre	• Lettre
	    Caractéristiques formelles du genre
	    Date et lieu d'écriture, en haut et à droite
	    Formule d'appel
	    Formule finale de politesse

Situation d'énonciation	• Vous êtes un metteur en scène professionnel. • Vous écrivez à un comédien connu, ancien camarade d'école de théâtre, que vous prénommez Théo. • Vous vous êtes connus au cours Florent (ex. d'école de théâtre). • Vous avez joué ensemble mais ensuite chacun a pris des voies divergentes : lui le jeu d'acteur, vous la mise en scène.
Niveau de langue	• Correct ou soutenu • Utilisation d'un vocabulaire technique portant sur les décors, les déplacements, les costumes, la musique : poursuite, côté cour / côté jardin, rampe, avant-scène, didascalies, etc.
Formes de discours	• Explicatif : vous expliquez votre vision de la pièce. • Informatif (en partie) : vous parlez de la pièce, de son contenu, de ses enjeux. • Argumentatif : vous devez convaincre le comédien d'accepter le rôle et d'adhérer à vos choix de mise en scène. Vous transmettez également votre conception du théâtre et de la mise en scène.
Thème	• Pièce choisie : *Dom Juan* de Molière • Vous faites le choix d'une mise en scène qui modernise la pièce. • Pour la musique : mélange de musique classique et moderne (scène où Don Juan sauve le frère d'Elvire). • Pour les décors : acte I, décor classique (maison aristocratique) ; acte III, le Bronx. • Pour les costumes : le pauvre qui mendie devient un SDF.

Registre	• En partie didactique ;
	• En partie lyrique (votre enthousiasme).
	    Caractéristiques formelles des registres
	    Didactique : impératif, subjonctif, présent de vérité générale, vocabulaire de l'argumentation « il faut, tu dois »
	    Lyrique : exclamations, interrogations rhétoriques, apostrophes, interjections, hyperboles…

Buts de l'auteur	• Informez et justifiez votre interprétation de *Dom Juan* et la modernité de votre mise en scène. • Arguments à développer et illustrer : C'est une pièce amusante et divertissante, mais également proche de nos préoccupations actuelles : l'amour, l'amitié, les relations, avec la famille, l'au-delà.

Exercices

★
1 Respecter les traits d'écriture du genre et du registre du texte à produire

a. Quels sont le genre et le registre du texte à produire pour répondre à la consigne suivante ?
b. Quels traits d'écriture impliquent ce genre et ce registre ?

OBJETS D'ÉTUDE 2de / 1re

La poésie du XIXe au XXe s.
Écriture poétique et quête du sens du Moyen Âge à nos jours

SUJET

En vous appuyant sur le poème de Baudelaire, « Parfum exotique » (›p. 286), imaginez à votre tour que vous rêvez d'un pays idéal dont le charme vous attire. Dans ce poème en prose, vous ferez voir et sentir dans un registre lyrique ce qui vous charme dans ces régions et les plaisirs qu'elles pourraient vous procurer.

★
2 Mettre en œuvre le registre du texte à produire

a. Précisez le genre et le(s) registre(s) que vous choisiriez pour répondre aux sujets ci-dessous.
b. Quels traits d'écriture impliquent ce genre et ce(s) registre(s) ?
c. Composez, en mettant en œuvre les traits d'écriture que vous avez dégagés et retenus :
   – l'intervention de l'enfant pour le sujet 1
   – le dialogue pour le sujet 2.

OBJETS D'ÉTUDE 2de / 1re

La poésie du XIXe au XXe s.
La question de l'Homme du XVIe s. à nos jours

SUJET 1

Imaginez que l'un de « ces enfants dont pas un seul ne rit » qu'évoque Hugo dans le poème « Melancholia » (›p. 267) s'adresse au passant pour éveiller sa pitié pour le sort inhumain qu'on lui fait subir. Votre texte ne sera pas nécessairement en vers.

OBJETS D'ÉTUDE 2de / 1re

La tragédie et la comédie au XVIIe s.
Le texte théâtral et sa représentation, du XVIIe s. à nos jours

SUJET 2

Vous écrirez un dialogue de comédie dans lequel un Monsieur Jourdain contemporain se vante devant un ami d'un savoir récemment acquis.

(›Le sujet s'appuie sur la scène du Bourgeois Gentilhomme de Molière, p. 208.)

Exercice guidé

★★
3 Préciser la thèse, chercher des arguments

Quel est précisément le thème du dialogue ? Pour vous aider, suivez ces consignes :
→ Faites la « formule » du texte à produire.
→ Quelles sont les thèses en présence ? Formulez-les clairement.
→ Trouvez au moins trois arguments qui appuient chacune de ces thèses.

OBJETS D'ÉTUDE 2de / 1re

Genres et formes de l'argumentation du XVIIe s à nos jours
La question de l'Homme du XVIe s. à nos jours

SUJET

Imaginez le dialogue entre le philosophe Rousseau qui affirme qu'il ne veut faire lire à son élève Émile aucune fable, sous prétexte que leur lecture est nuisible aux enfants, et La Fontaine, revenu sur terre au siècle des Lumières dans des circonstances que vous préciserez.

(›Le sujet s'appuie sur les fables de La Fontaine, p. 115, 124, 129.)

★★
4 Identifier les sujets d'écriture d'invention à visée argumentative

a. Classez ces sujets d'écriture d'invention selon qu'ils sont argumentatifs ou non.
b. Parmi ceux qui sont argumentatifs, distinguez ceux qui exigent de développer une seule thèse de ceux qui impliquent deux ou plusieurs thèses.

OBJETS D'ÉTUDE 2de / 1re

La poésie du XIXe au XXe s.
Écriture poétique et quête du sens du Moyen Âge à nos jours

SUJET 1

Composez le dialogue entre deux jeunes qui ont une conception différente de la poésie : l'un est partisan de la poésie d'idées, l'autre exige de la poésie qu'elle redonne aux mots et aux objets le pouvoir de le surprendre.

OBJETS D'ÉTUDE 2de / 1re

La poésie du XIXe au XXe s.
Écriture poétique et quête du sens du Moyen Âge à nos jours

SUJET 2

À la manière de Francis Ponge ou d'Alain Wexler, choisissez un objet du quotidien et écrivez un texte court qui donne à cet objet une dimension poétique. Vous n'êtes pas tenu d'écrire votre texte en vers.

(›Le sujet s'appuie sur le poème de Wexler, « Le chiffon », p. 253 et sur « Le pain » de Francis Ponge, p. 106.)

OBJETS D'ÉTUDE 2de / 1re

La tragédie et la comédie au XVIIe s.

Le texte théâtral et sa représentation, du XVIIe s. à nos jours

SUJET 3

Vous êtes metteur en scène et vous exposez à vos interprètes de M. et Mme Smith votre conception de leur personnage et de l'interprétation de la scène. Les comédiens pourront vous répondre. Écrivez cette scène qui devra s'appuyer avec précision sur l'extrait à interpréter.

(❯ *Le sujet s'appuie sur l'extrait de* La Cantatrice chauve *de Ionesco, p. 210*)

★★
5 Approfondir et préciser les idées par des exemples précis

a. Trouvez au moins deux exemples pour chaque argument que vous aurez trouvé pour traiter le sujet de l'exercice 3

b. Rédigez au moins deux répliques de chacun des interlocuteurs.

★★
6 Exploiter les documents du corpus

a. Relisez le corpus.

b. Dégagez de ces textes les arguments ou les faits d'écriture qui peuvent alimenter votre écriture d'invention.

c. Rédigez une partie de l'article dans laquelle vous tirerez parti d'un des textes que vous avez lus.

OBJET D'ÉTUDE 1re

La question de l'Homme du XVIe s. à nos jours

CORPUS

TEXTE A **Voltaire,** *Femmes soyez soumises à vos maris* (❯ *p. 158*).

TEXTE B **Olympe de Gouges,** *Déclaration des droits de la femme* (❯ *p. 158*).

TEXTE C **Simone de Beauvoir,** *Le Deuxième Sexe* (❯ *p. 159*).

TEXTE D **Molière,** *Les Femmes Savantes* (❯ *p. 144*).

SUJET 1

Vous venez d'assister à une représentation des *Femmes Savantes* et vous vous indignez de l'image de la femme que donne Chrysale. Conscient(e) du fait que ce discours trouve encore des échos favorables de nos jours, vous écrivez un article dans un magazine pour réfuter énergiquement cette conception du rôle de la femme dans la société.

OBJETS D'ÉTUDE 2de / 1re

Genres et formes de l'argumentation du XVIIe s. à nos jours

La question de l'Homme dans les genres de l'argumentation, du XVIe s. à nos jours

CORPUS

TEXTE A **Jean Jaurès,** discours à la Chambre des députés, 18 novembre 1908 (❯ *p. 132*).

TEXTE B **Robert Badinter,** discours à l'Assemblée nationale, 17 septembre 1981 (❯ *p. 133*).

SUJET 2

Vous êtes mandaté par les dirigeants de votre pays pour dénoncer les actes de torture qui sont encore perpétrés à notre époque devant l'Assemblée des Nations Unies. Écrivez votre discours.

Exercice guidé

★★★
7 Faire le brouillon complet d'une écriture d'invention

Faites le brouillon complet du sujet proposé. Pour vous aider, suivez les consignes suivantes.

➜ Combien de textes devez-vous produire ?

➜ Faites la « formule » (❯ *p. 340*) du texte à produire, en repérant les contraintes du sujet et en signalant les choix à faire par un « ? ».

➜ Remplacez-les « ? » par des choix pertinents pour compléter la « formule » du texte.

➜ Si le texte à produire est argumentatif, trouvez les arguments et les exemples qui soutiennent la thèse à développer.

➜ Repérez dans les textes-supports les éléments utiles ou exploitables pour écrire votre texte.

➜ Complétez la « formule » du texte en notant toutes les caractéristiques formelles à mettre en œuvre.

OBJETS D'ÉTUDE 1re / 1re SÉRIE L

Écriture poétique et quête du sens du Moyen Âge à nos jours

Les réécritures, du XVIIe s. à nos jours

SUJET

Votre professeur de français vous a fait étudier le poème d'Henri Michaux, « Icebergs » et celui d'André Breton, « L'Union libre », en vantant leurs mérites. Vous voulez lui prouver qu'il n'est pas si compliqué d'écrire ce genre de poèmes reposant sur une anaphore.

À votre tour, vous écrivez donc un poème respectant cette contrainte, puis vous l'envoyez à votre professeur, en défendant son originalité et ses qualités littéraires. Vous écrirez successivement le poème et la lettre, celle-ci devant être parfaitement argumentée.

(❯ *Le sujet s'appuie sur « Icebergs » de H. Michaux, p. 250 et « L'Union libre » de A. Breton, p. 30.*)

Corpus

Texte A	Cyrano de BERGERAC, *Des États et Empires du Soleil* (1662)
Texte B	Fredric BROWN, *En sentinelle* (1958)
Texte C	Pierre PERRET, « Lily » (1977)

Texte A

Une perdrix nommée Guillemette la Charnue, blessée par la balle d'un chasseur, a demandé devant un tribunal réparation « à l'encontre du genre humain ».

Plaidoyer fait au Parlement des oiseaux, les Chambres assemblées, contre un animal accusé d'être homme. […]

« Examinons donc, messieurs, les difficultés de ce
5 procès avec toute la contention[1] de laquelle nos divins esprits sont capables.

Le nœud de l'affaire consiste à savoir si cet animal est homme et puis en cas que nous avérions qu'il le soit, si pour cela il mérite la mort.

10 Pour moi, je ne fais point de difficultés qu'il ne le soit, premièrement, par un sentiment d'horreur dont nous nous sommes tous sentis saisis à sa vue sans en pouvoir dire la cause ; secondement, en ce qu'il rit comme un fou ; troisièmement, en ce qu'il pleure
15 comme un sot ; quatrièmement, en ce qu'il se mouche comme un vilain ; cinquièmement, en ce qu'il est plumé comme un galeux ; sixièmement, en ce qu'il a toujours une quantité de petits grès carrés dans la bouche qu'il n'a pas l'esprit de cracher ni d'avaler ; septième-
20 ment, et pour conclusion, en ce qu'il lève en haut tous les matins ses yeux, son nez et son large bec, colle ses mains ouvertes la pointe au ciel plat contre plat, et n'en fait qu'une attachée, comme s'il s'ennuyait d'en avoir deux libres ; se casse les deux jambes par la moitié,
25 en sorte qu'il tombe sur ses gigots ; puis avec des paroles magiques qu'il bourdonne, j'ai pris garde que ses jambes rompues se rattachent, et qu'il se relève après aussi gai qu'auparavant. Or, vous savez, messieurs, que de tous les animaux, il n'y a que l'homme seul dont
30 l'âme soit assez noire pour s'adonner à la magie, et par conséquent celui-ci est homme.

Il faut maintenant examiner si, pour être homme, il mérite la mort.

Je pense, messieurs, qu'on n'a jamais révoqué en
35 doute que toutes les créatures sont produites par notre commune mère, pour vivre en société. Or, si je prouve que l'homme semble n'être né que pour la rompre, ne prouverai-je pas qu'en allant contre la fin de sa création, il mérite que la nature se repente de son ouvrage ?

Cyrano de BERGERAC, *Des États et Empires de la Lune et du Soleil* (1662)

1. Effort, application.

Texte B

Il était trempé et tout boueux, il avait faim et il était gelé, et il était à cinquante mille années-lumière de chez lui. […]

Mais depuis plusieurs dizaines de milliers d'années,
5 la guerre s'était, dans cette partie de l'univers, figée en guerre de position. Les pilotes avaient la vie belle, dans leurs beaux astronefs, avec leurs armes toujours plus perfectionnées. Mais dès qu'on arrive aux choses sérieuses, c'est encore aux fantassins, à la piétaille[1],
10 que revient la tâche de prendre des positions et de les défendre pied à pied. Cette saloperie de planète dont il n'avait jamais entendu parler avant qu'on l'y dépose, voilà qu'elle devenait un « sol sacré », parce que « les autres » y étaient aussi. *Les Autres*, c'est-à-dire la
15 seule race douée de raison dans toute la Galaxie… des êtres monstrueux, cruels, hideux, ignobles.

Le premier contact avec eux avait été établi alors qu'on en était aux difficultés de la colonisation des douze mille planètes déjà conquises. Et dès le premier
20 contact, les hostilités avaient éclaté : les Autres avaient ouvert le feu sans chercher à négocier ou à envisager des relations pacifiques. […]

Il était trempé et tout boueux, il avait faim et il était gelé, et un vent féroce lui glaçait les yeux. Mais
25 les Autres étaient en train de tenter une manœuvre d'infiltration. […]

Il restait donc en alerte, le doigt sur la détente. À cinquante mille années-lumière de chez lui, il faisait la guerre dans un monde étranger, en se demandant
30 s'il reverrait jamais son foyer.

Et c'est alors qu'il vit un Autre s'approcher de lui, en rampant. Il tira une rafale. L'Autre fit ce bruit affreux et étrange qu'ils font tous en mourant, et s'immobilisa. Il frissonna en entendant ce râle, et la vue de
35 l'Autre le fit frissonner encore plus. On devrait pourtant en prendre l'habitude, à force d'en voir – mais jamais il n'y était arrivé. C'étaient des êtres vraiment trop répugnants, avec deux bras seulement et deux jambes, et une peau d'un blanc écœurant, nue et sans écailles.

Fredric BROWN, *En sentinelle*, in *Lune de Miel en enfer* (1958), traduit de l'anglais-américain © Éditions Denoël, coll. Présence du futur, 1990

1. Infanterie.

Lily

On la trouvait plutôt jolie, Lily
Elle arrivait des Somalies Lily
Dans un bateau plein d'émigrés
Qui venaient tous de leur plein gré
5 Vider les poubelles à Paris
Elle croyait qu'on était égaux Lily
Au pays de Voltaire et d'Hugo Lily
Mais pour Debussy en revanche
Il faut deux noires pour une blanche
10 Ça fait un sacré distinguo
Elle aimait tant la liberté Lily
Elle rêvait de fraternité Lily
Un hôtelier rue Secrétan
Lui a précisé en arrivant
15 Qu'on ne recevait que des Blancs

Elle a déchargé des cageots Lily
Elle s'est tapé les sales boulots Lily
Elle crie pour vendre des choux-fleurs
Dans la rue ses frères de couleur
20 L'accompagnent au marteau-piqueur
Et quand on l'appelait Blanche-Neige Lily
Elle se laissait plus prendre au piège Lily
Elle trouvait ça très amusant
Même s'il fallait serrer les dents
25 Ils auraient été trop contents
Elle aima un beau blond frisé Lily
Qui était tout prêt à l'épouser Lily
Mais la belle-famille lui dit nous
Ne sommes pas racistes pour deux sous
30 Mais on veut pas de ça chez nous

Elle a essayé l'Amérique Lily
Ce grand pays démocratique Lily
Elle aurait pas cru sans le voir
Que la couleur du désespoir
35 Là-bas aussi ce fût le noir
Mais dans un meeting à Memphis Lily
Elle a vu Angela Davis Lily
Qui lui dit viens ma petite sœur
En s'unissant on a moins peur
40 Des loups qui guettent le trappeur
Et c'est pour conjurer sa peur Lily
Qu'elle lève aussi un poing rageur Lily
Au milieu de tous ces gugus
Qui foutent le feu aux autobus
45 Interdits aux gens de couleur

Mais dans ton combat quotidien Lily
Tu connaîtras un type bien Lily
Et l'enfant qui naîtra un jour
Aura la couleur de l'amour
50 Contre laquelle on ne peut rien
On la trouvait plutôt jolie, Lily

Elle arrivait des Somalies Lily
Dans un bateau plein d'émigrés
Qui venaient tous de leur plein gré
55 Vider les poubelles à Paris.

Pierre PERRET, « Lily » (1977), © Éditions Adèle 1977. Avec l'aimable autorisation des Éditions Adèle.

Question

Après avoir pris connaissance des textes du corpus, vous comparerez succinctement leur visée et leur forme.

Travaux d'écriture

Vous traiterez au choix l'un des trois sujets proposés.

Commentaire
Séries générales (16 points)
Vous commenterez le texte de Cyrano de Bergerac.

Séries technologiques (14 points)
Vous commenterez la chanson de Pierre Perret en vous inspirant du parcours suivant :
1. À quoi le lecteur sent-il que le texte est bien une chanson et quel est l'intérêt du choix de cette forme ?
2. Quel message Pierre Perret veut-il faire passer dans sa chanson ?

Dissertation
Pensez-vous qu'il est plus efficace de dénoncer une injustice à travers un personnage inventé ou à travers un personnage réel ?
Vous répondrez dans un développement argumenté, en vous appuyant sur les documents du corpus, les œuvres étudiées en classe ou lues personnellement, ainsi que, éventuellement, sur des exemples empruntés à d'autres formes d'art, y compris le cinéma.

Écriture d'invention
Imaginez la réponse de l'homme au réquisitoire du juge dans le texte de Cyrano de Bergerac, sous la forme d'un plaidoyer en faveur de l'humanité.

QUESTION — À quoi tient l'originalité de l'argumentation dans ce texte ?

Objet d'étude : Genres et formes de l'argumentation

Texte : Voltaire, article « Beau, beauté », *Dictionnaire philosophique portatif* (1764)

L'exposé est la première partie de l'épreuve orale du baccalauréat. Il précède l'entretien (›chap. 43). *La durée de l'exposé est de 10 minutes après une préparation de 30 minutes durant lesquelles le candidat dispose du texte et de la question posée par l'examinateur.*

Texte

Beau, beauté

Demandez à un crapaud ce que c'est que la beauté, le grand beau, le *to kalon*[1]. Il vous répondra que c'est sa femelle avec deux gros yeux ronds sortant de sa petite tête, une gueule large et plate, un ventre jaune, un dos brun. Interrogez un nègre de Guinée : le beau est pour lui une peau noire, huileuse, des yeux enfoncés, un nez épaté.

5   Interrogez le diable ; il vous dira que le beau est une paire de cornes, quatre griffes, et une queue. Consultez enfin les philosophes, ils vous répondront par du galimatias ; il leur faut quelque chose de conforme à l'archétype du beau en essence[2], au *to kalon*.

J'assistais un jour à une tragédie auprès d'un philosophe. « Que cela est beau ! disait-il. – Que trouvez-vous là de beau ? lui dis-je. – C'est, dit-il, que l'auteur a atteint son
10   but. » Le lendemain il prit une médecine[3] qui lui fit du bien. « Elle a atteint son but, lui dis-je ; voilà une belle médecine ! » Il comprit qu'on ne peut dire qu'une médecine est belle, et que pour donner à quelque chose le nom de *beauté*, il faut qu'elle vous cause de l'admiration et du plaisir. Il convint que cette tragédie lui avait inspiré ces deux sentiments, et que c'était là le *to kalon*, le beau.

15   Nous fîmes un voyage en Angleterre : on y joua la même pièce, parfaitement traduite ; elle fit bâiller tous les spectateurs. « Oh ! oh, dit-il, le *to kalon* n'est pas le même pour les Anglais et pour les Français. » Il conclut, après bien des réflexions, que le beau est très relatif, comme ce qui est décent au Japon est indécent à Rome, et ce qui est de mode à Paris ne l'est pas à Pékin ; et il s'épargna la peine de composer un long traité sur
20   le beau.

VOLTAIRE, article « Beau, beauté », *Dictionnaire philosophique portatif* (1764)

1. En grec, le Beau. – 2. Conforme à la beauté idéale, absolue. – 3. Un remède purgatif.

Étape 1 — Analyser la question

1. Rechercher les mots-clés de la question

—— Les mots-clés permettent d'ouvrir une réflexion. Vous en trouverez toujours un par question, souvent deux, parfois trois.

Quels sont les mots-clés ?

• « *Argumentation* » définit la forme de discours (› chap. 14). Une argumentation comporte une thèse, des arguments, des exemples ; elle est construite sur des enchaînements logiques, elle oppose des points de vue, dépasse les contradictions, aboutit à une conclusion.

• « *Originalité* » suggère une vision nouvelle, personnelle, peu banale du sujet et des moyens utilisés pour le traiter.

2. Comprendre l'intérêt de la question

—— Commencez par admettre le choix de l'examinateur : la question vous est posée parce qu'elle permet un travail riche et qu'elle convient au texte.

—— Mettez la question en relation avec l'objet d'étude pour en éclairer la problématique.

Quel est l'intérêt de la question ?

La question renvoie à l'objet d'étude concernant l'argumentation et la diversité de ses formes, directes ou indirectes.

Pourquoi cette question sur ce texte ?

Vous devez comprendre qu'il existe de nombreux traités philosophiques consacrés au « Beau » depuis l'Antiquité et que Voltaire surprend ici l'attente du lecteur.

3. Cerner l'objectif à atteindre

—— Reformulez la question pour définir précisément ce qu'on attend de vous.

—— Présentez mentalement votre projet par « *Il s'agit donc pour moi de montrer que... »*.

Quel projet défendre ?

À l'aide des réflexions précédentes, vous pouvez formuler votre projet : « *Il s'agit donc pour moi de montrer que* l'article « Beau, Beauté » a pour objectif de défendre une thèse mais que Voltaire suit des voies inattendues pour y parvenir, en rupture avec la tradition et les codes du genre argumentatif. »

Étape 2 — Analyser le texte à partir de la question posée

4. Relire le texte en fonction de l'objectif fixé

—— Il ne s'agit plus de lire mot à mot mais d'interroger le texte à la lumière de la question posée.

Comment relire efficacement le texte ?

Posez-vous des questions simples :

• Quelle est la thèse défendue dans le texte ?

• Qu'est-ce que l'on attend d'un texte argumentatif ?

• Est-ce que le texte suit ce modèle ? De quelle façon ?

• Par quels aspects s'en écarte-t-il ? En quoi consiste son originalité ?

5. Repérer les procédés d'écriture qui correspondent aux différentes pistes proposées par la question

—— Surlignez les indices dans le texte. Autres moyens efficaces : écrire en marge (accolades, numérotation...) ou prendre des notes au brouillon. (› chap. 49 p. 378)

Quels repérages effectuer ?

Exemple pour l'aspect argumentatif du texte :

Voir le surlignage en jaune du texte qui fait apparaître les marques de l'argumentation : arguments d'autorité (celui du crapaud, celui du diable...) ; exemples ; démarche expérimentale.

6. Commenter, interpréter ces relevés

—— Procédez comme pour la préparation du commentaire (> *p. 303*)

Attention : si une étude du même texte a déjà été faite en classe et que vous l'avez mémorisée, vous ne devez pas la reprendre telle quelle. Vous devez adapter votre exposé à la question posée par l'examinateur.

Quels effets dégager ?

Exemple pour l'originalité du texte
- *« un crapaud » ; « le diable » → références peu crédibles. La « médecine » utilisée pour définir le beau → expérimentation cocasse.*
- *« to kalon » ; le galimatias ; « l'archétype du beau en essence » → les grands mots dévalorisés. Les philosophes interrogés en dernier, après le diable.*
- *Les marques du récit et du dialogue dans les deux derniers paragraphes → anecdotes compatibles avec un traité philosophique ?*
- *Les interventions du philosophe (« Que cela est beau ! » ; « oh ! oh ») → pauvreté, naïveté du discours. Sa lourdeur d'esprit : « après bien des réflexions ».*
- *La dernière phrase (« et il s'épargna… »), sous forme de « chute », invite le lecteur à relire le texte et à y voir le bon modèle.*

Étape 3

Réunir les idées directrices : construire les axes de l'exposé

7. Réunir les indices convergents

—— Établissez des rapprochements entre les relevés.
—— Regroupez-les s'ils se rapportent à la même idée et servent à l'étayer.
—— Mettez en rapport ces synthèses avec les mots-clés de la question.

Quelles lignes directrices se dégagent des relevés ?

- *La légèreté et le comique sont appliqués au traitement d'un sujet ardu.*
- *Le comique s'exerce aux dépens des détenteurs d'un savoir théorique ; la « philosophie » est ridiculisée. D'autres modes de réflexion sont privilégiés : l'expérience ; le bon sens ; la démonstration malicieuse ; les séductions du burlesque.*
- *La dernière phrase donne la clé du texte : le refus d'écrire un long traité sur le « Beau » puisque celui-ci est divers et relatif. D'où le choix de la brièveté, le refus de la théorie, la forme fragmentée.*

8. Mettre au point les axes de l'exposé

—— Trouvez des « titres » pour ces axes.
—— Intégrez, au besoin, des subdivisions pour clarifier le plan.

9. Vérifier la pertinence des axes

—— Assurez-vous que les titres des axes reprennent au moins un des mots-clés de la question.
Attention ! Une **analyse composée** ne convient pas à tous les textes. Pour certains textes, vous aurez intérêt à présenter une **analyse linéaire** (qui suit le déroulement du texte).
Mais quel que soit le type d'exposé choisi, vous devez respecter la question qui vous a été posée.

Quels axes choisir ?

Compte tenu des repérages et interprétations, on peut formuler trois axes *:*
1. *Une argumentation conduite de manière désinvolte.*
2. *Une association originale de drôlerie et de réflexion.*
- *Le burlesque est utilisé pour délivrer une leçon de relativisme.*
- *Le refus des certitudes passe par la satire du savoir.*
3. *Le choix d'une forme adaptée à la thèse défendue.*
Ces « titres » reprennent les mots présents dans la question (« argumentation », « originale »). L'expression « forme adaptée à la thèse » reprend les deux aspects : l'objectif argumentatif et l'originalité des procédés.

Préparer ses notes au brouillon

10. Disposer au brouillon le schéma de l'exposé

—— Mettez en évidence les titres des axes, les transitions, les articulations.

—— Pensez à prendre avec vous ces notes lorsque vous vous présenterez devant l'examinateur.

> **Quels repères utiliser ?**
> • *Aidez-vous d'un système de numérotation pour les axes et leurs subdivisions.*
> • *Encadrez les notions que vous devrez développer.*
> • *Soulignez les idées que vous allez étayer par les indices du texte.*

11. Préparer l'introduction et la conclusion

—— **L'introduction**
Elle situe le texte du contexte le plus large au contexte le plus précis.
Elle qualifie le texte : genre, registres, thèmes…

—— **Étapes de l'introduction :**
Époque / auteur / contexte / œuvre / texte

—— **La conclusion**
Elle confirme qu'une réponse a bien été apportée à la question posée dans le cadre de l'objet d'étude.

—— **Étapes de la conclusion :**
Synthèse des points forts de l'exposé / **ouverture** (sur le groupement de textes ; sur la suite de l'extrait)

> **Quels éléments pour l'introduction ?**
> *Voltaire, écrivain des Lumières, a toujours combattu les préjugés et l'intolérance. Dans le Dictionnaire philosophique portatif, il traite, sous une forme militante et toujours accessible, de sujets politiques comme la guerre ou la torture ; d'autres plus philosophiques, comme ici, dans cet article, la notion du « Beau ».*

Présenter l'exposé oral

12 Respecter les étapes suivantes

Vous disposez de **10 minutes** pour présenter votre exposé :

– 1. **Introduction**

– 2. **Lecture du texte**

Faites une lecture expressive qui tienne compte des nuances du texte, marquez les liaisons, prononcez correctement les vers en n'oubliant pas certaines syllabes, posez votre voix, prenez le temps de lire correctement…

– 3. **Rappel de la question posée**

– 4. **Annonce des axes choisis**

– 5. **Analyse du texte en fonction de ces axes**

– 6. **Conclusion**

> **Que transmettre par sa lecture ?**
> *Une bonne lecture indique que le texte a été compris. Faites apparaître la structure du texte.*
> *– Enchaînez les paragraphes 1 et 2 : soulignez les parallèles et les reprises de termes.*
> *– Enchaînez les paragraphes 3 et 4 : soulignez la progression narrative.*
>
> *Adoptez quand il le faut une intonation malicieuse. Donnez de la vivacité au dialogue.*
>
> *Attention à :*
> *« galimatias » : (prononcer [TI]) ;*
> *archétype: (prononcer [K])*

Exercices

Exercice guidé

★ 1 S'entraîner à lire les textes

En suivant les conseils donnés ci-dessous, entraînez-vous à lire à haute voix :

a. un poème : Baudelaire, *L'Albatros* (>*p. 268*).

➔ Adaptez votre lecture au sens et à la structure du poème (rupture au v. 13). Respectez la métrique (le compte des syllabes). Tenez compte des diérèses, des liaisons.

b. une scène de théâtre : Marivaux, *L'Île des esclaves* (>*p. 226*).

➔ Différenciez et caractérisez les personnages par l'intonation. Faites comprendre l'évolution des relations entre maître et valet. Lisez les didascalies. Ne lisez pas le nom des personnages.

c. Une fable : La Fontaine, *Le Chêne et le Roseau* (>*p. 129*).

➔ Mettez en évidence les étapes du récit. Distinguez les interlocuteurs. Distinguez le narrateur des personnages. Respectez la métrique.

d. Un extrait de roman : Stendhal, *La Chartreuse de Parme* (>*p. 198*).

➔ Distinguez le point de vue du personnage sur ce qui l'entoure et le regard du narrateur sur le personnage.

★ 2 Reformuler la question posée

a. Lisez le texte de Voltaire extrait de *Candide* (la guerre) (>*p. 131*) et la question proposée ci-dessous.

b. Trouvez et analysez les mots-clés de la question.

c. Reformulez la question de différentes façons.

d. Justifiez le choix de la question.

QUESTION

Quels sont les différents regards portés sur la guerre dans cet extrait ?

★ 3 Maîtriser le vocabulaire de l'épreuve

Expliquez ce que l'on attend de vous par les mots soulignés dans les questions.

1. Quel est l'enjeu de ce texte argumentatif ?
2. En quoi réside le comique de la scène ?
3. Quel parti l'écrivain tire-t-il de la métaphore dans le poème ?
4. Quelle est la fonction du dialogue dans l'argumentation ?
5. En quoi cette scène remplit-elle son rôle de scène d'exposition ?

★ 4 Respecter la question posée

a. Lisez le texte de Molière, *Dom Juan*, acte I, scène 2 (>*p. 136*) et la question proposée ci-dessous.

b. Analysez les mots-clés de la question.

c. Choisissez les axes qui répondent le mieux à la question.

d. Dites pourquoi les autres ne conviennent pas.

QUESTION

Quelle stratégie Don Juan adopte-t-il pour rendre son discours persuasif ?

AXES

1. L'inégalité entre hommes et femmes
2. La fidélité ridiculisée
3. Don Juan « grand seigneur méchant homme »
4. Une entreprise d'auto-justification
5. Le libertinage de Don Juan
6. Les séductions de l'éloquence

★★ 5 Relier la question au texte

a. Analysez la question posée.

b. Évaluez la pertinence de cette question en surlignant dans le texte les indices qui permettraient d'y répondre.

QUESTION

Dans quelle mesure peut-on parler d'éloge à propos de ce poème ?

TEXTE

S'étant confectionné des ailes collées par de la cire pour s'échapper du labyrinthe, le jeune Icare s'approcha trop près du soleil. Il tomba dans la mer et se noya.

Icare est chu ici, le jeune audacieux,
Qui pour voler au ciel, eut assez de courage :
Ici tomba son corps dégarni de plumage,
Laissant tous braves cœurs[1] de sa chute envieux.

5 Ô bienheureux travail d'un esprit glorieux,
Qui tire un si grand nom[2] d'un si petit dommage !
Ô bienheureux malheur plein de tant d'avantage,
Qu'il rende le vaincu des ans victorieux !

Un chemin si nouveau n'étonna[3] sa jeunesse,
10 Le pouvoir lui faillit[4], mais non la hardiesse ;
Il eut pour le brûler des astres le plus beau ;

Il mourut poursuivant une haute aventure ;
Le ciel fut son désir, la mer sa sépulture :
Est-il plus beau dessein, ou plus riche tombeau ?

Philippe DESPORTES, *Les Amours d'Hippolyte* (1573)

1. (Laissant) tous les courageux (envieux de sa chute). – **2.** Renom, renommée. – **3.** N'effraya pas. – **4.** Lui manqua.

6 ★★ Distinguer les axes de lecture et les procédés d'écriture

a. Lisez le texte de Céline, extrait de *Voyage au bout de la nuit* (›*p. 107*)

b. Dans la liste suivante, distinguez les énoncés qui peuvent fournir des axes pour l'exposé et ceux qui désignent des procédés d'écriture servant à étayer ces axes.

c. Associez les procédés aux axes choisis.

1. La métaphore des chiens
2. Un témoin bouleversé par l'indignation
3. L'exclamation et l'interrogation
4. La première personne
5. L'image de la folie
6. Une langue familière
7. L'expression du chaos
8. Une vision effrayante de la guerre
9. La référence à l'apocalypse

Exercice guidé

7 ★★ Évaluer la pertinence des axes

a. Lisez le texte de Diderot, extrait de *Jacques le Fataliste et son maître* (›*p. 200*).

b. Parmi les énoncés suivants, distinguez-en trois qui pourraient servir d'axes pour l'analyse de ce texte.

c. Expliquez pourquoi vous avez écarté les autres.

➡ Pour vous aider : un bon axe est celui qui permet de défendre une « thèse ». Il doit donc contenir une idée. Pour vérifier que l'énoncé correspond à un axe de lecture intéressant, faites-le précéder mentalement de l'expression « je veux montrer que … ».

1. Les deux parties de l'extrait
2. La relation entre le maître et le valet
3. Un traitement déconcertant du genre romanesque
4. La forme interrogative dans le texte
5. Un dialogue insolite avec le lecteur
6. Le fatalisme de Jacques
7. Une réflexion sur la liberté du romancier

Exercice guidé

8 ★★ Introduire l'exposé

Préparez une introduction à l'exposé oral sur le texte d'Eugène Ionesco, *Rhinocéros* (› *p. 149*). Tenez compte du paratexte.
Pour vous aider :

➡ Respectez les étapes suivantes : contexte, époque, auteur, œuvre, situation de l'extrait dans l'œuvre.

➡ Vérifiez que vous avez fourni les éléments nécessaires à la compréhension de l'extrait pour un auditeur qui ne connaîtrait pas la pièce.

➡ Autres indices : il s'agit d'un extrait d'une œuvre intégrale. L'objet d'étude est : le texte théâtral et sa représentation.

Exercice guidé

9 ★★ Conclure l'exposé

Préparez une conclusion à l'exposé oral sur le texte de Voltaire « Beau, Beauté » (p. 352).
Pour vous aider :

➡ Respectez les étapes suivantes : synthèse recentrée sur la question posée / ouverture, élargissement (suggestion : la diffusion des idées de tolérance).

➡ Autres indices : il s'agit d'un extrait d'un corpus de textes. L'objet d'étude est : Genres et formes de l'argumentation : xviie s. et xviiie s.

10 ★★ Choisir l'analyse linéaire ou l'analyse composée

a. Compte tenu des textes et de la question posée, quel type d'exposé (linéaire ou composé) choisiriez-vous de préférence ?

b. Justifiez votre choix et faites les repérages nécessaires.

TEXTE ET QUESTION

1. Marivaux, *L'Île des esclaves* (›*p. 226*)

Comment les relations entre le maître et l'esclave évoluent-elles au cours de la scène ?

2. Diderot, *Encyclopédie*, Article « Autorité politique » (›*p. 125*)

Quel rôle la structure du texte joue-t-elle dans l'efficacité du raisonnement ?

11 ★★★ Savoir changer de perspective pour l'exposé

a. Lisez l'extrait de Racine, *Bérénice*, IV, 5 (›*p. 221*) et les questions posées dans les encadrés « Compréhension » et « Vers le commentaire ».

b. Lisez cette autre question (ci-dessous), posée cette fois pour l'exposé oral. Quelle perspective nouvelle devez-vous adopter ?

c. Faites les repérages qui correspondent à cette nouvelle question.

QUESTION

Comment perçoit-on la présence du destinataire (Titus) dans la progression du discours de Bérénice ?

L'oral (2)
Préparer l'entretien

Questions d'entretien portant sur un corpus de textes, parmi lesquels le texte support de l'exposé (p. 352).

Objet d'étude : Genres et formes de l'argumentation

Corpus **Texte A** Montaigne, « De la vanité », *Essais*, III, 9 (1588) (> p. 169)

Texte B Voltaire, article « Beau, Beauté », *Dictionnaire philosophique portatif* (1764) (p. 352)

Texte C Voltaire, *L'Ingénu*, chap. 1 (1767) (p. 127)

L'entretien fait suite à l'exposé oral (> chap. 42). *Il dure 10 minutes.*
L'examinateur guide l'entretien et formule ses questions à partir des informations fournies sur le travail de l'année par le DLA (Descriptif des lectures et activités).

L'exemple d'entretien qui suit s'appuie sur une série de questions portant sur un corpus de textes. Mais les questions peuvent également porter sur une œuvre complète.
De même, l'examinateur peut vous interroger sur d'autres rubriques du DLA.

LES QUESTIONS QUE L'ON PEUT VOUS POSER

CE QUE L'ON ATTEND DE VOUS

1 Exemple de questions portant sur un corpus de textes

1re question – Quel intérêt commun pouvez-vous dégager de ces trois textes ?

Ici, vous devez relever, comme intérêt commun aux textes, la diversité des goûts, des usages et des croyances, et le respect de cette diversité.

Pensez à signaler quelle leçon est donnée concernant l'Homme et sa relation aux autres. Faites ressortir l'ouverture d'esprit, l'abandon des préjugés. On attend que vous en arriviez ainsi à la notion de tolérance.

• Ayez une vision d'ensemble

— Vous devez posséder une bonne connaissance du groupement et être capable d'une **vision synthétique**.

— Mais vous devez également adapter, affiner, approfondir votre réponse suivant les suggestions (ou les silences !) de l'examinateur.

2e question – Comment s'appelle une vérité que l'on ne peut considérer comme absolue parce qu'elle varie et dépend de certaines conditions ? Et comment s'appelle le défaut que Montaigne pointe chez ses compatriotes ?

Ici, on attend, dans votre réponse les mots « relativité » et « ethnocentrisme ».

● **Utilisez un vocabulaire précis**

— Vous devez utiliser un vocabulaire précis, surtout lorsqu'il s'agit de nommer des notions et des problématiques liées au groupement.

3e question – Quels autres points communs voyez-vous entre les trois textes ?

Ici, on attend le thème du voyage, la confrontation avec l'étranger ; mais aussi l'ironie présente dans les trois textes.

● **Pensez à explorer
tous les aspects de la question**

— Vous devez explorer **les divers aspects de la question** (thèmes communs, procédés argumentatifs…). Ne vous contentez pas d'un seul aspect, surtout si la question comporte un pluriel (« quels autres »).

4e question – Dans chacun des textes de Voltaire, voyez-vous quel personnage joue le rôle du naïf ? Tous ont-ils la même fonction ?

Ici, il s'agit de repérer la présence du « philosophe » et d'autre part de l'Ingénu. Vous devez expliquer que le premier, par sa maladresse, sert de révélateur à la raison et au bon sens, alors que le Huron, par son bon sens et sa raison, sert de révélateur à la sottise et aux préjugés.

● **Soyez réactif**

— Vous devez rester disponible et **réactif face à une question inattendue**.
— Effectuez rapidement des repérages et des rapprochements. On n'acceptera pas que vous relisiez les textes de la première à la dernière ligne pour cette recherche.

5e question – Vous avez remarqué que les trois textes n'appartiennent pas au même genre. Cela a-t-il une importance ?

Ici, il faut d'abord penser à définir le genre de chaque texte (essai autobiographique ; article de dictionnaire ; conte philosophique) et ne pas oublier ensuite de signaler que, malgré ces différences, l'implication personnelle et le parti pris sont également présents dans les trois textes.

● **Développez vos réponses**

— Ne vous contentez pas de répondre par oui ou par non.
— Même si la question posée est une question fermée, vous devez développer et **justifier vos réponses**.

6e question – Quelle différence faites-vous entre la vision humaniste et celle des Lumières dans leur approche de la diversité humaine ?

Ici, vous pouvez distinguer la curiosité pour le monde, qui procure à Montaigne un enrichissement dans la connaissance de soi et de l'humaine condition. Et d'autre part, une démarche plus militante dans la dénonciation de l'intolérance chez le philosophe des Lumières.

● **Ayez une bonne connaissance de l'objet d'étude**

— Vous devez réinvestir vos connaissances, tirer parti du travail fait en classe sur l'objet d'étude, les auteurs, les mouvements littéraires…

Les questions de l'entretien peuvent aussi porter sur...

1. Une œuvre complète

On peut vous demander :

— de répondre à des questions sur un ou plusieurs **thèmes** ; sur un ou des **personnages** (roman ou théâtre) ; sur un **motif** en poésie ; sur la **structure de l'œuvre**.

— de **comparer** des scènes ; des poèmes dans un recueil ; un incipit et un dénouement.

Exemple

Dans le conte de Voltaire que vous avez étudié, le personnage de Candide évolue-t-il au cours du récit ?

2. Les documents complémentaires (textes fournis

par votre professeur et dont les références apparaissent dans le **DLA** – **descriptif des lectures et activités**)

On peut vous demander :

— d'**analyser** un de ces documents, et notamment une **image** ;

— et d'**expliquer ses liens** avec le corpus ou l'œuvre étudiés, l'objet d'étude, ou un mouvement littéraire.

Exemple

Observez la photographie de la représentation du Roi se meurt *de Ionesco (› p. 273). Comment le metteur en scène rend-il compte de la relation entre le roi Bérenger et les autres personnages dans cette scène ?*

3. Une lecture cursive (mentionnée dans le DLA)

On peut vous demander :

— d'**en rendre compte** brièvement ; d'expliquer ses rapports avec l'objet d'étude ;

— d'exprimer une **appréciation personnelle**.

Exemple

Pourquoi, à votre avis, fait-on lire La Princesse de Clèves, *en complément de l'étude d'une tragédie classique ?*

4. Les activités proposées à la classe

(spectacles, vidéos, visites, rencontres, expositions)

On peut vous demander :

— de les **présenter** brièvement ; d'expliquer leurs rapports avec l'objet d'étude ;

— d'**exprimer un jugement motivé** ; et de tirer le **bilan de l'expérience**.

Exemple

Vous avez vu cette année Tartuffe *de Molière, dans une mise en scène moderne. Que pensez-vous des mises en scène de théâtre qui modernisent les pièces anciennes notamment par le costume et le décor (› chap. 27, p. 232) ?*

Exercices

Mise au point
Comment se préparer à l'épreuve ?

❚ **Au cours de l'année.** Entrez **dans la logique du travail effectué en classe.** Interrogez-vous : Pour quelles raisons le professeur a-t-il choisi ces textes pour le corpus ? Quelles lignes principales ressortent de l'étude de l'œuvre complète ? Quel rôle joue la lecture cursive dans le cadre de cet objet d'étude ?

• **Dans les notes prises en cours,** encadrez les notions et les problématiques qui vous serviront pour l'entretien. Vous les retrouverez plus facilement pour vos révisions.

❚ **Quelques jours avant l'examen. Familiarisez-vous avec le DLA** que vous allez présenter à l'examinateur. Vous devez être capable de justifier son contenu explicite (connaître le sens des mots qui y figurent ; être capable de reformuler les problématiques) et implicite (pourquoi un point d'interrogation à la fin de cet intitulé ? pourquoi tel mot mis en italique ou entre guillemets ?).

❚ **Pendant le temps de préparation. Anticipez sur les questions** en fonction du texte qui vous a été donné à étudier pour l'exposé. Remémorez-vous les autres textes du groupement. **Prenez-les avec vous** en vous présentant devant l'examinateur (il est plus facile de répondre à des questions sur des textes qu'on a sous les yeux !).

Exercice guidé

1 ★ Présenter ses réponses

Proposez une réponse aux questions suivantes en utilisant des tournures variées.

Pour vous aider, utilisez les éléments de la question pour présenter votre réponse.

➡ Vous pouvez reprendre les mots mêmes de la question ou vous pouvez les reformuler.

➡ Exemple : Quel sens donnez-vous à cet épisode ?
→ Je pense que l'on peut donner plusieurs sens à l'épisode. / Un des sens, le plus important à mon avis… / Selon moi, l'épisode signifie d'abord…

1. À quel personnage va votre préférence ?
2. Comment comprenez-vous l'expression… ?
3. Quels points de comparaison voyez-vous entre le texte 1 et le texte 2 ?
4. Quels sont les objectifs de l'écrivain dans ce texte ?

2 ★ Préciser le vocabulaire

Vérifiez que vous sauriez donner une définition simple et précise de chacun des mots soulignés.

1. Le <u>plan</u> d'un texte
2. Un <u>réquisitoire</u>
3. Un écrivain <u>engagé</u>
4. Un texte <u>parodique</u>
5. Un roman <u>épistolaire</u>
6. La <u>mise en scène</u> (d'une pièce de théâtre)
7. Le phénomène <u>d'identification</u> romanesque
8. La <u>postérité</u> d'une œuvre (ou d'un auteur)

3 ★ Développer ses réponses

Entraînez-vous à répondre aux questions suivantes. Vous ordonnerez vos réponses en allant du sens restreint au sens élargi du mot.

1. Quel est le sens du mot « lyrisme » ?
2. Qu'est-ce qu'un humaniste ?
3. Qu'est qu'une utopie ?
4. Qu'est-ce que l'épicurisme ?

4 ★★ Explorer les différents aspects d'une question

Répondez oralement aux questions suivantes après avoir envisagé tous leurs aspects sous forme de notes au brouillon.

1. Emma Bovary, le personnage du roman de Flaubert, est-elle ridicule ou pathétique ?
2. Dans l'expression « conte philosophique », n'y a-t-il pas contradiction dans les termes ?
3. Dans l'expression « roman réaliste », n'y a-t-il pas contradiction dans les termes ?
4. Antigone, dans la pièce d'Anouilh, est-elle forte ou fragile ?

5 ★★ Saisir l'intérêt général d'une question personnelle

Répondez oralement aux questions suivantes. Ne vous limitez pas à une appréciation subjective.

1. Aimez-vous le personnage de Don Juan dans la comédie de Molière ?
2. Par quels aspects le personnage principal du roman que vous avez lu a-t-il éveillé votre intérêt ?
3. Attendez-vous d'une utopie qu'elle vous fasse rêver ou réfléchir ?

6 Répondre à des questions portant sur une œuvre intégrale

Entraînez-vous à répondre oralement aux questions suivantes.

1. Comparez la situation initiale et la situation finale dans *Bel-Ami* de Maupassant (ou dans *Germinal* de Zola).

2. Votre lecture des *Fleurs du mal* de Baudelaire vous permet-elle de justifier le titre choisi pour ce recueil ?

7 Répondre à des questions portant sur un objet d'étude

Entraînez-vous à répondre oralement aux questions suivantes.

1. Dans l'objet d'étude consacré au théâtre, pourquoi a-t-on associé le texte et sa représentation ?

Série L

2. Pourquoi réécrire ?

3. Quel a été le rôle des grandes découvertes dans la pensée des humanistes de la Renaissance ?

8 Répondre à des questions portant sur un corpus de textes

a. Entraînez-vous à répondre oralement aux questions suivantes.

b. Justifiez et nuancez vos réponses.

Corpus

Texte A. La Fontaine, « La Génisse, la Chèvre et la Brebis en société avec le Lion » (1668) (> p. 124)

Texte B. La Fontaine, « Le Chêne et le Roseau » (1668) (> p. 129)

Texte C. La Fontaine, « Le Renard et la Cigogne » (1668) (> p. 115)

QUESTIONS

Dans quelle(s) fable(s) la morale est-elle implicite ? Dans quelle(s) fable(s) est-elle explicite ?

Corpus

Texte A. Apollinaire, « La Chanson du Mal-Aimé » (1913) (> p. 243)

Texte B. Blaise Cendrars, « Académie Médrano » (1916) (> p. 248)

Texte C. Michel Leiris, « Glossaire, j'y serre mes gloses » (1939) (> p. 257)

QUESTION

En quoi ces textes sont-ils représentatifs de la modernité ?

9 Improviser un entretien

Répondez oralement à ces questions en improvisant des réponses approfondies dans le cadre d'un dialogue d'une dizaine de minutes.

QUESTIONS

1. Quelles relations pouvez-vous dégager entre les textes suivants ?

2. Comparez les deux genres d'argumentation. Lequel préférez-vous ?

3. Éclairez le sens du mot « divertissement » tel que l'emploie ici Pascal.

4. Partagez-vous la vision négative qui est donnée du « divertissement » dans les deux textes ?

OBJET D'ÉTUDE 1ʳᵉ

La question de l'Homme dans les genres de l'argumentation, du XVIᵉ s. à nos jours

TEXTE 1

Misère. – La seule chose qui nous console de nos misères est le divertissement, et cependant c'est la plus grande de nos misères. Car c'est cela qui nous empêche principalement de songer à nous, et qui nous fait perdre insensiblement. Sans cela nous serions dans l'ennui, et cet ennui nous pousserait à chercher un moyen plus solide d'en sortir. Mais le divertissement nous amuse et nous fait arriver insensiblement à la mort.

Blaise PASCAL, *Pensées*, 33, éd. Sellier (1657-1670), © Classiques Garnier, 2010

TEXTE 2

Le fleuriste[1] a un jardin dans un faubourg, il y court au lever du soleil, et il en revient à son coucher ; vous le voyez planté, et qui a pris racine au milieu de ses tulipes et devant la *solitaire*[2], il ouvre de grands yeux, il frotte ses mains, il se baisse, il la voit de plus près, il ne l'a jamais vue si belle, il a le cœur épanoui de joie ; il la quitte pour l'*orientale*[2], de là il va à la *veuve*[2], il passe au *drap d'or*[2], de celle-ci à l'*agathe*[2], d'où il revient enfin à la *solitaire*, où il se fixe, où il se lasse, où il s'assit, où il oublie de dîner ; aussi est-elle[3] nuancée, bordée, huilée, à pièces emportées[4], elle a un beau vase ou un beau calice ; il la contemple, il l'admire, Dieu et la nature sont en tout cela ce qu'il n'admire point, il ne va pas plus loin que l'oignon de sa tulipe qu'il ne livrerait pas pour mille écus, et qu'il donnera pour rien quand les tulipes seront négligées[5], et que les œillets auront prévalu. Cet homme raisonnable, qui a une âme, qui a un culte et une religion, revient chez soi fatigué, affamé, mais fort content de sa journée ; il a vu des tulipes.

Jean DE LA BRUYÈRE, *Les Caractères* (1688)

1. L'amateur de fleurs. – 2. Nom de variétés de tulipes. – 3. C'est qu'elle est… – 4. Aux formes bien découpées. – 5. Seront passées de mode.

Cette fiche récapitule les critères sur lesquels le candidat est évalué lors de l'épreuve orale.

Fiche d'évaluation pour l'oral

EXPOSÉ	TB	B	AB	Moyen	Insuff.
Introduction [durée : ....] Mise en contexte (époque, auteur, œuvre…) Situation dans l'œuvre (éventuellement, dans l'action…) De quoi « parle » le texte ? (en termes clairs)					
Lecture [durée : ....] Compréhensible, fluide Expressive, indique une bonne compréhension du texte					
Rappel de la question et annonce des axes [durée : ....] Reformulation de la question Présentation claire des axes Pertinence des axes par rapport à la question posée					
Explication [durée : ....] Reprise claire des axes / Construction de l'explication Recours précis au texte (citations précises) Commentaire de ces citations (identification ou explication du procédé d'écriture) Précision du vocabulaire d'analyse littéraire					
Conclusion [durée : ....] Synthèse claire Ouverture sur l'objet d'étude, l'œuvre ou l'histoire littéraire, les arts…					

ENTRETIEN	TB	B	AB	Moyen	Insuff.
Écoute et compréhension des questions Capacité d'adaptation au dialogue Connaissances liées à l'objet d'étude Capacité de réflexion personnelle Correction de l'expression et richesse du vocabulaire Vivacité, assurance et force de conviction					

Lire
l'image fixe

Analyser une image, c'est prendre en compte l'ensemble des procédés employés pour obtenir un effet.
La démarche d'analyse est la même, que l'image soit figurative ou abstraite.

Exposition « Soulages : 82 peintures »,
musée d'art contemporain Les Abattoirs, Toulouse, 2001
La peinture du premier plan mesure 3,24 x 1,81 m.

➜ En quoi le format de cette œuvre influence-t-il sa réception ?

IDENTIFIER LES IMAGES

■ Techniques

Il existe de nombreuses **techniques** pour produire des images : dessin, pastel, gravure, peinture (à l'huile, aquarelle, acrylique... ; appliquée de différentes manières : par aplats, par touches, au couteau...), collage, photographie, infographie.

■ Support – format

- On trouve des images sur des **supports variés** : murs et plafonds (fresques), bois, utilisation de toile tendue, papiers divers, affiches, écrans...
- Il est important de repérer le **format de l'image** pour analyser le rapport qu'elle instaure avec le spectateur.

REPÉRER LE CADRAGE ET L'ANGLE DE VUE

■ Cadre – cadrage

Une image résulte des choix de son créateur.

- Le **cadre** correspond aux limites de l'image. Majoritairement rectangulaire (horizontal ou vertical) ou ovale, il peut parfois être source d'innovation.

- Le **cadrage** correspond au « découpage du monde » choisi ; il propose une sorte de fenêtre : **gros plan** (visage, par exemple), **plan rapproché** (à la taille) ou **moyen** (corps entier), **plan d'ensemble** (personnage dans son environnement).

  Le spectateur peut aussi être invité à imaginer ce qui se situe **hors cadre**.

Pris de folie après avoir tué son ami Will, le personnage croit le voir partout.
(Les commentaires sont émis par un personnage hors cadre).

Toute la poussière du chemin, Jaime Martin, Wander Antunes, © Aire Libre, Dupuis, 2010

➜ Repérez les différents cadrages proposés dans cette planche de bande dessinée.
Pourquoi ont-ils été mis en place ici ?

■ Angle de vue

- **L'angle de vue** place le regard du spectateur par rapport au sujet représenté.

- En **plongée**, le regard domine le sujet ; en **contre-plongée**, c'est le sujet de l'image qui domine le spectateur.

- L'image peut aussi être produite de **biais** ou de **face**.

René Burri, *Sao Paulo*, Brésil, 1960

➜ Quels effets sont créés par l'angle de vue choisi ?

COMPRENDRE LA CONSTRUCTION DE L'IMAGE

- L'image peut être construite sur un principe de **symétrie**, les différentes parties du tableau se répondant.

- Elle peut être organisée selon **la règle des tiers** : l'image est organisée en trois pans (verticaux ou horizontaux).
Cette composition est considérée comme moins statique que la précédente.

- Enfin, elle peut reposer sur **le nombre d'or**, principe théorique selon lequel tout élément placé à l'intersection des 2/3 en hauteur et du 1/3 en largeur participe à l'équilibre et au dynamisme de l'image.

- **Les lignes de force** sont les lignes que le spectateur observe en dehors des règles établies ci-dessus : obliques, diagonales, courbes....

- **La perspective** permet de donner l'illusion de la profondeur dans une image en deux dimensions.
Elle se met en place grâce aux **lignes de fuite** qui se rejoignent au point de fuite (celui-ci peut être ou non dans le cadre).

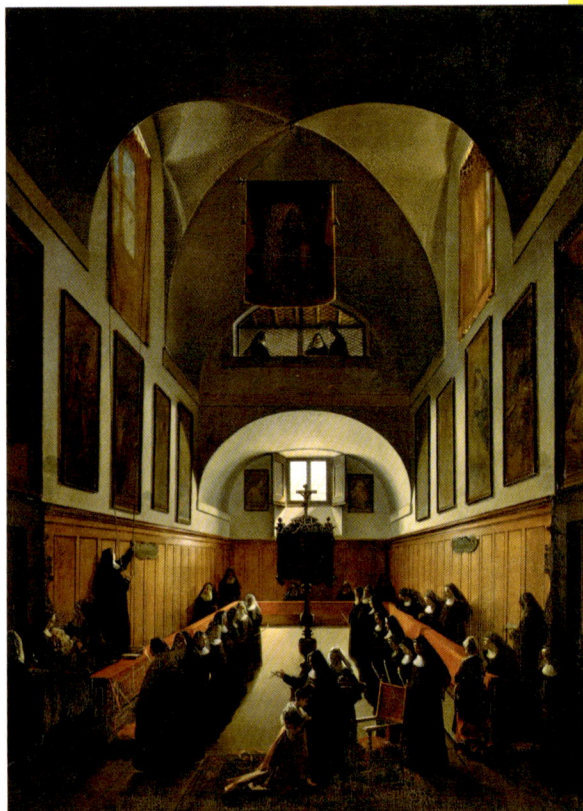

François Marius Granet (1775-1849), *Prise d'habit d'une jeune fille dans le chœur du Couvent de Sainte Claire à Rome*, non daté, huile sur toile, 1,99 x 1,51 m (musée du Louvre, Paris).

➡ Quelles techniques de construction de l'image sont choisies par Granet ? Pourquoi ?

APPRÉCIER COULEURS ET LUMIÈRE

- Le travail sur **les couleurs** peut s'effectuer sur des choix de **contraste** (notamment par l'association des couleurs complémentaires) ou d'**harmonie**.

- Les effets de **lumière** jouent un rôle important dans la composition car la lumière fait ressortir des éléments et en laisse d'autres dans l'**ombre**.

- En photographie, le **noir et blanc** s'impose tout d'abord. Après l'utilisation massive de la couleur (à partir de 1946), il résulte d'un choix esthétique.

Félix Vallotton (1865-1925), *Le dîner, effet de lampe* (1899), huile sur bois, 57 x 89,5 cm (musée d'Orsay, Paris).

➡ Comment le travail sur l'ombre et la lumière participe-t-il à l'ambiance de cette scène ?

PRENDRE EN COMPTE LE CONTEXTE D'UNE IMAGE

- L'image est rarement présentée seule. Elle est souvent accompagnée d'un texte : **titre** (explicite ou énigmatique), **légende** (qui commente l'image et qui en donne les caractéristiques techniques).

- Elle est le **produit d'une époque** (*> chap. 3*).

- Elle est présentée dans un **contexte** : lieu privé ou public (musée), publication (livre, journal, site Web...), affichage (publicité)...

- Enfin, elle est le résultat d'un circuit : **commande** (mécène, entreprise...), **réalisation** (atelier, artiste, graphiste, créateur de publicité...), **diffusion** (œuvre unique ou reproduite) et **réception** (spectateur, récepteur de l'image).

INTERPRÉTER L'IMAGE, COMPRENDRE SA FONCTION

- L'analyse de l'image nécessite de partir de son observation précise (**dénotation**) et de lier les éléments observés à des impressions, à des associations d'idées (**connotations**).

- L'interprétation de l'image repose donc sur la capacité à décoder les **symboles** qu'on peut y trouver ainsi que les **références culturelles**.

  Pour cela, il faut être attentif aux lieux, aux personnages (allégories, vêtements comme signe d'appartenance sociale...), aux objets (*> les Vanités, chap. 3*) et aux couleurs (la pureté du blanc, par exemple).

  Ces éléments ont souvent une valeur morale, religieuse, politique, historique.

- L'image fixe peut avoir une ou plusieurs **fonctions**. Elle peut :
  – **raconter** : elle propose un moment-clé d'une histoire ;
  – **décrire** le monde réel (paysage, nature morte...) ou imaginaire ;
  – **argumenter** : propagande, caricature, publicité...
  – **expliquer et informer** (photographie de presse, document technique) ;
  – **avoir une visée esthétique** (consensuelle ou provocatrice) en proposant la vision du monde de l'artiste, en créant des émotions chez le spectateur.

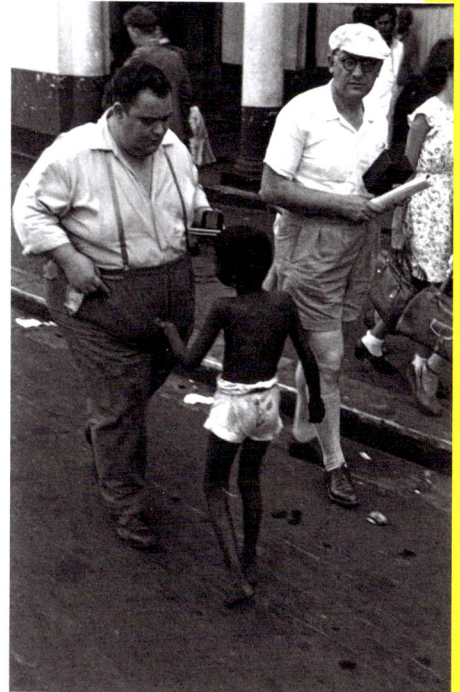

Henri Cartier-Bresson (1908-2004), *Touriste à Colombo* (Ceylan, 1950).

➡ Quelle fonction de l'image est-ici privilégiée ? Commentez les procédés employés.

Olivier Debré (1920-1999), *Grand carré rose de Loire* (1985-1986), huile sur toile, 1,8 x 1,8 m (musée des Beaux-Arts, Rennes).

➡ Proposez deux adjectifs pour évoquer ce tableau. Justifiez vos choix par des références précises à l'œuvre (titre, image).

L'image mobile a des formes variées : film de fiction, reportage, documentaire. Analyser un film ou un documentaire, c'est prendre en compte l'ensemble des étapes nécessaires à sa réalisation.

LES ÉTAPES AVANT TOURNAGE

- Un film est d'abord écrit sous forme de résumé, le **synopsis**.

- Vient ensuite le **scénario**. Il correspond au développement du projet avec les dialogues, les choix sonores, les décors, à l'intérieur de chaque **séquence** (une séquence étant une étape narrative, plus ou moins longue).
- Chaque séquence est découpée en **plans** (unités de base de la construction filmique).

- Le scénario est avant tout un **outil de travail** (et non un objet en soi). Il sert dans un premier temps à la **recherche d'une production et d'un financement**, en montrant le potentiel du film. Il est ensuite **utilisé par les comédiens et tous les techniciens**.

LES CHOIX DE TOURNAGE

Choix généraux

- Nombreux, ils portent entre autres sur les **décors** (décors extérieurs, studio), le **format** (pellicule ou numérique, noir et blanc), la **lumière**, le nombre de **jours de tournage**, la constitution de **l'équipe technique**, les **comédiens** (professionnels ou non, ou les deux, comme dans le film de Kechiche donné ici en exemple.)
- Tous ces choix dépendent évidemment des intentions artistiques du réalisateur mais également du budget du film.

Choix de mise en scène

■ **Champ – hors champ – contre-champ**

- L'image filmée présente le **champ** de ce qui est donné à voir au spectateur.

- Le **hors champ** constitue ce que le spectateur ne voit pas mais peut parfois deviner (notamment par le son).

- Lorsque l'on passe de la vision d'un personnage à la vision de celui qui lui fait face par exemple, on parle de **champ / contre-champ**.

Majid est guide au port de Marseille. Il donne rendez-vous à sa maîtresse sur le bateau où il travaille.

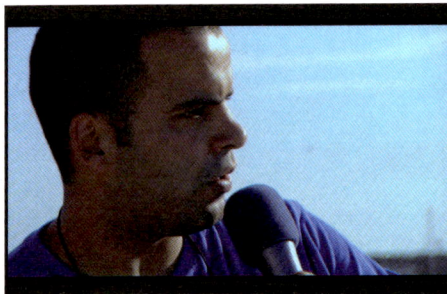

→ Comment la relation amoureuse est-elle mise en avant par l'utilisation du champ / contre-champ ?

*Slimane emmène Rym, la fille de sa compagne,
voir le bateau qu'il vient d'acquérir.*

➡ Quel type de travelling reconnaissez-vous ici ?
Quel intérêt y voyez-vous ?

• La caméra peut être immobile : on parle alors de **plan fixe**.

• Elle peut avoir un mouvement **panoramique** : elle pivote sur elle-même (latéralement ou de haut en bas).

• Le **travelling** permet à la caméra de se déplacer par rapport à ce qui est filmé : en avant, en arrière (effet également possible avec le **zoom**), vers le haut ou le bas, sur les côtés.

• Parfois, la séquence est filmée en un seul plan, restitué tel quel dans le film, sans montage : c'est le **plan-séquence**.

■ Cadre – point de vue

• Il existe **différentes échelles de plan** (plan serré, américain, taille, large, général…). La caméra **cadre** ainsi l'image.

• La caméra est positionnée selon des angles variés qui impliquent un **point de vue** sur ce qui est filmé. (❯*chap. 44*)

• Lorsque la **caméra** se substitue au regard d'un personnage, on la dit **subjective** ; lorsqu'elle est en position d'observation, extérieure aux personnages, elle est dite **objective**.

Après avoir été licencié du chantier naval où il travaillait depuis trente-cinq ans, Slimane, le père de Majid, a racheté un vieux cargo pour le transformer en restaurant. Les travaux sont énormes. Dans cette scène, il commence par démanteler le pont du bateau.

➡ Quelles visions du travail sont données par le cadrage des images et l'alternance de caméras subjective et objective ?

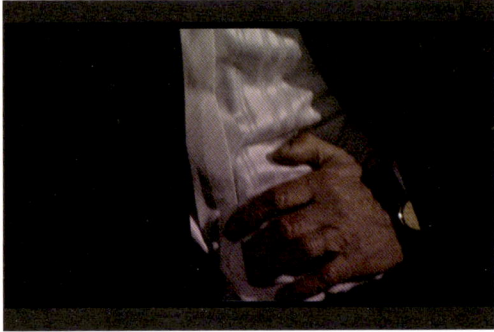

LES ÉTAPES APRÈS TOURNAGE

■ Le montage

- Le **dérushage** précède le montage. Cette étape consiste à sélectionner les meilleures prises de chacun des plans qui ont été tournés.

- Les plans sont ensuite assemblés au **montage**.

- Ils sont assemblés les uns aux autres, dans l'ordre choisi : montage chronologique ou linéaire, montage parallèle (c'est-à-dire va-et-vient entre des actions qui ont lieu en même temps).

- Ils peuvent bien évidemment être raccourcis, mais aussi accélérés ou ralentis.

- Il y a également plusieurs possibilités de **raccords** entre les plans : raccord regard, raccord mouvement, jump cut (coupe dans un plan).

- **Le rôle du montage** est essentiel. Il détermine les rapports entre les plans au-delà de leur simple juxtaposition pour :

  1. **créer du sens** (les mêmes plans ordonnés différemment peuvent modifier considérablement la lecture des images) ;
  2. **donner du rythme** ;
  3. **apporter une dimension artistique**.

- Il met en relation l'image et les sons.

Son projet étant bloqué par les administrations et les banques, Slimane décide d'offrir un repas pour les convaincre.

Alors que les invités attendent que le couscous soit enfin servi (la semoule a été perdue), tous les amis et membres de la famille de Slimane cherchent à sauver la soirée : Rym et les musiciens improvisent un spectacle, Latifa, la compagne de Slimane arrivée entre-temps, prépare un nouveau couscous.

Parti de son côté trouver de la semoule, Slimane se fait voler sa mobylette et poursuit vainement les jeunes voleurs qui le narguent et le font tourner en rond.

➡ Quel type de montage est proposé ?
D'après vous, pourquoi le réalisateur a-t-il privilégié ce type de montage ? Quelle autre possibilité s'offrait à lui ? Quel sens aurait-elle eu ?

▪ Le son

- Les images sont accompagnées d'une **bande son** : paroles, musique, bruits….

- Il y a deux sortes de sons.
La source du son est visible à l'écran : **son in**.
La source du son n'est pas visible, le son est ajouté aux images : **son off**.

Le film se termine par la course de Slimane : il s'écroule dans la nuit, alors que le son off est constitué de la musique de la fête.

Les trois derniers plans du film sont présentés ci-contre.

➜ Qu'apporte la musique festive à ces images ?

Les images de ce dossier sont extraites du film
La Graine et le Mulet, d'Abdellatif Kechiche (2007)

Producteur : Claude Berri
Producteur associé : Nathalie Rheims
Production déléguée : Pathé Films

Parmi tous les comédiens du film sont ici représentés :

    Habib Boufares (Slimane)
    Hafsia Herzi (Rym)
    Sami Zitouni (Majid)
    Violaine de Carné (maîtresse de Majid)
    Hatika Karaoui (Latifa, mère de Rym)

Comment se recherche, se sélectionne et se conserve une information en ligne ? Savoir faire une recherche sur Internet est essentiel et exige un regard critique.

LOCALISER L'INFORMATION, SÉLECTIONNER SES SOURCES

■ Une réflexion préalable

Avant de vous lancer dans la recherche, posez-vous la question : Qu'est-ce que je cherche **exactement** ?

Sur Dom Juan, *vous pouvez être amené à rechercher les sources d'inspiration de Molière, les circonstances de la création de la pièce ou des extraits de mises en scène.*

■ Choisir la « bonne » source

• Vous allez saisir un ou des **mots-clés** dans la fenêtre d'un moteur de recherche (comme *Google*) ou d'un annuaire en ligne (comme *Yahoo*).

• Des centaines, des milliers de résultats vont s'afficher sur plusieurs pages. Mieux vaut connaître et utiliser un ou deux sites ressources de référence plutôt que de se « **perdre** » entre un trop grand nombre de références.

• Ne vous contentez pas des premiers résultats et regardez au moins les 5 premières pages.

■ Faire un usage raisonné de Wikipédia

• La première référence est très souvent celle de *Wikipédia*. C'est une encyclopédie en ligne, « rédigée » par les internautes.

• Mais attention, certains internautes y insèrent des erreurs involontaires. Confrontez toujours les informations de *Wikipédia* à d'autres.

Certains sites de référence recensent des ressources littéraires utiles

• **Des textes d'écrivains**
www.gallica.fr : collections numérisées de la Bibliothèque nationale de France (livres, cartes, partitions, manuscrits).
→ accès à des œuvres du domaine public et d'auteurs contemporains. Téléchargement légal.

• **Des informations littéraires et artistiques**
www.etudes-litteraires.com

TROUVER DE BONS MOTS-CLÉS

■ Conseils

• Évitez les termes généraux qui donneront des réponses trop nombreuses ou inadéquates ; préférez des termes précis.

• Choisissez **de préférence des noms**, et utilisez les autres mots (verbes, adjectifs, adverbes, pronoms) plutôt dans les expressions entre guillemets.

• **Un seul mot** peut suffire. Mais plus il y a de mots, plus la question se restreint, et plus vous ciblez votre sujet.

• **L'ordre** : commencez par les mots les plus importants.

■ Bases de la « syntaxe de recherche »

• **Pour accéder à l'ensemble d'un document dont on n'a qu'un fragment** : saisissez **entre guillemets** une citation du document.

Saisir « Il y avait en Westphalie » peut renvoyer au chapitre 1 de Candide *de Voltaire ou à tout autre document comportant cette phrase.*

• **Pour obtenir tous les documents contenant les mots-clés choisis** : combinez avec le **signe +** deux mots-clés.

Saisir bataille d'Hernani + articles de presse renvoie à des documents présentant les réactions dans la presse au sujet de la première représentation d'Hernani de Hugo.

• **Pour exclure d'une recherche les documents qui contiennent certains mots** : faites la recherche avec **le mot « sauf »** ou **le signe « – »** juste avant le mot à exclure.
Ce mode de recherche consiste à exclure les documents qui contiennent les mots-clés choisis.

Saisir Romantisme – Hugo appelle des documents généraux sur le romantisme, en excluant ceux centrés sur Hugo.

ÉVALUER LA FIABILITÉ DE L'INFORMATION TROUVÉE

Comment savoir si un site est fiable ou non ?

■ Qui est l'auteur du document ?

Est-il identifié ? Est-ce un spécialiste du domaine (un enseignant, un chercheur) ? S'exprime-t-il au nom d'une institution (un lycée, une université, un musée) ou à titre personnel ?

> *Méfiez-vous des « blogs »* : *personnels par définition, ils proposent de tout. Les écrivains, les journalistes, les critiques ou les chercheurs proposent maintenant des blogs que vous choisirez de préférence.*

■ Quelle est la nature du site ?

S'agit-il d'un site institutionnel ? D'un site associatif ? Vous pouvez alors leur faire confiance. S'agit-il d'un site commercial ? d'un site marqué par une idéologie (politique, religieuse, morale...) ? Soyez alors critique et vigilant.

■ Quelle est la date du document ?

Est-elle indiquée ? Le document nécessite-t-il une actualisation ?

■ Quels sont les objectifs ?

Dans quel but le document a-t-il été réalisé ? Pour transmettre du savoir ou pour vendre un produit (un corrigé payant de commentaire ou de dissertation) ?

■ Comment se présente le document ?

L'information est-elle rédigée clairement ? Le document est-il bien structuré ? Les sources sont-elles bien indiquées ?

> *Attention ! Certains sites proposant des textes d'écrivains ne respectent pas la mise en page (beaucoup de sites présentent ainsi les* Fables de La Fontaine *justifiées à gauche, ce qui n'est pas conforme à la mise en page originale), contiennent des fautes d'orthographe et des erreurs par rapport au texte original, ou ne situent pas correctement le passage dans l'œuvre. Consultez de préférence le site* www.gallica.fr *(voir encadré ci-contre).*

PRÉLEVER ET STOCKER L'INFORMATION

■ Traiter un document et en garder une trace

• Ne gardez que les documents pertinents ; supprimez ceux qui font double emploi, sont trop spécialisés, compliqués ou anciens.

• Notez clairement les références des documents trouvés (pour les retrouver et aussi dans la perspective d'une bibliographie).

• Lisez les documents en vous aidant des titres de paragraphes, des mots en italiques, des gros caractères... Surlignez les passages-clés.

• Prenez des notes (> *chap. 49*).

■ Mettre en mémoire les adresses des sites

• Pour cela, **créez un signet** et enregistrez-y les sites ou les pages trouvés, afin d'y revenir et d'y accéder rapidement.

• Selon les navigateurs, les onglets qui permettent d'accéder à une adresse fréquemment utilisée s'appellent :

– Favoris sur *Internet Explorer*, *Google*, *Safari*
– Marque-pages sur *Firefox*
– Signets sur *Netscape*

• Renommez la page enregistrée sous un titre clair pour vous.

> **Plus d'informations pratiques sur la recherche en ligne...**
>
> • Le site officiel de l'Éducation nationale :
> http://www.educnet.education.fr/dossier/education-aux-medias

47 S'initier au **fonctionnement des médias**

**On appelle « média » (mot dont l'origine latine signifie « intermédiaire »)
tout support d'information : presse papier ou numérique, radio, télévision,
sites Internet, permettant d'accéder à l'information et à la culture.
Enrichir le savoir est un objectif commun à tous les médias, mais, selon
le support utilisé, chacun privilégie un type d'information et un certain public.**

DIVERSITÉ DES MÉDIAS

Une grande variété de supports : support papier, support numérique, illustration, photographie, support audio, radio, podcasts, support vidéo (télévision, reportages filmés, documentaires).

■ Les différents articles de la presse papier

Les quotidiens (nationaux : *Le Monde*, *Le Figaro*, *Libération*... ; régionaux : *La Dépêche du midi*, *Ouest-France*...) et les hebdomadaires (*L'Express*, *Le Point*, *Le Nouvel Observateur*...) recourent à diverses formes d'articles.

• **L'éditorial** permet à un rédacteur en chef d'exposer son point de vue sur un sujet d'actualité.

• **L'analyse** permet à un journaliste de fournir au public des explications supplémentaires pour mieux comprendre l'historique et les enjeux d'un fait d'actualité.

• **La brève** ou **le filet** sont de courts articles diffusant l'essentiel d'une information.

• **Le droit de réponse** permet à toute personne de se défendre par voie de presse.

• **Le reportage, l'enquête** permettent de donner des informations recueillies sur le terrain.

■ La presse en ligne : l'information numérique

• Désormais chaque journal met en ligne ses pages sur un site qui lui est consacré.

• L'information numérique présente de nombreux avantages : gratuité (le plus souvent), actualisation régulière des informations (dépêches par heure ou par minute), vidéos, possibilité d'accéder aux archives du journal, moteur de recherche, liens avec d'autres sites, commentaires.

■ Une information classée en rubriques

Quel que soit le support, les articles sont classés dans des pages « spéciales » : pages nationales, internationales, pages consacrées à l'économie, la culture, la politique, le sport, la société, etc.

OBJECTIFS DES MÉDIAS

■ Offrir une information ciblée sur l'actualité

La diffusion de l'information de presse reflète une **ligne éditoriale** – c'est-à-dire des choix (hiérarchie des rubriques, information à la une, choix des images, place accordée à la publicité) qui expriment un certain point de vue et s'adressent à un public particulier.

■ Offrir une documentation complète

Internet permet une alternative numérique à l'encyclopédie papier grâce à certains sites collaboratifs comme *Wikipédia* (> *chap. 46*).

Avantages : facilité d'accès, liens nombreux permettant d'enrichir l'information sur un thème.

Inconvénients : certains articles, faute d'auteur compétent, restent encore incomplets ou comportent des informations erronées.

> ***Attention !*** *Le contenu d'un site personnel sur internet dépend entièrement de son auteur et peut contenir des erreurs. Mieux vaut vous méfier des résumés d'œuvres littéraires ou des commentaires proposés (gratuitement ou non) sur Internet.*

1 Étudier la fiabilité du discours journalistique

Par quels moyens l'auteur de l'article rend-il ses propos fiables ?

Un tremblement de terre, qui a fait 51 morts dans l'est de la Turquie, a relancé le débat sur la prévention des catastrophes.

« La secousse d'Elazig est un événement local. Elle n'a aucune influence sur Istanbul », précise toutefois Sener Üsümezsoy, professeur de géologie à l'université d'Istanbul. Mais, selon les experts, la probabilité est forte – 50 à 60 % – de voir un séisme d'environ 7,5 de magnitude survenir d'ici à trente ans sur la faille nord-anatolienne […].

Les conséquences d'un tel phénomène seraient considérables. Environ 70 % des constructions n'y résisteraient pas, selon la chambre des architectes d'Istanbul. D'après le maire, Kadir Topbas, environ 50 000 immeubles seraient susceptibles de s'effondrer. […]

« *Sur les 1 730 écoles recensées comme vulnérables, seules 230 ont été consolidées* », constate Cemal Görkçe, le président de la chambre des ingénieurs civils d'Istanbul.

Guillaume Perrier, jeudi 11 mars 2010, *Le Monde*
© Le Monde

2 Apprécier le choix des titres

a. Quelles sont les particularités de ces titres d'articles extraits d'un même quotidien ?

b. Quel est l'effet recherché par les auteurs ?

1. Le débat blesse du côté syndical
2. Coup de matraque sur la santé des exclus
3. Une voiture-robot ? Ça roule pour Google

Titres extraits de *Libération*, lundi 11 octobre 2010, © Libération

Mise au point

Le langage de la presse : des mots choisis dans un but précis

❚ **Chercher l'objectivité :**
– en adoptant un discours modalisé (> *chap. 12*) permettant de prendre ses distances ;
– en rapportant les paroles ou propos directement.

❚ **Frapper le lecteur :**
– en choisissant des titres forts, qui jouent parfois sur les mots ;
– en recourant aux registres pathétique ou polémique ;
– en utilisant la force des images pour illustrer telle ou telle information.

❚ **Mettre l'essentiel en évidence :**
– grâce à la construction des articles, dont l'ordre progresse du résultat à l'explication détaillée ;
– par le recours aux hyperboles, au lexique évaluatif, aux modalités expressives.

3 Dégager une ligne éditoriale

a. Décrivez et interprétez la hiérarchie des articles de cette page Web de *Paris Match*.

b. Quelle est la place accordée à l'actualité ? à la publicité ? à l'image ? au côté « people » ?

c. À quel type de public s'adresse ce journal ?

Paris Match, mars 2011
© Paris Match / Filipacchi, D. R.

Rendre compte de ses lectures cursives

Les lectures cursives sont proposées en lien avec l'objet d'étude abordé en classe. Elles doivent pouvoir vous servir lors de l'entretien de l'épreuve orale du bac, mais aussi dans vos dissertations (comme référence) ou dans vos commentaires. Il est donc nécessaire de garder trace de ces lectures dès la Seconde.

FAIRE UNE FICHE

■ **Ne cherchez pas à tout dire sur l'œuvre** mais à poser des repères pour garder en mémoire ses aspects principaux.

Identité du livre lu

- Auteur :
- Titre :
- Date de publication :
- Genre :

Contexte

- Place du livre lu dans l'œuvre de l'auteur :
- Lien du livre avec son époque :
- Caractéristiques liées à un mouvement littéraire :
- Réception de l'œuvre lors de sa publication :

Réflexions personnelles

Thèmes traversant l'œuvre
- Thème 1
  Citation :

- Thème 2
  Citation :
- Thème 3
  Citation :

Valeurs défendues
  1.
  2.
  3.

Écriture de l'auteur
- Caractéristique 1
  Citation :
- Caractéristique 2
  Citation :
- Caractéristique 3
  Citation :

Présentation des personnages
Personnage 1
Personnage 2
Lien entre l'œuvre et le cours

RÉDIGER UN ENTRETIEN FICTIF AVEC L'AUTEUR

■ **Pour cela, vous devez poser ces questions et y répondre.**

1. Une question d'ordre général (sur les thèmes, le milieu social des personnages...).
2. Une question concernant une scène, un passage précis, un poème particulier.
3. Une question concernant un des personnages (hormis le personnage principal).
4. Une question sur le personnage principal.
5. Une question sur la mise en scène s'il s'agit d'une pièce de théâtre, ou sur une éventuelle adaptation cinématographique.
6. S'il s'agit d'une œuvre poétique, une question sur l'organisation du recueil.
7. Une question d'ordre biographique : sur la relation entre vie et œuvre.
   On peut considérer que l'entretien a lieu à la fin de la vie de l'auteur, afin d'exploiter n'importe quelle période.

■ Votre travail doit montrer vos connaissances et **vos capacités d'analyse de l'œuvre**.
Vous devez donc proposer des questions ouvertes qui ne se satisfont pas de réponses informatives.

INVENTER LE « DICTIONNAIRE DE L'ŒUVRE »

■ **Cherchez 10 mots** reflétant l'œuvre lue et commençant par une lettre de l'alphabet différente (noms propres, thèmes, procédés littéraires marquants, lieux, objets symboliques...).

■ **Trouvez au moins deux passages** du livre en lien avec chaque mot.

■ **Rédigez un paragraphe** de 5 à 10 lignes développant une réflexion autour du mot choisi. Pour cela, commencez par définir le terme dans son sens courant (si nécessaire en ayant recours au dictionnaire).

■ **Développez ensuite le sens du mot** dans l'univers de l'œuvre. L'analyse doit faire référence au texte de manière précise.

EXEMPLE COMMENTÉ

Voici un exemple de mot choisi par un élève pour garder trace de sa lecture du *Dom Juan* (1665) de Molière.

Orateur : personne éloquente, capable de prendre la parole en public.
L'art de la parole tient une place importante tout au long de la pièce de Molière. Elle est d'ailleurs présente dès le début lors de l'éloge du tabac par Sganarelle, ce dernier essayant d'égaler son maître dans ce domaine.
Il est vrai que Don Juan est un excellent orateur : grâce à ce don, il réussit à se tirer de nombreuses situations. Il manipule les gens car un beau parleur peut faire croire ce qu'il veut à qui il veut. Ainsi les paysannes naïves et le vieux Monsieur Dimanche sont des cibles parfaites.
De nombreuses prises de parole de Don Juan sont des morceaux de bravoure (éloge de l'infidélité, de l'hypocrisie...), ce qui en fait un personnage extrêmement théâtral.

ASSOCIER UN TEXTE À UNE ŒUVRE ARTISTIQUE

■ **Choisissez trois extraits** de l'œuvre lue qui vous semblent particulièrement intéressants ou qui vous ont marqué.

■ **Rédigez un court paragraphe** pour expliquer votre sélection.

■ **Cherchez pour chaque extrait une œuvre artistique** qui l'illustre ou peut y être liée (par le mouvement culturel, le sujet traité, la forme...).

EXEMPLE COMMENTÉ

Voici un exemple d'association proposée par un élève pour la lecture du recueil *Le Parti pris des choses*.

Le cageot

À mi-chemin de la cage au cachot la langue française a cageot, simple caissette à claire-voie vouée au transport de ces fruits qui de la moindre suffocation font à coup sûr une maladie.

Agencé de façon qu'au terme de son usage il puisse être brisé sans effort, il ne sert pas deux fois. Ainsi dure-t-il moins encore que les denrées fondantes ou nuageuses qu'il enferme.

À tous les coins de rues qui aboutissent aux halles, il luit alors de l'éclat sans vanité du bois blanc. Tout neuf encore, et légèrement ahuri d'être dans une pose maladroite à la voirie jeté sans retour, cet objet est en somme des plus sympathiques – sur le sort duquel il convient toutefois de ne s'appesantir longuement.

Francis PONGE, *Le Parti pris des choses* (1942), © Éditions Gallimard

• Ce poème représente bien un aspect du recueil qui est de **donner de l'importance à des objets ordinaires**. Le poète peut choisir n'importe quel sujet. Il n'a pas besoin de choisir un « beau sujet ». C'est en écrivant qu'il transforme notre regard sur l'objet, qui devient presque vivant.
J'ai choisi une œuvre d'Olga Boldyreff, que j'ai vue au musée des Beaux-Arts de Nantes. Cette artiste met au mur, comme des tableaux, des « représentations tricotées » d'objets du quotidien : des chaussures par exemple. Ainsi exposée et « re-présentée » différemment, la chaussure prend une dimension nouvelle et devient un objet d'art.

Créations d'O. Boldyreff sur le site
❯ *www.museedesbeauxarts.nantes.fr*

Savoir **prendre des notes** et **synthétiser** des documents

Savoir prendre des notes est un atout majeur.
Cette technique, qui va bien au-delà de l'emploi d'abréviations, permet aussi
de résumer et de synthétiser, c'est-à-dire de retenir l'essentiel.

POURQUOI PRENDRE DES NOTES ?

■ Garder une trace écrite de son cours : *les notes de cours*

Prendre un cours en notes vous permet de pouvoir le relire pour réviser et favorise également la mémorisation de vos leçons.
Il est prouvé que l'on retient mieux ce que l'on a écrit.

■ Faire le brouillon d'un devoir : *les notes de brouillon*

Vous gagnez en temps et en efficacité en employant les techniques de la prise de notes dans le brouillon d'un devoir.

■ Synthétiser des documents : *les notes de lecture*

Pour la préparation d'un exposé, la prise de notes s'avère utile car elle vous permet de mettre en évidence les idées principales des documents consultés.

COMMENT ÊTRE EFFICACE ?

■ En écrivant rapidement

Ne notez pas tous les mots.
Vous pouvez par exemple supprimer les articles devant les noms. En vous entraînant à écrire « vite », vous parviendrez plus facilement à suivre un cours.
Employez des abréviations efficaces.
Ayez le réflexe d'abréger les mots.
www. (〉*voir le tableau ci-contre et le site Internet*)

■ En parvenant à dégager l'essentiel

Prendre des notes est une façon de retenir l'essentiel d'un discours : un cours comme un texte.

Pour cela, vous devez :

• **Repérer les articulations logiques, dégager les idées principales**
Le professeur insiste souvent sur la structure de son cours. Il emploie des termes qui sont des signaux pour ses élèves comme « d'abord », « ensuite », « enfin ». Il annonce ce qu'il va dire, répète plusieurs fois une même idée pour qu'elle soit comprise de tous, ce qui laisse à ses élèves le temps de noter.
De même, un texte est toujours construit. Vous devez repérer ses articulations logiques pour comprendre l'organisation des idées principales.

• **Faire la synthèse de plusieurs documents**
Qu'il s'agisse de répondre à la question sur un corpus (〉*chap. 32 et 33*) ou de préparer un exposé (〉*chap. 42*), vous devrez passer de l'analyse à la synthèse :
– **analyser** consiste à identifier puis interpréter les données-clés de l'étude que vous faites ;
– **synthétiser** consiste à regrouper avec logique les résultats de votre analyse qui peuvent être mis en commun.
Un travail synthétique suppose donc deux qualités : la concision et l'organisation.

■ En organisant la mise en pages de vos notes

• Des **numéros de partie** (I. II. III.) donnent une vision claire de l'ensemble ;
• Des **titres** et **sous-titres** que vous créez vous-même mettent en avant le thème et le prédicat (thème : ce dont on parle, et prédicat : ce que l'on en dit en deux ou trois mots) ;
• Des **paragraphes**, isolés par des **sauts de ligne**, font ressortir la structure de la page ;
• Des **tirets** ou des gros points mettent en relief les énumérations ;
• Des **alinéas** (retraits vers la droite de la 1re ligne d'un paragraphe) ;
• Des **couleurs** (titres surlignés en fluo, soulignés par des traits de couleur qui marquent la hiérarchie de titres) ;
• Des **tableaux**, pour gagner du temps.

EMPLOYER DES ABRÉVIATIONS

Des abréviations comprises de tous existent. Comprenez leur principe pour y recourir mais aussi pour en créer de nouvelles, que d'autres que vous devront comprendre. Les principales abréviations sont :
• des symboles connus de tous ;
• des mots abrégés dont on n'a gardé :
– que le début (pron., pronom) ;
– ou que les consonnes d'appui (mvt, mouvement).

www. Consultez aussi une liste d'abréviations sur le site www. editions-hatier.fr/methodesetpratiques

Quelques abréviations courantes

♥	aimer, amour	∞	infini
∈	appartient	m̂	même
càd	c'est-à-dire	†	mort
chap.	chapitre	M.Â.	Moyen Âge
csq.	conséquence	moy.	moyenne
≠	différent	orgº	organisation
doc.	document	§	paragraphe
=	égal	pers.	personnage
+	et	pê.	peut-être
ê	être	φ	philosophe, -ie
étym.	étymologie	π	politique
€	Europe	Qº/rep	question / réponse
GT	groupement de textes	Rº	révolution
∃	il existe, il y a	s.	siècle
⇒	implique, engendre	sitº	situation
imp.	impossible	théâ	théâtre
l.	ligne	tlj	tous les jours

EXEMPLE COMMENTÉ

Du texte ● ●

LE THÉÂTRE AU XVIIᵉ SIÈCLE

Pour découvrir le théâtre du Grand Siècle, on s'intéressera d'abord aux salles présentes alors à Paris, puis au public qui les fréquente et enfin aux conditions matérielles d'une représentation. [...]

Au début du siècle, les représentations qui ne se déroulent pas à ciel ouvert ont d'abord lieu dans des « jeux de paume »[1].

C'est le cas du théâtre de Bourgogne et de celui du Marais qui proposent leurs spectacles dans des salles plutôt longues, où l'espace réservé à la scène est étroit et très profond, ne permettant pas l'aménagement de coulisses sur les côtés.

En 1644, à la suite d'un incendie, la salle de l'hôtel du Marais est reconstruite de sorte qu'on y installe des machines, des gradins au fond et des loges sur les côtés.

Un troisième théâtre, celui du Petit-Bourbon, est pour sa part mieux loti. Cette vaste salle d'une ancienne demeure est transformée par Louis XIII pour que les comédiens évoluent avec plus d'aisance. Le Petit-Bourbon devient le théâtre du Palais-Royal, où iront jouer Molière et sa troupe. À la mort de celui-ci, en 1673, ses comédiens s'installent dans la salle Guénégaud. [...]

D'après le texte de V. Combel, dossier de l'édition de *Bérénice*, Racine, © Hachette Livre, 2006

1. Salles où l'on pratiquait un jeu de balle, ancêtre du tennis.

● ● au plan avec prise de notes

LE THÉÂTRE AU XVIIᵉ S.

I. *Les salles*
  1. *Les jeux de paume* (salles de jeux de balle)
    Ex : théâ Bourgogne + Marais
      a. salle : longue. sc. : étroite. profonde => pas de coulisses
      b. 1644 : incendie => théâ Marais reconstruit
        = aménagt machines. gradins. loges
  2. *Autre type salle* : Petit-Bourbon
      a. anc. gde salle => + de place
      b. futur théâ de Molière (nv nom : « Palais-Royal »)
II. *Le public*
III. *Les conditions matérielles* de la représentation

Titres explicites pour les trois parties

Présentation hiérarchisée
I. 1. a.

Disposition claire
Nombreux paragraphes
Alinéas
Enrichissement typographique (mots en couleurs, soulignés, surlignés)

Synthèse favorisée
Emploi d'abréviations
Exemples sélectionnés

Exercices

1 Abréger des mots

Quelle abréviation pouvez-vous employer pour réduire les mots suivants ?

1. principal
2. évidemment
3. général
4. littérature
5. important
6. conséquence
7. parce que
8. toutefois
9. Afrique
10. Moyen Âge

2 Relire ses abréviations

Transcrivez en toutes lettres les abréviations suivantes.

1. qqn
2. tlj.
3. tjs
4. le w. du φ
5. ccl.
6. sit°.
7. mnt
8. §
9. csq.
10. ⇒

3 Abréger des phrases ou des expressions

Proposez pour chaque phrase ou expression une formulation abrégée.

1. Il existe de nombreux exemples sur la question.
2. Le monde du travail.
3. Un changement de situation.
4. Faire plusieurs paragraphes donne plus de clarté à un devoir.
5. Tous les moyens de communication.
6. La plupart des personnages de théâtre.
7. Quelques mouvements littéraires.
8. L'époque classique.
9. Les temps modernes.
10. Il faut travailler chaque exercice du bac.

★★ 4 Abréger un texte

Transcrivez les phrases suivantes en employant des abréviations.

Après la Révolution de 1789, de nombreux bouleversements vont, pendant tout le XIXe siècle, contribuer à modifier la société. Le siècle suivant assiste en effet à la fin des privilèges de l'Ancien
5 Régime, l'accession de la bourgeoisie au pouvoir et la naissance de la classe ouvrière. Ces changements de nature sociale sont à l'origine de modifications idéologiques. De nouvelles valeurs bourgeoises émergent, comme le profit et la foi dans le
10 progrès.

★★ 5 Employer la technique de prise de notes pour mettre en avant l'essentiel

Dégagez les idées principales de ce texte, en combinant abréviations et présentation organisée sous forme de plan.

Dans les romans de Stendhal et de Balzac apparaît une nouvelle et notable localisation des péripéties : le salon (au sens large). Naturellement, ils ne sont pas les premiers à en parler, mais c'est
5 chez eux qu'il acquiert sa signification pleine et entière, comme lieu d'intersection des séries spatiales et temporelles[1] du roman. Du point de vue du sujet et de la composition, c'est là qu'ont lieu les rencontres qui n'ont plus l'ancien caractère spé-
10 cifique de la rencontre fortuite, faite « en route », ou dans « un monde inconnu ». Là se nouent les intrigues et ont lieu souvent les ruptures, enfin (et c'est très important), là s'échangent des dialogues chargés d'un sens tout particulier dans le roman,
15 là que se révèlent les caractères, les « idées » et les « passions » des personnages.

Mikhaïl BAKHTINE, *Esthétique et théorie du roman* (1978), traduit du russe par Daria Olivier © Éditions Gallimard

1. L'endroit où convergent les données propres à l'espace et au temps : carrefour des lieux et destins des personnages.

Exercice guidé

★★★ 6 Faire la synthèse de plusieurs documents

Élaborez, à partir de ces documents, une fiche synthétique sur le naturalisme, en vous aidant des questions suivantes :

➡ Quelle est la visée de chaque document ?
➡ Quels différents aspects du naturalisme sont évoqués dans ce corpus ?
➡ Retrouvez les thèmes communs à au moins deux textes. Quel aspect particulier est développé dans deux des textes ?
➡ Organisez les éléments de réponse et proposez un plan (grandes parties et sous-parties) présentant les documents de façon synthétique.

DOCUMENT 1

Je veux expliquer comment une famille, un petit groupe d'êtres, se comporte dans une société, en s'épanouissant pour donner naissance à dix, à vingt individus qui paraissent, au premier
5 coup d'œil, profondément dissemblables, mais que l'analyse montre intimement liés les uns aux autres. L'hérédité a ses lois, comme la pesanteur. [...]

Cette œuvre, qui formera plusieurs épisodes, est donc, dans ma pensée, l'Histoire naturelle et
10 sociale d'une famille sous le Second Empire [...].

Émile ZOLA, Préface de *La Fortune des Rougon* (1871)

DOCUMENT 2

Qu'entendre par naturalisme ?

Le terme « naturaliste » a d'abord été utilisé par le critique d'art Castagnary, à partir de 1863, à la place de celui de « réalisme », aux connotations trop péjoratives, pour désigner des peintres de la
5 représentation du réel. Zola le reprend dès 1865.

Qu'est-ce qui distingue le naturalisme du réalisme, tel que nous l'avons défini précédemment ? Le recours systématique aux sciences, méthode et savoirs ; l'extension du champ de la littérature
10 à des territoires qui lui étaient jusque-là interdits (les « basses classes », le corps, ce qui se passe « sous la peau », les pulsions, la maladie, les états troubles de transition comme la puberté, l'adolescence, l'éveil de la sensualité, etc.), et que l'on
15 explore dans toute leur nudité. « La vérité purifie tout comme le feu », affirme Zola.

Sous la direction de Colette Becker, *Le Roman*, collection « Grand Amphi Littérature » (2000), © Bréal

DOCUMENT 3

Un univers mythique[1]

Toute l'écriture zolienne met en place un ensemble de réseaux métaphoriques qui traduisent également une représentation mythique de l'homme et du monde, informée par une idéologie repérable
5 par exemple dans le discours sur la femme ou sur les conflits sociaux.

• **La dramatisation.** L'histoire trouve son expression la plus ramassée et la plus expressive dans un processus de dramatisation généralisée,
10 empruntant beaucoup aux procédures romanesques de la première moitié du XIXe siècle.

• **De la lézarde à la transformation.** Reportage ethnographique, anthropologie mythique, le roman zolien met en scène une succession de
15 catastrophes, issues à la fois de la fêlure originelle, celle de la famille Rougon-Macquart qui se transmet héréditairement[2], et du coup d'État[3], viol de la France. Tout pointe une crise fondamentale qui lézarde une société entière.

Gérard GENGEMBRE, *Réalisme et naturalisme* (1997), © Seuil, collection « Mémo »

1. Le titre renvoie à l'univers des romans de Zola. – **2.** Adélaïde Fouque, à l'origine de la famille Rougon-Macquart, est atteinte d'un trouble psychique qu'elle va transmettre à ses descendants. – **3.** Avec *La Fortune des Rougon*, la série s'ouvre sur le coup d'État du 2 décembre 1851.

DOCUMENT 4

Edgar Degas (1834-1917), *L'Absinthe* (1874-1876), huile sur toile, 68 x 92 cm (musée d'Orsay, Paris)

★★★
7 **Organiser des éléments de réponse de façon synthétique**

Voici les éléments de réponse à une question sur un corpus (> *chap. 32*). Retrouvez les thèmes communs et réorganisez la réponse de façon synthétique.

TEXTE 1

- Expression de la joie de vivre
- Champs lexicaux : connotation positive (lumière, couleurs) => Célébration de la nature
- Saison symbolique : motif du printemps => de la renaissance

TEXTE 2

- Paysage urbain : caractérisation négative (couleurs sombres, absence de vie, rôle des négations => allusion à la mort)
- Souffrance morale
- Manifestation physique de la souffrance : champ lexical de la douleur

TEXTE 3

- Nostalgie du pays natal : lexique affectif
- Paysage d'enfance : description méliorative
- Évocation des figures féminines de l'enfance : douceur de la grand-mère (champ lexical de la protection)

S'exprimer oralement en classe : l'exposé, le débat

50

S'entraîner à prendre la parole en classe, exposer et transmettre ses connaissances oralement, s'exprimer clairement devant un examinateur, la maîtrise de l'oral est un atout : celui qui parle est évalué autant sur ce qu'il dit que sur la façon dont il le dit.

COMMENT PRÉSENTER UN EXPOSÉ ORAL ?

Dans le cadre de l'oral pratiqué en classe, vous pouvez rencontrer **deux types d'exposés**.

1. Un entraînement à la première partie de l'épreuve du Bac, c'est-à-dire **l'explication du texte** (›*chap. 42*) que vous présenterez devant un examinateur le jour de l'oral ;

2. **Le compte-rendu des recherches** effectuées sur un thème, un auteur, une œuvre, que vous présentez devant la classe en l'accompagnant si possible d'un diaporama (›*chap. 51*).

■ Vérifier que l'on maîtrise le sujet

Avant de commencer à parler, projetez mentalement devant vous, comme sur un tableau, la feuille de route de votre « mission » : la question à traiter, les objectifs à atteindre, les étapes à franchir.

■ Ne pas rédiger intégralement le texte de l'exposé

Vous seriez tenté de le lire. Un exposé n'est pas la lecture à voix haute d'un texte déjà écrit.

Aidez-vous de notes claires et efficaces (›*chap. 49*) et improvisez à partir de ces repères.

■ Reformuler le propos

Il ne s'agit pas de répéter mais de faire comprendre **avec d'autres mots**. Une partie de votre auditoire peut être plus sensible à telle formulation qu'à telle autre. Donnez à chacun le moyen d'assimiler ce qu'il entend.

■ Baliser le parcours

Pour cela, utilisez des mots d'annonce ou des mots de reprise placés dans les transitions.

Les mots d'annonce **aiguisent la curiosité** de votre auditeur et le préparent à vous entendre. Les mots de reprise **recentrent son attention** sur ce qu'il a entendu et l'aident à valider les étapes de votre discours.

■ Se faire entendre

Posez votre voix, **articulez** ; ménagez de courtes pauses pour séparer les différentes parties de votre exposé ; faites porter l'intonation sur les mots-clés et les points forts.

■ Se tourner vers son auditoire ou son auditeur.

Pensez à le regarder régulièrement. **Consultez discrètement vos notes**, sans vous y plonger. Celles-ci reproduisent le schéma de votre intervention : si vous avez bien mémorisé son organisation et dessiné votre parcours, un simple coup d'œil suffit.

■ Être attentif aux « signaux » que l'auditeur vous adresse

Un examinateur peut indiquer par son comportement que vous venez de faire une erreur, ou qu'il approuve votre analyse, ou qu'il vous reste peu de temps ... Tirez-en parti. Mais **ne vous laissez pas déstabiliser** par des réactions que vous interprétez faussement et qui ne portent aucun message.

■ Prendre son temps

Quand vous lisez un texte, un extrait ou des citations, prenez votre temps ; **prononcez distinctement** ; marquez les liaisons. **Faites une lecture expressive** qui tienne compte des intentions, des nuances du texte et des niveaux de langue.

PARTICIPER À UN DÉBAT : QUELQUES RÈGLES

Un débat organisé en classe permet aux membres d'un groupe de confronter des idées et de défendre un point de vue.

Pour participer dans de bonnes conditions à un débat, il faut à la fois **s'investir individuellement** et **prendre en compte l'ensemble des participants**.

■ Pour s'intégrer

Savoir écouter

• Laissez parler les intervenants sans leur couper la parole.

• Assurez-vous d'avoir bien compris leur pensée avant de l'approuver ou de la contredire.

• Acceptez de ne pas toujours avoir raison ; contestez un point de vue mais ne proférez pas d'attaques personnelles.

■ Pour se faire comprendre

1. Ne pas négliger les conditions pratiques du débat

• Faites-vous entendre : intervenez clairement ; ne faites pas d'aparté avec votre voisin ; articulez ; donnez du volume et du timbre à votre voix.

• Montrez-vous, ne vous cachez pas pour parler ; prenez en compte le destinataire en le regardant ; accompagnez vos propos de gestes d'insistance, sans exagération toutefois !

2. Exprimer clairement ses idées

• Soyez capable de reformuler un propos (dire la même chose d'une autre façon) et, si c'est nécessaire, de l'affiner, de le nuancer, ou de le renforcer.

• Employez un vocabulaire précis, adapté au sujet ; au besoin, jouez avec le sens des mots (sens premier, sens figuré, étymologie) pour ouvrir de nouvelles perspectives à la réflexion.

• Utilisez les procédés de la persuasion (insistance, rythme, images) qui témoigneront d'une implication personnelle dans le débat.

■ Pour ne pas tourner en rond

1. S'adapter à la progression du débat

• Prenez en compte les interventions précédentes ; enchaînez sur ce qui est proposé ; ne vous éloignez pas du sujet ; ne vous perdez pas dans des digressions.

• Ne répétez pas ce qui a déjà été dit, par d'autres ou par vous-même.

• Ne cherchez pas à « suivre votre idée » en intervenant à contretemps sur un thème déjà épuisé depuis longtemps.

2. Créer une dynamique

• « Rebondissez » sur ce qui vient d'être dit pour apporter la contradiction.

• Posez des questions (au besoin faussement naïves) pour relancer l'intérêt.

• Orientez le débat dans une direction nouvelle si le silence ou la répétition des mêmes idées semblent bloquer la discussion.

3. Parvenir à une conclusion

Si vous êtes l'animateur du débat :

• anticipez sur la fin du débat ; évitez qu'il tourne court ; qu'il dégénère en conflit ou en conversations personnelles ; qu'il soit brutalement interrompu, faute de temps.

• récapitulez les points d'accord ou de désaccord ; l'évolution de la position des uns et des autres sur le sujet.

• comparez le début et la fin du débat, dressez un bilan.

■ Pour s'exercer

S'entraîner à prendre la parole

• Travaillez l'improvisation. Par groupe de deux, choisissez un mot. Exprimez à tour de rôle ce que ce mot vous inspire. Improvisez, procédez par associations d'idées. Allez jusqu'au bout de votre développement mais sachez aussi passer la parole.

Improvisez, par exemple, sur les mots : tourisme, rire, solitude…

• Travaillez la reformulation (exercice de la « boule de neige »). Par groupe de trois, choisissez un proverbe. Un premier élève reformule le proverbe en une courte phrase ; le deuxième, en une phrase plus longue ; le troisième, en une phrase d'une vingtaine de mots.

Reformulez, par exemple, les proverbes :

Tel père, tel fils.

Il n'y a que le premier pas qui coûte.

C'est en forgeant qu'on devient forgeron…

51 Réaliser **un diaporama** pour présenter un exposé

Votre exposé sera plus efficace si vous l'accompagnez d'un diaporama comprenant le plan de l'exposé et différents documents susceptibles de l'illustrer.
Le diaporama sera présenté grâce à un ordinateur relié à un vidéoprojecteur et projeté sur un écran ou un tableau numérique interactif (TNI).

ORGANISER L'EXPOSÉ

■ **Avant de créer le diaporama : concevoir le contenu de l'exposé.**

Le diaporama est un support qui accompagne la présentation orale d'un exposé. Il ne saurait s'y substituer.

Avant de créer le diaporama, vous devez faire préalablement **une recherche sur le sujet proposé** au CDI, dans des manuels, des encyclopédies (sur papier ou en ligne) (〉*chap. 46*).

■ **Vous devez ensuite concevoir au brouillon le plan de l'exposé** en fonction de la question ou du thème à traiter.

Chaque étape de l'exposé devra être préparée sous forme de notes comprenant des références précises (faits, dates, noms d'auteurs et titres d'œuvres, citations, etc.). Vous vous appuierez sur ces notes dans la présentation orale de l'exposé (en évitant d'en faire une simple lecture).

Le diaporama vous **permettra d'illustrer les différents points** retenus dans l'exposé.

ORGANISER LE DIAPORAMA

■ **Le diaporama suit le plan de l'exposé**

La première diapositive reprend le sujet traité sous la forme d'un titre.

Les diapositives suivantes reprendront les différentes étapes de l'exposé sous forme de **titres et sous-titres**.

■ **Chaque étape pourra être illustrée par des documents** (textes, images…) présentés chacun en une diapositive.

Le logiciel de création du diaporama (ex. : *Microsoft PowerPoint*) vous permet de choisir **différents types de diapositives** (Diapositive de titre, Titre de section, Titre et contenu, Image avec légende, Comparaison…) en fonction de l'objectif de chaque diapositive.

IMPORTER ET PRÉSENTER DES IMAGES ET DES TEXTES POUR ILLUSTRER L'EXPOSÉ

■ **Grâce à un moteur de recherche,** vous trouverez facilement sur Internet (*Google Web, Images ou Vidéos*) les images (reproductions de tableaux, photographies, films…) et les textes pour illustrer votre exposé.

■ **Vous choisirez les images ayant la meilleure définition,** avant de les copier et de les coller sur une de vos diapositives. Vous pourrez en ajuster le format aux dimensions de la diapositive en conservant les proportions de l'image d'origine.

■ **Vous pouvez confronter deux images** dans une seule diapositive (nouvelle diapositive / comparaison).

Dans le cas d'un texte, vous veillerez à ce qu'il reste lisible en adoptant une taille de police suffisamment grosse (≥ 20).

Faire un exposé et un diaporama sur la peinture impressionniste et ses relations avec les mouvements du réalisme et du naturalisme. (〉*chap. 3*)

Comment organiser le plan de l'exposé ?

On peut adopter
le plan suivant.

> I. Un historique du mouvement impressionniste
>> a. Les faits et dates qui marquent sa naissance et son développement (ex. : la date de la première exposition du groupe des Impressionnistes en 1874).
>> b. Les principaux membres du groupe : Manet. Monet. Pissarro. Sisley. Bazille. Renoir. Degas. Cézanne.
>
> II. Les nouveautés introduites par l'impressionnisme
>> a. Dans la représentation de l'espace et du mouvement (ex. : des points de vue et des cadrages surprenants).
>> b. Dans le travail de la touche de couleur pour créer l'impression de la lumière et de l'instant.
>
> III. Les thèmes communs avec les courants réaliste et naturaliste
>> a. La description des sensations.
>> b. La représentation de la ville et des activités du monde moderne (ex. le travail. les loisirs. les gares. les ponts…).
>> c. Regards croisés entre peintres et écrivains.

Comment organiser les différentes diapositives ?

• Titre de la première diapositive :
La peinture impressionniste et ses rapports avec le réalisme et le naturalisme en littérature.

• Titre et sous-titre de la diapositive suivante :
I. Un historique du mouvement impressionniste
A. Faits et dates

Exemple d'illustration pour le I. A. Faits et dates :
→ une diapositive montrant le tableau de Claude Monet, *Impression, soleil levant* (1874) qui a donné son nom au mouvement.

Vous choisirez une diapositive « Titre et contenu »
Titre = le nom du peintre, le nom du tableau et la date (éventuellement support, format et lieu de conservation)
Contenu = la reproduction du tableau.

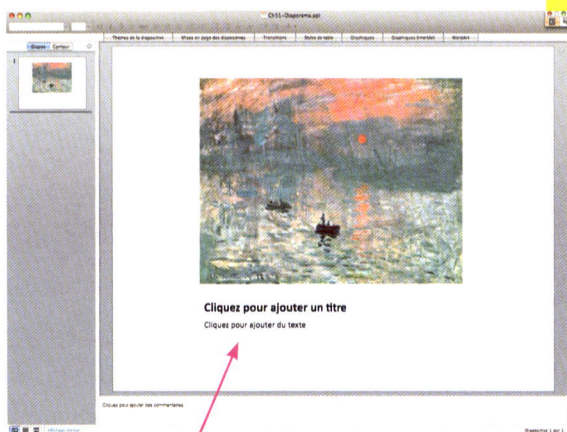

Claude Monet, *Impression, soleil levant* (1874), huile sur toile, 46 x 63 cm (musée Marmottan, Paris).

Comment illustrer l'exposé ?

Quelques suggestions pour illustrer l'exposé :

• Quelques portraits de membres du groupe impressionniste comme *L'Autoportrait à la palette* de Manet (1879) (pour la sous-partie **I. B.**).

• Des tableaux présentant des cadrages surprenants comme *Les Canotiers* de Caillebotte (1877) (pour **II. A.**).

• Des tableaux saisissants des reflets sur l'eau comme *L'Inondation à Port-Marly* de Sisley (1876) (pour **II. B.**).

• Des représentations de la ville et des activités modernes comme *La Gare Saint-Lazare* de Monet (1877), qui peut être rapproché d'un extrait de la description par Zola de la même gare dans les premières pages de *La Bête humaine* (1890) (pour **III. B.**).

• Une comparaison du tableau de Manet, *Le Déjeuner sur l'herbe* (1863), et de la description du tableau « imaginaire » de Claude Lantier (*Plein air*), que Zola décrit en 1886 dans son roman *L'Œuvre* (pour **III. C.**).

Corriger et améliorer son expression écrite

La notation d'un devoir de lycée tient compte de deux éléments essentiels :
• le contenu de la réponse apportée : celle-ci doit être complète et argumentée de façon pertinente ;
• la façon dont elle est rédigée, qui doit témoigner d'une parfaite maîtrise de la langue écrite.

POUR AMÉLIORER LA RÉDACTION DE SES RÉPONSES

Il faut : 1. veiller à la construction de ses phrases,
2. choisir un vocabulaire approprié,
3. rechercher la clarté et l'élégance.

EXEMPLE COMMENTÉ

Commentaires du correcteur	Extrait d'une introduction de commentaire
Construction et ponctuation incorrectes	On peut alors se demander dans quelle mesure cette extrait relève-t-il de l'écriture naturaliste ?
Orthographe incorrecte	Dans la première partie de ce commentaire, j'étudierai le vocabulaire technique qui est employé par Zola et qui fait que
Pas de « je » dans un devoir	cette extrait est apparenté à un reportage. Dans la deuxième
Lourd (répétition de construction + passif)	partie, l'effet de réel qui nous met à la place du héros. Dans
Évitez le vocabulaire pauvre	la troisième partie, nous étudierons la dimension fantastique
Phrase incorrecte (absence de verbe principal)	de l'extrait.
Variez la construction de vos phrases	
Cherchez des synonymes	

➡ Repérez puis commentez les modifications apportées par ce corrigé.

Corrigé

On peut alors se demander dans quelle mesure cet extrait relève de l'écriture naturaliste. Afin de répondre à cette question, nous montrerons dans un premier temps que cette description de Zola s'apparente à bien des égards à un reportage. Une deuxième partie sera ensuite consacrée à l'effet de réel que produit le choix d'un point de vue interne. Puis nous étudierons en dernier lieu la dimension fantastique du passage.

DES CONSEILS À MÉMORISER

Erreurs et maladresses à éviter	Moyens pour y parvenir
DES PHRASES CORRECTES	
Écrivez des négations complètes. *On aperçoit que l'avant de la scène.*	Dans votre tête, remplacez le sujet par « il » pour bien entendre le « ne ». *On n'aperçoit que l'avant de la scène*
Évitez les constructions maladroites. *Le narrateur s'enfuit dans le premier paragraphe.*	Relisez-vous… *Dans le premier paragraphe, le narrateur évoque sa fuite.*
N'oubliez pas les doubles pronoms. *Ce poème, il lui a dédié.*	Dans votre tête, remplacez « le » par « la » pour entendre les deux pronoms. *Ce poème, il le lui a dédié*
Choisissez le pronom de reprise qui convient. *Rimbaud évoque ici le thème du départ. Il apparaît aussi dans d'autres poèmes…*	Employez « il » pour reprendre le sujet, « ce dernier » ou « celui-ci », pour le mot le plus proche. *Rimbaud évoque ici le thème du départ. Celui-ci apparaît aussi dans d'autres poèmes…*
Maîtrisez l'interrogation indirecte. *On peut se demander dans quelle mesure l'extrait relève-t-il d'une écriture symboliste ?*	N'inversez pas le sujet. Finissez la phrase par un point. *On peut se demander dans quelle mesure l'extrait relève d'une écriture symboliste.*
Insérez vos citations dans vos phrases. *Les métaphores (« vivaient ») sont nombreuses. Elles permettent…*	Évitez les parenthèses. Ajoutez « comme » ou un équivalent. *De nombreuses métaphores comme « vivaient » permettent…*
Supprimez les répétitions de mots. *Molière fait jouer sa pièce en 1665. Le Dom Juan de Molière s'inspire de celui de Tirso de Molina.*	Cherchez des synonymes. *Molière fait jouer Dom Juan en 1665. Le dramaturge s'inspire de la pièce de Tirso de Molina.*
Supprimez les répétitions de structure syntaxique. *Hugo émeut le lecteur parce qu'il évoque la mort d'un enfant et parce qu'il recourt au registre pathétique.*	Variez la construction de vos phrases. *Hugo émeut le lecteur parce qu'il évoque la mort d'un enfant et qu'il recourt au registre pathétique.*
UN VOCABULAIRE PRÉCIS	
Évitez le langage oral et familier, en particulier. *Il en a assez. Il y a des rimes. Ça. Vu que. Beaucoup de. Plein de. Il angoisse. Au final. Par contre. Si il.*	Adoptez un niveau de langue soutenu. *Il est exténué. Les rimes [+ verbe caractérisant le sujet]. Cela. Étant donné que. De nombreux. Il est angoissé. Finalement. En revanche. S'il.*
Supprimez les mots passe-partout. *L'auteur parle de / dit que / montre / fait des comparaisons*	Recherchez la précision dans le choix de vos mots. *Le romancier raconte / décrit / évoque / affirme / conteste / célèbre / défend / dénonce / compare.*

Évitez les tournures personnelles. *Je ne sais pas si… / L'auteur nous raconte / D'après moi…*	Évitez l'emploi de la 1re personne. *On peut s'interroger sur… / L'auteur raconte / Il est possible que…*
Supprimez les impropriétés. *L'inclinaison du séducteur pour les femmes.*	Vérifiez souvent dans un dictionnaire. *L'inclination du séducteur pour les femmes* 🔴 Consultez sur le site › www.editions-hatier.fr/methodesetpratiques, la page › Les principales impropriétés
Évitez les désignations peu précises. *La dernière strophe du poème. Le mot « clair ».*	Adoptez les termes de l'analyse appris en cours. *Le dernier tercet du sonnet. L'adjectif « clair ».* 🔴 Consultez sur le site › www.editions-hatier.fr/methodesetpratiques, la page › Les natures de mots
N'abusez pas de phrases trop descriptives et concrètes. *Le lecteur est encore plus ému quand Matteo retrouve son fils aux enfers.*	Préférez un vocabulaire plus abstrait, plus proche de l'analyse, en nominalisant les groupes verbaux. *L'émotion du lecteur s'accroît lors des retrouvailles de Matteo et de son fils aux enfers.*

UN DÉVELOPPEMENT CLAIR

Mettez en valeur les phrases-clés.	Employez par moments des procédés de mise en relief. (›*chap. 9*)
Évitez la monotonie.	Variez la construction de vos phrases : pensez à détacher entre virgules des compléments ou appositions placés en tête de phrase. Employez des moyens variés pour exprimer la cause, la conséquence, le but, le moyen.
Assurez la clarté de votre argumentation.	Présentez en début de partie l'idée maîtresse qui y sera développée. *Cet extrait, rédigé par Rodenbach à la fin du XIXe siècle, présente de nombreuses caractéristiques de l'écriture symboliste.* Soignez vos transitions. *Si le poète décrit, comme on l'a vu, longuement sa terre natale, c'est également pour exprimer la nostalgie profonde qu'il éprouve.*
Évitez les longs développements	Soyez synthétique.
Mettez en valeur la logique de votre raisonnement.	Employez des termes de liaison. *Or, … Dès lors, … Non seulement…, mais aussi… Si… , c'est pour…* 🔴 Consultez sur le site › *www.editions-hatier.fr/methodesetpratiques,* la page › *Les liens logiques*

Exercices

★ 1 Employer le vocabulaire de l'analyse littéraire

Remplacez les expressions soulignées par un terme d'analyse littéraire. Aidez-vous du mémento sur la page de garde du manuel.

1. L'histoire débute à Rome.
2. Nous allons étudier ce début de roman.
3. Molière s'inspire de Plaute quand il écrit sa pièce, L'Avare.
4. Zola, au XIXe s., publie de nombreux livres.
5. L'auteur choisit de présenter le récit en adoptant le point de vue du personnage.
6. Le personnage de Genet s'exprime ensuite seul sur scène.

★ 2 Écrire correctement les négations

Certaines phrases ont une négation incorrecte. Corrigez-les.

1. On avait guère l'habitude de rémunérer les poètes.
2. Dans la scène, on entend rarement le valet prendre la parole.
3. Ensuite, on nous présente que les personnages secondaires.

★ 3 Écrire correctement les doubles pronoms

Réécrivez ces phrases en remplaçant chaque terme souligné par le pronom personnel qui convient.

1. Le metteur en scène demande aux comédiens de se déplacer.
2. Valmont écrit à Mme de Merteuil qu'il ne pourra pas la rejoindre.
3. Le poète a recommandé à la jeune fille de profiter de sa jeunesse.

★ 4 Employer les pronoms de reprise

Complétez ces phrases en choisissant le pronom qui convient (*il* ou *celui-ci*) dans chacun des deux cas.

1. Les troubadours accompagnent de musique leurs poèmes.
   – [......] peuvent être des ballades ou des rondeaux.
   – [......] composent alors souvent des ballades ou des rondeaux.

2. Le Rapport de Brodeck est un roman de Philippe Claudel.
   – [......] se déroule juste après la Seconde Guerre mondiale.
   – [......] publie ce roman après le succès des Âmes grises.

3. Racine met en scène un héros romain dans sa pièce Bérénice.
   – [......] se nomme Titus et devra choisir entre l'amour et la gloire.
   – [......] compose également des tragédies d'inspiration grecque.

4. Georges Duroy est le héros de Bel-Ami, roman de Maupassant.
   – Paru en 1885, [......] raconte son ascension sociale.
   – Jeune arriviste, [......] s'élève dans la société grâce aux femmes qu'il séduit.

★ 5 Construire des mots abstraits

Nominalisez ces adjectifs en les transformant en noms.

pauvre – triste – fréquent – cruel – intense – rare – intéressant – bref – élogieux – honnête – ambigu – muet – incertain – ému – humble.

★★ 6 Nominaliser ses phrases

Transformez en groupe nominal les éléments soulignés.

1. Le personnage prend la fuite.
2. Le romancier décrit la forêt.
3. La dernière phrase est longue.
4. Il expose sa démarche.
5. Le héros se venge.
6. Le fabuliste critique la société.
7. Il dénonce ceux qui abusent de leur pouvoir et défend ceux qui subissent une injustice.
8. Le dramaturge rédige rapidement ses pièces.
9. Il insère de nouveaux passages dans son roman.
10. Son commerce est de plus en plus prospère.

★★ 7 Rédiger la problématique d'une introduction

Transformez ces phrases en interrogations indirectes. Vous commencerez à chaque fois par « On peut se demander... »

1. La poésie a-t-elle seulement pour origine la souffrance des poètes ?

2. Comment Hugo parvient-il dans cet extrait à émouvoir le lecteur ?

3. Dans quelle mesure ce portrait s'apparente-t-il à une caricature ?

4. Que signifie cet apologue ?

5. En quoi cette scène relève-t-elle d'un monologue délibératif ?

6. Qu'est-ce qui rapproche ce passage de roman d'une scène de comédie ?

7. Est-ce qu'une comédie a pour seul but de divertir les spectateurs ?

★★ 8 Insérer des citations dans ses phrases

Reformulez les deux phrases en une seule en insérant les citations.

1. Le vocabulaire qu'adopte le personnage traduit son pessimisme.

« Emprisonner », « cage », « sans appel »

2. Don Juan associe la fidélité à la mort.

« s'ensevelir pour toujours dans une passion » et « être mort à toutes les autres beautés ».

3. « Pour nous émouvoir, comme il l'a été lui-même par le spectacle de la vie, il doit la reproduire devant nos yeux avec une scrupuleuse ressemblance ».

Maupassant, à propos du romancier naturaliste.

4. La métaphore filée de l'eau domine dans ce poème de Jacques Réda.

« Un torrent de soleil qui roule », « des gouttes d'or ».

5. Des Grieux se présente comme un homme bon.

« J'ai l'humeur naturellement douce et tranquille », « aversion naturelle pour le vice », « toute mon innocence ».

★★ 9 Insérer des citations dans son développement

Rédigez ces notes de brouillon en insérant les références au texte étudié.

1. Comique de répétition → répliques de Léontine (« Oui, bien sûr », 4 fois)

2. Ralentissement du rythme → adverbes longs (« paresseusement », « passionnément ») + longues phrases (l. 12 à l. 18 + l. 22 à l. 27)

3. Recherche de complicité avec le lecteur → apostrophes (« toi, qui me liras ») + adresses directes (« vous », « toi » = pronoms personnels) + impératif (« écoutez »).

★★ 10 Supprimer les répétitions de mots

a. Repérez les mots répétés dans chaque phrase.
b. Proposez une nouvelle phrase pour supprimer cette répétition.

1. Le roman apparaît au XVIIe siècle à travers de longs romans souvent marqués par le merveilleux et l'excès.

2. Le romantisme veut se détacher des contraintes formelles. Le romantisme est en effet un mouvement qui incarne la liberté. Il incarne aussi le goût du mystère.

3. Balzac est le romancier des mœurs de son époque. Ainsi, chaque roman de *La Comédie humaine* est une étude de mœurs. Ces études de Balzac sur la société de son époque donnent une vision fidèle de Paris et de la province.

4. Valère et Cléante, les jeunes premiers, sont opposés. Valère se montre plus sensé et Cléante se montre plus futile. Cléante est dépensier et Valère est raisonnable.

★★ 11 Rédiger en évitant les répétitions

Reprenez les informations données et rédigez un paragraphe résumant l'histoire du XVIIe siècle, en évitant de répéter termes et constructions de phrase.

1643 : mort de Louis XIII – 1643-1661 : régence d'Anne d'Autriche – 1648-1652 : « La Fronde » (révolte des Princes) – 1661 : début du règne de Louis XIV – 1672-1678 : guerre entre la France et la Hollande – 1685 : révocation de l'édit de Nantes – 1686-1697 : guerre de la ligue d'Augsbourg – 1715 : mort de Louis XIV.

★★ 12 Supprimer les constructions répétitives

Variez la construction de ces phrases pour en supprimer la lourdeur.

1. Rabelais est né en 1483 et est mort en 1553. Il se destine d'abord à une carrière religieuse. Il devient en effet moine. Il devient ensuite médecin. Il traduit des traités de médecine. Il écrit aussi : il publie *Pantagruel* en 1532 et *Gargantua* en 1534. Il publie ensuite le *Tiers Livre* en 1546 et le *Quart Livre* en 1548.

2. On trouve deux parties dans la fable, un récit puis une morale. Dans le récit, on peut voir plusieurs parties. D'abord, dans les vers 1 à 11, on trouve une présentation de Perrette. Puis, dans les vers suivants, on peut lire les pensées de la jeune femme dans une sorte de monologue. Et dans les vers 22 à 27, on a le récit de la catastrophe.

3. Nous étudierons dans une première partie la progression du récit. Puis nous montrerons dans une deuxième partie que celui-ci s'apparente à un conte. Et nous verrons dans une dernière partie la leçon de morale que l'on peut en tirer.

★★
13 ### Mettre en valeur une idée-clé

Reformulez ces phrases afin de mettre en valeur l'idée soulignée.

1. Voltaire choisit la forme de l'apologue pour gagner en efficacité.
2. Le poète évoque d'ailleurs la femme qu'il désire à chaque fin de strophe.
3. Baudelaire a toujours eu une grande curiosité intellectuelle : il pratique l'écriture poétique, il traduit les œuvres d'Edgar Poe, il rédige des critiques d'art.
4. Mérimée insère un nouvel épisode afin de retarder le dénouement du récit et de maintenir le lecteur en haleine.

★★★
14 ### Améliorer la qualité de sa rédaction

Reformulez ce paragraphe extrait d'une copie en adoptant un niveau de langue plus littéraire.

À ce moment de la pièce, nous sommes à la fin de l'acte III, donc l'histoire va toucher à sa fin. Dans cette fin on remarque un comique de mots, comme la répétition du mot « assurément » par Toinette. On repère aussi des interjections comme par exemple « Ahy » (sc. 12, l. 2 et sc. 14). Dans ces scènes, on retrouve aussi du vocabulaire familier comme « sotte ». Il y a aussi une autre forme de comique, que l'on repère grâce aux indications de l'auteur (en italique), c'est le comique de gestes qui se base dans les coups, dans les chutes et dans les grimaces des personnages comiques.

★★★
15 ### Corriger ses maladresses

a. Quelles sont les principales maladresses de ce paragraphe ?
b. Réécrivez-le pour l'améliorer.

Candide, de nature naïve[1] (d'où son nom) montre à plusieurs reprises que les bons côtés à faire la guerre, comme si n'y avait que ceux-là. Le vocabulaire n'est présent que pour valoriser les batailles. Rien qu'à la première ligne du chapitre, on voit une énumération élogieuse « Rien n'était si beau, si leste, si brillant, etc. » Candide voit cela comme une sorte de spectacle : « théâtre de la guerre » (l. 18) avec ses acteurs (« héros »).

On trouve aussi plein d'énumérations, comme celle des instruments de musique qui font de la guerre un spectacle. Et des chiffres impressionnants sont donnés sur le nombre des morts de « six mille », « neuf à dix mille », « quelques milliers », « trentaines de mille âmes » pour insister sur la quantité.

1. Dans ce conte de Voltaire, le personnage, Candide, assiste à une bataille, qu'il regarde comme un spectacle.

★★★
16 ### S'entraîner à la rédaction

En reprenant les informations données, vous rédigerez un paragraphe de commentaire en soignant votre expression.

www. Retrouvez le poème de Théophile Gautier sur le site www.editions-hatier.fr/methodesetpratiques

Auteur : Théophile Gautier
Poème : « Le Pin des Landes » (1840)

Description d'un pin
- « résine », « baume », « sève » → un arbre dont on exploite la résine (2e quatrain)
- « Landes désertes », « Sahara français », « herbe sèche » → mise en place d'un décor (1er quatrain)
→ Un début descriptif, tableau figuratif (couleurs : « vertes », « blanc »)

MAIS : pin = une personne
- Image de souffrance : comparaison sève / sang : « sang », « coule goutte à goutte »
- Comparaison explicite : « Comme un soldat blessé », « plaie au flanc »
- Motif récurrent de la blessure « plaie », « entaille »
→ Personnification progressive de l'arbre

CAR Analogie Pin / Poète
- Émergence de la figure du poète (2 derniers quatrains)
- Comparaison : « Le poète est ainsi dans les Landes du monde » (vers mis en valeur par assonances)
- Parallèles : « larmes de résine » (le pin) // « divines larmes d'or » (les vers du poète)
→ La souffrance est nécessaire à la création poétique. Le poète, comme le pin, se sacrifie.

Index des notions

Index des auteurs

Index des œuvres

Index des artistes et des œuvres d'art

TABLES D'ILLUSTRATION

D.R. : Malgré nos efforts, il nous a été impossible de joindre certains photographes ou leurs ayants droits, ainsi que les éditeurs ou leurs ayants droit pour certains documents, afin de solliciter l'autorisation de reproduction, mais nous avons naturellement réservé en notre comptabilité des droits usuels.

Achevé d'imprimer en Espagne par Macrolibros
N° d'imprimeur : 40078924 - Dépôt légal : 93779-8/10 - Août 2018

Orthographe : les pièges à éviter

Abréviations admises

xvie s. (siècle)
av. J.-C. (avant Jésus-Christ)
v. 12 (vers 12)
l. 12 (ligne 12)

etc. (et cætera)
Mme (madame)
Mlle (mademoiselle)
M. (monsieur)

Adverbes en -ment

Ils n'ont qu'un seul **m**, SAUF s'ils sont formés
à partir d'un adjectif en **-ant** : cour**ant** → cour**a**mment,
ou d'un adjectif en **-ent** : appar**ent** → appar**e**mment.

Accord du participe passé
dans les temps composés du verbe

• **Verbe conjugué avec l'auxiliaire « être »**
L'accord du participe passé se fait **avec le sujet** du
verbe.
› *Elle **est** partie.* › *Ils **sont** allés.* › *Elles **étaient** sorties.*

• **Verbe conjugué avec l'auxiliaire « avoir »**
L'accord du participe passé ne se fait jamais avec le
sujet du verbe mais seulement **avec son complément
d'objet direct quand il est placé avant le verbe.**
› *Ils ont déjà mangé. (Pas de COD : aucun accord)*
› *Elles ont acheté des pommes. (COD placé après le
verbe : aucun accord)*
› ***Les pommes** qu'elles ont acheté**es** sont vertes. Elles
les ont mang**ées**. (COD placé avant le verbe : accord avec
le COD)*

Emploi des majuscules

• En début de phrase
• Aux noms propres (pays, fleuves, villes, mers, planètes)
• Aux noms de peuples ou d'habitants :
› *les Grecs (nom) / un vin grec (adj.)*
• Aux périodes historiques :
› *le Moyen Âge*
• Aux titres d'œuvres :
au 1er mot du titre :
› *Un long dimanche de fiançailles*
et au 2e mot aussi, si c'est un nom :
› *La Bête humaine, La Joconde*

Rappel : pas de majuscule aux jours de la semaine, ni
aux mois.

Terminaisons verbales au présent de l'indicatif

• Verbes en *-indre* : il attein**t** – il join**t** – il pein**t** –
il se plain**t**.
• Verbes en *-soudre* : il absou**t** – il dissou**t** – il résou**t**.
• Autres verbes en *-dre* : il atten**d** – il descen**d** –
il per**d** – il répon**d**.
• Verbes en *-re* : il conclu**t** – il exclu**t**.
• Verbes en *-quérir* : il acquier**t** – il conquier**t** –
il requier**t**.
• Verbes en *-vaincre* : il convain**c** – il vain**c**.

Notation des titres

• Titre d'une œuvre :
– en italique quand texte saisi › *Germinal*
– souligné quand texte écrit à la main › <u>Germinal</u>
• Titre d'un poème entre guillemets :
› « Saturne », poème des *Contemplations*.

Vocabulaire de l'analyse littéraire

noms	
Sont féminins :	un développement
une anagramme	un hémistiche
une allitération	un héros
une assonance	un humour
une atmosphère	un hymne
une césure	un langage
une discussion	un lyrisme
une épitaphe	un mythe
une épître	un oxymore
une équivoque	un parallèle
une étymologie	un partisan
une hyperbole	un quatrain
une métonymie	un recueil
une métaphore	un synonyme
une odyssée	un tercet
une opinion	un terme
une psychologie	**verbes et adjectifs**
une rhétorique	citer
une satire	exalter
Sont masculins :	faire partie de
un alexandrin	prendre parti
un apogée	humoristique
un apologue	inexplicable
un champ lexical	pathétique
(des champs lexicaux)	satirique
	spatial
un éloge	spatio-temporel

Principaux mots ou expressions invariables

aujourd'hui	ici
auparavant	jusqu'à
au travers de	la plupart
çà et là	lorsque
certes	malgré
c'est-à-dire	néanmoins
chaque	nulle part
d'ailleurs	parmi
davantage	peut-être
en outre	plutôt
en tant que	près de (≠ prêt(e/s) à)
en tout cas	quant à
en train de	quatre
entre autres	quelquefois
envers	soi-disant
excepté	tantôt
exprès	toutefois
hormis	voire